Frank Jehle · Emil Brunner

TVZ

Frank Jehle

Emil Brunner

Theologe im 20. Jahrhundert

TVZ
Theologischer Verlag Zürich

Publiziert mit Unterstützung der Emil-Brunner-Stiftung in Verbindung mit der Evangelisch-reformierten Landeskirche des Kantons Zürich sowie der Zuger Kulturstiftung Landis & Gyr.

Die Deutsche Bibliothek – Bibliografische Einheitsaufnahme
Die Deutsche Bibliothek verzeichnet diese Publikation in der Deutschen Nationalbibliographie; detaillierte bibliografische Daten sind im Internet über http://dnb.ddb.de abrufbar

Umschlagfoto
Emil Brunner, Hans Rudolf Schinz und ihr Fahrer mit dem ‹knallroten› Hotchkiss, mit dem sie im Sommersemester 1945 nach Leiden fuhren. vgl. S. 476.

Umschlaggestaltung
www.gapa.ch gataric, ackermann und partner, zürich
Satz und Layout
Claudia Wild, Stuttgart
Druck
AZ Druck und Datentechnik GmbH, Kempten
ISBN-10: 3-290-17392-5
ISBN-13: 978-3-290-17392-0
© 2006 Theologischer Verlag Zürich
www.tvz-verlag.ch
Alle Rechte, auch die des auszugsweisen Nachdrucks, der fotografischen und audiovisuellen Wiedergabe, der elektronischen Erfassung sowie der Übersetzung, bleiben vorbehalten.

Pro Memoria
Hans Wildberger (1910–1986)

Inhaltsverzeichnis

Vorwort der Emil-Brunner-Stiftung	9
Zur Einführung	11
Herkunft und Jugendzeit	19
Theologiestudium	33
Zwischen Studium und Pfarramt	49
Pfarrer in Obstalden-Filzbach	69
Vom religiösen Sozialismus zur dialektischen Theologie	87
Amerika	123
Auf dem Weg zur Habilitation	145
Die ersten Schritte an der Universität	179
Professor in Zürich	203
Botschafter der dialektischen Theologie	237
«Das Gebot und die Ordnungen»: Brunners erste Ethik	253
Die Oxfordgruppenbewegung	273
«Natur und Gnade» und das «Nein!» Karl Barths	293
Die Bewegung für Praktisches Christentum – «Der Mensch im Widerspruch» und «Wahrheit als Begegnung»	323
Gastprofessor in Princeton	355
Kriegsausbruch und Flüchtlingshilfe	381
Geistige Landesverteidigung	407
«Offenbarung und Vernunft» und «Gerechtigkeit»	423
Gegen den Kommunismus	453
Eschatologie: «Das Ewige als Zukunft und Gegenwart»	463
Internationale Beziehungen – «Das Ärgernis des Christentums» und «Christentum und Kultur»	475
Wirken und Wirkung in der Schweiz – Die Heimstätte Boldern und die beiden ersten Bände der «Dogmatik»	487
Im Auftrag der CVJM – «Das Missverständnis der Kirche»	499
Reisen nach Asien und Professor in Japan	515
Abschied	545
Nachklang	569
Dank	583

Anhang	585
Zeittafel	585
Quellenverzeichnis	591
Literaturverzeichnis	592
Bildnachweis	607
Personenregister	609

Vorwort der Emil-Brunner-Stiftung

Theologie ist mehr als nur eine Verstandestätigkeit. Gute Theologie ist in bewusst gelebter Existenz fundiert, in theologischer Existenz. Denn dasjenige, worüber theologisch nachgedacht wird, lässt den Denkenden nicht unberührt, sondern nimmt ihn mit seinem Lebensvollzug in Anspruch. Und dieser provoziert umgekehrt zu Fragen, die das theologische Denken herausfordern. Die wissenschaftlichen Bücher theologischer Denker lassen diesen Hintergrund im besten Fall erahnen. Sie sind so geschrieben, dass der Leser sie auch ohne ihn verstehen kann. Doch wenn theologisches Denken und Existieren in dieser Weise zusammengehören, dann fällt auf das Gedachte noch einmal ein ganz anderes, lebendiges Licht, wenn dieser Hintergrund sichtbar wird.

Emil Brunner lebte eine theologische Existenz, die ein beeindruckend produktives theologisches Denken mit wacher Zeitgenossenschaft verband. Diese Biographie ist deshalb mehr als nur von historischem Interesse, obgleich sie für den historischen Rückblick eine Lücke schliesst, die leider schon allzu lange besteht. Sie wird für alle künftigen Brunnerforscher eine willkommene Hilfe zur Einordnung und Deutung von Brunners Werken sein. Ihr besonderer Reiz liegt darin, dass sie die Verbindung von theologischem Denken und Existieren an Emil Brunners Leben überaus anschaulich werden lässt. Es war ein reiches, aber auch spannungsvolles Leben in einer wechselvollen und gleichwohl für die protestantische Theologie ungemein produktiven Zeit.

Diese Biographie wurde von der Emil-Brunner-Stiftung in Auftrag gegeben. Ihre Entstehung wurde begleitet durch den früheren Präsidenten der Stiftung, Prof. em. Werner Kramer. Der Dank der Emil-Brunner-Stiftung gilt allem voran dem Autor, Dr. Frank Jehle, dem in Auswertung des umfangreichen Nachlasses sowie zahlreicher Quellen ein facettenreiches, lebendiges und anschauliches Buch gelungen ist. Ihr Dank gilt darüber hinaus Marianne Stauffacher, der Leiterin des TVZ-Verlags, für die Lektorierung des Buches sowie für die gute Zusammenarbeit. Zu danken hat die Emil-Brunner-Stiftung schliesslich dem Kirchenrat der Evangelisch-reformierten Landeskirche des Kantons Zürich sowie der Zuger Kulturstiftung Landis & Gyr für eine beträchtliche finanzielle Unterstützung.

Johannes Fischer,
Präsident des Stiftungsrates der Emil-Brunner-Stiftung

ZUR EINFÜHRUNG

«*Ich bin ein Mensch mit seinem Widerspruch.*»[1] Der Vers Conrad Ferdinand Meyers aus seiner Dichtung «Huttens letzte Tage» begleitete Emil Brunner während seines ganzen Lebens. Er zitierte ihn in seiner preisgekrönten Seminararbeit über Erasmus von Rotterdam und etwas später in einem Vortrag über den Propheten Jeremia. 1937 verwendete er ihn ein weiteres Mal für den Titel des Buches, in dem er seine Lehre vom Menschen darstellte.[2] Er wusste um seine eigenen Widersprüche und litt darunter. Wie er sich selbst wahrnahm, genügte er seinem hohen Ich-Ideal häufig nicht. Aber er kämpfte mit sich und rang sich eine aussergewöhnliche Lebensleistung ab.

Theologie und Leben des Zürcher Theologen Emil Brunner widerspiegeln mehr als ein halbes Jahrhundert Theologiegeschichte und einen grossen Teil der Geschichte des 20. Jahrhunderts: Er hatte «eine erstaunliche Fähigkeit», «die Probleme zu erfassen», welche «in der Luft lagen, und sie in seiner eigenen Produktion zum Ausdruck zu bringen»; «in seiner Arbeit als Denker» hatte er «gleichsam die ganze Zeit den Finger auf dem Puls seiner Zeit und Umgebung» und empfand «jeden Pulsschlag».[3] Es lohnt sich, von Brunner zu erzählen und von dem, worum es ihm ging: von seiner Theologie und seiner Zeit, von der er abhängig war und die er auch in einem gewissen Ausmass prägte. Er soll häufig selbst zu Wort kommen – oft in ausführlichen Zitaten. Leserinnen und Leser sollen ihn selbst hören.

Die gedruckten und noch mehr die ungedruckten Quellen fliessen reichlich. Predigten und Vorträge Emil Brunners sind fast lückenlos erhalten, hand- oder maschinenschriftlich. Besonders wichtig sind die Briefe,

---

Vorbemerkung: Die Zitate wurden orthografisch zumeist modernisiert. Weniger gebräuchliche Abkürzungen wurden aufgelöst. Um der besseren Lesbarkeit willen wurden teilweise die Gross- bzw. Kleinschreibung sowie die Interpunktion angepasst. Gelegentlich erscheint ein Wort in einem anderen Fall als in der Quelle. Hervorhebungen wurden manchmal aufgehoben oder neu vorgenommen, um die Betonung zu erleichtern. Die Übersetzungen aus Fremdsprachen stammen von F. J. Für die Lebensdaten der im Text erwähnten Personen vergleiche man die Kurzbiographien im Anhang (S. 609 ff.).

[1] Conrad Ferdinand Meyer, Huttens letzte Tage. Leipzig 1872. Motto.
[2] Emil Brunner, Der Mensch im Widerspruch. Die christliche Lehre vom wahren und vom wirklichen Menschen. Berlin 1937 (im Folgenden zitiert als «Mensch»). Vgl. unten, S. 334.
[3] Yrjö Salakka, Person und Offenbarung in der Theologie Emil Brunners während der Jahre 1914–1937, Helsinki 1960, S. 89.

die er geschrieben oder erhalten hat, fast immer eine spannende Lektüre. Intensiv ausgewertet wurde sein bisher unbekannt gebliebener Briefwechsel mit Leonhard Ragaz, seinem verehrten Lehrer, mit dem es dann zum Streit kam. Andere wichtige Briefwechsel, ebenfalls nicht publiziert, sind diejenigen mit Hermann Kutter, Eduard Thurneysen und Max Huber. Dazu kommt die Korrespondenz mit den englischsprechenden Freunden Joseph H. Oldham, John Alexander Mackay und Tracy Strong. Brunner schrieb leidenschaftlich gerne Briefe. Wenn er im Ausland weilte, verfasste er umfangreiche Berichte an seine Frau, die Tagebuchcharakter tragen. Ähnlich ergiebig ist Brunners Korrespondenz mit seinem Schul- und Studienkollegen und späteren Schwager Rudolf Wachter. Unter den gedruckten Quellen ragt sein Briefwechsel mit Karl Barth hervor, ein einmaliges Dokument.[4] Dazu kommen natürlich seine Aufsätze und Bücher.

Wie bei anderen, ist auch bei Emil Brunner das Persongeheimnis unauflösbar. «Ein Mensch sieht, was vor Augen ist; der HERR aber sieht das Herz an.»[5] Vor Augen steht ein Mensch, der in erstaunlicher und beeindruckender Weise Theologie nicht nur betrieben, sondern ‹seine› Theologie auch gelebt hat. Die hier vorliegende Biographie des Theologen Emil Brunner, obwohl auf seine Theologie, deren Entwicklung, deren Inhalte und deren Wirkung konzentriert, ist deshalb zugleich auch ein Lebensbild des Menschen Emil Brunner.[6]

Emil Brunners Leben ist von viel Behaltenswertem gezeichnet, auch von Niederlagen und schmerzlichen Momenten. Hervorzuheben ist bereits hier sein flammendes Eintreten für die Fabrikarbeiter im Vorfeld des Landesgeneralstreiks in der Schweiz im Herbst 1918: «Ich bin Sozialist, weil ich an Gott glaube», schrieb der gut 29-jährige Pfarrer.[7] Ein Höhepunkt war auch seine Antrittsvorlesung als Privatdozent an der Universität Zürich über «Die Grenzen der Humanität» am 13. Mai 1922, ein glühendes Manifest der damals neuen ‹dialektischen› Theologie.[8] Die Universität Zürich sollte von da an Brunners wichtigste Wirkungsstätte werden. Bereits in den Zwanzigerjahren gelang es ihm, zwei gewichtige

---
[4] Vgl. dafür und für die in der Folge genannten Publikationen die bibliographischen Angaben S. 591 ff.
[5] 1. Samuel 16,7.
[6] Zum Biographisch-Menschlichen vgl. auch: Hans Heinrich Brunner, Mein Vater und sein Ältester. Emil Brunner in seiner und meiner Zeit. Zürich 1986 (im Folgenden zitiert als «Hans Heinrich Brunner»). Werner Kramer und Hugo Sonderegger (Hg.), Emil Brunner in der Erinnerung seiner Schüler. Zürich 1989 (im Folgenden zitiert als «Kramer»).
[7] Emil Brunner, Ein offenes Wort. Vorträge und Aufsätze 1917–1962. 2 Bände. Zürich 1981 (im Folgenden zitiert als «Wort I» und «Wort II»), hier: Worauf es ankommt, in: Wort I, S. 72–75, Zitat S. 74.
[8] Die Grenzen der Humanität, in: Wort I, S. 76–97.

Bücher zu publizieren, die von der damals jungen Generation geradezu verschlungen wurden: «Die Mystik und das Wort», eine Abhandlung, in der es um den «Gegensatz zwischen moderner Religionsauffassung und christlichem Glauben» geht,[9] sowie «Der Mittler», in dem Brunner die christologischen und soteriologischen Entscheidungen der alten Kirche als unaufgebbar auch für die heutige theologische Besinnung aufweist.[10] Dazu kam die amerikanische Publikation «The Theology of Crisis» von 1929 (beruhend auf Gastvorlesungen in den USA im Herbst 1928), die bewirkte, dass die nach dem Ersten Weltkrieg neue, ‹dialektische› Theologie jenseits des Ozeans unter der Bezeichnung «Theologie der Krise» in die Geschichte einging.[11]

Weitere einflussreiche Bücher entstanden in den Dreissigerjahren: «Das Gebot und die Ordnungen»[12] (1932), «Der Mensch im Widerspruch»[13] (1937) und «Wahrheit als Begegnung»[14] (1938). Die kleine Schrift «Unser Glaube»[15] (1935) wurde in fast alle Weltsprachen übersetzt, ist immer noch erhältlich und wird auch heute noch gelesen. Ab 1934 beteiligte er sich an der ökumenischen Bewegung für Praktisches Christentum («Life and Work»), an deren Vollversammlung in Oxford im Sommer 1937 er eine dominierende Gestalt war. Eine unmittelbare Folge dieser Konferenz waren seine enge persönliche Freundschaft mit John Alexander Mackay, einem der wichtigsten englischsprachigen ‹Kirchenführer› seiner Generation, damals Präsident des Princeton Theological Seminary, und sein Aufenthalt als Gastprofessor in Princeton im akademischen Jahr 1938/39. Jedenfalls für die Theologiestudenten in Amerika wurde er für einige Jahre zum meistgelesenen zeitgenössischen Theologen.

Während des Zweiten Weltkrieges war Brunner in der Schweiz gewissermassen eingesperrt und seiner internationalen Gesprächspartner beraubt. Dennoch war er unermüdlich tätig. Besonders freute es ihn, dass ihm in kritischen Jahren das Rektorat der Universität Zürich anvertraut

---

[9] Emil Brunner, Die Mystik und das Wort. Der Gegensatz zwischen moderner Religionsauffassung und christlichem Glauben dargestellt an der Theologie Schleiermachers. Tübingen 1924 (im Folgenden zitiert als «Mystik»).
[10] Emil Brunner, Der Mittler. Zur Besinnung über den Christusglauben. Tübingen 1927 (im Folgenden zitiert als «Mittler»).
[11] Emil Brunner, The Theology of Crisis. (1929.) 2. Auflage. New York und London 1931 (im Folgenden zitiert als «Crisis»).
[12] Emil Brunner, Das Gebot und die Ordnungen. Tübingen 1932 (im Folgenden zitiert als «Ordnungen»).
[13] Vgl. oben, S. 11.
[14] Emil Brunner, Wahrheit als Begegnung. Berlin 1938 (im Folgenden zitiert als «Wahrheit»).
[15] Emil Brunner, Unser Glaube. Eine christliche Unterweisung. Bern 1935. Zitiert nach der Ausgabe im Zwingli-Verlag, Zürich, 1947 (im Folgenden zitiert als «Glaube»).

wurde. In seiner Eigenschaft als Rektor hielt er am *dies academicus* 1942 die Festrede «Die Menschenrechte nach reformierter Lehre», womit er ein brennendes Menschheitsthema aufgriff.[16] (In seinem Buch «Gerechtigkeit» von 1943 hat er es entfaltet.[17]) Erwähnenswert ist auch sein Engagement für das Schweizerische Hilfswerk für deutsche Gelehrte. Brunners Rede «Sollen sie also untergehen?»[18] vom 12. November 1934 dokumentiert, dass ihn das Los der aus Deutschland vertriebenen Juden schon früh bewegte. In den gleichen Zusammenhang gehört sein Vortrag am Basler Missionsfest 1934, in dem er programmatisch ausrief: «Das Heil kommt aus den Juden. Der ewige Gott ist als Jude Mensch geworden.»[19] Was heute selbstverständlich klingt, war damals mutig.

Nach dem Zweiten Weltkrieg, im Wintersemester 1949/50, reiste Brunner im Auftrag der CVJM nach Japan, Korea, Ceylon (heute Sri Lanka), Indien, Pakistan und Ägypten. Vor allem bei der jungen Generation fand er ein grosses Echo. In der Folge dieser ersten Japanreise wurde er als Professor für christliche Ethik und Philosophie an die damals neu gegründete International Christian University in Tokio eingeladen, eine Verpflichtung, die er in den akademischen Jahren 1953/54 und 1954/55 wahrnahm. Die Begegnung mit nichtchristlichen Religionen beschäftigte ihn mehr als viele andere Theologen seiner Zeit.

Schmerzlich und folgenreich war Brunners Auseinandersetzung mit Karl Barth über die ‹natürliche Theologie› Mitte der Dreissigerjahre. Karl Barths Streitschrift «Nein! Antwort an Emil Brunner»[20] im Herbst 1934, mit der er Brunners ein halbes Jahr früher erschienene, gegen ihn gerichtete Publikation «Natur und Gnade»[21] unbarmherzig und kompromisslos kritisierte, traf ihn hart. Bis an sein Lebensende litt er an der ihm durch diese Streitschrift zugefügten Wunde und an der darauf folgenden Tren-

---

[16] Die Menschenrecht nach reformierter Lehre, in: Wort II, S. 116–133.
[17] Emil Brunner, Gerechtigkeit. Eine Lehre von den Grundgesetzen der Gesellschaftsordnung. Zürich 1943 (im Folgenden zitiert als «Gerechtigkeit».
[18] Sollen sie also untergehen? Ansprache, gehalten von Prof. Emil Brunner am 12. November 1934. Sonderdruck aus «Gesundheit und Wohlfahrt», Jahrgang 1934, Heft 12. 10 Seiten (im Folgenden zitiert als «Sollten sie also untergehen»).
[19] Die Unentbehrlichkeit des Alten Testaments für die missionierende Kirche, in: Wort I, S. 376–393. Zitat hier S. 379.
[20] Karl Barth, Nein! Antwort an Emil Brunner. München 1934, in: Walther Fürst (Hg.), «Dialektische Theologie» in Scheidung und Bewährung 1933–1936. Aufsätze, Gutachten und Erklärungen. München 1966, S. 208/5–258/63 (in der Folge zitiert als «Nein»); nach dem Schrägstrich wird jeweils die Seitenzahl der Originalausgabe angefügt.
[21] Emil Brunner, Natur und Gnade. Zum Gespräch mit Karl Barth. Tübingen 1934, in: Walther Fürst (Hg.), «Dialektische Theologie» in Scheidung und Bewährung 1933–1936. Aufsätze, Gutachten und Erklärungen. München 1966, S. 169/3–207/44, in der Folge zitiert als: «Natur und Gnade»; nach dem Schrägstrich wird die Seitenzahl der Originalausgabe angegeben.

nung von Barth. Erst kurz vor seinem Tod kam es auf Grund eines liebenswürdigen Briefes Barths zur Versöhnung.

Auch sonst gibt es Episoden im Leben Emil Brunners, die zumindest kontrovers sind. Dazu gehört sein Engagement in der Oxfordgruppenbewegung in den Dreissigerjahren, seine Haltung in der Frage der Vollstreckung von Todesurteilen an Landesverrätern während des Zweiten Weltkrieges und die Tatsache, dass er sich in der Zeit des Kalten Krieges für den Antikommunismus in Anspruch nehmen liess. Immerhin sah er auch jetzt die Schattenseiten eines hemmungslosen Kapitalismus.

Enttäuscht war er auch davon, dass er sich bei der Gründung des Ökumenischen Rates der Kirchen im Sommer 1948 an den Rand geschoben fühlen musste, obwohl er sich intensiv für die ökumenische Bewegung engagiert hatte.

Brunners Bedeutung für die Theologiegeschichte des 20. Jahrhunderts sei wenigstens andeutungsweise folgendermassen zusammengefasst: Vor allem in seiner frühen Zeit war seine Stimme eine der gewichtigsten, die die Theologie in den Jahren nach dem Ersten Weltkrieg zu ihrem Kerngeschäft zurückriefen: *Gott* sei ihr eigentliches Thema. Charakteristisch dafür ist der folgende Briefausschnitt aus dem Jahr 1924:

> «Wie viele gute Vorsätze und guter Wille werden ins Pfarramt hineingenommen. Dann kommen die Schwierigkeiten und damit die Versuchung, selber zu machen, was das Wort der Wahrheit allein machen kann. Und damit dann die ganze eklige Pfäffigkeit, Anpassung, das Machen, der Betrieb, das Ein-beliebter-Pfarrer-Sein, das Es-gut-Können, das Überall-helfen-Wollen, – kurz das, was wir landauf und -ab als das glänzende Elend der Pfarrherrlichkeit kennen. Nicht Faulheit, nicht Schlendrian, nicht Mangel an sittlicher Tüchtigkeit ist's, sondern die falsche Energie – und Mangel an jener Sprödigkeit dem Weltgeist gegenüber, durch die allein das Pfarramt ein Salz sein kann. Die Rässe [beissende Schärfe] des Salzes ist's doch allein, was vor Fäulnis bewahrt. Verliert ein Pfarrer unter den tausend Geschäften den Sinn für diese Eifersucht Gottes, der seine Ehre keinem anderen lassen will, so ist alles Wohltun, sind die gefüllten Kirchen, Jünglingsvereine, Blaukreuzvereine, die hinreissendsten Predigten, ja sogar alle Bekehrungen, Erweckungen, aller Aufschwung christlichen frommen Lebens rein gar nichts wert. Um das geht alles: dass unser Wort vom ersten bis zum letzten Tag unserer Wirksamkeit ein Wort zum Staunen und Sich-Ärgern, ein Stein des Anstosses, ein überaus Befremdliches, ein von allem anderen, was den Leuten einleuchtet, Verschiedenes sei, dass das Ganz Andere darin immer die Hauptsache sei, mögen wir davon Wirkungen sehen oder nicht. Nicht Wächter der Menschen sind wir in erster Linie, sondern Wächter dieses Wortes. Das ist unser Schatz, über dem wir treue Haushalter sein müssen.»[22]

---

[22] An Ernst Hurter am 10. September 1924. (Der Brief befindet sich im Besitz von Martin Länger–Hurter.)

Schon in seiner Dissertation hatte Brunner der Frage nachgespürt: *Wie können wir von Gott reden?* Bereits hier hatte sich angebahnt, was Brunner später auf den Begriff der ‹Offenbarung› zu bringen versuchte: «Gott ist nur dem Glauben zugänglich.»[23] Gott ist nicht beweisbar. Religion ist etwas anderes als philosophische Spekulation. «Das Grunderlebnis in aller Religion ist die Erfahrung eines ‹Heiligen›.»[24] «Was der religiösen Erkenntnis zugänglich ist, das ist ihr eigenster Besitz, den sie mit niemand sonst zu teilen braucht, ein Heiligtum, das keinen anderen einlässt.»[25]

Auf dieser Grundlage errichtete Brunner seine *Theologie der Offenbarung und des Wortes Gottes*. Immer schon war ihm dabei wichtig, dass dieses Wort nicht objektivierend im Sinne einer Tatsachenwahrheit missverstanden werden darf. Glaube im biblischen und damit im theologischen Sinn ist etwas anderes als ein Fürwahrhalten. Glaube ist, «wie wenn eine Mutter zu ihrem Sohn sagt: Ich glaube an dich!».[26] Brunner war gut zweiundzwanzig Jahre alt, als er diesen Satz schrieb, an dem er während seines ganzen Lebens festhielt. *Das Verhältnis zwischen Gott und Mensch ist personal, eine Ich-Du-Beziehung.* Wahrheit im theologischen Sinn ist keine Tatsachenwahrheit, sondern «*Wahrheit als Begegnung*».

Neben dieser Konzentration auf das Thema Gott – vor allem in den frühen Jahren – interessierte sich Brunner aber von jeher auch für den *Menschen*. Weil Gott den Menschen persönlich ansprechen will, muss dieser selbst Person sein – und damit ansprechbar. Brunner wandte sich vehement gegen die – im 16. Jahrhundert vom lutherischen Theologen Matthias Flaccius Illyricus vertretene, von der offiziellen Kirche aber abgelehnte – Position, die den Menschen einseitig als *truncus et lapis* (Klotz und Stein) darstellt, um so den Überschwang der göttlichen Gnade zu betonen.[27] Zeitweise hatte er Karl Barth im Verdacht, so zu lehren. Gegen diesen unterstrich er die *Wortmächtigkeit* des Menschen.[28] Er sprach von der «anderen Aufgabe der Theologie», der Aufgabe, den Menschen dort abzuholen, wo er sich befindet. «Bibel-Übersetzung – als Aufgabe der Theo-

---

[23] Emil Brunner, Das Symbolische in der religiösen Erkenntnis. Beiträge zu einer Theorie des religiösen Erkennens. Tübingen 1914 (im Folgenden zitiert als «Das Symbolische»), S. 88.
[24] Das Symbolische, S. 105.
[25] A. a. O., S. 132.
[26] Nachlass 63. Vgl. unten, S. 47.
[27] Vgl. Die Bekenntnisschriften der evangelisch-lutherischen Kirche. Zehnte Auflage. Göttingen 1986, S. 894.
[28] Vgl. Walther Fürst (Hg.), «Dialektische Theologie» in Scheidung und Bewährung 1933–1936. Aufsätze, Gutachten und Erklärungen. München 1966, S. 183, eine im November 1965 (!) eingefügte Anmerkung Emil Brunners.

logie» war ein weiteres wichtiges Thema für ihn,[29] kurz: was seine Nachfolgegeneration unter dem Stichwort ‹Hermeneutik› erörterte.

Mit Brunners Hinwendung zum Menschen hängt zusammen, dass er sich schon früh *ethischen Fragen* zuwandte und dass er sich in einem ungewöhnlichen Ausmass nicht nur mit theologischen Fragen im engeren Sinne dieses Wortes auseinandersetzte, sondern auch mit *Philosophie, Naturwissenschaften, Psychologie, Jurisprudenz und Nationalökonomie*. Es ist charakteristisch für ihn, dass er bereits in seinem ersten Studiensemester an der Universität Zürich eine dreistündige Einführungsvorlesung in die Rechtswissenschaften besuchte und etwas später in Berlin eine Vorlesung über «allgemeine und theoretische Nationalökonomie» und eine weitere über «Industriestaat und Agrarstaat».

Für einen Theologen war es ein Risiko, sich auf andere akademische Disziplinen einzulassen und sich so dem Vorwurf auszusetzen, dilettantisch zu sein. Brunner nahm das auf sich. Besonders in der Auseinandersetzung mit seinem Mentor Hermann Kutter wurde ihm bereits zur Zeit des Ersten Weltkrieges deutlich, dass es keine Lösung ist, auf das Anbrechen des Reiches Gottes nur zu ‹warten›. Als Christinnen und Christen leben wir in einer Zwischenzeit: Während die Auferstehung Jesu Christi hinter uns liegt, steht unsere eigene Auferstehung erst bevor. Was ‹dazwischen› liegt, ruft nach sittlicher Gestaltung. «Die Beunruhigung der Theologie durch die Frage nach den Früchten des Geistes» (Gerhard Ebeling) war Brunners Dauerthema.[30]

Aus dem gleichen Grund war er nicht nur systematischer, sondern – mit Leidenschaft – auch *praktischer Theologe*. Er predigte (und unterrichtete) oft und gern und nahm seine praktisch-theologischen Lehrveranstaltungen nicht weniger ernst als die systematischen. Er litt unter der Wahrnehmung, dass die Kirche in ihrer sichtbaren Gestalt weit davon entfernt ist, ihrem neutestamentlichen Vorbild zu entsprechen. Schon hier sei aus einem Brief Emil Brunners (damals noch Pfarrer in Obstalden im Kanton Glarus) aus dem Jahr 1920 zitiert, weil hier etwas in Worte gefasst ist, das ihn während seines ganzen Lebens umtrieb:

«Das wäre der schönste Tag meines Lebens, wenn ich einmal zum Kirchenvogt[31] gehen und ihm den Kirchenschlüssel bringen könnte und sagen: Kirchenvogt, die Kirche brauchen wir jetzt nicht mehr, und mich braucht ihr

---

[29] An Thurneysen am 18. April 1935.
[30] Vgl. Gerhard Ebeling, Die Beunruhigung der Theologie durch die Frage nach den Früchten des Geistes. Vorgetragen in einer akademischen Gedenkfeier für Emil Brunner in der Universität Zürich am 14. Juli 1969, in: Gerhard Ebeling, Wort und Glaube 3. Tübingen 1975 (im Folgenden zitiert als «Ebeling, Früchte»), S. 388–404. Vgl. unten, S. 576 ff.
[31] «Kirchenvogt» hiess damals im Kanton Glarus das für die Finanzen verantwortliche Mitglied des Gemeindekirchenrates.

auch nicht mehr, jeder Mann und jede Frau [...] ist ‹von Gott gelehrt›,[32] hat Glauben und Liebe genug, und die Kinder können von ihnen mehr Gottvertrauen lernen als von irgendeinem Religionslehrer. Das ist das Ziel, dem's zugeht.» – «Wenn's nach mir ginge, so müsste überhaupt das Pfarrhaus Gemeindehaus heissen.»[33]

Vieles an Brunners später Schrift «Das Missverständnis der Kirche»[34] mag einseitig und überrissen sein, und doch versteht man Brunner nicht, wenn man diesen Aspekt aus seinem Leben wegstreicht. Seine Teilnahme an der Oxfordgruppenbewegung und – wohl noch wichtiger – sein Engagement für die CVJM gehören unaufgebbar zu ihm, ebenso sein Einsatz für die Heimstätte Boldern, wo sein Freund Hans Jakob Rinderknecht neue Wege der Erwachsenenbildung beschritt, wobei es vor allem um den Dialog ging.

Die Begegnung mit Emil Brunner ist anregend und faszinierend. Seiner eigenen Zeit hat er viel gegeben. Nach wie vor sind nicht alle seine Visionen eingelöst, manche sogar wieder in Vergessenheit geraten.

St. Gallen, Pfingsten 2006   *Frank Jehle*

---

[32] Vgl. 1. Thessalonicher 4,9.
[33] Rundbrief Nr. 10 vom 21. Februar 1920.
[34] Emil Brunner, Das Missverständnis der Kirche. Zürich 1951 (im Folgenden zitiert als «Missverständnis»).

HERKUNFT UND JUGENDZEIT

«Mein Vater war ein Bauernsohn aus einem uralten Dorfe, welches seinen Namen von dem Alemannen erhalten hat, der zur Zeit der Landteilung seinen Spiess dort in die Erde steckte und einen Hof baute.»[1]

So fängt «Der grüne Heinrich» Gottfried Kellers an, den Emil Brunner hoch verehrte.[2] Wenn er eine Selbstbiographie geschrieben hätte, wäre dies ein guter Einleitungssatz gewesen. Denn Brunners Vater, Heinrich Emil Brunner, wurde am 15. März 1859 als das jüngste von sechs Kindern auf einem Bauernhof in Oberrieden am Zürichsee geboren. Bereits bei ihm wird sichtbar, was sich im Leben des Sohnes als Konstante durchzieht. Heinrich Emil Brunner besuchte die Sekundarschule in Thalwil. Anschliessend entschied er sich für den Beruf des Volksschullehrers. Emil Brunner erzählte später, dass sein Vater «aus einem ganz ungläubigen Haus stammte»,[3] was man relativieren muss. Der Vater besuchte nämlich nicht das kantonale Lehrerseminar in Küsnacht, eine Hochburg des Liberalismus und der Kirchenkritik, sondern (kaum gegen den Willen seiner Eltern) das 1869 gegründete Evangelische Lehrerseminar in Unterstrass und erhielt dort in den Jahren 1874–1878 eine betont pietistische und erweckliche Erziehung, die ihn für sein ganzes Leben prägte.

Das liberale Zürich

Zürich war im 19. Jahrhundert sowohl politisch als auch religiös vom Liberalismus dominiert. Mit einer kurzen Unterbrechung regierte von 1830 bis 1868 die freisinnige Partei. 1869 wurde die Macht im Staat von der jüngeren Partei der Demokraten übernommen, die sich aber in religionspolitischer Hinsicht kaum von den Liberalen unterschied. Der Staat verstand sich als überkonfessionell. Das kantonale Lehrerseminar in Küs-

---

[1] Gottfried Keller, Sämtliche Werke. Dritter Band. Erlenbach-Zürich und München 1926, S. 1.
[2] Vgl. Emil Brunner, Eros und Gewissen bei Gottfried Keller. 128. Neujahrsblatt des Waisenhauses Zürich. Zürich 1965 (im Folgenden zitiert als «Neujahrsblatt»).
[3] Emil Brunner, Autobiographische Skizze, in: Kramer, S. 28–49, Zitat: S. 30.

nacht wurde nicht auf evangelisch-reformierter Grundlage geführt. «Fast in allen Gemeinden wurde der [in Küsnacht ausgebildete] Schullehrer zum politischen Gegner des Pfarrers.»[4] Heinrich Bachofner formulierte es so:

«Der Staat strebt eine konfessionslose, rein weltliche, nur auf das Diesseits gerichtete Schule an und erzieht darnach die Lehrer der Jugend. Aus unserm Staatsseminar ist der eigentliche Religionsunterricht bereits entfernt. Die religiösen Erscheinungen werden da bloss einer historischen Betrachtung unterstellt, und das Christentum tritt mit den übrigen Religionen auf *eine* Linie. [...] Der Staat erzieht Lehrer für die materialistische Weltanschauung.»[5]

Derselbe modernistische Geist machte auch vor den Kirchenmauern nicht Halt. Unbestrittener Führer der reformerischen Bestrebungen war Heinrich Lang, ab 1863 Pfarrer in Meilen, später an St. Peter in Zürich. Lang stellte «dem alten biblischen Glauben eine neue Weltanschauung gegenüber»:

«Gott offenbart sich nicht nur durch den Mund der Propheten des Alten und Neuen Testaments, auch ein Lessing, ein Goethe, ein Schiller, die grossen Männer der Wissenschaft sind Träger und Vermittler göttlicher Offenbarung.»[6] – «Wir glauben und sehen es, an die Stelle der biblischen [...] Weltansicht ist eine moderne Weltanschauung getreten.»[7] – «Seitdem das Kopernikanische Weltsystem herrscht, ist die altchristliche Vorstellung eines überweltlichen, persönlichen Gottes hinfällig geworden [...]. Gott ist vielmehr in der Welt als das die Welt [...] allgegenwärtig durchdringende Prinzip. Daher hat auch der Glaube an göttliche Wundertaten heute keinen Boden mehr, und töricht ist es, im altkirchlichen Sinne zu wähnen, man könne durch das Gebet äusserlich auf Gott einwirken.»[8] – «Wenn ein Verlassener in seiner Not ernstlich betet, so kann dadurch ein Licht in seiner Seele aufgehen, welches ihm einen Rettungsweg zeigt; es kann eine Kraft in ihn kommen, die alle äusseren Hindernisse überwindet.»[9]

Diese traditionskritischen Tendenzen führten unter anderem dazu, dass die Zürcher Kirchensynode im Jahr 1868 das apostolische Glaubensbekenntnis für nicht mehr obligatorisch erklärte, worauf es von den Liberalen fallen gelassen wurde. (Seit 1803 waren die Zürcher Pfarrer bereits

---

[4] Julius Fröbel, nach: Ernst Gagliardi u. a. (Hg.), Die Universität Zürich 1833–1933 und ihre Vorläufer. Zürich 1938 (im Folgenden zitiert als «Gagliardi»), S. 374.
[5] Heinrich Bachofner, in: Fünfter Bericht über das Evangelische Lehrerseminar in Unterstrass bei Zürich. Mai 1873 bis Mai 1874. Zürich 1874, S. 3 f.
[6] So zusammenfassend: Emil Ermatinger, Gottfried Kellers Leben. Achte, neu bearbeitete Auflage. Zürich 1950 (im Folgenden zitiert als «Ermatinger»), S. 448.
[7] Heinrich Lang, nach: Ermatinger, S. 448.
[8] So zusammenfassend: Ermatinger, S. 448 f.
[9] Heinrich Lang, nach: Ermatinger, S. 449.

nicht mehr auf das Zweite Helvetische Bekenntnis verpflichtet.[10]) «So hofft man jetzt, mit Hilfe des Staates die Kirche selber in einen heitern philanthropischen Sprechsaal zu verwandeln.»[11]

Heinrich Bachofner und Friedrich Zündel

Aber es gab eine sehr tatkräftige und selbstbewusste Minderheit, die ‹antimodernistisch› eingestellt war. Aus Opposition zum herrschenden theologischen Liberalismus wurden evangelische Gesellschaften gegründet, freie Zusammenschlüsse bewusst bibelgläubiger Christen, «zum Zweck der Förderung der Reich-Gottes-Arbeit [...]. Bei den meisten evangelischen Gesellschaften kam es zu eigenen Gemeinschaftsbildungen (Versammlungskreisen) mit Anstellung eigener Prediger und Errichtung von Vereinshäusern und Kapellen. Die Trennung von der Landeskirche wurde aber [...] bewusst *nicht* vollzogen.»[12] Für diese Kreise repräsentativ war der 1839 in Zürich ins Leben gerufene Christliche Verein zur Erhaltung des evangelisch-reformierten Glaubens in den Volksschulen, der angesichts des Monopols der staatlichen Lehrerbildung auf die Notwendigkeit hinwies, «dem Staatsseminar eine freie Lehrerbildungsanstalt entgegenzusetzen».[13] 1869, ein Jahr nach der Freigabe des Apostolikums, kam es zur Gründung eines privaten Evangelischen Lehrerseminars, dessen Leitung dem hochbegabten und streng pietistischen Pädagogen Heinrich Bachofner übertragen wurde. Mit vier Lehrern und sechs Schülern begann er in zwei möblierten Zimmern in Hirslanden. Ein Jahr später bezog er mit 21 Zöglingen den ehemaligen Gasthof Weisses Kreuz in Unterstrass.[14] Im Schuljahr 1874/75 waren es bereits 14 Lehrer (einige davon teilzeitlich) und 52 Schüler (45 davon im Internat), unter ihnen Heinrich Emil Brunner. Dessen Heimatgemeinde Oberrieden hatte offensichtlich Sympathien für die neue Gründung. Fast jedes Jahr kam ein neuer Schüler aus Oberrieden dazu. Die Kollekten, die zur Unterstützung des Evangelischen Lehrerseminars zusammengetragen wurden, waren für

---

[10] Handbuch der reformierten Schweiz. Herausgegeben vom Schweizerischen Protestantischen Volksbund. Zürich 1962 (im Folgenden zitiert als «Handbuch»), S. 92.
[11] Heinrich Bachofner, in: Fünfter Bericht über das Evangelische Lehrerseminar in Unterstrass bei Zürich. Mai 1873 bis Mai 1874. Zürich 1874, S. 41.
[12] Handbuch, S. 473.
[13] Anna Bachofner (Hg.), Heinrich Bachofner, Seminardirektor. Ein Lebensbild mit Auszügen aus seinen Briefen. Zürich 1900, S. 19.
[14] Hirslanden und Unterstrass waren damals Nachbardörfer der Stadt Zürich. 1893 wurden sie in die Stadt eingemeindet.

eine so kleine Gemeinde aussergewöhnlich hoch (1873/74: 322 Franken![15]). Dazu kamen Naturalienspenden in Wein, Most und Äpfeln.[16]

Als schwere Belastung empfand man in Unterstrass, dass es nicht erlaubt war, die Schüler selbst zu diplomieren. Jedes Jahr musste sich die oberste Klasse dem sogenannten Staatsexamen in Küsnacht unterziehen, bei dem man die Schüler zuweilen mit unfairen Fragen in die Enge trieb. Der Lehrplan war deshalb abgesehen vom Fach Religion notgedrungen weitgehend der gleiche wie am kantonalen Seminar. Heinrich Bachofner selbst unterrichtete Religion, Psychologie, Pädagogik, Methodik und Deutsch, wobei er eine konsequent gläubige Haltung mit humanistischer Offenheit verband. Er stand in persönlichem Kontakt mit Johann Christoph Blumhardt dem Älteren und mit Christoph Blumhardt dem Jüngeren, die in Bad Boll bei Göppingen in Württemberg eine weit herum beachtete Seelsorgetätigkeit ausübten und deren Einfluss auf die Theologiegeschichte des 20. Jahrhunderts unüberschätzbar ist.

In diesem Milieu verbrachte Heinrich Emil Brunner die entscheidenden Jugendjahre. Pietistische Frömmigkeit, Fleiss und Offenheit für alles Gute und Schöne verbanden sich miteinander, was später auch Kindheit und Jugend der nachrückenden Generation und damit auch Emil Brunners prägte. Heinrich Emil Brunner wurde nach Seminarabschluss Lehrer an der Freien (evangelischen) Schule in Winterthur, die 1873 gegründet worden war und den gleichen Idealen wie das Evangelische Lehrerseminar in Unterstrass nachstrebte. Am 13. Oktober 1884 vermählte er sich mit der aus dem Thurgau stammenden Pfarrerstochter Sophie Hanna Müller (geboren am 19. November 1862). Ihr Vater, Theodor Müller, Pfarrer in Dussnang, war ein streng an der Bibel orientierter Theologe, von dem überliefert ist, dass er «jährlich einmal die hebräische Bibel durch[las]».[17] Der katholische Kirchenrat erhob Klage gegen ihn, weil er die Gottesdienstzeit in der paritätischen Kirche häufig überzog.[18] Er war also ein überaus eifriger Prediger. Ende 1871 wurde er als Pfarrer von Dussnang abgesetzt und nahm im folgenden Jahr die Pfarrstelle an der deutschsprachigen Gemeinde von Payerne im Waadtland an. Ein Gemeindeglied hatte ihm unsittliches Verhalten vorgeworfen, was er als Verleum-

---

[15] Fünfter Bericht über das Evangelische Lehrerseminar in Unterstrass bei Zürich. Mai 1873 bis Mai 1874. Zürich 1874, S. 25.
[16] Achter Bericht über das Evangelische Lehrerseminar in Unterstrass bei Zürich. Mai 1876 bis 1877. Zürich 1877, S. 27.
[17] Emanuel Dejung und Willy Wuhrmann, Zürcher Pfarrerbuch 1519–1952. Zürich 1953 (im Folgenden zitiert als «Dejung»), S. 444.
[18] Allgemeine Protokolle des Evang. Kirchenrates des Kantons Thurgau, Sitzungsprotokolle vom 17. Juni, 30. Juli und 21. Oktober 1867, Staatsarchiv des Kantons Thurgau Aa 1'00'15.

dung bezeichnete. Es mag sein, dass er seinen Gegnern nichts anderes als zu fromm war. Es gelang ihm jedoch nicht, das Gehör des Regierungsrates in Frauenfeld zu finden.[19]

Emil Brunner, der am 23. Dezember 1889 in Winterthur als das dritte von vier Kindern[20] – und als der einzige Sohn – des Ehepaares Brunner-Müller geboren wurde, schrieb später über seine Mutter, die schon früh Leid erfahren hatte:

> «Sie führte mich an Hand einer alten Bilderbibel in die biblische Geschichte ein und legte damit den Grundstock zu dem, was später meine Theologie werden sollte.»[21]

Tiefen Eindruck machte es ihm, dass sie täglich allein hinter verschlossener Türe Gott mit lauter Stimme anrief.[22] Heinrich Emil Brunner stellte sich in Treue gegenüber dem, was er in Unterstrass aufgenommen hatte, dem religiös-positiven Evangelischen Verein als Vorstandsmitglied zur Verfügung. Noch viele Jahre später erinnerte man sich in Winterthur an seinen aussergewöhnlich «weiten Horizont».[23] Dem Rat Heinrich Bachofners folgend, befreundete er sich mit Friedrich Zündel, ab 1874 Pfarrer am dortigen Vereinshaus. Heute noch bekannt ist dessen Biographie von «Pfarrer Joh. Chr. Blumhardt», in deren Vorwort programmatisch von Jesus Christus die Rede ist, «der stille siegend mitten über diesen Gärungen waltet und die Sache des Reiches seines Vaters ihrer Vollendung entgegenführt».[24] Obwohl Zündel der herrschenden liberalen Theologie ablehnend gegenüberstand, trat er dafür ein, dass seine Anhängerinnen und Anhänger ihre Mitgliedschaft in der Landeskirche aufrechterhielten. Anlässlich des 25-jährigen Bestehens des Vereinshauses schrieb Johannes Ninck, sein unmittelbarer Nachfolger, über Zündel:

> «Die Vielseitigkeit, Erfahrung und Tiefe des neuen Vereinshausgeistlichen kamen der ganzen Stadt zugut. Gebildeten und Ungebildeten vermochte er gleicherweise etwas zu bieten, weil er alle mit heiligem Ernst und ursprünglicher Kraft in den Mittelpunkt der Heilswahrheit zu führen verstand. [...] Er gewann das Vertrauen immer grösserer Kreise, und so kam es, dass der Ver-

---

[19] Regierungsratsbeschluss 54 vom 12. Januar 1872 (StATG 3'00'139) im Staatsarchiv des Kantons Thurgau. Der Regierungsrat lehnte den Rekurs Theodor Müllers gegen den Evang. Kirchenrat des Kantons Thurgau ab.
[20] Die Töchter Hanna Sophie und Maria Lydia wurden 1886 und 1887 in Winterthur geboren. Die jüngste Tochter Frieda Emma kam 1896 in Zürich zur Welt.
[21] Nach: Kramer, S. 30.
[22] Nachlass 127, 3.
[23] Hansjürg Zimmermann, Hundert Jahre Stadtmission Winterthur. Als Manuskript gedruckt (im Folgenden zitiert als «Zimmermann»), S. 16.
[24] Friedrich Zündel, Johann Christoph Blumhardt. Neu bearbeitet von Heinrich Schneider. 17. Auflage. Giessen/Basel 1962, S. 7.

24 Herkunft und Jugendzeit

Heinrich Bachofner   Friedrich Zündel

einshauspfarrer jeden dritten Sonntag, im Turnus mit den beiden Stadtgeistlichen, in der Stadtkirche die Morgenpredigt zu halten hatte.»[25]

Friedrich Zündel wurde von Emil Brunners Eltern als Taufpate für ihren Sohn gewählt. Da Zündel starb, als sein Patensohn ein Kleinkind war (1891), kam es zu keiner persönlichen Beziehung. Das Faktum der Patenschaft beleuchtet jedoch das religiöse Milieu, in dem Emil Brunner aufwuchs. Für seine Eltern war Zündel eine wichtige Bezugsperson. Nachdem Heinrich Emil Brunner die Blumhardts und Bad Boll wohl schon durch Heinrich Bachofner kennen gelernt hatte und Sophie Hanna Brunner-Müller gemäss einer späten Aufzeichnung Emil Brunners ebenfalls mit Bad Boll verbunden war,[26] wurde diese Beziehung durch die Freundschaft mit Friedrich Zündel vertieft. Emil Brunner erzählt, dass sein Vater ihn zweimal zu Blumhardt dem Jüngeren mitgenommen habe.[27] Nach dem Umzug nach Zürich kam es deshalb folgerichtig zu einem engen Kontakt mit dem am Neumünster wirkenden Hermann Kutter, der die Blumhardt'schen Gedanken in seinem Buch «Sie müssen» von 1903 systematisierte und popularisierte. Von Kutter wurde Emil Brunner im Jahr 1905 konfirmiert. Im Sommer 1915 vertrat er ihn während eines sechs-

---

[25] Zimmermann, S. 6 f.
[26] Nach: Kramer, S. 30.
[27] Nachlass 127, 3.

monatigen Erholungsurlaubs im Pfarramt. Brunners spätere Frau Margrit Lauterburg war eine Nichte von Hermann Kutters Frau Lydia und sein Patenkind. Emil Brunners Habilitationsschrift «Erlebnis, Erkenntnis und Glaube» ist Hermann Kutter gewidmet.[28]

Kindheit in Zürich

Im April 1893 verliess die Familie Brunner Winterthur. Heinrich Emil Brunner wurde Primarlehrer im städtischen Gablerschulhaus in Zürich-Enge.[29] Das heisst nicht, dass er damit den Idealen des Evangelischen Lehrerseminars Unterstrass untreu geworden wäre. Er versuchte jetzt, eine christliche Existenz in einer säkularen Schule zu verwirklichen. Wo der Staat «wirklich konfessionslose oder weltliche Schulen» unterhielt, waren «christliche Persönlichkeiten» als Lehrer umso wichtiger.[30] Heinrich Bachofner hatte es seinerzeit folgendermassen formuliert:

«Es wird dem Lehrer nie verboten werden können, mit den Schülern und für sie zu beten, sie mit dem Ernst und der Freundlichkeit Christi zu ermahnen, jenen unfassbaren, aber mächtig wirkenden Lebenshauch des christlichen Geistes zu schaffen und religiöse Einwirkung gelegentlich eintreten zu lassen. An Gelegenheit wird es nicht fehlen.»[31]

Emil Brunner nannte später den christlichen Einsatz seines Vaters in einer weltlichen Schule ein «kleines Martyrium», d. h. ein radikales Für-den-Glauben-Hinstehen.[32]

Heinrich Emil Brunner hielt (jedenfalls solange die Kinder noch klein waren) an der von Bachofner übernommenen Gewohnheit der täglichen Hausandachten fest. Abwechselnd mit seiner Frau erzählte er den Kindern biblische Geschichten, wobei er sich auf das «Liebheilandbüchlein» stützte.[33] Wahrscheinlich handelte es sich um den rot eingebundenen Band «Biblische Erzählungen aus dem Alten und Neuen Testament [...] mit Zeichnungen von [Johann Heinrich] Meyer» des seit 1827 in Töss

---

[28] Emil Brunner, Erlebnis, Erkenntnis und Glaube. Eine religionsphilosophische Studie. Habilitationsschrift zur Erlangung der venia legendi der hohen theologischen Fakultät Zürich. Tübingen 1921 (im Folgenden zitiert als «Erlebnis»), S. III.
[29] 1903 wurde die Familie ins Bürgerrecht der Stadt Zürich aufgenommen, 1905 von Oberrieden aus dem Bürgerrecht entlassen.
[30] Heinrich Bachofner, in: Fünfter Bericht über das Evangelische Lehrerseminar in Unterstrass bei Zürich. Mai 1873 bis Mai 1874. Zürich 1874, S. 50.
[31] A. a. O.
[32] Nachlass 127, 3.
[33] Diese und die folgenden Einzelheiten nach: Curriculum Vitae, Nachlass 122, 1–2. Es handelt sich dabei um einen grossen Hausaufsatz, den der Maturand im Auftrag seines Deutschlehrers im Sommer 1908 schrieb.

wohnhaften Pfarrers, Dekans und Kinderschriftstellers Wilhelm Corrodi.[34] Dieser gehörte zum in religiöser Hinsicht konservativen Flügel der Zürcher Kirche. Sein damals sehr beliebtes Buch sollte «dem frommen sittlichen Gefühle angemessene Nahrung» darbieten. Die einzelnen für sechs- bis siebenjährige Kinder gedachten Erzählungen werden jeweils mit einem kleinen Gedicht abgeschlossen. Die Weihnachtsgeschichte beispielsweise endet mit:

> «Der Heiland, Jesus Christus, den wir kennen,
> Nach welchem wir uns alle Christen nennen,
> Er war der frömmsten Mutter lieber Sohn,
> Und seine ersten Lebenstage schon,
> Sie zeigten es der Erde wunderbar,
> Dass er auch Gottes Sohn vom Himmel war.»[35]

Zusammen mit andern dramatisierten die Brunnerkinder einzelne der biblischen Geschichten, etwa diejenige von David und Goliath. Vor dem Essen betete man stehend.[36] Jeweils vor dem Schlafengehen versammelte sich die ganze Familie zum Abendsegen. In «prächtiger Zierschrift» hing im elterlichen Schlafzimmer 2. Chronik 6,20:

> «Dass deine Augen offen seien über dies Haus Tag und Nacht, über die Stätte, dahin du deinen Namen zu stellen verheissen hast; dass du hörest das Gebet, das dein Knecht an dieser Stätte tun wird.»

Dies war der erste Bibelspruch, den Brunner auswendig lernte.[37] Als Maturand bezeichnete er seinen Vater als den idealen Menschen und vorbildlichsten Christen, mit dem er je in Berührung gekommen sei. Heinrich Emil Brunner hatte zeit seines Lebens ein waches theologisches Interesse. Nicht nur Hermann Kutter, sondern auch Leonhard Ragaz kannte er persönlich, mit dem er einmal bei Blumhardt in Bad Boll zusammengetroffen war.[38] Er liebte es, mit seinem erwachsenen Sohn über theologische Fragen zu diskutieren, und nahm regen Anteil an dessen Publikationen.[39]

Sobald die vier Kinder etwas selbständiger geworden waren, übernahm die Mutter einen kleinen Quartierladen, um das eher bescheidene Lehrergehalt ihres Mannes aufzubessern. Als Gymnasiast schrieb Brun-

---

[34] Dejung, S. 237.
[35] Wilhelm Corrodi, Biblische Erzählungen aus dem Alten und neuen Testament. Mit Zeichnungen von H. Meyer. Zürich ohne Jahrgang. (Das reizende Buch befindet sich in der «Kinderbibelsammlung Regine Schindler». Gemäss Auskunft von Regine Schindler, Uerikon, ist das Buch auf die Jahre 1842–44 zu datieren.)
[36] Nachlass 127, 3.
[37] Nachlass 75, Predigt vom 18. Januar 1948 zur Eröffnung der «Heimstätte Boldern».
[38] Ragaz an Brunner am 16. Dezember 1926.
[39] An Ragaz am 23. August 1916.

Emil Brunner im Kreis der elterlichen Familie (Heinrich Emil Brunner, Lydia, Hanny und Emmy Brunner, Sophie Brunner-Müller).

ner, dass ihm das unpassend erschien. Er wollte, dass die Mutter zu Hause blieb und den Kindern den ganzen Tag zur Verfügung stand.[40]

Der Anfang in Zürich war für Emil Brunner schwierig: Die erste Wohnung an der Waffenplatzstrasse 41 war im Vergleich zu derjenigen in Winterthur (im «Lindenhof» in der Nähe der Kaserne) enttäuschend, da ein Garten fehlte. Dazu kam, dass ihn eine Herzklappenentzündung monatelang ans Bett fesselte.[41] Erst das spätere Domizil in einem stattlichen Mehrfamilienhaus an der Seestrasse 109 in Zürich-Enge entsprach den Wunschvorstellungen. Hinter dem Haus gab es eine grosse Wiese mit Obstbäumen, die gegen den See gerichtet war und sich für Indianerspiele und Fussball eignete. Noch komfortabler war ab 1905 ein geräumiges Stockwerk an der Waffenplatzstrasse 68, wo Emil Brunner auch als Student bei seinen Eltern wohnte.

---

[40] Nachlass 126.
[41] Nach heutiger Sicht möglicherweise ein rheumatisches Fieber als Folge einer Kinderkrankheit. Andreas Jehle (Dr. med.) mündlich. Auch eine Tuberkuloseerkrankung käme in Betracht.

Gymnasialzeit

Über Emil Brunners Primarschulzeit ist wenig überliefert. Die erhaltenen Schulzeugnisse dokumentieren, dass er ein hervorragender Schüler war. Wenn er später schrieb, im Betragen habe er «nie durch gute Noten geglänzt», ist das eine Selbsttäuschung, die durch die Zeugnisse widerlegt wird,[42] bzw. ein Sich-selbst-Kleinmachen in der Tradition des Pietismus. Einen bleibenden negativen Eindruck hinterliess der Lehrer an der Mittelstufe, der wegen eines Sexualdeliktes ins Zuchthaus kam. Der Maturand Brunner bemängelte in diesem Zusammenhang in einem Schulaufsatz, dass man die Kinder im wilhelminischen Zeitalter nicht sexuell aufzuklären pflegte.[43]

Seit dem Frühling 1902 besuchte Emil Brunner das kantonale Gymnasium am Zürichberg, von der zweiten Klasse an die Literarabteilung mit dem Hauptfach Griechisch. Auch das für das Theologiestudium obligatorische Hebräisch erlernte er bereits im Gymnasium, beim Alttestamentler an der Universität Jakob Hausheer, bei dem er teilweise auch den Religionsunterricht besuchte. Im Vergleich zu seinem pietistischen Elternhaus kam er hier in eine liberale Welt, einen «Hort des Freisinns».[44] Die Kantonsschule war damals nur für Knaben zugänglich und umfasste an allen Abteilungen zusammen zwischen 800 und 1000 Schüler.[45] Von der ersten bis zur obersten Klasse war Brunner ein Spitzenschüler. Er war nicht nur intellektuell, sondern auch musisch begabt, spielte überdurchschnittlich gut Klavier, zeichnete und malte in der Freizeit. «Von Jugend auf» habe das Schauspiel «eine zauberhafte Wirkung» auf ihn ausgeübt, sagte er später.[46] In den oberen Gymnasialklassen besuchte er regelmässig die Abonnement- und Kammerkonzerte in der Tonhalle und war von Bachs h-Moll-Messe und Beethovens Violinkonzert tief beeindruckt. Seine Liebe zu Johann Sebastian Bach war nachhaltig: Von einem Freund liess er sich in der Zeit, als er Pfarrer in Obstalden war, sämtliche Solosuiten für Cello von Bach vorspielen.[47] Noch vierzig Jahre später schrieb er, dass Bachs Musik für ihn aussagekräftiger «als irgendein Gedicht» sei.[48] Mit Genugtuung erfüllte ihn, als er im Jahr 1906 am Turnfest der Kantonsschule den ersten Preis von 200 Turnenden erhielt. Psychologisch überaus typisch für

---
[42] Nachlass 126, 15 und 16.
[43] Nachlass 126.
[44] Nachlass 127, 3.
[45] Vgl. die Programme der Kantonsschule in Zürich. Zürich 1902–1908.
[46] Emil Brunner, Das Theater, was es ist und sein soll, in: Schauspielhaus Zürich (Hg.), Schauspielhaus – Spielzeit 1952/53. Zürich 1952, S. 5.
[47] An Thurneysen am 30. April 1921. (Brunner spricht ungenau von «Cellosonaten».)
[48] Emil Brunner, Dogmatik I. Die christliche Lehre von Gott. 3. Auflage. Zürich 1960 (im Folgenden zitiert als «Dogmatik I»), S. 37.

diesen Lebensabschnitt, kam er sich zeitweise wie ein werdendes Genie vor. Später führte ihn Selbstreflexion jedoch zur Einsicht, er sei eher vom Schlag eines Lessing (*cum grano salis*) als eines Goethe, d. h., dass er wohl talentiert, aber nicht genial sei. Er nahm an sich selbst eine hohe logische Begabung wahr, meinte aber feststellen zu müssen, dass ihm die Gabe der Intuition, des ganzheitlichen Erkennens, abgehe.[49]

Einige der dauerhaften Freundschaften Emil Brunners begannen im Gymnasium. Rudolf Wachter, sein späterer Schwager und während langer Jahre wohl sein treuester Freund, besuchte die gleiche Klasse an der Kantonsschule. Zu einer tieferen Beziehung kam es allerdings erst während des Theologiestudiums. Ein anderer guter Kamerad war der spätere Altphilologe Karl Hauser, nach dem Studium im Lehramt tätig. Von lebenslanger Dauer war die Verbindung mit Franz Tank, bis zu seiner Emeritierung 1960 Ordinarius für Physik und Radiotechnik an der Eidgenössischen Technischen Hochschule in Zürich und 1943–1947 deren Rektor, ein Pionier der Elektro- und Hochfrequenztechnik. Als Tank und Brunner im akademischen Lehramt wirkten, und zwar gewissermassen Haus an Haus – die Universität Zürich und die Eidgenössische Technische Hochschule waren in Nachbargebäuden untergebracht –, fanden gemeinsame Abende mit klassischer Musik in privatem Kreis statt. Ende Januar 1966, als Brunner bereits schwer krank war – er starb am 6. April 1966 –, blickte Tank in einem Brief an dessen Frau auf die gemeinsame Gymnasialzeit zurück:

> «Wie sah das Leben sonnig aus, als wir noch zusammen ins Gymnasium gingen. Emil – Moritz genannt – war immer fröhlich. Er war nicht nur ein guter Lateiner und Grieche, sondern auch ein Turner, Maler, Musiker und anderes mehr. […] immer war und blieb Emil der alte, liebe und treue Kamerad. […] Bringen Sie ihm bitte die besten Wünsche aller Klassenfreunde an sein Lager.»[50]

Verschiedene Lehrerpersönlichkeiten übten einen grossen Einfluss auf den Gymnasiasten aus. Sein Deutschlehrer in den letzten anderthalb Schuljahren war der Germanist und Schriftsteller Robert Faesi, der später als Universitätsprofessor und Vorsitzender des Schweizerischen Schriftstellervereins kulturpolitisch eine Schlüsselrolle spielte. Im *Curriculum Vitae*, das Emil Brunner als Maturand verfasste, nennt er als weitere wichtige Bezugsperson seinen Griechischlehrer Gustav Billeter (den Entdecker der Urfassung von Goethes «Wilhelm Meister»), der als erster philosophisches Interesse in ihm geweckt habe. Noch mehr beeindruckte ihn der Historiker Otto Markwart. Diesem gelang es, Emil Brunner so für Italien zu begeistern, dass er in den Ferien im Selbststudium mit Hilfe einer

---

[49] Nachlass 122, 1/2.
[50] Franz Tank an Margrit Brunner am 31. Januar 1966.

30 *Herkunft und Jugendzeit*

Grammatik das Italienische so weit erlernte, dass er das Jugendbuch «*Cuore*» («Herz») von Edmondo De Amicis im Original lesen konnte. Markwart besass eine umfangreiche Fotosammlung und sorgte dafür, dass die Räume des Gymnasiums mit Reproduktionen klassischer und zeitgenössischer Künstler ausgestattet wurden, z. B. mit der «Toteninsel» Arnold Böcklins, die bis in die Fünfzigerjahre hängen blieb.[51] Die Aktion ging auf eine Anregung seines Lehrers Jacob Burckhardt zurück, dass man Gänge, Hausflure und Treppen der Schule mit einer ganz bescheidenen «Auswahl des Allervorzüglichsten fest hinter Glas und Rahmen» schmücken solle. «In so manchem müssigen Augenblick würde sich [dieser Schmuck] hie und da einem frischen Auge für immer einprägen und den dauernden Abgeschmack gegen das Nichtige begründen.»[52] Unter Markwarts Einfluss las Emil Brunner die dreibändige «Römische Geschichte» von Theodor Mommsen mehrfach durch, ebenfalls Werke Leopold von Rankes und weiterer klassischer Historiker. Der Maturand Brunner schrieb, dass ihn mit Markwart eine persönliche Freundschaft verbinde. Eines der ersten Exemplare seiner Dissertation schickte Brunner 1914 «Seinem verehrten Lehrer Dr. Otto Markwart, dem Erwecker ersten idealen Strebens in steter Dankbarkeit [...]»[53]. Gelegentlich besuchte Brunner Markwart auch noch später. In einer tagebuchartigen Aufzeichnung vom 28. Januar 1915 stellte er fest, dass bei Markwart «die humanistische Bildung, Wissenschaft und Kunst ganz ins Leben übergegangen» sei. Markwarts Seele sei «Verehrung für das Grosse im Menschen und in der Geschichte».[54]

Konfirmandenunterricht bei Hermann Kutter

Das Gymnasium öffnete Brunner eine andere Welt. Von da an gab es in seinem Leben nicht nur die pietistische Frömmigkeit seines Elternhauses, sondern auch den humanistisch-philosophischen Standpunkt. Es ist die Spannung zwischen diesen beiden Polen, die für Leben und Werk Emil Brunners konstitutiv blieb.

In den unteren Gymnasialklassen scheint das religiöse Moment bei Brunner in den Hintergrund getreten zu sein. Zu einem neuen religiösen Aufbruch kam es erst durch die Begegnung mit dem Neumünsterpfarrer Hermann Kutter. Zu diesem (und nicht in Zürich-Enge) schickten Heinrich Emil und Sophie Hanna Brunner ihren Sohn in die ältere Unterwei-

---

[51] Im Jahr 1952 gesehen von F. J.
[52] Programm der Kantonsschule in Zürich 1908. Zürich 1908, S. 32.
[53] Das Symbolische, Exemplar ZB: DB 270, S. III. Vgl. unten, S. 49 ff.
[54] Nachlass 122, 12.

sung sowie in den Konfirmandenunterricht. Die Konfirmation fand zu Weihnachten 1905 statt. Obschon Pfarrer Kutters Stärke viel weniger im Verkehr mit jungen Leuten als in der Predigt gelegen habe, hätten «diese zwei wöchentlichen Stunden einen vollständigen Umschwung» in seinem Leben bewirkt, schrieb Brunner als Maturand. Noch viel später sagte er, Hermann Kutter sei der «grosse Stern» seiner jungen Jahre gewesen. Er halte ihn für den «grössten Prediger» der Zeit vor dem Ersten Weltkrieg.[55] In jene Zeit fällt der Entschluss, Theologie zu studieren – und zwar mit der Absicht, sich nicht etwa im akademischen Lehramt, sondern in der pfarramtlichen Praxis zu bewähren.

Nach der Konfirmation wurde Emil Brunner Mitglied und später Leiter einer von der Schulleitung unabhängigen Bibelgruppe an der Kantonsschule, die sich stolz Kollegium Biblikum nannte. Auf Alkoholkonsum wurde in diesem Kreis bewusst verzichtet, ein Brauch, den Brunner zeit seines Lebens beibehielt. Er war auch Mitglied «des abstinenten Mittelschulvereins ‹Helvetia›».[56] Aus seinen Aufzeichnungen geht hervor, dass er regelmässig nicht nur in der Bibel las, sondern auch in Schriften der Blumhardts und im Andachtsbuch «De imitatione Christi» («Von der Nachfolge Christi») von Thomas a Kempis.

Gemäss pietistischer Tradition führte Brunner ein Tagebuch, das vor allem um sein inneres geistliches Leben kreist und von einer gewissen Ängstlichkeit, wenn nicht sogar Skrupelhaftigkeit gekennzeichnet ist. Brunner ist mit seinem Stand in der Nachfolge Jesu oft unzufrieden und wirft sich Ehrgeiz, Hochmut und andere Fehler vor. Seine «Selbstbetrachtungen» von 1907/08 offenbaren ihn als einen fast übertrieben feinfühligen jungen Mann, der hohe Ideale anstrebte.[57] Es ist dies ein Zug, der Brunner während seines ganzen Lebens begleitete. Gegenüber Karl Barth klagte er 1916, er finde sich «immer wieder faul und untreu und meinen Glauben so schwach, dass ich gegen den robusten alten Adam oft nicht aufkomme».[58] Barth antwortete in seiner zupackenden Art, der Glaube bestehe ja gerade darin, «diese ganze psychologische Tatsächlichkeit in keinem Sinn (weder positiv noch negativ, weder optimistisch noch pessimistisch beleuchtet) ernst und wichtig zu nehmen, sondern uns, mit geschlossenen Augen gleichsam, an Gott zu halten».[59] Brunners spätes, menschlich ergreifendes «Lebensbekenntnis»[60] von 1948 zeigt, dass er

---

[55] Nachlass 127, 3.
[56] Emil Brunner, in: Die Junge Schweiz. 19. Jahrgang, Nr. 3. Dezember 1943, S. 35.
[57] Nachlass 122, 3.
[58] An Barth am 3. Juli 1916, in: Karl Barth – Emil Brunner. Briefwechsel 1916–1966. Hg. v. E. Busch. Karl Barth Gesamtausgabe 33 (im Folgen zitiert als «Barth–Brunner»), S. 9.
[59] A. a. O., S. 11 und 13. Vgl. unten, S. 118 f.
[60] Nachlass 122, 10.

immer wieder einmal von solchen Gefühlen persönlichen Ungenügens umgetrieben war – eine Nebenwirkung des sonst in vieler Hinsicht positiv zu bewertenden Pietismus, der sich in andern Augenblicken als Kraftquelle auswirkte.

Theologiestudium

Im Herbst 1908 immatrikulierte sich Emil Brunner an der Universität Zürich. Die pietistische Frömmigkeit seines Elternhauses und seine humanistische Offenheit bewahrte er sich auch hier. Theologiestudierende aus einem frommen Milieu erzählen gelegentlich, dass ihr Glaube anlässlich der Begegnung mit der akademischen Theologie zusammengebrochen oder mindestens ins Wanken geraten sei. Bei Emil Brunner war das offensichtlich nicht der Fall. Das mag mit der seelsorglichen Begleitung durch Hermann Kutter zusammenhängen, aber auch damit, dass die an der theologischen Fakultät der Universität Zürich gelehrte historische Kritik für einen Absolventen des kantonalen Gymnasiums nicht ganz neu war. Nichts lässt auf eine Glaubenskrise beim Theologiestudenten Brunner schliessen. Er unterzog sich willig der Studien- und Prüfungsordnung und erlernte pflichtbewusst das theologische Handwerk, aber mit einer gewissen inneren Distanz: «Indem ich das alles aufnahm, wusste ich mich immer zugleich in der Opposition, von der überlegenen Schau Kutters her.»[1] Dass er Kontakt mit der Akademischen Abstinenten-Verbindung Libertas pflegte, entspricht seiner pietistischen Herkunft. Er war auch Mitglied des Akademischen theologischen Vereins mit dem Vulgo «Mammon».[2] Im Juli 1909 (vor dem Besuch der Rekrutenschule) besuchte er eine Konferenz des Christlichen Studentenweltbundes in Oxford, wo er John Mott und William Temple (damals an der dortigen Universität[3]) kennen lernen konnte. Und er wurde Zürcher Vertreter der Aarauer Konferenz, einer jeden Frühling stattfindenden gesamtschweizerischen Veranstaltung für evangelische Studenten, von der zahlreiche Impulse ausgingen und an der viele führende Theologen sich beteiligten (von Harnack über Ragaz, Brunner und Barth bis zu Bultmann).[4] Bereits im ersten Studiensemester belegte Brunner neben den üblichen Lehrveranstaltungen für Theologen auch philosophische. Besonders interessierte er sich für Erkenntnistheorie und Logik. In einem im Vergleich mit den meisten Theologiestudierenden weit überdurchschnittlichen Ausmass erwarb er sich Spezialkenntnisse in dieser und andern philosophischen Disziplinen,

---

[1] Nachlass 127, 3.
[2] Nachlass 52.
[3] Philip Potter & Thomas Wieser, Seeking and Serving the Truth. The First Hundred Years of the World Student Christian Federation. Genf 1997, S. 31.
[4] An Ragaz am 16. Oktober 1909.

die für sein ganzes weiteres Lebenswerk bestimmend sind. «Von Natur wäre ich ja viel lieber Philosoph als Theolog», schrieb er am 1. Juli 1935 an Karl Barth,[5] womit er wohl übertrieb, deshalb aber dennoch einen wichtigen Zug seiner Persönlichkeit hervorhob.

Die theologische Fakultät

Die Universität Zürich war im Zuge des liberalen Aufbruchs im zürcherischen Staatswesen im Jahr 1833 gegründet worden. Als Brunner das Studium aufnahm, hatte sie noch kein eigenes Gebäude, sondern war im Südflügel des von Gottfried Semper erbauten Eidgenössischen Polytechnikums, der heutigen Eidgenössischen Technischen Hochschule Zürich, untergebracht. Vor der Einweihung des heutigen Kollegiengebäudes der Universität Zentrum am 18. April 1914 platzte die Lehr- und Forschungsanstalt aus allen Nähten. Im Wintersemester 1908/09 waren 733 Studierende schweizerischer und 737 Studierende ausländischer Herkunft eingeschrieben, von diesen weit mehr als die Hälfte Russinnen oder Russen.[6] Es herrschte eine internationale Atmosphäre.

Die theologische Fakultät geht letztlich auf die Reformation Huldrych Zwinglis zurück. Im Zusammenhang mit der Gründung der Universität 1833 wurde sie zu einem Zentrum der damals modernen liberalen Theologie. Symptomatisch war 1839 die aufsehenerregende Berufung von David Friedrich Strauss, die am Widerstand konservativer Bevölkerungsgruppen scheiterte. Die liberale Theologie im weiteren Sinne des Wortes blieb trotzdem bestimmend. Bedeutende Vertreter waren der Schleiermacherschüler Alexander Schweizer, 1841 bis zu seinem Tod 1888 Ordinarius für praktische Theologie, Neues Testament und Ethik, und der Hegelianer Alois Emanuel Biedermann, 1860 bis zu seinem Tod 1885 Ordinarius für Neues Testament und systematische Theologie. Gegen Ende des 19. Jahrhunderts verlor der theologische Modernismus an Attraktion. Tiefpunkt war das Jahr 1899, als sieben Theologieprofessoren und drei Privatdozenten sechs immatrikulierte Studenten unterrichteten.[7] In den ersten Jahren des 20. Jahrhunderts kam es zu einer leichten Erholung der Studentenzahl. Als Emil Brunner studierte, betrug sie zwischen zwanzig und dreissig.

Im Herbst 1908 stellte sich die theologische Fakultät folgendermassen dar: Doyen der Professoren war der Systematiker Gustav von Schulthess-Rechberg, seit 1890 als ordentlicher Professor. Er war Schüler des Phi-

---

[5] An Barth am 1. Juli 1935, in: Barth–Brunner, S. 286.
[6] Gagliardi, S. 777.
[7] A. a. O., S. 825.

Polytechnikum Zürich, Südflügel: Räumlichkeiten der Universität Zürich zur Zeit von Emil Brunners Studium.

losophen Rudolf Hermann Lotze und des von diesem entscheidend mitgeprägten Theologen Albrecht Ritschl. Gustav von Schulthess-Rechbergs Stärke war weniger die Systematik als die Dogmengeschichte.

«Seine Interessen umfassten in weitem Umkreis die Philosophen von Plato bis Nietzsche, Mystiker wie Böhme, Aufklärer gleich Diderot. Verständnisvoll für jede Persönlichkeit, erfasste er auch *jenseits* der Theologie Liegendes mit gleichem Verantwortungsgefühl.»[8]

Er war Mitglied des kantonalen Kirchenrates und Präsident des Freien Gymnasiums,[9] was zeigt, dass er kirchenpolitisch zu den ‹Positiven› gehörte. In einem Tagebucheintrag nannte Emil Brunner von Schulthess-Rechberg einen «ritterlichen» Menschen.[10] Im Sommersemester 1911 kam es zu einem Zusammenstoss zwischen Schulthess-Rechberg und dem Theologiestudenten Brunner, weil der junge Mann in den Augen seines Professors offenbar religiös zu überschwänglich war. Er erweckte den Eindruck, dass er «ausschliesslich Mystiker oder Theolog» – und nicht

[8] A. a. O., S. 828.
[9] Dejung, S. 518.
[10] Nachlass 122.

Wissenschaftler – sein wollte.[11] Schulthess-Rechberg stand dem jungen ‹Heisssporn› aber mit grossem Wohlwollen gegenüber. Obschon er sich bei einem Teil seiner Fakultätsgenossen damit wenig beliebt machte (und sich auch nicht durchsetzen konnte), trat er im Jahr 1915 zu Gunsten von Brunners Habilitation ein.[12]

Das Fach Neues Testament wurde von Paul Wilhelm Schmiedel (seit 1893) und Arnold Meyer (seit 1904) vertreten, beide pointiert historisch-kritische Exegeten.

«Bei weiter ausgreifenden Untersuchungen blieb [Schmiedel] gelegentlich [...] in den Vorarbeiten stecken. Aus dem Grammatiker entwickelte er sich zum Textkritiker, der die wichtigsten neutestamentlichen Handschriften selbständig durcharbeitete, unzählige Varianten prüfte [...]. [...] Der völlig selbstlose Mensch wirkte kraft besonderen Zaubers auf die Schüler: durch Unbestechlichkeit des Urteils, gleich treu bei Pflichterfüllung im Grossen wie im Kleinen.»[13]

Schmiedel lebt bis heute in der etwas papierenen Sprache der Übersetzung des Neuen Testamentes der Zürcher Bibel von 1931 fort. Als Repräsentant der historisch-kritischen Schule stand er der nach dem Ersten Weltkrieg neuen ‹dialektischen› Theologie mit heftiger Ablehnung gegenüber und wehrte sich vehement gegen die Habilitation Emil Brunners.[14] Während dessen Studienzeit pflegte er aber einen engen persönlichen Kontakt mit ihm und gratulierte ihm anlässlich seiner Lizentiatenpromotion im Sommer 1913 freundlich. Typisch ist, dass er den jungen Theologen auf zahlreiche Kommafehler und andere Versehen in seiner Arbeit hinwies.[15] – Arnold Meyer interessierte sich vor allem für Quellenfragen der Evangelien. Während der oberen Semester des Studiums Emil Brunners diente der offenbar gewinnende, bewegliche und auch schlagfertige Mann der Universität als Rektor und hatte in der damaligen Bauphase ein grosses Pensum zu bewältigen. Gelegentlich noch genannt wird seine späte Untersuchung über «Das Rätsel des Jakobusbriefes» von 1930.

Professor für alttestamentliche Wissenschaft, Orientalistik und Religionsgeschichte war seit 1905 der Brunner von der Kantonsschule her bekannte Jakob Hausheer, der fast seine ganze wissenschaftliche Energie in die Revision der Zürcher Bibel investierte.

«Obwohl die Übersetzung juristisch durch die [von ihm präsidierte] Kommission verantwortet wurde, kann Hausheer ohne Einschränkung als *der* Über-

---

[11] Nachlass 43.
[12] Nachlass 122, 7. Vgl. unten, S. 62 ff.
[13] Gagliardi, S. 828.
[14] Vgl. unten, S. 171.
[15] Nachlass 43.

setzer des Alten Testamentes gelten, dessen wissenschaftliche und sprachliche Qualität noch heute internationale Anerkennung findet.»[16]

Bei ihm schrieb Emil Brunner eine Seminararbeit über Jeremia und Ezechiel, die er sein Leben lang aufbewahrte.[17] – Seit 1908 lehrte als weiterer Alttestamentler – freilich vorläufig erst im Nebenamt – der junge Ludwig Köhler, dessen frühe Jeremiavorlesung Brunner im Wintersemester 1909/10 hörte.

Das Fach Kirchengeschichte wurde ab 1909 von Walther Köhler gelehrt, der ein bedeutender Zwingliforscher wurde. Als Schüler von Ernst Troeltsch war er bewusst liberal und später sehr misstrauisch, als Brunner sich habilitierte und Professor werden wollte.[18] Für Köhlers Liberalität spricht, dass er sich persönlich darum kümmerte, dass das Haus J. C. B. Mohr (Paul Siebeck) in Tübingen Brunners Dissertation verlegte.[19] Ein Ergebnis des Studiums bei Köhler war eine Seminararbeit über «Die religiösen Ideale des Desiderius Erasmus von Rotterdam».[20] Bereits in dieser frühen Arbeit zitiert Brunner im Zusammenhang mit Erasmus Conrad Ferdinand Meyers Vers über Ulrich von Hutten: «Ich bin kein ausgeklügelt Buch, / Ich bin ein Mensch mit seinem Widerspruch.»[21] Ein Thema wird hier angestimmt, das Brunner jahrzehntelang bewegte und auf das er immer neu zurückkam. Am 25. Juli 1910 wurde Brunner für seine Seminararbeit über Erasmus von der theologischen Fakultät ein Anerkennungspreis von fünfzig Franken zuerkannt, damals ein ansehnlicher Betrag.[22]

Gleichzeitig mit Emil Brunner als Student begann als Ordinarius für systematische und praktische Theologie Leonhard Ragaz. Er war Mitbegründer der religiös-sozialen Bewegung in der Schweiz und damals (bis 1910[23]) noch eng mit Hermann Kutter verbunden. Die gedruckte Widmung von Brunners Dissertation von 1914 lautet: «Herrn Professor L. Ragaz in Zürich, dem Lehrer und Führer in dankbarer Verehrung zuge-

---

[16] Peter Stadler (Hg.), Die Universität Zürich 1933–1983. Zürich 1983, S. 244. (Hans Heinrich Schmid.)
[17] Vgl. unten, S. 44 f.
[18] Vgl. unten, S. 171.
[19] Nachlass 26.
[20] Emil Brunner, Die religiösen Ideale des Des[iderius] Erasmus von Rotterdam. Dargestellt auf Grund seiner Schriften Adagia, Enchiridion, Eucomium, Methodus, Paraclesis u[nd] Colloquia. 89 Seiten in grosser Handschrift. Zürich 1910. Manuskript im Besitz der Emil-Brunner-Stiftung.
[21] Vgl. oben, S. 11.
[22] Protokoll der theologischen Fakultät Zürich 1833–1923, S. 118, Akte ab. Staatsarchiv Zürich AA5 1.
[23] Vgl. Markus Mattmüller, Leonhard Ragaz und der religiöse Sozialismus. Band I. Basel und Stuttgart 1957. Band II. Zürich 1968 (In der Folge zitiert als «Mattmüller I» und «Mattmüller II»). Zur Beziehung Ragaz–Kutter: Mattmüller I, S. 177 ff.

eignet.»[24] Der überschwängliche Satz spricht deutlich aus, für wen des jungen Emil Brunner Herz schlug. Einmal nannte er Ragaz auch den «einzigen akademischen Lehrer, der mich wirklich zu begeistern vermochte. [...] Bibel und Zeit begegnen sich in ihm.»[25] Dank der Berufung von Leonhard Ragaz war es der theologischen Fakultät gelungen, gewissermassen über den eigenen Schatten zu springen und buchstäblich «Neue Wege» (so der Titel der von Ragaz gegründeten und herausgegebenen Zeitschrift) zu beschreiten. Auch wenn Brunner sich später von Ragaz löste, war dessen Einfluss auf Werden und Wachsen des jungen Theologen von unüberschätzbarer Bedeutung.[26] Es spricht für sich, dass er die Nachschriften von dessen Vorlesungen aufbewahrt hat.[27] Die Sympathie war gegenseitig: Mit Anteilnahme und herzlicher Zustimmung begleitete Ragaz jahrelang den jungen Theologen.

Im Bann des Historismus

Das Theologiestudium war damals ähnlich wie auch heute noch konzipiert. Grundsätzlich zerfiel es in zwei Teile, die vorpropädeutischen und die nachpropädeutischen Semester. Für den ersten Teil waren wenigstens vier Studiensemester vorgeschrieben, welche in der Regel an einer deutschschweizerischen oder deutschen Hochschule zu absolvieren waren.[28] Die drei alten Sprachen, Latein, Griechisch und Hebräisch, sind in der Prüfungsordnung nicht speziell erwähnt, was zeigt, dass deren Kenntnis damals als Voraussetzung für das Theologiestudium selbstverständlich war. Im *Propädeuticum* wurden die folgenden Fächer geprüft:

«1. Geschichte der Philosophie bis zur Gegenwart. 2. Allgemeine Religionsgeschichte. 3. Kirchengeschichte in Verbindung mit Kulturgeschichte. 4. Lesen und Übersetzen leichterer Abschnitte aus dem Alten Testament in der Ursprache sowie Kenntnis der einzelnen Bücher und des wesentlichen Inhalts derselben. 5. Lesen und Übersetzen von Abschnitten aus dem Neuen Testament und Kenntnis der einzelnen Bücher nach ihrem Hauptinhalt.»[29]

Im Vergleich mit andern Studienordnungen (z. B. römisch-katholischen) fällt auf, dass das Grundstudium vorwiegend, wenn nicht sogar aus-

---

[24] Das Symbolische, S. III. Vgl. unten, S. 51.
[25] Nachlass 127, 3.
[26] Vgl. unten, S. 42 ff. und S. 98 ff.
[27] Vgl. unten, S. 43 f.
[28] Reglement betreffend die Prüfungen der Kandidaten für den Kirchendienst der Konkordatskantone Zürich, Aargau, Appenzell A.-Rh., Thurgau, Glarus, Schaffhausen, St. Gallen, Baselstadt und Baselland. Vom 3. Mai 1906. § 2,2.
[29] A. a. O., § 9.

schliesslich, historisch orientiert war. Dogmatik, Ethik «mit Berücksichtigung auch der sozialen Probleme»,[30] praktische Theologie und Pädagogik in Verbindung mit Psychologie[31] waren den oberen Semestern vorbehalten. Man ging davon aus, dass ausgedehnte Kenntnisse der historischen Fakten (und der historischen Methode) am besten Gewähr dafür böten, dass jemand dazu befähigt werde, theologische Fragen selbständig zu durchdenken und in der Gegenwart zur Anwendung zu bringen. Diese Konzeption des Theologiestudiums war typisch für den Historismus: «Der Mensch als Vernunftträger ist nicht natürlich gegeben, sondern historisch aufgegeben. [...] Darum ist *die Geschichte der Philosophie das wahre Organon der Philosophie*», schrieb der Philosophiehistoriker Wilhelm Windelband 1891.[32] Analog hätten die für die damalige Konzeption des Studiums der evangelischen Theologie Verantwortlichen formulieren können: Philosophie-, Religions- und Kirchengeschichte seien das wahre Organon der Theologie (die historisch verstandenen biblischen Disziplinen inbegriffen).

Emil Brunner – und natürlich auch die andern Theologen seiner Generation – wurde in diesem Geist erzogen. Die dialektische Theologie, zu der er eine Zeitlang als einer der Protagonisten gehörte, versuchte, ein anderes Fundament zu legen: Im April 1916 diagnostizierte Brunner scharf, dass «der Historismus, das einseitig geschichtliche Denken», das «originale, schöpferisch-ursprüngliche Leben» töte.[33] Im Februar 1919 stiess er ins gleiche Horn: Die «Bibelwissenschaft unserer Tage» gehe «am Wesentlichen vorbei». Indem sie «Geistiges ungeistig», d. h. «mit fremden Massstäben» messe, bleibe sie «ihrem Gegenstand fremd und äusserlich». Aus vermeintlicher Wissenschaftlichkeit gerate sie «in jene Situation, die Kutter so köstlich charakterisiert in der Beschreibung jener Leute, die, statt das Bild im Bilderbuch anzuschauen, Papier und Farbe analysieren, weil ihnen die eigentliche Aufgabe – die Betrachtung und das Verständnis des Bildes – als ‹unwissenschaftlich› erscheint». So rede die kritisch-historische Theologie gänzlich am Gegenstand vorbei. Sie halte «die Teile in ihrer Hand», «fester und sauberer als frühere Geschlechter». Aber das «geistige Band» des Ganzen fehle.[34] Es sind dies kennzeichnende Sätze

---

[30] A. a. O., § 14, 4.
[31] A. a. O., § 14, 6.
[32] Wilhelm Windelband, Lehrbuch der Geschichte der Philosophie. Fünfzehnte, durchgesehene und ergänzte Auflage. Tübingen 1957, S. 580 f. Organon bedeutet Werkzeug.
[33] Emil Brunner, Grundsätzliches zum Kapitel «Die jungen Theologen», in: Kirchenblatt für die reformierte Schweiz 1916, S. 59.
[34] Emil Brunner, Der Römerbrief von Karl Barth, in: Kirchenblatt für die reformierte Schweiz 1919, S. 29 ff. = Jürgen Moltmann (Hg.), Anfänge der dialektischen Theologie I. Fünfte Auflage. München 1985 (Im Folgenden zitiert als «Anfänge»), S. 78 ff., Zitat: S. 80. Vgl. dazu: «Wer will was Lebendigs erkennen und beschreiben, / Sucht erst den

für das nach dem Ersten Weltkrieg neue theologische Paradigma. Sie richten sich gegen den im 19. Jahrhundert vorherrschenden Historismus, der noch das Studium Brunners prägte.

Am 20. September 1910 bestand Emil Brunner das *Propädeuticum* mit der Gesamtnote I b, mit Noten zwischen «gut» und «sehr gut». Zwei Jahre später, am 1. Oktober 1912, brachte er die theologische Abschlussprüfung hinter sich, Gesamtnote ebenfalls I b.[35] In den folgenden Tagen galt es noch, die praktische Prüfung zu bestehen, die sich aus einer Probepredigt und einer Probekatechese zusammensetzte, denen zwei Klausuren vorausgingen, in denen die Kandidaten ein ausführliches Predigtschema und eine katechetische Präparation über zwei aufgegebene Texte verfassen mussten.[36] «Bei der Probepredigt [wurde] auf biblische Begründung, zweckmässige Anordnung und Ausführung, einfache und würdige Kanzelsprache, bei der Probekatechese auf pädagogisch richtige Stoffbehandlung und richtige Fragestellung gesehen.»[37] Ein Lernvikariat gab es vor 1923 noch nicht. Die Ordination fand am 27. Oktober 1912 im Fraumünster in Zürich statt, wobei Kirchenrat August Tappolet, damals Waisenvater der Stadt Zürich und Vorsteher der Hilfsprediger, die feierliche Aufnahme des jungen Theologen ins Ministerium der Zürcher Landeskirche vornahm.[38] Tappolet schätzte Brunner und unterstützte später (1923) als Kirchenrat dessen Berufung zum Professor.[39]

Zürich und Berlin

Es erübrigt sich, alle Lehrveranstaltungen aufzuzählen, die Emil Brunner besuchte, da das meiste zur theologischen Konvention gehört.[40] Nur das Aussergewöhnliche sei erwähnt. Sowohl in Zürich als auch in seinem Berliner Semester[41] belegte er zusätzlich juristische und nationalökonomische Lehrveranstaltungen, was bereits auf seine späteren wichtigen Werke

---

Geist heraus zu treiben, / Dann hat er die Teile in seiner Hand, / Fehlt, leider! nur das geistige Band.» Johann Wolfgang von Goethe, Faust I, Vers 1935. Studierzimmer 2.

[35] Akten der Konkordatsprüfungsbehörde im Staatsarchiv Zürich T 30.a. Hier auch ein Lebenslauf Emil Brunners.

[36] Reglement betreffend die Prüfungen der Kandidaten für den Kirchendienst der Konkordatskantone Zürich, Aargau, Appenzell A.-Rh., Thurgau, Glarus, Schaffhausen, St. Gallen, Baselstadt und Baselland. Vom 3. Mai 1906. § 18.

[37] A. a. O., § 20.

[38] Nachlass Wachter 7 und: Dejung, S. 563. Gemäss Emil Brunner, Fraumünsterpredigten, Zürich 1953, S. 151, war der Ordinator Professor von Schulthess-Rechberg. Es wird sich um eine Fehlerinnerung handeln.

[39] Nachlass 48.

[40] Vorlesungsverzeichnisse im Staatsarchiv Zürich III EEf 15.

[41] Vgl. unten, S. 41 f.

«Das Gebot und die Ordnungen» und «Gerechtigkeit» vorausweist. Beim damals noch jungen Strafrechtler Ernst Hafter besuchte er bereits im ersten Semester eine dreistündige Einführungsvorlesung in die Rechtswissenschaften. In Berlin hörte er «allgemeine und theoretische Nationalökonomie» und eine Spezialvorlesung über «Industriestaat und Agrarstaat» beim ‹Kathedersozialisten› Adolph Heinrich Gotthilf Wagner, einem der Mitbegründer des heute noch bedeutenden Vereins für Socialpolitik. Beim Philosophen und Experimentalpsychologen Gustav Wilhelm Störring belegte Brunner verschiedene Vorlesungen, im ersten Semester eine vierstündige über die Geschichte der Philosophie bis Kant und im sechsten Semester «Psychologie I», dazu im zweiten Semester das philosophische Seminar, das dem englischen Empiristen David Hume galt. Andere Professoren der philosophischen Fakultät, für die Brunner sich interessierte, waren die Philosophen (und nach damaliger Wissenschaftsorganisation zugleich Pädagogen) Gotthold Lipps und Willy Freytag, dessen erkenntnistheoretische Übungen er besuchte. In Berlin belegte er eine Vorlesung über Logik und das philosophische Seminar beim Kantinterpreten Benno Erdmann.

Auf das Gastsemester in Berlin im Wintersemester 1910/11 wurde nun schon mehr als einmal hingewiesen. Die Universität Berlin galt als und war wohl auch spätestens seit der Reichsgründung im Jahr 1871 die absolute Spitzenuniversität in Deutschland. Die Laufbahn vieler Universitätsprofessoren wurde durch ihre Berufung in die Hauptstadt gekrönt. Emil Brunner hörte in erster Linie Dogmengeschichte bei Adolf von Harnack und «Dogmatik II» bei Julius Kaftan, die beide je auf ihre Art das Erbe Albrecht Ritschls auf höchstem Niveau weiterführten. Harnack war in der Zeit vor dem Ersten Weltkrieg der international angesehenste und einflussreichste evangelische Theologe überhaupt. Kaftan erlaubte dem Kandidaten der Theologie aus der Schweiz, an seiner Sozietät teilzunehmen, eine besondere Ehre. Eine Vorlesung über Theologie des Alten Testaments belegte er bei Wolf Wilhelm Graf von Baudissin, einem bedeutenden Vertreter der religionsgeschichtlichen Schule. In seiner späten autobiographischen Skizze bemerkte Brunner, wohl nicht ganz sachgerecht, Berlin habe ihn theologisch nur schwach beeindruckt.[42] Der Philosoph Erdmann sei ihm ebenso wichtig wie die Theologen gewesen. Darüber hinaus nennt er den aus der Schweiz stammenden Kunsthistoriker Heinrich Wölfflin und den damals führenden Altphilologen Ulrich von Wilamowitz-Moellendorff,[43] deren Vorlesungen – er war nicht regulär eingeschrieben, sondern besuchte sie gastweise – einen nachhaltigen Ein-

---

[42] Nach: Kramer, S. 33.
[43] Nachlass 127, 3.

druck hinterliessen. In einem leider verloren gegangenen Brief an Professor Schmiedel in Zürich äusserte er sich offenbar sehr begeistert über das in Berlin Gelernte. Besonders hob er dabei hervor, dass die systematische Theologie ins Zentrum seiner Interessen gerückt sei. Schmiedel bemerkte dazu: «Es ist recht, wenn Sie hier einmal Ihre Stärke suchen.»[44]

Zusammen mit Emil Brunner studierte in jenem Semester eine ganze Zürcher ‹Delegation› an der Berliner Universität, die Theologen Rudolf Wachter, Robert Epprecht, Hans Oeschger, Paul Trüb und der Altphilologe Karl Hauser. Die Fahrt nach Deutschland unternahmen sie gemeinsam, wobei sie unter anderem Frankfurt am Main und Köln besuchten und eine Schifffahrt auf dem Rhein unternahmen. Während der Neujahrsferien wurde Hamburg besichtigt und auf der Heimreise nach Abschluss des Semesters Dresden. In Berlin wohnte Brunner in Charlottenburg und musste mit der Stadtbahn an die Universität im Stadtzentrum fahren. Rudolf Wachter erwähnt in seinem Lebensrückblick nicht nur Konzerte und die Berliner Museen, sondern auch das Schauspiel «Hamlet» von Shakespeare und die Oper «Zar und Zimmermann» von Lortzing.[45] In einem späteren Brief erinnert Rudolf Wachter seinen Freund Brunner an die Abende in Berlin, an denen sie gemeinsam «im Lampenschein auf der Bude» sassen und leidenschaftlich miteinander diskutierten.[46]

Studium bei Leonhard Ragaz

Im Nachlass Emil Brunners sind verschiedene handschriftliche Aufzeichnungen aus der Studienzeit erhalten: Zusammenfassungen und Exzerpte – auch Lesefrüchte –, die teilweise der Prüfungsvorbereitung dienten. Naturgemäss sagen sie über den, der sie niedergeschrieben hat, wenig aus. Sie zeugen von seinem Fleiss und dokumentieren seine breiten Interessen gerade auch im philosophischen Bereich. Inhaltlich mehr ins Gewicht fallen Vorlesungsnachschriften, wobei auffällt, dass Brunner offenbar nur diejenigen der Vorlesungen von Leonhard Ragaz aufbewahrt hat. Bei Ragaz hatte er in den letzten drei Semestern fast alle, nicht nur die systematisch-theologischen, sondern auch die praktisch-theologischen Vorlesungen und Seminare belegt: im Sommersemester 1911 eine vierstündige Vorlesung über Religionsphilosophie und eine zweistündige über Christentum und soziale Frage, dazu sowohl die Vorlesung über den Religionsunterricht als auch das dazugehörige Seminar; im darauf folgenden Wintersemester die vierstündige Vorlesung über Wesen und Wahrheit der

---

[44] Nachlass 43.
[45] Nachlass Wachter 7, der die Oper irrtümlich Jacques Offenbach zuschreibt.
[46] Nachlass 52.

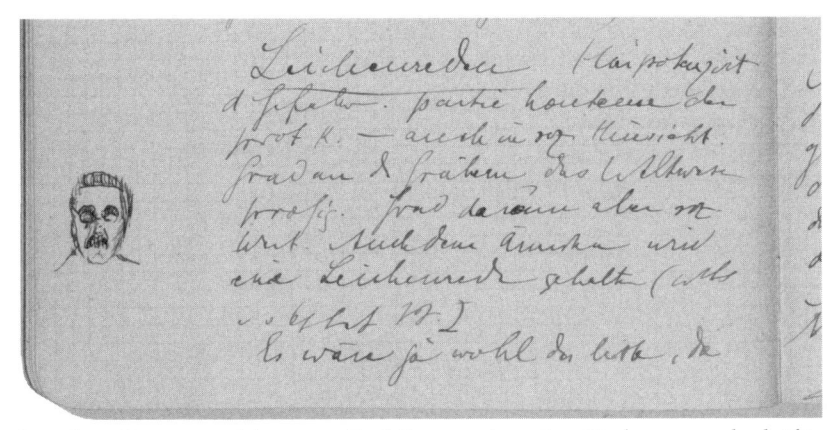

Leonhard Ragaz, gezeichnet von Emil Brunner (aus einer Vorlesungsnachschrift).

Religion, das systematische Seminar über Hegels Religionsphilosophie, das homiletische Seminar und die zweistündige Vorlesung über die soziale und seelsorgerliche Tätigkeit des Pfarrers. Im letzten Studiensemester, im Sommer 1912, kam dann noch die vierstündige Ethikvorlesung dazu.

Da das Originalmanuskript der Vorlesung über die soziale und seelsorgerliche Tätigkeit des Pfarrers verloren ging,[47] ist die Nachschrift Emil Brunners nicht nur für die Brunner-, sondern auch für die Ragazforschung von besonderer Bedeutung: Ragaz dachte ausgesprochen kritisch über Kirche und Pfarramt. Dies war ein wichtiger Grund dafür, dass er 1921 vorzeitig von seiner Professur zurücktrat. Je länger, desto mehr hatte er es als unglaubwürdig empfunden, Pfarrer zum Dienst in einer Kirche auszubilden, der er mit grossen Vorbehalten gegenüberstand. Es ist deshalb aufschlussreich, zu beobachten, wie er bereits im Wintersemester 1911/12 mit der Pfarramtsfrage umging: Ragaz betonte, dass das Theologiestudium «einer grossen Reform bedürftig» sei.[48] Dabei plädierte er nicht etwa für mehr praxisbezogene Kurse, wohl aber für weniger Geschichte und mehr Systematik. Besinnung auf das «Grosse» sei nötig, darin stimme er mit Hermann Kutter überein. Man müsse Zeit haben, «das Erlebte durchzuleben – und zu denken». Aber auch die Kirche müsse sich ändern. Wenn Reformen nicht gelängen, dann sei die Kirche tot. Sie stehe kläglich da, wenn man nur etwa an die harmlosen Traktanden der Synode von 1911 denke. «Hat denn unser Volk keine grossen Fragen?» Die soziale Wiedergeburt gehöre zum Programm des Christentums. Sozialarbeit

---

[47] Mattmüller I, S. 13.
[48] Dieses Zitat und die folgenden nach der Nachschrift Brunners, Nachlass 126, 13.

(etwa der Kampf gegen den Alkoholismus) sei wichtiger als Seelsorge im engeren und individualistischen Sinn. «Wer recht für die Kirche arbeiten will, der arbeite für die Welt.» Man dürfe den Streit nicht scheuen, da «Streit um grosse Dinge [...] lebenerzeugend» sei. Die gegenwärtige evangelisch-reformierte Kirche sei zu sehr an der Predigt orientiert, in der der Pfarrer die Gemeinde von oben herab anspreche. Ragaz sprach auch über den «Brotherhood-Gedanken» in Amerika und England: Die Kirche müsse «ihre Gemeinschaftsform ändern» und sich demokratisieren. Sie müsse die «Sache des Volkes» zu ihrer eigenen machen und sich nicht einseitig am Mittelstand orientieren. – Emil Brunner nahm diese Gedanken in seinem späten Buch «Das Missverständnis der Kirche» von 1951 teilweise wieder auf.[49]

Jeremia und Ezechiel

Bereits genannt wurde Brunners Seminararbeit über «Jeremia und Ezechiel», die er als Referat im Wintersemester 1911/12 bei Jakob Hausheer vortrug. Auffallend ist, dass der junge Brunner auch im alttestamentlichen Seminar nicht als Exeget, sondern als systematischer Theologe auftrat. Er kümmerte sich wenig um historische Einzelheiten (oder gar um Fragen der Textkritik), sondern stellte die Persönlichkeiten der beiden «Geistesheroen der Antike» einander grundsätzlich gegenüber. Jeremia sei «ungeheuer modern», wogegen Ezechiel dem modernen Betrachter «oft unendlich fern» liege.[50]

> «Ezechiel war der Mann *seiner* Zeit und hat in seiner Zeit seine grosse Wirkung gehabt. Das Judentum ist seine Schöpfung. Für den Historiker zählt er als Grossmacht. Jeremia wurde nicht verstanden, er war seiner Zeit *voraus*, ein Mann der Zukunft – und damit ist er ein für uns Gegenwärtiger.»

Während «Jeremias Ideal die Auflösung aller ‹Religion› in echte Menschlichkeit» sei, da «jeder unmittelbaren Zugang zu Gott» erhalte, erschöpfe sich «Ezechiels Sehnen in der Vorstellung einer vollkommenen Kultgemeinschaft». Wenn Jeremia kultische Begriffe verwende, dann verwende er sie metaphorisch – etwa «Beschneidung des Herzens» –, während bei Ezechiel der gleiche Begriff im buchstäblichen Sinn gemeint sei. Ausgehend von der Jeremiavorlesung Ludwig Köhlers zwei Jahre vorher und dem, was er von Baudissin und Hausheer gelernt hatte, bewegte Brunner sich in dieser Arbeit auf der Linie des grossen Basler Alttestamentlers Bernhard Duhm, der die Propheten «als schöpferische religiöse Persön-

---
[49] Vgl. unten, S. 506 ff.
[50] Dieses Zitat und die folgenden nach Nachlass 126, 14.

lichkeiten» auffasste, deren Dichtungen man von den theologisierenden Zusätzen ihrer Epigonen befreien müsse.[51] Jeremia gehörte für Duhm «zu den grössten Propheten Israels und zugleich zu seinen grössten Dichtern». Er habe eine «Saat ausgestreut, die nicht vergehen konnte, wenn auch das Feld, wo sie gedieh, nicht die breite Masse des Volkes, sondern nur das Herz einzelner Frommen und Freien» gewesen sei.[52] Jeremia habe den «wahren Sitz der Religion» im Herzen gesehen.[53] Ezechiel war nach Duhm im Gegensatz dazu ein nüchterner «Verstandesmensch» ohne prophetische und dichterische Inspiration.[54] Seine prophetischen Visionen seien eine literarische Fiktion, modern formuliert: ein Schreibtischprodukt. Im Unterschied zu Jeremia falle einem bei Ezechiel ausserdem die «grosse Kälte» gegenüber seinem Volk auf.[55] Brunner übernahm für sein Referat die Prophetendeutung Duhms, dem seine alttestamentlichen Lehrer, Hausheer, Baudissin und Ludwig Köhler, nahestanden. Es wird hier deutlich, dass der junge Zürcher Theologe damals mehr von der liberalen Theologie beeinflusst war – sie sich zu eigen machte –, als ihm wohl selbst bewusst war. Im Zusammenhang mit Jeremia zitiert er wie bereits in der Arbeit über Erasmus[56] den Vers über Ulrich von Hutten von Conrad Ferdinand Meyer: «Ich bin kein ausgeklügelt Buch, / Ich bin ein Mensch mit seinem Widerspruch.» Die Widersprüchlichkeit der menschlichen Existenz war und blieb für ihn ein zentrales Thema.

Die ersten Predigten

Vom homiletischen Seminar bei Ragaz im Wintersemester 1911/12 war schon die Rede. Eines seiner Ergebnisse sind die ersten Predigten, die Brunner im Alter von gut 22 Jahren als Kandidat der Theologie im Frühling 1912 hielt, die eine am 14. April in Bürglen im Kanton Thurgau, die andere am darauf folgenden Sonntag, dem 21. April, in Zürich-Leimbach.[57] Obwohl die Predigt vom 14. April in den Aufzeichnungen der Familie Brunner gelegentlich als Emils erste bezeichnet wird, ist diejenige vom Sonntag, dem 21. April, die faktisch ältere, da Brunner sie bereits im Januar 1912 für das homiletische Seminar entworfen hatte. Für den Gottesdienst in Zürich-Leimbach nahm er nur eine leichte Überarbeitung vor,

---

[51] RGG, Band 2. Vierte Auflage. Tübingen 1999, Sp. 1013 (Rudolf Smend).
[52] Bernhard Duhm, Israels Propheten. Tübingen 1916, S. 242.
[53] A. a. O., S. 270.
[54] A. a. O., S. 230 f.
[55] A. a. O., S. 234.
[56] Vgl. oben, S. 37.
[57] Nachlass 63. Alle Zitate aus den hier besprochenen beiden Predigten sind unter dieser Nummer zu finden.

indem er einige Sätze einschob. Auf dem Titelblatt steht: «Predigt über ‹Leben in Gott›. [...] Meine 1. Predigt, in dieser zweiten Fassung [...] als 2. Predigt gehalten in Leimbach [...].» Wie es sich bei einer Arbeit für das homiletische Seminar gehörte, steht am Anfang eine Disposition: «*I. Wir leben nicht in Gott.* 1. Das Thema: Leben in Gott. 2. Unser Leben – ein Leben ohne Gott. *II. Wir können nicht leben ohne Gott.* 1. Ein konsequentes Leben ohne Gott. 2. Notwendigkeit des Gottesglaubens. *III. Die herrliche Aussicht auf ein Leben in Gott.* 1. Die neue Bedeutsamkeit des Gottesglaubens auf dem Hintergrund des Atheismus. 2. Ideales Leben in Gott (Jesus). 3. Unsere Stellung dazu (vorhandene und zu erfüllende Bedingungen).»

Allein aus dieser Disposition geht hervor, dass er schon in seiner ersten Predigt sein Programm der ‹Eristik› anwandte, das, was er später die «andere Aufgabe der Theologie» nannte, nämlich die Aufgabe, den Nichtgläubigen ihre eigenen Selbstwidersprüche aufzuzeigen.[58] Sehr ausführlich versuchte er, der Gemeinde zu demonstrieren, dass man «ohne Gott» nicht leben kann. Wenn Gott nicht existiert, dann ist alles trost- und sinnlos. Um das zu unterstreichen, zitierte er aus Nietzsches «Die fröhliche Wissenschaft» den berühmten Aphorismus über den «Tod Gottes».[59] Die Ausführungen über das Heil gegen den Schluss der Predigt sind stark an der Leben-Jesu-Theologie des 19. Jahrhunderts orientiert. Jesus als religiöse Persönlichkeit ist das grosse Vorbild. Auf dem Höhepunkt beschwört Brunner die Gemeinde: «Denkt an Jesus. Da ist aller und jeder Schatten eines dekorativen Sonntagsgottes verschwunden. Gott ist die wahre Wirklichkeit, das einzige, was man wirklich ganz und gar ernst zu nehmen hat.» Gestalterisch ist manches recht eindrücklich gelungen, etwa der Anfang mit der Anknüpfung an die Grabinschrift «Hier ruht in Gott», der Brunner die Formulierung «Hier lebt in Gott» überbietend gegenüberstellt. Wie er selbst auf dem Titelblatt formuliert, handelt es sich nicht um eine Homilie, sondern um eine Themapredigt, einen sogenannten Sermo.[60] Brunner gesteht, dass er den Predigttext, Johannes 14,19 («Ich lebe, und ihr sollt auch leben»), der Predigt erst «nachträglich untergelegt» habe, er sei «gemeint als Motto».

---

[58] Vgl. unten, S. 66 und S. 226.
[59] Friedrich Nietzsche, Die fröhliche Wissenschaft, in: Kritische Gesamtausgabe. Herausgegeben von Giorgio Colli und Mazzimo Montinari. Fünfte Abteilung. Zweiter Band. Berlin [u. a.] 1973, S. 158–160.
[60] Unter *Homilie* versteht die praktische Theologie eine Predigt, die einen konkreten Bibeltext auslegt, während der sogenannte *Sermo* von einem Thema ausgeht und Biblisches nur als Illustration braucht. Als Brunner studierte, war der Sermo der Normalfall, während die ‹dialektische Theologie› (vor allem Karl Barth) zehn Jahre später für die Homilie eintrat. Die Pfarrer sollten nicht von eigenen Gedanken ausgehen, sondern sich unter das Schriftwort beugen.

Die Predigt vom 14. April 1912 in Bürglen ist differenzierter. Besonders am Anfang finden sich spannend zu lesende erzählerische Passagen, zuerst über einen Ostersonntagmorgen auf einem Berg, wo von überall her die Osterglocken zu hören sind, dann von einem trostlosen Dorf, wo die Bauern hart auf dem Feld arbeiten, während ein nietzscheartiger Bettler sie jeden Abend in einer unerträglichen Weise verhöhnt – bis Jesus kommt und Licht in diese triste Welt bringt. Jesus ist der «göttliche Mensch», auch hier die damals verbreitete Leben-Jesu-Christologie, allerdings mit vertieferen Passagen. Ein Lieblingsgedanke Brunners, der ihn sein ganzes Leben begleitete, kommt schon in dieser frühen Predigt vor: Glaube im biblischen Sinn ist etwas anderes als ein Fürwahrhalten. Glaube im theologischen Sinn ist, «wie wenn eine Mutter zu ihrem Sohn sagt: Ich glaube an dich!». Es findet also eine Abgrenzung von einem intellektualistischen Glaubensverständnis statt, was bereits auf die Dissertation und spätere Veröffentlichungen vorausweist. Aufgabe der christlichen Gemeinde sei es, «Gott sozusagen in die Welt hineinzutragen» – ein Echo dessen, was er bei Leonhard Ragaz gelernt hatte. Wie bei Anfängern häufig, ist die Predigt zu gedankenreich. Der junge Theologe wollte alles sagen, was ihm durch den Kopf gegangen war. Sowenig die Predigten in allen Einzelheiten überzeugen, so sehr wird deutlich: Emil Brunner war ein vielversprechender junger Theologe. Auf seinen weiteren Weg konnte man gespannt sein.

Zwischen Studium und Pfarramt

Am Tag seiner Ordination, am 27. Oktober 1912, war Emil Brunner knapp 23-jährig. Er hätte sich jetzt als Pfarrer in eine Gemeinde wählen lassen können. Das Ziel war erreicht, das er sich als Gymnasiast vorgenommen hatte. Er war aber noch nicht so weit. Vielleicht könnte man sagen, dass er sich noch nicht für erwachsen genug hielt. So glänzend die Prüfungsresultate waren und so lobend, wenn nicht sogar bewundernd, die Reaktionen auf die ersten Predigten ausfielen, so sehr fühlte er sich – aus seinem Tagebuch zu schliessen – innerlich häufig unsicher, «eitel», «haltlos», manchmal «zerfahren». Dazu kam, dass im Lauf des Studiums ein wissenschaftlicher Hunger geweckt worden war, der noch bei weitem nicht gestillt war. Brunner wollte tiefer in die Sache der Theologie eindringen. Nächstes Ziel wurde das theologische Lizentiat, das in seiner damaligen Form dem heutigen Doktorat entspricht. Es war ausgesprochen selten. Zwischen 1833 und 1922 wurden in Zürich nur drei Theologen zu Lizentiaten promoviert.[1] Doktor der Theologie konnte man in Zürich vor dem Ersten Weltkrieg nur ehrenhalber werden. Zielbewusst begann Brunner seine Dissertation, die er in kurzer Zeit beendete. Ein schmaler, aber äusserst anspruchsvoller Band entstand: «Das Symbolische in der religiösen Erkenntnis. Beiträge zu einer Theorie des religiösen Erkennens.»

Dissertation

Die mündliche Lizentiatenprüfung am 31. Juli 1913 bestand er mit dem Prädikat «summa cum laude», was Leonhard Ragaz dem Kandidaten eröffnete – gemäss Beschluss der Fakultät.[2] «Das Examen war, verglichen mit den [früheren Prüfungen], ein wahrer Genuss. Man liess mich viel mehr auspacken, als dass man mich auspumpte.»[3] Ragaz hatte die Dissertation bereits im Mai als «Wurf» bezeichnet und regte am Tag nach der mündlichen Prüfung brieflich an, Brunner solle sich habilitieren. Es komme nur darauf an, ob er Lust dazu habe.[4] – Wenn man in Betracht

---

[1] Gagliardi, Anhang.
[2] Protokoll der theologischen Fakultät Zürich 1833–1923 vom 31. Juli 1913. Staatsarchiv Zürich AA5 1.
[3] An Thurneysen am 1. August 1913.
[4] Ragaz an Brunner am 9. Mai und am 1. August 1913.

zieht, womit der junge Theologe sich in der Zeit zwischen dem Herbst 1912 und dem Sommer 1913 sonst noch beschäftigte, kann das Resultat nur als erstaunlich bezeichnet werden.

Brunners Dissertation ist eine tiefschürfende Arbeit über ein subtiles Thema. Das Literaturverzeichnis dokumentiert, dass er sich intensiv in die Religionsphilosophie und Religionspsychologie des 19. und frühen 20. Jahrhunderts eingelesen hatte. Die Klassiker Kant, Fries und Hegel waren ihm ohnehin vertraut, aber er bezog sich auch auf amerikanische und französische Fachliteratur: William James, französische Religionspsychologen und vor allem Henri Bergson, dessen «Lebensphilosophie» in der Tradition der Mystik sich gegen den im 19. Jahrhundert verbreiteten philosophischen Positivismus wandte.[5] Brunners Dissertation hatte einen auffallend weiten Horizont: Nicht nur Edmund Husserls «Logische Untersuchungen» wurden verarbeitet, sondern auch Werke von Wilhelm Wundt, das «Lehrbuch der Religionsgeschichte» von Chantepie de la Saussaye, wichtige Publikationen der Theologen Biedermann, Kaftan, Lipsius und Troeltsch und viele andere. Brunner muss buchstäblich Tag und Nacht über seinen Büchern gesessen haben.

Die Dissertation ist nicht etwa historisch, sondern systematisch aufgebaut. Brunner referiert auch nicht einfach die Positionen anderer, sondern entwickelt in eigenen Worten seine persönlichen Gedanken; Zitate sind spärlich. Sein Ziel war eine «religiöse Erkenntnistheorie» bzw. eine «Theorie des religiösen Erkennens» im «positiven» Sinn: Es ging um «den Prozess der religiösen Vorstellungsbildung und Erkenntnis [...], seine Eigenart und seine Wahrheitskriterien».[6] Anders ausgedrückt: Er wollte darüber nachdenken, was eigentlich geschieht, wenn man von Gott spricht. Es ging um die Eigenart der religiösen Sprache. «Das Nicht-Endliche soll durch Endliches ausgedrückt werden und kann es doch nicht.»[7] Die Sprache des Glaubens steht zwischen zwei Extremen, auf der einen Seite der Verdinglichung oder der Vergötzung, auf der andern der Verneinung, mystisch formuliert: der *via negativa*, welche konsequent zu Ende gedacht zur religiösen Sprachlosigkeit führt. Man kann Gott in diesem Fall nur noch stumm verehren.

Hier führt Brunner den Symbolbegriff ein als Mitte zwischen zwei Extremen: Das Symbol sei weder völlig identisch mit dem, was man aussagen wolle, noch sei es absolut davon verschieden, nicht gleich, sondern ähnlich bzw. analog. Er nennt das Symbol die «Sprache des Unaussprechlichen»:

---

[5] Mit Bergson beschäftigte Brunner sich auch später im Zusammenhang mit einem Habilitationsprojekt, das dann allerdings nicht zum Ziel führte. Vgl. unten, S. 64 ff.
[6] Das Symbolische, S. 7.
[7] A. a. O., S. 61.

> Seinem verehrten Lehrer
> Dr. Otto Markwart.
> Dem Erwecker aller idealen Strebens
> in echter Dankbarkeit
> übermittelt vom Verfasser.

> Herrn Professor L. Ragaz
> in Zürich,
> dem Lehrer und Führer
> in dankbarer Verehrung zugeeignet.

Widmungsseite von Emil Brunners Dissertation «Das Symbolische in der religiösen Erkenntnis» mit handschriftlicher Widmung an Otto Markwart.

«Je mehr wir [...] von der Oberfläche des Bewusstseins in die Tiefe steigen, desto mehr gewinnt das Symbol an Boden.»[8] – «Der Begriff ist die Sprache der Wissenschaft, das Symbol die Sprache des Lebens.»[9]

In der philosophischen Fachsprache der Zeit vor dem Ersten Weltkrieg nahm Brunner vorweg, was heute die analytische Philosophie in den Spuren Wittgensteins zu lösen versucht, eine Beschreibung des religiösen «Sprachspiels».[10]

Bereits in diesem ersten Buch zeigt sich Brunners didaktische und methodische Begabung, etwa wenn er umsichtig den Symbolbegriff erklärt. Mit einfachen, aber treffenden Beispielen wie «Der Wind bläst, geht, treibt, jagt usw.» wird etwa «der anthropomorphe Charakter unserer Sprache» gezeigt.[11] Brunner argumentiert scharf und klar, zwar nicht als «Antiintellektualist»,[12] weist jedoch den Intellekt in seine Schranken.

---

[8] A. a. O., S. 37.
[9] A. a. O., S. 87.
[10] Auch die Untersuchungen Paul Ricoeurs und Eberhard Jüngels über den Begriff Metapher können zum Vergleich herangezogen werden, was zeigt, dass Brunners damalige Fragestellung auch heute aktuell ist. Vgl. Paul Ricoeur und Eberhard Jüngel, Metapher. Zur Hermeneutik religiöser Sprache. Mit einer Einführung von Pierre Gisel. München 1974.
[11] Das Symbolische, S. 33.
[12] Gegen Uwe Lüdemann, Denken – Glauben – Predigen. Eine kritische Auseinandersetzung mit Emil Brunners Lehre vom Menschen im Widerspruch. Frankfurt am Main (u. a.) 1998, S. 61 ff. Vgl. Yrjö Salakka, Person und Offenbarung in der Theologie Emil Brun-

Er wollte den Nachweis erbringen, dass «tiefer liegende Erkenntnisquellen» existieren.[13] «Gott ist nur dem Glauben zugänglich.»[14] Im Bereich des Religiösen gebe es «nichts zu beweisen, sondern bloss aufzuweisen»: «Schauend erfahren wir die Gottheit», dieses Schauen sei nie «ohne das Gefühl der Ehrfurcht».[15]

Es ging Brunner um das «Herausarbeiten eines neuen, umfassenderen Wahrheitsbegriffs», den er in seinen späteren Büchern «Erlebnis, Erkenntnis und Glaube» und «Wahrheit als Begegnung» verdeutlichte.

«Einer der verhängnisvollsten Irrtümer in der Geschichte des menschlichen Denkens ist der Grundsatz des Intellektualismus, dass der Verstand einziges und zureichendes Mittel der Erkenntnis der Wirklichkeit sei.»[16] – «Ich hoffe, dass wenigstens eines mir gelungen ist, der Überzeugung einen klaren Ausdruck zu geben, dass Religion, religiöses Leben niemals durch philosophische Spekulation ersetzt werden könne. Was der religiösen Erkenntnis zugänglich ist, das ist ihr eigenster Besitz, den sie mit niemand sonst zu teilen braucht, ein Heiligtum, das keinen anderen einlässt.»[17] – «Das Grunderlebnis in aller Religion ist die Erfahrung eines ‹Heiligen›.»[18]

Obwohl der später für die dialektische Theologie zentrale Begriff ‹Offenbarung› noch nicht vorkommt, zielt der Gedankengang jedenfalls implizit in diese Richtung.

Brunners Dissertation steht in der Tradition der «Reden über die Religion» des jungen Schleiermacher, weist aber schon weit voraus und enthält Einsichten, an denen der Autor auch später festhielt. Mit Stolz erzählte er später, Rudolf Otto habe gesagt, die Auseinandersetzung mit Brunners Dissertation habe ihm bei der Abfassung seines Buches «Das Heilige» (1917) geholfen.[19]

Edmund Husserl bestätigte, Brunner habe seine Philosophie verstanden,[20] und der damals an der Universität Halle wirkende Ritschl-Schüler Ferdinand Kattenbusch besprach Brunners erstes Buch am 2. Januar 1915 in der «Deutschen Literaturzeitung» ausführlich und sehr freundlich.[21]

---

ners während der Jahre 1914–1937, Helsinki 1960, S. 55: «Brunners geistige Struktur ist zu verstandesbetont, um ein herzvoller Vertreter des Irrationalismus sein zu können.»
[13] Das Symbolische, S. V.
[14] A. a. O., S. 88.
[15] A. a. O., S. 130.
[16] A. a. O., S. V.
[17] A. a. O., S. 132.
[18] A. a. O., S. 105.
[19] Nachlass 127, 3.
[20] A. a. O.
[21] Ferdinand Kattenbusch, Rezension von E. Brunner, Das Symbolische in der religiösen Erkenntnis, in: Deutsche Literaturzeitung 1915, Nr. 1, vom 2. Januar 1915, Sp. 17–19. Weitere Besprechungen und Anzeigen im Verlagsarchiv J. C. B. Mohr (Paul Siebeck), Tübingen.

Vikariat in Leutwil

In der Zeit zwischen dem ersten theologischen Examen und dem Lizentiat war Brunners Arbeitsprogramm also sehr anspruchsvoll. Es genügte ihm aber nicht, am Schreibtisch zu sitzen. Bereits am 15. September 1912, also noch vor den kirchlichen Abschlussprüfungen, wurde er Vikar in der aargauischen Gemeinde Leutwil (unweit des Hallwilersees) als Stellvertreter des todkranken Pfarrers August Müller.[22] Brunner blieb hier – natürlich von vielen Fahrten nach Zürich unterbrochen – bis am 23. März 1913. Nachfolger Müllers wurde dann Eduard Thurneysen, den Brunner vom CVJM in Zürich her kannte und den er der Gemeinde empfohlen hatte.[23] Pfarrer Müller starb bereits am 3. Oktober 1912,[24] also nur gut zwei Wochen, nachdem Brunner ins Pfarrhaus eingezogen war. Der junge Vikar musste sofort die volle Verantwortung für die Gemeinde übernehmen.

Es gab verschiedene Beweggründe dafür, dass er den schwierigen Auftrag annahm, als ersten wohl das Bedürfnis, nicht mehr ausschliesslich im Elternhaus zu wohnen. Er sehnte sich auch nach einer wenigstens teilweisen finanziellen Unabhängigkeit. Zugleich wollte er seine praktischen Fähigkeiten für das Pfarramt erproben. Und er brauchte Abstand von der Universität, um sich auf das Wesentliche zu besinnen, er wollte «innere Erfahrungen» machen. ‹Berufsbegleitend› vertiefte er sich in «Wir Pfarrer» von Hermann Kutter und setzte sich auch schriftlich damit auseinander.[25] Für das tägliche Morgengebet hielt er sich eine Zeitlang an ein Andachtsbuch des Harnack-Schülers Friedrich Rittelmeyer (der sich nach dem Ersten Weltkrieg Rudolf Steiner zuwandte und die «Christengemeinschaft» gründete). Was sich später auseinander entwickeln sollte, war noch ungeschieden.

Im Pfarrhaus von Leutwil verbrachte er eine gute Zeit. Es war eine Herausforderung für ihn, jeden Sonntag zu predigen und Konfirmandenunterricht zu erteilen. Er lernte neue Leute kennen, verliebte sich ein wenig in die Pfarrerstochter, «Fräulein» Hanny Müller. An seine «lieben Blaukreuzfreunde» erinnerte er sich auch noch später. Zurückblickend schrieb er, der Gedanke an seine Leutwiler Zeit stimme ihn «sehr romantisch und ein wenig sentimental». Auf jeden Fall denke er «gerne daran zurück». Viele «brave Seelen» seien dort, manche «gemütliche Ecke».[26]

---

[22] Diese und die folgenden Angaben vor allem aus Nachlass 122, 5.
[23] Protokoll der Kirchenpflege Leutwil-Dürrenäsch vom 28. Dezember 1912 und der Kirchgemeindeversammlung vom 12. Januar 1913 (im Original irrtümlich 10. Januar).
[24] Willy Pfister, Die reformierten Pfarrer im Aargau seit der Reformation 1528–1985. Argovia, Jahresschrift der Historischen Gesellschaft des Kantons Aargau. Band 97. Aarau 1985, S. 129.
[25] Nachlass 79.
[26] An Thurneysen am 8. Dezember 1913.

Einen besonderen Eindruck machten ihm «Frl. Baumann und Frl. Gloor» vom Missionsverein. Es sei ganz merkwürdig, «was für eine feine christliche Bildung diese einfachen Menschen» hätten und wie sie «dadurch über die anderen» hinausragten.[27] Eine freundschaftliche Beziehung ergab sich mit dem Lehrer Robert Müller, der versuchte, den jungen Theologen für die Schönheiten der Natur zu begeistern.

Brunner machte Hausbesuche, hielt Trauungen und Beerdigungen. Als Aktuar der Kirchenpflege lernte er Protokolle schreiben, die er mit «E. Brunner, Pfr.» unterschrieb. Im Konfirmandenunterricht versuchte er es mit einem kameradschaftlichen Stil, was zu einigen – harmlosen – Disziplinschwierigkeiten führte. Sein Unterricht war stark ethisch geprägt. Der junge Vikar sprach über Themen wie Freundschaft, Vaterlandsliebe, Arbeitsgemeinschaft, die soziale Not (wobei er kräftig von den in Berlin gehörten nationalökonomischen Vorlesungen zehrte) und über persönliche Verantwortung. Am Ende, kurz vor der Konfirmation, handelte er über den Glauben als Vertrauen.[28] Er war mit Haut und Haar Ragazianer.

In einer Auslegung der zweiten Bitte des Unservaters «Dein Reich komme» am 13. Oktober 1912 sagte Brunner ebenfalls gut ragazianisch:

> «Wenn [Jesus] vom Gottesreich spricht, dann will er in allererster Linie vom Diesseits reden; er will nicht eine tröstliche Hoffnung bringen für die Sterbenden, sondern spricht von einer grossen Zukunft der Lebenden; um es kurz zu sagen: das Gottesreich soll kommen auf diese Erde; nicht eine Entrückung in eine bessere Welt durch das Eingangstor des Todes, sondern eine völlige Umgestaltung unseres irdischen Lebens.»[29]

«Mannhaftes Christentum» war das Thema einer Predigt am 12. Januar 1913, in der er gleich zu Anfang ausführte:

> «Es ist ein verhängnisvoller Irrtum, ein gänzlich unbegründetes Vorurteil eines grossen Teils der heutigen Männerwelt: das Christentum, religiöses Leben überhaupt, sei eigentlich mehr eine Sache der Frauen. Ein rechter, lebensfroher Mann gebe sich mit so etwas am besten gar nicht ab oder doch so wenig wie möglich. Manneskraft (identisch mit Mut) und Frömmigkeit, das seien Dinge, die nicht zusammenpassen.»[30]

Ein Luther, ein Zwingli seien Männer gewesen «vom Scheitel bis zur Sohle».[31] – Da gleich anschliessend an den Gottesdienst die Kirchgemeindeversammlung stattfand (mit 191 anwesenden Stimmberechtigten[32] –

---

[27] An Thurneysen am 12. Juni 1913.
[28] Nachlass 115, 1–3.
[29] Nachlass 63.
[30] A. a. O.
[31] A. a. O.
[32] Protokoll der Kirchgemeindeversammlung vom 12. Januar 1913 (im Original irrtümlich 10. Januar).

noch ohne Frauenstimmrecht), war die Kirche mit Männern gut besetzt. Der junge Prediger ging präzis auf die konkrete Situation ein.

Am 19. Januar 1913 hielt er den plakativ-temperamentvollen Vortrag «Ein Menschenfeind» über das Problem des Alkoholismus, welchen er mit der Pest und dem Skandal der Sklaverei in früheren Jahrhunderten verglich. Drastisch malte Brunner aus, wie der Alkohol die Gesundheit ruiniere, die Menschen in die Armut und ins Verbrechen treibe. Ein grosser Teil der Zuchthausinsassen sei wegen des Alkohols dorthin gekommen. Der Schnaps – ein «Teufel verkleidet als Engel»! Wenn man «Prost!» oder «Zum Wohlsein!» sage, sei das eine Lüge. Die einzige Lösung sei nicht etwa ein massvoller Alkoholkonsum, sondern im persönlichen Bereich die völlige Abstinenz und im gesamtgesellschaftlichen die Prohibition. «Die Menschen wollen frei werden, höher steigen, ihrer göttlichen Bestimmung entgegen. Darum fort mit dem, was uns hinabzieht!»[33] Leider ist nicht überliefert, wie die Gemeinde auf diesen Vortrag reagierte, in dem auch Gemeinderäte zwar nicht genannt, aber doch angegriffen wurden. Schon eine Woche vor dem Vortrag hatte die Kirchenpflege auf «Antrag des Schreibenden [d. h. Brunners]» beschlossen, «die vom aargauischen Kirchenrat empfohlene Broschüre ‹Die Gefahren des Alkohols und der Trinksitten› von Dr. med. H. Häberlin den Konfirmanden abzugeben».[34] Bevor Brunner nach Zürich zurückkehrte, hielt er am 23. März 1913 seine Abschiedspredigt über Lukas 11,28: «Selig sind, die Gottes Wort hören und bewahren»[35] mit dem Thema «Gottesdienst und Predigt».

Der Abschied von Leutwil löste bei ihm eine kleine, vorübergehende «Depression» aus.[36] In Zürich wohnte er wieder bei seinen Eltern und konzentrierte sich völlig auf die Dissertation, deren Rohfassung er bereits am 2. Mai Leonhard Ragaz anvertraute. Einzig als Rudolf Wachters Mutter schwer erkrankte und der Freund nach Hause fahren musste, sprang Brunner ein und übernahm Gottesdienste im sanktgallischen Niederuzwil, wo Wachter Vikar bei einem ebenfalls kranken Pfarrer war.

Lehrer in England

Nach der Lizentiatenpromotion, die reibungslos verlief, ging Brunner noch immer nicht ins Pfarramt. Als Absolvent eines humanistischen Gymnasiums mit Latein, Griechisch und Hebräisch hatte er festgestellt, dass

---
[33] Nachlass 79.
[34] Protokoll der Kirchenpflege Leutwil-Dürrenäsch vom 12. Januar 1913 (im Original irrtümlich 10. Januar).
[35] Nachlass 63.
[36] Nachlass 122, 5.

seine Englischkenntnisse ungenügend waren. Überaus avantgardistisch für seine Zeit, wollte er sich die englische Sprache perfekt aneignen und auch England besser kennen lernen, mit dem ein erster Kontakt bereits im Juli 1909 zu Stande gekommen war.[37] Er ziehe «in die Fremde wie Parsifal mit grossen, aber ziemlich unbestimmten Zielen», schrieb er an Leonhard Ragaz. Er müsse «fort, weit fort» und «eine Beschäftigung suchen», bei der er «innerlich wachsen» könne, ohne – wie es die «Aufgabe des Pfarrers» sei – «vom Sich-selbst-Darstellen leben zu müssen». Dabei hoffe er «weniger auf grosse weltmännische oder wissenschaftliche Bereicherung», sondern vielmehr auf die Zunahme der sittlichen Kraft und des Glaubens.[38]

Ausgestattet mit Empfehlungsschreiben – unter anderem von Leonhard Ragaz –, wurde er im September 1913[39] «Lehrer für Latein, Französisch und einiges Zeichnen» an der *Winchesterhouse School* in Great Yarmouth an der Ostküste.[40] Am Anfang fühlte er sich als Glückspilz und schwärmte von der herrlichen Aussicht aus seinem Zimmer. Doch zunehmend wurde er enttäuscht. Die früher angesehene Schule war heruntergekommen. Es stand nicht einmal für jeden Schüler ein Lateinbuch zur Verfügung. Und wenn eines vorhanden war, fehlten Seiten. Überhaupt hatte in der ganzen Schule der Sport ein grösseres Gewicht als die intellektuelle Bildung. Ein Fussballmatch war für die «boys» wichtiger als eine ganze Woche Schularbeit. Dazu kam, dass Brunner ein sehr grosses Pensum unterrichten musste. Positiv war, dass er seine Schüler disziplinarisch bald im Griff hatte, da er ja auch etwas von Fussball verstand. Mit Genugtuung konnte er feststellen, dass die Schüler bei ihm in einem «Vierteljahr mehr Französisch und Latein gelernt» hatten «als zuvor in einem Jahr». Trotzdem kam ihm alles als «geistige Öde» vor. Das einzig Befriedigende war die Gelegenheit, die englische Literatur kennen zu lernen. «Im grossen Ganzen» war sein «Dasein ein ziemlich stumpfsinniges»,[41] Eduard Thurneysen schrieb er sogar von einem «Fiasko».[42] Auf Neujahr 1914 kündigte er die Stelle und kehrte zurück nach London, wo er schon im September sechzehn Tage zugebracht hatte. Dort besuchte er die grossen Museen. Verschiedene Gottesdienste beeindruckten ihn – sowohl solche des hochkirchlichen Flügels der anglikanischen Kirche als auch ganz schlichte im *City Temple* der Kongregationalisten. Besonders wichtig

---

37 Vgl. oben, S. 33.
38 An Ragaz ohne Datum, wohl im August 1913.
39 In Zürich abgemeldet nach London am 28. August 1913 (Auskunft Stadtarchiv Zürich).
40 Diese und die folgenden Angaben vor allem nach Nachlass 62 (Briefe an Eduard Thurneysen und an Rudolf Wachter).
41 An Wachter kurz vor dem 4. Oktober 1913.
42 An Thurneysen am 8. Dezember 1913.

war, dass er einige sogenannte *Settlements*, christliche Wohngemeinschaften in Arbeitervierteln, kennen lernen konnte.[43]

Grossbritannien stand damals im Zenith seines Imperiums, und die angelsächsische Demokratie beeindruckte den jungen Schweizer. Aus seinen Tagebüchern geht hervor, dass er zahlreiche Tageszeitungen und politische Magazine las. Er suchte Kontakt mit den christlichen Sozialisten, machte seine Dissertation für den Druck fertig (die Zitate wurden in der riesigen Bibliothek des Britischen Museums nachgeprüft[44]) und verbrachte die «denkbar schönsten Weihnachtsferien» im berühmten Browning Settlement «im ärmsten Teil Londons». Ihm «war's, als sei es dort leichter als irgendwo sonst, etwas vom Wachsen des Gottesreiches zu spüren».[45] Der Leiter dieses Settlements war Herbert Stead, der sich mit Enthusiasmus dafür einsetzte, eine «Einigung von Christus und Arbeiterschaft» herbeizuführen.[46] Finanziell war es eine schwierige Zeit: Brunner war ‹arbeitslos›, und seinen Vater wollte er nicht um Unterstützung angehen. Doch dann erhielt er das Angebot, eine Stelle als Französischlehrer an der *West-Leeds Highschool* in der mittelenglischen Stadt Leeds zu übernehmen. Es handelte sich um eine ganz neue und moderne städtische Schule, gegründet 1907. «Hier ist Ordnung, Disziplin, System, Lehrmittel, Lehrplan, was alles in [Great Yarmouth] fehlte.» Nur war auch hier die Arbeit streng. Acht Klassen, Knaben von 13 bis 19 Jahren, in der obersten auch Mädchen, musste Brunner in französischer Konversation unterrichten, unter anderem anhand der Tragödien Corneilles:

> «33 Unterrichtsstunden oder 21 volle (60 Minuten) Stunden, d. h. den ganzen Französischunterricht eines modernen Realgymnasiums. [...] Den Unterricht finde ich recht anstrengend und auf die Nerven gehend, wenn auch anderseits recht befriedigende und lehrreiche, erziehende Arbeit.»[47]

---

[43] Die Settlements wollten «durch ihre unmittelbare Berührung mit dem leidenden Volk genau innewerden, welches seine eigentlichen Leiden sind, und welches die wahre Hilfe für es wäre. Es sind von den Settlements tatsächlich höchst wertvolle Anregungen zu sozialen Reformen ausgegangen, und vor allem ist durch sie die soziale Einsicht der geistig führenden Kreise des englischen Volkes mächtig gehoben worden. [...] Es ist der Versuch einer geistigen Gütergemeinschaft auf dem Boden der christlichen Brüderlichkeit – im Ganzen sicherlich ein herrlicher Versuch. Ich muss gestehen, dass ich wenig Orte kenne, wo ich als Jünger Jesu – soweit ich ein solcher bin – so gerne weilte, meine Seele so frei fühlte, wie in einem solchen Settlement mitten im Lande der Armut und Not.» Leonhard Ragaz, Englische Eindrücke III, in: Neue Wege, VIII. Jahrgang. Basel 1914, S. 380 f.
[44] An Ragaz am 9. Dezember 1913.
[45] An Ragaz am 30. April 1914.
[46] Leonhard Ragaz, Englische Eindrücke III, in: Neue Wege, VIII. Jahrgang. Basel 1914, S. 379.
[47] An Ragaz am 30. April 1914.

In Leeds wohnte Brunner im *Swarthmore Settlement*, einer quäkerischen Einrichtung. Es war nicht nur eine preiswerte Unterkunft, sondern auch komfortabel. Die übrigen Hausbewohner waren kultiviert und hoch gebildet. Hier begegnete Brunner der *Brotherhood*-Bewegung, in deren *adult schools* sich ein kleiner Kreis von Männern oder Frauen zu gemeinsamer religiöser Fortbildung und Vertiefung zusammenfand. Hier konnten «Menschen sich im Innersten näher kommen; [...] der Arbeiter seine Zweifel aussprechen oder seinen Glauben den schwankenden Gefährten mitteilen; [...] eine Werkstätte der Laienfrömmigkeit, eine Keimzelle wahrer religiöser Gemeinschaft».[48] Arbeiter, Lehrer, Kaufleute und Studierende lasen nicht nur die Bibel miteinander, sondern auch Tragödien von Sophokles. Brunner war begeistert.

Während der ganzen Zeit in England stand Brunner in engem brieflichem Kontakt mit Leonhard Ragaz. Für die «Neuen Wege» übersetzte er Texte aus dem Englischen ins Deutsche.[49] Um noch etwas dazuzuverdienen (und natürlich auch aus Interesse), schlug Brunner vor, eine Sammlung von Reden englischer Arbeiterführer zu übersetzen – «ganz herrliche Dinge».[50] Leonhard Ragaz sagte zu, das Buch mit einem Vorwort zu versehen,[51] und der Verlag Eugen Diederichs in Jena war mit dem Projekt einverstanden.[52] Der Ausbruch des Ersten Weltkrieges verhinderte allerdings das Erscheinen dieses Buches.[53]

Auf dem Weg zum Pfarramt

Der Ausbruch des Ersten Weltkrieges erzwang die frühzeitige Rückkehr Brunners in die Schweiz. «Mit knapper Not» hüpfte er, «Koffer in der Hand [...] noch über die Grenze».[54] Am 3. August 1914 wurde er in dieselbe Einheit eingezogen, in der der vier Jahre jüngere Theologiestudent

---

[48] Leonhard Ragaz, Englische Eindrücke III, in: Neue Wege, VIII. Jahrgang. Basel 1914, S. 382 f.
[49] In den «Neuen Wegen» lassen sich diese Texte nicht verifizieren. Möglicherweise stammen aber Übersetzungen, die unter dem Namen von Leonhard Ragaz erschienen sind, in Wirklichkeit von Brunner. Ragaz und seine Frau Clara fuhren im Frühling 1914 nach London und versuchten, Brunner dort zu treffen, was leider nicht möglich war. (Ragaz an Brunner am 14. März und am 13. April, An Ragaz am 30. April 1914.) In vier Artikeln in den «Neuen Wegen» berichtete Ragaz ausführlich über seine Beobachtungen und Erfahrungen in England: Leonhard Ragaz, Englische Eindrücke I–IV, in: Neue Wege, VIII. Jahrgang. Basel 1914, S. 284 ff., S. 331 ff., S. 374 ff. und S. 407 ff.
[50] An Wachter am 15. Februar 1914.
[51] Ragaz an Brunner am 16. Januar 1914.
[52] An Wachter am 15. Februar 1914.
[53] Auskunft E. Diederichs Verlag, München.
[54] An Thurneysen am 14. August 1914.

Die West-Leeds Highschool, an der Emil Brunner von Januar bis Juli 1914 unterrichtete.

Hermann Kutter *junior* Dienst leistete, beide waren in der gleichen Gruppe. Das Füsilierbataillon 69, in dem sie Dienst taten, war an der Grenze zu Frankreich stationiert.[55] An Thurneysen schrieb Brunner: «Der Dienst ist nicht gerade angenehm bei dieser Sauhitze, die ich nicht ertragen kann. [...] Mit England ist's für mich jetzt wahrscheinlich aus.»[56] Hermann Kutter beobachtete die Weltlage mit grosser Sorge. Am 11. August 1914 schrieb er seinem Sohn:

> «Nun bist Du, wie man hier sagt, mit Deinem Bataillon an die Grenze hinangerückt und schaust dem Kriege schon näher in seine dunklen Augen. [...] Was wir jetzt durchmachen werden, ist ja, so betäubend und niederschlagend es auch wirken mag, doch nur ein verschwindender Teil unseres Lebens. [...] Lass Dich nicht von der Sorge um uns und die anderen, die Dir nahestehen, als könnten wir einander verlieren, umdüstern. Wir leben stets verbunden, auch wenn wir uns nicht wiedersehen sollten. [...] Grüsse Brunner herzlich.»[57]

Auch Brunner machte das «vielköpfige Problem des Krieges» schwer zu schaffen. Als Ragazianer fühlte er sich verpflichtet, «aus Glaube und Hoffnung aufs Unsichtbare die Gewalt auf jeder Seite zu verurteilen». Seine Sympathien und Hoffnungen galten jedoch Deutschland, das eben doch sein «geistiger Nährboden», seine «geistige Heimat» sei. Über «Frankreichs Niederwerfung» konnte er sich aber ebenfalls nicht freuen: «Wie viel Herrliches liegt in diesem hochbegabten edlen Volk! Und Eng-

---

[55] Max Geiger (u. a. Hg.), Hermann Kutter in seinen Briefen 1883–1931. München 1983 (im Folgenden zitiert als «Geiger»), S. 308.
[56] An Thurneysen am 14. August 1914.
[57] Kutter an seinen Sohn Hermann am 11. August 1914, in: Geiger, S. 307 f.

land, das mir während des letzten Jahres fast eine zweite Heimat geworden!» Eine «deutsche unbedingte Vormacht» wäre «eine riesige Gefahr», wenn nicht sogar «ein Unglück für uns und Europa». Jeder «Ausgang des Krieges und damit der Krieg selbst» sei «ein sehr fragwürdiger Gewinn, der die Riesenopfer nicht wert» sei. «Und diese chauvinistische Militärreligiosität, preussischer Staatsgott und Kriegsgott, ist schlimmer als nichts.» Was Leonhard Ragaz in den «Neuen Wegen» dazu schrieb, war Brunner zu wenig überzeugend. «Er scheint eben selbst den Krieg noch nicht ganz ‹verwerchet› [verarbeitet] zu haben. Wer hätte das! Drum muss das Predigen furchtbar schwer sein.»[58] «Über diesen Krieg denke ich fast in allen freien Momenten unwillkürlich; ich werde allgemach auch mit dem Verstand deutscher in der Beurteilung der Lage.»[59] Anders als Ragaz und in Übereinstimmung mit Kutter fühlte sich Brunner damals also mit Deutschland enger verbunden als mit der Gegenpartei. An Ragaz schrieb er, der Krieg sei ihm «noch eine harte Denkaufgabe, für viel innere Verdauungsarbeit». Eines stehe ihm fest: Er sei «Sünde und Unglück in hohem Grade».[60] – Das Soldatenleben hatte aus individueller Sicht aber auch positive Seiten:

> «Schönes gibt es auch. Grad jetzt sitze ich in einem gemütlichen Berner Bauernhaus, wo man für 40 Rappen herrliche Milch, Brot, Butter, Konfitüre in beliebiger Quantität [erhält]. – Oder ein Reisemarsch von Pruntrut nach Balsthal-Klus, durch den wunderbaren, herbstlich zauberhaft gefärbten Jura mit seinen romantischen Schluchten und weichen Hügelzügen, ein Hochgenuss auch für eine ausgebrannte Soldatenseele. – Aber das Schönste ist doch die Aussicht auf den baldigen Urlaub.»[61]

Im Urlaub kam es zu gelegentlichen Besuchen des jungen Kutter bei der Schwester seiner Mutter in Bern, Clara Lauterburg-Rohner, zu denen er seinen Kameraden Brunner mit sich nahm. Nachdem Brunner Mitte Dezember 1914 zum Armeestab in Bern versetzt worden war, wo er unter anderem die Aufgabe hatte, Zeitungsartikel nachrichtendienstlich zu bearbeiten,[62] wurde dieser Kontakt noch intensiver. Die Tochter der Familie Lauterburg, Margrit, kannte er bereits seit einer Begegnung «in der religiössozialen Pension von Frl. Tischhauser»[63] in Seewis im Prättigau anlässlich der Sommerferien 1913. Eine Liebe begann, die zur Verlobung im Mai 1917 und zur kirchlichen Trauung am 6. Oktober 1917 führte und während des ganzen Lebens anhielt. «Seht mich Glück-

---

[58] An Thurneysen, undatiert, im Herbst 1914.
[59] An Thurneysen, undatiert, im Herbst 1914 (vor dem 17. Oktober 1914).
[60] An Ragaz am 7. (?) August 1914.
[61] An Thurneysen, undatiert, im Herbst 1914 (vor dem 17. Oktober 1914).
[62] An Thurneysen am 28. Dezember 1914.
[63] Thurneysen an Brunner am 19. August 1913.

lichen!», schrieb Brunner an Thurneysen. Margrit und er hätten sich «ganz in der Tiefe verstanden und gefunden. [...] Es ist alles von uns ausgegangen und Pfarrer Kutter hat nichts getan, als den ‹Ort der Handlung› uns zur Verfügung zu stellen.» Kutter war von jetzt an «Onkel Herrmann». Eduard Thurneysen versicherte Brunner, dass Margrit «ganz zu uns» – d. h. zum Kreis der werdenden dialektischen Theologie – gehöre, «eine ‹von uns› werden wird oder schon ist».[64] Liebe und Zuneigung hielten an. Noch am 7. Juni 1948 (vor einem chirurgischen Eingriff) sang Brunner ein Loblied auf seine geliebte Frau als «die Sonne meines irdischen Lebens».[65]

Margrit Lauterburg hatte sich in München zur Zeichenlehrerin ausbilden lassen und wurde als Brunners Ehefrau zu seiner wichtigsten Partnerin.[66] Sie entwarf die Einbände seiner frühen Bücher. Bei sämtlichen seiner Veröffentlichungen wirkte sie als aufmerksame Korrektorin mit, wobei sie keine Hemmungen hatte, ihren Mann sehr eigenständig auch inhaltlich zu kritisieren. Die gewöhnlichen Haushaltspflichten überliess sie der treuen Angestellten Frieda.[67] Vier Söhne wurden dem Ehepaar geboren: Hans Heinrich, 1918, Peter, 1919, Andreas, 1923, und Thomas, 1926.

Hermann Kutter *senior* bezog im Sommerhalbjahr 1915 einen sechsmonatigen Erholungsurlaub. Er bestellte Emil Brunner zu seinem Vikar und erreichte damit, dass dieser, der sich während längerer Zeit vergeblich nach einer geeigneten Pfarrstelle umgesehen hatte,[68] vom Militärdienst befreit wurde und ins Pfarrhaus der Neumünstergemeinde einzog.[69] Aus einem Brief an Hermann Kutter *junior* geht hervor, dass Brunner sich ein Klavier anschaffte – «ein ganz herrlicher grosser Burger und Jacobi». Es war dies seine erste grössere Anschaffung mit selbstverdientem Geld und zeigt, wie wichtig ihm die Musik war. Über seine tägliche Arbeit schreibt er, im Ganzen überwiege «das Gefühl, dass mit meiner Predigerei und Unterrichterei herzlich wenig los sei», obwohl er «oft an einer einzelnen Predigt oder Unterrichtsstunde eine Bombenfreude» habe, die ihn «aber zeitweise wieder kindisch» anmute:

> «Bei dem gewöhnlichen Tramp kann ich mich nicht befriedigen, und das Neue und Eigene muss ich doch erst suchen. [...] Dass ich [...] oft auf Pump lebe, wirst Du mir vorderhand nicht übel nehmen, man darf wohl einem Meis-

---

[64] An Thurneysen am 11. Mai 1917.
[65] Nachlass 122, 10.
[66] Hans Heinrich Brunner, Mein Vater und sein Ältester. Emil Brunner in seiner und meiner Zeit. Zürich 1986 (im Folgenden zitiert als «Hans Heinrich Brunner»), passim.
[67] A. a. O., S. 62 ff.
[68] Im Briefwechsel mit Rudolf Wachter ist von den Gemeinden Weiningen, Baden, Romanshorn und Arbon die Rede.
[69] Wieder in Zürich angemeldet von Leeds, England, resp. Militärdienst, am 1. oder 10. April 1915 (Auskunft Stadtarchiv Zürich).

ter folgen [gemeint ist Kutter *senior*], nur nicht ohne Freiheit. – Im Unterricht finde ich besonders die Konfirmanden-(Knaben-)Klasse ein Kreuz. Wo die Kerle packen, was ist ihnen lebendig, worauf reagieren sie? Ich habe diesen archimedischen Punkt noch nicht gefunden. Die eine Stunde gerät ordentlich, die andere schlägt nicht ein und bringt nur ein moralisches Minus. Die Kinderlehren geraten in der Regel nicht übel, doch bin ich mir über ihren spezifischen Zweck noch nicht klar. Überall Unklarheit – und ich glaubte so klar zu sein! Dafür bin ich am dankbarsten und darüber am befriedigtsten, dass ich mich nicht zufrieden geben kann, sondern recht ‹am Seil abegla› [d. h. zum Narren gehalten] werde. Ich weiss ja, dass Zufriedenheit das Ende ist!»[70]

Von den Predigten am Neumünster besonders eindrücklich ist die Pfingstpredigt vom 23. Mai 1915. Brunner redete auf Grund von Apostelgeschichte 2,42–47 über das Thema «Geld und Geist»:

«Die Geschichte des letzten Jahrhunderts und der Gegenwart ist eine schreckliche Chronik von Menschenleben, die im Räderwerk der Geldwirtschaft zermalmt werden. Sie ist voll von schrecklichen Bildern: Hunderte von Menschen zusammengepfercht in dumpfe, heisse Fabrikräume, darbend um einen Hungerlohn, Kinder und Frauen müssen mithelfen, das Familienleben wird untergraben, das häusliche Leben entleert, verödet, der Mann aus einer armseligen kahlen Wohnung ins Wirtshaus getrieben, um im Rausch sein Elend zu vergessen. Das Proletariermädchen geht auf die Strasse; Wohnungsnot, Arbeitslosigkeit, verkürzter Lohn, Lebensmittelteuerung.»[71]

Nach dieser Stellvertretung folgten zwei kleinere Vikariate in Zürich-Enge, wo Brunner noch einmal bei seinen Eltern wohnte, und ab Januar 1916 in Wülflingen[72] bei Winterthur. Mitte Februar 1916 war es dann so weit: Emil Brunner trat eine eigene Pfarrstelle in Obstalden im Kanton Glarus an – hoch über dem Walensee, wo er bis zu seiner Berufung an die Universität Zürich im Jahr 1924 blieb. Der «Ernst des Lebens» begann.[73] In Obstalden kam es nicht nur zur Familiengründung, sondern auch zu einer neuen theologischen Entwicklung.

Ein erster Habilitationsversuch

Seit Anfang 1915 hatte Brunner, angeregt von Leonhard Ragaz, neben allen seinen übrigen Verpflichtungen eine Habilitationsschrift ausgearbeitet. Im Sommer 1915 fragte er bei der theologischen Fakultät der Universität Zürich schriftlich an, welche Bedingungen er erfüllen müsse, um Pri-

---

[70] An Hermann Kutter jun. am 8. Juni 1915, in: Geiger, S. 318 ff.
[71] Nachlass 63.
[72] In Zürich am 5. Januar 1916 nach Wülflingen abgemeldet, Berufsbezeichnung: Pfarrvikar (Auskunft Stadtarchiv Zürich).
[73] Nachlass 127, 3.

vatdozent zu werden. Die leider sehr kargen Protokolle lassen erahnen, dass ein Teil der Fakultät dem Kandidaten nicht gewogen war. Das Habilitationsprojekt kam den Kritikern Emil Brunners zu schnell, und sie argwöhnten wissenschaftliche Oberflächlichkeit. Am 19. Juli 1915 beschloss die Fakultät, Brunner – zusätzlich zur Habilitationsschrift und zur Probevorlesung – einer strengen mündlichen Prüfung in verschiedenen Disziplinen zu unterwerfen, ein Beschluss, den die Fakultät allerdings am 27. Juli im Sinne einer Erleichterung wieder zurücknahm.[74] Brunner rechnete jetzt mit seiner bald bevorstehenden Habilitation.[75] Aber es stellten sich neue Schwierigkeiten ein. Am 28. September schrieb Leonhard Ragaz, er wolle Brunner nicht erschrecken, aber «aus aufrichtiger Freundschaft» wolle er ihn fragen:

> «Glauben Sie wirklich, dass es richtig sei, wenn Sie die Habilitation schon auf Anfang des Wintersemesters vorlegen wollen? Einmal weiss ich nicht, ob dazu die Zeit reif ist. [...] Meinen Sie nicht, dass Sie durch diese Eile bei der Fakultät, die, wie Sie wissen, nur mit einem Mindestmass von Wohlwollen dabei ist, den Eindruck erregen werden, Ihre Vorbereitung sei nicht gründlich?»[76]

Brunner liess sich vorerst nicht abschrecken, vor allem weil Ragaz selbst seine Zufriedenheit mit der Habilitationsschrift signalisierte, und reichte diese trotz der zu erwartenden Widerstände ein. Immer noch hoffte er sogar, die *venia legendi* bereits für das Wintersemester 1915/16 zu erlangen – mindestens für die zweite Hälfte. Er war bereits im Begriff, eine Vorlesung über das Thema «Religiöse Erkenntnis, ein Gegenwartsproblem» auszuarbeiten.[77] «Das dumme Examen werden wir ja auch noch ‹zwingen›.»[78] Ende Oktober legte er der Fakultät drei Themen für eine Probevorlesung zur Auswahl vor: «1. Die Notwendigkeit einer religiösen Erkenntnistheorie. 2. Religion und Religionsphilosophie. 3. Der Begriff der Mystik.»[79] An der Fakultätssitzung vom 18. November 1915 wurde über das Gesuch diskutiert – ohne Resultat. An der Sitzung vom 27. November 1915 wurde dann festgestellt, eine weitere Auseinandersetzung sei nicht mehr nötig, da Brunner seine Bewerbung zurückgezogen habe.[80] Und in der Tat: Gleichentags hatte Brunner der Erziehungsdirektion[81] des Kantons Zürich mitgeteilt, dass er sein Gesuch um Habilitation nicht auf-

---

[74] Protokoll der theologischen Fakultät Zürich 1833–1923 vom 19. und 27. Juli 1915. Staatsarchiv Zürich AA5 1.
[75] An Thurneysen am 13. August 1915.
[76] Ragaz an Brunner am 28. September 1915.
[77] An Ragaz am 30. September 1915.
[78] An Thurneysen am 7. Oktober 1915.
[79] An Ragaz am 27. Oktober 1915.
[80] Protokoll der theologischen Fakultät Zürich 1833–1923 vom 18. und 27. November 1915. Staatsarchiv Zürich AA5 1.
[81] Kultusministerium.

rechterhalten wolle – «aus verschiedenen Gründen».[82] Kutter hatte sich gegen die Habilitation ausgesprochen,[83] wohl weil er grundsätzlich der akademischen Theologie misstraute, und Rudolf Wachter hatte seinem Freund geschrieben, er solle sich gut überlegen, ob sich das Anstreben einer Privatdozentur für ihn wirklich lohne, ob eine innere Notwendigkeit dafür bestehe, ob das denn sein *müsse*.[84] Nachdem das Projekt endgültig gescheitert war, schrieb Brunner an Thurneysen, die Opposition sei «so heftig und entschlossen» gewesen, dass er «noch rechtzeitig den Rückzug» angetreten habe. Die «wissenschaftliche Strenge» habe gesiegt, «mit der Begründung», seine «Habilitationsschrift zeige nicht die nötige Gründlichkeit und leide an einem schweren methodologischen Fehler». Es sei – so Brunner – «kein lieblicher Geist», der in der theologischen Fakultät Zürich wehe.[85]

Das Typskript dieser ersten Habilitationsschrift blieb erhalten: «Die Bedeutung H. Bergsons für die Religionsphilosophie.»[86] Brunner hatte damit ein Thema seiner Dissertation wieder aufgenommen. Schon mit dieser hatte er zu zeigen versucht, dass das verstandesmässig zergliedernde Denken nicht alle Probleme löse. Und schon hier hatte er auf Bergson hingewiesen:

> «Den Hauptvorstoss [...] gegen den Intellektualismus machte, mit einer Wucht, deren Tragweite wir gegenwärtig noch kaum genügend zu würdigen vermögen, die Philosophie *Henri Bergsons*.»[87]

Das Hauptresultat seiner Dissertation bestehe darin, dass der Verstand «nur einen beschränkten Teil der Wirklichkeit» aufzuschliessen vermöge: «die unbelebte Materie». Sofern wir «auch von Lebendigem» und «von Bewusstem als solchem» ein Wissen hätten, sei es «nicht durch den Verstand, sondern durch eine ihm ganz entgegengesetzte Erkenntnisfunktion vermittelt». Wir nennten sie «in ihrer höchsten Erscheinungsform Intuition oder innere Anschauung».[88] «Die intuitive Philosophie Bergsons» weise uns «ans Leben».[89]

In seiner ersten Habilitationsschrift stellte er nun Henri Bergson völlig in den Mittelpunkt. Als sein Ziel bezeichnete er, dass er «in allgemein gültiger Weise einige besonders fruchtbare Gedanken und Gesichtspunkte

---

[82] Fakultätsakten. Staatsarchiv Zürich U 104c.
[83] An Thurneysen im Oktober 1915.
[84] Wachter an Brunner am 24. November 1915.
[85] An Thurneysen am 13. Dezember 1915.
[86] Nachlass 79, Typoskript von 87 Seiten ohne Datum (im Folgenden zitiert als «Bergson»).
[87] Das Symbolische, S. 129.
[88] A. a. O., A. a. O.
[89] A. a. O., S. 130.

der bis jetzt vorliegenden Philosophie» des französischen Philosophen «mit den Problemen der Religionsphilosophie in Verbindung» bringen wolle.[90] Eine positive, von der bisherigen Religionsphilosophie vernachlässigte Aufgabe sei der «Aufbau einer nicht-intellektualistischen Erkenntnistheorie», die den «Geltungswert der religiösen Erkenntnisse» positiv bestimme und zugleich den «Grund der Verschiedenheit religiöser und wissenschaftlicher Erkenntnis» demonstriere.[91] Erst Bergson habe diese Aufgabe in «vollem Umfang» in Angriff genommen.[92] Brunner behandelte das Problem mit grosser Sorgfalt und stellte es vielleicht fast zu redundant dar.

Der Verstand ist «ein unzulängliches, die Wirklichkeit, oder doch einen grossen Teil derselben, fälschendes Erkenntnismittel».[93] – Er ist «das Instrument zur Bearbeitung der toten Materie»[94] und fälscht die Wirklichkeit, «wenn er über sein Herrschaftsgebiet hinausgreift».[95] – Er ist nicht im Stande, «uns die Gesamtwirklichkeit zu erschliessen». Sein Erkenntniswert ist begrenzt. Sobald er «die durch seine eigene Natur gewiesenen Grenzen überschreitet», kommt es zu schweren «Irrtümern».[96] – «Sowenig wie ein Mosaikbild – mag man mit noch so kleinen Steinchen arbeiten – den Nuancenreichtum der Natur wiedergibt, so wenig kann das Zerstücken der Wirklichkeit in eine begrenzte Zahl einzelner Begriffe, und das künstliche Zusammensetzen dieser Begriffe in Urteilen, die kontinuierliche, fliessende und unendlich mannigfaltige Welt des Seienden wiedergeben.»[97] – «Auf dem Gebiet des Lebendigen gibt es Neues, wirkliches Werden, schöpferische Entwicklung, Tatsachen, denen der mechanistische Determinismus nicht gerecht zu werden vermag.»[98] – «Zeit, Qualität [im Gegensatz zu Quantität], Bewegung, Werden, Durchdringung, Enthaltensein des Einen im Andern – alles das sind ebenso unleugbare wie einfache, wenn man will nicht-metaphysische, Erfahrungen, ohne die wir gerade das Wesentliche von Innen- und Aussenwelt nicht erkennten; die wie unseren unmittelbarsten so auch unseren sichersten Erkenntnisbesitz ausmachen, die wir aber nicht dem Verstand, sondern jenem andern, in Ermangelung eines besseren Wortes Intuition genannten Erkenntnisvermögen verdanken.»[99] – «Das Ursprüngliche und Übergeordnete ist die Intuition, von ihr lässt sich der Verstand ableiten, während das Umgekehrte unmöglich ist.»[100] – «Man mache nur das Experiment und denke sich alles das, was wir der Intuition ver-

---

[90] Bergson, S. 3.
[91] A. a. O., S. 17.
[92] A. a. O., S. 18.
[93] A. a. O., S. 20.
[94] A. a. O., S. 32.
[95] A. a. O., S. 34.
[96] A. a. O., S. 45.
[97] A. a. O., S. 26.
[98] A. a. O., S. 39.
[99] A. a. O., S. 51.
[100] A. a. O., S. 52.

danken, aus unserem Bewusstsein gestrichen und sehe dann zu, was für ein dürftiger Rest uns bleibt.»[101]

Auch diese Arbeit ist bereits ein Beispiel dessen, was Brunner später Eristik[102] nennen sollte: die Kunst des Streitgesprächs; nicht Theologie im eigentlichen Sinn, sondern Religionsphilosophie; nicht Verkündigung des Evangeliums oder Nachdenken über dieses, sondern Vorbereitung dieser Aufgabe, indem das Ungenügen einer nichtreligiösen Weltanschauung aufgewiesen wird. Der «Gegner» wird zunächst auf seinem eigenen Boden aufgesucht und dort «bekämpft», indem man ihn in die Enge treibt und ihm das Ungenügen seiner eigenen Konzeption aufweist.

> «Es gehört zum Charakter echter theologischer Eristik, dass sie darum, weil sie immer hart am ‹Feind› bleibt und mit ihm sich auseinandersetzt, in Stoff und Art viel beweglicher und ‹weltlicher› sein muss als die Dogmatik. [...] Denn der Eristiker muss die Sprache der Welt und seiner Zeit kennen, er muss sogar selbst in ihr reden und darf nur indirekt, versteckt, das Christliche sagen. Ja, er soll es in der Regel gar nicht sagen, sondern es nur im Rücken haben und ständig vom Wissen um es begleitet sein, indem er den ‹Feind› in den Engpass treibt.»[103]

Nur ansatzweise finden sich in Brunners erster Habilitationsschrift Gedanken, die auf Theologisches im engeren Sinn hinweisen, etwa wenn er «die religiöse Erkenntnis, das Wissenkönnen von Gott und göttlichen Dingen», eine «Sache der Erfahrung, der Glaubenserfahrung» nennt.[104] Die Begriffe, die Brunner von Bergson übernimmt und adaptiert, sind «Geist», «Werden», «Freiheit»:

> «Es gibt ein schöpferisches Werden.»[105] – «Der Weltprozess gleicht dem Schlussbouquet eines Feuerwerks; er ist ein unermüdliches Emporquellen und in die Höhe Schleudern von neuen Formen.»[106] – «Das Christentum, wie auch die prophetische Religion des Alten Testaments, steht und fällt mit der Behauptung: Es gibt ein wirkliches Geschehen, es gibt einen Weltprozess, eine Geschichte; es gibt Taten Gottes.»[107]

Die Schlusssätze der nicht publizieren Schrift seien hier wiedergegeben:

> «Durch die ganze Welt des Lebendigen strömt der göttliche schaffende Geist; was er ist, wird aber erst offenbar im Menschengeist, auf dem Gebiet der

---

[101] A.a.O., S. 53.
[102] Das Wort Eristik ist von Griechisch Eris = Streit gebildet. Vgl. unten, S. 226.
[103] Emil Brunner, Die andere Aufgabe der Theologie, in: Ein offenes Wort. Vorträge und Aufsätze 1917–1962. 2 Bände. Zürich 1981 (im Folgenden zitiert als «Wort I» und «Wort II»), hier: Wort I, S. 189.
[104] Bergson, S. 57.
[105] A.a.O., S. 70.
[106] A.a.O., S. 77.
[107] A.a.O., S. 81.

Geschichte. Ist er aber schon *dort* offenbar als Prinzip der aufsteigenden Entwicklung, so muss er dies noch viel mehr *hier* sein, wo die Schranken der Materie durchbrochen sind und die Stufe der Freiheit und des unabhängigen Geisteslebens erreicht ist. Aus der Berührung der freien Menschengeister mit dem schöpferischen Gottesgeist wird die religiöse Erfahrung und als Endergebnis der ganzen Entwicklung das Gottesreich.»[108]

Die überschwängliche Formulierung erinnert an den idealistischen Fortschrittsglauben des 19. Jahrhunderts; sie ist wohl aber nicht in dessen Sinn und Mass gemeint, auch wenn sie so verstanden werden könnte. Bereits in seiner Dissertation hatte Brunner ja das Folgende formuliert:

«Für Jesus ist das Gottesreich oder Himmelreich etwas, das von Gott herkommt [...]. ‹Es komme› – nicht es werde – ‹Dein Reich›. [...] Darum können Menschen es nicht bilden, schaffen, sondern nur annehmen, erben, an ihm Teil haben.»[109]

Brunner hatte die im Jahr 1912 geschriebenen Sätze drei Jahre später nicht vergessen. In Anlehnung an die oben zitierten Sätzen über die Eristik könnte man sagen: Er hatte sie jetzt «im Rücken».

«Die Bedeutung H. Bergsons für die Religionsphilosophie» ist ein faszinierendes Dokument. Bis zu einem gewissen Grad lässt sich aber nachvollziehen, weshalb nicht alle Mitglieder der Zürcher Fakultät es als Habilitationsschrift akzeptieren konnten. Gegenüber der Lizentiatendissertation führte die Arbeit nicht wirklich weiter. Sie war eher ein grosser Exkurs dazu und vertiefte die bisherigen Gedanken. Brunner hätte die Philosophie Henri Bergsons wohl explizit mit andern Positionen vergleichen müssen. Er identifizierte sich zu stark mit dem französischen Denker, war von ihm zu sehr begeistert und hatte keine kritische Distanz zu ihm. – Für Brunners geistige Entwicklung war es wohl eher von Vorteil, dass er gezwungen wurde, das Manuskript liegen zu lassen, weitere Erfahrungen zu machen und weiter zu studieren. Was an seiner ersten Habilitationsschrift behaltenswert und unaufgebbar war, liess er (vor allem zwischen den Zeilen) in seine zweite Habilitationsschrift einfliessen: «Erlebnis, Erkenntnis und Glaube». Im Sommer 1921 wurde dieser neue Versuch – wenn auch nicht ohne erneute Widerstände – von der Mehrheit der Fakultät angenommen und konnte als Buch wie schon die Dissertation bei J. C. B. Mohr (Paul Siebeck) in Tübingen erscheinen.[110]

---

[108] A.a.O., S. 87.
[109] Das Symbolische, S. 121.
[110] Vgl. unten, S. 174 ff.

Pfarrer in Obstalden-Filzbach

Die auf dem Kerenzerberg gelegene Kirchgemeinde besteht aus den Dörfern Obstalden und Filzbach. Die Kirche, deren Grundmauern auf das 14. Jahrhundert zurückgehen, und das Pfarrhaus, von dem aus die Aussicht auf den Walensee und die sich dahinter erhebenden Churfirsten atemberaubend ist, stehen in Obstalden, das 682 Meter über Meer liegt. Filzbach, 707 Meter über Meer, ist bekannt wegen der Ruinen eines um 15 vor Christus erbauten römischen Wachtturms. In beiden Dörfern zusammen lebten etwa 800 Einwohnerinnen und Einwohner, zumeist Angehörige der evangelisch-reformierten Kirche.[1] Die Bevölkerung war mehrheitlich in der Landwirtschaft tätig. Es gab aber auch Handwerker und Fabrikarbeiter, diese in einer Seidenweberei, die Ende des 19. Jahrhunderts in Filzbach erbaut worden war. Das Wirkungsfeld war für einen Pfarrer gut zu überblicken. In den Jahren, als Brunner dort tätig war, gab es pro Jahr durchschnittlich 11 Taufen, 14 Konfirmandinnen und Konfirmanden, 3 Trauungen und 16 Beerdigungen.[2]

Installation ins Pfarramt

Am Sonntag, 13. Februar 1916, wurde der junge Pfarrer vom Dekan und Präsidenten der kantonalen Kirchenkommission Sebastian Marty in der Kirche von Obstalden eingesetzt bzw. ‹installiert›. Juristisch wäre es möglich gewesen, das Amtsgelübde ganz schlicht in Anwesenheit der kantonalen Kirchenkommission auf dem Rathaus in Glarus zu leisten. Der Gemeindekirchenrat wünschte aber einen Gottesdienst in der Gemeinde selbst und eine förmliche Antrittspredigt des neuen Seelsorgers, womit Brunner einverstanden war. Für seine Predigt hatte er den programmatischen Text gewählt: «Denn ich schäme mich des Evangeliums nicht.»[3]

> «Ich kann euch jenes Leben aus Gott, das wir alle brauchen, nicht geben. Das kann keine Kirche, keine Predigt, kein Pfarrer. Meine Aufgabe ist eine bescheidenere: das Grosse, Göttliche, Ewige euch immer wieder leuchtend vor Augen stellen, allen sichtbar, verständlich; ich kann nur mit euch danach ringen, in

---

[1] Eidgenössische Volkszählung vom 1. Dezember 1920. Kantonsweise Ergebnisse. Heft 4. Uri, Schwyz, Unterwalden, Glarus, Zug. Bern o. J. S. 26/27.
[2] Vgl. die Amtsberichte der kantonalen Kirchenkommission.
[3] Römer 1,16.

Obstalden, gemalt von Margrit Brunner (Aquarell).

mir und euch immer mehr das Verlangen danach wecken, mich und euch empfänglich machen für das, was Gott allein geben kann. Dass wir so in gemeinsamer Arbeit ihn suchen und finden mögen, das walte Gott, der Herr.»[4]

Zur Wahl Brunners war es innerhalb weniger Wochen gekommen: Im Herbst 1915 war sein Vorgänger, Peter Felix, als Religionslehrer an die Kantonsschule Chur gewählt worden. Der Gemeindekirchenrat entschied sich für den Berufungsweg und nahm mit von verschiedener Seite empfohlenen Pfarrern Verbindung auf. Keiner interessierte sich für die recht abgelegenen Dörfer an der Peripherie des Kantons Glarus. Gemäss Protokoll vom 2. Dezember 1915 war es der Pfarrer der Nachbargemeinde Mühlehorn, Hans Bruppacher, der auf seinen zwei Jahre älteren ehemaligen Studienkollegen hinwies. Präsident und Aktuar des Gemeindekirchenrates reisten unverzüglich nach Zürich-Enge, um Brunner predigen zu hören, und stellten ihm das «Zeugnis eines guten Kanzelredners» aus.[5] Er sei bereit, sich in Obstalden selbst mit einer Predigt vorzustellen, was am 19. Dezember 1915 geschah. «Mit voller Einstimmigkeit ist der Kirchenrat mit dem ausgeführten Predigt-Vortrag befriedigt», dem Inhalt liege «ein gründliches und tiefes Studium zu Grunde», steht im Protokoll.

---

[4] Nachlass 64.
[5] Protokoll des Gemeindekirchenrates vom 13. Dezember 1915.

Die «Aussprache sei sehr verständlich».[6] Auch Brunner war zufrieden und schrieb an Eduard Thurneysen, es ziehe ihn «mächtig, einmal ins Pfarramt hineinzukommen, und zwar in eine kleine, vom grossen Strom abliegende Gemeinde», Obstalden sei «ein prächtiger Punkt» und – für Besuchende besonders wichtig – nur eine halbe Stunde von der Bahnstation in Mühlehorn entfernt.[7]

Auf den 1. Januar 1916 wurde eine ausserordentliche Kirchgemeindeversammlung einberufen. Diese wurde darüber informiert, dass sich der Gemeindekirchenrat auf Emil Brunner geeinigt habe. Man habe mit ihm auch «über seine zu verfolgende Richtung» gesprochen und den Eindruck erhalten, er zähle sich zum «Freisinn». Ohne Diskussion wurde er darauf einstimmig für eine Amtsdauer von drei Jahren als Pfarrer von Obstalden-Filzbach gewählt – mit einem Anfangssalär von jährlich 3200 Franken.[8] Noch zweimal – am 4. Mai 1919 und am 14. Mai 1922 – wurde Brunner «in Anerkennung seiner geleisteten Dienste» ohne Gegenstimme für eine weitere Amtsdauer bestätigt. Mit Befriedigung stellte der Präsident beim zweiten Mal fest, Brunner habe mehrere Berufungen an andere Stellen abgelehnt, «ein Zeichen, dass er sich bei uns sehr heimisch fühle, was wir ihm gegenüber anerkennen sollen».[9]

Aus den Protokollen des Gemeindekirchenrates und denjenigen der Kirchgemeindeversammlungen in den fraglichen Jahren geht hervor, dass Brunner das Vertrauen der Behörde genoss und gut mit der Gemeinde auskam. In theologischer Hinsicht liess man ihm weitestgehend freie Hand, etwa als er kurz nach Stellenantritt das traditionelle, von ihm als übersteigert empfundene Konfirmationsgelübde modifizierte, um die jungen Menschen geistlich nicht zu überfordern.[10] Das offenbar recht baufällige Pfarrhaus wurde – den begrenzten finanziellen Möglichkeiten der Gemeinde entsprechend – Schritt um Schritt renoviert.[11] Sein Gehalt wurde verschiedentlich erhöht, so dass es endlich 5500 Franken betrug. Als Brunner heiratete, beschloss der Gemeindekirchenrat, das Pfarrhaus für 20 Franken festlich mit Blumen bekränzen zu lassen, und gab ein Essen für 50 Franken, angesichts der damaligen Kaufkraft eine grosszügige Geste.[12] Die junge Pfarrfrau lebte sich schnell in die Gemeinde ein

---

6 Protokoll des Gemeindekirchenrates vom 19. Dezember 1915.
7 An Thurneysen am 13. Dezember 1915.
8 Protokoll der Kirchgemeindeversammlung vom 1. Januar 1916.
9 Protokoll der Kirchgemeindeversammlung von 14. Mai 1922.
10 Protokoll des Gemeindekirchenrates vom 12. April 1916.
11 Elektrische Leitungen und eine Abortanlage mit Wasserspülung wurden allerdings erst 1924 im Hinblick auf den abermaligen Pfarrerwechsel eingebaut, nachdem das Dorf 1923 an die Elektrizitätsversorgung angeschlossen worden war (Protokoll des Gemeindekirchenrates vom 10. Mai 1924 und Schweizer Lexikon 8, Visp 1999, S. 400).
12 Protokoll des Gemeindekirchenrates vom 12. Mai 1918.

Margrit und Emil Brunner mit ihrem ersten Sohn Hans Heinrich.

und spielte aushilfsweise in den Jahren 1923/24 auch die Orgel – ohne «Verbindlichkeit», d. h. ohne Bezahlung, wie im Protokoll minutiös vermerkt wird.[13]

---

[13] Protokoll der Kirchgemeindeversammlung von 18. Mai 1924.

Konflikt um ein Bettagsmandat

Während der ganzen acht Jahre in Obstalden-Filzbach gab es nur *eine* Turbulenz, die sich in den Protokollen niederschlug: Im September 1918 weigerte sich Brunner, das offizielle Bettagsmandat der Glarner Landesregierung zu verlesen. In dieser zum «Tage vaterländischen Gottesdienstes» vom Industriellen E. Blumer in seiner Funktion als Landammann unterschriebenen Proklamation war vom «Gott von Morgarten, Sempach und Näfels» die Rede, welcher «unser Land auch fürderhin» beschirmen möge. In Anspielung auf Gewerkschaften und Sozialdemokraten sowie auf die Bewegung, die im Landesgeneralstreik vom November des gleichen Jahres ihren Höhepunkt erreichte, wurde darin kritisiert, dass es auch in der Schweiz Leute gebe, «welche kein Vaterland kennen, schätzen, und welche nur durch eine gewaltige Umwälzung ihr Los verbessern zu können glauben».[14]

> «In erschreckender Weise sehen wir es heute in den ungeheuren Ländereien Russlands, wohin es geführt hat, wenn an Stelle von Gesetz und Ordnung die Unordnung, Mord und Brand tritt, welche Sorten Freiheit die Anarchie mit sich bringt, wie ein grosses Land und Volk zu Grunde gerichtet wird, wenn die sittliche Kraft im Volke von zerstörenden Elementen überwuchert wird. Verhehlen wir uns nicht, dass solch anarchistischer Samen unter den verschiedensten Formen, offen und geheim, auch bei uns ausgestreut wird.»[15]

Die «Volksstimme», das «Sozialdemokratische Tagblatt für [...] die Kantone St. Gallen, Appenzell und Glarus», publizierte darauf am 12. September einen von der Glarner Kirchenkommission als «schnöde»[16] empfundenen Artikel, worin das Mandat ein «halb scheinheiliges und halb tendenziös gefärbtes Schriftstück» genannt und von «verleumderischem ‹Geschwätz›» gesprochen wurde: Was «der reiche Landammann» von der Sozialdemokratie schreibe, sei «anwidernd und eklig».[17]

> «Schämt sich der Herr Landammann nicht, sein frommes Bettagsmandat zu parteipolitischen Nebenzwecken zu missbrauchen? Ist es nicht eine Schande für unsere Glarner Freiheit, dass mit Amt und Kanzel solche Parteipropaganda getrieben werden darf? Glaubt man denn die Sozialdemokraten als vogelfrei, dass der höchste Magistrat in der wie er sagt heiligsten Stunde sich nicht schämt, sie der Ausstreuung anarchistischen Samens zu verdächtigen und zu bezichtigen? [...] Nicht anarchistischer Samen, sondern kapitalistisches Unkraut, verehrter Herr Landammann, hemmt allüberall den Fortschritt.»[18]

---

14 Amtsblatt des Kantons Glarus vom 14. September 1918, S. 1.
15 A. a. O.
16 Protokoll der Kirchenkommission des Landes Glarus von 24. September 1918.
17 Volksstimme vom 12. September 1918, S. 1.
18 A. a. O.

Emil Brunner und sein Kollege in Mühlehorn, Hans Bruppacher (ebenfalls ein Ragazschüler), teilten die sozialdemokratischen Bedenken. Bereits im Sommer 1917 hatte Brunner mit Landammann Blumer eine briefliche Auseinandersetzung gehabt. Dieser hatte dem jungen Obstalder Pfarrer eine gerichtliche Verfolgung angedroht, weil er sich durch eine gesellschaftskritische Passage in einer von Brunners Predigten persönlich angegriffen fühlte. Dieser hatte ihm damals geantwortet:

> «Soll denn ein Pfarrer wirklich nur gerade die seichten Ideen des Bundesfreisinnes vertreten dürfen? Sollte ich wirklich annehmen müssen, Sie wüssten nicht, dass das Evangelium Jesu Christi ein soziales Evangelium ist, das wohl mit dem gegenwärtigen kapitalistisch-egoistischen Lebenssystem, niemals aber mit den Grundideen des Sozialismus in Widerspruch steht? Oder sind Sie vielleicht der Ansicht, dass alle Kritik der bestehenden Verhältnisse und Gewalten schon sträfliche ‹sozialistisch-anarchistische› Tendenzen verraten? Sie mag den Hütern und Interessenten dieser Ordnung unbequem sein; aber wir Pfarrer sind nicht dazu da, irgendjemandem das Leben bequem zu machen, sondern für die ewige Wahrheit und Gerechtigkeit einzutreten. Im Jahre des Reformationsjubiläums wollen wir es laut und deutlich sagen, dass nicht die politischen und sozialen Dogmen irgendeiner Regierungspartei unsere Autorität sind, sondern einzig die göttliche Wahrheit.»[19]

Am Bettag 1918 las nun Brunner anstelle des amtlich vorgeschriebenen Mandats den zürcherischen Paralleltext vor. Unter dem Titel «Thron und Altar» schrieb er zudem einen Artikel für die «Glarner Nachrichten», dessen Publikation die Redaktion allerdings ablehnte. Die kantonale Kirchenkommission befasste sich in mehreren Sitzungen mit dem Vorfall, ebenso der Regierungsrat. Die Kirchenkommission forderte Brunner und Bruppacher auf, sich schriftlich zu rechtfertigen. Bruppacher antwortete, er habe das Mandat «nicht für so wichtig gehalten», wolle es aber «in Zukunft vorlesen». In Obstalden-Filzbach wurde zunächst ausgiebig diskutiert. Emil Brunner führte zu seiner Rechtfertigung drei verschiedene Gründe an:

> «1. Staat und Kirche sind getrennt. Anderwärts erlässt nicht die politische Behörde das Bettagsmandat. 2. Es ist eine Verletzung der Glaubensfreiheit. Der Staat darf nicht die Kanzel benutzen gegen Strömungen im Volke. (Antimilitarismus, Sozialismus.) Es ist kein Bettagsmandat, sondern eine Verteidigungsschrift der Regierung. 3. Die Gemeinden sind autonom.»[20]

Er beantragte, dass der Gemeindekirchenrat dem Pfarrer bei der Auswahl des Bettagsmandats volle Freiheit lasse und dies der kantonalen Kirchenkommission mitteile. Die Meinungen der Mitglieder des Kirchenrats waren geteilt. Die einen billigten Brunners Handlungsweise und wollten

---

[19] An Landamman E. Blumer am 22. August 1917.
[20] Protokoll des Gemeindekirchenrates vom 15. Dezember 1918.

ihm auch in Zukunft freie Hand lassen. Die andern wiesen darauf hin, dass «bei weitgehender Autonomie der Kirchgemeinde» eine «Gesetzgebung» bestehe, die vom evangelisch-reformierten Landesteil erlassen worden sei. Man beschloss, der Kirchenkommission mitzuteilen, Pfarrer Brunner habe statt des glarnerischen Mandats das zürcherische verlesen, ohne es dem Gemeindekirchenrat anzuzeigen, wünsche nun aber Auskunft darüber, ob überhaupt eine gesetzliche Grundlage für die Verlesung des Mandats bestehe.[21] Die kantonale Kirchenbehörde berief sich in ihrer Antwort auf einen Synodalbeschluss vom 6. Juli 1887, worauf der Gemeindekirchenrat von Obstalden-Filzbach antwortete, Pfarrer Brunner werde auch in Zukunft kein Mandat verlesen, «wenn es in bisherigem Sinn und Geist abgefasst sei». Von nun an werde deshalb der Aktuar des Gemeindekirchenrates diese Aufgabe übernehmen.[22] Diesen Entscheid akzeptierte auch die kantonale Kirchenkommission.[23] Er zeigt, dass man in Obstalden-Filzbach auf das Gewissen des hoch geschätzten Pfarrers Rücksicht nehmen wollte.

Im ganzen Kanton Glarus wurde heftig über den Vorfall diskutiert. Brunner schrieb einen neuen Artikel für die «Glarner Nachrichten», der am 16. Dezember 1918 publiziert wurde: «Die Kirche und die sozialen Forderungen der Gegenwart». Er kam nicht mehr auf das Bettagsmandat zurück, sondern äusserte sich grundsätzlich zur Frage, ob sich die Kirche in Gesellschaft und Politik einmischen dürfe. Ausgehend vom Gleichnis vom barmherzigen Samariter, führte er aus, dass die Kirche in der Nachfolge Jesu gesellschaftlich und politisch Stellung beziehen *müsse*:

> «Der Einzelne kann [...] auch bei gutem Willen nur wenig ändern. Auch die ‹Herren› sind eingespannt in das grosse Triebwerk der kapitalistischen Wirtschaftsordnung. [...] Aber die Gesamtheit kann es ändern. Sogut wie man durch Gesetze den Diebstahl verbieten und Steuern gebieten kann, so gut könnte man diese Wirtschaftsordnung – dies wirtschaftliche Faustrecht – gesetzgeberisch umändern und dadurch der Not und dem Unrecht abhelfen.» – Es ist «kein Ruhmesblatt in der Kirchengeschichte», dass die Kirche, «nicht nur die russische und die deutsche, sondern auch die schweizerische», «so lange dieser Not und diesem Unrecht zugesehen hat, ohne ihre Stimme dagegen zu erheben», «so wenig als ihr Mitmachen bei der Kriegsverherrlichung. [...]. Die Kirche, berufen zum Wächter und Führer, hat geschlafen und dadurch die Katastrophe mitverschuldet. [...] Als Christen verlangen wir: Es darf nicht mehr vorkommen, dass Arbeitswillige verdienstlos sind; dass Leute, die ihre Pflicht getan haben, durch Krankheit, Invalidität oder Alter mit ihren Angehörigen in Not geraten; dass ein begabter Arbeiter- und Taglöhnerknabe nicht geschult werden kann, weil der Vater die Mittel nicht hat; dass Mütter, die zu

---

21 Protokoll des Gemeindekirchenrates vom 20. Oktober 1918.
22 A. a. O.
23 Protokoll der Kirchenkommission des Landes Glarus von 5. Mai 1919.

Hause kleine Kinder haben, in die Fabrik gehen müssen, weil der Verdienst des Mannes nicht ausreicht; dass Bauern die Hälfte ihres Arbeitsertrages als Hypothekarzins an Kapitalisten abliefern müssen, damit diese ein arbeitsloses Einkommen beziehen können; dass dem Staat oder den Gemeinden die notwendigen Geldmittel für gemeinnützige Unternehmungen fehlen, während ihre Bürger grosse Privatvermögen besitzen. Diese und ähnliche Ungeheuerlichkeiten müssen durch gesetzgeberische Massnahmen ausgetilgt werden, und zwar schleunigst.» – «Es *muss* gehen und muss *schnell* gehen, wenn wir nicht in den Abgrund der Bolschewikirevolution stürzen wollen.»[24]

Der Artikel erregte im Glarnerland ein grosses Aufsehen. Zustimmende und ablehnende Leserbriefe wurden in den «Glarner Nachrichten» publiziert. Der Fabrikant D. Jenny-Squeder nahm die Industriellen in Schutz, in der Weihnachtsnummer erschien aber ein grosser Artikel,[25] worin der «soziale Pfarrer» verteidigt wurde. Man dürfe der Kirche jetzt nicht vorwerfen, sich in die Politik einzumischen, nachdem man es während Generationen hingenommen habe, dass sie voll und ganz hinter dem herrschenden System gestanden habe; ob «ein Geistlicher, der die Wahrheit erkennt, und auch den gerechteren Weg», diese verschweigen dürfe, nur um niemanden zu beunruhigen? Es sei die Mission der Kirche, «das Glück der Menschheit auch in dieser Welt zu fördern, um damit der Schlechtigkeit auf Erden den Boden abzugraben». Es sei ihre Aufgabe, «sich vor allem in den Dienst der Schwachen und Armen zu stellen».[26] Am 3. März 1919 publizierte Emil Brunner im gleichen Organ ein kurzes «Nachwort» unter dem Titel «Worauf es ankommt».[27] Der gut 29-Jährige schrieb:

«Ich bin Sozialist, weil ich an Gott glaube.» Der «rechte Sozialismus ist aus dem Geist des Evangeliums Jesu geboren; denn Sozialismus heisst Brüderlichkeit.» – «Echter Sozialismus und Evangelium sind untrennbar.» – Das «bequeme Trostchristentum» muss verschwinden. – «Die neue Zeit» kann «ihre Aufgabe nur dann recht erfüllen, wenn sie wieder zu glauben wagt an eine lebendige göttliche Macht, die mit uns im Bunde steht.»[28]

Wieder zeigte sich hier, wie tief Brunner von Leonhard Ragaz geprägt war.

---

[24] Emil Brunner, Die Kirche und die sozialen Forderungen der Gegenwart, in: Wort I, S. 68 ff.
[25] Gezeichnet von J. H.
[26] Glarner Nachrichten vom 24. Dezember 1918, S. 2 f.
[27] Emil Brunner, Worauf es ankommt. Ein Nachwort, in: Wort I, S. 72 ff.
[28] A. a. O.

Gemeindearbeit

Doch zurück ins Jahr 1916, als Brunner in Obstalden anfing! Der junge Pfarrer ging seinen vielfältigen Aufgaben mit grosser Sorgfalt nach. Er war zwar weniger ein Seelsorger im engeren Sinne dieses Wortes. Nachdem seine Frau ins Pfarrhaus einzogen war, war es vor allem sie, die Alte und Kranke besuchte. Brunner selbst konzentrierte sich auf den Sonntagsgottesdienst und den Konfirmandenunterricht, in welche er viel Vorbereitungszeit investierte – auf den Konfirmandenunterricht fast so viel wie auf die Predigt.[29] Eine ehemalige Konfirmandin, die im Jahr 1905 geborene Frieda Menzi, erinnerte sich noch im Alter von 96 Jahren, dass Brunner sowohl «aufgeschlossen» als auch «ernst» war.[30] Er habe sie nachhaltig mit der Aussage beeindruckt: «Wenn ein Mensch nur fünf Minuten lang Gott zu Gefallen zu leben versuchte, würde ich vor ihm niederknien.» Von der Bibel habe er gesagt, sie sei sowohl göttlich als auch menschlich. Allerdings sei er für die dortige Bevölkerung beinahe zu «gescheit» gewesen. Von Anfang an sei er oft in Gedanken gewesen und habe wohl das akademische Lehramt angestrebt. Sie habe ihn sehr verehrt, und es habe sie tief geschmerzt, dass er nicht länger in Obstalden geblieben sei. Bei seiner Abschiedspredigt habe er ausgeführt, man solle nicht traurig sein, was er zu verkündigen habe, könne ein anderer Pfarrer auch.

Brunner verbrachte einen grossen Teil seiner Zeit in Obstalden in seinem Studierzimmer, was man ihm kaum übel nahm. Als er im Jahr 1924 Universitätsprofessor wurde, schrieb das «Gemeindeblatt für die reformierten Kirchgemeinden des Kantons Glarus» anerkennend, «in der Stille seiner Studierstube auf dem Kerenzerberg» habe er «Bücher verfasst, die nicht nur in der Schweiz, sondern auch in Deutschland und Holland und weiterhin zu denken geben. Er übt scharfe Kritik an dem Betrieb der modernen Theologie und lässt die Gedanken und Glaubensgewissheiten eines Paulus und Luther in neuer Weise lebendig werden.»[31]

Trotzdem war Emil Brunner am Gespräch mit seiner Gemeinde viel gelegen. Einmal im Monat veranstaltete er einen «Besprechungsabend» mit «seinen» fünf Lehrern,[32] einmal über Sozialismus,[33] ein anderes Mal über staatsbürgerlichen Unterricht[34] und später über «Konservativ oder Radikal», was sich zu einem grossen Aufsatz in den «Neuen Wegen» aus-

---

[29] An Thurneysen, nicht datiert, vermutlich im November 1922.
[30] Gespräch mit Frieda Menzi, Niederurnen, am 30. August 2001.
[31] Gemeindeblatt für die reformierten Kirchgemeinden des Kantons Glarus, September 1924, S. 52.
[32] An Ragaz am 24. Januar 1918.
[33] An Ragaz am 23. August 1916.
[34] An Ragaz am 7. Dezember 1916.

wuchs.³⁵ Der junge Pfarrer litt unter einer gewissen persönlichen Distanz. «Die Kerenzer sind kein anheimeliger Menschenschlag», schrieb er am 2. Juli 1917. Er wundere sich, wofür sie jährlich 3200 Franken für einen Pfarrer auslegten – «wenigstens die Obstalder», die Filzbacher seien «regsamer», er habe aber «von sehr wenigen Leuten das Gefühl», dass sie etwas wollten.³⁶ Am Bettag 1917 lud er die Gemeinde zu einem Aussspracheabend ein. Zuerst wolle er «einen kurzen Vortrag halten über ‹Pfarrer und Gemeinde›».³⁷ Die Hauptsache sei jedoch nicht der Vortrag, sondern die Diskussion, von der er erwarte, dass die Gemeindeglieder darin alles vorbrächten, was sie auf dem Herzen hätten.

> «Kritisiert mich, mahnt mich, tadelt mich, wählt einen andern Pfarrer an meiner Stelle – wie's euch vor Gott recht scheint; aber hört auf, gleichgültig zu sein, in der einzigen Sache, wo man um keinen Preis gleichgültig sein darf.» – «Ihr dürft auch ganz persönlich werden, meinetwegen auch ‹ruppig› und grob. Wenn's nur ehrlich gemeint ist, will ich gern von euch lernen und mir meinerseits alle Mühe geben, dass wir einander besser verstehen lernen.»³⁸

Der Diskussionsabend verlief «über Erwarten schön»:³⁹

> «An die 20 Voten fielen und fast alle so, wie ich es gewünscht hatte: offene Kritik, Fragen, Anregungen. Allgemein wurde der Wunsch geäussert: Mehr Zusammenhang mit den Pfarrern, mehr und andersartige Gelegenheit, ‹etwas Rechtes› zu hören. Das will viel heissen bei der hiesigen Feindlichkeit gegen alle Stündeli. Es gibt meines Wissens keinen einzigen Angehörigen einer Gemeinschaft oder Sekte. Ich habe natürlich sehr stark betont, dass es mir nicht drauf ankomme, etwas zu ‹gründen›, dass ich aber dem Wunsch gern entgegenkomme und Freude habe daran.»⁴⁰

Anderswo schreibt er über den gleichen Anlass: «Als wir auseinander gingen, war auf den Gesichtern aller ein Leuchten, das ich nicht vergessen werde.»⁴¹

Wünschen aus der Gemeinde entgegenkommend, veranstaltete Brunner im darauf folgenden Winterhalbjahr drei Vorträge mit Diskussion über das Thema «Erziehung des Menschen», wobei er zuerst über die Notwendigkeit von Erziehung, dann über Erziehungsziele und am Schluss über die Kräfte sprach, die es für eine gelingende Erziehung brauche. Grundsätzlich hielt er fest:

---

35 Konservativ oder Radikal, in: Neue Wege 1918, Heft 2.
36 An Thurneysen am 2. Juli 1917.
37 Emil Brunner, Ein offenes Wort an die Männer und Frauen von Obstalden und Filzbach zum Bettag 1917, in: Wort I, S. 38–45, hier: S. 44 f.
38 A. a. O.
39 An Barth am 25. September 1917, in: Barth–Brunner, S. 16.
40 A. a. O. «Stündeli» = exklusive Gebets«stunden» im kleinen Kreis in der Tradition des Pietismus.
41 An Thurneysen am 18. September 1917.

«Der Mensch will noch anderes, erwartet mehr vom Leben als nach gutem Nachtessen [auf dem] Ofebänkli sitzen und rauchen.» – «Ein Mensch, der einfach sich gehen lässt, nicht seine Triebe und Begierden zügelt, nicht seine Selbstsucht überwindet durch Gerechtigkeit, Pflichtgefühl und Opfersinn, Liebe, – geht zu Grunde.» – «*Wir sind am Ende.* Der Weltkrieg zeigte uns, dass wir trotz Schulen, Wissenschaft, Organisation nicht weiter kommen. [...] Was wir brauchen, ist, dass etwas über uns komme, das wir nicht aus uns herauspressen müssen, sondern das von aussen in uns armselige Wesen hineinfährt. *Ein neuer Geist.*» – «Können wir etwas tun? Kein Programm; nur eines: Glauben. D. h. vor Gott ehrlich werden (Busse) und Gott anerkennen, d. h. trauen, ‹uns des Guten versehen›,[42] trauen: Gott ist da und darum muss es recht werden; merken, wer das ist, Gott, und darum auch erwarten, dass er allein [helfen kann]. Dieser Glaube [kann oder wird] Berge versetzen; denn in ihm wirkt Gott.»[43]

Diese Sätze erinnern an Hermann Kutter, stimmen aber auch mit vielem überein, was Karl Barth damals häufig vortrug. Schon hier vertrat Brunner das Ideal der «Ekklesía».[44] Eine Gemeinde schwebte ihm vor, in der alle eine Gemeinschaft bilden und die persönlichen Erfahrungen gleichberechtigt miteinander teilen. «Wenn's nach mir ginge, so müsste überhaupt das Pfarrhaus Gemeindehaus heissen. Hoffentlich wird's das noch, und bald.»[45] – Ein knappes Jahr nach dem denkwürdigen Bettag 1917 stellte Brunner eine positive Entwicklung in seiner Gemeinde fest und schrieb, dass er sich verpflichtet fühle, noch einige Zeit in Obstalden auszuharren. Es habe «doch da und dort etwas angefangen zu brennen», was er «nicht mutwillig verlöschen lassen» dürfe. Nach wie vor hoffe er, seine Kerenzer und er würden «noch etwas Grosses miteinander» erleben.[46] Während Brunners Amerikaaufenthalt gingen viele Briefe und Karten zwischen Obstalden und New York hin und her. «Ich sehne mich nach meiner Gemeinde», schrieb er. Der Sichelkamm (ein Berg in der Nähe von Obstalden) gehe ihm «offengestanden immer noch über die Wolkenkratzer am Broadway».[47] Es beschäftigte ihn, als er in der Ferne von Krankheiten und Todesfällen als Folge einer Grippeepidemie erfuhr. Der unerwartete Tod der Frau des Sigristen machte ihn tief betroffen: «Der arme, arme Sigrist, was hat *er* verloren! Und die beiden lieben Buben. [...] Ich merke [...] wieder deutlich, wie fest ich mit der Gemeinde verbunden bin.»[48]

---

[42] Formulierung aus: Philipp Melanchthon, Unterricht der Visitatoren (1528).
[43] Nachlass 80.
[44] Vgl. Brunners Publikationen «Das Missverständnis der Kirche» und «Dogmatik III».
[45] Rundbrief Nr. 10 vom 21. Februar 1920. Vgl. oben, S. 18 und unten, S. 79 und S. 133.
[46] An Thurneysen am 29. August 1918.
[47] Rundbrief vom 21. Februar 1920.
[48] An Margrit Brunner am 20. April 1920. Nachlass 80.

Im Dienst der Kantonalkirche

Emil Brunner nahm während seiner Glarner Zeit auch kantonalkirchliche Aufgaben wahr. Regelmässig besuchte er die Sitzungen des Pastoralvereins und hielt in diesem Kreis zweimal einen Vortrag, am 22. Januar 1917 über «Das Unbedingte in seinem Verhältnis zur Wirklichkeit» und am 2. Juni 1919 über «Gottes Weltregierung im Verhältnis zu Sünde und Übel».[49] Er habe «den Pfarrern des Glarnerlandes viel Anregung gebracht», schrieb das Glarner Gemeindeblatt im September 1924, als Brunner den Kanton verliess.[50] Von Amtes wegen war er acht Jahre lang Mitglied der Glarner Synode. Während Karl Barth im November 1915, um die Aargauer Synode zu provozieren, beantragt hatte, den traditionellen Synodalgottesdienst abzuschaffen, da «alles, vor allem das Staatliche, hier hundertmal wichtiger genommen wird als Gott»,[51] regte Brunner zwei Jahre später im Pastoralverein an, der Synode die Behandlung von Fragen allgemeiner Natur vorzuschlagen, «deren Besprechung zur Förderung des religiösen Lebens beitragen könnte»:

> «Sie soll dadurch den Charakter einer blossen Geschäftssynode verlieren. Sie ist der einzige Ort, wo die Kirche als Ganzes vor dem Volke steht; da soll sie nicht den Eindruck machen, dass die Kirche neben dem Leben stehe. Die Kirche ist ja nicht Selbstzweck, sondern ein Salz. [Sie] soll das besonders jetzt sein, wo die unerhörte Ausdehnung des Geschäftslebens und das Vorherrschen des Materialismus das ganze geistige Leben bedroht. Das Volk steht den idealen Mächten fern, der Kirche ganz fern. Auch Zwingli wollte kirchliche und staatliche Angelegenheit nicht getrennt wissen. Die grossen Volksfragen sollen in der Kirche ein Echo finden. Den Synodalgottesdienst ignoriert das Volk wie wir seine Nöte. Wird das Evangelium nicht Volkssache, so ist's mit der Kirche vorbei.»[52]

Die kantonale Kirchenkommission und die Synode hatten für diese Anliegen wenig Verständnis.[53]

Auch Brunners Beiträge für das kantonale Gemeindeblatt sind in diesem Zusammenhang zu nennen. In exemplarischer Weise dokumentieren sie seinen Weg vom religiösen Sozialismus zur dialektischen Theologie.

---

[49] Protokoll des Pastoralvereins 1917–1927 vom 22. Januar 1917 und vom 2. Juni 1919 (Landesarchiv des Kantons Glarus).
[50] Gemeindeblatt für die reformierten Kirchgemeinden des Kantons Glarus, September 1924, S. 52.
[51] Eberhard Busch, Karl Barths Lebenslauf. Nach seinen Briefen und autobiographischen Texten. Zweite durchgesehene Auflage. München 1976 (in der Folge zitiert als «Busch»), S. 99.
[52] Protokoll des Pastoralvereins 1917–1927 vom 5. November 1917 (Landesarchiv des Kantons Glarus).
[53] Vgl. die Amtsberichte der kantonalen Kirchenkommission.

Fast jedes Jahr publizierte er einen Artikel in diesem Organ, das sämtliche evangelisch-reformierten Haushaltungen im ganzen Kanton erreichte. Im Juni 1916 – also wenige Monate nachdem er seine Pfarrstelle in Obstalden-Filzbach angetreten hatte – schrieb er den Pfingstartikel, in dem er seine dezidiert religiös-soziale Haltung mit seinen Bergson-Studien verband. Dem «rechnenden Verstand» werde alles «zu Geld und Geldeswert»,[54] führte er darin aus und fuhr fort:

> «Bei uns regiert der Nicht-Geist, das Geld. Wir können nicht sagen: wir haben das Geld. Nein, das Geld hat uns. [...] Wir brauchen einen neuen Geist [...]. Ungeist, Tod, ist das Getrenntsein, das Auseinandersein der Teile; Geist, Leben, ist das Zusammenhalten und gegenseitige Anteilhaben. [...] Der Ungeist zerschlägt alles in Stücke, die Welt ist ihm nur ein Mosaikbild oder Zusammensetzspiel. Der Geist sieht und schafft überall die Einheit, und die Gotteswelt ist ihm ein grosser Baum, durch den *eine* Lebenskraft geht von der Wurzel bis zum Wipfel. Das ist die Liebe; die Erkenntnis: wir gehören zusammen, und der Wille: wir sollen miteinander Gemeinschaft halten um jeden Preis, Glieder sein an einem Leib, Glieder einer Familie.»

Diese Bilder hatte Brunner bereits in seiner ersten Habilitationsschrift gebraucht. Weiter heisst es:

> «Gott will nicht im Himmel wohnen, sondern bei uns, unter uns Menschen. Was ist denn Jesus Christus anderes als dies: Gott im Menschen offenbar und wirkend? [...] Pfingsten [ist] das Fest der Hoffnung. [...] Der Krieg, die Mammonsherrschaft, die Sklaverei des Lasters [müssen] verschwinden [...]; wir können uns nicht mehr abfinden mit den Dingen ‹wie sie nun einmal sind›; wir erwarten, dass etwas Neues werde, wir sehnen uns danach, wir hoffen.»

Ein Jahr später schrieb er einen Artikel über den Genfer Reformator Calvin, «Gottes Hammer». Auch Calvin wurde mit der Brille des religiösen Sozialismus gelesen bzw. interpretiert. Was er gewollt habe, sei nichts Geringeres gewesen als «den Gottesstaat auf Erden gründen, ein Menschenreich über die ganze Erde hin, in welchem der Wille Gottes gilt, und sonst nichts». Die meisten heutigen Menschen glaubten im Gegensatz dazu, dass der Glaube an Gott eine «bloss kirchliche Angelegenheit» sei, «eine ganz private, innerliche Herzenssache; das müsse man denen überlassen, die für diese Liebhaberei ein besonderes Interesse» hätten. «Gott etwas für sich – das tägliche Leben etwas für sich, fein säuberlich durch ein Mäuerlein voneinander getrennt.»[55] Demgegenüber hielt der Pfarrer von Obstalden-Filzbach fest:

---

[54] Geist, in: Gemeindeblatt für die reformierten Kirchgemeinden des Kantons Glarus, Juni 1916, S. 31 f. Daraus auch die folgenden Brunner-Zitate.
[55] Gottes Hammer, in: Gemeindeblatt für die reformierten Kirchgemeinden des Kantons Glarus, August 1917, S. 40 f. Daraus auch die folgenden Zitate.

«Gottes Wille soll nicht bloss gelten am Sonntagmorgen von 9–10 Uhr. Gott ist es jedenfalls nicht wichtiger, dass einer seine Kinder taufen lässt, als dass er für seine Angestellten recht sorgt. Dem lebendigen Gott sind die Kirchen viel zu eng; er will im ganzen Menschenleben zu seinem Recht kommen.» – Im Genf Calvins war Gott «nicht nur ein frommes Wort; sein Wille *galt*. [...] Unser ganzes öffentliches Leben ist – auch abgesehen vom Krieg – in manchen Beziehungen ein Hohn auf das Christentum. [...] Unsere ganze Rechtsordnung, so korrekt sie äusserlich aussieht und funktioniert, [ist] ein Unrecht, da der Arme infolge seiner Mittellosigkeit und Abhängigkeit gar nicht in der Lage ist, den vorgeschriebenen Rechtsweg zu gehen. [...] Diesem unwürdigen Zustand, wo Gott nur so ein Dasein im stillen Winkel fristen muss, hat Calvin ein Ende machen wollen. [...] Das ganze Leben soll sein ‹zur Ehre Gottes›.»

Auf den Spuren von Leonhard Ragaz war dies eine eigenwillige und selektiv vorgehende Deutung des Genfer Reformators.

Im März 1918 folgte «Etwas vom Konfirmandenunterricht». Der Artikel verdient besondere Beachtung, da er zeigt, dass Brunner auf seinem Weg – abgekürzt formuliert – von Ragaz zu Barth schon weit fortgeschritten war. Neben traditionell religiös-sozialen Klängen finden sich Wendungen, welche die Zwanzigerjahre in der Theologiegeschichte ankünden. Religion, Gottesliebe, könne man nicht lehren, «so wenig als man Mutterliebe lehren kann»[56] – eine These, die damals epochemachend war und im Gegensatz zum vorangehenden religionspädagogischen Paradigma stand, das gut humanistisch von der «Lernbarkeit» der Religion ausging.[57] Den Glauben könne man durch Unterricht nicht «machen»; er entstehe «einzig aus der Berührung mit Gottes Geist». Es kündigt sich hier an, was Theodor Heckel, einer der Protagonisten der neuen Richtung, später zusammenfassend folgendermassen formulierte: «Die Bitte um den heiligen Geist, der durch das Wort zum Glauben ruft, ist schlechthin wichtiger als alle Methodik.»[58] Blosses Lehren bleibe tot – so Emil Brunner im März 1918 –, da einzig das «wirkliche Leben mit Gott» ansteckend wirke. Gott sei «mehr als eine Sonntagsdeklaration». Der Konfirmandenunterricht sei deshalb «ein Notbehelf wie aller Religionsunterricht». Er könne nur zeigen, «dass Gott und Leben zusammengehört». – Teilweise war Brunner aber auch jetzt noch Leonhard Ragaz verpflichtet: Die Feinde des Konfirmandenunterrichts, führte er aus, seien «die Langeweile und ferner die Kirchlichkeit»:

---

[56] Etwas vom Konfirmandenunterricht, in: Gemeindeblatt für die reformierten Kirchgemeinden des Kantons Glarus, März 1918, S. 12 ff. Daraus auch die folgenden Brunner-Zitate.

[57] Vgl. Frank Jehle, Augen für das Unsichtbare. Grundfragen und Ziele religiöser Erziehung. Zürich – Köln 1981, S. 173 ff.; hier die Erinnerung an Richard Kabisch, Wie lehren wir Religion?, 6. Auflage, Göttingen 1923.

[58] Theodor Heckel, Zur Methodik des evangelischen Religionsunterrichtes. München 1928, S. 29.

«Wer von einer grossen Sache erfüllt ist, *kann* aber nicht langweilig sein; und wer vom Reiche Gottes etwas gemerkt hat, der sieht so tief und mit solchem Schmerz und Scham die Verderbnis der Kirche, des organisierten Christentums, dass er unmöglich ein ‹Kirchenmann› sein kann.» – «Das Geld hat den meisten die Seele getötet, drum sind sie blind und taub für das Göttliche. [...] Da brauchen wir etwas wie ein neues Pfingsten, eine neue Reformationszeit, wo Gott machtvoll an die Herzenstüren klopft und sie aufsprengt.» – «Die ganze Natur- und Menschenwelt ist voll von Gottesoffenbarung.»

So hätte auch Ragaz gesprochen, für den die verfasste Kirche und das Reich Gottes je länger, desto mehr in einem unüberbrückbaren Gegensatz zueinander standen.

Im Oktober 1920 berichtete Brunner von seinem Amerikaaufenthalt.[59] Ein halbes Jahr später verfasste er die Karfreitagsbesinnung, in der er ausführte, dass einerseits am «Kreuz des Christus» die «Gottlosigkeit der Menschen offenbar geworden» sei. Nicht einfach die «Juden, die Schriftgelehrten vor 1900 Jahren», hätten Jesus gekreuzigt.[60]

«Es ist sehr wahrscheinlich, dass Jesus auch heute wieder gekreuzigt würde. [...] Wo erwies sich das Christentum als ein starker Damm gegen die Teufelsmächte? In welcher christlichen Gemeinschaft wurde nicht Christus hundertfach verleugnet und gekreuzigt?» Anderseits sei «das Kreuz [...] nicht nur die fluchwürdige Tat der Menschen, sondern auch die rettende Tat des liebenden Gottes. [...] Gott spricht eine mächtige Sprache, von merkwürdiger Eindringlichkeit. Sein Wort, sein Heimruf ist das Kreuz seines Sohnes. Seht, ich sterbe für euch, wo ihr sterben solltet, damit ihr endlich meine Liebe begreift und ihr glaubt. Dies Kreuz ist die offene Tür, durch die ihr zu mir hineinkönnt, trotz allem Vergangenen. Seit Gott dieses Tatwort gesprochen hat, *ist* es gesprochen und kann nicht mehr durchgetan und vergessen werden. Nie ist den Mächten der Finsternis mehr Abbruch getan worden als in jener Stunde auf Golgatha. Da hat des Teufels Reich seine schwerste Niederlage erlitten, von der es sich nie mehr erholen kann, da hat Gott einen Sieg errungen, der der Anfang ist vom Ende.»

Die Akzentverlagerung auf die «rettende Tat Gottes» – und zwar am Kreuz – dokumentiert, dass Brunner sich der ‹dialektischen Theologie› zugewandt hatte.

Im Mai 1922 dann schrieb er klassisch ‹dialektisch› über «Die grosse Verlegenheit», womit Gott selbst gemeint war.

«Er ist der grosse Erschütterer. [...] Vor ihm hört alles Rechthaben auf, da haben wir nichts mehr als – Unrecht. Da erkennen wir, dass wir nichts sind und können, gerade das nicht, was wir sollten und möchten, recht leben. [...]

---

[59] Licht vom Westen?, in: Gemeindeblatt für die reformierten Kirchgemeinden des Kantons Glarus, Oktober 1920, S. 48 ff. Zum Amerikaaufenthalt vgl. unten, S. 123 ff.
[60] Das Kreuz, in: Gemeindeblatt für die reformierten Kirchgemeinden des Kantons Glarus, März 1921, S. 13 f. Daraus auch die folgenden Brunner-Zitate.

«Wie ein Hirsch schreit nach frischem Wasser, so schreiet meine Seele Gott nach dir. Aus der Tiefe rufe ich, Gott, zu dir. Denn das Gute, das ich will, tue ich nicht, sondern das Böse, das ich nicht will, das tue ich, ich elender Mensch, wer wird mich erlösen.›[61] Das sind die Stimmen, die wir von dort her vernehmen, wo an Gott wahrhaftig geglaubt wird, wo man weiss, was das heisst: Gott lebt.»[62]

Noch deutlicher wird die Stimme der ‹dialektischen› Theologie abermals ein Jahr später im Artikel unter dem Titel «Ist ein Gott?», in dem der Begriff der Offenbarung eine zentrale Stellung einnimmt.[63]

«Steht denn nicht Gott im Widerspruch mit all unserer Erfahrung, d. h. mit dem, was in der Welt tatsächlich geschieht, mit dem, wie es die Menschen treiben, und vor allem mit dem, was wir selber sind und tun?» – Der Glaube ist «ein kühner Sprung in das, was man nicht sieht, [...] ein Wunder, das er selbst nicht fassen kann und wo er nur weiss: ich kann nicht anders, – wem's nicht so geht, der hat noch nie geglaubt. [...] Es zeugt alles – die Welt, das Leben, wir selbst – von einem Gott, der nicht ‹da› ist, aber der da sein sollte und möchte, von einem Gott, zu dem man nur ‹aus der Tiefe›[64] rufen kann, und der uns antwortet aus der Höhe. Wir könnten nicht nach ihm rufen, wenn wir ihn nicht kennten. Wir würden ihn nicht kennen, wenn er sich uns nicht offenbarte. Er würde sich nicht offenbaren, wenn er nicht wollte uns erretten.»[65]

Auch die für das ganze Lebenswerk Brunners kennzeichnenden religionsphilosophischen bzw. apologetischen Töne fehlen in diesem Artikel nicht: «Gäb's keinen Gott, so gäb's kein Gewissen, keinen Unterschied von gut und bös, keinen Geist.» Die Vernunft sei, wie der Name sage, «ein ‹Vernehmen›, das Vernehmen der ewigen göttlichen Wahrheit». Bereits hier wird eine andere Nuance als in der von Karl Barth vertretenen Variante der dialektischen Theologie erkennbar. Brunner möchte auch an die menschliche Vernunft appellieren und versucht zu zeigen, dass eine Vernunft ‹ohne Gott› streng genommen ein Widerspruch in sich selbst sei.

Es wird deutlich, dass Brunner inzwischen nicht nur von Karl Barth beeinflusst war, sondern intensive Kierkegaard-Studien trieb, der den Glauben das «Wagnis» genannt hatte, «vom eigenen Ufer auf das jenseitige hinüberzuspringen».[66] – Ein letztes Mal während seiner Zeit in Obstalden ergriff Brunner im Glarner Gemeindeblatt im Februar 1924 das

---

[61] Vgl. Psalm 42,2, Psalm 130,1 und Römer 7,19–24.
[62] Die grosse Verlegenheit, in: Gemeindeblatt für die reformierten Kirchgemeinden des Kantons Glarus, Mai 1922, S. 27 f.
[63] «Offenbarung» – und nicht «Erfahrung» – war ein Schlüsselwort der dialektischen Theologie.
[64] Psalm 130,1.
[65] Ist ein Gott, in: Gemeindeblatt für die reformierten Kirchgemeinden des Kantons Glarus, März 1923, S. 15 f.
[66] Vgl. Emil Brunner, Die Botschaft Sören Kierkegaards, in: Wort I, S. 209–226, hier: S. 222.

Wort. Erneut zitierte er den Apostel Paulus: «Das Gute, das ich will, tue ich nicht, aber das Böse, das ich nicht will, das tue ich. Ich elender Mensch, wer wird mich erlösen?»[67]

«Der Bund zwischen Gott und den Menschen ist zerrissen. Und alles, was wir tun, um das Rechte herbeizuschaffen, nützt nichts. Wir kommen mit allem, was wir tun, nie aus dem Unrechten heraus. *Wir* können den Riss nicht heilen. Wir sind, von uns aus, einfach verloren. Mitten durch unser eigenes Leben hindurch geht der Riss.»[68]

Als dieser Artikel erschien, hatte Brunner bereits das Ernennungsschreiben zum Professor an der Universität Zürich vom 7. Februar 1924 erhalten.

---

[67] Nach: Römer 7,19–24.
[68] Auch eine Geheimschrift, in: Gemeindeblatt für die reformierten Kirchgemeinden des Kantons Glarus, Februar 1924, S. 7 f.

Vom religiösen Sozialismus zur dialektischen Theologie

Emil Brunner war ein begeisterter Pfarrer. Doch genügte ihm die geographische und – wie er es erlebte – geistige Enge des Kantons Glarus nicht. Bereits im August 1916 sprach er eher wehmütig von seiner «Bergeinsamkeit» hinter «Philosophen und Schmökern».[1] Und nur wenig später schrieb er: «Es ist eben doch etwas entsetzlich Unnatürliches, nicht mit denen zusammenzuleben, mit denen man Grosses [und] Neues erlebt. Stelle man sich vor: die Jünger ohne Zusammenhang, oder die verschiedenen Kreise der Reformatoren, der Romantiker usw.»[2] Dass die «Stille eines Bergdorfes» auch «ihre Gefahr» habe, bemerkte er im Sommer 1919, obschon er deren «unschätzbare Vorteile» nicht bestritt. Er sehnte sich nach dem «grossen Sturm des Lebens», um «aufzunehmen und zu spüren, was [...] am spannenden Webstuhl[3] der Zeit gewoben wird».[4] Den Glarner Pastoralverein nannte er «unsäglich harmlos». Wenn möglich noch harmloser seien die dort diskutierten Themen.[5] Im Herbst 1922 beklagte er seine «Isolierung auf meiner Glarner Hochwacht».[6]

Ausserkantonale Kontakte

Sooft es Brunner angesichts seiner Amtspflichten möglich war, verliess er denn auch Obstalden für Stunden oder Tage. Er besuchte die religiös-sozialen Konferenzen – am 23. Mai 1916 in Brugg (wo er auch Karl Barth traf) und im Februar 1918 in Basel. Zusammen mit seinem Kollegen Karl Straub betrieb er im August 1916 die Gründung einer «ostschweizerischen religiös-sozialen Konferenz (oder Kränzchen)»,[7] an deren erster Zusammenkunft in Weinfelden er am 5. Dezember 1916 einen Vortrag über «Evangelium und Sozialismus» hielt. «Der Verlauf der Tagung war ein recht erfreulicher; trotz den zwei ziemlich langen Referaten (Nr. 2

---

[1] An Ragaz am 23. August 1916.
[2] An Thurneysen am 14. Februar 1917.
[3] Vgl. Johann Wolfgang von Goethe, Faust I, Vers 505. Nacht: «So schaff ich am sausenden Webstuhl der Zeit [...].»
[4] An Ragaz am 14. Juli 1919.
[5] An Ragaz am 19. Januar 1917.
[6] An Thurneysen am 15. September 1922.
[7] An Ragaz am 23. August 1916.

Wachter: ‹Was predigen wir heute?›) wurde ausgiebig (dreieinhalb Stunden!) diskutiert, ich glaube nicht ganz unfruchtbar.»⁸

Auch sonst liess er sich für Vorträge einladen. In Leutwil, das er seit seinem Vikariat 1912/13 kannte und wo Eduard Thurneysen die Pfarrstelle versah, ging es am Sonntag, den 4. Februar 1917, um das Thema «Vom Erwecken der Bibel».⁹ Der Vortrag war der erste Teil einer Trilogie, an der sich auch Gottlob Wieser und Karl Barth beteiligten, der zwei Tage später als Abschluss über «Die neue Welt in der Bibel»¹⁰ sprach. Brunner setzte sich in seinem Vortrag mit der These, dass die Bibel das Wort Gottes sei, auseinander.

> «Was wir jetzt nötig haben, ist Bibelgeist, nicht Bibelsprüche, Gott, nicht Glaubenssätze, Kraft, nicht Lehren. Dieses lebendige Wort und lebendige Kraft schlummert in der Bibel, aber wir müssen versuchen, sie aufzuwecken, herauszuholen.» – «Wenn der Geist der Bibel in uns erwachte, so gäbe das ein Welterdbeben, verglichen mit dem alle Revolutionen ein Kinderspiel waren. Und das Endresultat wäre das Reich Gottes auf Erden, die Herrschaft der Gerechtigkeit, Wahrheit und Liebe.»¹¹

Wie Thurneysen Barth einige Wochen später mitteilte, sei die «kleine Herde [...] einstimmig erbaut und bewegt» gewesen. «Brunners Belehrungen» habe man allerdings am «wenigsten leicht» verstanden.¹² Brunner selbst empfand sein Referat als «dünn», bzw. als eine Kopfgeburt oder ein Studierzimmerkonstrukt. «Ist *das* Leben oder ist's eine besonders feine Imitation desselben? Gewiss *verstehen* wir so vieles besser als οἱ ἔξω¹³, aber *haben* wir etwas?»¹⁴ Thurneysen sah Brunners Leutwiler Vortrag dennoch in einem positiven Licht: «Dein Referat [...] ist wirklich des Druckes wert. Diese Art, die Wahrheit zu sagen, ist Deine ganz besondere Gabe. [...] Wir [in Leutwil] sind nachträglich erst recht dankbar, dass Ihr zu uns herübergekommen seid wie Paulus zu den Mazedoniern, um uns zu helfen.»¹⁵

Grosse Beachtung fand Brunners Vortrag «Denken und Erleben» an der Christlichen Studentenkonferenz in Aarau im März 1919. Wie bereits

---

[8] An Ragaz am 7. Dezember 1916.
[9] Vgl. Thurneysen an Brunner am 17. Januar 1917: «Dann würdest Du Sonntag, den 4. Februar, eröffnen und über das Erwachen der Bibel reden, oder vielleicht noch besser über: Gottes Wort in der Bibel.» Vgl. auch: Thurneysen an Barth am 17. Januar 1917, in: Karl Barth – Eduard Thurneysen, Briefwechsel I. GA 3, Zürich 1973 (in der Folge zitiert als «Barth–Thurneysen I»), S. 170.
[10] Karl Barth, Die neue Welt in der Bibel, in ders., Das Wort Gottes und die Theologie. München 1924, S. 18 ff. (hier falsch datiert).
[11] Nachlass 80.
[12] Thurneysen an Barth am 20. Februar 1917, in: Barth–Thurneysen I, S. 175.
[13] Griechisch: «diejenigen ausserhalb».
[14] An Thurneysen am 14. Februar 1917.
[15] Thurneysen an Brunner am 19. Februar 1917. Vgl. Apostelgeschichte 16,9–10.

in seiner Dissertation und in der ersten Habilitationsschrift wandte Brunner sich auch hier «gegen den Heils- und Absolutheitsanspruch wissenschaftlicher Erkenntnis»:

«Glaube lebt aus der Paradoxie des Glaubens, nicht von Verstandesgnaden, Religion ist im Wesen irrational, nicht nur dem Verstand unzugänglich, sondern ihm auch Feind.»[16] – Echte religiöse Erkenntnis heisst, dass «wir vollkommen aus uns herausgehen, über uns hinausgreifen, nichts wollen als empfangen, Gefäss werden für den göttlichen Inhalt, hineintreten und uns tragen lassen von dem göttlichen Lebensstrom, Durchbruchstelle werden, durch die jenseitige Kräfte in die diesseitige Welt hineindringen, um sie zu erobern.»[17]

Wenn auch mit anderem Vokabular, berührten sich Brunners Ausführungen hier eng mit dem kurz zuvor erschienenen und von ihm rezensierten Römerbriefkommentar Karl Barths – den der Vortrag allerdings nicht überzeugte.[18]

Wie wichtig Brunner der persönliche Kontakt und das Gespräch mit seinen ausserkantonalen Freunden war, geht auch aus seiner Gastfreundlichkeit hervor. Immer neu beschwor er Leonhard Ragaz, auf seinen häufigen Reisen von Zürich nach Graubünden oder zurück einen Zwischenhalt im Kanton Glarus einzuschalten. «Einen Wunsch möchte ich nochmals wiederholen: Es würde mich und meine Frau *sehr* freuen, wenn Sie es diesmal möglich machen könnten, bei Ihrer Heimkehr über Obstalden zu reisen», schrieb er am 4. Februar 1921.[19] Ob Ragaz die Einladung annahm, ist nicht überliefert, aber Eduard Thurneysen und Karl Barth kamen sicher auf Besuch! Und Brunner selbst reiste gern zu Freunden. Im August 1920 wanderte er «über den Speer nach Wattwil», wo er im Pfarrhaus abstieg, in dem jetzt Gottlob Wieser residierte. Von dort ging es zu Fuss weiter über Schwellbrunn im Appenzeller Hinterland nach St. Gallen-Bruggen, wohin kurz zuvor Eduard Thurneysen berufen worden war. «Es drängt mich ungeheuer, mit Dir zu reden; das Schreiben schafft so viel Missverständnisse, und die Sache kann nicht warten.»[20] Über Urnäsch am Fusse des Säntis und Nesslau im Toggenburg wanderte Brunner anschliessend nach Obstalden zurück.

Briefe waren aber in Brunners spezifischer Lebenslage das wichtigste Medium für das wechselseitige Gespräch. Er schrieb leidenschaftlich gern – nicht nur für die Freunde, sondern auch zur Selbstvergewisserung:

---

[16] Uwe Lüdemann, Denken – Glauben – Predigen. Eine kritische Auseinandersetzung mit Emil Brunners Lehre vom Menschen im Widerspruch. Frankfurt am Main 1998, S. 72.
[17] Emil Brunner, Denken und Erleben, in: Vorträge an der Aarauer Studentenkonferenz 1919. Basel 1919, S. 31.
[18] Barth an Thurneysen am 11. Mai 1919, in: Barth–Thurneysen I, S. 326.
[19] An Ragaz am 4. Februar 1921.
[20] An Thurneysen am 30. Juli 1920.

Er könne den Brief ruhig «ungelesen beiseite legen», weil er «mehr zur eigenen Herzenserleichterung, ‹Gewissensklärung›,» geschrieben sei, heisst es einmal in einem Brief an Ragaz.[21] Als Spiegel seiner persönlichen und theologischen Entwicklung – auch seiner Charaktereigenschaften – sind die Briefwechsel mit Hermann Kutter, Leonhard Ragaz, Eduard Thurneysen und Karl Barth von besonderer Bedeutung.

Hermann Kutter

Mit Hermann Kutter verband Brunner keine Freundschaft, jedenfalls keine partnerschaftliche. Der altersmässige Abstand war zu gross. Und doch war es eine innige persönliche Beziehung. Für den Studenten Brunner war es eine grosse Hilfe, Kutter im Hintergrund zu wissen, wenn er ein gewisses Unbehagen gegenüber der damals vorherrschenden akademischen Theologie empfand. Im Sommerhalbjahr 1915 fühlte er sich geehrt, seinen Konfirmator zu vertreten und im Pfarrhaus zu wohnen. Er wusste sich ihm tief verpflichtet. Besonders intensiv war der Kontakt im Sommer 1916, als Brunner einige Ferientage bei Kutter verbrachte und dieser ihm die im März 1916 erschienenen «Reden an die deutsche Nation» vorlas. Das merkwürdige Buch, das Kutter später selbst als misslungen bezeichnete («Vergraten ist vergraten!»[22]), machte Brunner einen tiefen Eindruck. Auf den ersten Blick erschien es übertrieben deutschfreundlich, was Ragaz dazu bewegte, von einem «in Einzelheiten natürlich nicht unbedeutenden, im ganzen aber törichten» Buch zu sprechen. Kutter habe damit «sein prophetisches Amt» verscherzt.[23] Als Kutter das Buch schrieb, stand für ihn offenbar zweifellos fest, dass Deutschland den Weltkrieg gewinnen werde. Seine Verehrung für die deutsche Kultur mit ihrer «Innerlichkeit» wirkt überschwänglich. Wer das Buch gründlich liest, kann aber feststellen, dass das von Kutter besungene Deutschland nicht der real existierende Staat, sondern ein Ideal bzw. eine Utopie war:

«O, ihr wagemutigen Deutschen – wisset ihr, was auf dem Spiel steht? Werdet ihr das finden, *was grösser ist als deutsch*, das echt Menschliche, das Gott in euere Seele eingebaut hat, die tiefe, unerschöpfliche, aus der Ewigkeit geborene Innerlichkeit, Wurzel und Quelle aller Lebensfülle.»[24] – «Dieses Grosse kann in nichts anderem bestehen, als darin, *dass der deutsche Geist im Gewande der deutschen Kultur mehr zu bringen hat als Deutsches*, dass die deutsche Schale einmal zerbrochen werden darf, damit der köstliche Kern der

---

[21] An Ragaz am 25. September 1916.
[22] Hermann Kutter jun., Hermann Kutters Lebenswerk. Zürich 1965, S. 75.
[23] Leonhard Ragaz, Mein Weg II. Zürich 1952, S. 107.
[24] Hermann Kutter, Reden an die deutsche Nation. Jena 1916, S. 21.

Hermann Kutter

Menschlichkeit selbst, ungehindert durch jede weitere Bevormundung, zum Vorschein kommt.»[25]

Kutter entwarf das Bild einer Gesellschaft, die von Liebe geprägt ist. Der «Mammonismus» habe ausgespielt, «alle Ideen [auch der Nationalismus], Prinzipien, Mächte, Gewalten, Gedankengrössen» seien «nur Missverständnisse», «Gedanken, die in der Loslösung von Gott zu Götzen geworden sind». «Gott allein ist Geist, und wir leben und weben und sind in ihm.»[26]

Nachdem Brunner das Buch auch gelesen hatte, schrieb er Kutter begeistert:

«Das ist wie früher der Samichlaus[27], wenn er die guten Sachen aus dem Sack schüttelte, so dass man mit Schauen und Staunen gar nicht nachkommt, und das Funkeln und Leuchten nimmt gar kein Ende. Es hat unerhört schöne Sachen in Ihrem Buch. Wie eine gewaltige Bachfuge rauscht es daher, immer das eine Thema, aber immer wieder anders und immer wieder ganz aus der Tiefe heraufgeholt. Entweder habe ich den Verstand verloren, oder dann müssen diese Reden einen gewaltigen freudigen Widerhall finden bei allen denen, die ihren Idealismus noch nicht an Dogmen und Theorien verloren haben. Es

---

[25] A. a. O., S. 31.
[26] A. a. O., S. 96. Vgl. Johannes 4,24 und Apostelgeschichte 17,28.
[27] St. Nikolaus.

ist alles drin, dünkt mich, was uns Junge je und je in Ihren Predigten und Büchern gepackt, mitgerissen und emporgeschwungen hat.»[28]

Seit seiner Verlobung mit dessen Nichte Margrit Lauterburg im Mai 1917 nannte Brunner Kutter «Onkel Hermann». «Erlebnis, Erkenntnis und Glaube», die endlich angenommene Habilitationsschrift von 1921, ist «Hermann Kutter gewidmet»; im Vorwort bekennt er, dass er das Buch nie hätte schreiben können «ohne den langjährigen persönlichen Einfluss des prophetischen Mannes, dem es gewidmet ist».[29] Besonderen Ausdruck findet seine Verehrung im Brief zu Kutters sechzigstem Geburtstag vom 11. September 1923:

> «Seit meinen ersten ‹Religionsstunden› im alten Unterrichtszimmer der Neumünsterkirche warst Du mir durch meine ganze geistige Werdezeit hindurch der, an den ich mich nur zu erinnern brauchte, um zu wissen, was in dem Wort Glauben Grosses enthalten sei. [...] So viel sehe ich deutlich: Es ist das Verständnis dafür, dass Gott etwas unendlich Grösseres und etwas ganz anderes ist, als was wir in unserer ‹Religion› haben, etwas, was nur dort sein Wesen hat, wo es tiefe Unruhe, leidenschaftliches Sichausstrecken nach etwas, das wir nicht haben, gibt. [...] Es ist gewiss, dass heute – wenigstens in der deutschen Schweiz – keiner von der Kanzel herab ein lebendiges Wort verkündet, der nicht von Dir geschöpft hätte.»[30]

Obwohl Brunner sich mit Kutter tief verbunden fühlte, stand er ihm jedoch nicht unkritisch gegenüber. In einem Brief an Kutters Sohn, Hermann Kutter *junior*, vom 8. Juni 1915, spricht er davon, dass seine «Hauptarbeit» immer noch in der «Auseinandersetzung» mit Kutter bestehe, «natürlich *in silentio et secreto*».[31] Ein Hauptproblem war für ihn, wie das «Verhältnis von Sittlichkeit und Glaube» zu denken sei. In Kutters Äusserungen lese es sich oft so, dass die Ethik sich «von selbst» verstehe, wenn man nur Gott – «den lebendigen Gott» – ernst nehme. Schon damals also wollte er der Ethik – und damit dem ‹Vorletzten› gegenüber dem ‹Letzten› – ein grösseres Recht einräumen. Bereits im Oktober 1913 hatte er denn auch Eduard Thurneysen gewisse Vorbehalte gegenüber Kutter anvertraut: «Die Kutter'sche Lösung – warten, hoffen – ist unbefriedigend und widerstreitet, wenigstens in mir, dem sittlichen Pflichtgedanken.»[32] Der spätere Verfasser grosser ethischer Werke kündigte sich an – und der Einfluss von Leonhard Ragaz ist unverkennbar.

Besonders greifbar werden Brunners kritische Anfragen an die Adresse Kutters in einem nicht datierten Brieffragment an einen nicht

---
[28] An Kutter am 27. Oktober 1916, in: Geiger, S. 359.
[29] Erlebnis, S. V.
[30] An Kutter am 11. September 1923, in: Geiger, S. 444.
[31] A. a. O., S. 318.
[32] An Thurneysen am 8. Oktober 1913.

genannten Empfänger. Brunner vermisst bei Kutter die Ethik bzw. das Sollen. Er wirft ihm seine Überzeugung vor, dass man Gott einfach «haben» müsse (d. h., dass man «nur» glauben müsse), und dann erfolge alles andere automatisch. Kutter sei der Ansicht: «Wenn wir Gott haben, so sind wir drüber hinaus; nicht über das Gute, aber über das Sollen, über den schmerzlichen Kampf. Es ‹fliesst› dann ‹von selbst› aus dem Gotteserlebnis. Der gute Wille als selbständiges Prinzip, als wichtiger Faktor des werdenden Gottesreiches, spielt gar keine Rolle.»[33]

Brunner fand bei dieser Position aber einen «grossen Haken»: Wir «haben» Gott gar nicht, oder wir müssen an dieses Haben glauben. «Der Glaube [...] an das Wachsen der Frucht ist doch nicht die Frucht selbst. [...] Nicht der Glaube an die Erlösung erlöst, sondern der Glaube an Gott erlöst.» Er wirft Kutter «sittliche Laxheit» und «Quietismus» vor[34] und erinnert an den eschatologischen Vorbehalt des Apostels Paulus: Wir seien zwar mit Christus gestorben, aber noch nicht auferstanden; sondern wir müssten in einem neuen Leben «wandeln».[35]

«Das Sollen wird erst ‹im Himmel› überflüssig. [...] Das Sittliche ist aber auch Selbstwert oder -zweck. Wir können mit dem sittlichen Ordnungschaffen nicht warten, bis ‹alles› aus dem Gotteserlebnis ‹von selbst fliesst›. Man denke an die Erziehung und an das ganze Kulturleben. Wir sollen doch die Kulturtätigkeit (die auf sittlichen Voraussetzungen ruht) nicht aufgeben, bis das Reich Gottes da ist, d. h. bis alles von innen kommt. Also das Sittliche kann nicht warten, bis alles ‹von selbst› kommt.»[36]

Bei Kutter scheine das Böse nur ein Schein zu sein. «Das hab ich Kutter mehrmals entgegenhalten und bekam immer nur sein dickköpfiges ‹Ney!› zur Antwort.»[37] Es gebe bei ihm zu viel Platonismus.

Indem Brunner sich intensiv mit Kutter auseinandersetzte, machte er selbst eine geistige Entwicklung durch. Weil er sich an ihm rieb, wurde ihm vieles klarer. In der Regel hielt er sich Kutter persönlich gegenüber zwar mit seiner Kritik zurück oder liess sie nur schüchtern anklingen. Nur einmal äusserte er sich brieflich deutlich: Kutter publizierte im Jahr 1918

---

[33] Nachlass 79.
[34] A. a. O.
[35] Römer 6,4 ff. Der (besonders durch Ernst Käsemann bekannt gewordene) Ausdruck «eschatologischer Vorbehalt» wurde von Erik Peterson in seiner Römerbriefvorlesung von 1925 geprägt. Vgl. Kurt Anglet, Der eschatologische Vorbehalt: Eine Denkfigur Erik Petersons, Paderborn 2000. Vgl. auch: Frank Jehle, Lieber unangenehm laut als angenehm leise. Der Theologe Karl Barth und die Politik 1906–1968. 2. Auflage. Zürich 2002, S. 129.
[36] Nachlass 79.
[37] A. a. O. «Ney» = «Nein» zeigt, dass Kutter Berndeutsch sprach.

eine wohl im Neumünster gehaltene Predigt, die er mit «Die einzige Hilfe» überschrieb.[38] Gegen den Schluss heisst es darin:

«‹Gott allein ist gut.›[39] Gott allein ist Kraft des Guten. Gott allein gelingen die Revolutionen, die wirkliche Revolutionen und nicht blosse Zerstörung sind: die Revolutionen der Geister und Herzen. Blut und Eisen stiften nichts Neues, der Geist muss es tun, der Geist, der die Sättigung und Füllung den Idealen verleiht, die ohne ihn bloss leere Schatten und Formeln sind, an denen man sich berauscht und seine Zerstörungswut nährt. Der besonnene, überlegene, mitten in aller Schlagfertigkeit und allem Kampf geduldige Geist, der Geist, der das Böse mit den Kräften des Guten überwindet, der Geist der Liebe, der Wahrheit, der Gerechtigkeit, der die Menschen nicht verantwortlich macht für ihre blinden Meinungen, der sie erlöst aus ihnen, der mitten im Kampf lieben kann, lieben bis ans Ende, der Geist, wie er uns in Jesus Christus geschenkt worden ist, der Geist aus Gott. Er allein ist radikal, denn er allein trägt die Kraft des Heiles in sich; während die blossen Ideale und Schlagwörter nur ohnmächtige Schattenbilder […] sind.»[40] – «Da heisst's warten und untätig sein, um erst alle Kraft zur Tat zu erhalten. […] Unsre lärmende religiös-soziale Jugend, von den besten Absichten beseelt – was könnte sie schaffen, wenn sie dem einen, was Not tut,[41] Herz, Seele, Gemüt und Kräfte widmete, bevor sie ihrer Zeit helfen wollte!»[42]

Für Brunner ging Kutter in dieser Predigt zu weit. In einem nicht erhaltenen Brief, der aber teilweise aus Kutters Antwort und aus einem Brief an Eduard Thurneysen erschlossen werden kann, trug er ihm vor, dass er die Mahnung an die Religiössozialen «nicht ganz so beherzigen» könne. Zwar sei er «selbstverständlich» mit den Aussagen über die «einzige Hilfe» einig. Aber es dünke ihn, «es gebe neben dieser ‹einzigen Hilfe› noch eine sozusagen provisorische Samariterhilfe – ‹first aid›, die wir […] einfach um der Barmherzigkeit willen leisten müssen, ohne Rücksicht auf unser wirkliches Helfenkönnen». Er schilderte Kutter die «Verhältnisse des Glarnerlandes als solche», die es ihm einfach zur Pflicht machten, «gelegentlich sozialistisch-aufklärend in die Zeitung zu schreiben, hauptsächlich, weil es der Arbeiterschaft einfach an Köpfen fehlt und einiges vorläufig einfach dringlich notwendig ist (zum Beispiel das *Recht*, sich zu organisieren!)». Er verglich «solche politische Hilfe mit einem ‹grossen Suppenlöffel›», «mit dem man den Notleidenden *en gros* die Hilfe» anrichte, die man «sicherlich dem Einzelnen nicht versagen» würde.[43]

---

[38] Hermann Kutter, Die einzige Hilfe. Bern 1918 (im Folgenden zitiert als «Hilfe»).
[39] Nach: Markus 10,18.
[40] Hermann Kutter, Hilfe, S. 14.
[41] Nach Lukas 10,42.
[42] Hermann Kutter, Hilfe, S. 18.
[43] An Thurneysen am 18. Mai 1918.

In den «Glarner Nachrichten» hatte Brunner die Sozialdemokraten in Schutz genommen,[44] denen man von bürgerlicher Seite Bankrott vorgeworfen hatte. War denn der Sozialismus am Weltkrieg schuld, fragte Brunner in einem anderen Artikel. Er verneinte dies und fügte hinzu, dass es im Gegenteil der Kapitalismus sei, der «im Weltkrieg sein Meisterstück geliefert» habe. Die Sozialdemokratie habe sich «gegen den Selbstbetrug» aufgelehnt, «dass ‹der Reichtum das menschliche Glück begründe und verbürge›». «In diesen wahnwitzigen Kultus des goldenen Kalbes» habe die Sozialdemokratie «im Namen eines gesunderen, gerechteren gemeinschaftlichen Zusammenlebens mit ihrem Feuerhorn hineingeblasen». «Wie können wir aus dem Sumpf einer mammonistischen Weltwirtschaft herauskommen, aus dem Krieg aller gegen alle?» Der Kapitalismus sei «eine Philosophie der Faulheit».[45] Brunner erzählte also Kutter von seinem ganz praktischen Kampf zu Gunsten der Arbeiterschaft im Kanton Glarus.

Kutter war mehr, als Brunner erwartet hatte, betroffen und beleidigt. In einem schnell hingeworfenen Brief vom 15. Mai 1918 schrieb er, dass ihm alles in Brunners Brief «von A–Z unverständlich» sei.

> «Seit bald 20 Jahren kämpfe ich ununterbrochen gegen die Vergewaltigung der Armen, und wenn ich nun einmal den Jungen, die eben grad nicht helfen, sondern, wie ich deutlich genug sehe, nur renommieren, [...] davon rede, wo die wahre Hilfe zu leisten wäre – denn Gott ist mir wirklich Hilfe, die einzige Hilfe –, dann spielst Du für sie und für Dich den barmherzigen Samariter gegen mich aus! Ich habe mehr getan als ihr alle.»[46]

In einem ebenfalls nicht erhaltenen Brief versuchte Brunner postwendend, sich zu rechtfertigen und Kutter zu beschwichtigen, indem er seine Dankbarkeit ihm gegenüber betonte. Seines Erachtens kam er Kutter dabei bis an die «Grenze der moralisch zulässigen Unterwerfung» entgegen, aber wie ein «Kaltwasserstrahl»[47] kam ein weiterer Brief aus Zürich:

> «Wer mein Einstehen für Gott – der Kürze wegen rede ich so – abtrennen kann von der Hilfeleistung an seinen Mitmenschen, und das letztere gegen das erstere ausspielen, als wäre es nur eine Seite des Lebens – vielleicht die theoretische –, während es, und es allein, jede Hilfe sicher in sich einschliesst, der hat allerdings noch gar nicht verstanden, was es heisst, den lebendigen Gott zu predigen.»[48]

---

[44] Vgl. oben, S. 73 ff.
[45] Ein nicht datierter und nicht näher identifizierbarer Abdruck dieses Artikels aus einer wohl sozialdemokratischen Zeitung (Volksstimme?) findet sich in Nachlass 80.
[46] Kutter an Brunner am 15. Mai 1918. Dieser und die folgenden Briefe Nachlass 27. (Für die Transkription danke ich Rudolf Stückelberger in Uerikon.)
[47] An Thurneysen am 18. Mai 1918.
[48] Kutter an Brunner am 17. Mai 1918.

Wenige Tage später – am 23. Mai – holte Kutter noch einmal aus:

«Also so enthüllst Du mir jetzt Dein eigentliches Wesen! Ich will es nicht glauben, dass *das* das Bild sein soll, das ich mir von Dir machen soll. Es ist mir unmöglich, eine langjährige freundliche Gemeinschaft wie Du mit den Worten ‹krankhafte Empfindlichkeit› und ‹Lieblosigkeit› abzutun, sobald mir etwas daran nicht gefällt. Welches Recht Du zu diesem, ich kann nichts anderes sagen als: frechen Ton hast, das magst Du mit Deinem eigenen Gewissen abmachen.»[49]

Kutter weigerte sich, Brunners Entschuldigungsbrief anzunehmen, und sandte ihn zurück, «um das freundliche Andenken an Dich nicht zu trüben». Brunner möge über seine «Unbesonnenheit ernstlich zu Rate» sitzen.[50]

Brunner empfand das Verhalten Kutters als «moralische Brutalität», als eine «Rohheit», die darin bestehe, ihn «nackt» stehen zu lassen. Gegenüber Thurneysen sprach er vom «geradezu krankhaften Eifer» Kutters, «seine Ehre – die gar nicht auf dem Spiel stand – zu wahren». «Mein Onkel und ‹Prophet› Kutter hat mich in die Notwendigkeit versetzt, mit ihm vollständig zu brechen.»[51]

Von Eduard Thurneysen hatte er in der Zwischenzeit zwei Beruhigungsbriefe erhalten. Kutter selbst lenkte in einem Brief vom 25. Mai weitestgehend ein und bot Brunner an, «ein altes trauliches Verhältnis wieder herstellen zu helfen».[52] Dieser war erleichtert. Von Thurneysen erhielt er ausserdem einen dritten Brief mit der Bitte um Verständnis und Schonung für Kutter, der ohnehin sehr einsam sei.[53] Am 2. Juni teilte Brunner Thurneysen dann mit, schon vor Eintreffen seines letzten Briefes habe er den Entschluss gefasst, sich mit Kutter nach Möglichkeit zu versöhnen. Als einzige Bedingung habe er sich vorgenommen, auch bei Kutter müsse «das Vertrauen und der gute Wille» dazu vorhanden sein. Und beides habe sich «glücklicherweise» gefunden. Kutter sei ihm «sachlich sehr weit entgegengekommen, wenn auch in echt Kutter'scher Dialektik». In Zukunft werde Brunner «derartige schriftliche Diskussionen vermeiden und im übrigen» sich seine «Freude an Kutter nicht nehmen lassen und über das Unbegreifliche denken», man müsse es eben akzeptieren.[54] – Zwei Jahre später heisst es in einem Brief an seine Frau:

---

[49] Kutter an Brunner am 23. Mai 1918 (Wortstellung leicht geändert).
[50] A.a.O.
[51] An Thurneysen am 18. Mai 1918.
[52] Kutter an Brunner am 25. Mai 1918.
[53] Thurneysen an Brunner am 27. Mai 1918.
[54] An Thurneysen am 2. Juni 1918.

«Auf Onkel Kutter freue ich mich gewaltig. Ich bin geladen mit Fragen, und hoffe, ihm nun doch selbständiger gegenübertreten zu können – ich meine innerlich – als früher.»[55]

Brunner hatte das innere Gleichgewicht für diese wichtige Beziehung gefunden.

Brunners Korrespondenz mit Kutter zeigt verschiedene charakteristische Facetten auf. Abgesehen davon, dass man hier einen sehr emotionalen, leicht zu verletzenden und auffallend autoritären Kutter kennen lernen kann, erweist sich Brunner ebenfalls als schnell aufbrausend – anschliessend dann aber auch als unterwürfig. Er entschuldigt sich häufig, ein Wesenszug, der auch in der Beziehung mit Leonhard Ragaz und Karl Barth in die Augen springen wird.

Inhaltlich entdeckte Brunner in seiner Auseinandersetzung mit Kutter seinen Hang zur Ethik. Er wollte das ‹Vorletzte› nicht voreilig zu Gunsten des ‹Letzten› überspringen. Nicht nur um Glauben ging es ihm, sondern auch um Gehorsam. Die «Früchte des Geistes» waren wichtig.[56] In seinen Aufzeichnungen zu Kutters Buch «Wir Pfarrer» steht vielsagend und in die Zukunft weisend:

> «Hat denn das sittliche Streben, der Ernst in der persönlichen Lebensgestaltung und -auffassung, der gute Wille (der sich in der *Tat* vollendet [und] ganz ehrlich ist) [nichts zu bedeuten] – sollte der für das Wachstum des Göttlichen in uns indifferent sein?»

Das Predigen allein reicht nicht:

> «Jesus hat am Kreuz nicht geredet, und doch ist das Kreuz die gewaltigste Sprache und erweist sich stets aufs Neue als das. [...] Die Tat ist doch ein viel verständlicheres Zeugnis vom unsichtbaren Liebesgeist als die Rede.»[57]

So nahe Brunner Kutter stand, so sehr zeichnete sich bereits hier eine eigene Entwicklung ab. Wichtig in diesem Zusammenhang ist, dass er nicht nur mit Kutter, sondern auch mit Leonhard Ragaz in persönlichem und brieflichem Kontakt stand. Gelegentlich unternahm er sogar den Versuch, zwischen den beiden ehemaligen Freunden zu vermitteln, deren gegenseitiges Verhältnis immer gereizter geworden war: Auch auf die Gefahr hin, ihm «zudringlich zu erscheinen», müsse er ihm sagen, dass Kutter «vor kurzem» geäussert habe, «von allen» stehe ihm «innerlich» keiner «so nahe wie Ragaz»,[58] schrieb er am 26. Juli 1915, und am 19. Januar 1917 legte er bei Ragaz ein gutes Wort für Kutters «Reden an

---

55 An Margrit Brunner am 4. April 1920.
56 Vgl. Ebeling, Früchte.
57 Nachlass 79.
58 An Ragaz am 26. Juli 1915.

die deutsche Nation» ein: «Es hat viel Unverdauliches drin, aber im Ganzen scheint er mir doch der ganze, echte Kutter.»[59]

Leonhard Ragaz

Der Briefwechsel zwischen Brunner und Ragaz umfasst mehr als drei Jahrzehnte. Er beginnt am 16. Oktober 1909 und endet am 22. Oktober 1940.[60] Vor allem in den Jahren, bevor Brunner Professor wurde, war ihr Kontakt zwar nicht spannungsfrei, aber doch intim. Beide Nachlässe bezeugen eine ganz ungewöhnliche, wechselseitige persönliche Beziehung. Leonhard Ragaz war Emil Brunners einziger akademischer Lehrer, der eine dauerhafte und prägende Wirkung auf ihn hatte. Ähnlich wie bei Kutter sollte aber wohl auch in diesem Fall nicht von Freundschaft gesprochen werden. Als Ragaz sich um Weihnachten 1939 am «Freundeskalender» zum fünfzigsten Geburtstag Brunners beteiligte, schrieb dieser am 5. Januar 1940 in seinem Dankbrief: «Ich habe Sie nie zu meinen Freunden, aber immer zu meinen verehrten Lehrern gerechnet, und das soll so bleiben.»[61] Ihre Beziehung entsprach eher einem Vater-Sohn-Verhältnis – mit einem heftigen Ablösungsprozess! Ohne Ragaz wäre Brunner nicht geworden, wer er wurde. Neben Hermann Kutter, den er noch höher einstufte, war Ragaz – menschlich und religiös – sein grosses Vorbild,[62] er war ihm «eben doch sehr wichtig». Er vertrat «Internationalismus, Sozialismus, Stehen in der lebendigen Geschichte, im *Labour-Mouvement*, und zudem im akademischen Leben».[63] D. h., er stand für einen denkbar weiten Horizont, für eine weltoffene, scheuklappenfreie und zugleich wissenschaftlich-theologisch fundierte Haltung:

> «Ihr Brief ist mir eine grosse, helle Sonntagsfreude geworden. [...] Es ist mir eine Ermunterung und Herzensstärkung für das kommende Semester, was Sie mir über meine Dozentenwirksamkeit sagen.»[64]

Bereits der erste Brief von Leonhard Ragaz, der erhalten geblieben ist, ist sehr persönlich. Ragaz schüttet darin sein Herz aus und klagt bei seinem Schüler darüber, man habe ihn «in diesen Tagen [...] auf alle Weise gestei-

---

[59] An Ragaz am 19. Januar 1917.
[60] Die Briefe Emil Brunners an Leonhard Ragaz befinden sich im Nachlass Ragaz, Staatsarchiv Zürich, W I 67.
[61] An Ragaz am 5. Januar 1940.
[62] An Margrit Brunner am 20. April 1920.
[63] An Margrit Brunner, nicht datiert, im Mai 1920.
[64] Ragaz an Brunner am 28. September 1912. (Für die Transkription der Briefe von Leonhard Ragaz an Emil Brunner danke ich Hans Ulrich Jäger-Werth, Einsiedeln.)

Leonhard Ragaz auf dem Balkon seiner Wohnung Gloriastrasse 68 in Zürich (ca. 1915).

nigt und verflucht»:[65] «Die letzten Jahre waren ein Richtungskampf, von dessen Härte nur wenige Menschen wissen, ein Ringkampf mit allen Mächten und Gewalten, insbesondere auch mit körperlicher und geistiger Erschöpfung.»[66]

Brunner seinerseits schlug gegenüber Ragaz von Anfang an einen verehrungsvollen Ton an. In seinem ersten Brief sagte er, dass Ragaz zu den Männern gehöre, «die uns führen können, die durch ihre Person ein Beweis für die Kraft des Evangeliums sind».[67] Im zweiten Brief ist von einem «Gefühl tiefster Dankbarkeit» die Rede.[68] Von besonderer Bedeutung ist der Brief vom 2. Mai 1913, mit dem er Ragaz die fertige Dissertation überreicht. Nicht nur spricht er von seinem «tiefgefühlten Dank [...]

---

[65] A. a. O.
[66] A. a. O.
[67] An Ragaz am 16. Oktober 1909.
[68] An Ragaz am 9. März 1912.

für alle Ihre Anregungen», sondern er öffnet Ragaz sein Herz. Er erzählt von seinen Bedenken, das «Heilige» wissenschaftlich zu «zergliedern». Er glaube aber, das Zeugnis dürfe er sich ausstellen, dass er «mit heiligem Ernst» mit seinen Problemen «gerungen» habe.

> «Manchmal bin ich trostlos von meiner Arbeit weggegangen mit dem Gefühl: jetzt ist's aus, du kommst nicht weiter, die Sache ist verfuhrwerkt. [...] Ich kann wohl sagen, dass jeder Gedanke, der sich in der Arbeit drin findet, seine Geschichte hat mit dem Motto: ‹Durch Nacht zum Licht.›»[69]

Beinahe triumphierend schliesst er:

> «Wer nie in solcher Weise den Problemen selbständig auf den Leib rückte, wird es ja nie erfahren, was für ein unbeschreiblicher Reiz in solchem Forschen liegt und was für ein Interesse und lebendiges Verständnis für die grossen philosophischen und theologischen Fragen man dadurch gewinnt. Es ist Heimatland, was man mit den grossen Denkern durchwandert.»[70]

Auch während seiner Zeit in England blieb Brunner mit Ragaz in brieflichem Kontakt. Und als er seinen Auslandaufenthalt wegen des Ausbruchs des Ersten Weltkrieges jäh abbrechen und ins Militär einrücken musste, ging der Briefwechsel weiter. Grosses Gewicht erhielt Brunners Brief aus dem Armeestab in Bern vom 6. Januar 1915, in dem er sich mit der Frage des Pazifismus auseinander setzte und noch grundsätzlicher mit der Frage der Gewalt. Brunner plädiert für das Recht, das sich «vor allem dadurch von der freien Form der Sittlichkeit» unterscheide, «dass es dem Willen entspringt, für richtig erkannte Formen des Lebens mit Gewalt durchzusetzen gegen entgegenstrebenden Willen. Es gibt kein Recht ohne Sanktion, und Sanktion ist immer irgendwie eine Form der Gewalt.»[71] Obwohl er seiner eigenen Meinung nicht entsprach, fand Ragaz den Brief so wichtig, dass er ihn in den «Neuen Wegen» publizierte – zusammen mit einer eigenen ausholenden und differenzierten Antwort.

Bis ins Jahr 1916 verlief der geistige Austausch zwischen Brunner und Ragaz weitestgehend ungetrübt. Doch dann brach ein ‹Gewitter› aus, das die Beziehung fast zerstörte: Am 26. Juli bot Brunner Ragaz einen religionsphilosophischen Beitrag für die «Neuen Wege» an, in dem offenbar – das Manuskript blieb nicht erhalten – die ‹Spitzenbegriffe› des deutschern Idealismus wie Geist, Natur, Individuum, Organismus und Nation im Mittelpunkt standen. Schon seit längerer Zeit spüre er «eine ziemlich tiefgehende Differenz» zwischen seinem eigenen Denken und demjenigen von Leonhard Ragaz, «die Idee des Organismus» werde ihm nämlich «je länger, je mehr ein Schlüssel zu vielen sonst für [ihn] unlösbaren Proble-

---

[69] An Ragaz am 2. Mai 1913.
[70] A. a. O.
[71] An Ragaz am 6. Januar 1915.

men, auch durchaus praktisch. [...] Hegel, Fichte und Bergson – und gegenwärtig die Theologie [Johann Tobias] Becks –»[72] hätten ihn «immer und immer wieder auf diesen Punkt gewiesen». Seiner Überzeugung nach war es «gerade dieser Gesichtspunkt», der nicht nur ihm selbst, sondern auch anderen in den «Neuen Wegen» fehlte. Über eine Entgegnung, «und wär's auch eine scharfe», würde er sich freuen; «doch erwarte [er] eine solche nicht». Sein Aufsatz sei «ja weder der Absicht noch der Form nach ein eigentlich polemischer». Allerdings glaube er, «dass es grad in den ‹Neuen Wegen› nichts schaden würde, wenn nicht nur auch andere Leute, sondern andere Denkweisen gelegentlich zu Worte kämen». Das Postskriptum zeigt, mit welcher Selbstverständlichkeit er mit der Publikation seines Aufsatzes in den «Neuen Wegen» rechnete: «Darf ich in Anbetracht meiner etwas schwierigen Schrift um Zusendung eines Korrekturbogens bitten? Sofortige Erledigung wird garantiert.» Er fügte freundliche Grüsse seiner Eltern an, die bei ihm Ferientage verbrachten, und forderte Ragaz auf, ihn doch in seinem «herrlichen Luginsland» einmal zu besuchen.[73]

Damals arbeitete die Post noch schnell, und Brunner rechnete offenbar mit einer postwendenden Antwort. Doch eine solche kam nicht, und von Tag zu Tag war er sich seiner Sache weniger sicher. War sein Aufsatz vielleicht doch nicht so gut – oder hatte er Ragaz mit seinem Diskussionsbeitrag beleidigt? Nachdem vierzehn Tage vergangen waren, erlaubte er sich nachzufragen: Es sei wohl «gegen die Regel des Anstandes», wenn er wieder schreibe, bevor er eine Antwort erhalten habe. Er bitte «sehr um Entschuldigung», aber er müsse «jetzt einfach schreiben».

> «Meine Unruhe ist so gross geworden, dass sie sich zu schrecklichen Träumen verdichtet. Ich träumte heute Nacht, Sie hätten mit grosser Entrüstung und Verächtlichkeit in meiner Gegenwart zu anderen über mein ‹trauriges Machwerk› gesprochen und mir zu verstehen gegeben, dass ich für Sie zu den Toten gehöre, zu denen, die wie Luzifer unrettbar gestürzt, abgefallen, sind.»[74]

Brunner war also bis in sein Innerstes beunruhigt, erregt und von Schuldgefühlen gequält. Er befürchtete, dass Ragaz an seinen Gedanken «wirklich Anstoss» genommen hatte und vielleicht Bedenken hege, dass hier «Ansätze zu Gedankenentwicklungen» vorlägen, die weit abführten von dem, was Ragaz «als Wahrheit für sich erarbeitet und [...] dargeboten» habe und wofür er sein «ganzes Leben» einsetze. Er beteuerte die persönlichen

---

[72] Johann Tobias Beck war wesentlich «vom Naturverständnis der Romantik» geprägt. Vgl. Siegfried Raeder in RGG, 4. Auflage, Band I, Tübingen 1998, Sp. 1198.
[73] An Ragaz am 26. Juli 1916.
[74] An Ragaz am 9. August 1916.

«Bande der Dankbarkeit» und betonte, er fühle immer, wo er «mit Andersdenkenden zusammengerate, wie geringfügig alles» sei, was Ragaz und ihn trennen möge, gegenüber dem, was ihn mit ihm verbinde. Brunner beharre nicht auf einer Publikation in den «Neuen Wegen». Ragaz solle den Text nur zurückschicken, wenn er «sachliche Bedenken» habe.[75]

Am 17. August schrieb Ragaz, der seine Ferien in Parpan auf der Lenzerheide verbrachte, endlich einen sehr ausführlichen Brief, worin er sich wegen Brunners «Brief und Aufsatz» in der Tat verärgert zeigte. Sie hätten in ihm «Gefühle erregt», die er «zuerst zur Ruhe wollte kommen lassen». Wochen seien jetzt vergangen, «Wochen, die durch den peinlichen Eindruck», den ihm der Brief und der Aufsatz gemacht hätten, «nicht wenig getrübt» gewesen seien. Nun wolle und müsse er reden.

Ragaz Antwort bewegt sich auf einer inhaltlichen und einer persönlichen Ebene. Inhaltlich warf er Brunner vor, sein Lebenswerk nicht gut genug zu kennen. Alles, was Brunner bei ihm vermisse, sei in Vorlesungen und Publikationen behandelt worden.

> «Sollte es nicht richtiger sein, anstatt gegen uns zu polemisieren und uns Mängel vorzuwerfen, uns zuerst kennen zu lernen? Es könnte ja immerhin sein, dass der Mangel mehr an Ihnen als an uns läge. Es könnte sein, dass wir gewisse Wahrheiten, die Sie nun entdeckt zu haben glaubten, sehr wohl gekannt, durchlebt, auch stark verkündigt hätten, um nun auf dem Weg der Erkenntnis und Praxis weiter zu schreiten.»[76]

Die Sache liege nämlich «zunächst so, dass eine Meinungsverschiedenheit gar nicht» wirklich bestehe. Etwa den «Vorwurf der Vernachlässigung des Geistes, des sogenannten Inneren Lebens», lasse er nicht auf sich sitzen. Und ebenso wenig habe er eine Belehrung «über den Wert des Naturhaften» nötig. Auch verkenne er keineswegs den «Wert des Nationalen». Er habe im Gegenteil «besonders seit dem Ausbruch des Weltkrieges» in Auseinandersetzung mit den einseitig Deutschfreundlichen in der Schweiz «einen schweren und schmerzvollen Kampf um eine selbständige Schweiz» geführt. Und ausgerechnet jetzt komme einer und belehre ihn «über den Wert des Volkstums»! – Wohl noch wichtiger als das Inhaltlich-Theologische war das Persönliche. Ragaz hatte den Eindruck erhalten, Brunner wolle sich von ihm trennen, und bemerkte dazu: «Meine ganze Haltung ist immer und überall darauf eingestellt, den Menschen zu zeigen: ‹Ihr müsst *Euren* Weg gehen, nur *Euer* Weg ist der rechte.›» Das sei *sein* Individualismus. Nie habe er «einen Finger geregt, um *Anhänger* zu gewinnen», da er «Angst vor solchen» habe. Die «Wahrheit des Reiches

---

[75] A. a. O.
[76] Ragaz an Brunner am 17. August 1916.

Gottes» sei «*unendlich*», und daher gebe es darin «unendliches Neuland, Raum genug für freie Bewegung und Entdeckerfreude».[77]

Er sei durchaus der Meinung, dass sich die Jungen in Freiheit tummeln sollten. Sie dürften auch seine Gegner werden. Geärgert habe ihn allerdings, dass Brunner ihn zur Geduld aufrufe, dazu «nichts [zu] überstürzen» und die «Kunst des *Wartens*» zu lernen. (In diesen Formulierungen spiegelte sich Hermann Kutter, Brunners andere väterliche Leitfigur: Brunner hatte in seinem Aufsatz offenbar versucht, Kutter'sche Gedanken in den Dialog mit Leonhard Ragaz einzubringen.) Die Forderung von Geduld komme ihm altklug vor.

> «Haben Sie, als Sie dies schrieben, keine Empfindung dafür gehabt, wie seltsam sich solche Mahnung im Munde eines Jünglings gegenüber Männern, die schon ein Leben hinter sich haben, ausnimmt? Stünde es diesem Alter nicht gut an, zunächst einmal sich selbst zu mahnen […] und nicht Menschen, die das Hundert-, ja Tausendfache von Ihrer Lebenserfahrung besitzen, *Wahrheit* zu lehren?»[78]

Ragaz hatte aus Brunners Brief einen herablassenden Ton herausgehört und war beleidigt. Er erinnerte Brunner daran, dass er im Jahr 1915 im Zusammenhang mit dem Habilitationsversuch sich so intensiv für Brunner eingesetzt habe, dass es «fast zu einem völligen Bruch mit der Fakultät» gekommen sei.

> «Lieber Herr Brunner! Sie haben sich nicht über Mangel an Liebe und Freundschaft von meiner Seite zu beklagen gehabt. Vielleicht können Sie empfinden, was mich dieser Brief *gekostet* hat; vielleicht auch daraus schliessen, dass er aus der *Wahrheit* komme. Versuchen Sie diese Wahrheit auf sich wirken zu lassen, es könnte sein, dass dies für Sie von grossem Segen würde. – Ich befehle Sie Gott und bleibe meinerseits in Treuen und [mit] den besten Wünschen Ihr L. Ragaz.»[79]

Offenbar hatte er aber selbst das Gefühl, zu gereizt reagiert zu haben. Zwei Tage später schickte er eine weitere Notiz an Brunner. Er ging darin auf dessen Angsttraum ein und betonte, dass jedenfalls der Traum «nicht die Wahrheit verkündigt» habe. Selbstverständlich sei er bereit, «Missverständnisse aufzuklären». Nichts wäre ihm lieber, als wenn er Brunner falsch verstanden hätte. Das Ganze sei ihm «ein bitterer Schmerz» gewesen. Brunner werde inzwischen den Brief vom 17. August erhalten haben. «Versuchen Sie aus ihm die *Liebe* herauszufühlen, die ich immer für Sie gehabt habe.»[80]

---

[77] A. a. O.
[78] A. a. O.
[79] A. a. O.
[80] Ragaz an Brunner am 19. August 1916.

Die scharfe Reaktion seines Professors motivierte Brunner zu einem äusserst umfangreichen Brief (18 eng beschriebene Seiten), der – weil Brunner darin in grosser Offenheit über sich selbst reflektierte – ein vielsagendes Dokument ist.[81] Brunner beginnt mit der Bemerkung, dass seine «dunkle Vorahnung» also «richtig in Erfüllung gegangen» sei, «schlimmer» als befürchtet. Er dankt Ragaz für seine Offenheit. Von ihm – wie von einem «geistigen Vater» – lasse er sich gern «ins Gewissen reden». Am liebsten möchte er antworten: «Ich habe gefehlt, verzeihen Sie mir, zerreissen Sie jene beiden Unglücksdokumente.» Ragaz habe aber «Brief und Aufsatz» ganz anders aufgefasst, als sie gemeint gewesen seien.[82]

> «So komme ich [also] zum Schluss, dass ich manches in meinem Aufsatz zu bedauern, für einiges mich zu entschuldigen und die Verantwortlichkeit für das Missverständnis als Ganzes auf mich zu nehmen habe; dass ich aber, wenn ich mir selber trauen darf, Ihre harten sittlichen Vorwürfe als Folge eines sehr bedauerlichen Missverständnisses ablehnen darf.»[83]

Brunner räumt zwar ein, dass «der Ehrgeiz von frühester Jugend an» sein «Hauptfeind» gewesen sei und dass er «beständig mit ihm kämpfen» müsse. «Dieser Teufel» möge ihn unbewusst «zuweilen überlisten». Er schreibt von seiner «problematischen Art» bzw. seinem «bösen Maul», das ihn immer wieder dazu treibe, seine «besten Freunde und geistigen Führer anzugreifen».[84] «Das habe ich immer so gehalten und werd's auch zukünftig kaum anders machen.» Aber: «Ich bin der Undankbare, Hochmütige, Treulose, Anmassende *nicht*, den Sie aus meinem Schreiben heraushörten.»[85]

Brunner versucht in diesem Brief, sich selbst zu charakterisieren. Er spricht von seinem «Denkfanatismus», von seiner «Leidenschaft des klaren sauberen Denkens». Diese beseele ihn, schaffe ihm aber auch Probleme, wo andere leicht vorwärts kämen. In allem seinem Denken gehe er «polemisch-dialektisch» vor. Wenn er in seinem Aufsatz kritische Gedanken über Leonhard Ragaz geäussert habe, sei das ein Zeichen besonderer Nähe und nicht der Ablehnung. Er polemisiere gegen Ragaz und nicht gegen einen «wirklich gemeinsamen Gegner», weil dieser «wirklich gemeinsame Gegner» ihn nicht mehr interessiere:[86] «Das, mit dem ich innerlich ringe, ist nicht der Kriegstheologe Traub, der ist abgetan; son-

---

[81] Die innere Erregung Brunners lässt sich an seiner Schrift erkennen: Er schreibt hastig und fällt gelegentlich in die altdeutsche Schrift oder in die Stenographie zurück.
[82] An Ragaz am 23. August 1916.
[83] A. a. O.
[84] A. a. O.
[85] A. a. O.
[86] A. a. O.

dern Herr Professor Ragaz, unter dessen Bann ich stand und noch stehe; von dem ich abhängig bin und bleiben werde.»[87]

Über seinen Denkstil schreibt Brunner, dass er «nicht anders» könne: Er «habe noch kaum je etwas geschrieben oder gedacht, ohne dabei beständig gegen einen Gegenredner zu polemisieren»: «Denken heisst für mich polemisieren.» Eine weitere persönliche Eigenart sah Brunner in einer gewissen Kälte und Nüchternheit. Schon oft habe er sich «mit Seufzen gewünscht, etwas mehr Liebe statt Philosophie» in sich zu haben. Wenn jemand eine gedankliche Position vertrete, sehe er immer zugleich das mindestens relative Recht der Gegenthese. Sein «Denkbedürfnis» stehe dem «raschen und frischen Entscheid» oft im Weg. Er verstehe zwar, dass Leonhard Ragaz aus taktischen Gründen «nicht zu jeder Zeit alles sagen» wolle, sondern das, «was Not tut». Er bezweifle aber, ob «diese Art bewusster Einseitigkeit *auf die Dauer* die richtige» sei.[88]

In einem zweiten, noch einmal ungewöhnlich langen Brief (12 Seiten) wurde dieser Aspekt weiter ausgeführt: Während Ragaz «alles zu sich allein in die lebendige Beziehung setzen» müsse und «den Krieg, die soziale Frage usw.» als *seine* Sache erlebe, erleide und durchkämpfe, habe Brunner selbst «die Tendenz», sich «alles objektiv werden zu lassen». Es falle ihm «geradezu schwer, irgend etwas persönlich zu nehmen». Er müsse «gleichsam alles in das Netz [seiner] Gedanken einfangen» und sich «sachlich damit auseinandersetzen», wodurch er es sich – ohne es zu wollen – «vom Leibe halte».[89]

> «Es ist die bekannte akademische Haltung allen Dingen gegenüber, die es mir so schwer macht, wirklich lebendig zu sein und mit dem Leben der andern in Kontakt zu kommen; und noch immer vergesse ich, zu sehen, dass eben andere, gottlob, anders sind.»[90]

Frisch-fröhlich und unbekümmert drauflos argumentierenden Kollegen gegenüber komme er sich «oft als ein fast dekadenter Flaubert» vor. Trotzdem könne er «einfach nicht mittun», und er könne es nicht einmal wünschen. Von innen heraus fühle er sich genötigt, seine Art, «die mehr mit Schwierigkeiten zu kämpfen» habe und die Probleme sehe, «wo den andern alles klar und einfach» sei, «als die höhere zu betrachten, auf die Gefahr hin, als Erasmusmensch zu gelten». In Tat und Wahrheit respektiere er die «berechtigte Einseitigkeit, die durch alles andere hindurchgegangen» sei, «als die unbedingt höhere Art» – ein Zugeständnis an prophetische Gestalten wie Leonhard Ragaz, Hermann Kutter (und natürlich

---

[87] A. a. O.
[88] A. a. O.
[89] An Ragaz am 25. September 1916.
[90] A. a. O.

auch Karl Barth), das Brunner sich mühevoll abgerungen hatte. Es dünke ihn aber, das Recht sei in theologischen Auseinandersetzungen «immer auf beide Seiten verteilt (wenn auch nicht immer zu gleichen Teilen und in gleicher Hinsicht)». Wenn er sich seinem «natürlichen Hang überliesse», so würde er «ein kühler, objektiver Denker werden, mit einem grossen Pathos der Distanz».[91] – Wer die Auseinandersetzung zwischen Emil Brunner und Karl Barth in den Dreissigerjahren über «Natur und Gnade» kennt, findet in diesen beiden Briefen wichtiges Hintergrundmaterial dazu. In manchen hier nur ganz privat geäusserten Sätzen nahm Brunner die Begründung dafür vorweg, was ihn unter anderem im Jahr 1934 zu seinem öffentlichen Widerspruch gegen Barths Ablehnung der natürlichen Theologie bewegte.

Der ‹Streit› mit Leonhard Ragaz war damit beigelegt – jedenfalls bis auf weiteres.[92] In der Folgezeit fällt in Brunners Briefen an seinen verehrten Lehrer vorerst eine gewisse Zurückhaltung auf. Im Sommer 1917 und noch einmal im Januar 1918 sandte er Beiträge für die «Neuen Wege», «Das Unbedingte und die Wirklichkeit»[93] und «Konservativ oder Radikal?»,[94] die er so unpolemisch wie möglich abfasste und die Ragaz dankbar annahm. Auffallend ist, wie lange er seine Beziehung mit Eduard Thurneysen und Karl Barth vor Ragaz verschwieg, sie geradezu geheim hielt. Erst am 9. Juli 1918 klingt an, dass er sich der Position annäherte, die später als ‹dialektische Theologie› in die Geschichte eingehen sollte: Im Zusammenhang mit Ragaz' damals neuem und viel diskutiertem Buch «Die neue Schweiz» warf er die Frage auf, ob es richtig sei, «die Hauptsache, die *conditio sine qua non* der Erneuerung» des Schweizer Volkes, «geflissentlich» zu übergehen.[95] Das Hauptproblem, das Brunner zur Zeit beschäftige, sei die Frage:

> Muss man nicht «*expressis verbis* von Gott reden? [...] Ist nicht gerade um einer Gesundung der Politik, der sozialen Verhältnisse, des öffentlichen und privaten Lebens willen eine Konzentration auf das Eine, was Not tut,[96] notwendig [...]? *Gilt das Wort:* ‹Der Glaube kommt aus der Verkündigung›?[97] – Glaube im nichtintellektuellen, gesinnungsmässigen Verständnis. Brauchen wir nicht zuerst religiöse Erneuerung, ehe wir uns an politische und soziale Aufgaben heranwagen können? Oder ist es nicht wenigstens unsere, der Pfar-

---

[91] A. a. O.
[92] Ragaz ärgerte sich allerdings darüber, dass Brunner Positives an Kutters «Reden an die deutsche Nation» wahrgenommen hatte, und vertraute seinem Tagebuch an: «Brunner hat doch meinem Herzen einen Stoss gegeben.» Nach: Mattmüller II, S. 229.
[93] Das Unbedingte und die Wirklichkeit, in: Neue Wege 11, 1917, Heft 7.
[94] Konservativ oder Radikal, in: Neue Wege 12, 1918, Heft 2.
[95] An Ragaz am 9. Juli 1918.
[96] Nach Lukas 10,42.
[97] Römer 10,17.

rer, Aufgabe, dieses Eine, das über dem Vielen immer wieder vergessen wird, einseitig geltend zu machen?»[98]

Brunner nannte beiläufig den Predigtband «Suchet Gott, so werdet ihr leben!» von Thurneysen und Barth, der ihn begeisterte.[99] Für die Weihnachtsnummer der «Neuen Wege» 1918 bot er Ragaz eine Besprechung dieses «Predigtbüchleins» an.[100] Am 30. November 1918 antwortete dieser, dass er «das Barth-Thurneysen'sche Buch» zuerst selbst lesen wolle. «Inzwischen will ich Ihnen nur sagen, dass ich mehr als je von der *Unrichtigkeit* der von Ihnen wenigstens theoretisch vertretenen Art überzeugt bin.» Was Brunner – «jedenfalls theoretisch» – neuerdings vertrete (damit ist die ‹dialektische Theologie› auf der Linie von Kutter zu Barth und Thurneysen gemeint), habe die Arbeit der Religiös-Sozialen im tiefsten Sinn «gelähmt».[101] Indem er der noch jungen dialektischen Theologie doch wohl zu viel Gewicht beimass, schrieb Ragaz über sie: «Unsere Sozialdemokratie z. B. wäre anders ohne sie; unser ganzes Volk stünde anders da, und wer weiss, was wir nicht ausgerichtet hätten. Immer weniger kann ich glauben, dass es besser gekommen wäre, oder käme, wenn wir noch etwas mehr ‹lebendiger Gott› sagten.»[102]

Mit den Wendungen «wenigstens theoretisch» und «jedenfalls theoretisch» deutete Ragaz an, dass er durchaus zu würdigen verstand, wie Brunner sich im Kanton Glarus in der Arbeiterfrage engagierte. Anders als zwei Jahre früher wollte er mit Brunner nicht mehr streiten und versuchte, ihm gegenüber tolerant zu sein. Und doch war jetzt unübersehbar: Brunners mehrjähriger Ablösungsprozess von Leonhard Ragaz näherte sich seinem Ende. Grundsätzlich-theologisch war Brunner kein Religiös-Sozialer mehr, sondern – bis auf weiteres – ein dialektischer Theologe: Die Gottesfrage stand im Zentrum und nicht mehr die Gestaltung einer gerechteren Gesellschaft.

Eduard Thurneysen

Die Korrespondenz mit Thurneysen und Barth hat einen anderen Charakter, da beide der gleichen Generation angehörten wie Brunner. Man konnte also in einem unbefangeneren Ton miteinander reden. – Im Allgemeinen geht man von der Voraussetzung aus, dass Barth und Thurney-

---

[98] An Ragaz am 9. Juli 1918.
[99] Karl Barth/Eduard Thurneysen, Suchet Gott, so werdet ihr leben! Bern 1917.
[100] An Barth am 18. November 1918, in: Barth–Brunner, S. 21.
[101] Ragaz an Brunner am 30. November 1918.
[102] A. a. O.

Eduard Thurneysen und Friedrich Gogarten bei Emil Brunner in Obstalden.

sen die eigentlichen Freunde waren, während Brunner höchstens als der «Dritte im Bund» bezeichnet werden kann. Auf Grund der Nachlässe ergibt sich ein differenzierteres Bild: Thurneysen und Barth kannten sich zwar aus der «Zofingia»[103] und seit ihrer gemeinsamen Studien- bzw. Assistentenzeit in Marburg.[104] Barth lud Thurneysen an seine Hochzeit ein[105] und war Gast anlässlich der Installation Thurneysens in Leutwil im Mai 1913.[106] Freunde im engeren Sinne dieses Wortes wurden sie aber erst, als Thurneysen in den Jahren 1913–20 ebenfalls zu den Aargauer Pfarrern gehörte. Intensiv wird ihr Briefwechsel ab dem Jahr 1914, während die Korrespondenz zwischen Brunner und Thurneysen bereits im Frühsommer 1913 in grosser Dichte anhebt.

1911–1913 war Eduard Thurneysen während achtzehn Monaten Hilfssekretär des Christlichen Vereins Junger Männer (CVJM) im «Glockenhof» in Zürich. Zu seinen Aufgaben gehörte es, die Zeitschrift «Glocke» zu redigieren.[107] Sehr bald muss er Emil Brunner kennen gelernt haben, der nach seinem Auslandsemester in Berlin ab April 1911 wieder in Zürich studierte. Thurneysen besuchte Lehrveranstaltungen von Leonhard Ragaz und suchte den persönlichen Kontakt mit Hermann Kutter. So wird er Emil Brunner begegnet sein. Wenn dieser an Ragaz schrieb, er habe

---

[103] Busch, S. 48.
[104] A. a. O., S. 62.
[105] Barth an Thurneysen am 23. Februar 1913, in: Barth–Thurneysen I, S. 3.
[106] Thurneysen an Brunner am 11. Juni 1913.
[107] Rudolf Bohren, Prophetie und Seelsorge. Eduard Thurneysen. Neukirchen 1982, S. 261.

während der Niederschrift seiner Dissertation «die ganze Herzlichkeit der Pfadfinderfreunde durchgekostet, aber auch ihre Bangigkeit»,[108] war damit in erster Linie Eduard Thurneysen gemeint, da die Pfadfinderabteilung «Glockenhof» damals zum CVJM gehörte. Hier entstand eine geradezu romantische Jünglingsfreundschaft zwischen den beiden Theologen.

«‹Sonnenschein, Sonnenschein, leuchtest mir ins Herz hinein!›[109] Ich hatte just meine Morgentoilette beendigt, da brachte mir das Mädchen Deinen Brief mit den mir so lieben graden offenen starken Schriftzügen. Die drei Pence Strafporto kamen freudiger aus dem Geldsäckel heraus als je ein Schilling hinein. Wahrlich ein schöner Wochenanfang.»[110]

So beginnt Brunners Brief an Thurneysen vom 8. Dezember 1913 aus England. «Wenn [...] so ein Brief kommt, dann lebt's wieder auf, wie das Feuer, das ich mir jeden Abend mit meinem natürlichen Blaseholz anfache.»[111]

Der Briefwechsel sei für ihn eine «Seelenspeise».[112] Schon in seinem ersten erhalten gebliebenen Brief ein halbes Jahr zuvor hatte Brunner an Thurneysen geschrieben, dass die «geistige Gemeinschaft» und der «Gedankenaustausch» mit ihm «wertvoll und stärkend» sei.

«Was mich gefreut hat: dass ich endlich einmal einen gefunden habe, dem gegenüber ich weder versucht bin, mich als überlegen zu fühlen, noch auch als solcher betrachtet, gar bewundert werde. Das habe ich mir schon lang gewünscht, weil ich weiss, dass ich es nötig habe; doch weiss ich nicht, ob Du mir das nachfühlen kannst.» – «Vor allem andern aber freute es mich, dass auch andere – und zwar solche wie Du – wie ich das Bedürfnis haben nach Gemeinsamkeit im Streben und Arbeiten, im Kampf nach innen und aussen. [...] Ich habe schon früher da und dort angeklopft, aber es war mir, als ob jeder mit seiner eigenen Person zufrieden sei; nichts hat mich so gequält wie das. Gegen Ende des Studiums ist's dann freilich anders geworden, aber dann wurden wir auseinander geblasen, sodass ich wieder einsam wurde. Aber in der Einsamkeit versimpelt man.»[113]

Als Brunner Thurneysen seinen Besuch in Leutwil ankündigte, sprach er von einem «rechten Fest». Er freue sich darauf, da er sich in seiner «klösterlichen Einsamkeit» nach Seinesgleichen sehne.[114] Er diskutierte mit

---

[108] An Ragaz am 2. Mai 1913.
[109] Nach: Robert Schumann, Op. 36 «Sechs Gedichte aus dem Liederbuch eines Malers» auf Texte von Robert Reinick (1805–1852): hier genau: «O Sonnenschein, o Sonnenschein! / Wie scheinst du mir ins Herz hinein, / Weckst drinnen lauter Liebeslust, / Dass mir so enge wird die Brust!»
[110] An Thurneysen am 8. Dezember 1913.
[111] A. a. O.
[112] A. a. O.
[113] An Thurneysen im Mai 1913.
[114] An Thurneysen am 12. Juni 1913.

Thurneysen in seinen Briefen theologische und persönliche Fragen und öffnete sich ihm so weit, dass er auch von seinen schwachen Seiten sprach. Im Sommer 1913 bekannte er, er fühle sich «noch nicht ausgewachsen» genug, um eine Pfarrstelle zu bekleiden.[115] Aus England berichtete er über Unterrichtsschwierigkeiten mit seinen Schülern.[116] Auch von persönlichen Glaubensmühen war die Rede:

> «Ich höre von Kutter immer wieder so wundervolle Predigten über den lebendigen Gott, aber im Leben, in meinen persönlichen Angelegenheiten, ist dieser Glaube fast nichts. Halbheiten.»[117]

Gegenüber dem Freund stellte er dagegen bewundernd fest, er freue sich über dessen Glauben.[118] Und ein weiteres Beispiel für die rückhaltlose Offenheit in den ersten Jahren dieser Freundschaft: In einem Brief an Thurneysen finden sich kritische Notizen über Leonhard Ragaz, der von Brunner als «Problemwürger», «Hypochonder», «Niezufriedener» apostrophiert wird.[119]

Thurneysen fühlte sich umgekehrt mit Brunner ebenfalls eng verbunden: «In meinem Alleinsein ist es mir ein Trost und eine Freude, wenn ich den Besuch eines Freundes bekomme», schrieb er am 11. Juni 1913[120] und zwei Wochen später, in Gedanken sei er oft bei ihm und wünsche ihn manchmal in seine Nähe, «wenn's mir nach meinem ‹inwendigen Menschen› grad nicht so gut geht».[121] In seiner Gratulation zu Brunners Lizentiatenpromotion heisst es: «Ich freue mich als Dein Freund und – Du verstehst den Ausdruck – ‹Waffenbruder› über Deinen Erfolg.»[122] In einem anderen Brief ging er inhaltlich exakt auf Brunners Dissertation ein.[123] «Wären wir näher beisammen und könnten wir gemütlich gelegentlich einen Abend beieinander sitzen!»[124] – so oder ähnlich äusserte er sich mehrfach.

Auch Thurneysen bemühte sich um grosse Offenheit gegenüber seinem Freund:

> «Wenn ich nur mehr von diesem überlegenen religiösen Besitz hätte, den Du bei mir zu vermuten scheinst; nein, ich gehe wahrhaftig grad wie Du auch auf Entdeckerfahrten aus und bin oft weit weg von einem klaren, sichern, festen

---

[115] A. a. O.
[116] An Thurneysen am 8. Oktober und am 8. Dezember 1913.
[117] An Thurneysen am 1. August 1913.
[118] An Thurneysen am 1. August 1913.
[119] An Thurneysen am 8. Dezember 1913.
[120] Thurneysen an Brunner am 11. Juni 1913.
[121] Thurneysen an Brunner am 24. Juli 1913.
[122] Thurneysen an Brunner am 19. August 1913.
[123] Thurneysen an Brunner am 10. Juli 1914.
[124] Thurneysen an Brunner am 5. Dezember 1913.

Stehen im Gott*haben* drin; meine besten Predigten sind immer die Sehnsuchtsreden.»[125]

Er berichtete von «Tränen über das eigene Nichtkönnen» und fügte hinzu, sein «Trost» und seine «Stärkung» seien «immer wieder Freunde», die wie er selbst «sich durchzuschlagen» suchten und in ihm das Gefühl erweckten, dass er «auf den mühevollen Wegen» nicht allein sei. Das «Bewusstsein, da und dort im Land herum einen zu wissen», der ähnlich denke und sein Brot ebenfalls «im Schweisse des Angesichtes» esse,[126] habe «etwas merkwürdig Kräftigendes» für ihn. Er könne sich an die «unsichtbare Kirche» halten, eine «Gemeinschaft des Geistes und des Glaubens». «Du gehörst wahrhaftig auch dazu!»[127]

Der Briefwechsel Brunner – Thurneysen erstreckte sich bis ins Jahr 1964. Es befinden sich umfangreiche und wichtige Briefe darin über alles, was Religionsphilosophie, Theologie und Kirche angeht. Auffallend ist, dass Brunner häufiger schrieb. Immer wieder entschuldigte Thurneysen sich für sein langes Schweigen. Ein frühes Zeichen der allmählichen Abkühlung der ursprünglichen Freundschaft ist die verspätete Einladung zu Thurneysens Hochzeit vom 25. Januar 1916, zu der er Brunner erst fünf Tage vor dem Anlass einlud. Die Einladung an Karl Barth und dessen Frau Nelly war demgegenüber bereits am 13. Dezember des Vorjahres ergangen.[128] Obwohl Brunner sich zwischen dem 25. August 1915 und dem 20. Januar 1916 fünfmal mit einem längeren oder kürzeren Schreiben bei Thurneysen in Erinnerung gerufen hatte, hatte dieser schon mehrere Monate lang nicht mehr geschrieben. Die arg verspätete Hochzeitseinladung erklärte er mit «allerhand Umständen», die ihn gezwungen hätten, «selbst liebe Freunde uneingeladen zu lassen. Ich war in ziemlich peinlicher Verlegenheit mit der Auswahl und traf sie schliesslich so im Ganzen nach der Anciennität. Aber nun plagt es mich doch.»[129] Obschon Brunner es in Abrede stellte, war er tief getroffen:

«Leider kann ich an Deinem Freudenfest nicht teilnehmen. […] Nur eins darf ich Dir um der Offenheit willen, auf die unsere Freundschaft auch künftig aufgebaut sein soll, nicht verschweigen: dass mich Dein langes Schweigen trotz der triftigen Entschuldigungsgründe, die ich wohl erwog, ein wenig, nein stark, geärgert hat. Eine Postkarte wäre ja in zwei Minuten geschrieben. – Doch, Lieber, nimm das nicht als kleinliche Empfindlichkeit und lieblose Teil-

---

[125] Thurneysen an Brunner am 24. Juli 1913.
[126] Nach Genesis 3,19.
[127] Thurneysen an Brunner am 5. Dezember 1913.
[128] Thurneysen an Barth am 13. Dezember 1915, in: Barth–Thurneysen I, S. 117.
[129] Thurneysen an Brunner am 20. Januar 1916.

nahmslosigkeit angesichts so grosser Ereignisse. Ich schrieb es mehr um meinetwillen, nicht als Vorwurf.»[130]

Zu einer ähnlichen Verstimmung kam es zwei Jahre später: Emil Brunner hatte sich im Mai 1917 mit Margrit Lauterburg verlobt. Die kirchliche Trauung fand am 6. Oktober 1917 in Bremgarten bei Bern statt. Erst nach Weihnachten, am 27. Dezember 1917, schrieb Thurneysen den Gratulationsbrief zur Hochzeit, dem der Predigtband von Barth und Thurneysen «Suchet Gott, so werdet ihr leben!» beigelegt war. Am 30. Januar 1918 dankte Brunner für das «Weihnachtsgeschenk». Zuerst lobte er das Buch der beiden Freunde sehr:

«Was sollte man anders als Freude haben daran! Schon das mehr Äussere, die lebendige Art des Redens, das ganz neue Anpacken des Textes vom Leben her, die vollständige Vermeidung der geprägten Kirchensprache. [...] Dass ihr das alles sagen könnt, was in diesen 13 Stücken gesagt ist, kommt ja eben davon her, dass etwas Lebendiges da ist, das sich mit aller Macht dagegen sträubt, sich in die alten toten Worte einkapseln zu lassen.»[131]

Es finden sich aber auch für Brunner kennzeichnende kritische Rückfragen:

«Viele, die [...] Freude dran haben könnten, werden über die ‹Einseitigkeit› zu klagen haben. [Die Predigten] sind ja in der Tat fast gefährlich einseitig. Der *berechtigte Humanismus* wird ebenso ungerecht behandelt wie Erasmus von Luther. Als letztes Wort über die Sache wäre es natürlich falsch, die Menschen bloss als Schachfiguren Gottes anzusehen, über alle menschliche *Verantwortung und Aktivität* so hinwegzugehen, wie die Predigt von der Sündenvergebung und die über ‹die andere Seite› (Barth) es tut. Als Einziges und Letztes würde mich eure an die Reformation erinnernde Gott-Objektivität, die alles subjektive Dazustellungnehmen so herabsetzt, sehr unbefriedigt lassen, oder vielleicht gar erdrücken.»[132]

Ein Thema klingt hier an, das Brunner in seiner Auseinandersetzung vor allem mit Barth noch öfters beschäftigen sollte. Besonders auffallend ist die Grusswendung des Briefes: «Seid alle recht herzlich gegrüsst in alter Treue – *hm, zum Teil* – von euren Emil und Margrit Brunner.»[133]

Dieses «zum Teil» im Briefgruss schreckte Thurneysen offenbar auf. Noch am gleichen Tag schrieb er zurück, dankte und versuchte, sich zu entschuldigen. Brunners Brief habe ihn «aus einer längst gefühlten und peinlich empfundenen Verlegenheit erlöst». Er könne Brunner und seine Frau «endlich um Verzeihung bitten» für die sie «befremdende und betrü-

---

[130] An Thurneysen am 21. Januar 1916.
[131] An Thurneysen am 30. Januar 1918, in: Barth–Brunner, S. 17. Der hier zitierte Brief ist in dieser Ausgabe abgedruckt, weil Thurneysen ihn an Barth weiterleiten sollte.
[132] A. a. O., S. 19 f.
[133] A. a. O., S. 21.

bende Nachlässigkeit», mit der Thurneysen und seine Frau für das Ehepaar Brunner «entscheidende Tage und lange Monate vorübergehen liessen», ohne sich «mit einem Wort oder Zeichen freundschaftlichen Gedenkens» zu melden. «Wir verstehen die gewisse Reserve in Deinem Brief, wir verstehen Dein ‹hm, zum Teil› am Schluss, ich rechne es Dir hoch an, dass Du trotz der persönlichen Erkältung, die Du uns zum Vorwurf machst, die *sachlichen* Beziehungen absolut festhältst; ich kann Dir nur sagen, ich habe Deinen Brief sehr mit *innerer Unruhe* und *Beschämung* gelesen.»[134]

Brunner antwortete postwendend und überraschend versöhnlich. Er dankte für den Brief, der ihn aber trotz allem nicht sehr überzeuge, nicht weil er zu wenig einleuchte, wohl aber weil es eine Entschuldigung überhaupt nicht brauche. Das «hm, zum Teil» habe sich darauf bezogen, dass Brunners Frau die Thurneysens ja noch gar nicht lange kenne. Der Ausdruck «alte Treue» wäre deshalb unpassend gewesen. «Mein lieber, alter, treuer Freund! Von irgendeiner ‹Empfindlichkeit› war, das darf ich mit aller Gewissenhaftigkeit sagen, auch nicht die leiseste Spur. Es tut mir sehr leid, wenn Dir mein Brief oder mein vierwöchiges Schweigen Anlass gab, das zu glauben.»[135]

Brunner wollte die Freundschaft unbedingt erhalten und suchte dann ja anlässlich seiner Auseinandersetzung mit Kutter im Mai 1918 auch seelsorglichen Rat bei Thurneysen.[136] Die alte Herzlichkeit kehrte aber trotzdem während längerer Zeit nicht mehr ganz zurück. Thurneysen und Barth erschienen ihm immer mehr als geradezu siamesische Zwillinge, eine unerschütterliche Phalanx, wogegen er selbst in diesem Bund wirklich nur noch der ‹Dritte› war. Zudem nahm Thurneysen in seinen Briefen immer mehr auch den Sprachstil Barths an.

Besonders schmerzlich muss für Brunner zusätzlich gewesen sein, dass Barth mit seinem Römerbriefkommentar – ohne es zu wissen oder zu wollen – einem eigenen literarischen Plan im Weg stand: Am 29. August 1918 – Barths Römerbrief lag damals als Manuskript schon fertig vor, und Brunner wusste davon – schrieb Brunner an Thurneysen von einer eigenen Arbeit über den Apostel Paulus. Sie führe ihn «von einem Staunen ins andere, über die unerschöpflichen Wahrheitsadern», die da «unter allerlei seltsamem Gestein» verborgen lägen. «Doch eigentlich nicht Wahrhei*ten*, sondern Wahrheit, die *eine* grosse, der wir so entfremdet worden sind durch den Zeitgeist».[137]

---

[134] Thurneysen an Brunner am 30. Januar 1918.
[135] A. a. O.
[136] Vgl. oben, S. 96.
[137] An Thurneysen am 29. August 1918.

Immer deutlicher sehe er, wie irreführend das «moderne» Denken sei, womit er den Empirismus und Historismus meinte – fast noch mehr als den Intellektualismus. Zunehmend erkenne er die «Oberflächlichkeit des Psychologismus und historischen Positivismus», der gerade da stehen bleibe, wo «die lebendige und fruchtbare Wahrheit anfängt». Er habe in diesem Sommer den Scotus Erigena durchgearbeitet, und da sei es ihm «aufgegangen, wie sehr relativ der ‹Fortschritt› des modernen Denkens» sei. Der Verzicht auf das «Transzendental-Metaphysische» sei verhängnisvoll. So wie Paulus den Geistbegriff formuliere, sei er «nichts anderes als die Vollendung des Idealismus auf einer solchen Höhe, dass er auch alle Wahrheitsmomente des Realismus, Eudämonismus, Vitalismus» in sich enthalte.

> «Wie wunderbar schliesst sich da alles zur Einheit zusammen, ohne doch die Grundgegensätze von gut und bös, Tod und Leben, Ja und Nein, Gott und Welt zu verwischen. Wie ganz wunderbar wird dadurch das Leben durchleuchtet und fallen so viele Probleme einfach als gelöste Fragestellungen dahin!»[138]

Brunner bat Thurneysen, von seinen literarischen Plänen niemandem etwas zu sagen, und fügte hinzu:

> «Sehr gespannt bin ich auf Freund Barths Römerbrief. Je nachdem kann ich meine Papiere dem Feuer übergeben, was zwar meiner Eigenliebe ein bitteres Tränklein wäre. So wie ich Barth kenne, wird er aber die Sache ziemlich anders anpacken als ich; dass es etwas ganz Feines wird, ist bei Barth selbstverständlich. Seine Predigten gehen mir fast täglich nach.»[139]

Es bleibt eine offene Frage, wie damals ein Buch Emil Brunners über den Römerbrief ausgesehen hätte. Das Briefzitat zeigt, wie stark Brunner von Karl Barth beeindruckt war. Er wetteiferte mit ihm und rieb sich zugleich an ihm. Im Briefwechsel Brunner – Barth wird das sogleich sichtbar.

Karl Barth

Es lässt sich nicht mehr feststellen, wann genau Brunner Barth persönlich kennen gelernt hat. Im Briefwechsel mit Thurneysen wird der Name Karl Barth von Anfang an als bekannt vorausgesetzt. Brunner sagte später, er habe Barth in Leutwil, d. h. im Pfarrhaus Thurneysens, zum ersten Mal gesehen.[140] Das schriftliche Gespräch zwischen Obstalden und Safenwil

---

[138] A. a. O.
[139] A. a. O.
[140] An Barth am 17. August 1938, in: Barth–Brunner, S. 302.

Karl Barth, Rudolf Pestalozzi und Eduard Thurneysen 1917.

(wo Barth damals Pfarrer war) beginnt am 1. April 1916.[141] Brunner hatte Barths Predigt «Der Pfarrer, der es den Leuten recht macht» gelesen, die damals in einem Privatdruck verbreitet wurde.[142] Er war begeistert:

> «Lieber Herr Barth! Soeben habe ich Ihre Predigt [...] gelesen und möchte Ihnen dafür herzlich danken. Es sagt in mir einfach laut Ja dazu. [...] Da ist auch der letzte Zipfel vom Pfarrrock und alle Kirchensalbe verschwunden [...]. Da müssen's die Leute schliesslich merken, dass die Dinge Gottes grad so real und pressant sind wie irgendein Viehhandel oder eine gekündete Hypothek. [...] Wenn nur die Leute *das* merken und Gott ihnen anfängt als einer verständlich zu werden, der ihnen zu Haus und auf der Gasse dreinredet, dann ist endlich der Kirchengottnebel zerrissen.»[143]

Ein Briefwechsel fängt mit diesen Fanfarenklängen an, der sich – in unterschiedlicher Dichte – über fünf Jahrzehnte hinziehen sollte und ein wichtiges Kapitel der Kirchen- und Theologiegeschichte des 20. Jahrhunderts spiegelt.

Der Briefwechsel mit Karl Barth ist nicht ganz so partnerschaftlich wie derjenige mit Thurneysen. Bereits im ersten Brief zeichnet sich ab, dass Brunner den dreieinhalb Jahre älteren Barth als geistig überlegen wahrnahm. Barth war für ihn beinahe so etwas wie eine Respektsperson, die er

---

[141] Es ist offenbar nicht nötig, dass Brunner sich dem Adressaten vorstellt.
[142] Karl Barth, Predigten 1916. GA 29, Zürich 1998, S. 44 ff.
[143] An Barth am 1. April 1916, in: Barth–Brunner, S. 3.

bewunderte und von der er zu lernen versuchte. An Thurneysen schrieb er geradezu eifersüchtig, dass er leider keinen Karl Barth in der Nähe habe.[144] Oder: «Wenn nur dieser Barth einmal über die Berge stiege – ohne Frau, gut, mit Frau, besser – und sich mal für eine tüchtige Zeit bei mir einnistete! Den wollte ich schön anbohren! Er sollte, wie unter die Räuber gefallen, ganz entblösst nach Hause fahren!»[145]

Anbohren und nackt ausziehen (im biblischen Gleichnis vom barmherzigen Samariter, auf das hier angespielt wird,[146] liegt der Unter-die-Räuber-Gefallene halbtot da) – die aggressiven Bilder verraten die Ambivalenz der Gefühle Brunners gegenüber Barth und laden zu einer tiefenpsychologischen Interpretation geradezu ein.

Die «Tragödie»[147] dieser Freundschaft klingt bereits im ersten Brief an Barth an: Brunner wollte Barth, den er noch nicht sehr gut kannte, danken, ihn für seine gelungene Predigt loben, konnte aber nicht umhin, ihn sofort zu kritisieren. «Denken heisst für mich polemisieren.»[148] Der gegenüber Leonhard Ragaz geäusserte Satz gilt auch im Zusammenhang mit Barth. In seiner Predigt hatte dieser «von einer nötigen Entscheidung für oder gegen Gott» geredet, «für oder gegen das neue Leben», und dann mit der Aufforderung geschlossen: «Entscheidet euch *heute!*»[149] Brunner wandte dagegen ein:

> «Ist nicht der Jammer eben der, dass wir uns ja schon oft entschieden haben, aber dass die *Kraft*, dem Entscheid Folge zu geben, fehlt. Der alte Adam muss eben buchstäblich jeden Tag aufs neue ersäuft werden. [...] Den *redlichen* Willen haben viele, aber den ernsten, d. h. den kraftvollen, wenige. Und da nützt aller Appell nichts – [das hiesse nur:] an ein hohles Fass klopfen. So würde ich aus der Predigt gegangen sein: Recht hat er schon, das weiss ich schon lange – aber!»[150]

Brunner war sich wohl nicht bewusst, dass er mit diesen Einwänden sein anfängliches Lob der Predigt fast zurücknahm. Bei Barth musste bereits dieser erste Brief einen zwiespältigen Eindruck hinterlassen. Auffallend ist, dass er in seiner nur wenige Tage später am 12. April 1916 geschriebenen Antwort nicht auf den Einwand einging.

Auch Barth hatte schon bald – oder von Anfang an – Reserven gegenüber Brunner, mit dem er oft überkritisch, wenn nicht sogar unbarmherzig umging. Dies zeigt sich auch an seiner Reaktion auf Brunners Artikel

---

[144] An Thurneysen am 12. Januar 1917 und am 21. August 1919.
[145] An Thurneysen am 14. Februar 1917.
[146] Vgl. Lukas 10,30 ff.
[147] Eberhard Busch in: Barth–Brunner, S. XIX.
[148] Vgl. oben, S. 105.
[149] Nach: Barth–Brunner, S. 3, Anmerkung 3. Vgl. Karl Barth, Predigten 1916. GA 29, Zürich 1998, S. 61.
[150] An Barth am 1. April 1916, in: Barth–Brunner, S. 3 f.

«Grundsätzliches zum Kapitel ‹Die jungen Theologen›», einer Antwort an den Basler Professor Paul Wernle, der der jungen – von Kutter und Ragaz beeinflussten – Theologengeneration pauschal vorgeworfen hatte, dass sie gründliche historische und eingehende philosophische Studien verschmähe, «kurz dass sie für die Wissenschaft nicht mehr dasselbe Interesse» hätte wie frühere Generationen.[151]

«Es ist wahr [...]: die theologische Wissenschaft nimmt bei uns nicht mehr dieselbe dominierende Stellung ein wie bei früheren Geschlechtern [...]. Wir entfremden uns immer mehr einer Theologie, die ihr Ideal, ihre Axiome und ihre Methoden einem ihr wesensfremden Wissensgebiet, der Naturwissenschaft, entlehnt hat [...]. [...] Immer deutlicher sehen wir, dass uns die traditionelle Wissenschaft so wenig an die geistigen Realitäten heranführt, sie uns nicht in ihrem Wesenskern erschliesst, uns nicht jenes lebendige Berührtwerden verschafft, das allein ‹verstehen› zu heissen verdient [...]. Weil die Wissenschaft so etwas Unlebendiges ist, darum steht sie auch dem Leben der Gegenwart so fern, versagt sie so schmerzlich, wo sie sich den brennenden Gegenwartsproblemen gegenübergestellt sieht.»[152] – «Und zur Geschichte: [...] Vom ‹geschichtlichen Denken› [...] gilt [...] noch immer das, was Nietzsche [...] so eindrucksvoll ausführt: Dass der Historismus, das einseitig geschichtliche Denken [...] alles originale, schöpferisch-ursprüngliche Leben ertötet.» – Der Historist «versteht alle Zeiten, ausgenommen die, in der er selber lebt [...].» – «Der Historist versteht immer nur das, was ‹fertig› d. h. tot ist, was gelebt *hat*, nicht was *lebt*.» – «Wir wollen in erster Linie Geschichte erleben, mitmachen. Ob das sich nicht aber schliesslich als der direkteste Weg erweist, die Geschichte zu verstehen? Es ist uns doch, als hätten wir an den Propheten und an Jesus etwas Derartiges erfahren.»[153]

Brunners Ausführungen erinnern an diejenigen Barths in seinem Römerbriefkommentar, mit denen auch er sich von einer einseitig historisch-kritisch orientieren Theologie abgrenzte: Seine ganze Aufmerksamkeit habe er «darauf gerichtet, durch das Historische hindurchzusehen in den Geist der Bibel, der der ewige Geist» sei.[154] «*Kritischer* müssten mir die Historisch-Kritischen sein!»[155] Barth hätte sich über Brunners Artikel von Herzen freuen und ihm gratulieren müssen. Und doch teilte er ihm mit, dass er inhaltlich zwar einverstanden sei, es aber besser gewesen wäre, den Artikel *nicht* zu schreiben. An den theologischen Fakultäten werde

---

[151] Emil Brunner, Grundsätzliches zum Kapitel «Die jungen Theologen», in: Kirchenblatt für die reformierte Schweiz 1916, S. 57. (Brunner bezieht sich hier auf: Paul Wernle, Ein Nachtrag zur deutschen Gefahr, in: Kirchenblatt für die reformierte Schweiz 1916, S. 41–43.)
[152] A. a. O., S. 58 f.
[153] A. a. O., S. 59.
[154] Karl Barth, Der Römerbrief. (Erste Fassung.) 1919. GA 16, Zürich 1985, S. 3.
[155] Karl Barth, Der Römerbrief. 16. Abdruck der neuen Bearbeitung von 1922. Zürich 2005 (in der Folge zitiert als Römerbrief 1922), S. XII.

diese Kritik ohnehin nicht gehört: «Wir haben Erfreulicheres zu tun.»[156] Gegenüber Eduard Thurneysen sprach Barth seine Ablehnung noch unverblümter aus: «Brunners Artikel [...] ist mir zu direkt und [zu] akademisch.»[157]

Aufschlussreich sind Brunners Brief an Barth vom 3. Juli und dessen Antwort vom 9. Juli 1916. Brunner hatte sich erlaubt, Barth als Seelsorger für seine Glaubensmühen in Anspruch zu nehmen wie schon früher auch Eduard Thurneysen: Er finde sich «immer wieder faul und untreu» und seinen Glauben so schwach, dass er oft «gegen den robusten alten Adam» nicht aufzukommen vermöge. Mit Kutter habe er auch schon über diese Schwierigkeit zu sprechen versucht, aber keine Hilfe bei ihm gefunden. Von Barth erhoffe er sich mehr, weil dieser einerseits «viel von der Erkenntnis Kutters» habe, aber – wie ihm scheine – «mehr Liebe, Verstehen-Wollen und persönliches Interesse». Brunner liess Barth tief in sein Herz blicken und teilte ihm mit, dass er sich eigentlich nie wirklich freuen könne, trotz seines schönen Wohnorts, seiner herrlichen Musik und seines – wie man ihm offenbar nachsagte – «fröhlichen Gemüts».[158]

Barth nahm den Hilferuf ernst, antwortete schnell und wandte eine bemerkenswerte Seelsorgemethode an: Zunächst legte er das Geständnis ab, dass er selbst auch nicht so glaubensstark sei, wie Brunner offenbar meine. Er solle ja nicht denken, er sei «mit diesem ganzen Elend in irgendeinem Sinn ein Spezialfall». Barth selbst sei «*wirklich* auch so dran».[159] Doch dann ging Barth theologisch vor. Er unterschied zwischen Glauben im eigentlichen Sinn und psychologisch beschreibbaren Phänomenen. Diese liessen sich beobachten, der Glaube nicht.[160]

Er erinnerte an Albrecht Ritschl, der in seiner «Geschichte des Pietismus» die kritische Sonde an menschlich konstatierbare religiöse Seelenregungen angelegt und im Gegensatz dazu die «göttliche Objektivität» hervorgehoben hatte.[161] Hinter diesen «entscheidenden Fortschritt» solle man nicht zurückgehen:

> «Besteht nicht die ganze Misere unserer Lage ganz simpel darin, dass wir uns immer wieder auf uns selbst zurückbiegen, statt uns nach dem Objektiven

---

[156] Barth an Brunner am 12. April 1916, in: Barth–Brunner, S. 4.
[157] Barth an Thurneysen am 24. April 1916, in: Barth–Thurneysen I, S. 130.
[158] An Barth am 3. Juli 1916, in: Barth–Brunner, S. 9 f. Vgl. oben, S. 31.
[159] Barth an Brunner am 9. Juli 1916, in: Barth–Brunner, S. 11. Gegenüber Eduard Thurneysen bemerkte Barth später: «Der gute vertrauensvolle Brunner wäre bald enttäuscht, wenn er wüsste, wie bald ich jeweilen mit meinem Latein zu Ende bin. Du kennst meine zahlreichen luftleeren Räume (Vacua) besser und musst ihn unter der Hand darüber aufklären.» Barth an Thurneysen am 21. Februar 1917, in: Barth–Thurneysen I, S. 178.
[160] Mit der zweiten Auflage von Barths Römerbriefkommentar: Der Glaube ist nur «Einschlagtrichter», «Hohlraum». Vgl. Karl Barth, Römerbrief 1922, passim.
[161] Vgl. Albrecht Ritschl, Geschichte des Pietismus. 3 Bände. Bonn 1889, 1884, 1886.

auszustrecken?»[162] – «Wenn Sie nicht so ein gelehrter Mann wären und wenn wir uns besser kennen würden [...], so hätte ich Ihnen als Antwort auf Ihren Brief am liebsten [...] irgendein kurzes zorniges Wort geschrieben, des Inhalts», es sei ein Zeitverlust, sich einzureden, man sei nicht im Stand zu glauben. – «Denn – ich bin nicht stärker im Glauben als Sie – Ihre durchaus zutreffenden Darlegungen wirken [...] auf mich wie erdrückend und erstickend, sowie ich mich darauf einlasse. Ich ahne, warum Kutter Ihnen da scheinbar so verständnislos begegnet. Ich glaube: er versteht auch nur zu gut, aber er *will* nicht verstehen; [er *will* nicht] sich auf diese Gedankenreihen einlassen. Müssen Sie ihm nicht selber Recht geben? Büsse ich die bessere Meinung, die Sie von mir punkto Verständnis hatten, ein, wenn ich nun darauf hinauskomme: ich verstehe, aber ich *will* das nicht verstehen!? Sie sollten unter keinen Umständen mehr einen solchen Brief schreiben.»[163]

Barth wollte Brunner dazu bringen, weniger sich selbst zu beobachten und zu analysieren, sondern von sich weg auf Gott zu blicken. Er fügte an, dass er selbst jedenfalls *nicht* an Brunners «Unglauben» glaube, da der «objektive Halt an Gott als Gott» wichtiger als die «vorläufig leider unvermeidlichen Schwankungen des Innenlebens» sei. Und im Postskriptum zu diesem Brief bot er ihm das Du an: «Wir wollen uns doch wieder schreiben und vielleicht einmal besuchen und vielleicht, wenn es Ihnen recht ist, in Zukunft du sagen, wie es sich unter ‹Weggenossen› geziemt, nicht?»[164]

Besonders dicht war die Korrespondenz zwischen Brunner und Barth im Zusammenhang mit dessen Römerbriefkommentar, der Weihnachten 1918 erschien. Bereits bevor das Buch gedruckt vorlag, bot Brunner an, eine Rezension für das «Kirchenblatt für die reformierte Schweiz» zu schreiben. Barth stellte ihm deshalb bereits im November 1918 die Druckfahnen zur Verfügung, die er heisshungrig aufnahm. In zwei ausführlichen Briefen und einer Nachschrift teilte er bereits nach wenigen Tagen seine ersten Eindrücke mit.

Wieder drückte Brunner seine Begeisterung aus und stellte zugleich fundamentale Fragen:

«Das Buch ist [...] zunächst rein objektiv der Absicht nach ein Wurf. [...] Es erscheint mir als das, was jetzt gesagt sein muss.» – «Du sagst es auf Deine Art, und diese Art ist sehr gut.» – Der Inhalt «bedeutet nicht weniger als eine Revolution des ‹theologischen› Denkens, durch die Rückkehr vom modernen empirisch-psychologisch-historischen Individualismus zum Transzendentalismus der Bibel». – «Kutter hat Dir das Wesentliche im Rohstoff übergeben können [...]. Aber Du bist der erste, der die Arbeit Kutters zu einer ‹theologischen› [...] Gesamtleistung verwertete.» – Im Vergleich mit Kutter fällt Dein Buch aber durch eine «wohltuende Straffheit, ein unerbittliches Vorwärts und

---

[162] Barth an Brunner am 9. Juli 1916, in: Barth–Brunner, S. 12.
[163] A. a. O., S. 13.
[164] A. a. O., S. 14.

eine im besten Sinn wissenschaftliche Objektivität» auf. – Der Stil ist «überaus lebendig und erquicklich». – «Als Kommentar ist's ja wundervoll geraten, und wohl ohnegleichen.»[165]

Im Sinne einer kritischen Rückfrage kommt er dann auf ihren «alten Streitpunkt» zu sprechen: Barths Standpunkt bei all dem, was Brunner «kurz als Humanismus» bezeichnet. Barth argumentiere zu «einseitig» auf der «Linie der Reformatoren» und lasse Meister Eckhart und Fichte «unter den Tisch» fallen. Wenn er über das Thema Prädestination handle, komme das Brunner wie ein «Eiertanz» vor. Er wolle wohl «den Idealisten mit ihrer ‹Freiheit› eins hauen, sie ärgern» – und zwar «mit Formulierungen», die «den Menschen als solchen» vernichteten und «zur Marionette» machten.[166]

Brunner brachte hier also die gleichen Einwände vor wie zehn Monate vorher in seinem Brief an Eduard Thurneysen über den Predigtband «Suchet Gott, so werdet ihr leben!».[167] Er warf Barth vor, dass er das «ganze Gebiet der Kultur» und des «Humanismus» zu stark relativiere. Beethoven sei für Barth «so gut blosse ‹Welt› wie die Menschenfresserei, ja eigentlich noch schlimmer».[168] Es ist dies eine Kritik, die Brunner im Lauf der Jahre immer wieder an Barth herantrug und mit der er das in seiner Sicht unverzichtbare Erbe der liberalen Theologie zu verteidigen suchte. In dieser Beziehung blieb ihr Verhältnis bemerkenswert konstant. Neue Argumente tauchten kaum auf.

Barths Verwunderung über Brunners Einwände zeigt sich daran, dass er manche Wendungen in Brunners Briefen blau unterstrich. Thurneysen schrieb er, dass er «nicht alles» verstehe.[169] Dieser antwortete mit einem gewissen Bedauern, er «hätte eigentlich eine etwas andere Äusserung zum Römerbrief erwartet»: «Hat er eigentlich wirklich zugehört?» Eine «ernsthafte sachliche Diskussion» sei so fast nicht möglich. Barths Römerbrief habe Brunner offenbar «einfach erheblich gestört», und er versuche nun «diese Störung abzureagieren». Aber er sei einer ihrer «gescheitesten Freunde», und zwischen Barth und ihm könnte sich «ein laufendes Seegefecht auf weite Distanz entwickeln».[170]

Brunners Rezension von Barths Römerbriefkommentar im «Kirchenblatt für die reformierte Schweiz» ging als erste zustimmende Reaktion auf das epochemachende Buch in die Theologiegeschichte ein. Er hatte – und das ist sein Verdienst – Barths Grösse erkannt, «dass endlich wieder

---

[165] An Barth am 28. November 1918, in: Barth–Brunner, S. 23 ff.
[166] A. a. O., S. 25.
[167] Vgl. oben, S. 112.
[168] A. a. O., S. 27.
[169] Barth an Thurneysen am 1. Dezember 1918, in: Barth–Thurneysen I, S. 304.
[170] A. a. O., S. 306 f.

einmal einer gemerkt» habe, «dass es eine dritte Dimension gibt» – und zwar einer, der auch «das Zeug» dazu habe, «uns mitzuteilen, *was* man da sieht»,[171] also nicht nur Formales, sondern Inhaltliches. Für die Rezeption von Barths Buch bedeutete Brunners positive Rezension eine wichtige Weichenstellung.

Emil Brunner und Karl Barth kamen sich allen zwischen ihnen bestehenden menschlichen und sachlichen Gegensätzen zum Trotz selten so nahe wie im Dezember 1918. Obwohl Barth Brunners Besprechung – wie schon den Artikel über die «Jungen Theologen» – als zu akademisch und zu wenig prophetisch empfand, war er doch recht zufrieden: «Du hast gründliche und erleuchtende Arbeit getan», schrieb er ihm nach der Lektüre der Rezension, fügte aber mit verletzender Ironie hinzu: «Du hast alles getan, um innerhalb der Krematoriumsatmosphäre der akademischen Weisheit auszurufen und zu verkündigen, dass es draussen frische Luft gebe.»[172]

---

[171] Emil Brunner, Der Römerbrief von Karl Barth. (Eine zeitgemäss unmoderne Paraphrase.), in: Kirchenblatt für die reformierte Schweiz 1919, S. 29–32; zitiert nach: Anfänge, S. 78–87, hier: S. 87.
[172] Barth an Brunner am 17. Dezember 1918, in: Barth–Brunner, S. 37 ff.

Amerika 1919/1920

Am 10. Juli 1919 wurde eine wichtige Weiche für das Leben Emil Brunners gestellt: Die theologische Fakultät der Universität Zürich traf sich zu einer gemeinsamen Sitzung mit dem Pionier der ökumenischen Bewegung Adolf Keller, damals Pfarrer an St. Peter in Zürich. Keller hatte unmittelbar nach Abschluss des Ersten Weltkrieges versucht, die teilweise abgebrochenen internationalen Kontakte zwischen den verschiedenen Kirchen neu anzuknüpfen. Ein Ergebnis dieser zwischenkirchlichen Gespräche war das Angebot des Union Theological Seminary in New York, einem Schweizer Nachwuchstheologen ein Stipendium von 1200 Dollar (rund 6000 Schweizer Franken) zu gewähren. Mit Hilfe dieses Stipendiums sollten die Bande zwischen dem amerikanischen und dem schweizerischen Protestantismus vertieft und gefördert werden. Leonhard Ragaz brachte Emil Brunner ins Spiel, an den das grosszügige Angebot aus New York dann auch weitergeleitet wurde.[1]

Am 14. Juli wandte dieser sich an Leonhard Ragaz und schrieb über seine «nicht geringe Aufregung»: «Ich gestehe Ihnen, dass mich der Plan wenigstens in der Allgemeinheit, wie ich ihn bis jetzt kenne, *sehr* lockt.» Er habe zwar gewisse Bedenken wegen der – wie er es empfand – Sterilität der damals vorherrschenden akademischen Theologie. Lieber als sich «sieben Monate lang hauptsächlich mit amerikanischen Analoga zu Troeltsch, Wernle, Johannes Weiss etc. auseinanderzusetzen», würde er sich in «Schellings Philosophie der Offenbarung, Kierkegaards Philosophische Brocken, Augustins Civitas etc.» vertiefen. Er habe aber den Eindruck, dass es sich beim Angebot aus New York «nicht um eine Theologenangelegenheit handle, sondern um etwas Grosszügigeres», und halte es für möglich, dass «an diesem Seminary» Männer wirkten, die «in der grossen Sache» stünden und ihre Theologie trieben, «als täten sie es nicht», d. h. im Wissen darum, dass Wissenschaftlichkeit nicht der Weisheit letzter Schluss ist.[2]

Leonhard Ragaz antwortete postwendend, nach seiner Ansicht besitze Brunner «alle Eigenschaften», die «diese Art von Mission» erfordere. Er meine auch, «es müsste eine Sache sein», die einen «grossen Ertrag» für Brunners «ganzes Leben abwürfe». Es gehe nicht einfach darum, «ame-

---

[1] Protokoll der theologischen Fakultät Zürich 1833–1923 vom 10. Juli 1919. Staatsarchiv Zürich AA5 1.
[2] An Ragaz am 14. Juli 1919. Vgl. 1. Korinther 7, 29 ff.

rikanische Theologie» zu studieren. Ebenso wenig handle es sich darum, den Amerikanern «deutsche Theologie» zu vermitteln, und auch nicht um Kirchenpolitik, sondern darum, dass Brunner «jene ganze *Welt*» kennen lerne. Es komme «einfach auf den persönlichen Gewinn an». Etwas freilich müsse Ragaz sich wünschen: «Liebe und kongeniales Verständnis für das spezifisch amerikanische Wesen». New York sei zwar nicht eines der *geistigen* Zentren Amerikas, wohl aber «ein Weltzentrum» bzw. ein Ort, wo man den «Pulsschlag des Weltlebens» spüre «wie vielleicht nirgends sonst». Man könne dort «‹Theologie› in *unserem* Sinn studieren».[3]

Brunner entschied sich schnell. Seine Frau, die erst vor wenigen Monaten ihr erstes Kind geboren hatte und auf Weihnachten 1919 einer zweiten Geburt entgegensah, erklärte sich bereit, acht Monate lang allein in Obstalden zu leben, und an der ausserordentlichen Kirchgemeindeversammlung vom 17. August wurde dem vom Gemeindekirchenrat «einmütig» unterstützten Urlaubsgesuch ohne Opposition entsprochen[4] – entgegen Brunners Befürchtungen, gewisse bürgerliche Gemeindeglieder, denen er zu ‹links› war, könnten die Gelegenheit benützen, sich an ihm zu rächen.[5] Als Stellvertreter wurden mit einem Teil des Stipendiengeldes zuerst Vikar Ernst Stähelin aus Basel und – nachdem dieser eine definitive Pfarrstelle in Hüttwilen im Thurgau übernommen hatte – für die letzten zwei Monate Max Vatter aus Luzern angestellt.

Am 25. August machte sich Brunner auf die Reise. Nach Zwischenhalten in Basel und Paris erreichte er Le Havre am 2. September. Bevor sein Schiff, die *France*, in See stach, blieb ihm genügend Zeit, «das Muster einer schmutzigen Stadt» zu erforschen:

> «Wenn ich eine Dame wäre, hätte ich immer das Röcklein lüpfen müssen, Schlammpfützen, gestaute Abwässer, Strassenkot von 1918 oder 17, Papierfetzen, Gemüse etc. – kurz ein ekelhaftes Strassenbild. Und dem entspricht das Leben.»[6]

Er unternahm einen Ausflug nach Rouen, um die Kathedrale zu bewundern und sich die Steintafel zum Gedenken der Hinrichtung der Jungfrau von Orleans anzusehen.[7]

Die Klassengegensätze auf der «France» – er war Zweitklassepassagier – bedrückten ihn:

> «Drunten im finstern [und] heissen Zwischendeck: 70–100 in einem Raum, schlafen, dicht in- und übereinander, die Auswanderer. Schmutz, Feuchtigkeit,

---

[3] Ragaz an Brunner am 17. Juli 1919.
[4] Protokoll der ausserordentlichen Kirchgemeindeversammlung vom 17. August 1919.
[5] An Ragaz am 5. August 1919.
[6] Rundbrief Nr. 1, undatiert, September 1919.
[7] A. a. O.

Russ, Dunkelheit, Enge. Ein paar Meter über ihnen bewegt sich auf persischen Teppichen die feine (??) Welt der 1. Klasse von einem Salon in den andern, eine Welt von Seide, Samt, feinem Leder, Kristallglas – ein Luxus, wie ich ihn noch kaum in einem Hotel angetroffen, alles aufs äusserste ausgedacht und ausgestattet, um auch den verwöhntesten Geschmack zu befriedigen. Die 1. Klasse hat 4/5, die 2. Klasse 1/5 des oberen Deckraumes zur Verfügung, obschon die Zahl der Passagiere ziemlich die gleiche ist.»[8]

Am siebten Reisetag (am 13. September 1919) kam die Küste von Long Island in Sicht: «Wundervoller Tag. Bald tauchen die mächtigen New Yorker Wolkenkratzer auf, gewaltig, imposant, durchaus nicht unschön, der Lotse kommt an Bord, allerlei Offiziere.»[9]

Da das Schiff erst kurz vor Mitternacht anlegte, ging Brunner erst am Sonntagmorgen, dem 14. September, von Bord. Sofort fuhr er zum Union Theological Seminary, das wegen Ferien aber geschlossen war. Brunner musste fürs Erste ein Hotelzimmer suchen. Am Samstag, dem 20. September, fand dann der Einzug ins Union Theological Seminary statt. Brunner erhielt ein «hübsches Zimmer [...] gegen den stillen Hof und seinen grünen Rasen».[10] Auch geistig richtete er sich ein. Wie er seinen Freunden in der Schweiz schrieb, belegte er neun Wochenstunden – «aber in diesen Fächern muss ich je ein Examen ablegen am Ende des Kurses!»:[11] Johannesevangelium bei James Everett Frame, Amerikanische Kirchengeschichte bei William Walker Rockwell, Religionsphilosophie bei Eugene William Lyman, Aktuelle Fragen und Persönlichkeiten in ethischer Beleuchtung[12] bei Harry Frederick Ward und Religionspsychologie bei George Albert Coe – ein umfangreiches Programm. In einem Brief an seine Frau erwähnt Brunner einen Kurs über die Entwicklung des christlichen Gottesgedankens, der vom Präsidenten des Seminars, dem Kirchengeschichtler Arthur Cushman McGiffert, persönlich gegeben wurde. McGiffert, ein – wie Brunner schrieb – «prächtiger Mann»,[13] der «als der bedeutendste Theologe in Amerika» galt, hatte den Gast aus der Schweiz mit grosser Herzlichkeit begrüsst, diesem «aber nicht einen wahrhaft bedeutenden Eindruck» gemacht.[14] – Zählt man die verschiedenen von Brunner erwähnten Lehrveranstaltungen zusammen, ergeben sich mehr als neun Wochenstunden.

---

[8] A. a. O.
[9] A. a. O.
[10] A. a. O. – Das möblierte Zimmer war zentral geheizt und verfügte über elektrisches Licht. Die Bettwäsche war im Preis inbegriffen, nur die Toilettenwäsche nicht. Vgl. The Union Theological Seminary in the City of New York. Annual Catalogue. 1919/1920. New York 1920, S. 46 f.
[11] A. a. O.
[12] Formulierung nach einem Brief an Ragaz ohne Datum.
[13] Rundbrief Nr. 2 vom 8. Oktober 1919.
[14] An Margrit Brunner am 27. Januar 1920.

Es mag sein, dass er gelegentlich nur als stiller Gast dabeisass. Er interessierte sich auch für die berühmte «Musterschule» – eine moderne Labor- und Übungsschule – des Teachers College der Columbia-Universität.[15]

In New York und auf Reisen betätigte sich Brunner nicht nur als ‹Student›. Mit Eifer und Energie versuchte er, New York kennen zu lernen.[16] Er staunte über die vielen Lichtreklamen, neben denen der Mond ihm «unsäglich altmodisch und komisch [...] wie ein Nachtwächter» aus der «Biedermeierzeit» vorkam.[17] Er besuchte Baseballspiele,[18] Konzerte, das Schauspiel – unter anderem Shakespeares Hamlet – und die Oper. Auch Besuche in Kinos, Vaudevilletheatern[19] und Variétés *(smart dancing cabarets*[20]*)* verschmähte er nicht. Ihm gefiel der Ragtime. Es war die Zeit der Prohibition. Alkoholische Getränke gab es nur bei Privaten, nicht aber in öffentlichen Lokalen, was der Abstinent Brunner als nachahmenswert empfand, da er die kriminellen Schattenseiten des Alkoholverbots offenbar nicht wahrnahm.

Stundenlang wanderte er durch Manhattan, auch durch Armenviertel mit schmutzigen Strassen, «voll Unrat, wimmelnd von Kindern, deren einziger Spielplatz die Strasse ist». New York sei «entsetzlich arm an Parks; lange Mietskasernenreihen, trostlos langweilig und armselig; nichts Grünes, kilometerweit, Haus an Haus, kein Garten, für Hunderttausende».[21] Er beschäftigte sich mit der «Negerfrage», die er als «eines der schwersten Probleme der U.S.A.» bezeichnete. Gemäss damals üblichen Vorurteilen und doch sichtlich bemüht, offen zu sein, schrieb er:

> «Der Neger ist sicher intellektuell dem Weissen von Natur nicht ebenbürtig, aber durchaus nicht bildungsunfähig. Er ist von Natur überaus (übertrieben!) reinlich, anhänglich, dürstet nach Anerkennung als gleichartig, wünscht für seine Kinder bessere Bildung. Die intellektuelle Entwicklung der Neger durch die Schule ist langsamer als die bei Weissen, und hört sehr oft bei einem gewissen Punkt (Sekundarschulstufe) auf. Doch gibt's eine ziemliche Anzahl, die es bis zur Matur, und einige, die es bis zur Universität bringen.»[22]

Im Museum of Natural History bestaunte er einen 20 Meter langen Brontosaurus, einen 30 Meter langen Walfisch und einen Mammutbaum, von dem ein Querschnitt «mit 1300 Jahrringen» zu sehen war. «Oder wieder die Urmenschen, von denen ich schon so viel gehört: Der Neander-

---

[15] An Margrit Brunner, Anfang Februar 1920.
[16] Die folgenden Einzelheiten auf Grund von verstreuten Angaben in Brunners Briefen an seine Frau und an seine Freunde.
[17] Rundbrief Nr. 2 vom 8. Oktober 1919.
[18] Nachlass 122, 8.
[19] Nachlass 122, 8.
[20] An Margrit Brunner am 12. April 1920.
[21] An Margrit Brunner am 4. April 1920.
[22] Rundbrief Nr. 3 vom 23. Oktober 1919.

talermensch (ca. 200 000 v. Chr.), der Heidelbergermensch, der *Pithecanthropus erectus*, der vielleicht ein Mensch ist, vielleicht auch nicht.»[23] Besonders faszinierend fand er «einige vergrösserte Modelle» von prähistorischen Strahlentierchen mit einer wunderbaren «Ornamentik». «Ist das Zufall? Und was ist der Zweck?»[24] Für den Theologen Brunner war es wichtig, dass er hier die aktuellen naturwissenschaftlichen Forschungsresultate kennen lernen konnte, die zeigen, dass es unausweichlich ist, zwischen dem weltbildlichen Aspekt der biblischen Geschichten und ihrer religiösen Botschaft zu unterscheiden.

Dank seiner Freundschaft mit dem Zürcher Industriellen Max Maag kam Brunner auch mit Wirtschaftsführern in Kontakt und wurde zu stundenlangen Autofahrten über Land und zum Abendessen in hochherrschaftliche Villen eingeladen, wo er sich im Tischgespräch ungeniert zum Sozialismus bekannte und am Flügel Beethovens Waldsteinsonate vortrug. Er machte Betriebsbesichtigungen – unter anderem bei der Firma Underwood. In dieser Schreibmaschinenfabrik beobachtete er die bis ins letzte Detail durchrationalisierte Fliessbandarbeit: «Arbeitsteilung, 350 Maschinen.»[25] Auch sonst interessierte er sich für die Industrie – besonders für die Lage der amerikanischen Arbeiterschaft –, besuchte ein Kohlenbergwerk, eine riesige Mühle und später die Schlachthöfe und Verpackungsanlagen in Chicago. Nach Hause schrieb er, erst jetzt, da er «so im Strom des Lebens schwimme», sehe er «mit Beschämung, wie austernhaft abgeschlossen» er in Obstalden gewesen sei. «Kurz und gut, es war höchste Zeit, dass – ja dass –, ich will es recht sagen, dass mich Gott aus meiner Kapsel hinausdrückte ans Tageslicht, wo die Menschen leben.»[26]

Das kirchliche Leben erkundete er auch ausserhalb der hauseigenen Andachten im Union Theological Seminary, wohin er manchmal als Prediger eingeladen wurde. Er nahm an verschiedensten Gottesdiensten teil, nicht nur in den grossen protestantischen Kirchen, sondern auch bei der Christian Science, die ihm als für Amerika besonders typisch auffiel:

> «Es ist im grossen Ganzen einfach die idealistische Philosophie eines Origenes oder – sehr verdünnt – Fichte, die Betonung der Überpersönlichkeit (‹Prinzip›) Gottes, der Immanenz (göttliche Gedanken sind das Denken Gottes in uns) und der geistig-sittlichen Gottesidee – bis zum Extrem der Leugnung der natürlichen Welt, – Gedanken, denen ‹wir um Kutter› ja sehr nahe stehen, nur dass wir uns nicht so mit diesen Einseitigkeiten und Halbheiten zufrieden geben können und den Problemen nicht einfach aus dem Weg gehen durch Leugnung dessen, was uns unbequem ist. Immerhin kommt auch darin die

---

[23] An Margrit Brunner am 10. Februar 1920.
[24] A. a. O.
[25] Nachlass 122, 8.
[26] An Margrit Brunner, Anfang Februar 1920.

Christian Science einem unbefriedigten tiefen Verlangen entgegen, und es ist trotz ihren Verirrungen eine erfreuliche Erscheinung, dass sie in New York am Donnerstagabend einen grossen Saal füllen kann, ohne Musik und Klimbim.»[27]

Er war Gast in einer spiritistischen Séance, bei der die Anwesenden Botschaften aus dem Jenseits erhielten, was ihn «merkwürdig» wenig aufregte. Im grössten Konzertsaal der Stadt besuchte er einen jüdischen Gottesdienst: «Es war fein, und ich hatte viel mehr davon als von den meisten Kirchen.» New York habe überhaupt «keinen Grund, über seine anderthalb Millionen Juden zu schimpfen». Brunner war «vollkommen überzeugt, dass sie intellektuell höher und sittlich zum Mindesten nicht tiefer stehen als die Amerikaner».[28]

Ende Oktober besuchte er die Konferenz des National Council of the Congregational Churches in Grand Rapids im Staate Michigan, machte einen Abstecher nach Chicago, wo er verschiedene Theologieprofessoren traf, und besichtige den Niagarafall. Anfang Dezember wurde er eingeladen, an der Jahresversammlung des Exekutivkomitees des Federal Council of Churches in Baltimore teilzunehmen, wobei er auch Philadelphia und Washington kennen lernte. «Leider ist Washington für mich eher die graue als die weisse Stadt, denn es regnete gewaltig. Immerhin sah ich das prächtige Kapitol, wo jetzt Weltgeschichte gemacht wird, wenn auch nicht gerade gute.»[29]

Nachdem er die Weihnachtstage bei der Schweizer Kolonie Berne (in der Nähe von Fort Wayne im Staate Indiana) verbracht hatte – da lebe «noch der alte Pilgrimgeist, vielleicht sogar etwas Besseres, etwas Freieres und Lieblicheres»[30] –, fuhr er ein weiteres Mal nach Chicago. Anfang Januar 1920 ging er zum Kongress der von John Mott gegründeten *Student Volonteers* Bewegung in Des Moines. 8000 Studierende aus über 40 Ländern nahmen daran teil. Es herrschte eine fröhliche Atmosphäre. Schon früher hatte Brunner festgestellt, dass bei solchen Anlässen in Amerika der «typische Baslermissionshausgeruch»[31] fehle.

«Wo der Amerikaner Mission treibt, da ist er in seinem Eigensten und Besten. Mir ist erst hier aufgegangen, was Mission ist oder sein könnte.»[32] – «Die Kirche *als solche* treibt hier Mission und hat ein sehr deutlich spürbares Verantwortlichkeitsgefühl dieser Sache gegenüber.»[33]

---

[27] Rundbrief Nr. 2 vom 8. Oktober 1919.
[28] Rundbrieffragment, undatiert.
[29] Rundbrief Nr. 6 vom 16. Dezember 1919.
[30] An Ragaz, ohne Datum.
[31] Rundbrief Nr. 3 vom 23. Oktober 1919.
[32] An Ragaz, ohne Datum.
[33] Rundbrief Nr. 3 vom 23. Oktober 1919.

Im Frühling kam es dann noch zu einem kurzen Aufenthalt in Neu England: Brunner wurde zu einem Vortrag «über Schweizerdinge»[34] an das berühmte Wellesley College für Frauen eingeladen. Dabei besuchte er auch die Harvard-Universität. «Wie ganz anders sieht doch die Welt aus aus der Vogelperspektive des ‹Weltreisenden› als [aus derjenigen] eines, der immer zwischen Rhein und Alpen eingeklemmt ist!»[35]

Das Union Theological Seminary

Das *Union Theological Seminary* war eine der angesehensten theologischen Hochschulen der USA. Gegründet wurde es am 1. Oktober 1835 von einer Gruppe presbyterianischer Theologen und Nichttheologen, die der Ansicht waren, es sei wünschenswert, Pfarrer für ihre Kirche nicht wie bisher in ländlicher Abgeschiedenheit, sondern mitten in einer Grossstadt auszubilden.[36] Die Gründer hatten einen weiten Horizont und lehnten es ab, das Seminar allzu stark an eine einzelne Denomination zu binden. Die General Assembly der Presbyterianischen Kirche hatte deshalb *kein* Vetorecht bei der Berufung von Theologieprofessoren, das Seminar war «ecclesiastically independent»[37].

Die 295 Studierenden wurden von 16 ordentlichen, vier ausserordentlichen Professoren und zahlreichen Lehrbeauftragten mit presbyterianischem, kongregationalistischem, reformiertem, anglikanischem, baptistischem und methodistischem Hintergrund unterrichtet. Ausser aus den USA kamen sie aus Kleinasien, Australien, Kanada, China, Ägypten, Frankreich, England, Holland, Indien, Japan, Korea, Liberia, aus der Schweiz – Emil Brunner – und aus der Karibik.

Das Seminar – im Stil der englischen Spätgotik erbaut – befindet sich in der Nachbarschaft der Columbia-Universität. Es bot jeglichen Komfort (mit der von Emil Brunner bedauerten Ausnahme einer Mensa), eine eigene Turnhalle, Tennisplätze und die Möglichkeit, das Hallenbad der Columbia-Universität zu benutzen. Besonders stolz war man auf die Bibliothek, die – wie Brunner mit Staunen feststellte – die grösste theo-

---

[34] An Margrit Brunner am 18. Januar 1920.
[35] An Margrit Brunner am 1. Mai 1920.
[36] Diese und die folgenden Angaben gemäss: The Union Theological Seminary in the City of New York. Annual Catalogue. 1919/1920. New York 1920.
[37] A. a. O., S. 31. Die feierliche Grundsatzerklärung des Seminars endet: «It is the design of the Founders to provide a Theological Seminary in the midst of the greatest und most growing community in America, around which all men of moderate views and feelings, who desire to live free from party strife, and to stand aloof from all the extremes of doctrinal speculation, practical radicalism, and ecclesiastical domination, may cordially and affectionately rally.» A. a. O., S. 33.

Das Union Theological Seminary New York um 1920.

logische Bibliothek der protestantischen Welt war – von deutschen theologischen Büchern und Zeitschriften, die laufend ergänzt wurden, gab es mehr als in der Zentralbibliothek von Zürich.

Studium und wissenschaftliche Arbeit

Nicht alle Lehrveranstaltungen, die Brunner belegte, hatten für ihn das gleiche Gewicht. Wohl am wenigsten lag ihm am Kurs über das Johannesevangelium. Die auf Deutsch bei James Everett Frame geschriebene Examensarbeit über Johannes 9,39–10,18 war eine Pflichtübung. Frame war ein typischer Vertreter des Historismus. Nachdem Brunner den griechischen Text nach allen Regeln der Kunst analysiert hatte (inklusive Textkritik), erlaubte er sich, die *Grenzen* der gewöhnlichen Logik und Psychologie zu unterstreichen: Jesus sei der «gute Hirte» *und* die «Tür». Es sei aber nicht nötig, die beiden Metaphern, die nicht zusammenpassen, auf verschiedene Quellen oder Traditionen zu verteilen. Die Paradoxien im Text seien im Gegenteil besonders reizvoll:

> «Sobald wir uns wieder einmal zu der Wahrheit durchringen könnten, dass die Metaphysik das Herz aller tiefen Religion ist, würden wir auf einmal eine ganze Reihe von ‹schwierigen historischen Problemen› gar nicht mehr als Probleme empfinden und nicht komplizierte Theorien zur Erklärung herbeiziehen

müssen».[38] («Metaphysik» verstanden als Gegenbegriff zu einer rein innerweltlichen «wissenschaftlichen» Erkenntnis!)

Frame war so ‹objektiv›, dass er trotz des unterschiedlichen Theologieverständnisses die wissenschaftliche Leistung Brunners zu würdigen vermochte: Sie «stehe ‹unvergleichlich› höher als das Beste, was amerikanische Studenten leisten».[39]

Der Kurs über Amerikanische Kirchengeschichte, der von Brunners Mentor, Professor Rockwell, gegeben wurde, begeisterte ihn hingegen und regte ihn zu seinem allgemeinverständlichen und doch wissenschaftlich fundierten Buch «Die denkwürdige Geschichte der Mayflower-Pilgerväter» an, das im Jahr 1920 im Verlag Friedrich Reinhardt in Basel erschien und das «in herzlicher Dankbarkeit meinen Freunden am Union Theological Seminary, New York» gewidmet ist.[40] Leonhard Ragaz lobte es als «kleines Meisterwerk populärer Darstellung».[41]

Obwohl das Buch auf den ersten Blick wegen seiner historischen Thematik wie ein Fremdkörper in Brunners Lebenswerk erscheint, entspricht es ihm doch. Sein Interesse für die Pilgerväter hing mit seinen ekklesiologischen Idealvorstellungen zusammen. Gemeinde, verstanden als freier Verbund von Gleichgesinnten, entsprach seiner Auffassung mehr als eine juridisch streng gefasste Kirche. «Ich *musste* über diese Dinge schreiben.»[42]

«Die denkwürdige Geschichte der Mayflower-Pilgerväter» ist vordergründig rein narrativ. Doch sie enthält dezidierte Werturteile: Die englische Staatskirche mit ihren katholisierenden Tendenzen wird scharf kritisiert, ob die eigentliche Gründerin des Anglikanismus, Königin Elisabeth I., «protestantisch gesinnt» gewesen sei, lasse sich «ebenso gut behaupten wie bestreiten».[43] Die von ihr organisierte Kirche sei «ein typisches Kompromissprodukt». Zustimmend zitiert Brunner den Historiker Douglas Campbell: «Eine Reformation, die im göttlichen Recht der Könige und im himmlischen Ursprung der Staatskirche gipfelt, war in Wahrheit wenig mehr als ein ungeheuerliches Scheinding.» Selbst spricht er von einer «aus dem Laboratorium der königlichen Hoftheologen hervorgehenden Quasireformation».[44] Die Pilgerväter hätten die revolutionäre Erkenntnis Luthers vom «allgemeinen Priestertum aller Gläubigen» ernst genommen – und den Hauptsatz Calvins, dass «vor Gott alle Men-

---

[38] Nachlass 80.
[39] An Margrit Brunner am 7. Mai 1920.
[40] Emil Brunner, Die denkwürdige Geschichte der Mayflower-Pilgerväter. Basel 1920, 87 Seiten; Widmung S. 8.
[41] Ragaz an Brunner am 9. November 1920.
[42] An Margrit Brunner am 27. Januar 1920.
[43] Emil Brunner, Die denkwürdige Geschichte der Mayflower-Pilgerväter. Basel 1920, S. 8.
[44] A. a. O., S. 9. Vgl. Douglas Campbell, The Puritans in Holland, England und America I. New York 1892, S. 484.

schen gleich» sind, und schliesslich die evangelische Wahrheit, dass alle Menschen «als Kinder *eines* Vaters» Geschwister sind.[45]

Wenn kein Pfarrer zur Verfügung gestanden habe, hätten Nichttheologen den Gottesdienst gehalten, gebetet und gepredigt. Und selbst wenn ein Pfarrer da gewesen sei, habe er nicht allein das Wort geführt, «sondern immer auch mehrere Laien».[46] Ein Kirchenideal leuchtete hier auf, wie es Brunner viele Jahre später in seinem Buch «Das Missverständnis der Kirche» darstellte.[47] Er war der Auffassung, dass ein evangelisches Abendmahl nicht unbedingt von einem ordinierten Pfarrer geleitet werden müsse. Den Pilgervätern, die an diesem Punkt zurückhaltender waren und während ihrer ersten Zeit in Amerika mangels Anwesenheit eines Pfarrers bewusst auf das Abendmahl verzichtet hatten (obwohl ein Sonntagsgottesdienst ohne Abendmahl nach ihrem Verständnis unvollständig war), warf er einen «sonderbaren Rest von sakramental-priesterlicher Auffassung» vor und einen «ungebührlichen Respekt» vor theologischer Bildung. Sie hätten es nicht gewagt, «so weit zu gehen wie die Täufer und Quäker, die das Pfarramt abschafften».[48] Die kleine Publikation war also nicht nur kein rein historisches Werk, sondern offenbarte viel von den ekklesiologischen Auffassungen Brunners, der denn auch betonte: «Ich bin kein Historiker und keines Historikers Sohn.»[49]

Aus Brunners gleichzeitigen Briefen an seine Frau geht hervor, dass er in New York ernsthaft darüber nachdachte, das Pfarramt im traditionellen Sinn aufzugeben und als freier Journalist zu leben. Er wollte seine Dienste als Korrespondent amerikanischen Zeitschriften anbieten, der «*Nation*» und der «*New Republic*».

> «Die Zeiten sind vorbei, wo man einfach mit 25 Jahren sich als Pfarrer einrichten konnte [...]. Mir ist die Zukunft der Kirche und die Berechtigung der (jetzigen) Kirche so ungewiss geworden, dass ich nicht nur von aussen, sondern auch von innen Möglichkeiten des Umsturzes sehe. Angst habe ich davor nicht; Angst habe ich immer nur vor mir selber, dass ich nicht das Rechte sehe, oder nicht in rechtem Geist es tue. – Das besoldete Pfarramt wird mir immer widerlicher.»

Die «festen Formen» hätten sich ihm «verflüssigt», das «Selbstverständliche» sei «fraglich» geworden. Immer deutlicher erkenne er, wie sehr er trotz seiner «eingebildeten Freiheit» durch Tradition, Milieu und «Dogmen» gebunden gewesen sei. Eine «gewisse Verdogmatisierung» habe ihn «ungeheuer gehemmt». Er wolle «aus dem Leben heraus denken». Er

---

[45] A. a. O., S. 44.
[46] A. a. O., S. 50.
[47] Vgl. unten, S. 506 ff.
[48] Emil Brunner, Die denkwürdige Geschichte der Mayflower-Pilgerväter. Basel 1920, S. 50.
[49] A. a. O., S. 80. Vgl. Amos 7,17.

nehme sich wahr als einen «modernen Menschen».⁵⁰ Brunner wollte bis auf weiteres zwar in Obstalden bleiben, träumte aber von einer viel weniger pfarrerzentrierten Gemeinde. Er wollte die Gemeinde lieber aus dem Hintergrund beraten und ihre Eigenaktivität anregen.

> «Das wäre der schönste Tag meines Lebens, wenn ich einmal zum Kirchenvogt gehen und ihm den Kirchenschlüssel bringen könnte und sagen: Kirchenvogt, die Kirche brauchen wir jetzt nicht mehr, und mich braucht ihr auch nicht mehr, jeder Mann und jede Frau [...] ist ‹von Gott gelehrt›, hat Glauben und Liebe genug, und die Kinder können von ihnen mehr Gottvertrauen lernen als von irgendeinem Religionslehrer. Das ist das Ziel, dem's zugeht.» – «Wenn's nach mir ginge, so müsste überhaupt das Pfarrhaus Gemeindehaus heissen.»⁵¹

Als seine eigentliche Lebensaufgabe hatte er die wissenschaftliche Theologie erkannt: Gott habe ihm «das Denken gegeben», damit er den Mitmenschen mit dieser Gabe diene.⁵²

> «Denken helfen und helfend denken, das ist [...] mein allgemeines naturgesetztes und ich darf wohl sagen: gottgewolltes Arbeitsprogramm. Ich habe zwei Gaben, die in den Dienst obiger Aufgaben gestellt werden müssen: Ich kann überzeugen von dem, was ich denke; und ich kann denken, was andere nicht denken können; ich bin ein ziemlich guter Propagator und ein guter Selbstdenker.» – «Ich habe in Amerika meine Kräfte gemessen, und mir ist, ich müsse mir ‹einen Namen machen›.»⁵³

Brunners Jugendfreund und Schwager Rudolf Wachter bat ihn, sich zum «Problem der Freikirche» zu äussern: «1. Ist eine Freikirche notwendig dem Mangel an Mitteln verfallen (miserable Besoldung der freikirchlichen Pfarrer der Westschweiz)? 2. Ist die Freikirche unausweichlich dem Einfluss der reichen Mitglieder ausgeliefert? 3. Nimmt in der Freikirche notwendig sie erfüllendes intensives religiöses Leben die Form der Engherzigkeit an?»⁵⁴ Brunner, der an seinem Pilgerväter-Buch arbeitete, antwortete bereitwillig und ausführlich. Positiv am amerikanischen Kirchenwesen erscheine ihm eine «ganz unvergleichlich grössere Aktivität der Kirche und besonders der Laien». Während der Weihnachtsferien habe er in Berne positive Erfahrungen gemacht und den Eindruck gewonnen, dass der Pfarrer nur einer unter vielen sei und sich einen Stab von tüchtigen Hilfskräften so weit heranziehe, dass er selber mehr oder weniger entbehrlich werde. Beispielsweise sei die «ganze Weihnachtsfeier» ohne die Mitwirkung des Pfarrers «organisiert und abgewickelt» worden. Neben der Kirchenpflege gebe es das «*board of deacons*, ein *nursery committee*, ein *auditing com-*

---

50 An Margrit Brunner am 4. April 1920.
51 Rundbrief Nr. 10 vom 21. Februar 1920. Vgl. oben, S. 17f.
52 An Margrit Brunner am 10. Januar 1920.
53 An Margrit Brunner am 15. Mai 1920.
54 Wachter an Brunner am 28. November 1919.

mittee, vor allem aber einen Stab von [...] beinahe 50 sogenannten Sonntagsschullehrern und -lehrerinnen, die aber nicht bloss den Unterricht der Kinder, sondern der Jungen bis zur Konfirmation und weiter der Jünglinge, der Mädchen und die Bibelstunden der Erwachsenen in der Hand» hätten – bei einer Gemeinde von nur 900 Mitgliedern! Die Opferbereitschaft der Kirchenmitglieder sei eine ungemein viel grössere als in der Schweiz. Der «soziale Charakter» und «die soziale Tätigkeit der Kirche» seien viel zentraler. Dazu komme, dass die Mission ein integrierender Bestandteil des Gemeindelebens sei. Die Gemeinde in Berne gebe «jährlich mehr als die Hälfte ihres Gesamteinkommens» für Missionszwecke aus.

Was er aber in den meisten Kirchen vermisste, waren gesellschaftskritische Strömungen. Die Kirche sei «durchgängig viel mehr auf Anpassung eingestellt [...] als auf Gegensatz». Sie zöge 1. Korinther 1,20 Römer 12,2 vor, also: «Den Juden wie ein Jude!» und nicht: «Stellet euch nicht dieser Welt gleich!» Die Kirche stehe «dem Publikum viel mehr als der geschickte Konjunkturspürer gegenüber denn als der unabhängige Leiter». «Sozialen Radikalismus» finde man «innerhalb der Kirche fast nicht». Die amerikanische Kirche sei «eine Kirche der Mittelklasse». Patriotismus gelte «als unerlässliche Voraussetzung des Christentums», weshalb sich die amerikanischen Kirchen während des Weltkrieges – mit Ausnahme der Quäker – nicht für die Dienstverweigerer aus Gewissensgründen eingesetzt hätten. Es sei auffallend, «wie wenig Individualität der Amerikaner» habe. Gross sei, wer am meisten «man» sei. Dennoch sei der amerikanische Protestantismus nicht unmittelbar von den Reichen abhängig. Obwohl Brunner nie ein «Verteidiger der Staatskirche» gewesen sei, habe ihn, was er in Amerika sehe, «keinesfalls zu einem begeisterten Verteidiger der Freikirche» gemacht. In der Schweiz könne zwar nicht von einer staatlichen Gefahr für die Kirchen gesprochen werden, er zweifle aber nicht daran, «dass die Entfernung der Staatskrücken viele Kirchen in einen heilsamen Kampf ums Dasein hineinstossen würde – und so viel Faulheit ausfegen und das Leben wecken». Die «grosse Frage» sei aber «auch hier nicht die organisatorische, sondern die geistige, eine andere Einstellung zu den geltenden Mächten, Staat, Geld, öffentliche Meinung».[55]

Im religionsphilosophischen Seminar bei Eugene William Lyman referierte Brunner zum Thema *«Is Hegel dead?»*. Freundlich, aber dezidiert ergriff er Partei gegen den Empirismus der englischsprechenden Welt und zugunsten einer idealistischen Betrachtungsweise im Sinne Platons und seiner Nachfolger. Die «Harvard Review of Philosophy», in der Brunner seine Arbeit publizieren wollte, sandte das Manuskript zurück. Selbstkritisch räumte er ein, dass er die amerikanische Philosophie noch zu wenig

---

[55] An Wachter am 11. Januar 1920.

gründlich kenne. Offenbar habe er «eine starke Hegeltradition» im amerikanischen Geistesleben unterschätzt «und so ein wenig offene Türen eingerannt».[56] Aber: «Bei Lyman wackelt's auch bedenklich.» Ein Kollege habe ihm gesagt, «eine Wandlung zum Idealismus sei deutlich zu spüren in der Klasse und bei Lyman viel grössere Vorsicht, Unsicherheit und Entgegenkommen». Anderseits spüre er deutlich, dass er auch etwas gelernt habe: Um die Amerikaner zu überzeugen, bediene er sich jetzt der «sokratischen, wirklich fragenden Methode».[57]

Eine philosophische Entdeckung waren die Werke des Brunner vorher nicht bekannten Josiah Royce, von dem er an Eduard Thurneysen schrieb, dass er «bedeutender als Eucken oder Windelband und philosophischer als Bergson» sei.[58] Brunner war hoch erfreut, als einige seiner Mitstudenten ihm zum Abschied ein zweibändiges Werk von Royce, seinem «liebsten Amerikaner», schenkten mit der Widmung: «With deep appreciation of your sympathetic understanding of students and their problems. The Methodist students of Columbia University wish to thank you especially for helping them to study with a new interest the personality of Jesus. Best wishes for you and your work.»[59]

Vorbereitungen für eine neue Habilitationsschrift

Brunners wichtigster akademischer Lehrer in New York war George Albert Coe. Zusammen mit William James und Edwin Diller Starbuck gilt er als einer der drei wichtigsten Pioniere der Religionspsychologie. Kaum war Brunner in Amerika, versuchte er, mit Coe in einen näheren Kontakt zu kommen, indem er ihm seine Dissertation und seinen Vortrag über «Denken und Erleben» überreichte.[60] «Prof. Coe ist ohne Zweifel ein überaus feiner und lieber Mann. Die Wahrheitsliebe spricht aus seinem Gesicht, aber auch die Ritterlichkeit und Sympathie. Diesen Mann möchte ich zum Gegner haben.»[61]

Die Religionspsychologie sei überhaupt «das Originellste», was amerikanische Theologie zu bieten habe.[62] Nach einem Besuch in der von Coe gegründeten und geleiteten Sonntagsschule schrieb Brunner: «Am Schluss sagte Coe [...] ein paar so herrliche goldene Worte, aus tiefem

---

[56] An Margrit Brunner, März 1920.
[57] An Margrit Brunner am 12. April 1920.
[58] An Thurneysen am 6. März 1920.
[59] An Margrit Brunner am 26. April 1920.
[60] Dankschreiben Coes an Brunner vom 8. Oktober 1919.
[61] Nachlass 122, 8.
[62] Rundbrief Nr. 2 vom 8. Oktober 1919.

Albert Georges Coe (1862–1951)

frommen Glauben heraus, dass ich unmöglich etwas anderes als die Waldsteinsonate spielen konnte [...]. Letzthin hörte ich eine Andacht von ihm, die mir mehr zu Herzen ging als irgendeine, die ich bisher gehört, vor allem die Art, wie dieser Mann betet, ist ergreifend.»[63]

Coe sei «ein Christ durch und durch»,[64] seine Rede sei das «einzige wirklich ergreifende Wort» gewesen, heisst es in einem Rundbrief.[65] «Er war es, der [...] das einzige wahrhaft zeitgemässe Wort fand.»[66] «[Er] ist ein merkwürdiger Mann. [...] In ihm ist tief religiöser Geist lebendig, wie in ganz wenigen.»[67]

Coe wurde für Brunner besonders wichtig, nachdem er definitiv beschlossen hatte, mit der Ausarbeitung einer neuen Habilitationsschrift zu beginnen. Dass er den Plan nie aufgegeben hatte, zeigt sich bereits in einem Brief an Leonhard Ragaz am 25. September 1916.[68] In einer nur fragmentarisch erhalten gebliebenen und zum Teil schleppenden Korrespondenz in den ersten Monaten des Jahres 1920 wurde das Projekt weiterverfolgt. Ihm sei in Amerika «deutlicher als sonst klar geworden», dass er dem Lehramt etwas von seiner Zeit und Kraft schuldig sei. «Wie steht es wohl damit in Zürich? Muss ich damit rechnen, dass die alten lästigen Bedingungen eines Examens gestellt würden? In diesem Fall müsste ich ein anderes Feld suchen.»[69]

---

[63] An Margrit Brunner am 18. Februar 1920.
[64] An Margrit Brunner, Februar 1920.
[65] Rundbrief Nr. 8 vom 7. Januar 1920.
[66] Rundbrief Nr. 9 vom 10. Februar 1920.
[67] An Margrit Brunner am 18. Februar 1920.
[68] An Ragaz am 25. September 1916.
[69] An Ragaz ohne Datum.

Seiner Frau schrieb er im Februar 1920:

«Wenn sie von mir kein Examen, sondern nur eine Habilitationsschrift verlangen, so steht es mir fest, mich innerhalb dieses Jahres noch zu habilitieren. Ich würde noch hier mit dieser Habilitationsschrift anfangen: Die amerikanische Religionspsychologie. Unter Coes Anleitung könnte ich hier etwas leisten, was jedenfalls noch keiner geleistet hat, da ich das ganze Material zur Hand hätte. Vorarbeiten habe ich schon viele. Es wäre mir eine grosse Freude, wenn ich endlich das tun könnte, wozu ich nun einfach einmal bestimmt bin wie zu nichts anderem.»[70]

Ragaz befürwortete schliesslich den Plan (obwohl er der akademischen Welt immer ablehnender gegenüberstand) und setzte sich in der Fakultät «energisch» dafür ein, dass Brunner «die Habilitation bis zu der Grenze des reglementarisch Möglichen erleichtert» wurde.[71] In seinem Tagebuch hielt Brunner fest, dass er am 9. Februar 1920 mit der Habilitationsschrift anfing,[72] Coe sei «jugendlich wie ein Student im ersten Semester und dazu einer der feinsten Charaktere», die er kenne.[73] «Wissenschaftlich gehen wir sehr stark auseinander, obschon er von allen Psychologen hier mir am nächsten steht. Er will mir mit Rat und Tat für meine Habilitationsschrift beistehen, wozu er allerdings der kompetenteste ist.»[74]

«Ich habe mir die amerikanische Religionspsychologie so weit angeeignet und Material gesammelt, dass ich gegebenenfalls eine Habilitationsschrift loslassen kann. Es ist ja das Gebiet, wo uns Amerika, wenn irgendwo, theoretisch etwas zu bieten hat oder zu haben glaubt und geglaubt wird. Meine Arbeit wird sich zum Ziel setzen, diesen Glauben im Wesentlichen zu zerstören, und Coe war – echt Coe! – so ritterlich, mir zu diesem Totengräberdienst seine Hilfe anzubieten. Gegenwärtig durchstürme ich mit Siebenmeilenstiefeln die wichtigste theologische Literatur des gegenwärtigen Amerikas, damit ich wenigstens einen flüchtigen Überblick über das Ganze gewinne. Doch wird mich das nur wenige Tage in Anspruch nehmen, da ich es nicht für sehr wichtig halte für mich.»[75]

Seiner Frau, die sich darüber wunderte, dass er zwar Religionspsychologie studierte, dieser zugleich aber sehr kritisch gegenüberstand, erklärte er, der «bösen Religionspsychologie» werfe er vor, dass sie «das religiöse Erleben als etwas rein Natürliches aus anderem Erleben erkläre [und] so das Eigentliche daran, das Erleben Gottes», eliminiere. Oder dann werde «das Gotterleben zu etwas neben anderem, als wäre Gott gleichsam in gleicher Weise eine Person wie wir Menschen.» William James (einer der wichtigsten amerikanischen Philosophen und zugleich der bedeutendste Vertreter der Reli-

---

[70] An Margrit Brunner, Anfang Februar 1920.
[71] Ragaz an Brunner am 1. März 1921.
[72] Nachlass 122, 8.
[73] An Margrit Brunner am 10. Februar 1920.
[74] An Margrit Brunner am 10. Februar 1920.
[75] Rundbrief Nr. 11 vom 10. März 1920.

gionspsychologie in Amerika) gehe sogar so weit, dass er vorschlage, «nicht mehr von Gott, sondern von göttlichen Mächten» zu reden. Denn: «Warum sollte es nur *einen* Gott geben?» In beiden Fällen werde «die spezifische Natur des Glaubens verkannt, ausgeschaltet und das als wissenschaftlich gegen die vorhandene Religion ausgespielt». Und das sei «nun eben nicht eine besondere Dummheit der Religionspsychologie», sondern liege «notwendig in ihrem Wesen begründet». Das «psychologische Verfahren, auf die Religion angewandt», müsse «dieses Resultat haben, weil die Psychologie eben alles Innere als einen Naturprozess» betrachte. «Sobald man nämlich, der Wahrheit gemäss, das wirkliche Wesen solcher Erfahrungen beschreiben» wolle, müsse «man voraussetzen, was die Psychologie eben nicht voraussetzen, sondern erklären» wolle: «Das Ich, die Person, die Einheit der Persönlichkeit, das was Fichte [...] die Bestimmung, das Sich-selbst-als-Mensch-Bestimmen», genannt habe. Und in diesem Fall sei es eben nicht Psychologie, sondern Philosophie. «Je tiefer du dieses Ich fassest, desto mehr stehst du schon im Sittlichen und Religiösen drin, sodass auch die Philosophie im höchsten Sinn nur vom religiösen Standpunkt aus betrieben werden kann, oder dann eben an der Wahrheit vorbeigeht.»[76] Das sei der «ganze Casus», den er «gegen die Psychologie» habe. Das wolle er in seiner Habilitationsschrift ausarbeiten, «so dass es klar als Wahrheit dasteht».[77]

In seiner Auseinandersetzung mit der amerikanischen Religionspsychologie und mit Coe versuchte Brunner also, seine eigene theologische Position zu klären – in der Sprache der dialektischen Theologie formuliert: dass Gott das oder sogar der «ganz Andere» sei und nicht nur eine Dimension des Menschen. Brunner stellte mit Genugtuung fest, dass es ihm gelungen war, nicht nur seine Mitstudierenden, sondern sogar Coe selbst ein Stück weit mit seinen kritischen Fragen zu beeindrucken. In Coes Klasse habe er «den grössten ‹Sieg›» errungen, den er bisher am Union Theological Seminary habe erleben dürfen:

> «Ich las einen längeren Aufsatz über die idealistische und naturalistische Methode in der Religionspsychologie, und das ganze Seminar ging einfach – mit leichten Rückzugsgefechten – zu mir über, Coe nicht ausgenommen. Ich hab's Coe insofern leicht gemacht, als ich ihn auf seinen eigenen Idealismus festnagelte. Er klatschte mir dann auch herzlich und gab mir die Hand wie ein guter Sportsmann – der er ist! Mein bisheriger entferntester Gegner, ein Psychologe bis über die Ohren, der bisher mit Verachtung über meinen ‹philosophism› hinwegging, bestellte in heller Begeisterung zum Voraus ein Exemplar des zukünftigen Buches. Du kannst Dir denken, wie mich dieser Erfolg in der Mitte einer restlos auf der andern Seite stehenden Gruppe in meiner eigenen Wahrheit bestärkt hat.»[78]

---

[76] An Margrit Brunner, Ende Februar / Anfang März 1920.
[77] A. a. O.

Die Arbeiterfrage, die soziale Frage

So nachhaltig die Begegnung mit Coe für Brunners akademische Entwicklung war, so wichtig war auf einer allgemeineren und menschlicheren Ebene die Bekanntschaft mit Harry Frederick Ward, der als «einer der bedeutendsten frühen Evangelisten des Social Gospel» gilt. Er engagierte sich «für eine Christianisierung von Politik und Wirtschaft und erhoffte den Triumph einer christlichen demokratischen Zivilisation in der gesamten Welt». Dabei arbeitete er eng mit dem Federal Council of Churches zusammen. Seiner Ansicht nach konnte «das Evangelium den Arbeiterklassen nur dann glaubwürdig verkündigt werden, wenn sie auch sonst eine gerechte soziale und wirtschaftliche Behandlung» erfuhren.[79]

Emil Brunner schrieb sich für mehrere Kurse bei Ward ein und hatte «grosse Freude» an den Vorlesungen «unseres Ragaz, Ward»,[80] den er gegenüber Eduard Thurneysen als «unbedingt den besten Mann am Union Theological Seminary» bezeichnete, der allerdings «wegen seines sozialistischen Radikalismus [...] etwas heissen Boden unter den Füssen» habe.[81] Für ihn war Ward «vielleicht der tiefste Mensch», den er in Amerika gefunden hatte. Ragaz und Kutter hätten allerdings ein «anderes Kaliber».[82]

In Wards Klasse hielt er ein Referat über «die Revolution in Deutschland»:

«Ich glaube, es kommt auch da heraus wie beim Verkauf Josephs: Ihr gedachtet's böse mit mir zu machen; aber Gott gedachte es gut zu machen ....[83] Ludendorff, Kapp & Co. brachten Deutschland – hoffe ich – den wirklichen Sozialistenstaat.»[84]

Er erwartete im Frühling 1920, wenige Tage nach dem gescheiterten Kapp-Putsch, demnach eine positive politische Entwicklung Deutschlands. – Auch Brunners in der «*Chicago Review*» publizierter Vortrag «*Religious Socialism in Switzerland*» geht auf eine Anregung Wards zurück.[85]

Wohl in erster Linie dank Ward begann Brunner, sich nicht nur in theologische und philosophische Fachliteratur zu vertiefen. In seinen nach Hause geschriebenen Briefen tritt der theologische Aspekt teilweise ganz zurück; seine Beziehung zu Karl Barth schlief während seines Amerikajahres nahezu ein. Die «Arbeiterfrage, die soziale Frage» stand für ihn

---

78 An Margrit Brunner am 12. April 1920.
79 http://www.bautz.de/bbkl/w/ward_h.shtml, Olaf Muntanjohl.
80 Rundbrief Nr. 11 vom 10. März 1920.
81 An Thurneysen am 6. März 1920.
82 Rundbrief Nr. 2 vom 8. Oktober 1919.
83 Nach Genesis 50,20.
84 An Margrit Brunner am 24. März 1920, vgl. Genesis 50,20. Bibelzitat ergänzt von F. J.
85 Nachlass 80.

immer mehr im Zentrum. Diese sah er «viel weniger als eins neben vielem, sondern als die grosse Frage der Zeit». «Umsonst hat mich Gott nicht nach Amerika geschickt und mir all das gezeigt, innen und aussen. Werde ich darnach leben?»[86] Die soziale Frage sei «das Programm Gottes für uns». Seine Aufgabe bestehe darin, «das Mögliche zu tun, um die bürgerliche Welt, und vor allem die christliche bürgerliche Welt, aufzurütteln und die Sache Gottes so geltend zu machen, dass sie merken, was die Stunde geschlagen und was jetzt Sache jedes ernsten Christen» geworden sei. «Wir stehen in einer Zeit der Entscheidung, es ist ein ungeheurer Kampf vor uns zwischen Autokratie und Demokratie im Wirtschaftsleben.» Er müsse sich «mit ganz anderem Ernst und Tatkraft der Arbeiterbewegung zuwenden. Nicht um Gott zu entfliehen, sondern um ihm zu dienen.» Er «habe nun im Sinn, noch einiges über Genossenschaftswesen in Amerika zu studieren», da er «gefunden habe, dass das der Punkt sei», um in Obstalden neu einzusetzen.[87]

Während eines ganzen Tages sass er in der New York Library «und studierte Trustgeschichte». Mit Empörung stellte er fest, dass eine «Clique von einem halben Dutzend» über mehr als 100 Milliarden Franken verfüge und mit «Scheinmanipulationen das Schicksal der abend- und morgenländischen Menschheit» bestimme, «mehr als je ein Kaiser und Weltherrscher konnte. Nicht mehr lange! Es tagt, Götzendämmerungszeit. ‹Ich wittere Morgenluft.›[88] Ich werde noch einmal Dinge erzählen, die mich gruseln machen. Merkwürdig, wie das Lesen davon mir eine eigentliche Wollust war – wie bei Kriminalromanen. Der Teufel ist verflucht interessant!»[89] Brunner sprach von den «satanischen Kräften des Mammons» und vom «teuflischen Charakter des Kapitalismus und seiner Kampfmethoden».[90] «Ich habe die Bedeutung der sozialen Frage ganz anders erfasst, bin frei geworden von einer gefährlichen Erstarrung in dogmatischen Phantasien und Reflexionen; habe ein anderes menschheitliches Verständnis und Interesse bekommen.»[91]

Seiner Frau schrieb er, dass er «noch ziemlich genau und plastisch» wisse, was er vor seiner Abreise von Amerika erwartet habe. Mit Bestimmtheit könne er jetzt sagen, «dass die Wirklichkeit auch hinter den kühnsten Erwartungen nicht zurückgeblieben» sei. «Die leeren Bilderrahmen» hätten «sich gefüllt in wunderbarer Weise». Von Kirche und Theologie habe er mit Recht nicht sehr viel erwartet. Aber er habe «viel Bes-

---

[86] An Margrit Brunner am 10. Februar 1920.
[87] An Margrit Brunner, Ende Februar / Anfang März 1920.
[88] Vgl. William Shakespeare, Hamlet, 1. Akt, 5. Szene.
[89] An Margrit Brunner, März 1920.
[90] Rundbrief nach Ostern 1920.
[91] An Margrit Brunner am 29. März 1920.

seres gefunden». In *einer* Hinsicht habe ihn der «Geist Amerikas» angesteckt: Er werde «unter die *tätigen* Leute hinaustreten». Er glaube, dass Kutters in praktischen Fragen abwartende Haltung – «Kutters ‹Taktik›» – falsch sei.[92] Er wolle «das Schwergewicht vom Kirchlichen aufs Sozial-Revolutionäre» verlegen.[93] In Amerika sei ihm «besonders wichtig geworden [...]: Internationalismus, Sozialismus, Stehen in der lebendigen Geschichte, im Labour Mouvement, und zudem im akademischen Leben».[94] Und Rudolf Wachter bekannte er, dass er «den Sozialismus noch nie so ernst» wie in Amerika genommen habe.[95]

> «Bisher war mir die soziale Frage doch nur eine neben vielen. Jetzt sehe ich klar, dass sie wie die Kirchenfrage in der Reformation und wie die politische Emanzipation in der französischen Revolution *die* Frage ist, das grosse weltgeschichtliche Ereignis, der Inhalt der neuen Epoche. Wir stehen am Wendepunkt einer neuen Welt, die nächsten Jahre – vielleicht schon das gegenwärtige – werden uns die grosse Umwälzung bringen, die Neuorganisation der Gesellschaft nach dem Prinzip der Gemeinschaft und des Dienstes statt des Profites.»[96]

Zustimmend zitierte er in einem Rundbrief ein kirchenkritisches Votum anlässlich einer Veranstaltung im Union Theological Seminary: «Die einzige lebendige Religion ist gegenwärtig: die Arbeiterbewegung. Da findet man Opfer, Hingabe an eine grosse Sache, Solidarität, Begeisterung.»[97]
Ähnlich hatte sich Kutter in seinem Buch «Sie müssen» ausgedrückt.

Cosmopolitan Club, Young Democrats und Fellowship of Reconciliation

Erwähnenswert ist, in welchen Kreisen der Stipendiat aus der Schweiz verkehrte: Regelmässig besuchte er den Intercollegiate Cosmopolitan Club, dem um die 200 Studierende aus 26 Nationen angehörten. Hier hielt er ein Kurzreferat über die «Gegenwartsaufgabe der Schweiz».[98] Ebenso regelmässig traf er sich im «kleinen» *Cosmopolitan Club* mit einigen wenigen Freunden, «unser fünf, wie gewohnt, der Australier, Chinese, Engländer, Amerikaner und ich».

---

[92] A. a. O.
[93] An Margrit Brunner am 4. April 1920.
[94] An Margrit Brunner, Mai 1920.
[95] An Wachter am 15. April 1920.
[96] Rundbrieffragment, undatiert.
[97] Rundbrief Nr. 9 vom 10. Februar 1920.
[98] An Margrit Brunner, März 1920.

«Nun sind wir daran, einen richtigen Neger bei uns aufzunehmen. Samengo ist ein Rhodesier, fast ganz schwarz und reine Rasse, der gegenwärtig an der Columbia studiert. [...] Er ist, nachdem er die Primarschule an der Missionsstation genossen und sich als Bergwerksarbeiter einiges weniges Geld verdient hatte, auf eigene Kosten hierher gereist – *nota bene* gegen den Willen der Mission, die es nicht gern hat, wenn die Eingeborenen sich europäische Bildung aneignen – und arbeitet jetzt, nachdem er sich hier weiter emporgearbeitet hatte, für seinen akademischen Grad (Master of Arts), um dann als Lehrer mit der besten jetzt erreichbaren Ausbildung in seine Heimat zurückzukehren und seinem Volke zu dienen trotz der jämmerlichsten materiellen Aussichten, die sich für diese Art Arbeit bieten. Er könnte hier wohl mit Leichtigkeit das Fünffache verdienen.»[99]

Später stiessen noch ein Japaner und ein Armenier zu diesem Kreis,[100] in dem Brunner sich wohl fühlte.

«Ich bin gern unter dem Chinesenvolk, sie haben etwas ungemein Herzliches, Humorvolles und sind viel gescheiter als wir. Und [...] die Chinesenmädchen sind einfach entzückend. [...] Ich habe gar nicht mehr Angst vor einer gelben Gefahr. Sondern ich freue mich auf die gelbe Rettung und Erneuerung, die sicher ein Teil des göttlichen Weltprogramms ist. Nicht Amerika, sondern China und Indien werden die geschichtsbildenden Faktoren der zweiten Hälfte unseres Jahrhunderts sein, vielleicht zusammen mit Russland. Was gibt das für Perspektiven! Der Osten, mit seiner Ruhe, löst das wahnsinnig gewordene Europa-Amerika ab, das sich tot gehastet hat und unter seiner Zivilisation ertrank, erstickte. [...] Mir wäre es zum Beispiel nicht das Letzte, als Professor nach China zu gehen.»[101]

Mit seinen künftigen Gastvorlesungen in Asien und seiner späteren Gastprofessur in Japan erfüllte er sich viele Jahre später diesen Wunsch.[102]

Brunner besuchte auch Kundgebungen der amerikanischen Arbeiterbewegung[103] und stand in Kontakt mit dem Sozialreformer Edgcumb O. Pinchon, der später «mit einigen Gesinnungsfreunden eine kommunistische Kolonie in New England» gründete, «die sich hauptsächlich durch Landwirtschaft [...] und Kunsthandwerk» ernährte.[104] Pinchon weise «von allen Amerikanern», die er bis jetzt getroffen habe, «am meisten von der religiösen Tiefe Kutters und seinem prophetischen Ernst» auf. Er sei «ein Faktor» in seinem Leben geworden.

«Wie philisterhaft und gewöhnlich ist mein Lebenslauf neben dem seinen [...]. Ich muss lernen, viel freier und kühner zu denken, vor allem mich von Schab-

---

[99] Rundbrief Nr. 11 vom 10. März 1920.
[100] An Margrit Brunner am 20. April 1920.
[101] Rundbrief Nr. 9 vom 10. Februar 1920.
[102] Vgl. unten, S. 515 ff.
[103] Vgl. Der Aufbau, 1. Jahrgang (1919/20), S. 198.
[104] Rundbrief Nr. 11 vom 10. März 1920.

lonen frei machen, die mich ungeheuer gehemmt haben.»[105] – «Er ist derjenige Amerikaner, der von allen, die ich bis jetzt kennen lernte, im Denken ‹uns›, d. h. denen, die unter dem Schatten Kutters wohnen, am nächsten steht, obschon – oder weil? – er mit Kirchen nicht den geringsten Zusammenhang hat.»[106]

Eine weitere wichtige Bezugsperson war Donald Winston, Industriellensohn aus Boston,[107] der Brunner zu den *Young Democrats* einlud, einer Studentenbewegung, die im Jahr 1918 von einigen «ideal gesinnten jungen Pazifisten» gegründet worden war. «Die treibenden Kräfte sind sämtlich Studenten unter dreissig Jahren, gehören zu keiner politischen Partei und lassen sich auch nicht mit einer sozialistischen Richtung identifizieren. Ihr Programm ist: internationale Verbindung der Jugend, besonders der akademischen, mit unbedingt antiimperialistischer und antimilitaristischer Richtung; gründliche Neuorientierung des wirtschaftlich-sozialen Lebens, gegründet auf sachlichem Studium der gegenwärtigen Verhältnisse.»[108] Im März 1920 wurde er Mitglied des «national council» dieser Bewegung.[109]

Mindestens in menschlicher Hinsicht war die Fellowship of Reconciliation – von Brunner selbst als «Gemeinschaft der Versöhnung» übersetzt – für ihn noch wichtiger. In der Fellowship, die als christliche Antimilitaristengruppe[110] hauptsächlich von Quäkern gegründet worden war, waren «alle möglichen Denominationen und Unkirchliche» vertreten. Brunner fand hier «Blumhardtgeist», wie er ihn in Amerika sonst nicht getroffen habe.[111] Neben Ward habe ihm in erster Linie die Fellowship zu neuen Werten, Idealen, Vertrauen, Glauben an die Sache, Dienstwilligkeit verholfen und zu einem neuen «outlook».[112]

Über Ostern 1920 veranstaltete die *Fellowship* eine Konferenz, bei der es um die «Not der Zeit und unsere Stellung dazu» ging.[113]

«Das Programm ist heillos fein: Die ökonomische Situation in Amerika; die Stellung und Möglichkeiten der verschiedenen Institutionen dazu: Kirche, Staat, Erziehungswesen, *cooperative movement*, und für alles hervorragende Redner, ich glaube wirklich, das beste Amerika kommt hier zusammen. Es ist bezeichnend, dass es eine Quäkergründung ist, von der die Sache ausgeht […]. Viel Zeit für die Diskussion und für ‹fellowship›; kurz ein ganz ideales Programm. Es ist nicht unwahrscheinlich, dass diese Konferenz den Höhepunkt meines Amerikaaufenthaltes bildet.»[114] Er habe «schon viele Konferenzen

---

[105] An Margrit Brunner, Ende Februar / Anfang März 1920.
[106] Rundbrief Nr. 11 vom 10. März 1920.
[107] Firma Fred Winston & Co. Vgl. Nachlass 122, 8.
[108] An Ragaz am 30. März 1920.
[109] An Margrit Brunner am 24. März 1920.
[110] Rundbrief Nr. 9 vom 10. Februar 1920.
[111] Rundbrief Nr. 5 vom 28. November 1919.
[112] An Margrit Brunner am 20. April 1920.
[113] Rundbrief, nicht datiert, nach Ostern 1920.
[114] An Margrit Brunner am 29. März 1920.

mitgemacht und schon viel von solchen mit heimgenommen. Aber noch nie habe ich eine so von Anfang bis Ende und durch alles hindurch einheitliche, harmonische und in *jeder* Beziehung gelungene Konferenz erlebt. [...] Nicht nur hatten wir hervorragende Redner, alle vom gleichen Geist erfüllt, sondern vor allem erfreulich war die rege Mitwirkung des ‹Publikums› in der Diskussion, sodass man gar nicht empfand, es gebe Redner und ein Publikum, jeder war beides. Und daneben war für private Gespräche und Bekanntschaften genügend Raum geboten – und alles eingetaucht in einen ernstfrohen, persönlichwarmen und doch am grossen Menschheitlichen orientierten Geist, einen wahrhaft christlichen Geist ohne alle Frömmelei und Engherzigkeit, dass ich mir wirklich eine idealere Zusammenkunft gar nicht denken kann.»[115]

Auch diese Sätze sprechen von einem wesentlichen Anliegen Emil Brunners, das sich fast in allen Kapiteln seiner Lebensgeschichte zeigt: der Sehnsucht nach einer Gemeinschaft, die spürbar ist und in der man sich geborgen fühlen kann. Wenn er wieder in Obstalden sei, wolle er auch in der Schule viel mehr «aufs Zusammenleben Gewicht legen, und dabei noch mehr den Pfarrer zu Hause lassen», schrieb er seiner Frau.[116] Und am 4. April 1920 teilte er ihr mit, dass er seine «Unterschrift unter das Aufnahmegesuch für die Fellowship of Reconciliation gesetzt» habe. Hier finde er «das Gefühl einer ‹Gemeinschaft›», das ihm die Kirche nie geboten habe. «Dieses Amerika kann ich *restlos* lieben, ihm vertrauen und an es glauben. Da habe ich gefunden, was ich suchte – ich suchte ja nicht das Gottesreich, sondern das *Suchen* nach dem Reich und das Verständnis dafür.»[117] In der Fellowship finde er «Radikalismus mit einer ungewöhnlichen religiösen Tiefe verbunden». «Menschen, die Blick, Ernst und Tiefe» hätten, seien eben «radikal». Angesichts seiner neuen Freunde leide er oft unter dem «Gefühl einer eigenen Schwachheit und Halbheit». Er klagte über «die Ferne von Gott», in der er «oft, ja meist – immer? – lebe».[118]

Tief beeindruckt von der in seinen Augen idealen Lebensform der Fellowship kehrte Brunner in die Schweiz zurück. Er war erfüllt von dem, was er in den vergangenen acht Monaten erfahren und gelernt hatte. Über Liverpool, London (hier besuchte er den Labour-Politiker Ramsey MacDonald[119]), Paris und Neuenburg reiste er nach Bern, wo Ende Mai im Elternhaus seiner Frau die Wiedervereinigung der Familie – den fünf Monate alten Peter hatte er noch nie gesehen – stattfand.

---

[115] Rundbrief, nicht datiert, nach Ostern 1920.
[116] An Margrit Brunner, Anfang Februar 1920.
[117] An Margrit Brunner am 4. April 1920.
[118] An Margrit Brunner am 12. April 1920.
[119] Vgl. Der Aufbau, 1. Jahrgang (1919/20), S. 228.

Auf dem Weg zur Habilitation

«Liebe Gemeinde. Ihr verzeiht es mir wohl, wenn ich heute mit ein paar persönlichen Bemerkungen anfange. Es ist mir ja eben gerade in der Fremde, unter fremden Menschen und in fremden Verhältnissen, klar geworden, wie sehr diese Gemeinde und die Arbeit in ihr ein Teil meines Lebens geworden ist. Nicht das heimelige Pfarrhaus, nicht die herrliche Gegend und Aussicht, sondern die Gemeinschaft mit euch, die ihr die Gemeinde ausmacht, hat mich wieder heimgezogen und hat mir während der ganzen Zeit, da ich in Amerika war, das Gefühl gegeben: Ich gehöre eben doch auf den Kerenzerberg. Es gibt vieles Wichtige im Leben: Gesundheit ist wichtig, Geld verdienen ist wichtig. Aber das Wichtigste an allem ist doch: unsere Gemeinschaft mit Menschen. Sie allein gibt dem Leben Wärme, Glanz, Schönheit und Bedeutung. Nimm die Gemeinschaft mit Menschen weg, mach dein Herz gleichgültig gegen die Mitmenschen, und alles andere wird kalt, sinnlos und tot. Wie oft hab ich das in der grössten und reichsten Stadt der Welt, wo ich die letzten acht Monate hauptsächlich zubrachte, denken und auch sehen können.»[1]

Mit diesen Worten nahm Emil Brunner am 6. Juni 1920 seine Amtstätigkeit in Obstalden wieder auf.

«Die Gemeinschaft unter Menschen, das ist der Saft des Lebens. [...] Lasst uns doch einmal recht bedenken, was das bedeuten könnte: eine Gemeinde! Gerade so wenig als eine Eichel ein Eichbaum ist, ist Obstalden-Filzbach eine wirkliche Gemeinschaft oder Gemeinde im vollen Sinn des Wortes. Es könnte – und so hoffe ich mit Gott – und es *wird* eine Gemeinde sein. [...] Das volle Leben wächst nur heraus aus der Gemeinschaft, nur aus dem Mitleben, nicht aus dem Fürsichleben. Wer für sich lebt, für sich denkt, für sich schafft, der lebt überhaupt nicht als Mensch. Denn als Mensch leben, ein richtiger Mensch sein, heisst in der Gemeinschaft leben.»

Von daher kam er auf die Liebe zu sprechen und auf 1. Johannesbrief 4,16: «Gott ist die Liebe». «Wegen Gott – weil wir alle von Gott herkommen und zu Gott hingehören – wegen Gott müssen wir aus der Einsamkeit, aus dem Fürsichselbstleben herausstreben. Weil das Göttliche unser eigener Kern ist – in uns allen –, darum müssen wir über all die irdischen Schranken hinausstreben.» Es ist «so schwer, von Gott zu reden, weil so viel von Gott geschwatzt» worden ist. «Gott sollte ja nicht ein frommes Wort sein, sondern etwas Selbstverständliches wie Luft und Wasser und Brot und Liebe. Gott ist das Leben.» Es gibt «für unsere Gemeinde gar nichts, was auch nur von ferne so bedeutsam» wie Gott ist.

---

[1] Nachlass 67. Hier auch die folgenden Zitate.

Die Grundfigur dieser Predigt – von einer innerweltlichen Erfahrung zur Gottesfrage – findet sich in vielen Predigten Emil Brunners. Es wird noch zu referieren sein, dass Karl Barth (zusammen mit Eduard Thurneysen) genau zu diesem Punkt kritische Fragen stellte. Mit dem Stichwort Gemeinschaft griff Brunner eine Frage auf, die ihm schon immer am Herzen gelegen hatte und die während seines Jahres in New York noch wichtiger geworden war – unter anderem dank seiner Begegnung mit der Fellowship of Reconciliation: Er wollte in Obstalden-Filzbach eine Gemeinde bauen, die seinen Idealvorstellungen entsprach. Abgesehen von den Sonntagsgottesdiensten und dem Religionsunterricht, in die er viel Vorbereitungszeit investierte, waren die Bibelstunden ein Projekt in dieser Richtung, die er zwar «nichts Weltbewegendes» fand. Im Zusammenhang mit dem Konfirmandenunterricht «plagte» ihn zudem «das Kierkegaard'sche Diktum», wonach es ein Verbrechen sei, «das Kind mit der ganzen Last der ‹entscheidenden› christlichen Problematik zu beschweren». «Sind Konfirmanden Kinder oder nicht?» Um den jungen Menschen besser als in früheren Jahren zu entsprechen, nahm er das Unservater als Leitfaden.[2]

Über die Kirchen und das kirchliche Leben in Amerika

Wieder begnügte er sich nicht mit seiner Tätigkeit als Gemeindepfarrer. Er liess sich zu Vorträgen einladen,[3] und er betätigte sich auch journalistisch. Vor allem das Amerikajahr löste Beiträge auf verschiedenem literarischen Niveau aus. Im «Gemeindeblatt für die reformierten Kirchgemeinden des Kantons Glarus» stellte er die amerikanischen kirchlichen Verhältnisse vorwiegend als vorbildlich dar: Amerika sei «auch heute noch das kirchlichste Volk der Christenheit». Der Amerikaner sei «auch im geistigen und geistlichen Leben durchaus praktisch gerichtet». Es gebe «kein Volk der Welt, das auch nur annähernd so viel für die Mission» tue wie die Amerikaner; «die Hunderte von Millionen Franken, die dazu nötig» seien, kämen nicht nur «von den Reichen», sondern auch «von den Mittleren und Kleinen». «Wenn der Amerikaner es versteht, Geld zu verdienen, so versteht er es auch besser als wir andern, sein verdientes Geld uneigennützig zu spenden.»[4] Kritisch fügte Brunner hinzu, dass aber

---

[2] An Thurneysen am 10. Oktober 1922.
[3] In Nachlass 80 befinden sich Entwürfe über «Das Geheimnis Gottes», «Hauptfragen des christlichen Glaubens – Skizzen über das Apostolische Glaubensbekenntnis», «Der Römerbrief von Karl Barth» und «Die Kirche und das öffentliche Leben in Amerika».
[4] Licht vom Westen?, in: Gemeindeblatt für die reformierten Kirchgemeinden des Kantons Glarus, Oktober 1920, S. 48 ff.

auch in Amerika – «wie bei uns» – der Mammon der «mächtigste Konkurrent Gottes» sei.[5]

Anspruchsvoller waren seine Beiträge im «Kirchenblatt für die reformierte Schweiz» im September 1920.[6] Die drei Artikel geben einen umfassenden Überblick über den amerikanischen Protestantismus sowie über die besondere Situation in den Vereinigten Staaten nach dem Ersten Weltkrieg. Auch hier hob Brunner viel Positives hervor: Die amerikanischen Studenten seien sich nicht zu gut, ihr Studium durch Tellerwaschen, Bodenwischen u.s.w. oder als Kellner zu verdienen. Und neben ihrer akademischen Tätigkeit arbeiteten sie auch praktisch in der Kirche mit. Der Verkehr zwischen Student und Professor sei «von einer erquickenden Natürlichkeit».[7] Studenten und Professoren stünden in einer «Gemeinschaft des Lebens».

> «Wenn man studiert, wird man *eo ipso* Mitglied einer Gemeinde, die sich für einen verantwortlich fühlt, sich um einen kümmert, einem mit Rat und Tat beisteht und es sich angelegen sein lässt, einem das Gefühl des Daheimseins zu geben. [...] Man kommt dem Fremden mit Vertrauen entgegen, man schliesst ihn ein, nicht aus.»[8]

Brunner empfand es als positiv – oder sogar als beispielhaft –, dass das Studium viel mehr als in der Schweiz oder in Deutschland praxisbezogen war: «Man spürt das Ungenügen der bisherigen bloss theoretisch-wissenschaftlichen Ausbildung. Man sieht vor allem die grossen praktisch-sittlichen Nöte.»[9] Neue Vorlesungsgruppen wie pädagogische Psychologie und Sozialwissenschaft würden angeboten. Der Student sei «zu sogenanntem *Field Work*» verpflichtet, das «alle möglichen Zweige praktisch-kirchlicher Tätigkeit» umfasse – «von der Leitung einer Pfadfindergruppe bis zur Pastoration einer kleineren Stadtgemeinde».[10]

Als nachahmenswert hob er zusätzlich hervor, «wie sehr und wie selbstverständlich die amerikanischen Christen auf ‹Dienst› und auf ‹Reichgottesarbeit› eingestellt» seien. «Die Kirche soll nicht nur eine blosse Wortkirche sein, sondern eine Tatkirche.» Die Mission stelle «wohl die schönste und grossartigste Leistung der amerikanischen Christenheit» dar.

> «Seine besten Leute, sicherlich seine besten Theologen, schickt Amerika aufs Missionsfeld. [...] Der Amerikaner ist fast der geborene Missionar. Er ist expansiv optimistisch, versteht das Leben als Dienst und als tätiges Wirken,

---

[5] A.a.O.
[6] Aus dem weniger bekannten Amerika, in: Kirchenblatt für die reformierte Schweiz 1920, S. 145 ff., S. 150 ff. und S. 153 f.
[7] A.a.O., S. 146.
[8] A.a.O., S. 147.
[9] A.a.O., S. 151.
[10] A.a.O.

hat einen unerschöpflichen Schatz natürlicher Gutmütigkeit und Menschenfreundlichkeit, die ihm überall, wo er hinkommt, die Herzen auftut.»[11]
Und dabei sei er weniger pietistisch und engherzig als etwa die Basler oder deutschen Missionare!
Fast noch wichtiger sei in den letzten Jahren der «soziale Dienst zu Hause» geworden. «Die Social Service Commission des Federal Council of Churches» habe «schon lange ein ‹Soziales Glaubensbekenntnis der Kirchen› aufgestellt». Das Prohibitionsgesetz sei «vor allem das Werk der protestantischen Kirchen». «Hundertmal schwerer» werde allerdings der Kampf gegen den Kapitalismus sein, an dem sich die Lebensfähigkeit des amerikanischen Protestantismus zu beweisen haben werde: «Denn wenn er damit nicht fertig wird, sind alle anderen Errungenschaften illusorisch.»[12]
Aber auch an Kritik liess Brunner es nicht fehlen und beklagte beispielsweise, dass das System der Freikirchen und im Zusammenhang damit die Aufsplitterung in zahllose Denominationen und Sondergruppen zu einem «Kampf ums Dasein» führe, in dem es vor allem auf die Popularität der Pfarrer ankomme – und weniger auf Ernst und Tiefe. Da der Pfarrer in gleicher Weise der Gemeinde verantwortlich sei wie der Geschäftsführer seiner Firma, werde der «ganze kirchliche Apparat [...] doch im Wesentlichen dazu gebraucht, die ‹religiösen Bedürfnisse› der Menge zu befriedigen».

«Dass das Wort Gottes einen zur Masse in Gegensatz bringe, dass es einsam mache, dass Popularität für einen Prediger des Evangeliums eine sehr zweifelhafte Empfehlung sei, dass man nicht den Menschen, sondern Gott diene», das sind «dem Amerikaner doch viel weniger als [dem Europäer] bekannte Gedanken. Ein Kutter, ein Kierkegaard wären auf amerikanischem Boden fast undenkbar. [...] Vielleicht die grösste Gefahr für die Freikirche ist die Abhängigkeit vom Geld ihrer Anhänger. [...] Die Kirche wird zum Mädchen für alles, zum Kino, Tanzsaal, Sportverein, der Gottesdienst selber zum Spektakel oder zum Konzert. In letzter Zeit nähert sich der ‹Kultus› immer mehr dem der englischen Bischofskirche, und auch die freisinnigsten Theologen machen stark in ‹Ritual›. Ich habe sogar reformierte Kirchen gesehen, die von einer englische Hochkirche sich nicht mehr wesentlich unterschieden.»[13]

In solchen Äusserungen werden Brunners ekklesiologische Präferenzen sichtbar.
Er schlug in seinen drei Amerikaartikeln aber noch grundsätzlichere gesellschaftskritische Töne an. Gegen gewisse namentlich nicht genannte «Ethiker und Reichsgottespolitiker» in der Schweiz, die damals fast uneingeschränkt proamerikanisch waren (Brunner dachte hier wohl – zu

---

[11] A. a. O., S. 153.
[12] A. a. O., S. 154.
[13] A. a. O., S. 150.

Recht oder zu Unrecht – vor allem an Adolf Keller und an Leonhard Ragaz), erzählte er von den Schattenseiten der amerikanischen Gesellschaft:

«Wer von uns weiss z. B., dass Amerika gegenwärtig um seine Freiheit ringen muss, die durch eine zaristische Unterdrückungspolitik auf den Tod gefährdet ist? Dass es im Lande der Freiheit heute nötig ist, um Pressefreiheit, Versammlungsfreiheit, *Habeas Corpus*, bürgerliche Gleichheit zu kämpfen? Dass die rechtmässig gewählten sozialistischen Volksvertreter aus dem Parlament einfach ausgeschlossen werden wegen ihres sozialistischen Bekenntnisses? Dass die Zugehörigkeit zu einer syndikalistischen Partei in ca. 30 Staaten als Verbrechen gilt, das mit mehrjähriger Gefängnisstrafe zu ahnden ist? Dass Zeitungen, die der Regierung nicht gefallen, und die doch vor Gericht unanfechtbar wären, einfach durch ein Machtwort des Postdirektors vom Postverkehr ausgeschlossen werden? Dass politische ‹Verbrecher› 18 Monate in schwerster Kerkerhaft sitzen müssen ohne Untersuchung und dann, da mit bestem Willen das Anklagematerial zu einer Verurteilung nicht langt, ohne Verhör und Entschädigung wieder entlassen werden, an Leib und Seele gebrochen? Dass auf politische ‹Verbrechen› Strafen stehen, die an Härte die aller europäischen Staaten um ein Vielfaches übertreffen? Dass Dienstverweigerer einer Behandlung ausgesetzt waren, die sich von der mittelalterlichen Tortur kaum mehr unterschied? Was hören wir davon, dass im Land der Gleichheit und Demokratie es möglich ist, dass Trustmagnaten sich private Armeen halten von 1000 und mehr Mann, mit denen sie den Widerstand der Arbeiter brechen und den Geboten der Regierung trotzen?»[14]

Der Abschnitt spricht für sich und zeigt, wie tief sich Brunner über derartige Missstände in Amerika empörte. – Es versteht sich von selbst, dass er die Leserschaft des Kirchenblattes in geraffter Form auch über die amerikanische Arbeiter- und Bauernbewegung informierte und auf den religiösen Sozialismus im Sinne von Rauschenbusch und Ward hinwies.

Noch deutlicher äusserte er seine Amerikakritik in einer Reihe von Beiträgen für die sozialistische Wochenzeitung «Der Aufbau» zwischen dem Spätsommer 1920 und dem Mai 1921, die Margrit Brunner merkwürdigerweise *nicht* in die Bibliographie der Werke ihres Gatten aufgenommen hat.

«Der Aufbau» war am 5. Dezember 1919 zum ersten Mal erschienen – also während Brunners Abwesenheit in New York. «Leute aus der religiössozialen Bewegung, welche in der sozialdemokratischen Partei wirkten und zum Kreis der Freunde und Schüler von Ragaz gehörten», hatten ihn gegründet. «Man hatte in diesem Freundeskreis wiederholt das Projekt erwogen, den etwas theologisch-prinzipiellen ‹Neuen Wegen› ein populär gehaltenes, häufiger erscheinendes Blatt an die Seite zu stellen. […] Die ‹Neuen Wege› waren als Monatsschrift nicht in der Lage, sofort auf tages-

---

[14] A. a. O., S. 146.

politische Anliegen zu reagieren. [...] Es waren die religiösen Sozialisten der zweiten Generation, die den ‹Aufbau› trugen. [...] Die Zeitung wollte der Arbeiterschaft in ihrem Kampf um eine neue Welt dienen.»[15] Nach dem Urteil des Ragazbiographen Markus Mattmüller war das neue Organ «eine geschickte Mischung von Werbung für das grosse ‹Endziel› und Kampf um Reformen».[16] Es stand auf dem Boden der sozialdemokratischen Partei und lehnte die Dritte Internationale und damit den Kommunismus ab.

Um dem Ganzen einen weiteren Horizont zu geben, wurde Emil Brunner als Korrespondent für die englischsprachigen Länder angefragt. Nach seiner Rückkehr aus Amerika bezahlte man ihm Abonnements verschiedener Zeitschriften, damit er sich auch in Obstalden auf dem Laufenden halten konnte. Brunner nahm das gerne an. Da er mit seiner «vierköpfigen Familie immer noch fast mit der gleichen Besoldung leben» musste, die sein «Vorgänger anno 1913 schon bezog, ohne irgendeine andere Quelle von Einkommen zu haben», konnte er sich nämlich «kein einziges Abonnement weder einer theologischen noch andern Zeitschrift leisten» – nicht einmal die «Neuen Wege».[17]

Mit Feuereifer machte er sich an die Arbeit. Zwischen dem Sommer 1920 und dem Frühling 1921 erschienen im «Aufbau» dreizehn Beiträge, die alle auf der gleichen Linie liegen.[18] Er schrieb – wie bereits im Kirchenblatt, aber noch eindeutiger – von einem «weniger bekannten Amerika», d. h. von einem Amerika aus oppositionell-sozialistischer Sicht. Er klagte den amerikanischen Kapitalismus an, «der durch seine Machtfülle und deren rücksichtsloses Ausnützen den europäischen als harmloses Puppenspiel erscheinen» lasse.[19] Und er stellte fest, dass der «Vergleich

---

[15] Mattmüller II, S. 523 f.
[16] A. a. O., S. 527.
[17] An Ragaz am 30. November 1920.
[18] Aus der Arbeiterbewegung Amerikas, in: Der Aufbau, 1. Jahrgang (1919/20), S. 197 f. und S. 201 f.
Los von Marx. Der Gildensozialismus in England, in: Der Aufbau, 1. Jahrgang (1919/20), S. 228 f.
Bauernsozialismus in Amerika, in: Der Aufbau, 1. Jahrgang (1919/20), S. 237 f.
Ein Gruss aus Amerika [Übersetzung eines Textes von Norman Thomas], in: Der Aufbau, 1. Jahrgang (1919/20), S. 244 f.
Martyrien im Land der Freiheit, in: Der Aufbau, 1. Jahrgang (1919/20), S. 269 f., S. 293 f. und S. 321 ff.
Das Ende der Wilsontragödie, in: Der Aufbau, 1. Jahrgang (1919/20), S. 333 f. (im Original S. 233 f., was eindeutig auf einen Fehler der Druckerei zurückgeht!).
Zweierlei Amerika, in: Der Aufbau, 2. Jahrgang (1921), S. 3 f.
Irland – was geht uns Irland an, in: Der Aufbau, 2. Jahrgang (1921), S. 28 f.
Ein amerikanischer General als Antimilitarist, in: Der Aufbau, 2. Jahrgang (1921), S. 50.
Einmal etwas Erfreuliches von Kirchen, in: Der Aufbau, 2. Jahrgang (1921), S. 111 f.
[19] Der Aufbau, 1. Jahrgang (1919/20), S. 197.

mit dem zaristischen Russland [...] nicht übertrieben» sei – «was diese reaktionären Kräfte betrifft, die gegenwärtig das Ruder führen». «Pressefreiheit, politische Gleichberechtigung» stünden «nur auf dem Papier».[20] Der «weisse Terror» sei «in Amerika schon einige Dezennien vor dem roten Terror in Russland in Übung».[21] Er sprach weiter vom «Kapitalismus in seiner ganzen Lebensfeindlichkeit» und von der «Notwendigkeit einer vollständigen Neuordnung».[22] Die Vereinigten Staaten seien «das klassische Beispiel für die Bedeutungslosigkeit einer bloss formal politischen Freiheit innerhalb eines modernen kapitalistischen Industriestaates». Die Geldmacht sei «durch den Zusammenschluss der ungeheuren wirtschaftlichen Kräfte ein Staat im Staate» geworden, der beides könne: «Wirksam den Staatsgesetzen trotzen oder der Regierung und der gesetzgebenden Behörde ihre Gesetze aufzwingen.» Die «Trusts, vor allem die Schwerindustrie und die Morganfinanz»,[23] seien die «eigentliche Ursache für den amerikanischen Kriegseintritt» gewesen.[24] Das Wort Demokratie sei «in Amerika mehr als alles andere zu einer Phrase» geworden.[25]

In seinen Beiträgen für den «Aufbau» berichtete Brunner aber auch von der amerikanischen Arbeiterbewegung, deren syndikalistische Ausrichtung er betonte. Am auch in Amerika stark beachteten englischen Gildensozialismus hob er positiv hervor, dass dieser nicht nur mittels Parteigründung und mit dem Stimmzettel im weit von der Alltagswirklichkeit entfernten Parlament etwas bewirken wolle, sondern in den Fabriken selbst. Gemäss der Losung «Selbstregierung in der Industrie» solle «dem Arbeiter als Bürger einer Arbeitsrepublik neue Würde» verliehen werden.[26]

Hoffnungsvolle Ansätze fand er in der amerikanischen Landwirtschaft, was ihn als Pfarrer einer Landgemeinde besonders interessierte. In einem Artikel über den «Bauernsozialismus in Amerika» stellte er die These auf, dass «ohne die Mitwirkung der Bauernschaft der Sozialismus nie zum Ziel kommen» könne,[27] da «doch der Bund zwischen Arbeiter und Bauer das Natürlichste von der Welt» sei.[28] In North Dakota sei wegen der «Unzufriedenheit der Bauern [...] über ihre Abhängigkeit von den grossen Kornhändlern und Müllern von Minneapolis» die Non Partisan League gegründet worden, die dort inzwischen zur dominierenden

---

[20] A. a. O., S. 201.
[21] A. a. O., S. 237.
[22] A. a. O.
[23] D. h. das Bankhaus J. P. Morgan & Co.
[24] Der Aufbau, 1. Jahrgang (1919/20), S. 269.
[25] A. a. O., S. 322.
[26] A. a. O., S. 229.
[27] A. a. O., S. 237.
[28] A. a. O., S. 238.

politischen Macht aufgestiegen sei und ihren Einfluss in ganz Amerika ausübe. Das konkrete und umfassende Programm dieser Bewegung fordere «staatliche Lagerhäuser und Kornmühlen, Staatsbanken (in Amerika bis dato etwas Unbekanntes), die zugleich als Darlehenskassen funktionieren sollten, staatlichen Bau von Bauern- und Arbeiterwohnungen, staatliche Hagelversicherung, Gesetze gegen Landspekulation durch Steuerbefreiung der Meliorationen und Besteuerung des unbenutzten Bodens, staatssubventionierte kooperative Schlächtereien und Konservenfabriken, um von dem Chicagoriesentrust frei zu werden, kooperative Zeitungen usw.».[29] «Achtstundentag und Schutzgesetze für Frauen, Unfallversicherungen etc.» hätten North Dakota «mit einem Mal in der Arbeitergesetzgebung an die Spitze der Vereinigten Staaten» gebracht. Es stelle eine «neue Epoche in der Sozialgeschichte» Amerikas dar, dass die neue Regierung von North Dakota den Belagerungszustand «zum ersten Mal nicht gegen streikende Arbeiter, sondern gegen das streikende Kapital» erklärt habe.[30] Brunner war begeistert, aber noch nicht in der Lage abzusehen, ob diese Entwicklung sich werde fortsetzen können.

Da der «Aufbau» in erster Linie nicht Intellektuelle, sondern Arbeiter und Arbeiterinnen ansprechen wollte, war es wichtig, nicht nur zu theoretisieren, sondern von Menschen zu erzählen, mit denen die Leserinnen und Leser sich identifizieren konnten. In drei Fortsetzungen erzählte er deshalb von «Martyrien im Land der Freiheit». Dazu griff er sich zwei Sozialisten heraus, die in den Vereinigten Staaten zu Gefängnisstrafen verurteilt worden waren: Kate Richards O'Hare und Eugene Debs.

Kate Richards O'Hare war auf Grund einer «Rede, in der sie angeblich zur Dienstverweigerung» aufgerufen hatte «zu fünf Jahren Kerkerhaft verurteilt» worden. Brunner zitierte ausführlich aus ihrer Verteidigungsrede vor Gericht, in der sie sich mit Mose im Alten und Jesus von Nazareth im Neuen Testament verglich, denen man ebenfalls vorgeworfen habe, sie wiegelten das Volk auf:

> «Sie können meinen Leib erniedrigen; Sie können mich hinabschicken und mich mit den niedrigsten und verkommensten Kreaturen auf Erden zusammenpferchen und dennoch mir nicht schaden. [...] Wenn der Sohn Gottes hernieder kommen kann, mit den Zöllnern und Sündern leben und mit Dirnen und Dieben und Mördern Verkehr haben, ohne besudelt zu werden, dann kann ich, wenn ich seinen Geist habe, dasselbe tun. [...] Wenn es so, wie es für Jesus nötig war, herunter zu steigen und unter Menschen zu leben, damit er ihnen dienen könne, für mich nötig ist, ein Sträfling unter Verbrechern zu werden, damit ich meinem Lande dienen kann, dann will ich gern meinen Dienst dort tun.»[31]

---

[29] A. a. O., S. 237.
[30] A. a. O., S. 238.
[31] A. a. O., S. 270. Übersetzung dieser und der folgenden Zitate von Emil Brunner.

Kate Richards O'Hare hatte sich geweigert, ein Begnadigungsgesuch zu unterzeichnen:

> «Wir sind unser ungefähr 2000 politische Gefangene. Ich bin zufällig unter ihnen die einzige Mutter. Aber da sind Hunderte von Vätern, deren Frauen und Kinder bitterere Not leiden als mein Gatte und meine Kinder, und ich will meinen weniger bekannten Kameraden ‹treu› sein und nicht erlauben, dass mein Geschlecht und meine Mutterschaft mir eine Sondergunst verschaffen.»[32]

Auf Grund eines Gesuchs ihrer Freunde wurde sie dann aber nach anderthalb Jahren dennoch entlassen und nahm im Herbst 1920 als Kandidatin für die Vizepräsidentschaft an den amerikanischen Wahlen teil.

Eugene Debs, der sich zur selben Zeit aus dem Gefängnis heraus um das Amt des Präsidenten bewarb, wurde von Brunner als «die Verkörperung der sozialistischen Idee und Sache» für «den amerikanischen Genossen» bezeichnet – «vielleicht in noch höherem Masse als es etwa Bebel für den deutschen gewesen ist».[33] Ursprünglich Gewerkschafter, hatte er sich während des grossen Pullmanstreiks in Chicago dem «theoretischen Sozialismus marxistischer Richtung» zugewandt und die sechs Monate seiner Haft dazu verwendet, die Theorie des Sozialismus Schritt um Schritt zu erarbeiten. Nachdem er als Gründer der sozialdemokratischen Partei hervorgetreten war, wurde er im Jahr 1918 wegen einer angeblich aufrührerischen Rede vor ein Geschworenengericht gestellt[34] und zu zehn Jahren Zuchthaus verurteilt. Mit ihm warteten «173 Gesinnungsgenossen, Opfer der Kriegshysterie», darauf, aus dem Gefängnis entlassen zu werden. Brunner hielt Debs für «den einzigen grossen Führer» des amerikanischen Volkes.[35]

---

[32] A. a. O:, S. 293.
[33] A. a. O., S. 321.
[34] Diesem hielt Debs vor: «Die Negersklaverei ist verschwunden, aber wir sind noch nicht frei. Wir sind in einer andern mächtigen Agitation begriffen. Sie ist so weit als die Welt. Es ist der Aufstieg der arbeitenden und produzierenden Massen, die allmählich ihre Interessen verstehen lernen. Noch sind sie in der Minderheit, aber sie haben warten gelernt und auf ihre Zeit zu hoffen. Weil ich zu dieser Minderheit gehöre und weil ich wie unsere revolutionären Vorfahren glaube, dass eine Änderung nötig ist im Interesse des Volkes, dass die Zeit gekommen sei für eine bessere Form der Regierung, eine höhere soziale Ordnung, eine edlere Menschlichkeit und eine grössere Zivilisation – darum stehe ich vor Ihnen als angeklagter Verbrecher. Sie können den Umschwung beschleunigen oder verzögern, aber Sie können ihn so wenig verhindern als den Sonnenaufgang morgen früh.» A. a. O., S. 322.
[35] A. a. O., S. 323.

Auseinandersetzung mit Leonhard Ragaz

In seinen Beiträgen für den «Aufbau» offenbarte Brunner sich also als Pfarrer, dessen Herz eindeutig auf der linken Seite schlug. Und doch kam es paradoxerweise gerade in diesem Zusammenhang zu einem neuen Zerwürfnis mit Leonhard Ragaz, das im Unterschied zu demjenigen im Sommer 1916[36] öffentlich ausgetragen wurde und zu einer nachhaltigen Trübung ihrer Beziehung führte.

Ragaz setzte sich in der theologischen Fakultät zwar trotzdem dezidiert dafür ein, dass Brunners Habilitationsschrift endlich angenommen würde,[37] aber seine Verstimmung war gross. Im Wintersemester 1920/21 fühlte er sich ohnehin oft schlecht.[38] Er hatte sich aus gesundheitlichen Gründen beurlauben lassen müssen, war fest entschlossen, die Professur aufzugeben, war einsam und litt an einem «Gefühl des Preisgegebenseins».[39] Den Kampf um den Beitritt der Schweiz zum Völkerbund hatte er zwar gewonnen, aber um den Preis der Entfremdung von jedenfalls einem Teil der sozialdemokratischen Partei. Als nun Emil Brunner, nach seinem Empfinden einseitig und undifferenziert, fast ausschliesslich Negatives und Kritisches über das von ihm doch so geliebte Amerika publizierte, war es mit seiner Geduld zu Ende.

Ragaz' Ärger entzündete sich definitiv an einem Artikel mit dem Titel «Das Ende der Wilsontragödie». Darin hatte Brunner nicht nur seine Angriffe auf die amerikanische «reaktionäre, alle Grundsätze des Liberalismus verleugnende» Innenpolitik wiederholt, die für die «Unterdrückung der Presse-, Versammlungs- und Redefreiheit» verantwortlich sei und dafür, dass Hunderte von Sozialisten und Syndikalisten deportiert und eingekerkert worden seien. Sondern er hatte seine Vorwürfe auf Präsident Wilson persönlich zugespitzt, den er als «Freiheitsverräter» und «unaufrichtigen und starrköpfigen Vogelstrausspolitiker» bezeichnete und den er bezichtige, er habe «in der kläglichsten Weise die Hoffnungen der Welt und das Vertrauen des amerikanischen Volkes betrogen». Das, «was der liberale Amerikaner den ‹Verrat von Versailles›» nenne, müsse von Wilson verantwortet werden. Er habe das Volk getäuscht, wenn er behaupte, «den ‹neuen› Frieden und die Grundlage des wahren Völkerbundes [...] aus Europa heimgebracht» zu haben. Brunner hatte vom «traurigen Diplomatenwerk von Versailles» geschrieben und – sein Artikel gipfelte darin – den Völkerbund «ein Machwerk» genannt, dem das einflussreichste Kapitalistenblatt der Welt, die *New York Times*, und der

---

[36] Vgl. oben, S. 100 ff.
[37] Vgl. unten, S. 173.
[38] Mattmüller II, S. 573.
[39] A.a.O., S. 563.

juristische Vertreter eines der gewaltigsten Trusts, Herr Elihu Root, zu Gevatter gestanden» hätten. Der Völkerbund sei «wohl unserer Tränen nicht wert».[40]

Ragaz, der diese Ausführungen als unerträglich empfand, übersandte dem «Aufbau» unverzüglich einen Gegenartikel, den er mit «Für Wilson» überschrieb. In einem gleichzeitig an Brunner gerichteten kurzen Brief gab er zwar seiner Hoffnung Ausdruck, dass «diese Differenz keine Trübung des persönlichen Verhältnisses» zur Folge haben werde,[41] was seiner Befindlichkeit nicht wirklich entsprach. Später schrieb er denn auch, es sei ihm «sehr schmerzlich» gewesen, «gegen» Brunner zu schreiben.[42]

Die öffentliche Entgegnung an seinen früheren Schüler begann leidenschaftlich: Solang er «noch eine Feder halten und eine Lippe bewegen» könne, werde er «nicht schweigen».[43] Denn «das Unnötigste und Verhängnisvollste, was man dem Schweizervolk und besonders der Arbeiterschaft antun» könne, sei, «wenn man sie in ihren selbstgerechten Borniertheiten gegen andere Völker» bestärke – «besonders gegen Amerika»:

> «So wie die Dinge lagen, sind wir Wilson dankbar, dass er Europa vor dem Schlimmsten gerettet hat. Es bleibt ferner Tatsache, dass dieser Mann in die dunkelsten Zeiten des Weltkrieges mit seiner Botschaft ein Licht hineingetragen hat, das nicht erloschen ist. [...] Der Völkerbund [...] ist Wilsons Werk.» – «Wer der Meinung ist, er selber hätte mit Leichtigkeit eine aus den Fugen gegangene Welt wieder eingerenkt, der werfe den ersten Stein auf ihn.»[44]

Beide Kontrahenten ergriffen in den ersten Nummern des «Aufbaus» im Januar 1921 erneut das Wort: Brunner sprach von seiner «tiefen Dankesschuld» gegenüber Leonhard Ragaz, weshalb er «die heftige und persönliche Polemik», die dieser gegen ihn eröffnet habe, nicht fortzusetzen gedenke. Er beharrte aber auf seiner Behauptung, «dass das siegreiche, offizielle Amerika, das unvergleichlich reichste Land, die Vormacht des Kapitalismus, binnen kurzem der flottenstärkste Staat der Welt, für jeden Sozialisten eher ein Gegenstand des Misstrauens als der Begeisterung sein» müsse.[45] Ragaz seinerseits hielt fest, dass Brunner nach seinem Dafürhalten in seinen Urteilen über Amerika nicht als Darstellender, sondern «als Parteimann» gesprochen habe: Er hätte nicht nur von den Schattenseiten der amerikanischen Gesellschaft berichten dürfen, sondern auch «von ihrem ethischen Idealismus, ihrem grossen Menschheitsglauben, ihrer tiefen Humanität, ihrem verzehrenden Eifer für Recht und

---

40 Der Aufbau, 1. Jahrgang (1919/20), S. 334 (im Original fälschlich S. 234!).
41 Ragaz an Brunner am 16. Dezember 1920.
42 Ragaz an Brunner am 1. März 1921.
43 Leonhard Ragaz, Für Wilson, in: Der Aufbau, 1. Jahrgang (1919/20), S. 356.
44 A. a. O., S. 357.
45 Der Aufbau, 2. Jahrgang (1921), S. 3.

Gerechtigkeit, ihrem demokratischen Freiheitsdrang, ihrem grossartigen Bürgersinn» schreiben müssen, obwohl nicht zu bestreiten sei, dass es auch «das Amerika der Trustkönige» gebe.[46] Er stellte auch nicht in Abrede, «dass Wilson in seiner äusseren und inneren Politik grosse Fehler gemacht» habe «und dass vielleicht auch an seinem Charakter solche» hafteten – aber: «Kommt es bei der Beurteilung eines Menschen darauf allein an? Man kann ohne Fehler sehr klein und mit Fehlern sehr gross sein. Wilson hat trotz allem eine sittliche und politische Riesenleistung vollbracht wie nicht viele geschichtliche Persönlichkeiten.»[47] Er sei «gerade durch seine Tragödie, die auch die unsrige» sei, «etwas Heiliges geworden».[48] Er, Ragaz, «trete für die Grösse und Lauterkeit des Wilson'schen Wollens» ein und nicht für die Einzelheiten des politischen Alltags. Es dürfe «auch nicht vergessen werden», dass Wilson während eines Teils «seiner Amtszeit krank und von den internationalen Problemen einseitig in Anspruch genommen» worden sei.[49]

Die öffentliche Auseinandersetzung zwischen Ragaz und Brunner war damit abgeschlossen. Brunner beendete wenig später seine Korrespondententätigkeit für den «Aufbau», die ihm durch diesen Streit offenbar verleidet worden war. In einem ausführlichen Brief ging Ragaz am 1. März 1921 aber nochmals auf die Sache ein. Was er seinem ehemaligen Schüler vorwarf und ihm kaum verzeihen konnte, umschrieb er jetzt mit «Germanophilie» und mit dessen «Verhältnis zu Kutter». «Mit der Decke deutschen Denkens vor Augen» sei Brunner «nach Amerika gegangen» und habe «alles dort drüben angesehen, Politik, Philosophie und Theologie». Er hasse Wilson «als den, der Deutschlands grösster Gegner» gewesen sei. Den amerikanischen Pragmatismus verstehe er «in seinen letzten Beweggründen nicht»; «das Beste des amerikanischen Wesens» sehe er nicht oder *wolle* es nicht sehen. Es fehle ihm «an Liebe und Verständnis für den Westen».[50]

Der Brief macht deutlich, dass Ragaz wahrnahm, wie sein ehemaliger Schüler sich persönlich und sachlich von ihm entfernte. In seinen Beiträgen für den «Aufbau» hatte sich Brunner «gegen Dinge» ausgesprochen, welche Ragaz vertrat und die ihm «wichtig, ja heilig» erschienen. Und dessen Habilitationsschrift, mit der er sich inzwischen hatte auseinandersetzen müssen, hatte ihm eine schmerzliche «Klarheit» verschafft. Die Arbeit gefiel ihm nicht, obwohl er «selbstverständlich ihre Genehmigung

---
[46] A.a.O., S. 22.
[47] A.a.O., S. 23.
[48] A.a.O.
[49] A.a.O., S. 22.
[50] Ragaz an Brunner am 1. März 1921.

durch die Fakultät» beantragte, sein Urteil also «keine ‹praktische› Bedeutung» habe.[51]

Ragaz hielt Brunners «Versuch, Plato und Christus, den antiken und überhaupt heidnischen Logismus mit dem christlichen, d. h. biblischen, Energismus zusammenzubringen», «trotz viel trefflichen Ansätzen» für «misslungen, auf fast auffallende Weise misslungen»: «Wenn ich den Grundfehler Ihrer Konstruktion mit *einem* Worte andeuten sollte, so würde ich sagen: Sie vergessen, dass es im Johannesevangelium heisst: ‹Und das Wort ward Fleisch.›»[52] Er gelange auf seinem Weg «zu irgendeiner Form des Neuluthertums», womit Ragaz auf seine Weise das Phänomen umschrieb, welches Dietrich Bonhoeffer später als «Offenbarungspositivismus» kritisierte: «Friss, Vogel, oder stirb!»[53] Was Brunner in seiner Habilitationsschrift zum Thema Glaube ausführte,[54] war in den Augen von Leonhard Ragaz ein religionsphilosophischer Rückschritt.

Rein menschlich grämte er sich darüber, dass sein früherer Freund und jetziger Gegner, Hermann Kutter, mehrfach von Brunner in lobendem Sinn zitiert wurde. Dieser hatte unter anderem in einer Anmerkung geschrieben, dass Kutters Buch «Das Bilderbuch Gottes für Gross und Klein»[55] «trotz seiner populären Form für den Theologen eine fast unerschöpfliche Fundgrube von Glaubenserkenntnis und nebenbei ein Produkt ungewöhnlicher schöpferischer Gedankenarbeit» sei, weshalb es «an wesenhafter Wissenschaftlichkeit vielbestaunte dickleibige Werke theologischer Gelehrsamkeit ebenso sehr» übertreffe, «als es ihnen an Ansehen bei den Hütern der Wissenschaft» nachstehe.[56] Leonhard Ragaz hingegen wurde in dieser Habilitationsschrift kaum erwähnt. Seinen sehr kritischen Brief schloss er mit den Worten: «Ich schreibe Ihnen dies alles, ich möchte sagen, aus Liebe zu Ihrer Seele, zu Ihrer Lauterkeit und Ganzheit. Möchten Sie das auch aus den herben Worten heraushören. Ich wünsche Ihnen nur Gutes.»[57] Brunner hatte sich von Leonhard Ragaz sowohl menschlich als auch geistig weit entfernt. Umgekehrt rückte in den Monaten nach seiner Rückkehr aus Amerika die Beziehung zu Thurneysen und Barth wiederum ins Zentrum.

---

[51] A. a. O.
[52] A. a. O., vgl. Johannes 1,14 (in Ragaz' Brief griechisch).
[53] Dietrich Bonhoeffer, Widerstand und Ergebung. Briefe und Aufzeichnungen aus der Haft. Herausgegeben von Christian Gremmels, Eberhard Bethge und Renate Bethge in Zusammenarbeit mit Ilse Tödt (Gesamtausgabe 8). Gütersloh 1998, S. 404 und S. 415.
[54] Vgl. unten, S. 173 f.
[55] Hermann Kutter, Das Bilderbuch Gottes für Gross und Klein. Basel 1917.
[56] Erlebnis, S. 95.
[57] Ragaz an Brunner am 1. März 1921. Vgl. auch unten S. 173 f.

Dialektische Theologie

Es war Thurneysen, der den Gesprächsfaden aufnahm. Er hatte in der Zwischenzeit in ein städtisches Pfarramt in St. Gallen-Bruggen gewechselt, wohin er vom Textilunternehmer Robert Sturzenegger berufen worden war, der in der Zeit des Zweiten Weltkrieges als mutiger St. Galler Kirchenrat und tonangebendes Vorstandsmitglied des Schweizerischen Evangelischen Kirchenbundes eine Schlüsselrolle spielte.[58] Am 25. Juni 1920 meldete Thurneysen sich brieflich bei Brunner und begrüsste ihn «im europäischen Gefechtsstand» – eine für das theologische Klima jener Jahre typische Formulierung.[59]

Ziel des Briefes war, Brunner als Kampfgefährten zu gewinnen bzw. die alte theologische Arbeitsgemeinschaft zu erneuern und Brunner über die Entwicklung der dialektischen Theologie während seiner Abwesenheit in Amerika zu informieren. Thurneysen schickte das neu erschienene Heft «Zur inneren Lage des Christentums». Dieses enthielt eine Buchanzeige Barths mit der Überschrift «Unerledigte Anfragen an die heutige Theologie» für den Band «Christentum und Kultur», der im Jahr 1919 aus dem Nachlass des Basler Theologieprofessors Franz Overbeck herausgegeben worden war,[60] und eine Predigt Thurneysens über «Die enge Pforte».[61] Thurneysen machte Brunner ausserdem darauf aufmerksam, dass Barths Tambacher Vortrag vom 25. September 1919 «Der Christ in der Gesellschaft»[62] für etwa drei Franken käuflich erworben werden könne. Mit seinem nächstem Brief[63] überreichte er ihm auch Barths Aarauer Vortrag «Biblische Fragen, Einsichten und Ausblicke» vom 17. April 1920.[64] Brunner konnte sich also in eine Fülle von für ihn

---

[58] Marianne Jehle-Wildberger, Das Gewissen sprechen lassen. Die Haltung der Evangelisch-Reformierten Kirche des Kantons St. Gallen zum Kirchenkampf, zur Flüchtlingsnot und zur Flüchtlingspolitik 1933–1945. Zürich 2001, passim.
[59] Thurneysen an Brunner am 25. Juni 1920.
[60] Christentum und Kultur. Gedanken und Anmerkungen zur modernen Theologie von Franz Overbeck, weiland Doktor der Theologie und Professor der Kirchengeschichte an der Universität Basel. Aus dem Nachlass herausgegeben von Carl Albrecht Bernoulli. Basel 1919. Vgl. Franz Overbeck, Werke und Nachlass 6/1; Christentum und Kultur. Gedanken und Anmerkungen zur Modernen Theologie. Kritische Neuausgabe von Barbara von Reibnitz. Stuttgart 1996.
[61] Karl Barth und Eduard Thurneysen, Zur inneren Lage des Christentums. Eine Buchanzeige und eine Predigt. München 1920 (im Folgenden zitiert als «Lage»).
[62] Karl Barth, Der Christ in der Gesellschaft. Würzburg 1920. Abgedruckt in: Karl Barth, Das Wort Gottes und die Theologie. Gesammelte Vorträge. München 1924, S. 33 ff. Und: Anfänge, S. 3 ff.
[63] Thurneysen an Brunner am 28. Juli 1920.
[64] Karl Barth, Biblische Fragen, Einsichten und Ausblicke. München 1920. Wieder abgedruckt in: Karl Barth, Das Wort Gottes und die Theologie. Gesammelte Vorträge. München 1924, S. 70 ff., sowie in: Anfänge, S. 49 ff.

neues Material vertiefen. Überraschend an diesem zuletzt genannten Vortrag war «die aussergewöhnliche Schärfe, in der Barth hier Gott als ‹das ganz Andere›, die Offenbarung als die Begegnung mit einem Gekreuzigten, die Gotteserkenntnis als eine Erkenntnis ‹an den Grenzen der Humanität›, als ‹Todesweisheit›, das göttliche Ja als dialektisch verborgen in der Gestalt eines Nein, die christliche Existenz nicht als ein ‹Besitzen, Schmausen und Austeilen›, sondern als ein ‹grimmiges Suchen, Bitten und Anklopfen› erklärte».[65]

In seiner Rezension des Römerbriefkommentars[66] hatte Brunner sich grundsätzlich mit Barth einverstanden erklärt. Nun aber meldeten sich ihm ähnliche Bedenken, wie er sie einige Jahre vorher gegenüber Kutter[67] empfunden hatte. Angesichts der ‹steilen› Aussagen, die alles Gott zuschrieben, sorgte er sich um die Ethik bzw. um das ‹Relative›, von dem er befürchtete, dass es vom ‹Absoluten› verschlungen werden könnte. In seiner ausgedehnten Antwort an Thurneysen berichtete er zuerst von Amerika. Dort sei es schwierig gewesen, Verständnis für die europäische Erfahrung eines völligen Zusammenbruchs zu finden, die Brunner ähnlich wie Barth und Thurneysen wahrnahm. Am Jahreskongress des *Federal Council of Churches* in Baltimore hätten die optimistischen und fortschrittsgläubigen Amerikaner ihn ausgelacht, als er davon erzählt habe, dass in Europa das ganze überlieferte Wertesystem auseinander gefallen sei, dass Europa in jeder Hinsicht arm geworden sei – nicht nur materiell, sondern auch geistig – und nur Gott helfen könne. Aber dann fährt er an die Adresse von Barth und Thurneysen gerichtet fort:

> «Sind wir berechtigt – oder auch befähigt –, *nur* im Absoluten zu leben? Haben nicht auch [die] Relativitäten ihr – relatives! – Recht? Wir machen ja doch auch mit im ganzen Betrieb, in der Kirche, in der Sozialdemokratie, in hundert kleinen (relativ wertvollen und relativ verbesserungswürdigen) Organisationen und Formen des Zusammenlebens, vom Konsumvereinsbüechli bis zum Schweizer Bürgerrecht. Ist es z. B. nicht ganz gut, wenn unsere Kirchen merken, dass sie nicht einmal an einem relativen Massstab gemessen das Examen bestehen können?»[68]

Thurneysens und Barths negatives Urteil über die «humanitäre Kultur», der sie das «Elementare, Primäre, Transzendentale», die Erwartung der Wiederkunft Christi, entgegensetzten, hätte sich nicht schärfer ausdrücken lassen als in «Zur inneren Lage des Christentums».[69] «Es braucht gerade das, was wir heute so tief beklagen möchten: den Bankerott der

---

[65] Busch, S. 127.
[66] Vgl. oben, S. 120 f.
[67] Vgl. oben, S. 92 ff.
[68] An Thurneysen am 26. Juni 1920.
[69] Lage, S. 15 (Barth).

Kirche, das An-die-Wand-gepresst-Sein des ‹Christentums›, den Stillstand unsrer Missions-, unsrer Vereins- und Liebeswerke, den Zusammenbruch unsrer Lebensreformen, das Misslingen unsrer Weltallianzen, damit endlich wir selber stillestehen vor Gott [...]»,[70] hiess es in Thurneysens Predigt, und:

> «Der Himmel ist nicht ein Berg, der sich im Menschenland (wenn auch zu höchster Höhe) erhebt und von da aus bestiegen werden kann. Er ist etwas ganz für sich, ein eigener neuer Boden, den nur betreten wird, wer den alten Boden der Menschenwelt gänzlich verlassen, einmal in die Luft hinaus sich gestellt hat, ins Leere zu treten wagt, in jenen Abgrund sich hinunterlässt, der zwischen Himmel und Erde liegt.»[71]

«Aufstieg, Fortschritt, Kultur, Bildung, Erziehung» zählen nicht. – «Alles Irdische ist aufgehoben. Alles Menschliche ist durchgestrichen.»[72]

Brunner wandte dagegen ein, dass es auch Thurneysen und Barth im praktischen Alltag nicht möglich sei, nach dieser Theorie zu leben. Das «Mindeste», was einfach getan werden müsse, sei das «Tun als täten wir [es] nicht», d.h. rein sachlich zu handeln, ohne sich damit zu rechtfertigen.[73]

> «Versteh mich recht: Ich glaube, es ist zwar gut, einmal und immer wieder es stark zu sagen. Aber auf die fatale ‹positive Mitarbeit› können wir deswegen tatsächlich doch nicht verzichten.»

Ein «offenkundiger Widerspruch» zur eigenen Lebenswirklichkeit lässt sich «mit der Verkündigung dieses ‹Gott allein› nicht vermeiden».[74]

Er sandte diesen Brief nicht ab, obwohl auch allerlei Persönliches darin stand – etwa über das Habilitationsprojekt. Er war sich seiner Sache nicht gewiss. Drei Wochen lang liess er die Blätter auf dem Schreibtisch liegen, bis er am 17. Juli neu ansetzte. In der Zwischenzeit hatte er wohl auch «Der Christ in der Gesellschaft» gelesen. Seine Bedenken gegenüber der Position Barths und Thurneysens legte er jetzt noch breiter dar. Die «ganze Entwertung des Vorläufigen, Relativen», der «Geschichte und der Kultur», sei «etwas so Kühnes» und habe «so unmittelbare praktische und umfassende Konsequenzen», dass man sich zehnmal besinne, ehe man daran glaube. Sie sei das «Korrelat eines apokalyptischen Reichgottesglaubens».

Er sei über seine «eigene Unsicherheit» erschrocken, als er die Arbeiten seiner Freunde gelesen habe. In Amerika sei ihm zwar aufgegangen,

---

[70] A.a.O., S. 35. (Thurneysen.)
[71] A.a.O., S. 26f. (Thurneysen).
[72] A.a.O., S. 31 (Thurneysen).
[73] An Thurneysen am 26. Juni 1920. Vgl. 1. Korinther 7,29ff.
[74] A.a.O.

dass kein Raum «für Taten Gottes, für ein Hereinbrechen transzendenter Kräfte, für einen neuen Himmel und eine neue Erde und eine Überwindung der ganz objektiven Mächte der Finsterns – vor allem des Todes» bleibe, wenn man das Reich Gottes rein innerweltlich als Fortschrittsgeschichte begreife. Anderseits gebe es aber doch auch in der Bibel die Vorstellung vom «Wachstum des Gottesreiches», z. B. das Gleichnis vom Senfkorn und vom Sauerteig. Die «alten Christen» – von Luther bis zu Bengel oder Wesley – hätten an einen – wenn auch noch so bescheidenen – innerweltlichen Anfang des Reiches Gottes geglaubt und daher Mut gefasst, «unserem Glauben oder Nichtglauben [...] eine Bedeutung beizumessen, unserer Erkenntnis und unserem Wort etwas zuzutrauen, für uns oder für irgendwelche Menschen auf Erden etwas vom Höchsten zu hoffen».

«Mit andern Worten: Wenn das, was historisch ‹der Zeit antworten› [heisst], [...] eo ipso nicht der Gottesreichsgeschichte angehört (nicht bloss seinem Ungöttlichen nach nicht, sondern überhaupt nicht), können wir dann noch je auf ein Offenbarwerden Gottes auf Erden unter uns Menschen hoffen?»

Die Bibel spricht doch im Bereich des empirisch Fassbaren wenigstens von der «kleinen Herde», vom «wachsenden Senfbäumlein», vom «durchdringenden Sauerteig».

«In der Tat lässt sich nur so überhaupt leben. Das ‹alles oder nichts› kann nicht anders als mit Verzweiflung enden – und zwar mit Verzweiflung enden.»[75]

Etwa im Bereich der religiösen Erziehung arbeiten könne man nur, wenn man davon ausgehe, dass es einen göttlichen Anfang gebe und dass dieser «zeitlich» und «gemischt» zu wachsen vermöge. Notwendige Voraussetzung sei die Hoffnung, das Vollkommene werde sich «in Anknüpfung an dieses Unvollkommene» entwickeln. Mit einer «absoluten Licht-Finsternis-Philosophie» könne er nicht arbeiten, da er sonst «auch buchstäblich» nichts anderes tun könnte, als zu warten. «Frau und Kind, Gemeinde und Volk, soziale Bewegung und alles, was man als religiöses Leben oder kirchliche Bewegungen im weitesten Sinn» auffasse, müsste beiseite gelassen werden, alles, was sich «irgendwie» durch ein «positives Verhältnis mit der Welt» auszeichne. Vor allem müsste darauf verzichtet werden, irgendetwas von diesen Dingen «eine Bedeutung von Gott aus zuzuschreiben», da «ja alles zeitlich, gemischt, relativ» sei.

Ob denn nicht auch Thurneysen und Barth etwas daran gelegen sei, dass ihre «Konfirmanden etwas mehr oder etwas weniger von Gott» verstünden und es ernst «mit dem Gewissen im täglichen Leben» nähmen. «Kurz, ihr rechnet doch gerade so sehr mit der Welt des Relativen als von

---
[75] An Thurneysen am 17. Juli 1920.

Gott aus bedeutsam wie irgendwer.»[76] – Diesen Brief schickte Brunner zusammen mit demjenigen vom 26. Juni nach St. Gallen-Bruggen. Thurneysen antwortete postwendend, aber nicht sehr einfühlsam. Zwar versuchte er Brunner zu verstehen: Sie hätten nicht die gleiche Perspektive, da Brunner während des Jahres seines Eingegrabenseins in Amerika die Entwicklung vor allem in Deutschland nicht mitbekommen habe. Inhaltlich aber verteidigte er die von Brunner kritisch befragte Position und bat ihn, mehr Barth zu lesen. Seine eigene Sicht umschrieb er so:

> «Ich habe zwei Bilder vor Augen: die Sibylle Michelangelos mit den weit geöffneten, schreckenerfüllten Augen und den Jesaja mit dem Hören dessen, was kein Ohr gehöret. Irgendwie etwas davon muss in unseren Augen und Ohren sein: ein Schrecken über das furchtbare Loch im *Zentrum* unseres ‹blühenden Christentums› [...], ein Hören auf die Stimmen von *jenseits* der Gräber. [...]. *Ich hüte dieses Loch.* Das halte ich für nicht ganz vergeblich. [...] Ich bin im Grund überzeugt, dass auch Du nicht viel anderes tun kannst. Willkommen Kamerad!»[77]

In Bezug auf Brunners Absicht, sich zu habilitieren, wiederholte er seine Bedenken gegen die damals übliche wissenschaftliche Theologie. Er räumte aber ein, dass «natürlich» kein «*qualitativer* Unterschied zwischen Pfarrer oder Professor» bestehe.

> «Ich bin in gleicher Verdammnis. Vielleicht wirst Du die Todes- und Auferstehungsweisheit auf dem Katheder aussprechen dürfen. Von etwas anderem verspreche ich mir nichts. Die intellektuelle Fläche der Universitäten fürchte ich. Sie wissen dort nichts von der dritten, vierten, fünften Dimension, in der sich Tod und Auferstehung abspielen.»[78]

Brunner müsse sich selbst entscheiden. «Aber hüte Dich bei dieser Entscheidung vor Dir selber!»[79]

Thurneysen und Barth in Obstalden

Als eigentliche Antwort auf diesen Brief machte sich Brunner auf, über den Speer nach Wattwil und von dort weiter nach St. Gallen-Bruggen zu wandern und mit Thurneysen persönlich zu sprechen. Und einen Monat später kam es dann dazu, dass Thurneysen und Barth am 29. August 1920, einem Sonntag, ihn in Obstalden besuchten. Zuerst reihten sie sich in der Gemeinde ein und hörten Brunners Predigt. Anschliessend wurde

---

[76] A.a.O.
[77] Thurneysen an Brunner am 28. Juli 1920.
[78] A.a.O.
[79] A.a.O.

heftig diskutiert. Als wie wichtig Brunner selbst diese Begegnung empfand, geht aus seiner Gottesdienstvorbereitung hervor.[80] Er entwarf zuerst eine Predigt über «Das erste und das letzte Wort der Bibel». Er meinte damit die Verse Genesis 1,1 und Offenbarung 22,20 b: «Im Anfang schuf Gott Himmel und Erde» und «Amen, ja komm Herr Jesu!» Brunner hatte das Thema in der Einleitung zu Barths Vortrag «Biblische Fragen, Einsichten und Ausblicke» gefunden.[81] Fieberhaft arbeitete er an einem grossen Manuskript, mit dem er sich aber von seinem Ziel immer mehr entfernte, seine Erwägungen zum ersten der beiden Verse drohten die ganze Predigtzeit auszufüllen. Er strich einzelne Passagen und verfasste verschiedene Exkurse. Der Schluss ist durch Streichungen und Überschreiben total verwirrt. Schliesslich gab er auf und schrieb eine neue Predigt, diesmal nur über Genesis 1,1.

Ähnlich wie in seiner Predigt vom 6. Juni 1920[82] setzte Brunner bei innerweltlichen und anthropologischen Phänomenen ein, zuerst mit einer Meditation über das «seltsam menschliche Wort» Anfang: Die Natur hat abgesehen von den Menschen eigentlich keinen Anfang. Sie ist ein grosser Kreislauf. Erst Menschen fangen wirklich etwas an, weil ein bewusster Akt dazu gehört. Das Wort Anfang ist deshalb «ein rechtes Menschenwort».

«Das zeichnet den Menschen aus vor allem anderen, was in der Welt ist, dass er anfangen kann; und allein er weiss, was das ist, anfangen. Die Tiere fangen nie an. Sie fahren immer fort.»

Leider sind auch die Menschen oft nicht mehr in der Lage, wirklich von neuem zu beginnen, weil frühere Fehlentscheidungen über unsere Gegenwart und Zukunft bestimmen.

«Die grösste Not ist nicht die der Vergangenheit und nicht die Gewohnheit, sondern eine Gebundenheit, die tiefer liegt. [...] Wir selbst sind es, die uns die Freiheit rauben, unser eigenes Wollen ist's, das uns knechtet. Unser eigenes und doch nicht unser eigenes. Das ist die grosse Not, dass wir wollen, was wir eigentlich nicht wollen, dass wir tun, wir selber, wo gerade *wir* nicht dabei sind, dass ich bin und du bist, was *ich* nicht bin und gar nicht *du* bist.»

In verschiedenen Anläufen stellte er die menschliche Situation als immer auswegloser dar.

«So ist der Mensch wie einer, der ein schönes Haus hat, aber es sind Gespenster drin, die machen ihm Angst; so flieht er aus dem eigenen Haus und geht

---
[80] Nachlass 67. Hier auch die folgenden Zitate.
[81] Karl Barth, Biblische Fragen, Einsichten und Ausblicke. München 1920. Wieder abgedruckt in: Karl Barth, Das Wort Gottes und die Theologie. Gesammelte Vorträge. München 1924, S. 70 ff., sowie in: Anfänge, S. 49 ff.
[82] Vgl. oben, S. 145 f.

Aus dem Manuskript der Predigt vom 29. August 1920 in Obstalden.

bei Fremden zu Miete. Um keinen Preis will er in sein eigenes Haus zurück. Da sind ja die Gespenster, die ihn wahnsinnig machen könnten vor Angst.» – «Und es kommt schliesslich so weit, dass man nicht einmal mehr weiss, dass man ausser Haus ist, im Fremden. Auch daran kann man sich ja gewöhnen; auch das eigene Haus kann man ja vergessen. Und das meine ich, ist die grösste Not, die eigentliche Menschennot.»

Der sehr ausführliche und anschauliche Abschnitt gipfelt darin, dass Brunner Römer 7,19 zitiert:

> «Denn das Gute, das ich will, das tue ich nicht; sondern das Böse, das ich nicht will, das tue ich. [...] Die Gefangenschaft in den selbstgeschaffenen Kerkermauern, in den selbstgeschmiedeten Ketten, in der selbstgemachten Dunkelheit, das ist die grosse Not. Der Riss im Innern, der Sprung in der Seelenglocke, der macht, dass sie so misstönt.»

Auf Seite 14 des Predigtmanuskripts spricht Brunner dann davon, dass der Mensch sich nach einem neuen Anfang sehnt, und kommt auf den Predigttext zu sprechen:

> «Wir reden vom Paradies der Kindheit und der Kindesunschuld. Damals, als wir noch Kinder waren, sagen wir. ‹Ach wüsst' ich doch den Weg zurück, den Weg zurück ins Kinderland› singen unsere Dichter.[83] Es ist ein wehmütiges Singen. Denn wir wissen ja schon, dass es kein Zurück gibt. Was vergangen ist, ist vergangen. Vorbei *ist* vorbei! [...] Im Anfang schuf Gott Himmel und Erde. Im Anfang ist Gott. Gott ist der Anfang. Gott ist unser Anfang; deiner und meiner. Aus ihm sind wir.»

Die Predigt schliesst im Vergleich mit den früheren Predigtabschnitten knapp mit der Aufforderung an die Gemeinde, «das Göttliche [zu] wollen, seine Seele mit der göttlichen Stimme zusammenklingen [zu] lassen, dass es einen Zusammenklang gibt, eine Harmonie».

> «Darum handelt es sich eben. Um das Anfangen. Anfangen müssen wir. In den Anfang zurück. Denn ein Anfangen und ein Anfang ist das Leben, die Freiheit, die Freude. Das ist das Paradies, das ewige Leben. Und seht: So weit wir auch von Gott wegkommen, das ist uns doch geblieben: Wir können anfangen. [...] Das ist's, was Jesus meinte: Werdet wie die Kinder.[84] Es gibt ein Paradies; es gibt ein ewiges Leben; es gibt eine Freude, die nicht aufhört, und eine Liebe, die ohne Grenzen ist. Im Anfang. In Gott. Darum, liebe Freunde, lasst [es] uns aufs Neue versuchen und nicht müde werden und anfangen mit Gott, der uns in Jesus Christus die offene Tür gezeigt und die Lampe angezündet hat, dass wir den Weg sehen, der heimführt aus der Fremde und aus der Dunkelheit. Amen.»

Die Predigt in Anwesenheit Thurneysens und Barths war eine grosse Anstrengung – für Brunner selbst, aber auch für die Gemeinde. Das nachfolgende Gespräch verlief nicht harmonisch. Die Gäste warfen ihm vor, keine gute Predigt gehalten zu haben. Seine Verkündigung sei «billig, psychologisch, langweilig, kirchlich, ohne Distanz» gewesen. Aus dem Anfangen Gottes habe er ein Anfangen durch den Menschen gemacht,

---

[83] Vgl. Johannes Brahms, op. 63 n.8: «Heimweh.» Text von Klaus Joseph Groth (1819–1899): «O wüsst ich doch den Weg zurück, / Den Weg zum lieben Kinderland.»
[84] Vgl. Matthäus 18,3.

oder, wie Thurneysen brieflich nachdoppelte: «Warum redest Du so sicher, so kirchlich, so moralisch, so religiös, so pädagogisch, so technisch-psychologisch [...]? Warum bietest Du alle Deine Klugheit und das ganze Arsenal theologischer Einwände auf, um Dich jenem wirklich radikalen Nein gegenüber, das *uns bedrängt*, zu [verweigern]» oder «es doch wieder nur in ein relatives [zu] verwandeln?»[85]

Brunner empfand die Kritik der Freunde als einen «Keulenschlag», den sie «mit Wucht und Sicherheit gegen [s]ein armes Haupt geführt» hätten.[86] Noch ein halbes Jahre später nannte er das «Obstalder Gespräch [...] eine der heftigsten inneren Erschütterungen», die er bisher erlebt habe.[87]

Was die äussere Form betraf, akzeptierte er die von den Freunden an seiner Predigt geäusserte Kritik. Auf das Predigtmanuskript notierte er: «An der Entstehung dieser Predigt hatte Eitelkeit einen Teil. Aber sie soll keinen daran haben!» Inhaltlich war seine nächste Predigt vom 5. September insofern mehr auf der Linie Barths und Thurneysens, als er Genesis 32,25–30 – Jakobs «Gotteskampf» am Jabbok – als Text nahm. «Es ist eine gefährliche Sache, sich mit Gott einzulassen. Hand weg davon. Nur nicht spielen damit. Du sollst den Namen des Herren deines Gottes nicht leichtfertig brauchen», lautet eine Schlüsselstelle.[88]

Grundsätzlich theologisch gab er sich aber nicht so schnell geschlagen. Im Brief, den er kurz nach der Abreise der Freunde verfasst hatte und den Thurneysen als «triumphierende Gegenoffensive» empfand,[89] dankte er den Freunden zunächst für ihren «Keulenschlag», der für ihn «etwas schlechterdings Wertvolles» gewesen sei. Er habe «eine gründliche Revision» aller seiner Positionen «ins Werk gesetzt» – allerdings *nicht* in der von ihnen intendierten Richtung.[90] Dann aber hielt er ihnen vor, «ganz abstrakt formuliert, das dialektische mit dem kritischen Nein» zu verwechseln.[91] Statt in der Nachfolge Kants stünden sie in derjenigen Hegels.

> «Für Kant ist das Nein kritisch, d. h. der Hofhund, der alle anbellt mit Ausnahme der Eigenen, die ins Haus gehören. Der dialektische [hegelianische] Hofhund bellt prinzipiell alle an. Kant kommt zu Resultaten, die nicht mehr (dialektisch) aufgelöst werden.»[92]

---

[85] Thurneysen am Brunner, nicht datiert, wohl September 1920. Stilistisch korrigiert.
[86] An Thurneysen (und Barth) am 2. September 1920, in: Barth–Brunner, S. 42 f.
[87] An Barth am 15. April 1921, in: Barth–Brunner, S. 58.
[88] Nachlass 67.
[89] Thurneysen am Brunner, nicht datiert, wohl im September 1920.
[90] An Thurneysen (und Barth) am 2. September 1920, in: Barth–Brunner, S. 43.
[91] A. a. O., S. 43 f.
[92] A. a. O., S. 44.

Er warf Thurneysen und Barth also vor, ihr Nein nicht als kritisches, sondern als absolutes zu äussern, gewissermassen als Selbstzweck, nicht als hilfreiches Nein, sondern geradezu aus Freude an der Verneinung. Die Bibel gehe im Unterschied zu ihnen aber kritisch vor. Sie kenne ein Gebiet, «wo die Hetzjagd des dialektischen Nein aufhören» müsse, nämlich die «Sphäre der Auferstehung» – und zwar «nicht nur für die *erhoffte* Auferstehung». Für den Glauben gelte der Vers Römer 8,33: «Wer will die Auserwählten Gottes anklagen? Gott ist es ja, der sie gerecht spricht.» Das heisst, «mit göttlich gutem Gewissen» dürfe man sich für gerechtfertigt halten. Man müsse keine Angst mehr haben, sondern dürfe getrost sein. Rechtfertigung bedeute «das Stillstehen der dialektischen Spiralbewegung».[93]

Auch den Vorwurf der Gesetzlichkeit gab Brunner zurück, indem er seinerseits den Freunden vorwarf, den Akzent einseitig «auf die Furcht und Distanz» gegenüber Gott zu legen. «Genauer untersucht» erweise sich ihre Position «einfach als eine Neuauflage der alten Werkgerechtigkeit». Das Sterben Christi als ein «Sterben *für* die Menschen, durch das das Sterbenmüssen der Menschen prinzipiell abgelöst» sei, werde bei ihnen durch «das Christus-Nachsterben, auf Grund dessen erst Gott zugänglich» werde, ersetzt.[94] Der «dialektische Hetzhund» zerreisse «jeden, der sich heranwagt».[95] «Da wird eben alles, *auch der Glaube*, durch die Neinlinse geschaut.»[96] Wo Gott ausschliesslich und absolut als der ganz Andere gepredigt werde, gehe der biblische Satz «Das Wort ward Fleisch» verloren.[97] Sein Hauptanliegen in diesem Moment war es aber, darauf zu beharren, dass doch etwas vom Göttlichen erfahrbar werden müsse. Das Heil sei nicht nur zukünftig, sondern auch ein Stück gegenwärtiger Realität. Deshalb war für ihn die Ethik wichtig, und aus diesem Grund wandte er sich gegen die von Barth damals (im Anschluss an Overbeck) vertretene «Todesweisheit».

In einem späteren Brief sprach er vom «Ernstnehmen der sittlichen Aufgabe im Leben» als von «etwas ungeheuer Positivem». Das «ganze praktische Leben» sei «nicht nur Erkenntnisgrund für die Erlösungsbedürftigkeit, sondern *auch* Aufgabe». Es biete «Möglichkeiten der Glaubensbewährung» an.[98] Anders ausgedrückt: Der Mensch war für Brunner «nicht um der Erlösung willen, sondern die Erlösung um des Menschen willen» da. Er war der Meinung, dass es «ein Wachsen des Gottesreiches

---

[93] A. a. O.
[94] A. a. O.
[95] A. a. O., S. 45.
[96] A. a. O.
[97] A. a. O., vgl. Johannes 1,14.
[98] An Thurneysen am 11. September 1920.

unter und zwischen allem Kulturgetriebe» gebe.[99] Anders als für Karl Barth in jenen Jahren war der Glaube für Brunner nicht nur ein «Hohlraum»[100], sondern das «Mittlere» zwischen der Wiederkunft Christi und «unserem jetzigen Zustand», weshalb er «vermöge dieser Stellung [...] nicht unter das Gericht, unter die ‹nivellierende› Walze des Nein» komme – «eben weil er nichts Psychologisches» sei. Er wünschte sich «ein ganz anderes Verhältnis» – ein weniger negatives – «zur – verzeih das ominöse Wort – christlichen Erfahrung».[101] In Emil Brunners Lebenswerk bildet diese Positionierug eine Konstante – sein Beharren darauf, dass es neben der Vertikalen eine Horizontale gebe. Das zeigt sich auch im Streit um die «natürliche Theologie» vierzehn Jahre später.[102]

Auseinandersetzung mit Thurneysen

Thurneysen und Barth waren von Brunners Rückfragen wenig beeindruckt. Sie waren sich ihrer Sache sicher und stimmten geradezu symbiotisch bis in die kleinsten Einzelheiten miteinander überein. Es ist auffallend, dass der Briefwechsel zwischen Brunner und Barth während mehr als eines halben Jahres zum Erliegen kam. Mit Thurneysen ging das Gespräch noch etwas weiter. Aber auch dieser begnügte sich damit, den Freund in Obstalden «vorläufig mit einem Traum über ihn und mit zwei Sätzen von Nietzsche aus dem ‹Grablied› in Zarathustra zu bedienen»:[103] «‹Und legte ich noch mein Heiligstes zum Opfer hin: flugs stellte eure ‹Frömmigkeit› ihre fetteren Gaben dazu: also dass im Dampfe eures Fettes noch mein Heiligstes erstickte. [...] Und nur wo Gräber sind, gibt es Auferstehungen.›»[104] Schon ein paar Wochen früher hatte er geschrieben:

> «Wer anders als durchs Kreuz hindurch von Auferstehung redet, redet eben von etwas anderem als von Auferstehung.» – «Was bedeutet denn das Sterben Jesu unter den Händen der damaligen Kirchenmänner anderes, als dass die Todeslinie auch *aller* Religion gegenüber *gilt* und dass der neue, der wahre, der wirklich positive und errettende Inhalt der Auferstehung vom Menschen, von *uns* aus, nur in Negationen erreichbar und bestimmbar wird, weil er wirklich das ist, was im Menschen jenseits des Menschen liegt?»[105]

---

[99] An Thurneysen am 15. Oktober 1920.
[100] Karl Barth, Römerbrief 1922, S. 32 und andere Stellen.
[101] An Thurneysen am 15. Oktober 1920.
[102] Vgl. unten, S. 293 ff.
[103] Thurneysen an Barth am 5. Oktober 1920, in: Barth–Thurneysen I, S. 428.
[104] Friedrich Nietzsche, Also sprach Zarathustra, in: Kritische Gesamtausgabe. Herausgegeben von Giorgio Colli und Mazzimo Montinari. Sechste Abteilung. Erster Band. Berlin [u. a.] 1968, S. 140/141.
[105] Thurneysen am Brunner, nicht datiert, wohl im September 1920.

In Thurneysens, wie er es selbst sah, seltsamem Traum war Emil Brunner auf dem Weg nach St. Gallen-Bruggen «von herabstürzenden Kiesmassen verschüttet» worden. Thurneysen fand ihn «schliesslich in einem schwarzen Gehrock auf einer Totenbahre liegend, amerikanische Besucher um [ihn] geschart».[106] Brunner war nicht amüsiert:

> «Dein Traum lässt allerdings an Deutlichkeit nichts zu wünschen übrig, was *Dein* Denken über mich betrifft. *Mich* würde es, offen gestanden, etwas beunruhigen, Dich ‹auf dem Weg zu mir› von Steinmassen überschüttet zu sehen, gerade im Traum, wo das Unbewusste so ehrlich spricht. Aber das ist nun einmal Deine Auffassung, dass man entweder ‹auf dem Weg zu Dir› sein müsse oder dann ‹in schwarzem Gehrock auf einer Totenbahre› zu liegen habe. Du kannst ja Recht haben damit, und jedenfalls musst Du nicht Angst haben, dass ich Dir wegen dieser Alternative nicht gram werde.»[107]

Mit dem überflüssigen «nicht» offenbarte er unfreiwillig, dass er es eben doch war!

Danach herrschte auch zwischen Brunner und Thurneysen vorübergehend Schweigen. Erst am 19. Februar 1921 – also vier Monate später – wurde dieses von Thurneysen gebrochen:

> «Unser klirrendes Gespräch vom letzten Herbst, das mit jenem prachtvollen Sonntag in Obstalden begann, ist abgebrochen und verklungen. [...] Es kommt ja wirklich nicht darauf an, dass wir übereinander Recht behalten. Sollte, was unvermeidlich sein wird, unser Gespräch doch wieder auf die Todes- und Auferstehungsparadoxie stossen, so wollen wir es möglichst ohne Klirren führen; die Sache ist zu wichtig.»[108]

Brunner war aber immer noch irritiert, vor allem, weil er sich nicht ernst genommen fühlte. Schon im Herbst hatte er geschrieben, er habe den Eindruck, dass Thurneysen und Barth an seinem «Mitgehen nicht viel gelegen» sei:

> «Ihr braucht mich in keiner Weise, während es selbstverständlich [ist], dass ich Euch brauche. Das Letztere *ist* mir allerdings selbstverständlich, wie immer es mit dem Ersten bestellt sei.»[109]

Jetzt bemängelte er, dass Thurneysen sich keine Mühe gegeben habe, auf seine «Einwände und Fragen einzugehen». Er halte es «auch nicht für der Mühe wert, ein einziges Wort» über seine Artikel im «Kirchenblatt» zu schreiben.[110] Seit Thurneysen in «die Overbeckerei geraten» sei, habe

---

[106] Thurneysen an Brunner am 13. Oktober 1920.
[107] An Thurneysen am 15. Oktober 1920.
[108] Thurneysen an Brunner am 19. Februar 1921.
[109] An Thurneysen am 15. Oktober 1920.
[110] An Thurneysen am 23. Februar 1921. Die Auseinandersetzung mit Ragaz im «Aufbau» war von Thurneysen zur Kenntnis genommen worden, ohne dass er sich allerdings inhaltlich dazu geäussert hätte.

sich eine «unerquickliche Atmosphäre» um ihn gebildet, weshalb er vorläufig «keine Lust» habe, sich «länger darin aufzuhalten». Er habe einige Monate gebraucht, um sich «von dem Stoss», den der Besuch der Freunde ihm versetzt habe, zu erholen. Alles, was Thurneysen und Barth neuerdings publizierten – seit Overbeck in sie «gefahren» sei –, erscheine ihm «als eine solche Verrenkung, Verkünstelung und Entstellung des Evangeliums», dass er nunmehr, nachdem er «gründlich davon Kenntnis genommen» habe, «gern wieder zu gesünderer Kost übergehe». – Eine leise Hoffnung in Bezug auf das Weiterbestehen der zehn Jahre alten Freundschaft schimmert dennoch auf: «Einmal werden wir uns noch treffen.»[111]

Die Habilitation

Die Monate nach Brunners Rückkehr aus Amerika waren also sehr angefüllt: Pfarramt, Vorträge, Zeitungsartikel und die seelisch zeitweise sehr belastenden Auseinandersetzungen mit Ragaz, Barth und Thurneysen. Und doch konzentrierte er sich jetzt auch ganz auf das Projekt der Habilitation. Schon im ersten Brief an Eduard Thurneysen nach seiner Ankunft in der Schweiz hatte er geschrieben:

> «Gelt, Du behältst das ganz für Dich [...]. Mir ist's, ich sei nun einmal für das akademische Lehramt bestimmt. Warum soll man nicht ebenso gut dort wie als Pfarrer so reden können wie ihr tut und wie ich auch möchte? Ich habe eine Habilitationsschrift bereits unter Wind, die zum Hauptgegenstand den Psychologismus auf religiösem Gebiet hat und der ‹modernen› Theologie gegenüber wieder einmal den Transzendentalismus der Rechtfertigung aus Glauben auf den Leuchter stellen soll. Das Problem ist mir ja in Amerika ungeheuer aktuell geworden, und ich habe dort unentwegt und nicht ohne Erfolg gegen die Seuche des Psychologismus gekämpft und den Namen eines ‹Intellektualisten, Dogmatikers, Intoleranten, Apokalyptikers› etc. nicht gescheut.»[112]

Er glaube in der Lage zu sein, seine «Schnödigkeiten» so in einer wissenschaftlich annehmbaren Weise vorbringen zu können, dass es unmöglich sein werde, ihm die *venia legendi* zu verweigern.[113]

Brunner führte seinen Plan aus. Das Typoskript von «Erlebnis, Erkenntnis und Glaube» wurde am 3. Februar 1921 zusammen mit einem Gesuch um «Erteilung der *venia legendi* für Religionsphilosophie» an die Hohe Erziehungsdirektion des Kantons Zürich abgeschickt. Im Begleitschreiben hielt er fest, dass er «seit seinem theologischen Examen das Ziel, akademischer Lehrer zu werden, fest ins Auge gefasst und unabläs-

---

[111] A.a.O.
[112] An Thurneysen am 26. Juni 1920 (erst drei Wochen später abgeschickt).
[113] A.a.O.

sig an seiner wissenschaftlichen Bildung weitergearbeitet» habe.[114] Schon am 4. Februar fragte er bei Ragaz an, ob ihm die Habilitationsschrift bereits übermittelt worden sei. Es tue ihm leid, dass er ihn in seiner «so notwendigen Ruhe damit stören» müsse.[115] Da er davon ausging, dass er bereits im Sommersemester 1921 eine einstündige Vorlesung werde halten können, machte er sich an die Präparation und begann mit «einer vergleichenden Darstellung der wichtigsten religionsphilosophischen Systeme»: «Indien[116] – Fichte – Hegel; Spinoza – Schelling; Plato – Kant.»[117] So schnell ging es aber nicht. Erst am 18. Juni richtete das Dekanat einen Brief an die Erziehungsdirektion, in dem es dieser mitteilte, dass die Fakultät auf Vorschlag der beiden Fachreferenten Ragaz und von Orelli mit fünf gegen zwei Stimmen den Antrag stelle, Emil Brunner zu habilitieren. Die Vertreter der Minderheit, Paul Wilhelm Schmiedel und Walther Köhler, trügen «ihren abweichenden Standpunkt und Antrag in beiliegendem besondern Gutachten» vor.[118]

In der Fakultät hatte es eine heftige Auseinandersetzung über Brunners Habilitation gegeben. An mindestens zwei Sitzungen (am 10. Mai und an 14. Juni 1921) hatte man sich mit dem Fall beschäftigt. Was Paul Wilhelm Schmiedel und Walther Köhler auszusetzen hatten, geht aus dem Minoritätsgutachten hervor, das sie am 14. Juni 1921 der Fakultät vortrugen: «völliger Mangel an wissenschaftlichem Sinn» und «völlige Verkennung des Wesens der modernen Geschichtsforschung». Ein «Hauptteil der Arbeit, die psychologische Erörterung», biete «keine genügende Auseinandersetzung mit der gegenwärtigen wissenschaftlichen Lage» und sei «einseitig an der amerikanischen Forschung orientiert». «Die von der Majorität besonders stark betonte Hoffnung, der Verfasser werde sich, wenn er erst Dozent sei, selbst zu grösserer Klarheit und Sicherheit hindurcharbeiten, vermögen wir absolut nicht zu teilen.»[119]

Schmiedel und Köhler waren Vertreter jener «liberalen» wissenschaftlichen Theologie, die im 19. Jahrhundert entwickelt worden war und gegen die die neue Generation der ‹dialektischen Theologen› antrat. Nicht nur über Brunners Habilitationsschrift waren sie erzürnt,[120] sondern vermutlich noch mehr über einen Vortrag, den er im Oktober 1920 an einem von der theologischen Fakultät der Universität Zürich veranstalteten Ferienkurs für Pfarrer und Theologiestudenten vor rund 220 Teilnehmern

---

[114] Fakultätsakten U 104c im Staatsarchiv Zürich.
[115] An Ragaz am 4. Februar 1921.
[116] Brunner dachte hier in erster Linie an die Vedanta-Philosophie.
[117] An Thurneysen am 23. Februar 1921.
[118] Fakultätsakten U 104c im Staatsarchiv Zürich.
[119] Fakultätsakten U 104c im Staatsarchiv Zürich.
[120] Dass sie wirklich zornig waren, geht aus der heftigen Diktion des Gutachtens hervor.

gehalten hatte: «Die theologische Vorbildung des Pfarrers und die Frage nach einer Reform des theologischen Studiums», in dem er namentlich auch Professor Walther Köhler mit kritischen Fragen in die Enge zu treiben versucht hatte. In einer überarbeiteten Kurzfassung war dieser Vortrag unter dem Titel «Das ‹Elend der Theologie›. Ein Nachwort zum Zürcher Ferienkurs, zugleich ein Vorwort» im «Kirchenblatt für die reformierte Schweiz» erschienen.[121]

Der Vortrag ist ein feuriger Angriff gegen ein Wissenschaftsverständnis, welches davon ausgeht, dass die Wahrheit mit einer weltanschaulich neutralen und «objektiv feststellenden» Methode gefunden werden könne. Die moderne Theologie habe völlig unkritisch von den übrigen Wissenschaften den Kausalismus, den Empirismus, den Historismus und den Psychologismus übernommen. Der Rückzug hinter die Mauer der Objektivität und das dort Sichgeborgenfühlen sei «die grosse entscheidende Selbsttäuschung der modernen Theologie»[122] und habe zwangsläufig dazu geführt, dass diese «im Gesamtleben der Gegenwart *quantité négligeable*» geworden sei. Köhler selbst habe es «ungefähr» so formuliert: «Die Hauptarbeit ist getan, die Probleme, an denen wir arbeiten, sind charakteristisch-epigonenhafte.» «Die Fruchtbarkeit eines Gesichtspunktes», der während einer «Epoche geistiger Arbeit» der herrschende gewesen sei, habe «sich erschöpft». Die «Theologie als ein Ganzes» bilde «mit ihrer selbstzufriedenen Problemlosigkeit, ihrem Mangel an Zukunftskraft und Gegenwartsorientierung, einen sonderbaren Kontrast zu der gärenden wildbewegten Zeit, die sie – irgendwie – erleuchten und deuten sollte». Sie habe sich dem Zeitgeist zu sehr angepasst und verhalte sich defensiv.

> «Wo blieb sie im Freiheitskampf des Proletariats; was tat sie, um die Flut des Imperialismus und chauvinistischen Nationalismus zu dämmen; wo *führte* sie im Kampf gegen die teuflischen Verderbnismächte in der modernen Gesellschaft?»[123]

Man habe sich in der theologischen Welt mit den rein historischen und deshalb für die Gegenwart unverbindlichen «Prolegomena zur Geschichte Israels» von Julius Wellhausen und mit Adolf von Harnacks Dogmengeschichte begnügt. Diese «vorzüglichen Spezialleistungen» seien weiter nichts als «kraftvolle Äusserungen des vorhandenen, rein diesseitigen Kulturbewusstseins».[124] Natürlich liesse sich kein Mitglied der vorangegangenen Theologengeneration «den Vorwurf bieten, dass man Gott

---

[121] Das «Elend der Theologie», in: Kirchenblatt für die reformierte Schweiz 1920, S. 197 ff. und S. 201 ff.
[122] A. a. O., S. 198.
[123] A. a. O., S. 197.
[124] A. a. O.

nicht Ernst genommen habe», und doch liege «in dieser ganzen notgedrungenen Resignation nichts anderes als gerade dies».[125]

Auf Beginn des Wintersemesters 1921/22 wurde Brunner die *venia* dennoch erteilt: Nachdem Schmiedel und Köhler ihr Minderheitsgutachten eingereicht hatten, schob die Mehrheit unter der Führung von Leonhard Ragaz, der inzwischen am 24. Mai seine Demission eingereicht hatte,[126] und Konrad von Orelli am 7. Juli ein ausführliches Gutachten[127] nach, in dem sie die Erziehungsdirektion beschwor, Brunners Habilitationsschrift positiv zu bewerten. Als «besonderer Vorzug für einen künftigen Dozenten» wurde sein «Sinn für zeitgemässe Fragen und Fragestellungen» unterstrichen. Er verfüge über «ein auffallendes Talent für klare interessante Darstellung, knappe und scharfe Charakteristik». Seine «eigene Lösung» sei «als Versuch aufzufassen, eine Basis zu einer eigenen Religionsphilosophie zu gewinnen; die ausserordentliche Schwierigkeit dieser Aufgabe» werde «bei der Kritik der Brunner'schen Lösung mit in Betracht zu ziehen sein». Auch im Mehrheitsgutachten wurde nicht in Abrede gestellt, dass Brunner «eine Synthese von Objektivem und Subjektivem in der Religion» nicht gelungen sei und dass seine Auffassung der Geschichte «unabgeklärt» sei. Darum sei «– um nur etwas vom Wichtigsten hervorzuheben – der Abschnitt über Glauben und Geschichte so unbefriedigend und widerspruchsvoll ausgefallen, ganz abgesehen von schiefen Urteilen über einzelne geschichtliche Erscheinungen und Persönlichkeiten (Eckhardts Mystik, Luthers Glaubensbegriff u.s.w.)». Brunners «reiches Talent» sei aber unübersehbar.[128] Privat hatte Ragaz Brunner viel schärfer kritisiert.[129] Öffentlich half er ihm aber, Privatdozent zu werden, eine seiner letzten amtlichen und fakultätspolitisch zukunftsweisenden Handlungen als Professor.[130]

---

[125] A.a.O., S. 197 f.
[126] Mattmüller II, S. 574.
[127] Protokoll der theologischen Fakultät Zürich 1833–1923, S. 118, Akte ab. Staatsarchiv Zürich AA5 1.
[128] Fakultätsakten U 104c im Staatsarchiv Zürich.
[129] Vgl. oben, S. 102 f.
[130] In seinem postum erschienenen Lebensrückblick stellte Ragaz seine Beziehung zu Brunner zusammenfassend folgendermassen dar: «In der Schweiz» war es «besonders Emil Brunner, der immer wieder eine Anknüpfung mit uns [den Religiössozialen], besonders mit mir, suchte. Dabei aber verfiel er immer wieder in eine falsche Darstellung unserer und speziell meiner Position, die ich als *mala fides* empfinden musste, und er seinerseits reagierte auf alles, was er als Verletzung seiner Autorität empfand, mit einer Empfindlichkeit, die aus seinem sehr gesteigerten Selbstgefühl stammte, und nicht selten mit einer unwürdigen Schroffheit. Selber ist er dann über der ‹natürlichen Theologie› in einen scharfen Konflikt mit Barth geraten, worin Recht und Unrecht geteilt waren, und dann ein Führer der Oxford-Bewegung geworden, um zuletzt mit Röpke zusammen eine Säule der bürgerlich-christlichen Reaktion zu werden. Damit war der sachliche Bruch zwischen ihm und uns vollendet. Der persönliche zwischen ihm und mir aber war

«Erlebnis, Erkenntnis und Glaube»

Die Habilitationsschrift «Erlebnis, Erkenntnis und Glaube» war Brunners erstes erfolgreiches Buch, das bis 1933 fünf Auflagen erlebte (von der zweiten Auflage 1923 an in leichter Überarbeitung) und das Fundament für zahlreiche weitere Publikationen legte. Die drei Begriffe im Titel entsprechen einer Denkfigur, die Brunner auch später oft benutzte: Weder A noch B, sondern C! Als geborener Lehrer liebte er es, seine eigene Position in Gegenüberstellung zu zwei verschiedenen, voneinander und von der eigenen abweichenden Anschauungsweisen zu entfalten. Besonders wichtig wurde diese Vorgehensweise in «Wahrheit als Begegnung», wo er ebenfalls das «biblische Wahrheitsverständnis» herausarbeitete, indem er es sowohl vom «Objektivismus» als auch vom «Subjektivismus» abhob.[131] An Eduard Thurneysen schrieb er, diese «Doppelspurigkeit» – sie möge dem Freund gefallen oder nicht – bleibe für ihn «das *Non possum*».[132]

Wenn man Brunners Habilitationsschrift mit anderen seiner Publikationen vergleicht, lassen sich Konstanten und Veränderungen beobachten. Konstant seit seiner frühen Predigt von 12. April 1912[133] ist die Abwehr eines intellektualistischen Glaubensbegriffs, der den Glauben als ein Fürwahrhalten definiert. Glaube war für ihn von Anfang an, «wie wenn eine Mutter ihrem Sohn sagt: Ich glaube an dich!». Diese Sicht hatte er auch in seiner ersten, zurückgezogenen, Habilitationsschrift über Henri Bergson vertreten. In «Erlebnis, Erkenntnis und Glaube» wandte er sich vehement gegen «Religion als Erkenntnis» und gegen den «Intellektualismus», dessen Vertretern er vorwarf, genau genommen gar nicht wirklich ernsthaft zu denken, sondern «auf halbem Wege» stehen zu bleiben.[134] Nicht dass Menschen denken, ist von Übel, sondern dass sie den Weg des Denkens nicht zu Ende gehen. Sie konstruieren ein in sich abgeschlossenes und deshalb totes System und verfallen einer «metaphysischen Verdinglichung des Geistes». «Alles was System ist, ist ‹fertig› in dem doppelten Sinn, den das Wort im Sprachgebrauch des Volkes hat.»[135] Gott wird durch den Intellektualismus verdinglicht, weil dieser die «Gottesidee» mit «Gott selbst» verwechselt.[136] «Die ehrfürchtige Haltung» des wahren Denkens ist «der frechen Haltung des Habens» gewichen.[137]

---

schon vorher notwendig geworden.» Leonhard Ragaz, Mein Weg II. Zürich 1952, S. 192.
[131] Vgl. oben, S. 16 und unten, S. 346 ff.
[132] An Thurneysen am 25. April 1921.
[133] Vgl. oben, S. 47.
[134] Erlebnis, S. 83.
[135] A. a. O., S. 79.
[136] A. a. O., S. 75.
[137] A. a. O., S. 74.

«*Intellektualismus* ist [...] nicht die gedankliche Bewegung selber, noch auch deren Wertschätzung, sondern das *Erstarren* derselben zu fertigen Produkten, ihr Stillstehen bei ‹erreichten› Zielen.»[138]

Das Denken wird «mit dem Denkmittel, mit dem Begriff, der Formel, verwechselt».[139] Kennzeichnend ist «das zwangläufige Abrollen der Schlussketten und die rechnerische Notwendigkeit».[140]

Anders als in der Arbeit über Bergson war der Intellektualismus nun für Brunner jedoch nur noch eine «Nebenfront».[141] In mehrjähriger «intensiver Arbeit» hatte er sich vom «Bergson'schen Intuitionismus», den er früher vertreten hatte, «gänzlich» verabschiedet.[142] Hauptgegner einer guten Theologie schien ihm nun der *«Psychologismus»* – nicht nur die amerikanische Religionspsychologie, sondern ganz grundsätzlich die «psychologisch-romantische Umdeutung des Glaubens, die Vermenschlichung der Gottesgewissheit».[143] Die «romantisch-ästhetische und die pragmatisch-moralistische Erlebnisreligion» waren jetzt «ein prinzipielles Missverständnis des Glaubens, eine trotz aller leidenschaftlich-religiösen Gebärde ehrfurchtslose Haltung des Menschen» gegenüber Gott.[144] Bereits hier lag also in den wesentlichen Grundzügen vor, was er wenig später in seinem grossen Werk «Die Mystik und das Wort» ausführte, in dem er sich schon im Motto gegen die Haltung des «Gefühl ist alles, / Name ist Schall und Rauch» wandte.[145]

Und bereits in «Erlebnis, Erkenntnis und Glaube» gab er auch die Parole aus: «Los von Schleiermacher und Ritschl» und «erst recht und viel mehr los von der modernen Theologie und ihrem historischen Relativismus und ihrer psychologischen ‹Innerlichkeit›, von der Religion der modernen Mystiker, Romantiker und Reichgottespraktiker».[146] Brunner lehnte nicht nur einen «eisigen historischen Relativismus» ab, sondern auch einen «üppig-schwülen Psychologismus».[147] Dieser sei «ein kolossales Missverständnis des Geisteslebens und vor allem der Religion».[148] Der psychologistischen Betrachtungsweise warf er vor, dass der religiöse

---

[138] A. a. O.
[139] A. a. O.
[140] A. a. O., S. 68.
[141] A. a. O., S. 4.
[142] An Thurneysen am 25. April 1921.
[143] Erlebnis, S. 2.
[144] A. a. O., S. 3.
[145] Emil Brunner, Die Mystik und das Wort. Der Gegensatz zwischen moderner Religionsauffassung und christlichem Glauben dargestellt an der Theologie Schleiermachers. 1. Auflage. Tübingen 1924 (im Folgenden zitiert als «Mystik»). Zitat: S. I. Vgl. Johann Wolfgang von Goethe, Faust I, Vers 3455. Marthens Garten.
[146] A. a. O., S. 4.
[147] A. a. O., S. 2.
[148] A. a. O., S. 34.

Mensch sich dabei ununterbrochen selbst beobachte und deshalb nie aus der Angst herauskomme, allenfalls eine Pendelbewegung «zwischen Angst und Freude» vollziehe, wobei das Pendel immer neu zurückfalle.[149] Religiöser Psychologismus sei «Erschleichung der Gnade»,[150] das heisst der – letztlich hoffnungslose – Versuch der Selbsterlösung.

Nachdem er das Ungenügen sowohl einer intellektualistischen als auch einer psychologistischen Position aufgewiesen hatte, versuchte er – auch an diesem Punkt führte die Habilitationsschrift über frühere Publikationen hinaus –, den Glauben als den einzigen wirklich verheissungsvollen Weg zu Gott in den Mittelpunkt zu stellen:

> «Der Glaube ist gerade darum allen psychischen Prozessen gegenüber etwas Besonderes, weil in ihm die Freiheit vom psychischen Verlauf nicht nur betätigt wird, sondern zum Bewusstsein kommt.»[151] – «In dem Imperativ ‹Glaube!› liegt das Absehendürfen von aller inneren Tatsächlichkeit und das Fussfassendürfen auf etwas, was nicht ‹tatsächlich› ist: das göttliche Als-Ob, die Rechtfertigung.»[152] – «Es ist das königliche Vorrecht des Glaubens, und nur des Glaubens, dass er auf die Berücksichtigung der menschlichen Erfahrung verzichten und sich gleichsam mit beiden Füssen auf das, was jenseits aller Erfahrung liegt, stellen darf.»[153]

Nachdem Brunner noch im Herbst 1920 gegenüber Thurneysen und Barth darauf beharrt hatte, dass der Glaube *mehr* als ein «Hohlraum» sei, nämlich das «Mittlere» zwischen der Wiederkunft Christi und dem gegenwärtigen Zustand, und nicht unter «die ‹nivellierende› Walze des Nein» kommen dürfe, und dass er sich ein positiveres Verhältnis zur «christlichen *Erfahrung*» gewünscht hätte, hatte er sich in der Zwischenzeit Karl Barth angenähert. Dieser wird denn auch (zusammen mit Eduard Thurneysen) an einer Schlüsselstelle in anerkennendem Sinn angeführt:

> «Religiöser Psychologismus ist – wie uns vor allem Karl Barth gezeigt hat – ‹religiöser Kurzschluss›, Verbindung ohne Sicherung, Identifikation des Göttlichen und Menschlichen, die nicht durch unendliche Distanz geschützt ist. Er ist vorschnelle Ineinssetzung, die nicht das dialektische Nein in sich enthält, unreif gepflückte Frucht, geraubte Diesseitigkeit Gottes, geraubt darum, weil man vergessen hat, dass die Diesseitigkeit Gottes nur eine solche auf Grund seiner absoluten ‹Jenseitigkeit› sein kann.»[154] – Rechtfertigung und Fülle gibt es erst da, «wo der Mensch wagt, alle subjektiven Kriterien preiszugeben, nicht mehr seine Seele zu behorchen, nicht mehr auf innere Dynamik abzustellen, weil er erkannt hat, dass ‹doch alles Tun umsonst ist, auch in dem besten

---

[149] A. a. O., S. 36.
[150] A. a. O., S. 57.
[151] A. a. O., S. 36.
[152] A. a. O.
[153] A. a. O., S. 37.
[154] A. a. O., S. 55 f.

Leben›, wo er es wagt, allein sich auf das zu stellen, was von ‹jenseits› her über ihn gesagt ist, wo es klar ist, dass nichts in Betracht kommt, auch nicht der Ernst der Gesinnung und die Kraft des Glaubens, nichts als das Gotteswort: ‹Du gehörst mir.›»[155] – «Erst da, wo der Mensch ins absolut Leere tritt – um mit Thurneysen zu reden – und nur an der Hand Gottes über dem Nichts schwebt, ist die Möglichkeit eines gottähnlichen Lebens im Menschen gegeben, und in jedem Moment des Lebens ist es nie das Vorhandene und Konstatierbare, sondern immer dieser jenseitige Halt, an dem alles hängt. Wo das erkannt ist, da hört das prinzipielle Wichtignehmen des inneren Lebens auf, da ist es unmöglich geworden, auf ein in der Zeit eintretendes Ereignis in der Seele entscheidendes Gewicht zu legen, da hört das ängstliche Messen des Glaubensstandes und Gnadenbesitzes auf. Da sind einem die eigenen Erlebnisse nicht wichtig genug, um sie andern als Seelenroman darzubieten, da wird auch das Reden vom religiösen Genie als gotteslästerlich empfunden, weil es das, was nie ein Gegebenes sein kann, zu einer ‹Anlage›, zu einer naturgegebenen Disposition *(genius)* macht.»[156]

«Erlebnis, Erkenntnis und Glaube» fand sofort grosse Beachtung. Aus Marburg wurde Brunner angefragt, ob er sich als ausserordentlicher Professor an die dortige theologische Fakultät berufen lassen würde (worüber sogar die «Neue Zürcher Zeitung» schrieb). Als «Familienvater ohne Vermögen» musste er diesen Ruf jedoch ablehnen, da die Besoldung zu klein gewesen wäre. Und doch war es «selbstverständlich ein neuer Ansporn zur Arbeit».[157]

Auch Karl Barth – frisch installierter Professor für reformierte Theologie in Göttingen – lobte das Buch, das er im November 1921, «wie es wichtigen Büchern gegenüber sich geziemt», in einem Zuge durchlas:

«Habe herzlichen Dank für die Gabe. [...] Ich weiss nicht, was ich bei Dir mehr bewundern soll: die beneidenswerte Belesenheit im theologischen Büchermeer, die sachkundige Art zu disponieren und den Leser gegürtet zu führen, wohin er nicht will,[158] oder die kritische Säure, mit der die Widrigen erst freundlich gebeizt, dann aber in ihre Atome aufgelöst werden. [...] Ich werde mir ein Vergnügen daraus machen, deine Schrift nächstens meinem neuen Freund Stange [einem Göttinger Theologieprofessor] zu unterbreiten mit kräftigen Randstrichen. Überhaupt könnte hier alle Welt nur daraus lernen, denn die Ahnungslosigkeit ist gross.»[159]

Trotz der Verstimmung über Thurneysen und Barth hatte Brunner sich im Spätherbst 1920 und im frühen Winter 1920/21 tief in deren Position

---

[155] A. a. O., S. 56. Vgl. Martin Luther, Aus tiefer Not schrei ich zu dir, in: Gesangbuch der Evangelisch-reformierten Kirchen der deutschsprachigen Schweiz, Zürich und Basel 1998, Nr. 82, 2, und Jesaja 43,1.
[156] A. a. O., S. 56 f.
[157] An Wachter im Februar 1922.
[158] Vgl. Johannes 21,18.
[159] Barth an Brunner am 30. November 1921, In: Barth–Brunner, S. 65 ff.

hineingedacht und sich viel von ihrer Sicht angeeignet. Im Frühling 1921 kam es wieder zu einer persönlichen Begegnung zwischen ihm und Barth, die freundlich verlief. «Die Zeit unfruchtbarer Opposition ist vorüber», schrieb er voller Freude an Thurneysen. Wie ihr Besuch im Herbst bei ihm den Winter eingeläutet habe, so breche für ihn jetzt der Frühling und der Sommer an.[160] Er komme sich vor «wie ein Bach, der sich selbst einen Block in seinen Weg geschoben und sich daran gestaut» habe. Jetzt sei der Block weg, «und es strömt wieder». In Barths «neuem Römerbrief» – gemeint ist die zweite Fassung, deren Druckfahnen er damals las – finde er «eine ungeheure Konzentration des Gedankens (und Ausdrucks!)».[161]

Auch wenn es zwischen Brunner und Barth immer wieder zu kleineren und grösseren Verstimmungen kam (die nächste, hier nicht darzustellende, kam bereits im Mai 1921[162]), konnte man bis auf weiteres von Brunner nun wirklich als von einem Mitglied der ‹dialektischen› Theologengruppe sprechen. Im «Kirchlichen Anzeiger für Württemberg» hiess es über seine Habilitationsschrift, dass sie «in manchem die Karl Barth'sche Position» erkläre, «nur alles deutlicher, im Zusammenhang mit der übrigen wissenschaftlichen Forschung».[163] Das «Theologische Literaturblatt» sah es so: «Durch Barths rhetorische Kraft ist die Schweizer Bewegung, deren Vater Kutter ist, modern geworden. In Brunner scheint ihr der Systematiker erstanden zu sein. Sein Buch [...] hat eine schöne rhythmische Sprache, es hat verhaltene Leidenschaft, es ist durchweht von einem demütig-stolzen Sendungsbewusstsein und hat eine beherrschende Idee, einen durchschlagenden Grundgedanken.»[164]

---

[160] An Thurneysen am 25. April 1921.
[161] An Thurneysen am 30. April 1921.
[162] Vgl. Barth–Brunner, S. 59 ff.
[163] Nach einem Verlagsinserat in: Mystik.
[164] A. a. O.

Die ersten Schritte an der Universität

Die Fakultät, an der der 32-jährige Emil Brunner am 13. Mai 1922 seine Antrittsvorlesung als Privatdozent über «Die Grenzen der Humanität» hielt – und zwei Jahre später seine ersten Vorlesungen als ordentlicher Professor –, war nicht mehr die gleiche wie im Herbst 1908, als er mit dem Studium begonnen hatte. Sie hatte sich – zunächst nach aussen wenig wahrnehmbar – stark verändert, besonders nachdem Gustav von Schulthess-Rechberg 1915 unerwartet gestorben war. Aus politischen Gründen waren Kirche und Staat übereingekommen, dass mitten im Ersten Weltkrieg nur ein Schweizer Kandidat für den theologisch ‹positiven› Lehrstuhl für systematische Theologie in Frage kommen konnte. Die Auswahl war klein. Karl Fueter, bekannt wegen seiner Rezensionen theologischer Publikationen in der «Neuen Zürcher Zeitung», erschien den Gutachtern als zu oberflächlich. Ohne grosse Begeisterung entschied man sich für den zweiten zur Verfügung stehenden Schweizer: Pfarrer Konrad von Orelli in Sissach, der mit einer philosophischen Dissertation über «Die Auffassung des Mitleids» promoviert worden war und von dem man hoffte, dass er sich nach seiner Wahl zum Professor wissenschaftlich weiterentwickeln würde. Es war eine glücklose Stellenbesetzung. Von Orelli selbst fühlte sich nicht am rechten Platz, erklärte auf Ende des Wintersemesters 1922/23 seinen Rücktritt und liess sich als Pfarrer ans Neumünster in Zürich wählen, um «die akademische Tätigkeit mit der mannigfaltigeren der theologischen Praxis zu vertauschen».[1]

Grosses Aufsehen erregte der Rücktritt von Leonhard Ragaz im Sommer 1921. Er hatte schon lange darunter gelitten, dass er Pfarrer zum Dienst in einer Kirche ausbilden musste, die ihm immer fragwürdiger erschien. In seinem Rücktrittsschreiben berief er sich auf sein Gewissen, war aber dann doch verstimmt, als die Regierung des Kantons Zürich ihn sang- und klanglos gehen liess. Kein Magistrat habe ihn «in dieser ganzen Sache irgendwie begrüsst», während zu Sauerbruch – dem berühmten deutschen Chirurgen – «sofort ein Regierungsrat» gestürzt sei, «um ihn anzuflehen», dass er nicht nach Berlin gehe, sondern in Zürich bleibe und weiter die Schweiz «beschimpfe».[2] Ragaz wäre offenbar bereit gewesen, auch in Zukunft systematische und religionsphilosophische Lehrveranstaltungen anzubie-

---

[1] Staatsarchiv Zürich U 104 b. 2. Hier auch die folgenden Angaben.
[2] Leonhard Ragaz in seinen Briefen 2. Zürich 1982, S. 220.

ten, wenn er von der praktischen Theologie entbunden worden wäre. – Auf das Sommersemester 1923 war auch die Stelle des langjährigen Neutestamentlers (seit 1893) Paul Wilhelm Schmiedel neu zu besetzen.

Die Zürcher Theologische Fakultät in den Zwanzigerjahren

Es ist hier nicht der Ort, über sämtliche Intrigen zu referieren, die es gab, bis die theologische Fakultät ab Sommer 1924 wieder in einigermassen ruhigen Gewässern segeln konnte, wohl aber über die wichtigsten Auseinandersetzungen. Sowohl innerhalb als auch ausserhalb der Fakultät spielte der theologische Richtungskampf eine Rolle. Der liberale Flügel der Zürcher Kirche drängte darauf und setzte es schliesslich durch, dass Walter Gut Ragaz' Nachfolger wurde – zunächst als ausserordentlicher Professor mit einem begrenzten Lehrauftrag. Da seine Vorlesungen zufrieden stellten – sie wurden von Mitgliedern der Hochschulkommission visitiert –, wurde er auf Beginn des Wintersemesters 1923/24 als ordentlicher Professor für systematische Theologie gewählt, wozu auch Religionspsychologie und Dogmengeschichte sowie wenig später das Gebiet der Symbolik (Konfessionskunde) gehörten. Anders als diejenige seines Vorgängers Ragaz war seine Professur also vermehrt historisch orientiert, während die praktischen Fächer teilweise vom Alttestamentler Ludwig Köhler mit übernommen wurden, den die Regierung aus diesem Anlass zum Ordinarius beförderte.

Walter Gut war Mediziner und Theologe, hatte vor seiner Berufung an die Universität als Psychiater in der Nervenheilanstalt Hohenegg in Meilen am Zürichsee gearbeitet und «an den Zürcher Frauenbildungskursen und der sozialen Frauenschule als Vortragender hauptsächlich über psychologische und praktische Fragen der Erziehung und der Fürsorgearbeit» unterrichtet. Von den Liberalen wurde er hoch gelobt. Im Gutachten des Zürcher Kirchenrates hiess es, dass er sich durch seine Vorlesungen über die Grundlagen der Ethik und verschiedene systematische Übungen «über sein mit grosser Hingabe und religiöser Wärme verbundenes akademisches Lehrgeschick [und] über klare und gründliche Darstellung der jeweils zur Behandlung kommenden religiösen und ethischen Fragen in trefflicher Weise ausgewiesen» habe. Vernichtende Urteile über ihn finden sich in Briefen Emil Brunners an Eduard Thurneysen. Brunner hätte die Professur natürlich am liebsten selbst übernommen, konnte sich aber – wenn auch mit Bedenken – vorstellen, dass Oskar Pfister – der Freund Sigmund Freuds – oder der Ökumeniker Adolf Keller – damals Pfarrer an St. Peter in Zürich – für die liberale Professur in Frage gekommen wären. Gereizt stellte er fest, dass die Liberalen «alles» tun würden, um ihn

Die Universität Zürich in den 1920er Jahren (Central-Comité der Zünfte Zürichs (Hg.), Festzug zur Einweihung der neuen Universität Zürich. Offizielles Festalbum. Zürich 1914, S. 3).

«kaltzustellen, auch auf die Gefahr hin, eine Null an Ragaz' Platz zu stellen, also eine zweite,³ und damit die Fakultät vollends zu ruinieren».⁴ Die «Affäre Walter Gut» werde «von vielen Leuten von der komischen Seite aufgefasst». Dass «ein Psychiater die Zürcher Theologie retten» müsse, gebe «freilich Stoff genug für Witze». Der Fakultät gehöre «für ihre Charakterlosigkeit» ein Denkzettel.⁵ Die einzige theologische Qualifikation Walter Guts bestehe in einem vor ungefähr zehn Jahren bestandenen «mittelguten Staatsexamen». Als «überarbeiteter Mediziner» habe Gut «unmöglich Zeit und Kraft» gehabt, «zu jener theologischen Bildung irgend etwas hinzuzutun». «So weit also geht die Parteibüffelei, dass man lieber die ganze Fakultät kaputt gehen lässt. Denn wer wird nach Zürich gehen, um die beiden – Orelli und […] Gut – zu hören?»⁶

Ein grosser Einschnitt in der Geschichte der theologischen Fakultät war die Emeritierung Paul Wilhelm Schmiedels auf Ende des Wintersemester 1922/23. Jahrelang hatte er einen dominierenden Einfluss auf seine Kollegen ausgeübt, um den wissenschaftlichen Standard zu erhalten – und das heisst in seinem Fall: den streng historisch-kritischen. Er versuchte, die Zukunft der Fakultät auch über seinen Rücktritt hinaus zu bestimmen, und kämpfte darum, in den Fakultätssitzungen nicht in Ausstand treten zu müssen, als es um seine Nachfolge ging, setzte sich damit aber nicht durch.

---

3 Neben von Orelli!
4 An Thurneysen am 30. Mai 1921.
5 An Thurneysen am 15. September 1922.
6 An Thurneysen am 14. Dezember 1921.

Ein Aufstand brach aus – fast wie beim «Züriputsch» von 1839![7] Zwar zogen die frommen Zürcher Oberländer nicht mit Sensen und Heugabeln bewaffnet in die Stadt. Die positiven Pfarrer landauf und -ab sammelten aber Unterschriften zu Gunsten eines ‹gläubigen› Professors für Neues Testament. In einer Eingabe an die Erziehungs- und Kirchenbehörden monierten sie die «Unbilligkeit», dass die «zürcherische theologische Fakultät seit ihrem Bestehen mehrheitlich, zeitweise sogar ausschliesslich, freisinnig besetzt gewesen» sei. Alle, «die sich innerlich von der liberalen Theologie getrennt» wüssten, hätten «unter diesem Zustand gelitten», und nicht wenige Väter hätten sich gezwungen gesehen, «mit grossen Opfern ihre Söhne ihr ganzes Studium auswärts absolvieren zu lassen, während sie mit ihren Steuern die hiesige Fakultät unterstützten». Im März 1923 kam eine weitere Intervention dazu: 80 Mitglieder der Zürcher Kirchensynode, d. h. beinahe die Hälfte, unterzeichneten eine Petition an den Regierungsrat des Kantons Zürich, in der sie für die Nachfolge Schmiedels und von Orellis zwei positive Dozenten verlangten.

Mit Hilfe des kantonalen Kirchenrates setzten sich die Positiven schliesslich durch: Die Wahl fiel auf den an der Theologischen Hochschule Bethel lehrenden Gottlob Schrenk, Sohn des bekannten Erweckungspredigers Elias Schrenk. Paul Wilhelm Schmiedel wehrte sich vehement gegen Schrenk, dem er Fundamentalismus vorwarf. In einer schriftlichen Stellungnahme beteuerte dieser, dass er die historisch-kritische Arbeit «freudig» – das Wort ist unterstrichen – bejahe. Er habe «sogar als Gymnasiast nie auf dem Standpunkt der Verbalinspiration gestanden». Es sei für ihn eine Selbstverständlichkeit, dass die biblische Geschichte von Adam und Eva im Paradies nicht «als Urkunde für die Urgeschichte der Menschheit» verwendet werden könne. – Aus heutiger Sicht merkwürdig berührt, dass der viel bedeutendere Julius Schniewind ebenfalls zur Verfügung gestanden hätte, offenbar aber wegen «oft spitzfindiger Argumentation» – bzw. «spitzfindigem Scharfsinn» – nicht in Betracht gezogen wurde.

Die Berufung Emil Brunners

Die Frage der Nachfolge von Orellis blieb während längerer Zeit ungelöst. Zur Diskussion standen aus der Schweiz die Pfarrer Hermann Grossmann in Goldach – zugleich Religionslehrer am St. Gallischen Lehrerseminar Mariaberg in Rorschach – und Karl Baumann in Zürich-Wiedikon.

---

[7] Im «Züriputsch» wurde die liberale Regierung des Kantons Zürich gestürzt, da sie David Friedrich Strauß als Theologieprofessor berufen hatte.

Das Dekanat der theologischen Fakultät wies die Erziehungsdirektion des Kantons Zürich jedoch darauf hin, dass Grossmann und Baumann wegen mangelnder literarischer Leistungen keine «sichere Gewähr» dafür böten, «den Anforderungen einer Universitätsprofessur gewachsen» zu sein. Einstimmig schlug die Fakultät Dr. theol. Theophil August Steinmann, Dozent für Philosophie und systematische Theologie am theologischen Seminar der Brüdergemeine in Herrnhut, zur Wahl vor. Der bereits 64-Jährige hatte verschiedene akademische Ehrungen empfangen und vieles publiziert. Es bestehe kein Zweifel, «dass die hiesige theologische Fakultät in Steinmann einen in langjähriger Praxis geschulten, philosophisch und theologisch hervorragend durchgebildeten Gelehrten von allgemein anerkanntem Rufe gewinnen würde». In ihrer Antwort vom 7. März 1923 hielt die Erziehungsdirektion jedoch fest, «dass Herr Steinmann von den Kreisen, die sich um eine positive Besetzung bemühen, aus verschiedenen Gründen abgelehnt wird, namentlich auch, weil er mit zürcherischen Verhältnissen zu wenig bekannt sei, als dass ihm die praktischen Fächer übertragen werden könnten». Die Fakultät möge die Vorschlagsliste mit weiteren Kandidaten ergänzen, die «als Angehörige der positiven Richtung anerkannt» und «gleichzeitig als wissenschaftliche Vertreter der systematischen Theologie» zu empfehlen seien.

Fast an jeder Fakultätssitzung wurde die Nachfolge von Orelli diskutiert: Die Fakultät klammerte sich an den der Regierung nicht genehmen Steinmann, obwohl auch der kantonale Kirchenrat mit dieser Kandidatur nicht einverstanden war.[8] Am 1. Oktober 1923 war es dann dieser, der Bewegung in die verfahrene Sache brachte. In einem Brief an die Erziehungsdirektion hielt er zunächst grundsätzlich fest, er erachte es als absolut erforderlich, dass für die systematischen Fächer ein Dozent gewonnen werde, der sie völlig beherrsche und die Studierenden in die höchsten und tiefsten Fragen der Dogmatik und Ethik «in gründlicher und zugleich fesselnder Weise einzuführen» vermöge. Dann schlug er einstimmig Emil Brunner vor, über dessen «Befähigung [...] zum akademischen Lehramt [...] kein Zweifel bestehen» könne. Er habe «sowohl durch seine wissenschaftlichen Schriften, die in Deutschland, Holland und in der Schweiz immer grössere Beachtung und Zustimmung» fänden, «sich als ein mit der theologischen Wissenschaft gründlich vertrauter Theologe erwiesen, als auch während der akademischen Lehrtätigkeit in Zürich sich als ein tüchtiger Dozent bewährt, der die Studierenden für seine Vorlesungen ungemein zu interessieren und für die theologischen Probleme zu fesseln» vermöge. Brunner gehöre zwar formell nicht zur positiven Fraktion. Nach «seiner eigenen Erklärung und gemäss dem Ein-

---

[8] Staatsarchiv Zürich TT 20.3 (1923), 554.

druck», den der Kirchenrat «aus seinen Büchern und Artikeln empfangen» habe, stehe er «der positiven Überzeugung doch innerlich nahe, und seine wissenschaftlich-theologische Anschauung» werde «sich von derjenigen des jetzigen Systematikers an unserer theologischen Fakultät[9] wesentlich unterscheiden». Brunner habe «begeisterte Freunde [...] in den Kreisen der religiös-sozialen Gruppe». Er sei aber kein «Parteimann», sondern wolle «völlig unabhängig sein». Angesichts seiner «Selbständigkeit und Schaffensfreudigkeit» und «in Hinsicht auf sein verhältnismässig jugendliches Alter» eröffne sich «für die Ausreifung seiner religiösen Überzeugung noch eine reiche Entwicklungsmöglichkeit». Dem Kirchenrat gegenüber habe Brunner ausdrücklich betont, «dass ihm die Kirche das wichtigste Werkzeug zur Verkündigung des Evangeliums sei, wenn er sie auch als eine menschliche Institution mit den Reformatoren zwar kritisch, aber durchaus nicht ablehnend beurteile».[10]

Die Fakultät war verblüfft, da sie den jungen Privatdozenten bis zu diesem Moment nicht als ‹positiv› wahrgenommen hatte. Zu denken geben musste ihr aber, als in einem Brief vom 8. Dezember die Positiv-evangelische Vereinigung des Kantons Zürich sich explizit hinter die Kandidatur Emil Brunners stellte. Eine von ihr zu diesem Zweck bestellte Kommission sei dazu gelangt, ihn «für einen positiven Theologen zu halten».[11]

Am 17. Dezember 1923 wurde Brunner die Gelegenheit gegeben, in einem rund einstündigen Referat der Fakultät seine theologische Position persönlich vorzustellen. Er wollte nicht als untertäniger Bittsteller auftreten und hielt einen sehr selbstbewussten und stolzen (für einige vielleicht sogar arroganten) Vortrag, in dem er von seinem theologischen Werdegang erzählte: weg von der liberalen, hin zur – nicht in einem trivialen Sinn positiven, wohl aber – reformatorischen Theologie. Heute sei die Rechtfertigungslehre des Apostels Paulus für ihn das absolute Zentrum. Zuhanden der liberalen Professoren unterstrich er, dass das von ihm vertretene reformatorische Schriftprinzip natürlich nicht mit der orthodoxen Inspirationslehre verwechselt werden dürfe. Er sei «Pauliner», weil ihn «die Wahrheit des paulinischen Evangeliums gefangen» nehme, «nicht weil es Paulus oder das Bibelbuch» sei, worin er «diese Gedanken finde». Kräftig erinnerte er an Luther und Calvin und verwies auf seinen «Freund» Karl Barth.[12] Diskutiert wurde am 17. Dezember nicht. An der folgenden Fakultätssitzung vom 20. Dezember 1923 wurde zuerst mit drei gegen zwei Stimmen und mit einer Enthaltung beschlossen, sowohl Steinmann als auch Brunner vorzuschlagen. Offenbar wurde aber bald

---
[9] Walter Gut!
[10] Staatsarchiv Zürich TT 20.3 (1923), 554.
[11] Staatsarchiv Zürich TT 20.3 (1923), 727.
[12] Nachlass 81, 1.

klar, wie unbefriedigend dieser Zweiervorschlag war: Eine zweite Abstimmung resultierte im einstimmigen Beschluss, die Berufung Emil Brunners zum ordentlichen Professor für systematische Theologie zu beantragen.[13] Es könne jetzt für sicher gelten – schrieb dieser an Thurneysen –, dass er «im Frühling als Ordinarius für systematische und praktische Theologie anfangen werde zu lesen».[14] Die offizielle Ernennung Brunners durch den Regierungsrat zum ordentlichen Professor für systematische und praktische Theologie (mit Ausschluss der Dogmengeschichte und Symbolik) mit Amtsantritt auf den 16. April erfolgte am 7. Februar 1924.

Theologische Entwicklung und Publikationen 1921–1924

Die Jahre 1921–24 waren auch für Brunners persönlich-theologische Entwicklung wichtig. Bereits *vor* seiner definitiven Anerkennung als Privatdozent hatte er sich energisch daran gemacht, Vorlesungen vorzubereiten. Am 3. Oktober 1921 erzählte er Thurneysen von seinen Studien für das demnächst beginnende Kolleg über «Idealismus und Religion» (das dann erst im Sommersemester 1922 stattfand und dessen Manuskript verloren gegangen ist). Aber dann wurde er unerwartet zu einer grossen Atempause gezwungen. Am 14. Oktober 1921 musste er sich einer «Bauchoperation» unterziehen.[15] Acht Wochen lang war er völlig ausser Gefecht gesetzt, ein weiteres Vierteljahr ging es, bis die innere Wunde verheilt war.[16] Am 17. November 1921 ersuchte er deshalb das Dekanat der theologischen Fakultät Zürich, ihn für das laufende Semester zu beurlauben.[17]

Kaum war Brunner einigermassen wiederhergestellt, erkrankte seine Frau. Ihr Augenleiden erschien so gefährlich, dass man nicht nur auf Erblindung, sondern auf noch Schlimmeres gefasst sein musste. Während vieler Wochen weilte sie nicht in Obstalden, sondern in ihrem Elternhaus in Bern, wo sie von einem Spezialisten behandelt wurde, der feststellte, «dass es sich ‹nur› um eine Sehnervzündung lokaler Art» handelte – erst später zeigte sich, dass es ein erster Schub von Multipler Sklerose gewesen war, dem weitere folgen sollten.[18] Anfang Mai 1922 schrieb Brunner an Thurneysen, dass es noch zwei weitere Monate dauern werde, bis die Familie wieder zusammenleben könne.[19] Im Herbst wurde dann

---

[13] Staatsarchiv Zürich AA5 2.
[14] An Thurneysen am 20. und an Wachter am 23. Dezember 1923.
[15] So das ärztliche Zeugnis bei den Fakultätsakten U 104 c (Staatsarchiv Zürich).
[16] An Thurneysen, nicht datiert, im Dezember 1921.
[17] Fakultätsakten U 104 c (Staatsarchiv Zürich).
[18] Elisabeth Brunner-Gyr und Iris Jaumann-Brun mündlich.
[19] An Thurneysen, nicht datiert, Anfang April 1921, und am 3. Mai 1921.

die lange Trennung bis zu einem gewissen Grad kompensiert: Emil und Margrit Brunner waren wieder ganz gesund, und auf einer gemeinsamen, «zum Teil recht anstrengenden zwölftätigen Wanderung» war es Brunner möglich, den Geist sozusagen «abzuhängen»: Er «wollte nicht denken», sondern – was ihm sonst selten geschehe – mit den Augen «sehen». Dank «der verständnisvollen Kameradschaft» seiner Frau sei ihm das «ganz gut» gelungen. Anlässlich dieser Wanderung besuchten sie auch das Ehepaar Ragaz (wohl auf der Lenzerheide) und blieben dort zum Tee. «Ragaz war ausserordentlich liebenswürdig» und begleitete sie «eine ganze Stunde weit».[20] Brunner nahm wahr, dass Ragaz heimlich hoffte, er werde der in seinen Augen so fragwürdigen wissenschaftlichen Theologie doch nicht völlig verfallen, ein Wunsch, den er nicht erfüllen konnte.

«Die Grenzen der Humanität»

Eines der aufschlussreichsten theologischen Werke aus jener frühen Zeit ist die Antrittsvorlesung des Privatdozenten über «Die Grenzen der Humanität»,[21] mit der er bereits während der Rekonvaleszenz nach seiner Operation im Januar 1922 begonnen hatte.[22] Das Stichwort zu dieser Vorlesung hatte er sich vom Marburger Neukantianer Paul Natorp bzw. von dessen Buch «Religion innerhalb der Grenzen der Humanität» geben lassen. Im Sinne einer *captatio benevolentiae* setzte er damit ein, dass die «Mächte des untermenschlichen Chaos» drohten, «immer mehr von den Dämmen, die das geistige Schaffen von Jahrhunderten zum Schutz gegen sie aufgerichtet» habe, «niederzureissen und zu überfluten».[23] Wer wollte deshalb nicht Anwalt der Humanität sein – Humanität im Sinne des Glaubens «an die Idee des Menschen, Beugung unter das Gesetz vernünftiger Freiheit und Schönheit, wissenschaftliche, künstlerische und sittlich-persönliche Kultur, Unterwerfung des Gegebenen unter die Zucht, die form- und sinngebende Herrentat des Geistes?»[24]

Doch dann gab Brunner dem Gedankengang eine neue Wendung und bestritt, dass es richtig sei, die Religion als einen «Kulturfaktor allerersten Ranges» zu begreifen und daran zu messen, «wie sehr sie unser Kulturle-

---

[20] An Thurneysen am 15. September 1922, dem er auch erzählt: «Es war lustig, mit ihm einmal über ganz gewöhnlich-hölzerne Häge [Zäune] zu klettern, wobei er sich mit rührender Naivität für das Unschickliche mancher Situation meinte entschuldigen zu müssen.»
[21] Emil Brunner, Die Grenzen der Humanität. Tübingen 1922, in: Wort I, S. 76–97 (im Folgenden zitiert als «Grenzen»).
[22] An Thurneysen am 25. Januar 1922.
[23] Grenzen, S. 76.
[24] A. a. O., S. 77.

ben befruchte und bereichere». Religion, die den «Gerichtshof der Kultur als den höchsten und seine Sprüche als inappellabel anerkennt, [ist] domestizierte Religion, ein steriles und uninteressantes, verkümmertes Gebilde».[25] – «Jede lebendige Religion schöpft ihr Leben aus der Beziehung auf ein Jenseits der Humanität» – und könnte sich also von ihrem Wesen her nicht innerhalb der Grenzen der Humanität bewegen. – «Der Zug der Weltfremdheit, Grenzenlosigkeit und Jenseitigkeit ist kein zufälliger in ihrem Bilde. [...] Die Religion übt nicht nur an dieser oder jener Form der Kultur Kritik, sondern stellt sie selbst, die Humanität selbst, in Frage.»[26]

Mit grosser Bestimmtheit wandte er sich gegen eine Theologie in der Tradition Friedrich Schleiermachers:

«Eine Religion, die bloss Gefühl, bloss lieblich oder wehmütig das Leben begleitende Musik ist, ist jedenfalls nicht die Frömmigkeit der Jesaja, Paulus und Luther.»[27] – «Evangelischer und reformatorischer Glaube [...] ist nicht am Erlebnis, nicht am Menschen, sondern an Gott orientiert. Nicht schrittweise sich realisierende Freiheit, sondern Schuld und Erlösung, nicht der immanente Denkprozess, sondern der schroffste Dualismus von Gott und Mensch, nicht die gerade, stolz aufsteigende Linie der Entwicklung, sondern die gebrochene Linie des Kreuzes – das sind die jedem humanistischen Ohr widerwärtigen Themata der Religion.»[28]

Gegen Ende der Vorlesung heisst es dann:

«Der Glaube als menschliches Erlebnis geschieht diesseits der Grenzen. Nicht als solcher kommt er uns jetzt in Betracht, sondern als kritische transzendentale Selbstaufhebung des Subjektiven, in seiner reinen Sachlichkeit, als Geltenlassen, als Sich-zur-Geltung-Bringen dessen, was nicht der Mensch ist und tut, sondern die Wahrheit selbst, das Absolute, Gott. Als das Von-dorther-gesehen-Werden, als der göttliche Spruch über den Menschen, als das Aufblitzen des Lichts, in dem der Mensch sich in seiner Fragwürdigkeit sehen kann, und in dem er zugleich das göttliche Trotzdem wahrnimmt, als göttliche Erleuchtung, nicht als menschliche Erkenntnis, als ewiger, nicht als zeitlicher Augenblick. Die Krisis der menschlichen Lage, der Grund unserer Not, ist Gott. Wo es zu ihr kommt – und dabei bleibt! –, da und nur da wird als ihr Grund Gott offenbar, als der Sinn des Menschen, das ursprüngliche Leben, das zugleich das zukünftige ist.»[29]

Der Text erinnert in vielem an gleichzeitige Äusserungen Karl Barths – mit *einem* Unterschied: der evangelistischen Methode. Brunner versuchte, das Auditorium gewissermassen in die Enge zu treiben. Mit seiner messerscharfen Argumentation und mit grosser sprachlicher Kraft wollte er das Einverständnis erzwingen: Es *konnte* doch gar nicht anders sein! Wem

---

[25] A.a.O., S. 78.
[26] A.a.O., S. 79.
[27] A.a.O., S. 80.
[28] A.a.O., S. 81.
[29] A.a.O., S. 88.

Die Grenzen der Humanität (Antrittsvorlesung am 13. Mai 1922); Umschlaggestaltung von Margrit Brunner.

seine «Not» deutlich geworden war, *musste* doch die «Höhe» aus «dieser Tiefe» erblicken! «Nur in dieser Not» eröffnete sich «die Aussicht auf das ganz Andere»:[30]

«Wo Grenze ist, da ist Grenzsetzung. Damit Grenze als Grenze erkennbar werde, muss ein Standort ausserhalb des Begrenzten vorhanden sein. Wo Relatives als relativ erkannt wird, da muss ein Absolutes sichtbar sein, an dem, durch das das Relative als solches erkennbar wird. Wo verneint wird, kann nur verneint werden mit Rücksicht auf etwas anderes, das bejaht wird.»[31]

Der «Verrat an der Wahrheit» *muss* «nicht geschehen»:

«Es kann ja sein, dass der Mensch restlos, auch ja gerade als religiöser, jenes Gericht auf sich nimmt, ehrfürchtig jene Distanz wahrt, dass er radikal, ohne Abstrich seine Existenz in Frage stellt – gerade seine religiöse –, dass er sich ganz preisgibt, um der jenseitigen Wahrheit sich auszuliefern. In dieser kritischen Selbstaufhebung seiner zeitlichen Existenz, seiner verwirklichten Geistigkeit, die eben darum nicht in der zeitlichen Wirklichkeit stattfindet, in diesem ewigen Augenblick, in diesem absoluten Moment geschieht das Unmögliche, das Wunder des Glaubens. Hier wird die Schranke der Zeit durchbrochen, hier redet und handelt nicht der Mensch, sondern Gott.»[32]

In einem Brief an Eduard Thurneysen sagte Brunner in jenen Monaten selbst – und zwar durchaus selbstkritisch –, dass er «den ‹Zug› zu einem pietistischen Erweckungsprediger» in sich fühle – «viel mehr als zum Professor». «Es brauchte nur wenig Entgegenkommen seitens der Gemeinde, um mich in diese gefährliche Bahn hineinzureissen.»[33] Thurneysen gefiel das Vorlesungsmanuskript trotzdem. Er machte kaum Einwendungen und bewunderte Brunners «grosse Gabe», «in ein paar Strichen verwickelte geistige Zusammenhänge verständlich zu machen». Mit dem «ganzen Versuch» erkläre er sich «*nur* solidarisch». – Allerdings warf er dann doch die Frage auf, ob nicht «gelegentlich […] ein letzter Rest apologetischer Haltung» übrig geblieben sei und ob es nicht besser wäre, «mit den Wächtern der Humanität im Blick auf die heutige Lage» eine «weitestgehende Solidarität» zu erklären. Die Humanität sei «ja wirklich bedroht», und man begreife «den Wächterruf derer, die an ihren Grenzen» stünden. Im Übrigen sei der Aufbau von Brunners Vortrag «einfach gut und klar», und vielleicht müsse «auch die Einleitung» so stehen bleiben. Er wolle nur vermeiden, dass Brunner im Sinne des damals modischen Kulturpessimismus – etwa des Buches «Der Untergang des Abendlandes» von Oswald Spengler – missverstanden werden könnte.[34]

---

[30] A. a. O., S. 86.
[31] A. a. O., S. 84.
[32] A. a. O., S. 87.
[33] An Thurneysen am 15. September 1922.
[34] Thurneysen an Brunner am 7. April 1922.

Brunner sei mit sich selbst nicht ganz zufrieden gewesen, schrieb er seinem Schwager Rudolf Wachter. «Eben weil Religionsphilosophie», sei die Vorlesung «nur Vorspiel» und nicht die «Sache» selbst. «Wenn du so willst – für die draussen.» Er habe da zu reden aufgehört, wo die Frage einsetze: «Woher weisst du das?» Er wisse für sich persönlich gut, dass man nur «von Jesus Christus aus» so über die Grenzen der Humanität reden könne. Es sei alles «eine Umschreibung der Erbsünde». Diese Erkenntnis gebe es aber «erst seit und durch» Jesus Christus. Die Reformatoren hätten immer betont, dass die «Erkenntnis der Sünde und Erkenntnis der Gnade» miteinander korrelierten. In seiner Vorlesung sei dieser Zusammenhang «nicht genügend deutlich» geworden.[35]

Gemäss der gründlichen Analyse des amerikanischen Barth- und Brunnerforschers John W. Hart dokumentiert die Vorlesung die verschiedenen Einflüsse, denen Brunner damals ausgesetzt war: Als Kantianer versuchte er, eine solide Grundlage für die Legitimität und Notwendigkeit einer kritischen Philosophie zu etablieren und dabei die Grenzen des dem Menschen Möglichen zu betonen. Als Kierkegaardschüler beleuchtete er die *via negativa*, die den Menschen durch die Verzweiflung zu Gott führen will. Als dialektischer Theologe bekämpfte er auf allen Fronten den Subjektivismus der modernen Theologie und Schleiermachers. Schliesslich sei er ein «neu erleuchteter» Barthianer gewesen und in dieser Eigenschaft fähig, die radikale Bedeutung des Begriffs «Abstand» zu erklären: dass die Religion selbst unter dem Gericht stehe, der Glaube nicht ein Besitz, sondern reine Hoffnung sei. Brunner habe sich in seiner Antrittsvorlesung eindeutig als «dialektischer» Theologe erwiesen.[36] Dem ist nichts hinzuzufügen.

«Die Mystik und das Wort»

Neben der Arbeit an seinen Publikationen, Vorlesungen und Vorträgen las Brunner in jenen Jahren viel – eine positive Nebenwirkung seiner oft schmerzlich empfundenen «Isolierung» auf der «Glarner Hochwacht»[37] bzw. «im Obstalder Patmos»:[38] Friedrich Gogartens «Die religiöse Entscheidung»,[39] eine «kräftige Geisteskost»;[40] Thurneysens Arbeit über

---

[35] An Wachter am 30. Januar 1923.
[36] John W. Hart, Karl Barth vs. Emil Brunner. The Formulation and Dissolution of a Theological Alliance, 1916–1936. New York etc. 2001, S. 43.
[37] An Thurneysen am 15. September 1922.
[38] An Barth am 9. Juni 1923, In: Barth–Brunner, S. 73.
[39] Friedrich Gogarten, Die religiöse Entscheidung. Jena 1921.
[40] An Thurneysen am 3. Oktober 1921.

Dostojewskij, die aus einem Vortrag an der Aarauer Konferenz im Frühling 1921 hervorgegangen war,[41] «ein *ingens opus*»[42]; die zweite Fassung von Barths Römerbriefkommentar, der sein «täglicher Lehrer»[43] sei.

«Barth ist mein täglicher Begleiter, mein theologischer Vergilius im Gang durch Hölle und Himmel»,[44] «der wehrhafteste aller gegenwärtigen Theologen, der endlich wieder einmal Manneswaffen auf den Plan gebracht hat».[45] Er erkenne ihn als «turmhoch» über ihm stehend an.[46]

Vor allem aber las er kontinuierlich Kierkegaard, den er in seiner zweiten Vorlesung als Privatdozent im Wintersemester 1922/23 mit Schleiermacher verglich: «Seele und Geist, erläutert an Schleiermacher und Kierkegaard (1 Stunde Lektüre)».[47] Es war dies die Keimzelle, aus der Brunners erstes grösseres Werk, «Die Mystik und das Wort», herauswuchs.[48] Die erste der beiden Doppelstunden, die als Vorlesung gestaltet war, wurde von «12 oder 13» Studenten besucht, die Lektürestunde musste er als *Privatissimum* abhalten.[49] Mit der systematischen Schleiermacherlektüre hatte er im Mai 1922 begonnen.[50] Immer deutlicher war ihm dabei geworden, wie fruchtbar es war, Schleiermacher «durch die Folie Kierkegaard» zu lesen, da sich dabei «geradezu raffinierte Kontrastwirkungen» ergäben.[51] Und bereits im Mai 1923 konnte er Thurneysen schreiben: «Hurra, mein Schleiermacherbuch fertig gemacht! Der Zeiger steht auf ‹S. 370›, also ein ‹Buch› diesmal.»[52] Die Rohfassung von «Die Mystik und das Wort» war innerhalb eines Jahres entstanden.

Entscheidend für Brunners Schleiermacherbuch – und seine theologische Entwicklung überhaupt – war auch, dass er im Frühling 1922 Ferdinand Ebners 1921 erschienenes Buch «Das Wort und die geistigen Realitäten»[53] kennen gelernt hatte, das ihm von Paul Walser, Pfarrer im appenzellischen Hundwil, empfohlen worden war.[54] Er war begeistert und nahm sofort brieflich Kontakt mit dem österreichischen Volksschul-

---

[41] Eduard Thurneysen, Dostojewski. München 1921.
[42] An Barth am 22. Dezember 1921, in: Barth–Brunner, S. 68.
[43] An Thurneysen am 26. Mai 1921.
[44] An Thurneysen, nicht datiert, Anfang April 1922.
[45] An Thurneysen am 21. Februar 1923.
[46] An Thurneysen am 20. Dezember 1923.
[47] Staatsarchiv Zürich III EEf 15,12.
[48] Vgl. oben, S. 13.
[49] An Thurneysen am 10. November 1922.
[50] An Thurneysen am 3. Mai 1922.
[51] An Thurneysen am 15. September 1922.
[52] An Thurneysen, nicht datiert, wohl Mai 1923.
[53] Ferdinand Ebner, Das Wort und die geistigen Realitäten. Innsbruck 1921. Wieder abgedruckt in: Ferdinand Ebner, Fragmente, Aufsätze, Aphorismen. Zu einer Pneumatologie des Wortes. München 1963, S. 75 ff.
[54] An Ferdinand Ebner am 1. März 1922.

lehrer auf, der auch in der von Ludwig von Ficker herausgegebenen Zeitschrift «Der Brenner» publizierte und dessen Aufsatz «Die Christusfrage»[55] er ebenfalls las. Der für Brunner so wichtige Gegensatz zwischen Wort und Mystik wurde von Ferdinand Ebner ähnlich gesehen: Die Mystiker wüssten «nichts von der Tat im Wort», die christliche Botschaft von der «Menschwerdung Gottes» werde in die Formel von der «Gottwerdung des Menschen» verdreht, eine «Rückkehr ins Heidentum»![56] Brunner sprach Ebner als Verbündeten an und drückte ihm seine Freude aus «über die tiefgehende Gemeinsamkeit unserer Erkenntnisse». Doch sei Ebners «Denken über Christus schon zu grösserer Klarheit gediehen», er habe «viel und gern» von ihm gelernt.[57] Wie wichtig Ebner für Brunner damals war, geht auch daraus hervor, dass er den Aufsatz «Die Christusfrage» Rudolf Wachter sandte – mit der Bemerkung, er scheine ihm das Beste zu sein, was er seit langem über das Thema gelesen habe, und dass er sich «in allem Wesentlichen» mit seinen eigenen Gedanken über Christus decke. Er selbst sehe immer mehr, wie «nötig» die «Hervorhebung des Wortes» sei «gegenüber aller verschwommenen Romantik».[58]

«Die Mystik und das Wort» – wie bereits die Dissertation und die Habilitationsschrift bei J. C. B. Mohr in Tübingen erschienen – war eines der einfluss- und erfolgreichsten Bücher Emil Brunners, der damals völlig im Banne Karl Barths stand, von dem er quasi ‹verzaubert› war. Sein Buch ist so ‹barthianisch›, dass es – wie sich zeigen sollte – Barth selbst zu wenig differenziert und zu ‹steil› war. Bei der damals jungen Theologengeneration wurde aber die dialektische Theologie zumeist im Sinne von «Die Mystik und das Wort» verstanden. Gemäss Barth war es so suggestiv, dass es «wie Wurmpulver» wirkte.[59]

In der Tat war «Die Mystik und das Wort» ein Generalangriff auf fast alles, was der Theologie des 19. Jahrhunderts seit Schleiermacher wichtig gewesen war. Idealtypisch fasste Brunner das Anliegen der von ihm ver-

---

[55] Ferdinand Ebner, Die Christusfrage, in: Fragmente, Aufsätze, Aphorismen. Zu einer Pneumatologie des Wortes. München 1963, S. 450 ff.
[56] A. a. O., S. 458 f.
[57] An Ferdinand Ebner am 1. Februar 1923
[58] An Wachter am 30. Januar 1923. Vgl. auch die Aussage Brunners in einem Gedenkbuch für Ebner: «[...] dass das Geistige im Menschen ‹wesentlich dazu bestimmt sei, dass es von Grund aus angelegt ist, auf ein Verhältnis zu etwas Geistigem ausser ihm, durch das es und in dem es existiert›; und dass dieses Geistige ausser uns, das göttliche Du, ‹uns eben durch das Wort gegeben ist›. Mit dieser Erkenntnis ist die ganze Philosophie von Heraklit und Plato bis auf Hegel – – – aus dem Angel gehoben.» In: Hildegard Jone (Hg.), Für Ferdinand Ebner, Stimmen der Freunde, Regensburg 1935, S. 14 f. Nach: Yrjö Salakka, Person und Offenbarung in der Theologie Emil Brunners während der Jahre 1914–1937, Helsinki 1960, S. 91.
[59] Barth an Thurneysen am 30. Januar 1924, in: Briefwechsel Karl Barth – Eduard Thurneysen II. GA 4, Zürich 1974 (im Folgemdem zitiert als «Thurneysen II»), S. 217.

tretenen ‹neuen› Theologie im Begriff des «Wortes» zusammen. Für die von ihm abgelehnte ‹alte› Theologie verwendete er den Ausdruck «Mystik», der bei Brunner wesentlich mehr umfasst, als was man sich üblicherweise darunter vorzustellen pflegt.

Mystik meint bei Brunner das Erleben eines «Einsseins mit der Gottheit»;[60] Mystik in seinem Sinn lebt «vom Bewusstsein der ursprünglichen Gotteszugehörigkeit der Menschenseele». «Sie will nicht den schweren, demütigenden Weg des Glaubens gehen, sondern wählt den kürzeren und bequemern Weg der Einfühlung. Sie übersieht oder verwischt die [...] Schranke zwischen Gott und Mensch.» Sie «glaubt, sich des Göttlichen bemächtigen zu können», ist «geraubte Unmittelbarkeit» und «übersieht» – und ist insofern ehrfurchtslos – die «qualitative Differenz, die absolute Distanz zwischen Gott und Mensch».[61] Sie verdinglicht Gott.[62]

«Mystische Identitätsphilosophie, oder identitätsphilosophische Mystik, Gefühlsreligion, ist das feinste Destillat des Heidentums.»[63]

Mystik nimmt die Sünde nicht ernst, die Tatsache, dass der Mensch sich von Gott entfremdet hat. Sie «will oder kann sich nicht den Ernst unserer Lage eingestehen» und sieht den «Bruch» nicht.[64] Denn nur «in der Gebrochenheit» gibt es «ein Verhältnis zu Gott».[65]

Bereits mit dem Motto werden «Mystik» und «Wort» als Kurzformeln für die «moderne Religionsauffassung» und den «christlichen Glauben» als sich gegenseitig kontradiktorisch ausschliessende Gegensätze einander gegenübergestellt: Brunner konfrontiert «Gefühl ist alles, Name ist Schall und Rauch» – den Satz aus Goethes «Faust»[66] – mit dem Lutherzitat *Verbum est principium primum*.[67] In der Einleitung attackiert er das «Tohuwabohu von neuen Religionsunternehmungen, Weltanschauungen und Lebensreformen, von westlich-aktivistischen Programmen und östlich-quietistischen Mysterien», einen «Wirrwarr, dessen

---

[60] Mystik, S. 4.
[61] A. a. O., S. 387.
[62] Brunner hatte bereits in seiner Dissertation gegen die Verdinglichung Gottes gekämpft. Vgl. oben, S. 50.
[63] Mystik, S. 386.
[64] A. a. O., S. 387.
[65] A. a. O., S. 383.
[66] Vgl. Johann Wolfgang von Goethe, Faust I, Vers 3455. Marthens Garten.
[67] Das Zitat lässt sich nicht wörtlich verifizieren. Gemäss Reinhold Rieger, Tübingen, klingt es an folgenden Stellen an: WA14,585,15; 18,653,33; 27,75,20; WATR3,137,15 und WA7,98,4: «Sint ergo Christianorum prima principia non nisi verba divina.» Pierre Bühler, Zürich, weist seinerseits darauf hin, dass Brunner selbst in «Die Mystik und das Wort» S. 95 WA44, 270 zitiert «... zum Wort müssen wir wieder zurückkehren. ... Ad principuum a quo processimus est redeundum». Seine Hypothese ist, dass Brunner diesen Text frei umformuliert haben könnte, um ein Motto daraus zu machen.

nächstes Analogon die Religionsmischung des sterbenden römischen Kaiserreichs» sei.[68] Als zusammenfassenden Begriff für diese von ihm beklagten religiösen Tendenzen der Gegenwart verwendet er den Ausdruck «Mystik».

Brunner nimmt den Kampf gegen die in diesem Sinn verstandene Mystik auf, indem er ihr das «Wort» gegenüberstellt. Er meint damit etwas anderes und Fremdes, das dem Menschen zugesagt oder zugesprochen werden muss, da dieser es von sich aus – auf Grund von Introspektion in die eigene Seele – nicht hat. «Wo Wort ist, ist taghelle Klarheit» – und nicht ein schummeriges Halbdunkel wie im mystischen Bereich.

> «Der Mensch ist Mensch dadurch, dass ihm das Wort gegeben ist. Er ist das vernünftige Wesen dadurch, dass er Wort ver-nimmt. Er ‹lebt von einem jeglichen Wort, das aus dem Munde Gottes geht›.[69] Gott kommt zu uns, indem er *spricht*. Die Taten Gottes sind Kund-machungen, Euangelia. *Das* ist die Gegenwart des ‹Numinosen›: dass seine Gedanken kund werden. *Das* ist das *Mysterium tremendum*, dass er uns anruft: Adam, wo bist du?»[70]

> «Der einzige Grund des Glaubens ist der Spruch Gottes, die Verheissung, die *Promissio*, das Wort, das, was nicht [...] unser ist, sondern was ganz [...] von jenseits, von aussen uns an uns herankommt, was in keiner Weise als Erfahrbares ‹da› ist.»[71]

> Die Offenbarung ist «das Gegenteil alles Beweisbaren, ja auch nur Verstehbaren; das nur zu Glaubende. [...] Logos, *Wort* Gottes ist alles: Die Wahrheit, die erkannt, der Anspruch, der anerkannt, und die Offenbarung, die geglaubt werden will. [...] Der Gott, der dem Glauben bekannt ist, ist der, der sich im Wort offenbart, und seine Autorität ist die Autorität des Wortes, das in Freiheit erkannt, anerkannt und geglaubt werden will. Das Wort ist die schöpferische Potenz, der Ursprung aller Wahrheit, alles Guten und aller Hoffnung.»[72]

Es geht um den Glauben «an den redenden Gott, der nur im Glauben erfasst werden kann» und in dessen Namen «der grosse Kampf des Geistes gegen die Verdinglichung, der Kampf des lebendigen Gottes gegen das Heidentum» geführt werden muss.[73] Es sind dies Töne, von denen die dialektische Theologie in den Zwanzigerjahren durch und durch geprägt war.

«Die Mystik und das Wort» war ein theologischer Wurf und hatte ein grosses Echo – trotz der auch problematischen Aspekte: Zunächst war es mindestens einseitig, dass Brunner Mystik als Identitätsmystik verstand und übersah (oder jedenfalls nicht behandelte), dass es in der Christen-

---

[68] A.a.O., S. 1.
[69] Vgl. Matthäus 4,4.
[70] Mystik, S. 5. Vgl. Genesis 3,9.
[71] A.a.O., S. 389.
[72] A.a.O., S. 386.
[73] A.a.O.

tumsgeschichte auch andere Mystikvarianten gibt – besonders die bernhardinische Christusmystik. Im auf den Bernhardschüler Arnulf von Löwen zurückgehenden Lied «O Haupt voll Blut und Wunden»[74] beispielsweise wird die Sündhaftigkeit des Menschen sehr wohl bewusst gemacht und dass es nicht genügt, Gott unmittelbar in der eigenen Seele zu suchen. Auch Martin Luther kennt eine personale Christusmystik – etwa in seinem Weihnachtslied «Vom Himmel hoch, da komm ich her», in dem er das «herzliebe Jesulein» auffordert, sich «ein rein sanft Bettelein» in seines «Herzens Schrein» zu machen[75]. – Es war kein Zufall, dass diese Strophe im Bannkreis der dialektischen Theologie aus dem Kirchengesangbuch eliminiert und erst neuerdings wieder eingefügt wurde. – Mit seinem undifferenzierten Kampf gegen alles Mystische hat Brunner – wie auch andere dialektische Theologen – die unaufgebbare spirituelle Dimension des Christentums bedauerlicherweise stark geschmälert.

Wissenschaftlich-theologisch fragwürdig an Brunners Buch war ausserdem, dass er die von ihm bekämpfte Identitätsmystik einseitig an Friedrich Schleiermacher festmachte und zu wenig berücksichtigte, dass dessen Lebenswerk wesentlich nuancierter war und kaum auf einen einzigen Begriff – Mystik – zurückgeführt werden kann. Schleiermacher wurde in ein Prokrustesbett gepresst.

Brunner begnügt sich in seiner Polemik gegen Schleiermacher nicht mit dessen theologischen Werken, sondern beschäftigte sich auch ausführlich mit den Vorlesungen über philosophische Themen, um nachzuweisen, dass er in der Tiefe seines Wesens ein «Identitätsphilosoph»[76] gewesen sei, d. h. ein Denker, der den Unterschied zwischen Gott und Mensch nicht ernst genommen habe. Das Wörtlein «und» sei die für Schleiermacher typischste Vokabel gewesen. «Das Göttliche, das zugleich das Menschliche; das Geistige, das zugleich das Natürliche; das Gottesreich, das zugleich die Geschichte» sei – «*Gott und die Humanität*», so habe «sein Programm» gelautet.[77]

Im Nachwort betonte Brunner zwar, dass es ihm nicht um den «Menschen» Schleiermacher gegangen sei: «Gross und ehrwürdig» stehe «nach wie vor das Bild dieses Mannes vor uns» – «gross durch die untadelige Lauterkeit und Strenge seines Charakters», «bewundernswürdig durch seinen umfassenden Geist, durch die Schärfe und Beweglichkeit seines Verstandes», «gross vielleicht auch durch sein unablässiges, aber vergebliches Ringen um die Wiedergewinnung christlichen Glaubens in einer

---

[74] Paul Gerhardt, O Haupt voll Blut und Wunden, in: Gesangbuch der Evangelisch-reformierten Kirchen der deutschsprachigen Schweiz. Basel und Zürich 1998, Nr. 445.
[75] A. a. O., Nr. 394, 13.
[76] A. a. O., S. 78.
[77] A. a. O., S. 390.

glaubensarmen Zeit».[78] Und bereits in der Einleitung steht, dass es ihm fern gelegen habe, «über das biographisch-geschichtliche Problem Schleiermachers eine neue oder gar die abschliessende Anschauung zu vertreten».[79] Er habe es «nur indirekt» mit Schleiermacher als Person zu tun, «nur mit dem Schleiermacher nämlich, der ein gegenwärtiger» sei.[80] Er wolle Schleiermacher als den «einzigen wirklich grossen Theologen des Jahrhunderts»[81] ernst nehmen, indem er mit seinem Werk und mit seinen Gedanken kämpft: «Solange wir einen Menschen ernst nehmen, psychoanalysieren wir ihn nicht, sondern versuchen, dem sachlichen Zwang seiner Rede zu folgen.»[82]

Als Karl Barth im Herbst 1923 Brunners Manuskript zum ersten Mal las, war er zunächst positiv beeindruckt. Er empfand es als «doch ganz gut» und «sehr dienlich», wie er an Eduard Thurneysen schrieb.[83] Brunner teilte er mit, dass er ihm «mit höchster Bewunderung» zusehe, wie er «den Mann abschlachte». Es sei «ein sicher hochverdienstliches Tun, das nicht nur Eindruck, sondern Epoche machen» werde. Bereits damals fügte er aber hinzu: «Weisst du, ich *könnte* einen einzelnen historischen Menschen und sein Werk nicht so hernehmen, weil ich das Gefühl nicht loswerde, dass da bei solcher Exstirpation bei höchstem Recht dazu doch ‹irgendwie› Unrecht geschehen möchte.»[84]

Später sprach er von einem «‹Tribunal›»[85] und meinte, «Brunners gescheites und wissendes, erwünschtes und empfehlenswertes Buch» sei ihm «zu ‹unerschrocken›».[86] Er wolle Brunner «gewiss nicht schlecht behandeln und schätze seine Gescheitheit sehr», aber: «Warum hat er auch bei seiner Klugheit so wenig Übersicht?»[87] – «Wie, wenn Brunner [...], statt mit der grossen ‹Auseinandersetzungs›-Kelle anzurichten, uns einfach ein liebevoll minutiöses Bild seines Mannes gezeichnet hätte, mit den Augen eines Wissenden natürlich [...], aber nicht mit den Augen eines *alles* wissen Wollenden?»[88] Wenn er «gemessener, gelassener, vornehmkaltblütiger mit seinem Mann umgegangen wäre», wäre «das Bild Schleiermachers [...] reicher, komplexer, *differenzierter* ausgefallen». «Und das

---

[78] Mystik, S. 390.
[79] A.a.O., S. 10.
[80] A.a.O., S. 7.
[81] A.a.O., S. 6.
[82] A.a.O., S. 7.
[83] Barth an Thurneysen ca. am 13. Oktober 1923, in: Barth–Thurneysen II, S. 193.
[84] Barth an Brunner am 27. Oktober 1923, in: Barth–Brunner, S. 84.
[85] A.a.O., S. 86.
[86] Karl Barth, Brunners Schleiermacherbuch, in: Vorträge und kleinere Arbeiten 1922–1925. GA 19, Zürich 1990 (in der Folge zitiert als «Schleiermacherbuch»), S. 425.
[87] Barth an Thurneysen am 8. Dezember 1924, in. Barth–Thurneysen II, S. 297.
[88] Karl Barth, Schleiermacherbuch, S. 412.

wäre für die kommende Aussprache über sein Votum sicher von Gewinn gewesen.»[89] – Karl Barth hat mit diesen kritischen Anmerkungen auf die Dauer Recht behalten.

Brunner machte mit seiner Schleiermacherkritik Furore – vor allem bei der jungen Generation. Ältere Theologen wie Paul Wernle, der von einer «Hinrichtung»[90] sprach und davon, dass Brunner «Seite für Seite den armen Schleiermacher» totschlage,[91] waren konsterniert. Schon bevor das Buch im Druck erschienen war, lud die theologische Fakultät der Universität Basel Brunner ein, am 8. November 1923 an der von ihr veranstalteten Reformationsfeier über das Thema «Schleiermacher und der reformatorische Glaube» zu sprechen. Brunner nahm die Gelegenheit gerne wahr, als Herold der dialektischen Theologie aufzutreten und über die Hauptthesen seines neuen Buches zu referieren. Der reformatorische Kampfruf *solus* (allein die Schrift, allein Jesus Christus, allein die Gnade und allein der Glaube) lasse sich nicht mit Schleiermachers Lieblingswort «und» versöhnen. Es wäre «ein tragikomisches Missverständnis, wenn zu diesem Und, als das eine Glied der Synthese, eben der Glaube gesetzt würde, dessen Inhalt es ist, dieses und jedes Und auszuschliessen».[92]

Glaube im Sinne der Bibel und der Reformatoren heisst «auf die Wahrheit Gottes» abstellen, auf eine Wahrheit, «die nicht in uns, sondern eben gerade nur ausser uns, im [!] Christus», ist und die gegenüber allem, was in den Menschen vorgeht, «immer das Andere» ist. Glaube, reformatorisch verstanden, ist «Beziehung auf Gott» und «Beziehung auf das göttliche Wort». Es geht «um die Erkenntnis Gottes des Herrn». Glaube ist «Tat und Wagnis, Opfer und Verherrlichung Gottes». Er ist «Kampf» – oder noch mehr: «Sterben und Auferstehen». Er ist «allein Gottes Tat».[93]

Schleiermacher kennt das «Böse» nicht. Das «Gottesbewusstsein» ist bei ihm «zum Selbstbewusstsein des Menschen» geworden. «In den Mittelpunkt des Blickfeldes, wo für die Reformatoren Gott» gestanden hat, ist der Mensch getreten. Die Theologie ist zu einem Teil der Anthropologie geworden. Mystik ist «ja eben dies: das Menschliche, das zugleich das Göttliche ist, Gott *und* Mensch». Mystik ist «die Religion des Humanismus». Denn Humanismus ist «der Glaube an die Immanenz des Göttlichen im Menschen».[94]

---

[89] A. a. O., S. 413.
[90] In: Erich Stange (Hg.), Die Religionswissenschaft der Gegenwart in Selbstdarstellungen, Band 5. Leipzig 1929, S. 243.
[91] Vgl. Karl Barth, Schleiermacherbuch, S. 406, Anmerkung 37.
[92] Nachlass 80.
[93] A. a. O.
[94] A. a. O.

Auf Vortragsreise in den Niederlanden

Wohl noch wichtiger als der Auftritt in Basel war für Brunner eine Vortragsreise in die Niederlande in der ersten Hälfte des Dezembers 1923, bei der auch seine Frau dabei war und die zeigt, dass die dialektische Theologie international Beachtung zu finden begann. Brunner und seine Frau genossen diese Reise sehr, lernten «eine Reihe feiner, lieber Menschen kennen» und besichtigten «viel Schönes und Interessantes» in Brüssel, Antwerpen, Utrecht, im Haag und in Amsterdam.[95] Er hielt vier Vorlesungen – in Utrecht zwei vor der Kantgesellschaft[96] und eine vor der theologischen Fakultät,[97] in Amsterdam eine vor der Philosophischen Gesellschaft,[98] wozu noch verschiedene Diskussionen kamen. Sämtliche Vorträge sind repräsentativ für Brunners Beitrag zur damals neuen theologischen Bewegung. Typisch ist auch sein Vorgehen: In immer neuer Weise versuchte er, die Menschen draussen vor der Tür des christlichen Glaubens abzuholen und in das Heiligtum Gottes in Jesus Christus zu führen.

Je nach der Zusammensetzung der Teilnehmenden argumentierte er eher theologisch oder eher philosophisch. Ausser von seinem Schleiermacher-Buch machte er kräftig Gebrauch von seiner Vorlesung «Vom Sinn des Lebens – Vorfragen der Ethik»[99] im Sommersemester 1923, bei der er seine Studenten auf dem Weg über die Philosophie zum Glauben an die göttliche Offenbarung einzuladen versucht hatte. Wenn man «den ganzen Entwicklungsgang der modernen Theologie» zu überblicken versuche, sagte er vor der theologischen Fakultät Utrecht, so könne man sich «des Eindrucks wohl kaum erwehren, dass es sich hier um einen Prozess der Selbstauflösung» handle. Schleiermacher sei «der Generalstabschef, der den Plan» ausgearbeitet habe, «nach dem dann seine Offiziere, die ganze lange Reihe der Theologen des 19. Jahrhunderts», gearbeitet hätten.

In die gleiche Richtung formulierte Brunner die «christlichen Kernfragen»: «Was ist Offenbarung in Christus, was ist Vergebung der Sünde, was ist ewiges Leben?» Es ist eine «ganze ungeheure Welt», die «in den Worten: Schöpfung, Erlösung, Gnade, Wiedergeburt, Busse [und] Auferstehung eingeschlossen» ist. Gerade das sei «das Bekenntnis des christlichen Glaubens», dass «das Ewige als Wort in der Zeit gesprochen worden» sei, dass «der λόγος σάρξ ἐγένετο [das Wort Fleisch geworden]»[100]

---

[95] An Wachter am 23. Dezember 1923.
[96] Der Psychologismus als Zeitkrankheit. (Nachlass 80.) Das Grundproblem der Philosophie bei Kant und Kierkegaard. (In Nachlass nicht erhalten, da das Manuskript zwecks Druck – vgl. unten – weggegeben wurde.)
[97] Die Krisis der modernen Theologie. (Nachlass 80.)
[98] Die Seele und das Wort. (Nachlass 80.)
[99] Nachlass 99.
[100] Johannes 1,14.

und «dass die autoritative Botschaft von der Vergebung und Auferstehung» verkündet worden sei. Es gehe um den rechtfertigenden Glauben. Der Inhalt dieses Glaubens sei:

> «Dass ich, dieser sündige Mensch, nicht sündig, sondern gerecht [bin]; dass ich, der ich mich von Gott getrennt weiss, nicht von Gott getrennt bin, sondern seines Lebens teilhaftig; dass ich nicht mehr Gott gegenüberstehe als der andere, sondern auf der Seite Gottes – dort, wo Christus steht – als der göttliche Mensch, weil Gott mich so sehen will.»[101]

Nicht als eine an und für sich vorhandene Qualität des Menschen, sondern ausschliesslich als eine von Gott geschenkte Gabe!

Als besonders beispielhaft für sein damaliges Denken betrachtete Brunner den Vortrag «Das Grundproblem der Philosophie bei Kant und Kierkegaard» vor der Kantgesellschaft in Utrecht, den er in der von Karl Barth und seinen Freunden herausgegebenen Zeitschrift «Zwischen den Zeiten» publizierte[102] und der eine Kurzfassung seiner Vorlesung im Sommersemester 1923 war. Er ging vom Neukantianismus aus, betonte aber, dass Immanuel Kant selbst der viel grundsätzlichere und unerbittlichere Denker gewesen sei. Wie allen grossen Philosophen sei ihm «letzten Endes nur *ein* Problem» wichtig gewesen: «der Mensch in seinem Verhältnis zum Absoluten». Sein tiefstes Interesse war «letztlich das theologische». Seine Philosophie kreise «um jenen Punkt in der Mitte alles Seins und Denkens», «um jenes Problem aller Probleme, die Frage nach dem Woher und Wohin aller Dinge und allen Lebens, die Ewigkeitsfrage, die Gottesfrage».[103] Es war kein Zufall, «dass Kant, trotz der offenkundigen Bedenklichkeit des Begriffs, am Ding-an-sich» festhielt.[104] Er wollte sich nicht auf die empirische Wirklichkeit – das Phänomen – beschränken. Für seine «echt protestantische Mannhaftigkeit», hinter der «der Geist der Propheten des Alten Testaments» steht, ist ihm Dank geschuldet.[105] Kant war in Brunners theologischer Sicht ein Wegweiser zu Jesus Christus.

Im Unterschied zu anderen Interpreten Kants vertrat er die Meinung, dessen «Kritik der praktischen Vernunft» sei noch wichtiger als die «Kritik der reinen Vernunft». Die «ganze theoretische Vernunft» hängt nämlich «am sittlichen Imperativ». Auf «die Frage, ob Wissenschaft zu betreiben sinnvoll sei», hat «die Wissenschaft selbst keine Antwort».[106] Sie

---

[101] Nachlass 80.
[102] Emil Brunner, Das Grundproblem der Philosophie bei Kant und Kierkegaard, in: Zwischen den Zeiten. München 1924. Heft VI, S. 31 ff.
[103] A. a. O., S. 33.
[104] A. a. O., S. 35.
[105] A. a. O., S. 35.
[106] A. a. O., S. 38.

braucht einen Bezugsrahmen, der übergeordnet ist – die Ethik. Bei Kant gehe es immer um «die Richtung auf das Absolute».[107]

«Im Sittlichen schreitet das Absolute selbst auf mich zu und fasst mich an. Hier kommt es zu einer persönlichen Anrede: Du sollst. Ich bin verantwortlich. Darin liegt meine Würde begründet, darin aber – dass ich bloss soll und nicht von selbst dort stehe, wo ich sollte – offenbart sich auch die Kluft zwischen mir und dem Absoluten. Dass das Göttliche als Imperativ statt als Indikativ mir zum Bewusstsein kommt, zeigt an, dass ich von ihm getrennt bin. [...] Das Ende der sittlichen Erkenntnis ist dies: dass ich mich nicht rechtfertigen [kann], die Erkenntnis der Schuld. Wie im Theoretischen das Ende der Erkenntnis Antinomie, Widerspruch, heisst, so auch im Praktischen: Anti-Nomia, Widergesetzlichkeit, Widerspruch gegen den Anspruch als Grundform meiner Existenz. Es handelt sich um die abgründige, schauerliche Erkenntnis des radikalen Bösen.»[108] – «In der Erkenntnis der Schuld oder des radikalen Bösen erreicht das kritische Prinzip [Kants] seine Vollendung.»[109]

Emil Brunner spitzte Immanuel Kant theologisch zu. Anders als etwa für Goethe, der sich über Kants Lehre vom radikalen Bösen geärgert hatte, war für Brunner genau sie besonders imponierend. Auf diesem Hintergrund lag es für ihn auf der Hand, Paulus und die Luthertradition zu zitieren: «‹Ich elender Mensch, wer wird mich erlösen?› ‹Wie kriege ich›, der ich den Zorn Gottes erkennen muss, ‹einen gnädigen Gott?›»[110] Mit den Mitteln der Philosophie liessen sich diese Fragen nicht beantworten:

«Der Glaube ist entweder das Ende der Philosophie, oder aber er ist kein Glaube. Der Philosoph muss es, als solcher, unentschieden lassen, ob die Behauptung des Glaubens der höchste Sinn oder der vollendete Unsinn sei.»[111]

Mit solchen Sätzen versuchte Brunner seine Zuhörer dazu herauszufordern, sich für den Glauben zu entscheiden.

Ähnlich ging Brunner in seiner Vorlesung «Die Seele und das Wort» bei der Philosophischen Gesellschaft in Amsterdam vor, deren expressionistisch beschwörende Schlusssätze folgendermassen lauten:

«Das [gemeint ist der biblische Satz: ‹Das Wort wurde Fleisch›],[112] verehrte Zuhörer, wäre die einzige Möglichkeit, eine unmögliche Möglichkeit offenbar, eine für uns rein undenkbare Möglichkeit, über deren Vorhandensein *wir* jedenfalls nichts auszusagen vermögen. Denn wir sind ja an der Grenze unseres Aussagens angelangt. [Die Antwort] müsste gegeben werden kraft wunderbaren göttlichen Redens, indem der Ewige selbst die Grenze überschritte, die

---

[107] A.a.O., S. 39.
[108] A.a.O., S. 40.
[109] A.a.O., S. 41.
[110] A.a.O., S. 44. Vgl. Römer 7,24; «Wie kriege ich einen gnädigen Gott» ist ein apokryphes Wort Martin Luthers.
[111] A.a.O., S. 46.
[112] Johannes 1,14.

wir nicht überschreiten können, trotzdem wir sie überschreiten sollten. Dadurch also, dass die Gottheit selbst den Schritt täte, den wir nicht tun können, trotzdem wir ihn tun sollten. Das, dieses Undenkbare, wäre die definitive, unüberbietbare Möglichkeit, da sie die Erfüllung alles dessen wäre, was die Menschenseele als ihre göttliche Bestimmung kennt und was sie als ihr einzig vernünftiges Sein hofft und ersehnt. – Aber ob dies paradoxe Wort der Ewigkeit in der Zeit gesprochen sei, das zu entscheiden liegt nicht mehr in meiner Kompetenz. Denn es ist ja nicht mehr das Wort, mit dem es der Philosoph zu tun haben könnte. Es wäre ja das Wort, das nur der Einzelne für sich selbst hören, annehmen oder verwerfen könnte, das Wort, vor dem alle Philosophie abzudanken hätte und das nur dem hörbar würde, der – in der Erkenntnis seines Nichtwissens und seines Nichtseins zum Kind geworden – glaubte.»[113]

Brunner gab sich als Philosoph. Wieder forderte er aber seine Zuhörerschaft implizit – jedoch unüberhörbar – zum Glauben heraus.

Nach seiner Rückkehr in die Schweiz berichtete er Rudolf Wachter, dass seine Reise in die Niederlande «nicht ganz vergeblich» gewesen sei.[114] Die Vorträge seien «überall mit grossem Verständnis, zum Teil Begeisterung, aufgenommen» worden. Er hatte offenbar erfahren, dass von seiner Sprache eine suggestive Kraft ausging und er für viele ein faszinierender Redner war, obwohl er kaum Raum für kritische Rückfragen liess. In seinem Brief an Rudolf Wachter heisst es weiter: Insbesondere in Utrecht habe er «festen Fuss gefasst, sozusagen einen Brückenkopf befestigt, von wo aus wohl noch allerlei Aktionen ausgehen» würden. Über verschiedene niederländische Gelehrte berichtete er: «Diese Leute marschieren ganz Schulter an Schulter mit uns», d. h. mit der Gruppe der dialektischen Theologen. An der theologischen Fakultät von Utrecht sei schon vor seinem Kommen etwas im Gang gewesen, und nun entwickle sich dasselbe «erst recht».[115] Und an Eduard Thurneysen schrieb er: «Inzwischen war ich mit meiner Frau in Holland, habe dort mit Erstaunen das Vorhandensein einer recht munteren ‹Gemeinde› konstatiert.»[116]

---

[113] Nachlass 80.
[114] Vgl. 1. Korinther 15,10.
[115] An Wachter am 23. Dezember 1923.
[116] An Thurneysen am 20. Dezember 1923.

Professor in Zürich

Der Übergang von Obstalden in Emil Brunners – wie er gern sagte – «Vaterstadt»[1] vollzog sich schrittweise. Im Sommersemester 1924 hielt er seine erste Hauptvorlesung, «Christliche Theologie im Zusammenhang I», und dazu ein homiletisches Seminar. Gleichzeitig nahm er seine pfarramtlichen Pflichten im Kanton Glarus wahr, die Lehrveranstaltungen in Zürich – noch nicht das volle Pensum – konzentrierte er auf die ersten drei Tage der Woche. Er kündigte die Stelle auf Anfang Oktober 1924.[2] Finanzielle Gründe spielten mit, da der Umzug nach Zürich teuer zu stehen kam. Es war schwierig, eine passende Wohnung für die grösser werdende Familie zu finden. An einer ausserordentlichen Kirchgemeindeversammlung am 20. Juli dankte man ihm «für seine während gut acht Jahren in dieser Gemeinde vollbrachte rege Tätigkeit» und dafür, dass er «sein Amt mit Eifer und in uneigennützigster Weise versehen habe».[3] Am 16. Oktober meldete er sich offiziell in Zürich an, nachdem an der Klusstrasse 12 eine provisorische Unterkunft gefunden worden war. Am 17. Januar 1925 hielt er seine Antrittsvorlesung «Die Offenbarung als Grund und Gegenstand der Theologie».[4] Und am 21. Januar 1925 war es so weit: Bis auf weiteres definitiv wohnte die Familie im Klusdörfli 12 (unweit vom Waldrand am Zürichberg) in einem eigenen Haus, bis dann am 22. Juli 1939 das einseitig angebaute, aber geräumigere, heute noch bestehende Einfamilienhaus an der Hirslandenstrasse 47 bezogen werden konnte.[5] Hier blieb Brunner – von Ausland- und Spitalaufenthalten abgesehen – bis zu seinem Tod am 6. April 1966. Zum Einzug hatte er bei einem Kalligraphen den Bibelspruch Hebräer 13,14 bestellt: «Wir haben hier keine bleibende Stadt, sondern die zukünftige suchen wir.»[6]

Die Familie lebte sich in Zürich ein. Die vier Söhne besuchten die Schulen – zuerst im Quartier und später im Stadtzentrum. Die mit dem CVJM verbundene Pfadfinderabteilung Glockenhof spielte eine wichtige Rolle – vor allem für den Sohn Thomas, der (mit dem Vulgo «Filo») ein weit herum bekannter Pfadfinderführer wurde. Aber auch Brunner selbst

---

[1] Protokoll des Gemeindekirchenrates vom 10. April 1924.
[2] A. a. O. und Protokoll der Kirchgemeindeversammlung von 20. Juli 1924.
[3] Protokoll der Kirchgemeindeversammlung von 20. Juli 1924.
[4] In: Emil Brunner, Philosophie und Offenbarung. Tübingen 1925, in: Wort I, S. 98–122.
[5] Mitteilung von Stadtarchiv Zürich vom 4. Juli 2003.
[6] Nachlass 127, 4. (Wortlaut nach Lutherbibel von 1912.)

Margrit Brunner und die Söhne Andreas, Peter, Thomas, Hans Heinrich.

hielt an einem Pfadfinder-Anlass eine Ansprache über «Gott, die Alten und die Jungen».[7] Die Terminkalender von Emil und Margrit Brunner erzählen von einem immer dichter geknüpften Beziehungsnetz. Man besuchte Konzerte und gelegentlich das Schauspielhaus. Opern liebte Brunner nicht, und Caruso fand er «nicht musikalisch»![8] Der Eintrag «Klassik» hingegen, gemeint sind Hausmusikabende zusammen mit dem Jugendfreund Franz Tank[9] und dessen Frau, erscheint in Brunners Terminkalender häufig.[10]

Theologisches und soziales Engagement ausserhalb der Universität

Neben seinen Verpflichtungen an der Universität engagierte Brunner sich auch in der Stadt: Er übernahm Predigtstellvertretungen, z. B. an Ostern 1925 in Zürich-Fluntern und am Bettag 1925 zum ersten Mal im Frau-

---

[7] Nachlass 81. Ohne Datum.
[8] An Margrit Brunner am 9. Januar 1939.
[9] Vgl. oben, S. 29.
[10] Vgl. die Terminkalender Emil Brunners in Nachlass 123.

münster, das später seine wichtigste Predigtstätte wurde. In Fluntern, wo er das apostolische Glaubensbekenntnis auslegte, und in Oberstrass predigte er in den ersten Jahren häufig. «Es ist geradezu absurd, Theolog zu sein, ohne zu predigen. Das kann nicht gut herauskommen.»[11] An der Maturafeier des Freien Gymnasiums hielt er im September 1925 die Festrede. Hier übernahm er auch den Auftrag, den obersten Klassen Religionsunterricht zu erteilen. Er nahm es auch gern an, wenn er eingeladen wurde, in verschiedenen Kirchgemeindehäusern zu sprechen: «Ich habe nun schon ein grosses Volk in dieser Stadt», frohlockte er in einem Brief an Eduard Thurneysen.[12] Er liess sich von der Volkshochschule engagieren und referierte im Wintersemester 1926/27 über «Hauptfragen des christlichen Glaubens». Auch dem Lesezirkel Hottingen[13] trat Brunner bei. Für dessen Hauszeitschrift stellte er Texte von Sören Kierkegaard mit einer kurzen Einleitung zusammen;[14] sein viel beachteter Vortrag über den grossen Dänen wurde in der «Neuen Schweizer Rundschau» publiziert.[15] Während der Allianzwoche sprach er im Januar 1926 in der St. Annakapelle, der Kirche der pietistischen Evangelischen Gesellschaft, über «Die Aufgabe der Christen in der Welt». – Als Leonhard Ragaz diese Rede las, erkundigte er sich erfreut, wo denn hier der Unterschied bleibe zwischen Brunners Denkweise und der seinen, und hielt fest: «Dass diese Rede in der St. Annakapelle [...] gehalten werden konnte, ist ein Zeichen, das einem Mut macht.»[16] – Brunner hatte in der Tat als Religiössozialer gesprochen:

> «Als die Armut, die grosse soziale Not und Ungerechtigkeit von uns Hilfe begehrte, haben wir nicht geholfen, haben [das] Schreien nach Gerechtigkeit und Menschlichkeit nicht zu dem unsern gemacht, sondern haben [die Hilfsbedürftigen] mit Himmelstrost abgefertigt. Ja, die Kirche Christi, d. h. wir, wir tragen die Hauptschuld, wenn die Arbeitermassen heute nicht im Namen Jesu, sondern vermeintlich gegen das Christentum gerechtere Verhältnisse verlangen. Wir sind die Hauptschuldigen an ihrer Unkirchlichkeit und Unchristlichkeit. [...] Als es gegolten hätte, die rasend gewordenen Geister des Nationalismus und Imperialismus [...] zu bändigen und im Namen des grossen Friedefürsten etwas Tapferes gegen den Krieg zu tun: da waren es wieder die

---

[11] An Thurneysen am 16. Januar 1926.
[12] A. a. O. Vgl. Apostelgeschichte 18,10.
[13] Dieser war 1882 gegründet worden und war mit zeitweise 1500 Mitgliedern ein Hort des literarisch interessierten Zürich.
[14] Emil Brunner, Begegnung mit Kierkegaard, in: Der Lesezirkel, 17. Jahrgang, 3. Heft. Zürich 1929/1930.
[15] Emil Brunner, Die Botschaft Sören Kierkegaards. Rede vor dem Lesezirkel Hottingen Zürich, in: Neue Schweizer Rundschau 23, 2. Zürich 1930.
[16] Ragaz an Brunner am 24. Februar 1926.

Kirchen und Gemeinschaften, welche einfach die Parolen der Staatslenker zu den ihren machten und Kriegsbegeisterung für religiöse Pflicht hielten.»[17]

«Das Wort Glaube ist falsch übersetzt, wenn es nicht auch heisst: Gehorsam. [...] Alles soll [Christus] untertan sein, nicht nur die Herzen, sondern auch die Verhältnisse. [...] Gott kümmert sich nicht nur um die Religion, sondern auch um die Politik.»[18]

«Jedenfalls ist Gott immer die Tat wichtiger als das Geschwätz, darum auch die weltliche Tat wichtiger als das fromme Geschwätz. [...] Es ist heute wichtiger, dass die christliche Kirche gegen den Krieg etwas Entscheidendes tut, als dass sie neue Missionsgebiete in Afrika erobert.»[19]

Besonders wichtig wurde der später so genannte Brunner-Kranz. Dieser ging auf eine Initiative des an der Johanneskirche im Industriequartier wirkenden Pfarrers Hans Bader zurück, eines der Gründer der religiössozialen Bewegung in der Schweiz.[20] Bereits 1922 hatte Bader Brunner eingeladen, sich einem Gesprächskreis anzuschliessen, der abwechslungsweise in verschiedenen Pfarrhäusern zusammentrat und über theologische Grundfragen diskutierte: «Es freut uns alle, wenn Sie zu uns kommen, weil uns ein geschulter Philosoph fehlt.»[21] Nachdem Brunner sich vorerst provisorisch dem Kreis angeschlossen hatte, schrieb Bader, der darunter litt, wie theologisch oberflächlich die Gespräche häufig waren, er sei froh, dass Brunner teilnehme: «Nun stehe ich doch nicht mehr allein, sondern habe in Dir einen Bundesgenossen, und zwar einen, der ganz anders im Sattel sitzt als ich, wenigstens, was die theologische Ausrüstung anbelangt.» Für die Hauptschlacht brauchte «es einfach schweres Geschütz». – «Also, lass Deine Kanonen donnern.»[22]

Brunner wurde bald zur dominierenden Gestalt in diesem Kreis, den Margrit Brunner in ihrem Terminkalender noch 1931 «Baderkränzli» nannte[23], während er selbst nüchtern von der «Theologischen Arbeitsgemeinschaft» sprach.[24] Mit Genugtuung stellte er fest, dass die Pfarrerschaft sich wieder mehr für theologische Fragen interessierte. 1925 beispielsweise las man den Heidelberger Katechismus – «unter Beiziehung der *Helvetica posterior* und des Genfer Katechismus».[25]

---

[17] Emil Brunner, Die Aufgabe der Christen an der Welt. «Monatsblatt der Evangelischen Gesellschaft des Kantons Zürich», 9. Jahrgang, Nr. 2. Zürich, Februar 1926, S. 19.
[18] A. a. O., S. 21.
[19] A. a. O., S. 22.
[20] Die Gründung der religiössozialen Bewegung hatte 1906 in Degersheim im Kanton St. Gallen stattgefunden, wo Bader damals als Pfarrer wirkte.
[21] Bader an Brunner am 25. September 1922.
[22] Bader an Brunner am 22. November 1922.
[23] Nachlass 121.
[24] Nachlass 123.
[25] An Barth am 16. Dezember 1925, in: Barth–Brunner, S. 127.

Hans Bader (aus dem Freundschaftskalender zu Emil Brunners 60. Geburtstag).

Der «Brunner-Kranz» entwickelte sich zu einer stabilen Institution und wurde zeitweise von regelmässig mehreren Dutzend Pfarrern aus der ganzen Ostschweiz besucht, Brunners ‹Hausmacht›. «Die Kerngruppe bildeten [...] jene Streitgenossen, auf die Emil Brunner besonders zählen konnte. In den ersten Zeiten standen Männer wie Hans Bader und Emanuel Tischhauser, die Brüder Hans und Heinrich Bruppacher, der feinsinnige Adolf Maurer und der stürmische Ernst Imobersteg im Vordergrund. Bald rückten Brunner-Schüler nach. [...] Hier legte er seine Entwürfe, die neusten Texte, auch noch ganz unfertige Pläne vor. Hier wurde gestritten, gekontert und auch allerlei Verschworenheit geübt.»[26]

Obwohl es in den Dreissigerjahren vorübergehend zu Ermüdungserscheinungen kam, blieb man doch zusammen: Man wolle sich «wieder mit neuer Freudigkeit und Verantwortlichkeit an die Arbeit machen», schrieb Brunner, die Theologie müsse sich daran bewähren, dass «sie uns [die Mitglieder der Theologischen Arbeitsgemeinschaft] zu ‹lebensumwandelnden›, d. h. Jünger schaffenden, Pfarrern» mache.[27]

---

[26] Hans Heinrich Brunner, S. 59.
[27] Vgl. Nachlass 62, nicht datierter Brief Emil Brunners.

Im Lauf der Zeit kam es zu einer weiteren Gesprächsgruppe, den in der Familie Brunner intern so genannten Habakuken – da sie mit einer gemeinsamen Lektüre des Prophetenbuches Habakuk angefangen hatte: Es war ein interdisziplinärer Kreis, an dem vor allem Universitätsprofessoren beteiligt waren. Zur Kerngruppe gehörten «der Historiker Leonhard von Muralt, die Germanisten Max Wehrli und Fritz Ernst, [der Altphilologe Fritz Wehrli], der Biologe Ernst Hadorn, der Anatom Gian Töndury, der Kirchengeschichtler Fritz Blanke, zeitweilig auch der Philosophiegeschichtler Hans Barth».[28] Auch der Jurist Dietrich Schindler schloss sich an, dessen Tagebuchnotizen zu entnehmen ist, dass man sich fast monatlich traf – teilweise auch zusammen mit den Ehefrauen. Am 9. September 1944 etwa trafen die Kollegen sich bei ihm, der sich notierte:

> «Nehmen im Garten Tee. Dann im Wohnzimmer. Enderlin[29] liest aus seiner Übersetzung eines Gedichts von Ramuz, das Szenen aus dem Sonderbundskrieg schildert, ins Oberthurgauische. Fritz Ernst Stellen von J. C. v. Orelli, über den er ein Buch herausgab. E. Brunner Stelle von Herder über hebräische Literatur.»[30]

Lehrer an der Universität

Auch an der Universität lebte Brunner sich schnell ein. Die Fakultät hatte sich zwar schwer damit getan, ihn als Kollegen willkommen zu heissen. Seine Berufung erwies sich aber bald als glücklich für sie. In den frühen Zwanzigerjahren war die Zahl der Theologiestudenten dramatisch abgesunken – unter anderem wohl auch wegen des Rücktritts von Leonhard Ragaz.[31] Im Sommersemester 1922 waren nur 22 Studierende immatrikuliert. Sicher nicht nur wegen Brunners Berufung, wohl aber doch auch stark durch seine Tätigkeit befördert, stieg die Zahl der Immatrikulierten wieder auf rund 50 oder mehr an, im Wintersemester 1926/27 waren es

---

[28] Hans Heinrich Brunner, S. 80.
[29] Mit Enderlin ist Fritz Enderlin (1883–1971) gemeint, Rektor der Höheren Töchterschule in Zürich, der auch Kirchenlieder dichtete oder übersetzte, z. B. das «Magnificat» im heutigen Gesangbuch der Evangelisch-reformierten Kirchen der deutschsprachigen Schweiz, Basel und Zürich 1998, Nr. 1. (Vgl. dort auch S. 1035.)
[30] Diese Angaben verdanke ich Dietrich Schindler junior, vgl. dessen Biographie seines Vaters: Ein Schweizer Staats- und Völkerrechtler der Krisen- und Kriegszeit: Dietrich Schindler (sen.) 1890–1948, Zürich 2005.
[31] Dass Ragaz wesentlich mehr Hörer als sein Kollege von Orelli hatte, geht aus der Buchhaltung der Universität (einsehbar im Archiv der Universität Zürich-Zentrum) hervor: Ragaz bezog in seinem letzten Semester, dem Sommersemester 1921, Fr. 648.– Kollegiengeld, Konrad von Orelli dagegen Fr. 118.–. (Mit Kollegiengeld ist der Betrag gemeint, den die Studierenden direkt zuhanden der Dozierenden entrichten mussten und der deshalb variabel war.)

sogar 64![32] Brunners erste Lehrveranstaltungen als ordentlicher Professor im Sommersemester 1924 ergaben ein mehrfach höheres Kollegiengeld als diejenigen Konrad von Orellis in seinen letzten Semestern,[33] und bei den Studenten war er offenbar beliebter als sein liberaler Kollege Walter Gut. Seine Vorlesung für Hörer aller Fakultäten «Die Bibel und die geistige Krisis der Gegenwart» im Wintersemester 1925/26 war mit 100 zahlenden Teilnehmern[34] ein Publikumsmagnet.[35] Noch mehr Hörerinnen und Hörer – nämlich 197 – zog die Vorlesung «Der moderne Mensch und das Christentum» im Wintersemester 1928/29 an.[36]

Brunner war insofern ein ungewöhnlicher Professor, als er auch Studierendenseelsorge betrieb. Berühmt wurden seine Offenen Abende, zu denen er seine Studentinnen und Studenten nach Hause einlud.[37] Hier wurde nicht nur diskutiert, sondern auch gespielt und musiziert. «Die zuletzt Gekommenen setzten sich auf den Boden. Nicht sehr akademisch, dafür umso ungezwungener, umso menschlicher.» Brunner konnte zuhören, und er nahm «die Studenten auch mit ihren oft unbeholfen vorgebrachten Fragen ernst».[38] Er machte Bergtouren mit seinen Studenten und liess sich auch ins Christliche Studentenheim einladen, wo er am 21. Juni 1927 ein Votum zum Thema «Das Alte Testament als Gotteswort» abgab.[39] Er predigte in eigens sogenannten akademischen Gottesdiensten in verschiedenen Kirchen, und einmal im Monat während des Semesters hielt er «Morgenpredigten für Studenten» um halb sieben Uhr in der neugotischen Kapelle neben dem Grossmünster (heute Helferei): «Gut hundert Theologen und andere Studenten [waren] da.»[40] 1926 legte er den Epheserbrief aus. Zu Beginn des Sommersemester 1927 predigte er über das Gleichnis von den anvertrauten Pfunden:[41]

> «Wenn Schiller den Künstlern zuruft: der Menschheit Würde ist in eure Hand gegeben:[42] wie viel mehr gälte das von *Verbi divini ministri*. Die Welt wartet auf das Wort – auch wo sie es nicht weiss – auf das Wort mit dem wir täglich

---

[32] Vgl. die Jahresberichte der Universität.
[33] In seinem letzten Semester, dem Wintersemester 1922/23 bezog von Orelli ein Kollegiengeld von Fr. 70.–, während Brunner bereits in seinem ersten Semester als ordentlicher Professor, dem Sommersemester 1924, Fr. 442.– beziehen konnte.
[34] Nachlass 127, 2.
[35] Brunner erhielt in diesem Semester mit Fr. 1730.– mehr als doppelt so viel Kollegiengeld als die übrigen Mitglieder der theologischen Fakultät.
[36] Nachlass 127, 2.
[37] Vgl. Kramer, passim.
[38] Richard Rahn in: A. a. O., S. 75 f.
[39] Nachlass 81.
[40] An Barth am 16. Dezember 1925, in: Barth–Brunner, S. 127.
[41] Lukas 19, 12–26, dazu auch Lukas 12, 47–48.
[42] Vgl. Friedrich Schiller, Sämtliche Werke. Erster Band, 8. Auflage. Hamburg 1987, S. 186, Vers 443, «Die Künstler».

*Emil Brunner
im Sommersemester 1933.*

umgehen. Und der Herr der Welt erwartet von uns, dass wir an diesem Wort unsere Pflicht tun. Das lasst unsere Parole für dieses Semester sein. Dass es dazu komme, darum lasst uns den Herrn des Wortes bitten, der uns allein offene Augen und ein offenes Herz geben kann. Amen.»[43]

Es gab auch Studierende, die negativ auf Brunner reagierten. Zu ihnen gehörte die spätere Schriftstellerin und Fotografin Annemarie Schwarzenbach, die Brunners Vorlesungen in den späten Zwanzigerjahren besuchte. Den evangelistischen Stil Brunners fand sie demagogisch. Sie warf ihm eine autoritäre Sprachgebärde vor und sah eine Parallele zum Faschismus. Er erniedrige die Menschen mit einem «Taschenspielertrick», «indem er sie zu hilflosen Sündern machte»:[44] «Jetzt brauchten sie einen Priester, Magier, Führer, – [s]ie waren entrechtet und blind, und wollten einen

---

[43] Nachlass 71.
[44] Dieses und die folgenden Zitate nach: «Hochzuverehrender Herr Redaktor.» Das literarische Archiv von Dr. Otto Kleiber, Feuilletonredaktor der Basler «National-Zeitung». Antiquariat Moirandat, Basel. Ohne Jahrgang. S. 173/174. Annemarie Schwarzenbach äusserte sich so in einem Brief von 15. September 1940 an Dr. Otto Kleiber, Basel. Ich danke Karl Pestalozzi für den Hinweis auf diese Quelle. Der Text liegt in der Öffentlichen Bibliothek der Universität Basel, NL 336, B 145,7.

Glaubenssatz, auch wenn er absurd war, und Befehle, denen sie blind folgen konnten.» Der folgende Rückblick aus dem Jahr 1940 zeigt aber ebenfalls, wie gross die Faszination war, die von Brunner auf viele ausging – wenn auch nicht auf alle:

> «Die Studenten aller Fakultäten fanden sich in seinem Kolleg ein, das er meistens morgens um sieben Uhr las, denn zunächst einmal handelte es sich darum, Härte und Disziplin zu beweisen. – Absenzen wurden unerbittlich festgestellt. Ich erinnere mich gut an diese Vorlesungen im unwirklichen, grauen Frühlicht. Zwei Stunden lang, ohne Pause, scharf, klar, logisch, in dialektisch meisterhaften Sätzen, denen man nur mit gespanntester Aufmerksamkeit folgen konnte, prasselte es auf die faszinierte Zuhörerschaft nieder wie mit Peitschenhieben. Kurz gesagt, es ging nur um ein Thema: nachzuweisen, dass der Mensch sündig ist, sein Glaube an seine göttliche Natur ein anmassender Irrtum, – und dass er bereuen und büssen müsse im Diesseits, um vielleicht Gnade zu finden. Und immer kam dann der schreckliche und vernichtende Höhepunkt, jeder einzelne Hörer wusste es, – und jeder wartete doch immer wieder darauf, zitternd, und doch begierig, – fast, schien es, mit einem dumpfen Empfinden der Lust: Dieser Höhepunkt war […] der Satz von der ‹Gnadenwahl›: die Logik des Menschen stimmt, das Gesetz von Schuld und Sühne stimmt, wie das von Ursache und Wirkung, – die Erkenntnis von Gut und Böse stimmt und führt auch notwendig zum Glauben an die Gewissensfreiheit, – aber zuletzt, ganz zuletzt, ist der Mensch ja eben sündig, und deshalb verloren, – die ‹Gnade› aber ist göttlich, steht ausserhalb der Gesetze, die wir begreifen können, […] uns bleibt keine andere Hoffnung als das ‹credo quia absurdum›[45]. – Da ich wohl weiss, die Gnade sei jenseits aller Dialektik, und es damals auch wusste, hatten meine wachsenden Zweifel gegen Herrn Brunner andere Gründe. Ich hörte ihm zu, aber statt wie die Anderen in einen Taumel von Demut, Bewunderung, Zerknirschung zu geraten, fühlte ich eine grimmige Ohnmacht, – und die Wirkung, die dieser Mann ausübte, ekelte mich. Ich dachte immer, wenn diese Studenten endlich nach zwei Stunden ins Freie gingen, in diese milde Sommerluft, und Himmel und See und den Zürichberg sehen und wieder untereinander schwyzerdütsch reden würden, – davon müsse ihre unwürdige Ekstase vergehen wie ein böser Traum. Aber sie versuchten es gar nicht, die donnernde Sündenpredigt ihres Meisters in eine Beziehung zu setzen zu diesem schönen Tag und zu ihrem normalen, täglichen Leben.»

In den Anfangsjahren seiner Professur las Brunner über «Christliche Theologie im Zusammenhang I–III» (wie Annemarie Schwarzenbach sich richtig erinnerte: jeweils um sieben Uhr morgens), «Hauptprobleme des christlichen Lebens – christliche Ethik I und II», «Pfarramt und Gegenwartsleben» oder «Der Pfarrer und seine Gemeinde», «Wesen und Aufgabe der Predigt – Homiletik» und «Die Hauptprobleme des Religi-

---

[45] Die Aussage «Credo quia absurdum» wird dem altchristlichen Theologen Tertullian zugeschrieben.

onsunterrichtes, mit besonderer Berücksichtigung der Konfirmandenunterweisung». Dazu kamen das katechetische, das homiletische und das systematische Seminar, in dem er im Sommersemester 1925 den «Begriff der Offenbarung in der neueren und zeitgenössischen Theologie» besprach. Ein Jahr später folgten ein Seminar über die reformierten Bekenntnisschriften, sodann «Übungen zum systematisch-theologischen Bibelverständnis» und im Sommersemester 1928 ein Seminar über «Pascal und Kierkegaard».

Pastoraltheologie

Ein besonderer Reiz seines Lehrstuhls bestand darin, dass systematische und praktische Theologie miteinander verbunden waren, was seinen Neigungen entsprach. Die für den jungen Emil Brunner und überhaupt für den Geist der dialektischen Theologie charakteristische zweistündige Vorlesung «Pfarramt und Gegenwartsleben» oder «Der Pfarrer und seine Gemeinde» trug er unverändert zweimal vor – zuerst vor 32 Studierenden im Wintersemester 1924/25 und dann noch einmal vor 19 Studierenden im Wintersemester 1926/27. Er begann damit, dass seine Pastoraltheologie – wie seine Dogmatik – im Zeichen des Kreuzes stehen werde. Das «Bild des Krieges, des Kriegsernstes und der Kriegsnot» sei für die gegenwärtige Lage viel bezeichnender als «das einer friedlichen und behäbigen Arbeitsstätte».[46] Die «Krisenzeit» der christlichen Kirche müsse in der Gegenwart «als eine besonders furchtbare» bezeichnet werden. Für die Mehrzahl der Zeitgenossen sei die Kirche bereits «erledigt». Man behandle sie mit «herablassender Geringschätzung». Noch gravierender sei aber «die Entzweiung der Kirche mit sich selbst». Vor der Bearbeitung der speziell praktischen Fragen sei deshalb eine grundsätzliche Besinnung über die Kirche und das Pfarramt nötig. Der «Augiasstall von Willkürlichkeiten und Zufälligkeiten» müsse ausgemistet werden.

Energisch wandte er sich gegen das Postulat, wonach man «die Pfarrer mehr in die technischen Details der Amtsführung, der sozialen Arbeit, in Armenpflege, Blaukreuzarbeit und dergleichen eingeführt wissen» wolle. Es gehe ihm nicht darum, «Rezepte» zu vermitteln, das «wahrhaft Praktische» sei für einen Pfarrer im Gegenteil «die Erkenntnis der Offenbarung in Christus, das Verständnis des Gotteswortes und der Grundwahrheiten des Evangeliums». Alles andere sei «Beiwerk».

Der erste Teil der Vorlesung war den theologischen Voraussetzungen gewidmet: Kirche und Pfarramt gibt es nur unter der Voraussetzung, dass

---
[46] Dieses und die folgenden Zitate nach Nachlass 100.

eine «Offenbarung Gottes» als eine «autoritative Mitteilung» existiert. Die christliche Predigt ist nicht «eine lyrische Äusserung religiöser Erlebnisse», sondern sie hat «als Mission, als dringlichen Auftrag, die rettende Botschaft auszurichten». Wie «im Falle einer Armee, die der König aussendet, neues Land für ihn zu erobern», ist allen, die den Auftrag zur Verkündigung des Evangeliums empfangen haben, «bei seiner höchsten Ungnade» das «Unterlassen dieses Tuns verboten». Als «göttlich Beauftragte» sind sie «die Kuriere der göttlichen Post, die nicht in eigenem, sondern in ihres Herrn Auftrag» handeln, die «nicht ihr eigenes oder sonst etwas, was menschlicher Besitz wäre», vermitteln, sondern «was nur durch Gottes Offenbarung bekannt» geworden ist.

Brunner definierte die Kirche weder als «Kultgemeinschaft» noch als «sittliche Gemeinschaft», sondern als «Gemeinschaft des Wortes», die auf Sichtbarkeit in der Welt notwendigerweise angewiesen sei. Alle in der Kirche – und nicht nur die Pfarrer – sind grundsätzlich betrachtet «Missionare», «Katecheten», «Kämpfer im Heere Christi». Dass es berufsmässige Prediger gibt, ist «keine Glaubensfrage». «Laienprediger» sind – theologisch-grundsätzlich betrachtet – möglich.

Aus «technischen» Gründen ist eine gewisse «Arbeitsteilung» in der Kirche aber angezeigt, wodurch «eine bestimmte Zahl von Gliedern – und zwar besonders dazu begabte und vorbereitete – zum Dienst am Wort ausgeschieden» werden. Das in der reformierten Kirche übliche Pfarramt ist eine «menschlich notwendige» und «zweckmässige Einrichtung» zum Dienst am göttlichen Wort. Dem reformierten Pfarrer ist als einem «schwachen Menschen» das «unvergleichlich Grösste», das es gibt, anvertraut, wenigstens «für diese Stunde und solange er Pfarrer» bleibt. Er ist aber nur dann dafür qualifiziert, wenn er «das Paradoxe dieser Situation in Furcht und Zittern» erkennt und weiss, dass er nur *trotz* und nicht *wegen* seiner selbst an dieser Stelle steht, «als das tönerne Gefäss, in dem es dem göttlichen Schatz» beliebt, für eine gewisse Zeit zu ruhen.[47]

In einem zweiten Teil stellte Brunner allgemeine «Richtlinien für das Pfarramt» auf. Da er als dessen Kernaufgabe die Verkündigung des Wortes Gottes sah, war es ihm wichtig, zu betonen, dass der Pfarrer nicht im Auftrag der Gemeinde auf der Kanzel stehe. Er tritt «auf eine erhöhte Stelle, hört damit auf, einfaches Gemeindeglied zu sein».

«Er tritt damit der Gemeinde, die Empfänger des Wortes ist, gegenüber als [dessen] von Gott beauftragter Geber [oder] Spender.»

Da die Gemeinde auch einen falschen Prediger berufen könnte, besteht die Legitimation des Pfarrers nicht in seiner Beauftragung durch die

---

[47] Vgl. 2. Korinther 4,7.

Gemeinde, sondern einzig und allein im Wort Gottes selbst. Die Ordination als eine menschliche Einrichtung ist nicht massgebend.

> «Wer [das Wort Gottes] hat und wer durch es getrieben ist zu reden, der ist legitimiert; und jeder andere ist es nicht, mögen im Übrigen seine Zeugnisse noch so tadellos sein.» – «Ob der Jurist Calvin das Recht hatte, in Genf als Verkünder des göttlichen Wortes aufzutreten, das konnte weder die Genfer Gemeinde noch der Staat ausmachen, das war allein davon abhängig, ob dieser Mann das rechte Wort verkündete oder nicht; und ob es das sei, das konnte nur durch den Glauben erkannt werden.»

Obschon Brunner damit eine ‹steile› Sicht des Amtes eines Predigers vertrat – der Prediger steht unmittelbar zu Gott –, unterschied er sich dennoch deutlich von der römisch-katholischen Konzeption, gemäss der ein Priester *ex opere operato* – und zwar ein für allemal – geweiht ist.

Die grösste Not der Kirche bestehe darin, dass das Wort Gottes in ihr nicht zu seinem Recht kommt. Es wird «zu viel gepredigt – ganz sicher unendlich zu viel, wenn man auf das Was und Wie» achtet. Aber dieses Zuviel kommt «nicht aus einer Überschätzung des Wortes, sondern aus einer respektlosen Unterschätzung», da das Wort «zu billig geworden» ist. Zur grundsätzlichen Gefährdung des Wortes durch Mystik und Gesetzlichkeit kommt auf der praktischen Ebene das handwerkliche Ungenügen hinzu:

> «Wer wollte leugnen, dass tatsächlich zahllose Predigten gehalten werden, die nicht das Geringste wirken, weil sie lebensfremd, langweilig, harmlos, im schlechten Sinn theologisch, dogmatisch unernst, blosse Deklamation theologischer Sätze usw. sind?»

Auf der praktischen Ebene forderte Brunner Pfarrer, die «wissen, was das Wort Gottes ist». Ein «ganz verkehrter Grundsatz der theologischen Wissenschaft» bestehe in der Auffassung, wonach «die Erkenntnis des Gotteswortes» als eine «Sache der privaten Erbauung, nicht aber der Hochschule» betrachtet werden müsse. Man brauche Pfarrer, «die wissen, dass es die denkbar gröbste Pflichtverletzung ist, wenn sie vor lauter Geschäften keine Zeit finden, die Bibel zu lesen und zu studieren».

Die Verkündigung des Wortes Gottes für Erwachsene stufte er als wesentlich höher als den Religionsunterricht ein, obschon die Erfahrungen aus seinem «biblischen Unterricht» zu seinen schönsten gehörten. Die Wortverkündigung «an die unreife Jugend» ist problematisch.[48] Sie kann zur Immunisierung der Jugend gegenüber der biblischen Botschaft führen. Was am Glauben «Gewöhnung» – auch «fromme Gewöhnung» – ist, bedeutet noch lange nicht den wirklichen Glauben im biblischen Sinn.

---

[48] Vgl. auch oben, S. 146.

Noch mehr in den Hintergrund schob er die administrativen Tätigkeiten im Pfarramt und warnte davor, ausserhalb der kirchlichen Arbeit im eigentlichen Sinn noch weitere Aufgaben – etwa in der Politik – zu übernehmen.

Von der Seelsorge in der engeren Bedeutung dieses Wortes als Einzelseelsorge hielt er damals wenig. Dass man es vielerorts vorziehe, von einem Seelsorger als von einem Prediger zu reden, entspreche «genau der allgemeinen Tendenz der Zeit: Psychologismus […], Persönlichkeitskultus, Wichtignehmen der Individualität und ihrer Besonderheit, Privatisierung der Religion, alles vom Gesichtspunkt des menschlichen Bedürfnisses aus» gesehen. Die Seelennöte des Einzelnen heilt man «nicht durch raffiniertes Psychologisieren und Psychoanalysieren», sondern durch «die befreiende Objektivität des Wortes». Das Pfarramt ist nicht mit dem Dienst eines Sozialarbeiters zu verwechseln.

Im Schlussteil seiner Vorlesung brachte Brunner das Ganze noch einmal auf den Punkt: «Der Pfarrer ist dazu ausgesondert, in einer Welt, die Gottes immer wieder vergisst, das Evangelium von der Alleingutheit Gottes zu verkündigen.» Wer ein Pfarramt bekleidet, soll all dem fernbleiben, «was andere ebenso gut oder besser können». Man soll «nicht mit dem grossen Haufen» gehen, denn dieser hat «fast immer Unrecht». Als abschreckende Beispiele nannte er «Nationalismus» und «Militarismus». Vorbehalte hatte er auch gegenüber dem politisch-abstrakten Kampf für «soziale Gerechtigkeit» (z. B. durch Gewerkschaftsführer). Der Pfarrer müsse «in allen Hilfswerken» ein Anwalt der «Personen» und der «Seelen» sein – im Unterschied zu den «Vertretern der sachlichen Interessen». Vor allem soll er sich vor dem «nutzlosen Deklamieren» hüten und das «Resolutionen-Fassen und dergleichen mehr den Idealisten überlassen». Der Pfarrer ist «ein Mann des Wortes, aber nicht ein Schwätzer und Deklamator».

Brunners minutiös vorbereitete frühe pastoraltheologische Vorlesung ist aufschlussreich – sowohl aus biographischer als auch aus theologiegeschichtlicher Perspektive. Man beginnt zu verstehen, weshalb er ein grosses Echo auslöste und seine Schüler begeisterte: Hier sprach ein junger Professor, der seine praktische Erfahrung als Pfarrer in einer kleinen Landgemeinde mit einem weiten Horizont verband. Seine Formulierungsgabe ermöglichte es ihm, das, worauf es ihm ankam, in Begriffe zu fassen. Seine Ausführungen waren packend und strahlten eine verhaltene Begeisterung aus, obwohl er seine harsche Kritik an der real existierenden Kirche nicht verschwieg. Mindestens zwei Pfarrergenerationen machte er Mut, die Kanzel zu besteigen und mit gutem Gewissen das Evangelium zu verkündigen. Damit, dass er seine Studenten lehrte, dass sie nicht im Auftrag von Menschen predigten und den Menschen nicht nach dem Mund reden sollten, half er ihnen, auch besser mit Enttäuschungen und Kritik fertig zu werden. Brunner Predigttheorie hatte eine psychologisch stabilisierende Funktion.

Die von Brunner vertretene Theologie des Wortes Gottes hatte auch Gefahren. Er sagte selbst – und meinte es –, ein Prediger sei nur dann für seine hohe Aufgabe qualifiziert, wenn er wisse, dass er nur *trotz* und nicht *wegen* seiner selbst auf der Kanzel stehe. Seinen Studenten schärfte er ein, nicht «im schlechten Sinn theologisch, dogmatisch unernst» zu predigen. In der Praxis mochte die dialektische Theologie trotzdem dazu führen, dass manche Pfarrer zu stark von oben herab zu ihrer Gemeinde sprachen und kritische Rückfragen an ihre Verkündigung nur ungern akzeptierten. Nicht ganz unbegründet stellte Leonhard Ragaz bei einigen Barth- und Brunnerschülern bereits 1927 eine «theologische Hybris» oder einen «geistlichen Hochmut» fest, «wie er in der ganzen christlichen Geschichte gewiss nur selten da gewesen» sei.[49]

Ein treffendes Beispiel dafür stammt aus der Ostschweiz: Im Jahr 1945 forderten die evangelischen Gefangenen in der damaligen Strafanstalt St. Jakob in St. Gallen, dass der Anstaltsseelsorger bei der Verkündigung des Evangeliums vermehrt auf ihre Bedürfnisse Rücksicht nehme. Dieser reagierte in seinem Jahresbericht mit Ablehnung und wenig menschenfreundlich: «Auch der Gefangene muss lernen, dass sich die Verkündigung des Wortes Gottes nicht nach seinem Bedürfnis, sondern sein Bedürfnis sich nach dem Wort Gottes zu richten hat»[50] – die negative Wirkung einer Predigttheorie, der man in den Zwanziger- und Dreissigerjahren im Umkreis der dialektischen Theologie in einer vergröberten Form häufig begegnen konnte! Insgesamt lässt sich aber feststellen, dass die Predigtlehre Brunners (und natürlich auch Karl Barths und Eduard Thurneysens, die sich an diesem Punkt kaum von Brunner unterschieden) mancherorts einen kirchlichen Aufschwung mit sich brachte: Viele Gemeindeglieder waren tief beeindruckt von den packenden und ernsten Tönen, die sie von den jungen Pfarrern hörten.

Systematische Theologie

Die systematisch-theologischen Lehrveranstaltungen nahmen mehr von Brunners Zeit in Anspruch. Die erhaltenen Vorlesungsmanuskripte und Nachschriften eifriger Studierender geben einen guten Einblick. Und vor allem in diesem Bereich trat er – wohlvorbereitet durch seine Vorlesungen – auch als Schriftsteller hervor. Neben allen Artikeln und Aufsätzen in

---

[49] Ragaz an Brunner am 1. April 1927.
[50] Erlasse der Evangelisch-reformierten Kirche des Kantons St. Gallen, Band IX, Nr. 8, S. 47. Nach einem unpublizierten Vortrag von Marianne Jehle-Wildberger.

Fachzeitschriften besonders wichtig war sein Beitrag «Christlicher Glaube nach reformierter Lehre» für den Sammelband «Der Protestantismus der Gegenwart», der 1926 erschien.[51] Er selbst betrachtete für seine damalige Position den im Jahr 1928 publizierten Artikel «Gnade Gottes: V. Dogmatisch» für die zweite Auflage des theologischen Lexikons «Die Religion in Geschichte und Gegenwart» als repräsentativ.[52] Dass Brunner dazu aufgefordert wurde, diese Beiträge zu liefern, zeigt, dass der noch nicht Vierzigjährige auch in Deutschland angesehen und gefragt war. Dazu kamen zwei Bücher, die 1927 erschienen: «Religionsphilosophie evangelischer Theologie» und «Der Mittler – Zur Besinnung über den Christusglauben».[53] Sie sind die reife Frucht der ersten Jahre der vollamtlichen Professur. Mit dem Buch «Der Mittler» kommt Brunners ‹dialektische› Zeit zu ihrem Abschluss.

Ein erster systematischer Gesamtentwurf

Zunächst zu Brunners Beitrag für den Band «Der Protestantismus der Gegenwart»: Das monumentale Gemeinschaftswerk war ein repräsentatives und ehrgeiziges Projekt. Als «umfassendes und zeitgemässes protestantisches Volksbuch» sollte es «unter Mitwirkung führender Persönlichkeiten des kirchlichen und theologisch-wissenschaftlichen Lebens aller Richtungen weitesten Kreisen der evangelischen Bevölkerung in zuverlässiger Weise einen Überblick über den ganzen Bestand evangelischen Christentums und einen Einblick in die wichtigsten und eigentlich tragenden und weiterführenden Kräfte und Gedanken des [...] Protestantismus vermitteln».[54] Das Inhaltsverzeichnis ist eine eigentliche Heerschau damaliger evangelischer Prominenz, auch die Jugend und die evangelische Frauenbewegung waren vertreten. Und auch die Bedeutung des Protestantismus für die Kunstgeschichte wurde behandelt. Der Band enthielt

---

[51] Emil Brunner, Christlicher Glaube nach reformierter Lehre, in: Der Protestantismus der Gegenwart. Friedrich Bohnenberger Verlag, Stuttgart 1926, S. 343–374. (Vgl. die Bibliographie Emil Brunners in: Peter Vogelsanger (Hg.), Der Auftrag der Kirche in der modernen Welt. Festgabe zum siebzigsten Geburtstag von Emil Brunner. Zürich und Stuttgart 1959 (im Folgenden zitiert als «Bibliographie»), hier, S. 351 (falsche Seitenzahlen!). Zitiert wird nach der erweiterten zweiten Auflage, Zürich 1934, S. 398–430.

[52] Emil Brunner, Gnade Gottes: V. Dogmatisch, in: Die Religion in Geschichte und Gegenwart. Handwörterbuch für Theologie und Religionswissenschaft. Zweite, völlig neubearbeitete Auflage. Zweiter Band. Tübingen 1928, Sp. 1261–1268 (im Folgenden zitiert als «Gnade»).

[53] Emil Brunner, Religionsphilosophie evangelischer Theologie, in: Handbuch der Philosophie, Abteilung II, Band 6. München und Berlin 1927 (im Folgenden zitiert als «Religionsphilosophie»), 99 Seiten; zu Mittler vgl. oben, S. 13.

[54] Der Protestantismus der Gegenwart, S. III.

Beiträge über die evangelische Volkskirche in Rumänien, die ungarisch-reformierte Kirche, den Protestantismus des Nordens, das evangelische Christentum in den Niederlanden, den deutsch-schweizerischen Protestantismus, denjenigen in den romanischen Ländern und denjenigen in Amerika. Von den damaligen systematischen Theologen wirkten unter anderen der Tübinger Karl Heim und der Berliner Reinhold Seeberg mit. Der Beitrag «Evangelisches Christentum in lutherischer Ausprägung» wurde dem 67-jährigen Bankier Wilhelm Freiherr von Pechmann anvertraut, der «als Inhaber höchster Laien-Ämter zu den bedeutendsten Vertretern der Evangelisch-Lutherischen Kirche in Deutschland in der ersten Hälfte des 20. Jahrhunderts» gehörte,[55] und der Artikel «Christlicher Glaube nach reformierter Lehre» Emil Brunner.

Dieser benützte die Gelegenheit zu einem theologischen Gesamtentwurf. Als Ausgangspunkt wählte er die ersten zwei Fragen des von Calvin verfassten Genfer Katechismus: «Was ist der Sinn des menschlichen Lebens? – Die Erkenntnis Gottes unseres Schöpfers. – Aus welchem Grund sagst du dies? – Er hat uns ja dazu geschaffen und in diese Welt gestellt, um in uns verherrlicht zu werden. So ist es nichts als recht und billig, dass unser Leben, dessen Ursprung er ist, wiederum seiner Verherrlichung diene.»[56] Indem Brunner von diesen Sätzen ausgeht, meditiert er zuerst – vielleicht etwas zu breit – über das Phänomen der Frage. Doch dann macht er einen Sprung zum für die dialektische Theologie zentralen Begriff der Offenbarung:

> «Vom persönlichen, lebendigen Gott kann man nur dadurch wissen, dass er sich persönlich mitteilt.»[57] – «Das ist Offenbarung: der Augenblick, da die ganze Fülle der Ewigkeit, der verborgene Sinn und Wille des lebendigen Gottes hervorbricht aus der Verborgenheit des Jenseits in das Diesseits.»[58]
>
> «Offenbarung ist Gottes freie Herrentat, darum [...] nicht notwendig, [sondern] frei verfügend, [...], also ‹zufällig›, ‹kontingent›.»[59]

Gemäss seiner Darstellung wurde vor allem in der neueren Zeit die Gotteslehre oft so konstruiert, dass man von einem menschlichen Bedürfnis nach Erlösung ausging. Vereinfacht formuliert: Es gibt einen Gott, weil wir einen brauchen. Brunner widersprach, immer noch in Anlehnung an den Genfer Katechismus:

---

[55] http://www.bautz.de/bbkl/p/pechmann_w.shtml, Ekkard Sauser.
[56] Calvin-Studienausgabe, Band 2, Gestalt und Ordnung der Kirche. Neukirchen 1997, S. 17.
[57] Der Protestantismus der Gegenwart, S. 402.
[58] A. a. O., S. 405.
[59] A. a. O., S. 404.

> «Gerade nicht von irgendwelchen Bedürfnissen aus soll die Offenbarung Gottes gewertet werden, als ob Gott uns etwas schuldig wäre. Wenn Gott etwas schuldig ist – wir reden töricht[60] –, so ist er es einzig sich selbst: dass er als der, der er ist, erkannt und anerkannt werde. Wer nur an Gottes Offenbarung glaubt, weil er darin seine Seligkeit garantiert findet, der hat Gott noch nicht recht angenommen. Gott annehmen heisst vielmehr, seine Ehre, sein Alleingelten, sein unbedingtes Herrenrecht anerkennen.»[61] – «Gott will es so, darum ist es so.»[62]

Bewusst schnitt er auch Themen an, die in der neueren Theologiegeschichte in den Hintergrund getreten waren, weil er das Befremdende, wenn nicht sogar Schockierende des Evangeliums betonen wollte. Er scheute sich nicht, von der Sünde und vom Zorn Gottes zu sprechen. Ohne sie zu nennen, griff er auf die Schrift «*Cur deus homo*» von Anselm von Canterbury zurück, dessen Satisfaktionstheorie mit ihrem strengen Gottesbild diametral gegen den Geist der modernen Zeit steht:

> «In dem Mass als das Gewicht der Sünde[63] ermessen wird, wird ermessen, dass wirklich etwas zwischen Gott und uns liegt, was nur durch eine Tat Gottes beseitigt werden kann.»[64] – «Erst am Kreuz wird uns Gott wirklich, weil wir erst dort uns selbst in unserer Wirklichkeit sehen. Wir sehen, wie viel uns von Gott trennt, erst dort, wo wir sehen, wie viel es Gott kostet, zu uns zu kommen.»[65]

Sünde ist etwas anderes und viel Schwerwiegenderes als ein «Irrtum». Es genügt deshalb nicht, wenn Gott in seiner Offenbarung den Menschen ‹einfach› über seine Liebe aufklärt.

> «Gottes Vergebung ist keine Aufklärung. Darum ist seine Versöhnung etwas Wirkliches, etwas was getan und gelitten werden musste. Es brauchte dieses Opfer. Christus musste leiden und sterben. Ohne dieses Objektive nehmen wir die Vergebung als eine Selbstverständlichkeit, ermessen nicht das Gewicht dessen, was ‹dazwischen› liegt. [...] Die Erlösung, die Wiederherstellung des ursprünglichen Verhältnisses zwischen Gott und der Welt kann ja nichts anderes sein, als dass seine Ehre wiederhergestellt wird.»[66]

Obwohl Brunner die Aufgabe hatte, die reformierte Perspektive zu vertreten, sprach er so kompromisslos wie Luther von der «Rechtfertigung allein aus Glauben» und stellte heraus, dass sie nicht etwa «zuerst ein Trost» sei.

---

[60] Vgl. 2. Korinther 11,23.
[61] Der Protestantismus der Gegenwart, S. 406 f.
[62] A. a. O., S. 412.
[63] Vgl. Anselm von Canterbury, Cur Deus Homo / Warum Gott Mensch geworden. Lateinisch und deutsch. Besorgt und übersetzt von Franciscus Salesius Schmitt O.S.B. 5. Auflage. Darmstadt 1993, S. 74/75: «Nondum consideravi, quanti ponderis sit peccatum. / Du hast noch nicht erwogen, von welcher Schwere die Sünde ist.»
[64] Der Protestantismus der Gegenwart, S. 410.
[65] A. a. O.
[66] A. a. O., S. 410 f.

«Das ist zuerst der Angriff auf unser Ich. Dass wir nichts können, dass ‹unser Tun umsonst auch in dem besten Leben› ist.⁶⁷ [...] Es gibt nichts Demütigenderes, nichts für unseren Stolz Unerträglicheres als das Wort von der Vergebung; dass unser ganzes Leben, all unser Tun unter der Vergebung steht, dass Gott auf alles, was wir sagen und tun – das Geistigste, Herrlichste so gut, wie das Gemeinste – nur das eine antwortet: es ist dir vergeben.»⁶⁸ – «Auch die Frömmigkeit hält dem göttlichen Gericht nicht Stand. Gibt es Heil, so kann es nicht ‹da drinnen› gesucht werden, sondern ‹extra nos›, allein im Wort von Christus.»⁶⁹

Es war ihm aber wichtig, «wenigstens» im zweiten Teil seines Artikels eine «reformierte Ethik» zu skizzieren.⁷⁰ Sosehr er im Abschnitt über die Rechtfertigungslehre unterstrichen hatte, dass «unsere Rolle» im Zusammenhang mit der Erlösung nur passiv sei,⁷¹ so sehr betonte er im zweiten Teil: «Glaube ist auch vollkommene Aktivität. [...] Glaube ist nicht bloss Hören, er ist auch: Gehorchen.» Das bis jetzt Gesagte sei «nur die eine Hälfte der Wahrheit».⁷² Das Gesetz Gottes ist auch für die Glaubenden nicht überflüssig.⁷³ Es ist falsch, Dogmatik und Ethik voneinander zu trennen. Das «Wort als Gabe und als Aufgabe» können «nicht geschieden werden».

«Es ist kein einziger Glaubenssatz zu verstehen, wenn nicht dahinter die Frage steht: was soll ich tun? Nur dem so Fragenden gibt das Evangelium Antwort.»⁷⁴ – «Du sollst [...]: den Glauben tun, das heisst: sich im Leben immer und einzig durch den Glauben, durch das Horchen und Gehorchen, durch das Offenbarungswort in Christus bestimmen lassen.»⁷⁵

Das Gesetz ist «unentbehrlich», und zwar das Gesetz «als der durch Offenbarung uns bekannte Wille Gottes, des Schöpfers und Erlösers».⁷⁶

Indem Brunner vom Willen Gottes, des Schöpfers und Erlösers, sprach, hatte er die Möglichkeit auf zwei sich dialektisch gegenüberstehende Aspekte der reformierten Ethik hinzuweisen: ihren Konservatismus und ihre Radikalität. Auf der einen Seite gehe es um die Bewahrung der

---

[67] Vgl. Martin Luther, Aus tiefer Not schrei ich zu dir, in: Gesangbuch der Evangelisch-reformierten Kirchen der deutschsprachigen Schweiz. Basel und Zürich 1998, Nr. 83, 2.
[68] Der Protestantismus der Gegenwart, S. 412.
[69] A. a. O., S. 413.
[70] An Ragaz, nicht datiert, 1926.
[71] Der Protestantismus der Gegenwart, S. 412.
[72] A. a. O., S. 417.
[73] Brunner nahm hier die Lehre vom *tertius usus legis* auf, die von Melanchthon geprägt worden war und später als «typisch reformiert» galt.Vgl. Gerhard Ebeling, zur Lehre vom triplex usu legis in der reformatorischen Theologie, in: Wort und Glaube 1. Tübingen 1960, S. 50-68, Calvin, Institutio II,7, 12/13 oder den Heidelberger Katechismus.
[74] Der Protestantismus der Gegenwart, S. 421.
[75] A. a. O., S. 422.
[76] A. a. O.

Schöpfung. Alle «biblisch-reformatorische Einstellung zum Leben und zur Welt» hat «Respekt vor dem Wirklichen [und] dem Natürlichen in seiner irrationalen, unübersehbaren Mannigfaltigkeit».[77] «Der christliche Glaube hat nicht nur Respekt vor dem, was sein soll, sondern auch vor dem, was ist.»[78] Aber der andere Aspekt ist ebenso wichtig:

> «Nichts was ist, ist, so wie es ist, Ausdruck des Schöpferwillens Gottes, denn diese Welt liegt im Argen;[79] der Wille Gottes ist, sie aus dem, was sie jetzt ist, zu erlösen, aus ihr das zu machen, was sie ‹ursprünglich› ist, sie wiederherzustellen, sie von Grund auf neu zu schaffen. Auch diesem Willen Gottes soll der Christ gehorsam sein. Darum ist sein Wille auf ein Anderes gerichtet, was jetzt nicht ist, aber werden soll. Darauf beruht der grundsätzliche Radikalismus des christlichen Glaubens, seine Bestimmung, Angriff auf die Welt, Kampf zu sein.»[80]

Es gelte «der konservative Respekt vor dem gottgeschaffenen Sein *und* der angreifende Gehorsam gegen das gottgeoffenbarte Sollen».[81] Jenes «Ja» und dieses «Nein» waren für Brunner eines.[82]

Wilhelm von Pechmann hatte als für ihn als Lutheraner wichtig hervorgehoben, dass es sehr bedenklich sei, «Geistliches und Weltliches» nicht genug zu unterscheiden.[83] Es gehe nicht an, «dass man Geistliches und Weltliches» vermenge «und durch Veränderung in der Struktur weltlicher Ordnungen das Kommen des Reiches Gottes» herbeizuführen glaube. Obwohl er sich der Not der unteren Schichten bewusst war und später den Nationalsozialismus bekämpfte, hatte er grosse Bedenken gegen die Staatsform der Demokratie und gegen den Völkerbund:

> «Was man heute bei uns Demokratie nennt, ist dem Namen nach die Herrschaft des Volkes, der Sache nach eine unumschränkte und unkontrollierte Parteiherrschaft. [...] Für mich bedeutet es das Ende aller Freiheit [...], die ernsteste Bedrohung der Zukunft des Volkes, wenn der Stimmzettel zur letzten Quelle des Rechts, die Mehrheit zur alleinigen Trägerin der Staatsgewalt wird, und wenn es keine Macht mehr gibt, die [...] unabhängig von jeglicher Demagogie, über den Parteien stünde: die letzte Zuflucht der Minderheiten, ein Hort des Rechts.»[84]

Der Völkerbund sei «die schwerste Gefahr» für die Freiheit der Völker.[85] «Für uns Lutheraner wenigstens» sei die Propaganda für den Völkerbund

---

[77] A.a.O.
[78] A.a.O.
[79] Vgl. 1. Johannes 5,19.
[80] Der Protestantismus der Gegenwart, S. 422 f.
[81] A.a.O., S. 423.
[82] A.a.O.
[83] A.a.O., S. 377.
[84] A.a.O., S. 388.
[85] A.a.O., S. 388.

«das lehrreichste Schulbeispiel einer unzulässigen Vermischung von Geistlichem und Weltlichem, einer hoch bedenklichen Herabziehung des Reiches Gottes in die Händel dieser Zeit».[86]

Weit progressiver als Wilhelm von Pechmann wandte zwar auch Emil Brunner sich gegen ein unkritisches «demokratisches Pathos» und bezeichnete es als «Trugschluss, dass eine demokratische Verfassung ohne weiteres schon einen Sieg der Brüderlichkeit bedeute».[87] Aber «wie alle Lebensgebilde des Menschen» habe auch der Staat «die Tendenz, sich, wenn er sich selbst überlassen bleibt, in der Richtung der Naturhaftigkeit, also der Gefrässigkeit und des brutalen Egoismus, auszuleben». Sein Trieb gibt dem Staat «auch den Instinkt, diese seine brutale Natur ideologisch zu verdecken, das heisst seinen Machthunger durch allerlei pseudo-ethische Theorien zu beschönigen».[88] Die sogenannte Eigengesetzlichkeit des Staates enthält wie «alle menschliche Eigengesetzlichkeit» ein «dämonisches Element». Ein sich selbst überlassener Staat entwickle sich «mit Naturnotwendigkeit» zu einem «gefährlichen Ungeheuer», zu einem «Gegengott».[89] «Der Staat ist nicht bloss Gabe, sondern auch Aufgabe.» Selbst in einer Monarchie sind die Christen nicht von dieser Verantwortung entbunden. Daraus entsteht «in der reformierten Kirche eine Tendenz auf die Mitwirkung aller am Staat».[90] Brunner erinnerte daran, dass sich bereits «in der frühreformierten Kirche […] die Lehre […] vom ‹cri au peuple›», entwickelt habe, «das heisst vom Recht und der Pflicht der Geistlichen, da wo der Staat offenkundiges Unrecht tue, durch die Predigt im Volk einen Gegendruck […] zu erzeugen».[91] Wenn auch nicht euphorisch, neigte die reformierte Ethik in Brunners Interpretation doch einer – durch den Glauben «gebändigten» – Demokratie zu.

Gegen manche lutherische Theologen bestritt er zudem die Theorie, dass die «Volksgemeinschaft» als eine göttliche «Schöpfungsordnung» betrachtet werden müsse.[92]

> «Ein Volk ist jedenfalls mindestens so sehr das Produkt der Sünde wie der Schöpfung, und ob es wirklich eine göttliche Ordnung sei, dass die *National*staaten bestehen, muss für jede christliche Ethik eine offene Frage sein.»[93]

Der reformierte Glaube sei «von Anfang an, ähnlich […] wie das Christentum der ersten Jahrhunderte mehr übernational als national orien-

---

[86] A.a.O., S. 389.
[87] A.a.O., S. 426f.
[88] A.a.O., S. 427.
[89] A.a.O.
[90] A.a.O., S. 426.
[91] A.a.O., S. 427.
[92] A.a.O.
[93] A.a.O., S. 428.

tiert». «Reformierter Geist» müsste «sich selbst verleugnen», um der «Volkszugehörigkeit» grössere Bedeutung als der «Glaubensgenossenschaft» zuzubilligen.[94]

Im letzten Teil seines theologischen Gesamtentwurfs ging Brunner auf das Problem der Wirtschaftsethik ein. Alle ethischen Entscheidungen unterstellte er zwar dem Vorbehalt, dass «durch die Tatsache, dass in der Bibel das Reich Gottes verheissen ist, das auf Erden kommt, nicht das andere» verdunkelt werden dürfe, «dass dieses Gottesreich identisch ist mit dem Reich der Auferstehung von den Toten und des ewigen Lebens, mit dem also, was jenseits aller ethischen, auch aller christlich-ethischen Wirksamkeit liegt».[95] Trotzdem ist «die Idee der Mitverantwortlichkeit der kirchlichen Gemeinschaft für den sittlichen Charakter der Wirtschaft» ein «Leitgedanke» für die reformierte Ethik.[96] Weder im politischen noch im wirtschaftlichen Bereich kann der christliche Glaube unverrückbar fest stehende Eigengesetzlichkeiten anerkennen.[97] Wenn die reformierte Ethik sich treu ist – «oder vielmehr es wieder werden» will –, muss sie «den gegenwärtigen Wirtschaftsgeist (Profitinteresse) und die gegenwärtige Wirtschaftsform (liberalistischer Kapitalismus) [...] bestimmt bekämpfen». «Auch hier ist die Wirtschaft, ihrer Autonomie überlassen, zum alles fressenden Ungeheuer geworden und hat, aufs Ganze gesehen, längst aufgehört, ihrem natürlichen Zweck dienstbar zu sein.»[98]

Abschliessend hielt er fest, die reformierte Ethik sei «einzig und allein» im Wort und Willen Gottes gegründet. Auf diesem Fundament stehe «der reformierte Christ», von ihm aus wage er es, «die Welt als Gottes Eigentum anzusprechen», obwohl er wisse, dass es nie gelinge, sie dazu zu machen. Aber er tue es, weil das die rechte Art sei, «Gott zu danken, Gott treu und gehorsam zu sein». Er tue es «nicht letztlich um dessentwillen, was dabei herauskommt», sondern er tue es «zur Ehre Gottes».[99]

«Gnade Gottes: V. Dogmatisch» (RGG², II. Band, Sp. 1261–1268)

Dieser Artikel für die zweite Auflage von «Die Religion in Geschichte und Gegenwart» ist kürzer als der zuletzt vorgestellte Text. Und doch bietet er in gedrängter Form eine Zusammenfassung dessen, was Brunner in den

---

[94] A.a.O.
[95] A.a.O., S. 429.
[96] A.a.O., S. 428.
[97] A.a.O., S. 424.
[98] A,a.O., S. 428.
[99] A.a.O., S. 430.

ersten Jahren seiner Professur theologisch wichtig geworden war. Es lohnt sich, den Text mit demjenigen von Ernst Troeltsch zu vergleichen, der den systematisch-theologischen Artikel zum Stichwort «Gnade» 1910 für die erste Auflage geschrieben hatte. Troeltschs Text ist repräsentativ für die neuprotestantische bzw. ‹liberale› Theologie vor dem Ersten Weltkrieg.

In etwas stimmen Troeltsch und Brunner miteinander überein: Beide betonen gleich am Anfang, wie zentral die Gnadenlehre sei. Bei Troeltsch heisst es:

> «Gnade ist die höchste und letzte Zusammenfassung des christlichen Erlösungsbegriffs und [...] auch des christlichen Gottesbegriffes. In ihm stellt sich die eigentlichste Sonderart des Christentums dar.»[100]

Bei Brunner:

> «Gnade [...] ist der Zentralbegriff der christlich-biblischen Gotteserkenntnis. [...] er ist [...] das massgebende Kriterium der Unterscheidung des christlichen von jedem anderen, sei es philosophischen, sei es religiösen Seinsverständnis.»[101]

Doch dann bewegen sich die beiden Konzeptionen auseinander. Troeltsch schlägt den Weg ‹von unten› ein:

> «Das Christentum hat zum Grundgedanken die Emporhebung der endlichen Kreatur aus Weltleid, Sündenbewusstsein und Unkraft zur Seligkeit, Gotteinigkeit und Erfüllung mit göttlichen Lebens- und Schaffenskräften. [...] Das sich auslebende und den sittlichen Willen emportreibende Selbst muss gerade in der sittlichen Arbeit die Grenzen seiner Kreatürlichkeit empfinden lernen und kann das Absolute, das es aus sich selbst hervorholen will und muss, doch nur wirklich empfangen, indem es vom kreatürlichen Selbst loskommt und sich Gott als der Quelle alles Guten übergibt. [...]; nur indem [...] das Selbst zerbricht und sich [...] rein und unbedingt an Gott hingibt, wenn das Selbstschaffen des Menschen übergeht in ein Gott-in-sich-schaffen-Lassen, wird das Ziel erreicht.»[102]

Alles menschliche Tun und Lassen ist «durch die kreatürliche Selbstsucht» untilgbar befleckt. Es ist deshalb nötig, sich «auf dem Höhepunkt der sittlichen Leistung aus der eigenen Hand in die Gottes [zu] übergeben, um in Gottes Kraft das Göttliche zu wirken». «Das ist der Kernpunkt der christlichen Religion und Ethik.»[103] Gnade bedeutet, dass Gott das, was

---

[100] Die Religion in Geschichte und Gegenwart. Handwörterbuch in gemeinverständlicher Darstellung. Zweiter Band. Tübingen 1910, Sp. 1470 (im Folgenden zitiert als «Troeltsch»).
[101] Gnade, Sp. 1261.
[102] Troeltsch, Sp. 1470f.
[103] A. a. O., Sp. 1471.

der Mensch begonnen hat und worin dieser auf seine Grenze stösst, zusammen mit dem Menschen fortsetzt.
Troeltsch stellt seine Gnadenlehre als eine allgemeine Wahrheit dar. Ausdrücklich betont er, dass «die enge Verbindung mit der Christuslehre und der Heilstodlehre des Paulus» überflüssig und störend sei. Streng genommen sei der tatsächliche und reale «Tod des neuen Adam» gar nicht nötig. Die paulinische Kreuzestheologie sei nur die Form des Evangeliums und nicht dessen Inhalt.[104]

Emil Brunner sah das anders. Wie in seinem Artikel «Christlicher Glaube nach reformierter Lehre» betonte er abermals, dass «das Kreuz des Christus als der Ort der sühnenden Versöhnung der Ort der Vergebung» und deshalb für eine christlich verstandene Gnadenlehre unaufgebbar sei.[105] Die Anklänge an Anselm von Canterbury und seine Versöhnungslehre waren auch hier unüberhörbar.

> «Kein Akt der Selbsttätigkeit, keine sittlich religiöse Leistung kann das ursprüngliche Wesen wiederherstellen. [...] Darum ist aller sittliche Aufstieg bloss eine Veränderung innerhalb der Sündhaftigkeit und das Vertrauen auf ihn ein Zeichen sittlichen Unernstes. [...] Hier hilft nur eins: der göttliche Abstieg zum sündigen Menschen, die unverdiente Begnadigung des Sünders, die ‹Rechtfertigung allein aus Glauben›. Denn Glaube ist, auf den Menschen gesehen, die völlige Kapitulation des sittlichen Selbstvertrauens Gott gegenüber.»[106]

Der Unterschied zwischen Brunner und Troeltsch ist deutlich: Bei Troeltsch kapituliert der Mensch vor Gott aus eigener Einsicht selbst. Gemäss Brunner kann der Mensch erst kapitulieren, wenn ihm von Gott her eine «neue Lebensmöglichkeit» entgegenkommt und sich zeigt, d. h. auf Grund von Offenbarung:

> «Entweder muss der Mensch lügnerisch sich selbst rechtfertigen, oder aber Gott tut es aus frei schenkender Gnade. Das dankbar vertrauensvolle Geschehenlassen dieses göttlichen Ritterschlages, das sich Schenkenlassen der unerhörten, unverdienten neuen Lebensmöglichkeit: das ist Rechtfertigungsgnade oder Rechtfertigungsglaube. – Beides ist eins. Nicht ergreift der Glaube die Gnade, sondern er ist die Gnade. Die Gnade besteht eben darin, dass Gott den Glauben schenkt.»[107]

Gott gegenüber sind wir «ganz und gar passiv».[108]

---

[104] A. a. O., Sp. 1473.
[105] Gnade, Sp. 1263.
[106] A. a. O., Sp. 1264 f.
[107] A. a. O., Sp. 1265.
[108] A. a. O.

«Religionsphilosophie evangelischer Theologie»[109]

Brunners «Religionsphilosophie», die auch auf Japanisch und Koreanisch erschien und in der englischen Übersetzung noch 1979 aufgelegt wurde, gehört zu einer in den Zwanzigerjahren verbreiteten Literaturgattung. Paul Tillich, damals der Gruppe der dialektischen Theologen nahestehend, schrieb seinen Entwurf 1925.[110] Auch sein Buch wurde mehrfach aufgelegt und räumt dem Begriff der Offenbarung einen analog zentralen Platz ein. Zunächst hatte der Verlag Karl Barth um einen Beitrag gebeten, der aber der Meinung war, Emil Brunner mit seinen philosophischen Interessen eigne sich besser dafür: «Tu du das, ich könnt's nicht!»[111]

In der «Religionsphilosophie» führte Brunner aus, was er zwei Jahre später programmatisch als «Die andere Aufgabe der Theologie» bezeichnete, die Aufgabe des Streitgesprächs, der sogenannten Eristik.[112] Es genüge nicht, schrieb er in diesem Aufsatz, wenn die Theologie – wie es die Aufgabe einer Dogmatik sei – sich darauf beschränke, den christlichen Glauben auf Grund dessen eigener Logik «nach allen Seiten hin und im Zusammenhang» besinnlich zur Darstellung zu bringen.[113] Angesichts der vielen Widerstände, die das Evangelium erfährt, ist es vielmehr nötig, die Gegner zunächst auf ihrem eigenen Gelände aufzusuchen und ihnen die Hoffnungslosigkeit ihrer Denkversuche vorzudemonstrieren. Man müsse zeigen, dass eine Vernunft, die die göttliche Offenbarung ablehnt, sich selbst missverstehe. Die Theologie muss «dem Menschen beweisen, dass er nicht ist, was er sein möchte, dass er mit sich selbst im Widerspruch steht, ohne Aussicht, sich selbst aus ihm herauszuhelfen».[114] Noch einmal kurz gesagt: Die Theologie muss mit den Gegnern des christlichen Glaubens «streiten».

Die Dogmatik – so Brunner in «Die andere Aufgabe der Theologie» – wende sich in der Kirche nach innen und versuche, das Evangelium denen, die schon glauben, zu erklären. Sie rede unmittelbar von der Sache, ja lasse «die Sache reden», allerdings «in der Sprache der abstrahierenden,

---

[109] Religionsphilosophie (vgl. oben, S. 217). Diese war Teil des «Handbuches der Philosophie», das vom Verlag R. Oldenbourg in München herausgegeben wurde. Die zur gleichen Sammlung gehörende «Religionsphilosophie der katholischen Theologie» wurde von Erich Przywara geschrieben.
[110] ›Paul Tillich, Religionsphilosophie. Zweite Auflage. Stuttgart, Berlin, Köln und Mainz 1962.
[111] Barth an Brunner am 27. Juni 1926, in: Barth–Brunner, S. 141.
[112] Emil Brunner, Die andere Aufgabe der Theologie, in: Zwischen den Zeiten 1929, S. 257–276; wieder abgedruckt in: Wort I, S. 171–193 (es wird nach dieser Ausgabe zitiert mit: «Andere Aufgabe») Zum Begriff «Eristik» vgl. oben, S. 46 und S. 66.
[113] Andere Aufgabe, S. 171.
[114] A. a. O., S. 178.

theoretischen Darlegung».[115] Wenn die Theologie aber ihre «andere Aufgabe» wahrnimmt, muss sie «hart am ‹Feind›» bleiben und sich mit ihm auseinander setzen und «beweglicher und ‹weltlicher› sein». Sie muss «die Sprache der Welt und [ihrer] Zeit kennen», sogar selbst in dieser reden. Das Christliche darf sie nur indirekt und verborgen sagen. Ja sie solle es «in der Regel gar nicht sagen, sondern es nur im Rücken haben». Sie muss «den ‹Feind› in den Engpass» treiben.[116]

In seiner zwei Jahre vorher publizierten Religionsphilosophie behandelte er nun verschiedene philosophische Strömungen: Rationalismus, Subjektivismus, Historismus sowie die altprotestantische Orthodoxie, und zeigte ihre Grenzen auf.[117] Bezüglich des Rationalismus hielt er als guter Kantianer fest: «Das Letzte, was wir erkennen, ist die Begrenztheit unseres Erkennens.»[118] Vor allem das Problem des Bösen als «der kritische Punkt im kritischen Denken» sei die grosse Störung.[119] Gerade Menschen, die ernsthaft «gut» sein wollen, geraten nicht bloss in «Denkverlegenheit», sondern in «Lebensnot», ja in die «tiefste Lebensnot», in «die Zerreissung des Ichs in seinem Kern».[120] Wer ganz rational und ganz kritisch denkt, muss deshalb unweigerlich auf die Gottesfrage stossen. Die «Besinnung über die Erkenntnis» stellt uns vor die «Frage nach dem Absoluten», ist jedoch selbst noch keine Antwort.[121]

Mit dem Begriff «Subjektivismus» fasste Brunner die «radikale» Skepsis und die «radikale» Mystik zusammen, die einander zwar der Absicht nach diametral gegenüberstünden, aber oft genug ineinander übergeflossen seien.[122] Sie vermöchten sich «nie treu [...] [zu] bleiben»:

«Die einzig konsequente Skepsis wäre die ἐποχή, das Ansichhalten, das Nichtswagen, weder im Tun noch im Denken. Das aber wäre der völlige Stillstand des Lebens, darum eine Unmöglichkeit. Die einzig konsequente Mystik [...] wäre das völlige Versinken im All-Einen, ohne das geringste Interesse am ‹zerspaltenen›, scheinwirklichen Leben, an Kultur und Gemeinschaft. Durch die Teilnahme am geschichtlichen Leben und am Kampf um die Wahrheit verraten beide einen tiefen Unglauben an sich selbst. Man kann nicht konsequenter Mystiker oder Skeptiker sein, weil Konsequenz im Leben das Gegenteil sowohl von Mystik als von Skepsis wäre. Konsequenz heisst Folgerichtigkeit, Gesetzmässigkeit; Gesetz aber ist der Gegensatz zu beidem [...].

---

[115] A. a. O., S. 186.
[116] A. a. O., S. 189.
[117] Brunner setzte sich auch mit den Weltreligionen auseinander, über die er gute Kenntnisse hatte.
[118] Religionsphilosophie S. 30.
[119] A. a. O., S. 34.
[120] A. a. O., S. 33.
[121] A. a. O., S. 30.
[122] A. a. O., S. 49.

So sind beide nicht ohne Wahrheit, und doch ohne wahre Lebensmöglichkeit.»[123]

Diese Sätze sind ein instruktives Beispiel dafür, wie Brunner «hart am Feind» bleibt und ihn «in den Engpass» zu treiben versucht. Mit dem «Historismus» beschäftigte Brunner sich intensiv, da seine theologischen Väter von diesem dominiert gewesen waren. Sosehr er die Verdienste der modernen Geschichtswissenschaft – besonders auch der allgemeinen Religionsgeschichte – zu würdigen verstand, so sehr erblickte er in einem «ehrlich und konsequent durchgeführten Historismus» eine Entwicklung, in der die protestantische Theologie ihr vorläufiges Ende erreiche:

«Geschichte ist unendliches Fliessen, Kontinuum, also Relativität. [...] Geschichte heisst unablässige Entwicklung, unaufhörliches Werden, Veränderung ohne Haltepunkte. [...] Also ist auch die ‹biblische Geschichte› nur eine Phase der allgemeinen, die israelitisch-christliche Religionsgeschichte nur eine Welle im grossen Strom der Religionsgeschichte überhaupt. [...] Auch die Normen und Ideen, die uns als absolut gelten [...], sind ebenfalls nur geschichtlich relative Gebilde und darum in stetem Wandel begriffen.»

Die «Absolutheit des Christentums» werde verneint. Dieses sei gemäss Ernst Troeltsch, dem grössten Vertreter des Historismus, «nicht die einzige Offenbarung und Erlösung, sondern der Höhepunkt der in der Erhebung der Menschheit zu Gott wirkenden Offenbarungen und Erlösungen» im Plural. «Aber auch das gilt nur vorläufig und ist vielleicht [...] nur von unserem abendländischen Gesichtspunkt aus richtig. Wohin die weitere Entwicklung führt, kann niemand wissen.»[124] Für den christlichen Glauben ist Offenbarung «kein Allgemeines, kein ‹semper et ubique› von jedermann zu Erlebendes, sondern ein einmaliges, bestimmtes, konkretes Geschehen, und Glaube also gerade dies: die Gebundenheit des Menschen an dieses bestimmte Geschehen». Der radikale Historismus hat das grosse Verdienst, den unversöhnlichen Gegensatz zwischen dem christlichen Glauben und dem Neuprotestantismus «unmissverständlich deutlich gemacht» und damit gezeigt zu haben, dass keine «eigentliche Theologie, sondern nur noch allgemeine Religionswissenschaft, keine christliche Kirche, sondern nur noch ein Religionsverein» auf seinem Boden möglich sei.[125]

Die zuletzt zitierten Sätze mit ihrer Abwehr des Neuprotestantismus könnten als Plädoyer für die altprotestantische Orthodoxie missverstanden werden, für die Theologie der Barockzeit. Brunner grenzte sich auch

---
[123] A. a. O., S. 50.
[124] A. a. O., S. 21.
[125] A. a. O., S. 22.

davon ab: Er unterschied scharf zwischen der reformatorischen Theologie und derjenigen der Nachfolgegenerationen. Der Sündenfall der altprotestantischen Orthodoxie sei die Lehre von der Verbalinspiration gewesen:

> «Den Gipfel erreicht diese Theorie mit der Behauptung, dass auch die hebräischen Vokalzeichen, die der kanonische Text der Judenbibel nicht kennt, göttlich inspiriert seien.»[126]

Bei den Reformatoren werden «Offenbarung und Glaube konkret, als lebendiges Geschehen» verstanden.

> «Es [gab] keine An-sich-Offenbarung, weil Offenbarung immer dies ist, dass *mir* etwas offenbar wird. Offenbarung ist ein Akt Gottes, ein transitives Geschehen, kein Ding; es ist persönliche Anrede.»[127]

Das «Bibelwort an sich» ist «nicht Gottes Wort, sondern Menschenwort. [...] Dieses Inkognito der bloss menschlichen Erscheinung wird gelüftet durch den Glauben allein, durch das Zeugnis des Geistes.» Es *wird* erst Gotteswort.[128]

Bei der altprotestantischen Orthodoxie ist die «Identität von Schriftwort und Gotteswort» zu einer direkten geworden, die Schrift ist «heiliges Ding» oder «Fetisch».[129] Sie hat die Offenbarung in eine «geistlose Gegebenheit verwandelt». Diese gegenüber der Reformation neue Offenbarungslehre sei der Tod des Glaubens.[130]

Im Zusammenhang dieser Biographie ist es nicht möglich, weiter auf Brunners «Religionsphilosophie» einzutreten. Anzumerken bleibt, dass der später so wichtig gewordene Begriff «Anknüpfungspunkt»[131] sowie die Wendung «Ich- und Du-Verhältnis»[132] schon hier erscheint und dass Brunner davor warnte, im Gespräch mit den Naturwissenschaften aus Gott einen «Lückenbüsser» zu machen. Die «Erforschung der raumzeitlichen Dinge und Begebenheiten als solche» sei allein «Sache der Wissenschaft», die Theologie habe sich nicht einzumischen: Die «bedenklichste aller theologisch-apologetischen Künste» bestehe darin, «sich mit Vorliebe in den Lücken der wissenschaftlichen Theorien anzusiedeln».[133]

---

[126] A.a.O., S. 14.
[127] A.a.O., S. 13.
[128] A.a.O.
[129] A.a.O., S. 14.
[130] A.a.O., S. 15.
[131] A.a.O.
[132] A.a.O., S. 93.
[133] A.a.O., S. 88,

«Der Mittler»

«Der Mittler» war Brunners für viele Jahre erfolgreichstes Buch. Es wurde mehrfach auflegt und ins Englische und Japanische übersetzt – auch noch nach dem Zweiten Weltkrieg.[134] Die Londoner *Times* schrieb, «seit langem» sei «keine so machtvolle Verteidigung der zentralen Punkte der christlichen Lehre geschrieben worden».[135] Die Zeitschrift «Oecumenica» hob die «ganz neue Eindringlichkeit und Kraft» hervor.[136] Heinz-Dietrich Wendland schreibt in seiner Autobiographie, Brunners Buch habe «die ewige Wahrheit und Tiefe der altkirchlichen Christologie wieder in ihrem echten Glanz aufleuchten» lassen.[137] Das Buch sei für ihn «existentiell der Durchbruch zu Jesus Christus als Gott und Mensch im Sinne des altkirchlichen Dogmas» gewesen.[138] Von Paul Althaus stammt eine ungewöhnlich ausführliche Rezension in der «Theologischen Literaturzeitung», in der er besonders auch die «Geschlossenheit, Fülle und Tiefe der Gedanken» unterstrich. Der Aufbau sei «durchsichtig». «Hohe Freude an der Wahrheit der biblischen Botschaft und des Dogmas [und] starker Eifer um ihre Reinhaltung geht als lebendiger Hauch» durch das Ganze. Begeistert erklärte er sein «freudiges Einverständnis».[139]

Auch der ab 1924 in Paris wirkende russische Philosoph Nikolaj Berdjajew setzte sich kurz nach Neujahr 1929 mit dem «Mittler» auseinander. An Fritz Lieb schrieb er, Brunners Buch sei «von grosser Stringenz und Energie», dessen Religion sei keine «Professorenreligion». Die dialektische Theologie sei eine «ernsthafte und tiefe Bewegung». Berdjajew hatte allerdings dennoch Bedenken gegenüber dem Menschenbild Brunners und der andern dialektischen Theologen, das er als zu pessimistisch, d. h. als zu stark von der Sünde dominiert, empfand. Er bemängelte ausserdem, dass das Mysterium, dass Gott nach dem Bekenntnis des christlichen Glaubens in Jesus selbst *Mensch* geworden sei und so dem Menschsein einen neuen Glanz gegeben habe, ohne theologische Konsequenzen bleibe.[140]

Doch zum Inhalt des – wie Brunner sich ausdrückte – «Christusbuches», dessen Korrekturen zu lesen im Sommer 1927 seine «ganze Freizeit aufgefressen» hatte:[141] Der 565 Seiten starke Band, den er im Advent

---

[134] Vgl. Bibliographie, S. 351.
[135] Nach einem Prospekt des Zwingli-Verlages Zürich, nicht datiert, wohl 1952 oder 1953.
[136] A. a. O.
[137] Heinz-Dietrich Wendland, Wege und Umwege. 50 Jahre erlebter Theologie 1919–1970. Gütersloh 1977, S. 112.
[138] A. a. O., S. 113.
[139] ThLZ 1929, Sp. 470–479. Zitate S. 471 und 473.
[140] Vgl. http://www.berdyaev.com/berdyaev/bambauer/Fritz_Lieb.html.
[141] An Thurneysen, nicht datiert, im Sommer 1927.

des gleichen Jahres Thurneysen «mit einigem Zagen» schickte,[142] ist eine monumentale Streitschrift, die ihren rhetorischen Schwung davon erhält, dass Brunner ähnlich wie bereits in «Die Mystik und das Wort» den Christusglauben, wie er ihn sah, von verschiedenen Irr- und Umwegen vor allem in der neueren Theologiegeschichte abgrenzt. Es geht nicht nur um die «Besinnung auf die biblische Botschaft», sondern auch um den «Kampf mit dem modernen Denken», um «Abbrucharbeit».[143] Die ersten Sätze des Buches sind ein Trompetenstoss, und ein weiterer schliesst sich an:

«Es gibt nur *eine* Frage, die ganz ernst ist: die Gottesfrage. [...] Sie ist heute und jederzeit und für jedermann die Entscheidungsfrage. [...] Die Gottesfrage, als Entscheidung erkannt, ist die Christusfrage.»[144]

Wie in seiner «Religionsphilosophie» spricht Brunner auch hier vom «radikalen Bösen» und von der Sünde und davon, dass die Menschen überall da im Dunkeln tappen, wo sie Gott unmittelbar finden und spüren möchten:

«Die christliche Erkenntnis ist die Erkenntnis der unüberbrückbaren Kluft, des unheilbaren Risses, d. h. des Risses, den nur ein besonderes Geschehen von Seiten Gottes heilen kann, die Kluft, die nur von Gott selbst überbrückt werden kann. Diese Brücke über die Kluft heisst: der Mittler. Aber nun muss es auch umgekehrt heissen: dass diese Kluft so gross ist, können wir aus uns selbst gar nicht erkennen, sonst wäre sie ja eben nicht so gross. Wer die Unschuld verloren hat, weiss auch nicht mehr, was die Unschuld ist. Wer von Gott los ist, weiss auch nicht mehr, was es bedeutet, von Gott los zu sein. Wüsste er's, so wäre er eben nicht wahrhaft von Gott los. Ist es ernst mit der Erkenntnis der Sünde, so kann diese Erkenntnis keine eigene, sondern nur eine neu geschenkte sein. Die völlige Erkenntnis der Kluft ist dasselbe wie die Erkenntnis, dass sie von Gott überbrückt ist. Die Erkenntnis der Sünde ist erst dort ernst, wo wir erkennen, dass uns nur dadurch geholfen werden kann, dass sich Gott selbst ins Mittel legt. Das aber erkennen wir nur, wo es geschieht. Dass dies geschehen muss, zeigt uns erst, woran wir sind. Völlige Erkenntnis der Sünde gibt es nur im Mittler. – Die Erkenntnis der Sünde – das wahrhafte Erschrecken über die Sünde – ist die Voraussetzung für den Glauben an den Mittler.»[145]

Nach Emil Brunners Auffassung waren Verkündigung des Evangeliums und Theologie nicht dasselbe. Die Theologie hat «eine kritische, ausscheidende, nicht eine positiv schaffende» Funktion.[146]

---

[142] An Thurneysen, nicht datiert, Ende November oder Anfang Dezember 1927.
[143] Mittler, S. VIII.
[144] A. a. O., S. V.
[145] A. a. O., S. 125.
[146] A. a. O., S. VII.

«[Die Theologie] soll nicht den Glauben erzeugen, sondern den Glauben bewusst machen und ihn unterscheiden von den Glaubensfälschungen. Die Arbeit der Theologie gleicht der einer Prüfstelle für Lebensmittel. Der Theologe hat die Glaubensnahrung, die die Kirche der Welt in der Verkündigung darbietet, auf ihren geistigen Nährwert, auf ihre Echtheit zu untersuchen und die Surrogate auszuscheiden.»[147]

Seine theologischen Ausführungen haben auf ihren Höhepunkten dennoch oft den Charakter einer Predigt.

«Der Mittler» hat drei Teile: Der erste Teil, «Voraussetzungen», ist überwiegend religionsphilosophischer und polemischer Natur, wogegen der zweite Teil, «Die Person des Mittlers», und der abschliessende dritte Teil, «Das Werk des Mittlers», der Christologie und der Soteriologie gewidmet sind. Nachdem Brunner Sackgassen theologischer Versuche aufgezeigt hat – etwa den Irrweg der Leben-Jesu-Forschung –, bringt er dezidiert die klassischen Dogmen der alten Kirche neu zur Geltung: die Trinitätslehre (Nizäa) und die Zweinaturenlehre (Chalzedon). Bewusst stellt er sich dabei in die Tradition von Irenäus:

«Sollte jemand Lust haben, meine Arbeit als ‹irenäische Theologie› zu bezeichnen, so würde ich mich in diese Bezeichnung gar wohl zu finden wissen. Nur würde darauf hinzuweisen sein, dass zwischen Irenäus und uns immerhin auch Augustin, die Reformation und Kierkegaard liegen.»[148]

Bestimmt grenzt er sich auch von Adolf von Harnack ab, der der Dogmenentwicklung in den ersten fünf Jahrhunderten als einem «Werk des griechischen Geistes auf dem Boden des Evangeliums» ablehnend gegenüberstand.[149] Gegen diesen betont er, dass eine «wesentliche Einheit des johanneischen Christuszeugnisses mit der kirchlichen Lehre» bestehe. Jesus Christus ist «in den johanneischen Schriften durchaus ‹wahrer Gott und wahrer Mensch› im Sinn des Dogmas und der reformatorischen Theologie».[150] Überhaupt:

«Jesus ist für die älteste Gemeinde schon der Christus, der von den Propheten verheissene Messias, also nicht ein Prophet, sondern der, den sie weissagten; nicht bloss ein Verkünder eines autoritativen Gotteswortes, sondern selbst, in seiner Person, letzthinige, abschliessende, göttliche Autorität, der Sohn Gottes, der zum Vater in einem Verhältnis ganz anderer Art steht als die Menschen alle. Nicht ein Vergebung Suchender, sondern der mit Vollmacht Vergebende, nicht einer, der der Erlösung bedarf, sondern selbst der Erlöser – der Erlöser aller, die der Erlösung nach Gottes Willen teilhaft werden sollen und durch die Entschei-

---

[147] A. a. O., S. VI.
[148] A. a. O., S. 195.
[149] Adolf von Harnack, Lehrbuch der Dogmengeschichte I. 4. Auflage. Tübingen 1909/10, S. 28.
[150] Mittler, S. 149.

dung des Glaubens an ihn teilhaft werden; der, in dem der neue Äon – nicht eine neue weltgeschichtliche Epoche, nicht eine neue Religion oder Gotteserkenntnis, sondern das Ende aller Geschichte – angebrochen ist und in dessen Wiederkommen in Kraft es vollendet werden soll, der Auferstandene, der jetzt sitzt zur Rechten Gottes, der zukünftige Weltrichter, der mit Gott zu verehren ist als der himmlische Herr, zu dem die Gemeinde betet: Komm, Herr Jesu.»[151]

Brunner brachte also die traditionelle Christologie gegenüber modernen Deutungsversuchen mit grosser, manchmal sogar mit für viele verletzender Kraft zur Geltung, oft auch polemisch:

«Es gibt viele respektable, fromme, gute Leute, die nicht an den Mittler glauben. Wir wollen von ihnen alles mögliche Gute sagen, nur eins wollen wir, dürfen wir nicht von ihnen sagen: dass sie Christen seien. Denn das Christsein ist identisch mit dem Glauben an den Mittler.»[152]

«Im christlichen Glauben handelt es sich nicht [...] bloss um die geschichtliche Gestaltung einer sittlich-religiösen Idee, sondern um die Offenbarung göttlichen Geheimnisses, und nicht um die geschichtliche Fortentwicklung eines geschichtlichen Impulses, sondern um die lebendige Gegenwart des himmlischen Königs Christus.»[153]

Um «das Ärgernis der Offenbarung»[154] und das «Fremde» der göttlichen Wahrheit[155] zu unterstreichen, kehrte er zum klassischen christologischen Dogma zurück, das dem modernen Menschen schwer eingeht. Er war der Meinung, «der Realismus der biblischen und reformatorischen ‹Mythologie›» sei gerade wegen seiner Fremdartigkeit sachgemäss.[156] Dennoch verwahrte er sich gegen das Missverständnis, das von ihm angestrebte Programm sei eine ‹orthodoxe› Theologie. Das «Wunder der Offenbarung» ist etwas anderes als ein «Mirakel». Die Vermittlung des «Eigenwortes Gottes» ereignet sich «menschlich-geschichtlich-psychologisch».[157]

«Das Wort Gottes ist das, was von jenseits der Grenze kommt, die Gott und den Menschen trennt, Gottes Eigenwort von ihm selbst, sein Geheimnis, das was in seinem Alleingottsein begründet ist, das woran die Welt, der Mensch und die menschliche Vernunft keinen Anteil hat, das was Gott sich selbst reserviert hat, das was ihn, den Schöpfer, von seinem Geschöpf scheidet. Wort Gottes, Offenbarung ist das Hervorkommen dieses Verborgenen aus seiner Verborgenheit durch Gottes unbegreifliche Selbstmitteilung. Es ist also das, was durchaus nur von Gott selbst kommen kann, und zwar in einem ganz anderen Sinn als alles Geschaffene, Natürliche und Geschichtliche von Gott

---

[151] A. a. O., S. 154.
[152] A. a. O., S. 21.
[153] A. a. O., S. 73.
[154] A. a. O., S. 84.
[155] A. a. O., S. 83.
[156] A. a. O., S. 527.
[157] A. a. O., S. 209.

kommt. Es ist das Fallen der Schranke zwischen Gott und Kreatur, das Herüberkommen dessen, was von Ewigkeit jenseits war, über jene Kluft, die kein Mensch überschreiten kann, über die kein religiöser, sittlicher, mystischer oder spekulativer Raptus hinüberträgt, das Geschichtlichwerden dessen, was seinem Wesen nach nicht in Geschichte eingehen kann, weil es ewig ist. – Dieses von jenseits der menschlich-geschichtlichen Möglichkeiten kommende Wort ist da, als Person; Jesus Christus ist dieses Wort von jenseits.»[158]

Der Glaube ist «nicht jenes selbstmörderische, krampfhafte ‹sacrificium intellectus›», für das er oft gehalten wird. Er ist «nicht die Verneinung der Vernunft als solcher, sondern ihrer Anmassung». Der Glaube lässt die Vernunft gelten, setzt ihr aber eine Grenze.[159]

In einer an Karl Barth gerichteten Fussnote warnte Brunner vor «einem geistigen Chinesentum» (d. h. davor, wie im Konfuzianismus ‹blind› und nur auf Autorität hin zu glauben) und stellte die These auf, die Auseinandersetzung mit der Zeit, mit Philosophie und Religion sei «zwar sicherlich nicht die erste und wichtigste Aufgabe der Theologie, aber darum nicht eine zu vernachlässigende oder der nächsten Generation zu überlassende».[160] Selbstverständlich können «in aller Religion Spuren der Wahrheit» und «in allem Sein und Denken Spuren Gottes» gefunden werden. Neben der Offenbarung im christlichen Sinn gibt es eine «allgemeine Offenbarung», die freilich gebrochen ist.[161] Was «der Mensch ausser Christus» erkennt, ist nicht die Unwahrheit, aber eine *verzerrte* Wahrheit. Keine Religion der Welt ist ganz ohne Wahrheit, auch nicht die primitivste. Keine Philosophie ist ohne Wahrheit, auch nicht der Materialismus. Aber auch im besten und edelsten Fall sind sie immer eine Verzerrung.[162]

Die wohl augenfälligste Konzession an die Tradition des religiösen Liberalismus bestand darin, dass Brunner der Lehre von der Jungfrauengeburt kritisch gegenüberstand. Exegetisch wies er darauf hin, dass weder Paulus noch Johannes von der jungfräulichen Geburt Jesu erzählen. Die Texte im Matthäus- und Lukasevangelium seien dogmatisch motiviert.[163] Noch wichtiger war ihm aber die theologische Argumentation: «Das majestätische Wunder der Menschwerdung des Gottessohnes» werde durch die biologische Theorie einer Parthenogenese nicht grösser, sondern kleiner. Wenn jemand einwende, dass es «des Gottessohnes unwürdig gewesen wäre, auf [ebenso] menschliche Weise zur Welt zu kommen» wie andere Menschenkinder auch, müsse man dem entgegenhalten:

---

[158] A. a. O., S. 209 f.
[159] A. a. O., S. 23.
[160] A. a. O., S. 6. Brunner nahm hier also die Hauptthese seines bereits erwähnten, aber später publizierten Aufsatzes über «Die andere Aufgabe der Theologie» vorweg.
[161] A. a. O., S. 13.
[162] A. a. O., S. 14.
[163] A. a. O., S. 288 f.

«Eben in unwürdiger Weise ist der Gottessohn zur Welt geboren worden! Das ist der Grundzug des biblischen Offenbarungsgedankens. Auch seine Entstehung hatte nicht Gestalt noch Schöne, auch sie geschah in der Knechtsgestalt.»[164] – «An der wahren uneingeschränkten Menschheit Christi liegt dem Glauben ebensoviel als an seiner Gottheit.»[165]

Karl Barth las «Der Mittler» in den Weihnachtstagen 1927 «einfach knotig», also ohne Unterbrechung, durch.[166] Gegenüber Eduard Thurneysen seufzte er etwas über «den dicken Wälzer [...], den unser Freund Emil auf den Tisch des Hauses» legte. Aber er folge Brunner «wirklich nicht ohne Teilnahme und Dankbarkeit für die darin geleistete Arbeit». Er glaube, «dass das Buch zur Ausbreitung sicher gute Dienste leisten [werde], die wir anderen dem Volke so nicht leisten könnten».[167] An Brunner schrieb er ein Jahr später, im Januar 1929, er habe sich gefreut an der breiten Übereinstimmung, «über einige Längen geseufzt, einige Polemiken zu handfest gefunden, über die Stelle von der Jungfrauengeburt natürlich heftig den Kopf geschüttelt, einige Stellen [im] Handexemplar meiner Dogmatik angemerkt (behufs Erwähnung in der zweiten Auflage), dann [das Buch] zum Buchbinder geschickt und mich um den Verfasser und Schenker schnöderweise nicht weiter gekümmert».[168]

Mit dieser zentralen und weiterführenden Publikation hatte Brunner die ersten Jahre in Zürich beendet.

---

[164] A. a. O., S. 290 f. Vgl. Jesaja 53,2.
[165] A. a. O., S. 293.
[166] Barth an Brunner am 14. Januar 1929, in: Barth–Brunner, S. 169.
[167] Barth an Thurneysen am 30. Dezember 1927, in: Barth–Thurneysen II, S. 555.
[168] Barth an Brunner am 14. Januar 1929, in: Barth–Brunner, S. 169 f.

Botschafter der dialektischen Theologie

Die Jahre 1925–1934 waren eine der besten Zeiten Emil Brunners. Sein Ziel hatte er erreicht: Er war Universitätsprofessor und in Zürich hoch geachtet. Viele Studierende waren von ihm begeistert. Im Frühling 1926 wurde er eingeladen, vor dem kantonalen Pfarrverein ein Referat «über Sünde und Erbsünde» zu halten. Er tat es «sehr gern».[1] Auch wenn er sonst das Wort ergriff, waren das Auditorium oder die Kirche voll. Er hatte einen grossen und treuen Freundeskreis, seine Söhne gediehen prächtig. Es gelang ihm, wesentliche Publikationen zu schreiben, die positiv besprochen und mehrfach aufgelegt wurden. Wie er sich gegenüber Eduard Thurneysen ausdrückte, fing man an, auf ihn «als einen Lehrer der Kirche» zu achten.[2]

Gelegentlich litt er allerdings unter seinem inneren Ungenügen, «dem immer grösser werdenden Kontrast von Sein und Wissen».[3] Es kam vor, dass ihn eine gewisse Schwermut überfiel. Manchmal sehnte er sich «nach der Obstalder Ruhe, oder nach irgendeinem stillen Pfarrhäuschen, um wieder einmal ein wenig zu verschnaufen».[4] Mit Arbeiten habe er es «etwas zu toll getrieben», erzählte er Karl Barth. «Auch das Rauchen» habe er «auf ein Minimum herabsetzen müssen», um arbeitsfähig zu bleiben.[5] Im Sommer 1928 machte er «böse Zeiten» durch. «Es stand *alles* auf dem Spiel», wie er Eduard Thurneysen gestand. Es habe für ihn «wirklich nichts mehr als die Vergebung des gnädigen Gottes» gegeben. Und «auch dieser [Glaubens-]Artikel wollte [ihm] entschwinden». Er «habe jetzt fühlen müssen, was [er] nicht hören wollte, dass man sich nicht ungestraft brutalisieren [d. h. überfordern] kann».[6] Als er Anfang September 1928 durch Basel fuhr und Thurneysen sah, hatte er «eine eher trübe Periode von Krankheit und Depression hinter sich». Er gab sich aber bereits «wieder quick und munter».[7]

Brunners Ausstrahlung nahm zu. Auch ausserhalb Zürichs war sein theologischer Rat gefragt. Am 11. Januar 1925 sprach er vor dem Pfarr-

---

[1] An Thurneysen am 16. Januar 1926.
[2] A. a. O.
[3] A. a. O.
[4] An Thurneysen, nicht datiert, Sommer 1927.
[5] An Barth am 10. März 1925, in: Barth–Brunner, S. 113.
[6] An Thurneysen am 20. August 1928.
[7] Thurneysen an Barth am 6. September 1928, in: Barth–Thurneysen II, S. 611.

kapitel Aarau über «Gesetz und Offenbarung».[8] Auf Einladung von Leonhard Ragaz kam es zu einem Vortrag über «Die soziale Botschaft des Evangeliums» in Bad Lauterbach am 13. Juni 1927.[9] Im Gegensatz zu andern Religiös-Sozialen vertrat Brunner hier die These, dass die Frage der sozialen Gerechtigkeit «erst ‹nach der Auferstehung der Toten› eine befriedigende Lösung finden werde».[10] Im August 1930 beteiligte sich Brunner an einem «Ferienkurs des bernischen Jugendwerkes des Blauen Kreuzes» in Mannried bei Zweisimmen im Berner Oberland, wo er Vorträge über das Thema «Von den Ordnungen Gottes» hielt.[11]

Vorträge in Deutschland, Österreich und den Niederlanden

Seit seiner Reise in die Niederlande im Dezember 1923 lud man ihn immer neu ins Ausland ein. Am 22. und am 23. Januar 1925 hielt er in Giessen und Marburg einen Vortrag über «Die Menschheitsfrage im Humanismus und Protestantismus», in dem er mit unerbittlicher Schärfe zeigte, dass der Mensch Gott von sich aus nicht erkennen könne. Der damals in Giessen lehrende Karl Ludwig Schmidt publizierte diesen Vortrag wenige Wochen später in den von ihm herausgegebenen «Theologischen Blättern».[12] «In Giessen ging's mir gut, in Marburg schlecht», schrieb Brunner Barth. Er sei so ermüdet gewesen, dass er darauf habe verzichten müssen, «den etwas pöbelhaften Anrempelungen Heideggers und der scharfen Polemik Tillichs zu begegnen». Er habe geschwiegen und die «Schlacht» damit verloren. Bultmann habe sich ebenfalls in Schweigen gehüllt.[13] Dieser fand Brunners Ausführungen «sehr schwach, geradezu blamabel»; Heidegger habe Brunner in der anschliessenden Diskussion «fürchterlich mitgenommen».[14] Von Marburg kehrte Brunner «mit verbrannter Pfote» nach Zürich zurück:

> «Ich war zu unvorsichtig gesprungen, hatte die Gegner zu sehr gereizt und war nicht frisch genug, ihren fast wütenden Gegenangriff zu parieren. So

---

[8] Nachlass 81.
[9] Nachlass 81.
[10] Nach: Christine Ragaz (u. a. Hg.), Leonhard Ragaz in seinen Briefen 2. Zürich 1982, S. 373, Anmerkung 1.
[11] Nach: Briefwechsel Karl Barth – Eduard Thurneysen III. GA 34, Zürich 2000 (im Folgenden zitiert als «Barth–Thurneysen III»), S. 33.
[12] Emil Brunner, Gesetz und Offenbarung, in: Theologische Blätter, 4. Jahrgang, Nr. 3, März 1925, Sp. 54–58. (= Anfänge, S. 290–298.)
[13] An Barth am 28. Januar 1925, in: Barth–Brunner, S. 106.
[14] Bultmann an Barth am 24. Januar 1925, in: Karl Barth – Rudolf Bultmann, Briefwechsel 1911–1966. 2., revidierte Auflage. GA 1, Zürich 1994, S. 35.

endete die Sache etwas kläglich. [...] Die Marburger hielten meinen schroffen Kantianismus einfach für Hinterwäldlerei.»[15]

Umso mehr Genugtuung bereitete Brunner, dass er vier Monate später – am 16. Mai 1925 – in Münster in Westfalen «wegen seiner wertvollen Untersuchungen zum religiösen Erkenntnisproblem und zur Bedeutung des reformatorischen Glaubens» den Titel eines Doktors der evangelischen Theologie ehrenhalber erhielt.[16] (Karl Barth war bereits 1922 mit der gleichen Ehrung ausgezeichnet worden.)

Im Herbst 1925 waren «Reformation und Romantik» das Thema einer Rede vor der Luthergesellschaft in München.[17] Sie schloss mit den Sätzen, an Christus glauben sei «Torheit» vor der Welt. Mit ihm gehen heisse «das Ärgernis der Welt auf sich nehmen, also dort nicht dabei sein, wo die grossen Lorbeeren ausgeteilt werden und die Menge Beifall klatscht». Die Romantik habe «von dieser Torheit, von der Schmach Christi», nie etwas gewusst.[18] Im Februar 1927 sprach er an der Universität Wien über «Das Geheimnis Gottes» und über «Christus und die Gottessehnsucht des Menschen». Der Wiener Theologe Hans Haberl sagte nach der ersten Vorlesung: «Das war es, was ich mein Leben lang sagen wollte; nur habe ich es so nicht gekonnt.»[19]

An verschiedenen Universitäten in den Niederlanden[20] hielt Brunner im Herbst 1929 den Vortrag «Der Rechtfertigungsglaube und das Problem der Ethik».[21] «Die vom Glauben an die rechtfertigende Gnade Gottes her verstandene christliche Ethik» sei «die allein realistische», führte er darin aus, «weil sie allein den Finger dorthin legt, wo alles sittliche Leben, das private und das öffentliche, das Familienleben und die wirtschaftlichen Kräfte, das Recht und die staatlichen Ordnungen entspringen: auf die Person selbst». «Die Person aber, die lebendige sittliche Kraft, ist dasselbe wie die Stellung zu Gott.»[22] Mit diesem Vortrag bahnte sich an, was Brunner drei Jahre später in seiner Ethik «Das Gebot und die Ordnungen» ausführte.[23] Im selben Herbst referierte Brunner in Stuttgart zum Thema

---

[15] An Barth am 10. März 1925, in: Barth–Brunner, S. 109.
[16] Nachlass 138, 7.
[17] Emil Brunner, Reformation und Romantik, in: Wort I, S. 123–144.
[18] A. a. O., S. 144. Vgl. 1. Korinther 1,20 und andere Stellen.
[19] Nach: Hans Stroh, Erwecker, Lehrer, Ratgeber und brüderlicher Weggenosse, in: Kramer, S. 186.
[20] Hier schmerzte es ihn, als man ihm erzählte, Karl Barth habe sich bei seinem Besuch im Frühsommer 1926 nicht sehr freundschaftlich über ihn geäussert, der «gute Emil» sage «immer hinterher», was er schon «drei Jahre vorher» gesagt habe. Vgl. Brunner an Barth am 6. November 1926, in: Barth–Brunner, S. 190.
[21] Emil Brunner, Gott und Mensch. Vier Untersuchungen über das personhafte Sein. Tübingen 1930, S. 24–46.
[22] A. a. O., S. 46.
[23] Vgl. unten, S. 253 ff.

«Die Gottesidee der Philosophen und der Schöpfergott des Glaubens». Ein halbes Jahr später hielt er einen Vortrag über «Biblische Psychologie» an der Konferenz für evangelische Pädagogik in Berlin-Spandau.[24] Im März 1933 sprach er in Utrecht über «Glaube und Erfahrung».[25]

Bemerkenswert waren seine Ausführungen im Herbst 1929 in Marburg, wo er als offizieller Vertreter der Reformierten anlässlich des 400-jährigen Gedenktages des Marburger Religionsgesprächs (1.–4. Oktober 1529) predigte[26] und eine Ansprache hielt. Anders als viele wohl erwarten mochten, hielt er den Streit zwischen Luther und Zwingli nicht für ein «bedauerliches Missverständnis», das einem «Mangel an evangelischer Weitherzigkeit und christlicher Liebe» entsprungen sei. Im Gegenteil: Anders als wir Modernen hätten die Reformatoren «die Glaubensfragen, die Frage nach der Wahrheit ihrer Glaubenssätze, [...] tödlich ernst» genommen:

> «Denn dieser Ernst [war] ja nichts anderes als die Kraft der Reformation. Hätten sie es mit den Glaubenssätzen weniger genau genommen, hätten sie da um der Einigkeit willen mit sich markten lassen, hätten sie da das Odium, harte Männer zu sein, mehr gescheut als den innern Vorwurf, dem Auftrag Gottes ungetreu zu sein, so wäre auch der Bruch mit Rom, so wäre auch die Reformation nie geschehen.»[27]

Den Reformatoren ging es selbstverständlich *auch* um die Einheit. Aber sie hielten nichts von einer Einheit, bei der «mit schönen Worten klare Gegensätze in Glaubenssachen überkleistert werden»:

> «Denn was hilft es, Friede, Friede rufen, wo kein Friede ist? Friede, Einheit waren ihnen eben nicht etwas Menschliches, das man mit gutem Willen herstellen kann, brüderliche Gesinnung, prächtiger ‹esprit de corps›, mächtig gemeinsames Fühlen, freundschaftliche Zusammenarbeit. [...] Unter Frieden verstanden sie die Einheit im Glauben, d. h. im heiligen Geist, die identisch ist mit der Einheit im Verständnis des göttlichen Wortes.»[28]

Die Aufgabe der heutigen Kirchen bestehe darin, erst einmal wieder in dem «einig zu werden, worin die Reformatoren einig waren» – nämlich in ihrem Ernst. Es dürfe erst dann davon geredet werden, über die Reformation «hinauszukommen», wenn man erst wieder so weit wie die Reformatoren sei:

---

[24] Emil Brunner, Gott und Mensch. Vier Untersuchungen über das personhafte Sein. Tübingen 1930, S. 1–23 und S. 70–100. Der junge Privatdozent Dietrich Bonhoeffer behandelte diese Texte im Wintersemester 1932/33 in einer Übung. Vgl. Eberhard Bethge, Dietrich Bonhoeffer. München 1967, S. 264.
[25] Nachlass 81.
[26] Emil Brunner, Aus der Tiefe. Predigt in der Universitätskirche in Marburg am 15. September 1929, in: Zwischen den Zeiten 8. 1930, Heft 5.
[27] Emil Brunner, Ansprache bei der Feier des Marburger Religionsgesprächs, in: Neuwerk, 11. Jahrgang, 7/8, Okt.–Nov. 1929. Kassel 1929, S. 197. (Ebenfalls abgedruckt in: Reformiertes Kirchenblatt 10, Frankfurt am Main 1929, Nr. 10.)
[28] A. a. O., S. 198. Vgl. Jeremia 6,14.

«Und bis dahin ist noch ein weiter Weg. [...] Wir schämen uns nicht, Männer, die vor vierhundert Jahren gelebt haben, als unsere Lehrmeister für die Gegenwart und Zukunft zu betrachten. [...] Alle Lösungen, die versuchen, an der reformatorischen Erkenntnis vorbeizugehen, statt durch sie hindurch, taugen nichts, sondern führen zu nur noch grösserer Verwirrung.»[29]

Es wird und darf «um keinen Preis eine Einheit der Kirche geben an den Reformatoren vorbei oder über sie hinweg, sondern nur auf ihrem Grund».[30] Brunner, offenbar skeptisch gegenüber gewissen Tendenzen in der damaligen ökumenischen Bewegung, war der Meinung, dass die Lausanner Konferenz der Bewegung «Faith and Order» von 1927, in deren Theologischer Kommission er eine Zeit lang mitgearbeitet hatte, «auf Kosten der Wahrheit eine Einheit» gesucht habe – «teils nichtssagend» und «teils unwahrhaftig».[31] Laut seiner Marburger Rede besteht «das Geheimnis des Christenglaubens» darin, dass der Christ nur «darum, weil er rückwärts glaubt, vorwärts hofft und vorwärts schafft, wie kein anderer vorwärts hoffen und schaffen kann».[32] Diese Rede wurde nicht nur im «Reformierten Kirchenblatt» abgedruckt, unverzüglich erschien sie auch in der bedeutenden, dem religiösen Sozialismus nahestehenden Zeitschrift «Neuwerk».[33]

«Theology of Crisis»

Theologiegeschichtlich ein Meilenstein war Brunners Amerikareise im Herbst 1928. Im englischen Sprachgebiet wurde man ab Mitte der Zwanzigerjahre auf die Gruppe der dialektischen Theologen aufmerksam. «Unsere Theologie hat nun auch das Inselreich von Grossbritannien betreten», schrieb Brunner an Barth am 10. März 1925. «Der bedeutendste Systematiker dorten», H. R. Mackintosh in Edinburgh, habe eine «recht anständige, obschon nur sehr mässig einsichtige Besprechung» seines Schleiermacherbuches geschrieben.[34] Aber noch lagen keine Texte der dialektischen Theologen in englischer Sprache vor. Als erste Kostprobe erschien 1928 Karl Barths Aufsatzband «Das Wort Gottes und die Theo-

---

[29] A. a. O., S. 200 f.
[30] A. a. O.
[31] Vgl. einen Brief Brunners vom 14. März 1932 (wohl) an den Vorstand des Schweizerischen Evangelischen Kirchenbundes. Bundesarchiv (Bern), J.Y.2.257 114/115. Der Hinweis stammt von Marianne Jehle-Wildberger.
[32] Emil Brunner, Ansprache bei der Feier des Marburger Religionsgesprächs, in: Neuwerk, 11. Jahrgang, 7/8, Okt.–Nov. 1929. Kassel 1929, S. 201.
[33] Vgl. die voranstehende Anmerkung.
[34] An Barth am 10. März 1925, in: Barth–Brunner, S. 110; H. R. Mackintosh, The Swiss Group, Expository Times, Jg. 36 (1924/25), S. 73–75.

logie» unter dem Titel «The Word of God and the Word of Man» in London, Boston und Chicago.[35] Weitere Veröffentlichungen Barths – vor allem der «Römerbrief» – wurden erst später übersetzt.[36]

Während Jahren waren die britischen und amerikanischen Theologen darauf angewiesen, theologische Neuerscheinungen aus Deutschland in der Originalsprache zu lesen, was wenige taten. Wenn es darauf ankam, die in Deutschland und in der Schweiz neue Theologie auch in der Ferne bekannt zu machen, musste man als deren Vertreter selbst hinreisen. Dank seiner sprachlichen Kompetenz und seiner persönlichen Beziehungen vor allem in Amerika war Emil Brunner von allen dialektischen Theologen dazu am besten in der Lage.

Am 3. September 1928 brach er zu «seiner grossen Vortragsreise nach Amerika» auf. «Nicht von der Hand liess er sein Mäpplein, worin [...] die neuesten Erkenntnisse der dialektischen Theologie ins Englische übersetzt bereit lagen für den Erdteil da drüben, ein unbezweifelbares Zeichen dafür, dass wir nun also wirklich im Augenblick die Lebenden sind, die das Wort und damit eben Recht haben», wie Thurneysen ironisch, aber mit Genugtuung an Barth schrieb.[37]

Die Einladung war vom reformierten Lancaster Theological Seminary in Pennsylvania ausgegangen, wo Brunner die Swander *Lectures* halten sollte. Diese waren vom Theologen John I. Swander und seiner Frau zum Andenken an ihre zwei früh verstorbenen Kinder gestiftet worden, um eine «gesunde Lehre von Christus» zu verbreiten. Die Vorlesungen mussten mit der «Wahrheit, wie sie in Jesus ist», übereinstimmen, abgesehen davon konnte der Vortragende das Thema frei wählen.[38] Das *Lancaster Theological Seminary* wurde im Jahr 1825 von aus Deutschland stammenden Reformierten gegründet und war für die längste Zeit seiner Geschichte *die* theologische Hochschule der amerikanischen Reformierten.[39] Brunner erhielt für die fünf Vorlesungen das für damalige Begriffe sehr grosszügige Honorar von 600 Dollar.[40]

> «[Präsident] Richards strahlte vor Freude. [...] *It is just what we need*. Es ist genau, was wir brauchen. [...] Sie kamen mit leuchtenden Gesichtern auf mich zu und dankten und gaben ihrer Freude Ausdruck, als wollten sie sagen:

---

[35] Karl Barth, The Word of God and the Word of Man. Übersetzt von Douglas Horton. 1. Auflage. London, Boston und Chicago 1928.
[36] Karl Barth, The Christian Life, London 1930; Questions, which Christianity must face, in: The Student World, 1932, 2; The Resurrection of the Dead, London 1933; The Epistle to the Romans, London 1933; Karl Barth and Eduard Thurneysen, Come, Holy Spirit! Sermons, New York 1933.
[37] Thurneysen an Barth am 6. September 1928, in: Barth–Thurneysen II, S. 611.
[38] Vgl. oben, S. 13.
[39] http://www.fandm.edu/x2025.xml.
[40] An Thurneysen am 14. März 1929.

Lancaster Theological Seminary (Pennypostcard).

Endlich! Eine Befreiung vom Druck einer Theologie, die, was man eigentlich glaubt, nicht aufkommen lässt.»[41] – «Hier ist fürs Leben ein Band geknüpft. Das erste Bollwerk ist gefallen.»[42]

Präsident Richards offerierte Brunner «eine Professur für 20 000 Franken [mehr als dreimal so viel wie das Salär in Zürich] und ein Haus».[43] – Im Frühling 1929 dankte der Regierungsrat des Kantons Zürich ihm offiziell dafür, dass er den Ruf nicht angenommen hatte, ab sofort gewährte man ihm eine Besoldungszulage von 1000 Franken.[44]

Weitere Gastvorträge in Amerika schlossen sich an Lancaster an: am Central Theological Seminary (ebenfalls von deutschen Reformierten gegründet) in Dayton im Staat Ohio (hier sprach er vor 150 Theologen aus der ganzen Region[45]); am Western Theological Seminary in Pittsburgh, Pennsylvania, einer presbyterianischen Hochschule (an der man ihn nicht sehr herzlich aufnahm[46]); am Princeton Theological Seminary in New Jersey (das für Brunner später eine zentrale Rolle spielte[47]); an der Harvard Divinity School; am Hartford Theological Seminary in Con-

---

[41] An Margrit Brunner am 3. Oktober 1928.
[42] An Margrit Brunner am 4. Oktober 1928.
[43] An Margrit Brunner am 6. Oktober 1928.
[44] Nachlass 127, 1.
[45] An Margrit Brunner am 22. September 1928.
[46] An Margrit Brunner am 25. September 1928.
[47] Vgl. unten, S. 355 ff.

necticut (einem interdenominationellen, den Reformierten nahestehenden Seminar) und natürlich an seiner «alma mater», dem Union Theological Seminary in New York (beim zweiten Vortrag vor gegen 300 Hörerinnen und Hörern[48]), bevor er am 31. Oktober zu Beginn des Wintersemesters 1928/29 in die Schweiz zurückkehrte. Hier erwartete ihn seine Frau im Antistitium, dem Pfarrhaus Eduard Thurneysens, neben dem Basler Münster.

Wieder schrieb Thurneysen an Barth über das Ereignis mit spitzer Ironie:

«Emil Brunner ist vorbeigefahren, diesmal auf seiner Rückreise aus dem gelobten Land Amerika, etwas verrüttelt von langer Fahrt durch Frankreich [...], im ganzen glorios und mit getanem Werk zufrieden. Nur warum nicht? [...] Auch uns soll das ja etwa passieren, dass wir den Anblick allzu bestätigter Gerechter darbieten, ohne dass wir es im Inneren wirklich wären. Und wenn man einen ganzen Kontinent auf den rechten Weg gebracht hat, dann darf man sich ja doch wohl schon ein wenig meinen. Obwohl [...] ja zu sagen sein wird, dass selbst was Emil zu leisten vermag, in Wahrheit dort drüben in dem ungeheuern Jahrmarktsraum, den Amerika darstellt, nicht mehr Eindruck gemacht haben wird als das wohl auch mit aller Kraft hervorgebrachte Hupen, das etwa Monika an meiner Hand auf dem Barfüsserplatz erzeugte, als ich ihm zur Zeit der Messe [...] ein kleines Glasröhrlein erstand und es nun neben Örgelimannen und Ausschreiern und dem schrecklichen Lärm der Rössliritten mit seinem Hörnlein auch sein Lärmopfer unermüdlich darbrachte. Aber das wird man ja irgendwie gegen unser aller Tun sagen können.»[49]

Brunner hatte damals den Sprung nach Chicago, einer Hochburg der protestantischen Theologie, oder gar nach Kalifornien (etwa ans San Francisco Theological Seminary der presbyterianischen Kirche) noch nicht geschafft. Trotzdem war es eine repräsentative Auswahl amerikanischer theologischer Fakultäten, in denen er von nun an persönlich bekannt war. Er hatte das Programm «in fünf Wochen abgewickelt [...], fand es nicht ausserordentlich mühsam»[50] und traf auf «erstaunlich viele offene Ohren und Herzen». Obschon sich die Mehrzahl der amerikanischen Kirchen nach seiner Diagnose in theologischer Hinsicht «in einem schrecklichen Zustand» befand, begegnete er vielen, die dies sahen und die dialektische Theologie willkommen hiessen. «In den alt-reformierten Seminarien Dayton, Ohio, Pittsburgh und Princeton gab's kaum Kämpfe.» In Princeton zeigte sich allerdings ein «verbohrter Fundamentalismus, der im Examen die Frage stellt: Glauben Sie an die jungfräuliche Geburt Jesu als histori-

---

[48] An Margrit Brunner am 11. Oktober 1928.
[49] Thurneysen an Barth am 15. November 1928, in: Barth–Thurneysen II, S. 623.
[50] An Thurneysen am14. März 1929.

sches Faktum, yes or no, (wörtlich) oder ... an die Auferweckung des Lazarus als historisches Faktum, yes or no?»[51]

Brunner lehnte den Fundamentalismus ab, und in «Der Mittler» hatte er nicht umsonst gegen ein buchstäbliches Verständnis der Jungfrauengeburt argumentiert.[52] Trotzdem konnte er seinen Respekt vor einzelnen amerikanischen Fundamentalisten nicht verleugnen, da er bei ihnen einen grossen und tiefen Ernst wahrnahm. In Princeton lernte er John Gresham Machen kennen, den Vorkämpfer eines orthodoxen Calvinismus, der aus Protest gegen die liberale Theologie kurz nach Brunners Besuch seine Professur in Princeton aufgab, um das streng konservative Westminster Seminary in Philadelphia zu gründen.[53] Obschon Brunner Machens «unglaublichste» Intoleranz mit Verwunderung feststellte, nannte er ihn einen «theologischen Kopf» und behandelte ihn mit Achtung, und Machen (der auch in Marburg und Göttingen studiert hatte) bezeichnete Brunners Bücher als «die grösste Erfrischung seit vielen Jahren» und die dialektische Theologie als zurzeit «bei weitem das Wichtigste» im theologischen Bereich.[54] Es war Brunner gelungen, auch bei Vertretern der alten theologischen Schule das Eis zu brechen: «Mit den ‹Fundamentalisten› fahre ich, glaube ich, ganz gut. Die schlucken meinen Darwinismus und meine Bibelkritik, wenn sie sehen, um was es mir geht», schrieb er seiner Frau.[55]

Das Gleiche traf aber auch auf manche Liberale zu. Im Union Theological Seminary in New York, dem – wie er es formulierte – «Hauptsitz des Liberalismus», war das Interesse gross – allerdings «gemischt mit Befremden und Erstaunen» –, und es gab gute Diskussionen. Zwei der «einflussreichsten Systematiker» könne man seither wenigstens «halbwegs» zur dialektischen Theologie zählen. Der Präsident des Union Theological Seminary, Henry Sloane Coffin, einer der Führer des liberalen Protestantismus, habe ihm «wieder und wieder» gedankt und ihn «bald für mehrere Wochen keilen» wollen.[56] Erfreulich verlief auch die Begegnung mit Douglas Horton in Boston, der später zu einer prägenden Figur der ökumenischen Bewegung wurde.[57] Horton war der Übersetzer Karl Barths und gab auch der Einleitung von Brunners «The Theology of Crisis» ihre endgültige Gestalt, in der es herausfordernd heisst:

---

[51] An Thurneysen am 15. Oktober 1928.
[52] Vgl. oben, S. 234 f.
[53] Vgl. http://www.apologeticsinfo.org/papers/machen.html (Craig S. Hawkins).
[54] An Thurneysen am 15. Oktober 1928.
[55] An Margrit Brunner am 22. September 1928.
[56] A. a. O.
[57] Vgl. Theodore Louis Trost, Douglas Horton and the Ecumenical Impulse in American Religion. Harvard Theological Studies, No 50. Cambridge (Massachusetts) und London 2003.

«Unter sogenannten Christen und sogar unter christlichen Theologen denken einige, dass es dringendere und praktischere Aufgaben als diejenige der Theologie gibt, obwohl es doch in der Theologie darum geht, das menschliche Leben wirklich zu begreifen. Diese Leute sind wie Gärtner, die denken, die Zweige eines Baumes seien wichtiger als das Mark und der Saft, weil die Zweige sichtbar sind und das Mark und der Saft unsichtbar. Solche Gärtner gibt es natürlich nicht. Aber es gibt Tausende von Männern und Frauen, die den gleichen Fehler machen in Bezug auf das ganze Leben. Von ‹nur theologischen Fragen› wenden sie sich praktischen Fragen zu, die offenbar wichtiger sind. Dabei übersehen sie, dass man diese praktischen Fragen nur sehen und begreifen kann, wenn man einen Massstab besitzt, um die Fragen daran zu messen. Man muss über ein bereits bestehendes Gesamtverständnis des Lebens verfügen, d. h. über eine bestimmte Theologie – wie unbewusst diese Theologie auch immer sein mag.»[58]

Entsprechend in der ersten Vorlesung:

«Der moderne Slogan ‹Keine Lehre, sondern Leben, kein Dogma, sondern Praxis› ist selbst eine Lehre oder sogar ein Dogma; aber es ist keine christliche Lehre und kein christliches Dogma.»[59]

Das Buch enthält die fünf Gastvorträge Brunners am Lancaster Theological Seminary sowie die erwähnte Einleitung und erschien 1929 bei Charles Scribner's Sons in New York, einem der ältesten und renommiertesten amerikanischen Verlage. Es wurde mehrfach aufgelegt, 1931 ins Japanische, 1932 ins Niederländische und 1949 ins Koreanische übersetzt.[60] Obwohl es nur gut hundert Seiten umfasst, ist es Brunners international berühmteste und einflussreichste Publikation. Der Begriff «Theologie der Krisis» war durch eine Besprechung von Barths «Römerbrief» des katholischen Theologen Karl Adam im Jahr 1926[61] populär geworden und entwickelte sich vor allem in Amerika zum Markenzeichen der theologischen Strömung, die im Deutschen in der Regel «dialektische Theologie» genannt wird. Neben Emil Brunner wurden auch Karl Barth, Friedrich Gogarten, Eduard Thurneysen und – zum Teil – Paul Tillich dazugezählt, in Amerika Reinhold Niebuhr, dessen Buch «Moral Man and Immoral Society» von 1932 mit Brunners «The Theology of Crisis» theologisch eng verwandt ist, während seine Zeitschrift «Christianity and Crisis» den Krisenbegriff programmatisch aufnahm.

In den Gastvorträgen galt es, eine Gratwanderung zu unternehmen: Auf der einen Seite wollte Brunner, der die amerikanische Situation zwi-

---

[58] Crisis, S. XXI.
[59] The Crisis of Theology and the Theology of Crisis, in: A. a. O., S. 2.
[60] Vgl. Bibliographie, S. 352.
[61] Karl Adam, Die Theologie der Krisis, in: Hochland, Monatsschrift für alle Gebiete des Wissens, der Literatur und Kunst. 23. Jahrgang. April 1926–September 1926. Kempten und München, S. 271–286.

schen Liberalismus und Fundamentalismus gut kannte, wie in seinen europäischen Publikationen den Fortschrittsglauben und Immanentismus des 19. Jahrhunderts in Frage stellen, auf der andern war es nicht seine Absicht, dem fundamentalistischen Missverständnis des Christentums Vorschub zu leisten. In seiner ersten Vorlesung kam er den religiös Konservativen insofern weit entgegen, als er sie in ihrer Ansicht, die Modernisten hielten nicht länger am christlichen Glauben fest, bestätigte. Der Modernismus unterscheide sich weniger vom religiösen Mystizismus des Ostens als vom Glauben der Bibel und der Kirche, er könne nicht mehr Christentum genannt werden.[62] Aber auch Fundamentalismus und Orthodoxie seien nicht mit dem christlichen Glauben identisch, sondern eine versteinerte Form des Christentums.[63] Es sei ein ernsthaftes Missverständnis, wenn der Glaube sich mit der Lehre von der Verbalinspiration der Bibel zufrieden gebe.[64] Der Fundamentalismus sei nicht wirklich gläubig, die sich selbst als kritisch verstehende Theologie sei zu wenig kritisch und habe einen «unkritischen Glauben an die Vernunft».[65]

Dass Brunner bei manchen religiös konservativen Amerikanern auf Wohlwollen stiess, hing damit zusammen, dass er in seiner Ablehnung der Verbalinspiration der Bibel nicht rationalistisch, sondern theologisch argumentierte. Die Orthodoxie habe «das Faktum der Inkarnation nie wirklich ernst genommen». Offenbarung sei immer zugleich κένωσις (d. h. Entleerung), der Sohn Gottes sei «inkognito» unter den Menschen gewesen.[66] Dies gilt auch von der Offenbarung in der Bibel. Um eine wirkliche Offenbarung zu sein, muss sie sich verhüllen. Das Wort Gottes in der Heiligen Schrift dürfe so wenig mit den Wörtern der Heiligen Schrift identifiziert werden wie der ‹Christus nach dem Fleisch› mit dem ‹Christus nach dem Geist›. Gerade wer wisse, worin das Wort Gottes in der Bibel bestehe, müsse Bibelkritik treiben, eindringlich, furchtlos, radikal.[67] Modernismus und Fundamentalismus haben die gleiche Angst vor einem gesunden kritischen Denken.[68] «Nur ein Christ kann wirklich kritisch sein, und nur ein wirklich kritischer Mensch kann ein Christ sein.»[69]

Typisch für die dialektische Theologie bzw. die Theologie der Krisis war, dass Brunner in allen Vorlesungen viel von Sünde und Schuld sprach, sich mit Vehemenz gegen die Illusion, der Mensch sei gut, und gegen den seit der europäischen Aufklärung vorherrschenden Fortschrittsglauben

---

[62] The Crisis of Theology and the Theology of Crisis, in: Crisis, S. 13.
[63] A. a. O., S. 14.
[64] A. a. O., S. 19.
[65] A. a. O., S. 14.
[66] A. a. O., S. 18.
[67] A. a. O., S. 20.
[68] A. a. O., S. 21.
[69] A. a. O., S. 14.

wandte. Es bestehe keine Veranlassung zu meinen, je höher sich der Mensch kulturell aufwärts bewege, desto weniger sei er in einen Widerspruch mit sich selbst verwickelt. «Indem der Mensch wächst, wächst zugleich sein innerer Widerspruch.»[70] Deshalb braucht der Mensch Erlösung. Dass Gott sich selbst offenbare, bedeute, dass er sich trotz und im Gegensatz zu einer Welt offenbare, die ihm feindlich gegenüberstehe.[71] Alle menschliche Aktivität ist ohne Gott hoffnungslos. *Gott* veranstalte die Versöhnung und nicht der Mensch.[72]

> «Glaube ist nur dann wirklicher Glaube, wenn der Mensch sich aufgegeben sowie das Vertrauen in seine Religion hinter sich gelassen hat und allein in Gott ruht.»[73]

Einer der Vorträge galt dem «Problem der Ethik». Noch einmal grenzte sich Brunner zunächst von der Orthodoxie und vom Fundamentalismus ab. Eine Theologie, die nicht zu ethischer Aktivität aufrufe und diese stärke, sei sicher keine christliche Theologie.[74] «Wie oft kommt es vor, dass eine vollkommen fehlerlose Rechtgläubigkeit mit moralischer Unfruchtbarkeit zusammengeht!» In Fragen der Ethik stelle sich die Kirche häufig auf die falsche Seite, habe oft geschwiegen, wenn sie hätte protestieren müssen, protestiert, wenn sie hätte schweigen müssen!

> «Es gibt einen billigen Ersatz für Glauben. Er besteht darin, dass der Kopf einer intellektuellen Formel zustimmt, und nicht darin, dass das Herz an Gottes Wort glaubt.»[75]

Ein Glaube, der sich darauf beschränkt, eine nur theoretische Haltung gegenüber dem Leben zu sein, ist nicht länger Glaube, sondern nur mehr ein Schatten davon.[76]

> «Allein eine ethische Religion ist wirklich religiös, und allein eine religiöse Ethik ist wirklich ethisch.»[77]

Die Lehre von der Rechtfertigung allein aus Glauben ist falsch verstanden, wenn sie den Menschen passiv macht:

> «Indem er als Erlöser handelt, wird Gott der ‹Gebieter› des Menschen. [...] Der Wille Gottes bzw. der gute Wille verwirklicht sich im menschlichen Willen. [...] Was von der einen Seite als das Handeln Gottes aussieht, ist von der

---

[70] The Quest of Life: Salvation, in: A. a. O., S. 50.
[71] The Quest of Truth: Revelation, in: A. a. O., S. 33.
[72] The Quest of Life: Salvation, in: A. a. O., S. 60 f.
[73] A. a. O., S. 61.
[74] The Problem of Ethics, in: A. a. O., S. 68.
[75] A. a. O., S. 69.
[76] A. a. O., S. 70.
[77] A. a. O., S. 71.

andern Seite her betrachtet die menschliche Entscheidung.»[78] – «Die Umwandlung des Herzens, die durch den Glauben stattfindet [...], ist ein eminent ethisches Geschehen.»[79] – «Der Glaube ist die gottgegebene Teilhabe des Menschen am göttlichen Handeln.»[80]

Da die amerikanische Gesellschaft zur Zeit von Brunners Amerikareise – vor dem Schwarzen Freitag von 1929 – fortschrittsgläubiger war als die durch den Ersten Weltkrieg gebeutelte europäische, setzte Brunner sich im letzten Vortrag mit dem Verhältnis von Fortschrittsglauben und Reichgotteshoffnung auseinander, wobei er einiges bereits Ausgeführtes wiederholte und vertiefte. Der menschliche Fortschritt lasse die Sünde nicht kleiner werden, sondern sie wachse mit ihm:[81]

> «Die Geschichte ist niemals die Geschichte der Erlösung von der Sünde, sondern viel eher die Geschichte – und teilweise die Evolution – des sündigen Menschen. Dieser vermag zwar die Formen zu verändern, unter denen die Sünde in Erscheinung tritt. Niemals kann er dagegen die Sünde selbst überwinden.»[82] – «Das Neue Testament erwartet nicht, dass sich die Dinge auf Erden immer mehr in Richtung auf das Gute verändern. [...] Das ist der Realismus des Neuen Testaments.»[83]

Damit trat Brunner als Vertreter jenes «christlichen Realismus» in Erscheinung, den Reinhold Niebuhr in Amerika vertrat. Das Reich Gottes in seinem «eschatologischen, transzendenten, anti-evolutionären Sinn» sei in Jesus Christus und deshalb auch in der christlichen Gemeinde oder Kirche gegenwärtig – und zwar durch den Glauben an Christus. Der Durchbruch des Reiches Gottes hinein in den historischen Weltprozess habe in Jesus Christus begonnen. Die Neue Welt in Jesus Christus erscheine aber «nicht direkt, sondern indirekt»,[84] «im Glauben und nicht im Sehen», «paradox und nicht empirisch»,[85] der Optimismus des christlichen Glaubens ist derjenige von 1. Korinther 15, die Hoffnung auf die Auferstehung:

> «Der anti-evolutionäre Optimismus des christlichen Glaubens ist die wahre Grundlage eines wirklich aktiven christlichen Lebens.»[86]

Der Kontakt mit der englischsprechenden Welt ging in den folgenden Jahren weiter. Anfang März 1931 reiste Brunner, begleitet von seiner Frau,

---

[78] A. a. O., S. 76.
[79] A. a. O., S. 77.
[80] A. a. O., S. 79.
[81] Progress and the Kingdom of God, in: A. a. O., S. 101.
[82] A. a. O., S. 102.
[83] A. a. O., S. 106.
[84] A. a. O., S. 108.
[85] A. a. O., S. 109.
[86] A. a. O., S. 113.

für eine dreiwöchige Vortragstour nach England und Schottland. Am King's College in London hielt er fünf Vorträge, welche er teilweise am Trinity College in Glasgow und am New College in Edinburg wiederholte. In streng systematischem Aufbau sprach er 1. über «Das Wort Gottes und die Vernunft», 2. über «Das Wort Christi und die Geschichte», 3. über «Das Wort des [Heiligen] Geistes und die Psychologie», 4. über «Das Wort der Bibel und die Wissenschaft» und 5. über «Das Wort der Kirche und die Gesellschaft».[87] Thurneysen schrieb an Barth:

> «Der Donnerwetter hatte natürlich wieder fix und fertig ausgearbeitet fünf, nicht weniger als fünf grosse theologische Vorträge bei sich auf Englisch und reiste mit jener ihm eigenen stolzen Bescheidenheit, jenem bescheidenen Stolze über Paris dem Kanal entgegen.»[88]

Die Vorträge wurden unter dem Titel «The Word and the World» in London publiziert und sofort auch ins Niederländische, Dänische und Japanische übersetzt. Später erschienen sie auch auf Französisch und Koreanisch.[89] Wie schon «The Theology of Crisis» erschien das Buch nicht auf Deutsch, weshalb beide Publikationen Brunners im deutschen Sprachgebiet bis heute kaum bekannt sind.

Zwei Jahre später konnte Brunner abermals nach Grossbritannien fahren, um am 30. Juni 1933 das Ehrendoktordiplom der Universität Edinburg «abzuholen».[90] Die Urkunde würdigte seine «glänzenden Verdienste um die Theologie».[91] Thurneysen beglückwünschte ihn und schrieb:

> «Wenn sie auch drüben jenseits des Kanals ein wenig etwas kapieren von der ‹theology of crisis›, so ist das wesentlich Dein Verdienst. Von den Amerikanern ganz zu schweigen. Der Siegeslauf der dialektischen Theologie [...] ist auf dieser Seite des Erdballs auf alle Fälle vor allem mit Deinem Namen verknüpft.»[92]

Im Frühjahr 1935 kam es zu einer Vortragsreise in Ungarn, wo Brunner in Budapest und in den reformierten Hochburgen Debrecen, Sárospatak und Papalas referierte:[93]

> «Bibel-Übersetzung – als Aufgabe der Theologie –, das war mein Ungarn-Thema. Daneben sprach ich auch über die Ausrüstung für das geistliche Amt, Kir-

---

[87] Emil Brunner, The Word and the World. London 1931, S. 9.
[88] Thurneysen an Barth am 6. März 1931, in: Barth–Thurneysen III, S. 115 f.
[89] Zu den Übersetzungen vgl. Bibliographie, S. 354.
[90] An Thurneysen am 23. Juni 1933.
[91] Nachlass 138, 8: *Praeclaris pro meritis Divinitatis*.
[92] Thurneysen an Brunner bereits am Ostermontag 1932 – also lange bevor dieser den Doktorhut «abholen» durfte!
[93] Nachlass 127, 3.

che als Gabe und Aufgabe. Vom heiligen Geist. Gruppenbewegung.[94] Überall Diskussion. Die Studenten sind sehr offen gewesen für meine Botschaft, die Professoren zum Teil gar nicht, aber zum grossen Teil ebenfalls sehr. Es wird dort zum Teil ganz tüchtig theologisch gearbeitet, namentlich in Sárospatak und in Siebenbürgen, wo auch viel Gemeinschaftsleben zwischen Professoren und Studenten und unter den Professoren selbst besteht. Auch gepredigt habe ich einmal.»[95]

Im Sommer 1935 reiste Brunner abermals «zwischendurch nach England».[96] Der wichtigste Teil seines Lebens spielte sich aber dennoch in Zürich ab, wo er mit seiner Familie lebte und an der Universität unterrichtete.

Mehrfach war es eine schwere Belastung für ihn, dass seine Frau Perioden der Schwermut durchlebte, die sie am Sinn ihres Lebens zweifeln liessen. Rudolf Bultmann, mit dem Brunner eine Brieffreundschaft pflegte, schrieb am 28. Dezember 1929:

«Was Sie über das Ergehen Ihrer verehrten und lieben Gattin schrieben, hat meine Frau und mich sehr bewegt [...]. Wir wünschen von Herzen, dass das Leiden Ihrer Frau einen glücklichen Verlauf nimmt und dass Ihnen allen Ihr glückliches Zusammensein erhalten bleibt.»[97]

Besonders Anfang der Dreissigerjahre bereitete ihm auch sein Nierensteinleiden wieder grosse Schmerzen. Im Juni 1931 waren ein Spitalaufenthalt und eine Kur in Bad Wildungen (Hessen) nötig, und zu Beginn des Sommersemesters 1932 musste er seine Lehrtätigkeit vorübergehend einstellen. Aus gesundheitlichen Gründen fing er an, Reitsport zu betreiben. Sein Kollege Schrenk bemerkte dazu, dass «ein Reiten auf den Waldwegen des Zürichbergs – mit gelegentlichem Anbinden des Rosses im Garten [Schrenks] – für die weitere Theologiegeschichte recht förderlich» wäre, «aber auch für die weitere Fakultätsgeschichte».[98]

Im Frühjahr 1933 unterzog er sich zusammen mit seiner Frau einer neuen Kur in Deutschland.[99] «Wenn Wildungen nichts bewirkt, muss er sich operieren lassen», schrieb Thurneysen an Barth. «Der arme Kerl muss scheussliche Schmerzen ausstehen bei jeder solchen Kolik.»[100] «Der Gute» habe «eine ganz böse Krankheitszeit hinter sich, die Krankheit aller Reformatoren hat ihn heftig gezwackt».[101]

---

[94] Vgl. dazu unten, S. 273 ff.
[95] An Thurneysen am 18. April 1935.
[96] An Thurneysen am 11. August 1935.
[97] Bultmann an Brunner am 28. Dezember 1929.
[98] Gottlob Schrenk an Brunner am 24. April 1932.
[99] Thurneysen an Brunner am 13. und am 24. Mai 1933.
[100] Thurneysen an Barth am 7. April 1932, in: Barth–Thurneysen III, S. 224.
[101] Thurneysen an Barth am 7. April 1932, in: Barth–Thurneysen III, S. 242 f.

In den folgenden Jahren ging es Brunner wieder besser, und auch seine Frau erholte sich wieder. 1938 schrieb er an Thurneysen:

> «Inzwischen werden unsere Kinder gross. Heini studiert bereits Theologie, Peter macht im Herbst die Matura, und die beiden kleineren schreiten auch, jeder auf seine Weise, tapfer und zielbewusst ins Leben hinein. Wir sind vor allem dankbar, dass [meiner Frau] Übel in den letzten Jahren […] latent blieb. Auch meine Steine haben sich seit bald sechs Jahren, abgesehen von zwei kleinen Attacken, ruhig verhalten.»[102]

---

[102] An Thurneysen am 19. Februar 1938.

«Das Gebot und die Ordnungen» – Brunners erste Ethik

Seit den frühen Dreissigerjahre hatte Brunner an seinem grössten wissenschaftlichen Projekt, an seiner breit angelegten Ethik, gearbeitet. Unter dem Titel «Das Gebot und die Ordnungen – Entwurf einer protestantisch-theologischen Ethik» erschien der 696 Seiten starke Band im Sommer 1932 wieder bei J. C. B. Mohr in Tübingen. Dieses Werk ist das wichtigste Buch Brunners und einer der Meilensteine in der Theologiegeschichte des 20. Jahrhunderts. Unter anderem hatte er darin den Begriff der «Lebensdienlichkeit» geprägt, welcher über seinen Schüler Arthur Rich als Kriterium in die moderne Sozial- und Wirtschaftsethik einging.[1]

Dass Brunner eine Ethik schreiben würde, zeichnete sich, wie die vorangehenden Ausführungen zeigen, schon früh ab.[2] Als Privatdozent und dann als Ordinarius las er auch oft über ethische Themen.[3] An Thurneysen schrieb er schon Ende 1927, dass er «gegenwärtig ziemlich hilflos in den Drahtverhauen der speziellen Ethik» hänge.

> «Heute Nachmittag zum Beispiel: die sexuelle Frage. Du liebe Zeit, wie kommt man da durch. Wo man hinblickt, Ratlosigkeit. Die einzigen, die ihrer Sache sicher zu sein scheinen, sind die Katholischen. Was tut's, wenn sie mit ihren Theorien Bankerott machen – sie haben ja die Beichte und können da manches wieder flicken. Wie steht's eigentlich? Gilt es auch in diesem Punkt entschlossen rechtsumkehrt, calvinwärts, Puritanismus als Losung? Oder brauchen wir tatsächlich ein neues Sexualideal? Ich habe mich schon wochenlang mit dieser Frage herumgeschlagen und komme doch zu keinem rechten Ende. Der alte Rigorismus will mir heuchlerisch und unserem tatsächlichen Empfinden unmöglich erscheinen, und doch weiss ich nichts anderes zu lehren. – Dieselbe Geschichte in der sozialen Frage. Dagegen habe ich das Gefühl, in der Lehre vom Staat seien wenigstens die Grundzüge klar, und hier haben wir eine deutlich vorgezeichnete Linie, die es, bei aller Anerkennung des Täuferprotestes, innezuhalten gelte.»[4]

---

[1] Ordnungen, S. 387. Vgl. Arthur Rich, Wirtschaftsethik II. Gütersloh 1990, S.23, Anm. 19; Peter Ulrich, Integrative Wirtschaftsethik. 2. Auflage. Bern, Stuttgart, Wien 1998, S. 11, S. 204 und andere Stellen. Vgl. unten S. 267 und S. 579.
[2] Vgl. oben, S. 92 ff.
[3] Nachlas 99–104.
[4] An Thurneysen, nicht datiert, Ende November oder Anfang Dezember 1927.

Nachdem Brunner im Wintersemester 1929/30 ein weiteres Mal über «Die Ehe» gelesen hatte,[5] ist in seinen Briefen oft von der «Ethik» die Rede. Mit ihr komme er «langsam, langsam vorwärts».[6]

> «Ich komme mir vor wie einer, der sich durch einen Urwald einen Weg hauen muss, und schon mehr als einmal meinte ich, nicht mehr durchzukommen. Es ist eine ungeheuerliche Verwilderung in allen ethischen Begriffen, und die Arbeit des letzten Jahrhunderts ist hier besonders dürftig. Zum Beispiel mit der Ethik Schlatters[7] kann ich, trotzdem sie mir nicht unsympathisch ist, eigentlich nichts anfangen. Es ist nirgends eindringende Arbeit geleistet – von den meisten anderen gar nicht zu reden. Vilmar[8] bietet allerlei Rassiges, ist aber zuletzt doch auch nicht gut. Wenigstens können wir auf seinem Geleis nicht weiter. Es wird noch lang gehen, bis ich durch bin, und dann kommt erst nochmal eine Verarbeitung von Literatur, die mir in der Regel erst hilft, wenn ich selbst mit meiner Sache im Reinen bin. Freilich merke ich auch, dass sich die mühsame Arbeit lohnt; ich glaube wirklich, wir sind daran, die reformatorische Ethik neu aufzubauen.»[9]

Je mehr Brunner aber mit seinem Werk vorankam, desto zuversichtlicher wurde er:

> «Im Ganzen [...] muss ich sagen: Ich bin noch bei keinem Buch so ruhig gewesen und habe auch noch bei keinem wie bei diesem das Gefühl gehabt: so musste es sein – mag ich's später auch wieder anders sehen und sagen müssen.»[10]

«Das Gebot und die Ordnungen» fand sofort ein grosses Echo. Innerhalb von nur zwei Monaten wurden über 1000 Exemplare verkauft.[11] Ende 1932 erhielt Brunner das für damalige Begriffe beachtliche Autorenhonorar von 1630 Reichsmark,[12] und 1933 wurde bereits die zweite Auflage gedruckt.

Als einer der ersten reagierte Martin Buber: «Wie kein andres theologisches Werk unsrer Zeit wäre dieses geeignet, entwirrend auf eine Generation zu wirken», womit er auf Brunners nüchterne Beurteilung des Staates abhob.[13] Karl Barth in Bonn diskutierte das Werk an seinen Offenen Abenden im Wintersemester 1932/33. Die Studenten mussten «einführende Referate über die einzelnen Abschnitte» halten.[14]

---

[5] Nachlass 104.
[6] An Thurneysen, nicht datiert, wohl Ende 1930, am 13. Mai 1931 und nicht datiert, August 1931.
[7] Vgl. Adolf Schlatter, Die christliche Ethik. Calw und Stuttgart 1914.
[8] Vgl. August Friedrich Christian Vilmar, Theologische Moral. 3 Bände. Gütersloh 1871.
[9] An Thurneysen, nicht datiert, wohl Ende 1930.
[10] An Thurneysen am 24. Mai 1932.
[11] An Thurneysen am 24. August 1932.
[12] Nachlass 127, 2.
[13] Martin Buber an Brunner am 19. Juni 1932.
[14] Gemäss Anmerkungsteil in: Barth–Brunner, S. 223.

Dietrich Bonhoeffer in Berlin ging in seiner Vorlesung «Jüngste Theologie – Besprechung systematisch-theologischer Neuerscheinungen» darauf ein – ausführlich, wenn auch nicht unkritisch.[15] An seinen Freund Erwin Sutz schrieb er wenige Wochen nach dem Erscheinen des Buches, er habe sich sofort darauf gestürzt, könne aber «den Eindruck nicht ganz loswerden, als sei auch hier wieder wie schon im ‹Mittler› etwas zu schnell gearbeitet worden. Besonders [...] im grundsätzlichen Teil». Er hätte Lust, eine Diskussion daran anzuknüpfen, «denn tatsächlich ist das Buch [...] wunderbar klar geschrieben und man kann leicht einhaken».[16] Bonhoeffer vermisste aber ein «konkretes Gebot durch die Kirche».[17] In seinen späteren Büchern – der «Nachfolge» von 1937 und den Ethikfragmenten aus den Vierzigerjahren – lassen sich jedoch zahlreiche – oft zustimmende – Anklänge an Brunners Ethik finden. Sein berühmter Leitsatz: «Nur der Glaubende ist gehorsam, und nur der Gehorsame glaubt»,[18] steht fast wörtlich bei Brunner.[19] Auch die für den späten Bonhoeffer zentrale Unterscheidung zwischen dem ‹Vorletzten› und dem ‹Letzten› spielt in «Das Gebot und die Ordnungen» eine wichtige Rolle.[20]

Die «Neue Zürcher Zeitung» würdigte den «Entwurf einer protestantisch-theologischen Ethik» wegen seines «unbeirrbaren, weltnahen Sinnes für die harte Wirklichkeit» und wegen seines «verantwortungsbewussten Ernstes».[21] Im nationalsozialistischen Deutschland wurde das Buch verboten. Der Verleger durfte nicht einmal 30 ungeheftete Exemplare nach Zürich schicken für ein Seminar, das Brunner für das Wintersemester 1937/38 plante. Die deutschen Zeitungen bekamen auch die Weisung, nichts mehr von Emil Brunner zu publizieren.[22] Und am 9. Mai 1938 wurden dann die noch vorhandenen Exemplare von «Das Gebot und die Ordnungen» unter Aufsicht eines Beamten der Staatspolizei vernichtet.[23]

---

[15] Eberhard Bethge, Dietrich Bonhoeffer. München 1967. S. 263 und S. 1087–1089.
[16] Dietrich Bonhoeffer, Ökumene, Universität, Pfarramt 1931/1932. Hg. von Eberhard Amelung und Christoph Strohm. (Gesamtausgabe 11.) München 1994, S. 89.
[17] A. a. O., S. 198.
[18] Dietrich Bonhoeffer, Nachfolge. Hg. von Martin Kuske und Ilse Tödt. (Gesamtausgabe 4.) München 1989, S. 36.
[19] Ordnungen, viele Stellen, besonders deutlich S. 103: «Der Glaube entartet zur Theorie, wenn er nicht gleichzeitig dieser Gehorsam ist, ebenso wie der Gehorsam zur blossen Moralgesetzlichkeit entartet, wenn er nicht dieser Glaube ist.»
[20] Ordnungen, S. 98–99. Es wird darauf verzichtet, Belegstellen aus Bonhoeffers Werken zusammenzutragen, da sie allgemein bekannt sind.
[21] NZZ 1932, Nrn. 1222 und 1226. Gezeichnet ist die sehr anerkennende Besprechung von H. Bth. (Heinrich Barth?).
[22] Nach einem Brief Adolf Kellers an Karl Barth vom 1. März 1938, in: Karl-Barth-Archiv 9338.159 (Mitteilung Marianne Jehle-Wildberger).
[23] Gemäss dem Dossier Emil Brunner, das Frau Susanne Dalchow, die Sekretärin der Verlagsleitung von J. C. B. Mohr (Paul Siebeck) in Tübingen, freundlicherweise zur Verfügung stellte.

Die dritte Auflage musste in Zürich erscheinen.[24] Erst *nach* dem Zweiten Weltkrieg wurde das Buch «mit ökumenischen [d. h. amerikanischen] Mitteln [in Deutschland] neu aufgelegt» und fand jetzt eine «weite Verbreitung».[25] Unter dem etwas irreführenden – weil einseitigen – Titel «The Divine Imperativ» wurde das Buch bereits 1934 ins Englische übersetzt und auch in der angelsächsischen Welt viel gelesen.[26]

Vor- und Grundfragen

Brunners ‹magnum opus› besteht aus drei «Büchern»: «Die Frage», «Das Gebot» und «Die Ordnungen». Das erste Buch ist insofern charakteristisch für Brunner, als er hier den ‹Feind› auf seinem eigenen Gelände aufsucht, um ihn mit dessen eigenen Waffen zu schlagen: Nachdem er verschiedene nichttheologische ethische Systeme, besonders den naturalistischen Ansatz Epikurs und den idealistischen Kants, den «Eudämonismus und [den] Pflichtrigorismus», beschrieben hat,[27] zeigt er, dass sie konsequent zu Ende gedacht in sich selbst widersprüchlich sind: «Innerhalb der vernunftimmanenten Besinnung» ist «das Problem der Ethik» unlösbar, weil sich notwendigerweise immer wieder «unversöhnliche Widersprüche» zeigen.[28] Obwohl die philosophisch-rationale Ethik aus dem Bedürfnis entstanden ist, dem sittlichen Denken eine grössere Sicherheit zu geben, ist ihr dies misslungen, weil niemand sich im Urwald der verschiedenen ethischen Meinungen wirklich zurechtfinden kann.[29]

> «Die rational-philosophische Reflexion von Aristipp und Epikur bis zu Mandeville, Stirner und Nietzsche hat es fertig gebracht, das, was allen bisher für verabscheuungswürdig galt, als berechtigt hinzustellen, und das, was allen für gut galt, zu verdächtigen. […] Diese Gegensätze sind nicht mehr zu überbrücken. Oder wer will vermitteln zwischen der Herdentierethik des Utilitarismus und der Herrenethik Nietzsches, zwischen dem Hedonismus Aristipps oder dem modernen Vitalismus und der rigorosen Pflichtethik Kants? Wer zwischen dem Personalismus eines Scheler und dem Impersonalismus eines Spinoza oder Schleiermacher? Durch die philosophische Reflexion ist die Lage erst recht, im vollen Wortsinn, heil-los widerspruchsvoll geworden.»[30]

---

[24] Emil Brunner, Das Gebot und die Ordnungen. 3. Auflage. Zürich: Zwingli-Verlag, 1939.
[25] Emil Brunner, Autobiographische Skizze, nach: Kramer, S. 38.
[26] Vgl. Bibliographie, S. 354.
[27] Ordnungen, S. 46.
[28] A. a. O., S. 35.
[29] A. a. O., S. 53.
[30] A. a. O., S. 29.

Es brauche einen anderen und besseren Weg, da ohne den christlichen Glauben nur Rat- und Hilflosigkeit und zuletzt die Verzweiflung übrig blieben. Am Schluss des Abschnitts über die «natürliche Sittlichkeit» deutet Brunner seine Lösung an:

> «Jawohl, es gibt eine Antwort auf die menschliche Frage nach dem Guten; aber diese Antwort ist von der Art, dass sie zuerst die Frage des Fragers so verändert, dass er nicht mehr der Frager, sondern der Gefragte ist, dass er nicht mehr Widersprüche sich selbst gegenüber sieht, sondern den Widerspruch mitten durch ihn selbst hindurchgehend erkennt. Die Antwort des Glaubens auf die ethische Frage ist das Wort von Sünde und Gnade.»[31]

In der Folge wird ausgeführt: Grundlage aller christlich verstandenen ethischen Besinnung ist die Rechtfertigungslehre, deren Sinn im Folgenden besteht: Gott gibt «auf dem Gnadenweg das wahre Gottesverhältnis und damit das wahre Sein und das wahre Gute».[32] «Dass Gott wirklich zum Menschen gekommen ist: das ist die Versöhnung, das neue Leben.»[33] Brunner wird später hinzufügen, das sei «das Charakteristische einer wahrhaft christlichen Ethik, dass sie nicht vom Gedanken der Pflicht, sondern von der göttlichen Gnade ausgeht».[34]

Es wäre ein Missverständnis, das von Gott geschenkte neue Leben des Menschen als eine «magische Gegebenheit» zu begreifen. Auch «das Fleisch gewordene Wort ist Wort, etwas das gehört, das erkannt und anerkannt werden muss. Wirklich wird die Versöhnung für uns erst durch den Glauben.»[35] Der Glaube ist nun aber «nicht ein Besitz, sondern ein Geschehen von Gott her».[36] «Glauben gibt es nur in der Aktualität der Entscheidung.» Hier liegt die Quelle einer *christlich* verstandenen Ethik: «Der *Indikativ* der göttlichen Verheissung wird zum *Imperativ* des göttlichen Gebotes.»[37]

Eine christlich-theologische Ethik ist deshalb nur im Zusammenhang mit der Dogmatik möglich, weil die «Besinnung über das gute Handeln des Menschen [...] nur ein Teil der umfassenderen Besinnung über das Handeln Gottes überhaupt» ist. Das Neue Testament ist nicht umsonst «ein unauflösliches Ineinander von ‹Ethik› und ‹Dogmatik›».

> «Jedes Thema der Dogmatik ist notwendigerweise auch ein Thema der Ethik. Es gibt keine Dogmatik an sich und keine Ethik an sich, sondern die dogmatische Erkenntnis zielt als solche immer auf das existentielle, also auf das ethi-

---

[31] A.a.O., S. 38.
[32] A.a.O., S. 62f.
[33] A.a.O., S. 63.
[34] A.a.O., S. 293.
[35] A.a.O., S. 63f.
[36] A.a.O., S. 67.
[37] A.a.O., S. 67.

sche Denken hin, und die ethische Erkenntnis wurzelt in der dogmatischen.»[38] – «Die Abtrennung der Dogmatik von der Ethik würde die Dogmatik spekulativ und die Ethik moralistisch entarten lassen.»[39]

Brunner spitzt sein Ethikverständnis in einem Leitsatz zu:

> «Christliche Ethik ist die Wissenschaft von dem durch das göttliche Handeln bestimmten menschlichen Handeln.»[40]

Glaube, Vernunft und Gehorsam

In einem Zwischenstück geht Brunner auf die Frage ein, ob es denn im Bereich des christlichen Glaubens überhaupt eine «Wissenschaft» geben könne. Dabei entwickelt er Thesen, die in den folgenden Jahren eine zunehmend grössere Rolle spielen sollten:

> «Glaube an das Wort Gottes geht nicht an der Vernunft *vorbei*, indem er sie beiseite schiebt, sondern er geht durch die Vernunft *hindurch*, indem er sich in ihr verwirklicht. Ohne Vernunft auch kein Glaube, kein Vernehmen des Wortes Gottes. […] Gott ist der Schöpfer auch der Vernunft, und sie ist sein höchstes und herrlichstes Geschöpf. Ja, zwischen Gott und Vernunft bestehen Beziehungen, wie sie sonst zwischen Gott und Kreatur nicht bestehen. Nicht die Vernünftigkeit steht […] im Gegensatz zum Glauben, sondern die Verkehrung der Vernunft aus einer in Gott begründeten in eine in sich selbst begründete.»[41]

Darum sind Wissenschaft und Glaube vereinbar.

> «Das Wort Gottes bedient sich der Vernunft des Menschen als Gottes Organ. […] Das ‹Organon› der Vernunft wird in den Dienst der Glaubenserklärung gestellt.»[42]

Die wissenschaftstheoretische Grundlage für Brunners Werk ist damit für ihn gegeben.

Das zweite Buch, «Das Gebot», fängt noch einmal von vorne – und d. h. mit Gott – an. Der Wille Gottes – so die grundlegende These – ist «Grund und Norm des Guten».[43] In diesem «Buch» finden sich die bereits zitierten Sätze über das Verhältnis von Glaube und Gehorsam.[44] Teilweise wiederholt Brunner auch, was er schon in früheren Publikationen – vor allem in «Der Mittler» – darstellte. Er nimmt auf, was er in sei-

---

[38] A. a. O., S. 71
[39] A. a. O., S. 72.
[40] A. a. O., S. 73.
[41] A. a. O., S. 76 f.
[42] A. a. O.
[43] A. a. O., S. 97.
[44] Vgl. oben, S. 255.

nem Beitrag für «Der Protestantismus der Gegenwart» ausgeführt hatte,[45] dass uns sowohl das Gebot Gottes, des *Schöpfers*, als auch dasjenige Gottes, des *Erlösers*, treffe, womit zusammenhängt, dass der christliche Glaube sowohl konservativ als auch revolutionär ist. Wir leben zwischen Schöpfung und Erlösung in der Zeit der Versöhnung – in der «Mitte der Zeit».[46] Die christliche Ethik ist eine «Interimsethik», womit Brunner – inhaltlich allerdings verändert – einen Begriff Albert Schweitzers entlehnt.[47] Von diesem übernimmt er auch den Ausdruck «Ehrfurcht vor dem Leben».[48]

Der Begriff der «Schöpfungsordnung»

Bereits in diesem Teil wird das dritte Buch, «Die Ordnungen», vorbereitet: Die Welt, in der wir leben, ist in ihrer Eigenschaft als Schöpfung – «trotz allem!» – eine geordnete Welt, weshalb wir «allem, was ist» mit «Ehrfurcht» begegnen sollen.[49] Auch vor «dem Leben des Verbrechers, des Krüppels und des Idioten sollen wir – da auch sie Gottes Geschöpfe sind – Ehrfurcht haben»:[50]

> «Die Welt ist keine amorphe Masse, kein Chaos, das wir erst zu ordnen und zu gestalten hätten. Sie ist längst gestaltet; sie wird uns in einem ungeheuren Reichtum der Gestaltung gegeben. Dem Gegebenen ist Gottes Wille in seiner Gestalt aufgeprägt. Diese gegebene Gestalt oder Geordnetheit sollen wir als Ausdruck des göttlichen Willens verstehen.»[51]

«Wir sollen uns in diese Ordnung ‹einordnen›», was «nicht nur für das natürliche, sondern auch für das geschichtliche Sein» zutreffe, da «auch dieses von Gott geschaffen» wurde. Aus der «Welt, wie sie uns umgibt und umgrenzt», komme uns «Gottes Gebot der Stunde entgegen»: «Wie der Wille Gottes grundkonservativ ist, so sollen auch wir es sein.»[52] Brunner zitiert aus dem klassischen Kirchenlied des Frankfurter Juristen und Pietisten Johann Jakob Schütz: «Was unser Gott geschaffen hat, das will

---

[45] Vgl. oben, S. 220 ff.
[46] Ordnungen, S. 107.
[47] Vgl. z. B. Albert Schweitzer, Die Geschichte der Leben-Jesu-Forschung. Sechste Auflage. Tübingen 1951, S. 640.
[48] Vgl. z. B. Albert Schweitzer, Aus meinem Leben und Denken. Ungekürzte [Neu-]Ausgabe. Hamburg 1959, S. 132.
[49] Ordnungen, S. 108 f.
[50] A. a. O., S. 109.
[51] A. a. O.
[52] A. a. O., S. 110.

er auch erhalten.»[53] – Die sogenannten Schöpfungsordnungen werden zum zentralen Thema.

Der Begriff «Schöpfungsordnung» bzw. dieser Aspekt seiner Ethik hat Brunner viel Kritik – und manchmal höhnischen Spott – eingetragen. Charakteristisch ist die Bemerkung Wolfgang Hubers in «Gerechtigkeit und Recht» von 1996, mit der er den Ideologieverdacht erhebt: Es sei leicht zu durchschauen, dass Emil Brunner «einfach das Leben einer wohlhabenden und behüteten bürgerlichen Familie unter den stabilen und behaglichen Verhältnissen der Schweiz als Modell für die Schöpfung benutzt» habe.[54] Allerdings bezieht er sich dabei auf das wesentlich spätere Werk «Gerechtigkeit» von 1943. Und es lässt sich nicht übersehen, dass Brunner im Verlauf der Dreissiger- und Vierzigerjahre konservativer geworden war. (Dennoch hat er auch mit seinem zweiten ethischen Entwurf Neuland beschritten![55]) «Das Gebot und die Ordnungen» war im Jahr 1932 aber wirklich weiterführend.

Der für Brunner wichtige Begriff «Schöpfungsordnung» – oder ursprünglich «Schöpferordnung» – war im 19. Jahrhundert vom lutherischen Theologen Gottlieb Christoph Adolf von Harless eingeführt worden und hatte in Deutschland Schule gemacht.[56] Als Karl Barth 1928/29 in Münster in Westfalen seine erste Ethik-Vorlesung hielt, die er nur leicht überarbeitet 1930/31 in Bonn wiederholte, arbeitete auch er mit diesem Paradigma. Er führte aus, dass Gott «wirklich schon als Schöpfer unseres Lebens» nicht schweige, sondern rede.[57] Der Schöpfer sei «auf alle Fälle der Gott der Ordnung».[58] Es gebe «Schöpfungsordnungen», d. h. «Ordnungen, die unmittelbar mit der Tatsache unseres Lebens selbst» zusammenhingen. Von diesen «Schöpfungsordnungen» sprach er als vom «geschöpflichen Massstab», nannte sie den «Erkenntnisgrund des Willens des Schöpfers» und bezeichnete sie als Worte, «an denen wir im Gehorsam gegen das Wort auf keinen Fall vorübergehen können, weil sie uns mit unserem Leben selbst auf die Lippen und ins Herz gelegt sind».[59] Als konkrete Beispiele für eine solche «Schöpfungsordnung» nannte er die *Arbeit*,

---

[53] A.a.O., S. 100, vgl. Johann Jakob Schütz, Sei Lob und Ehr dem höchsten Gut, in: Gesangbuch der Evangelisch-reformierten Kirchen der deutschsprachigen Schweiz. Basel und Zürich 1998, Nr. 240, 3.
[54] Wolfgang Huber, Gerechtigkeit und Recht. Grundlinien christlicher Rechtsethik. Gütersloh 1996, S. 169.
[55] Vgl. unten, S. 432 ff.
[56] Vgl. Gottlieb Christoph Adolf von Harless, Christliche Ethik. 1. Auflage. Stuttgart 1842. 8. [stark erweiterte] Auflage. Gütersloh 1893.
[57] Karl Barth, Ethik I. Vorlesung Münster Sommersemester 1928, wiederholt in Bonn, Sommersemester 1930. GA 2, Zürich 1973, S. 366.
[58] A.a.O., S. 364.
[59] A.a.O., S. 365.

die *Ehe*, die *Familie* und die Tatsache, «dass alle sonstige Gemeinschaft unter uns Menschen sich vollziehe unter der Leitung der beiden unzertrennlichen Grundsätze der *Gleichheit* und der *Führung*».[60] – Als Brunner den Begriff «Schöpfungsordnung» im Jahr 1932 verwendete, lag er damit also ganz im Rahmen dessen, was man damals auch sonst in der evangelischen Theologie lehrte. Es kommt darauf an, *wie* er damit umging.

Im Vergleich mit Paul Althaus

Um Brunners Sicht genauer zu erfassen, ist es instruktiv, sie mit derjenigen des damals hoch angesehenen theologischen Ethikers Paul Althaus zu vergleichen, der 1934 eine «Theologie der Ordnungen» publizierte. Eine charakteristische Passage darin lautet so:

> «In einer Zeit, die alle Ordnungen in Frage stellte, verkannte und zerfetzte, hat die Theologie einen entschlossenen Kampf geführt gegen den individualistischen und kollektivistischen Angriff auf die Einehe, gegen die verantwortungslose Verhütung und Abtreibung der Frucht, gegen den liberalkapitalistischen und den marxistischen Geist in der Wirtschaft und Gesellschaft, gegen die Entleerung des Staates, gegen die pazifistische Verweichlichung des politischen Ethos, gegen die Zersetzung des Strafrechtes und die Preisgabe der Todesstrafe – in alledem für die Ordnung Gottes als Richtmass menschlicher Gestaltung des gemeinsamen Lebens.»[61]

In seinem «Grundriss der Ethik» von 1931, einem damals viel gelesenen Examensbuch, hatte Althaus seine Auffassung zum Thema «Todesstrafe» noch ausführlicher begründet: Ihr Sinn sei nicht einfach ein (leider) «unentbehrliches Mittel der Abschreckung und Sicherung»: Wo im bewussten Angriff auf das Leben eines Menschen die Grundlage aller Rechtsordnung verneint werde und damit die «ursprüngliche», d. h. schöpfungsmässige, «Verbundenheit» überhaupt, da behaupte sich «die Heiligkeit der Rechtsordnung, indem sie dem Rechtsbrecher alles Recht» nehme und ihn töte. Die Todesstrafe sei «für das ganze Rechtsleben von wesentlicher Bedeutung, indem sie den Ernst des Strafgedankens überhaupt und damit *aller* Strafe sichert».[62] Althaus lobte denn auch im Werk von 1934, als das nationalsozialistische Regime die Todesstrafe wieder einführte, den «befreienden Anbruch der deutschen Erneuerung»: «Vieles, gegen das wir

---

[60] A. a. O., S. 367.
[61] Paul Althaus, Theologie der Ordnungen (1934.); 2. Auflage. Gütersloh 1935, S. 42 f. Nach: Wolfgang Huber, Gerechtigkeit und Recht. Grundlinien christlicher Rechtsethik. Gütersloh 1996, S. 116.
[62] Paul Althaus, Grundriss der Ethik. Neue Bearbeitung der «Leitsätze». Erlangen 1931, S. 99. Vgl. auch Wolfgang Huber, Gerechtigkeit und Recht. Grundlinien christlicher Rechtsethik. Gütersloh 1996, S. 117 f.

kämpften, ist jetzt abgetan; vieles, wofür wir uns einsetzten, [ist] im neuen Deutschland selbstverständlich geworden.»[63]

Er sprach auch von der «Unvermeidlichkeit» und der «sittlichen Pflicht des Krieges», die «nicht durch den Hinweis auf das Liebesgebot des Neuen Testamentes» bestritten werden dürfe. Eine «Unterscheidung von Angriffs- und Verteidigungskampf» lasse sich nicht durchführen, ebenso sei «der passive Widerstand nicht christlicher als der volle Einsatz» im aktiven Kampf. Die «Konkurrenz zweier Völker in einer grossen geschichtlichen Entscheidungsfrage» dürfe man nicht moralisch werten.[64] Todesstrafe und Krieg entsprachen für ihn also gewissermassen der «Schöpfungsordnung».

Im Vergleich mit Althaus wird sofort deutlich, dass Brunners Schöpfungsordnungstheologie differenzierter war. Bereits auf der grundsätzlichtheoretischen Ebene bezog er ja nicht nur Gott als den *Schöpfer*, sondern auch als den *Erlöser* in seine Überlegungen ein, was ihm die Möglichkeit gab, sowohl mit einem «konservativen» als auch mit einem «revolutionären» Glauben zu argumentieren.

Wenige Abschnitte nach den oben zitierten «konservativen» Sätzen[65] schlägt er deshalb in gut ‹dialektischer› Manier – wenn auch weniger breit – einen neuen Ton an:

«‹Die Gestalt dieser Welt vergeht› (1. Korinther 7,31). ‹Siehe, ich mache alles neu› (Offenbarung 21,5). Darum: ‹Stellt euch nicht dieser Welt gleich, sondern *verändert euch* durch Erneuerung eures Sinnes› (Römer 12,2). Ein Christ ist ein Mensch, der nicht nur auf das Reich Gottes *hofft*, sondern der darum, weil er darauf hofft, schon in dieser Welt etwas tut, was der, der diese Hoffnung nicht hat, nicht tut.»[66] – «‹Brüder, bleibt der Erde treu› – dies Wort des ‹Antichristen› [Nietzsche] ist echt biblisch. Aber wir sollen ‹der Erde› treu sein als die, die durch den Glauben der kommenden Welt, dem neuen Äon, angehören, in dem alle Gebundenheiten der Kreatur aufgehoben sind. Wir sollen ‹am Ort›, gemäss der ‹Lage› handeln; wir sind zum ‹Realismus› verpflichtet. Aber das Warum dieses Handelns kann immer nur dem Warum des göttlichen Erlösungswillens entsprechend sein: der Liebe. [...] Die Liebe ist denn auch die einzig mögliche Verbindung des ‹Konservativen› und ‹Revolutionären›.»[67] – «Als der *Schöpfer* erhält Gott die Welt in seinem langmütigen Ja; als der *Erlöser* greift er sie an, bricht er sie um und schafft sie neu.»[68]

---

[63] Vgl. die vorletzte Anmerkung.
[64] Paul Althaus, Grundriss der Ethik. Neue Bearbeitung der «Leitsätze». Erlangen 1931, S. 107f.
[65] Vgl. oben, S. 259f.
[66] Ordnungen, S. 112.
[67] A.a.O., S. 113.
[68] A.a.O., S. 115.

«Der Einzelne und die Gemeinschaft.»

Doch zu Brunners materialer Ethik! Diese findet sich im dritten Buch, das er mit «Die Ordnungen» überschreibt. Es umfasst 279 Seiten und damit gut die Hälfte des Werkes.[69] Im Abschnitt «Der Einzelne und die Gemeinschaft»[70] unternimmt er den Versuch, einen Ausgleich zwischen einem «einseitigen Individualismus» und einem «einseitigen Kollektivismus» zu finden.[71] Im christlichen Glauben kommen der individualistisch missverstandene Einzelne und eine Gemeinschaft im Sinne des Kollektivismus nur als «Unwahrheit» und «Sünde» vor.[72] Den «Einzelnen als solchen» gibt es gar nicht! Der Mensch wird «nur durch das Du ein menschliches Ich».[73] Der Einzelne ist nur ein «dienendes Glied des Ganzen».[74] «Alle vermeintlich übergeordneten Ganzheiten, Staat, Volk usw.», sind jedoch anderseits «in Wahrheit nur dienende Werkzeuge der Personen und ihrer Persongemeinschaft. Es sind ‹Ordnungen›, die um des Menschen, um der Liebe willen geschaffen worden sind.»[75]

Christlich verstanden beziehen sich «der Einzelne und die Gemeinschaft» wechselseitig aufeinander, «so dass eins nicht ohne das andere gedacht werden kann».

> «Einzelsein und Gemeinschaft schliessen sich […] nicht aus, sondern sie sind eins und dasselbe.»[76]

Dass «das Selbstsein und das Mitsein-in-Gemeinschaft oder die Liebe zwei Seiten eines und desselben sind», wird «im Gedanken der Kirche» deutlich.[77] Bemerkenswert ist hier die Zuspitzung:

> «Das Persönlich- oder Unpersönlichsein des Ichs ist dadurch bedingt, ob sein Gegenüber, das Du, als persönlich anerkannt ist oder nicht. Beides ist eins. Je nachdem das Du von mir als Du anerkannt ist oder nicht, bin ich selbst ein verantwortliches, ein persönliches Ich oder nicht. Dem Es, dem Objekt, dem Du-als-Objekt gegenüber bin ich […] kein persönliches Ich. Nicht nur das Du, sondern auch das Ich wird depersonalisiert.»[78]

---

[69] Der Anmerkungsteil und die Register umfassen 144 Seiten.
[70] Brunner bezeichnet diesen Abschnitt in einer Anmerkung auch als «Grundriss einer christlichen Soziologie»; Ordnungen, S. 277.
[71] A. a. O., S. 277.
[72] A. a. O., S. 278.
[73] A. a. O., S. 279.
[74] A. a. O., S. 283.
[75] A. a. O., S. 285.
[76] A. a. O.
[77] A. a. O., S. 286.
[78] A. a. O., S. 287 f.

Indem ich den andern als Sache behandle, degradiere ich mich selbst zur Sache. Brunners Ethik ist also prinzipiell nicht eine Individual-, sondern eine Sozialethik. Das «Verhältnis des Menschen zu sich selbst» ist für ihn kein selbständiges Thema, sondern höchstens eine Voraussetzung der Ethik. «Das Gute ist niemals etwas Einsames, sondern immer etwas Zweisames.» «Selbstbildung und Selbstbeherrschung» sind für ihn kein Gegenstand der Ethik, weil sie neutral seien wie auch die Technik.[79] Und sogar das Gebet, d. h. die persönliche Beziehung zu Gott, ist bei ihm weniger ein ethisches Thema, sondern eines der Dogmatik.[80]

Dem «einzelnen Du» begegneten wir in der Wirklichkeit «immer zugleich mit den ‹Ordnungen›». Wir haben es «mit dem Du nie bloss als mit dem ‹Bruder Mensch›, sondern immer zugleich mit ihm als Glied der geschichtlichen Gemeinschaft zu tun». Es gehe darum, die «Struktur der natürlichen Gemeinschaftsformen von der christlichen Idee der Liebe aus zu untersuchen, um dann gleichsam den Modus und den Koeffizienten der Brechung, die die Liebe in diesen Ordnungen erfährt, feststellen zu können». Das ist nach Brunners Verständnis die «Hauptaufgabe» der Ethik.[81]

Es ist im Zusammenhang der vorliegenden Darstellung nicht möglich, detailliert auf sämtliche Abschnitte dieses Teils einzugehen.[82] In der Folge werden deshalb nur einige wichtige und repräsentative Kapitel hervorgehoben.

Politische Ethik

Obwohl er den damals real existierenden Demokratien nicht unkritisch gegenüberstand und den «alten Parlamentarismus» als «ebenso leer gelaufen» wie den «mittelalterlichen Feudalismus» bezeichnete,[83] ist Brunner im Abschnitt über «Die Volks- und Rechtsgemeinschaft» doch der Ansicht, eine christliche Ethik müsse «die möglichst allgemeine und gleichmässige Beteiligung *aller* an der Verantwortung für den Staat» fordern.[84] Er befürwortet zwar eine «Regierung von Wenigen mit grossen Kompetenzen», von denen er verlangt, dass sie sachverständig seien, spricht sich also eher für eine repräsentative als für eine direkte Demokra-

---
[79] A.a.O., S. 299.
[80] A.a.O., S. 295.
[81] A.a.O., S. 313.
[82] «Der Einzelne, die Gemeinschaft und die Gemeinschaftsordnungen»; «Die Lebensgemeinschaft, Ehe und Familie»; «Die Arbeitsgemeinschaft»; «Die Volks- und Rechtsgemeinschaft»; «Die Kulturgemeinschaft» und «Die Glaubensgemeinschaft».
[83] A.a.O., S. 455.
[84] A.a.O., S. 453.

tie aus.⁸⁵ Über den damals aktuellen italienischen (und kurz darauf deutschen) Faschismus urteilt er jedoch mit unüberhörbarer Schärfe, dass hier «das Wohl des Staates mit der Entmündigung seiner Glieder zu teuer erkauft» sei.

Obwohl eine übersteigerte Demokratie (wie zeitweise im alten Athen) fast immer in eine Pöbelherrschaft und am Ende in einer Anarchie auszuufern pflege, weiss er doch: «Absolute Alleinherrschaft entartet fast immer zur Tyrannis.»⁸⁶ «Der Schrei nach dem Führer und der starken Hand» sei häufig «nichts anderes als der Ausdruck der Verantwortungsscheu» und entspringe «einer müden Sehnsucht nach Ruhe und Verantwortungslosigkeit».⁸⁷

Todesstrafe?

Ähnlich argumentiert Brunner auch bei der Todesstrafe. Er schliesst zwar nicht aus, dass es Grenzfälle geben möge, in denen dem Staat «kein anderes Mittel» zur Verfügung stehe, um einen Verbrecher unschädlich zu machen; «darum darf dem Staat dieses Recht nicht unbedingt genommen werden; wohl aber muss es so eingegrenzt sein, dass es der praktischen Abschaffung gleichkommt».⁸⁸ Grundsätzlich wendet er sich gegen die «alte Sühnepraxis», die «tatsächlich vom Racheinstinkt diktiert» gewesen sei und sich als «ein Nährboden des widerwärtigsten und unbarmherzigsten Pharisäismus» erwiesen habe.⁸⁹

> «Gewiss, der Schuldige soll sühnen. Aber wer ist der Schuldige? […] Der erste und Hauptschuldige jedes Verbrechens ist: die Gesellschaft. Denn sie züchtet das Verbrechen durch die Brutalität ihrer wirtschaftlichen ‹Ordnungen›, durch die Mangelhaftigkeit ihrer Fürsorge für den in sittlich unmöglichen Verhältnissen Aufwachsenden, durch die Härte, mit der sie den weniger Begabten und Erfolgreichen auf die Strasse wirft, durch die Lieblosigkeit, mit der sie im grossen Ganzen dem weniger Angepassten begegnet. Eine Gesellschaft, die die grauenhafteste Kriegstechnik erfindet und durch die allgemeine Dienstpflicht jedem Volksgenossen den Gebrauch dieser Technik dem Bruder Mensch gegenüber, der zufällig ‹zum Feind› gehört, zur Pflicht macht – eine solche Gesellschaft hat kein moralisches Recht, sich über den einzelnen Verbrecher zu entrüsten, sondern nur [die Pflicht], über sein Verbrechen als *unser* Verbrechen zu erschrecken.»⁹⁰

---

[85] A. a. O., S. 453.
[86] A. a. O., S. 454.
[87] A. a. O., S. 454 f.
[88] A. a. O., S. 464.
[89] A. a. O., S. 462 f.
[90] A. a. O., S. 463.

Materiell komme er «mit den Strafrechtslehrern überein, die auf Humanisierung des Strafwesens» drängten, auch wenn er sich «mit den konservativen Vertretern der Sühnetheorie» zusammenschliesse:[91]

> «Der Schuldige muss sühnen – dieser Satz wird in der Praxis immer heissen: die Schuldigen *alle* müssen sühnen. Die Gesellschaft, indem sie an dem Schuldiggewordenen das Versäumte, so gut als dies noch möglich ist, nachholt, zugleich durch die Empfindlichkeit solcher Straferziehung abschreckt und eventuell durch ihre Dauer den Rechtsbrecher unschädlich macht; der Verbrecher, indem er sich dieser Zwangserziehung unterwirft. Dieses Strafsystem wird in mannigfacher Hinsicht teurer sein als das jetzige; das ist recht so, denn darin gerade besteht die Sühne der Gesellschaft. Die Todesstrafe aber kann innerhalb einer solchen Auffassung keinen Platz mehr haben.»[92]

Zur Kriegsfrage

Auch in der Kriegsfrage argumentiert Brunner nuanciert und ist fern davon, den Krieg als ‹Schöpfungsordnung› zu betrachten. Die militärische Landesverteidigung erachtet er als das «elementare Recht des Staates auf Selbstschutz durch Krieg aus ethischen Gründen». Wer dieses in Abrede stellt, verneint damit «die Existenz des Staates» selbst; darin besteht der «berechtigte Gedanke des ‹gerechten Krieges›». «Prinzipieller, un-bedingter Pazifismus» ist identisch mit Anarchie.[93] Aber: «Im heutigen Krieg sind *alle* die Besiegten und *keiner* der Gewinner.»

> «Gerade der Christ [...] muss wissen, dass der Krieg von heute ein solcher Inbegriff von Zerstörungsmaschinerie materieller, vitaler, seelischer und geistiger Güter ist, ein derart erschöpfender Aderlass, beim dem das wertvollste Blut aller Nationen vernichtet, eine von den alten ‹Mannestugenden› dermassen unabhängig gewordene technische Angelegenheit, ein nach seinen Wirkungen so unberechenbares allgemeines Völkerunglück von gleicher Schrecklichkeit für die Sieger wie die Besiegten und, durch die Hereinziehung der wehrlosen Zivilbevölkerung, der Frauen und Kinder, eine so fundamental unritterliche Art des Völkerringens, dass alles, was man früher mit einigem Recht zugunsten des Krieges sagen konnte, heute seine Gültigkeit völlig verloren hat. Die Entwicklung der Kriegstechnik, der Kriegsintensität und der Kriegsextension hat zu dem Punkt geführt, wo Krieg mit Völkerselbstmord identisch wird. Der Krieg hat sich selbst überlebt. Er ist zu kolossal geworden.»[94]

---

[91] A.a.O., S. 463.
[92] A.a.O., S. 463 f.
[93] A.a.O., S. 456.
[94] A.a.O., S. 457 f.

Die Geschichte habe zu einem Punkt geführt, «dem sich alle Analogien der Vergangenheit» versagten.[95] Brunner fordert deshalb eine Entwicklung des Völkerrechts, um den «Zustand des Faustrechts unter den Völkern» zu beenden. Auch für Wehrdienstverweigerer aus Gewissensgründen hat er Verständnis, obwohl er ihnen rät, ihre «neue Gesinnung» damit zu dokumentieren, dass sie die Strafe, die der Staat ihnen auferlegt, ohne zu murren auf sich nähmen, «wohl wissend, dass der Staat zu ihrer Erkenntnis noch nicht gekommen» sei und darum als «Dienstverweigerung» auffasse, was streng genommen ja ein «Dienst am Staat» sei.[96]

Wirtschaftsethik

Auch die Wirtschaft – mit diesem Begriff ist die «Beschaffung, die Verteilung und der Verbrauch lebensdienlicher Sachgüter» gemeint[97] – war für Brunner gemäss dem Abschnitt «Die Arbeitsgemeinschaft» eine «ursprüngliche Schöpfungsordnung».[98] In den Vorbemerkungen zu diesem Thema heisst es programmatisch, eine «Ethik, die sich der wirtschaftlichen Problematik» entziehe, habe «jedenfalls auf den Namen einer christlichen oder biblischen keinen Anspruch».[99] Er forderte die Zusammenarbeit zwischen Ethik und Volkswirtschaftslehre, ohne die «eine verhängnisvolle Einseitigkeit entstehen» müsse.[100]

Und hier kommt nun auch das bereits genannte Stichwort «Lebensdienlichkeit» ins Spiel, das Brunner in den wirtschaftsethischen Diskurs einführte:[101]

«Die *Dienlichkeit*, die Lebensdienlichkeit, ist der primäre gottgewollte Zweck der Wirtschaft. Damit ist gesagt, dass die Wirtschaft Mittel ist und nicht Zweck. Die Selbstzwecklichkeit der Wirtschaft, die so oft von der theoretischen und praktischen Volkswirtschaft angenommen wurde, der unbegrenzt lebendige Kreislauf des wirtschaftlichen Prozesses, ist zweckwidrig und der göttlichen Ordnung zuwider. Der Mensch soll nicht wirtschaften, um zu wirtschaften, sondern um zu leben, um *menschlich* zu leben. Die Wirtschaft soll also nicht bloss seinen physischen Bedarf decken, sondern ihm einen Überschuss an Gütern zur Verfügung stellen, durch den allen humanes, kulturelles Leben möglich ist.»[102]

---

[95] A. a. O., S. 458.
[96] A. a. O., S. 460.
[97] A. a. O., S. 381.
[98] A. a. O., S. 383.
[99] A. a. O., S. 380.
[100] A. a. O., S. 381.
[101] Vgl. oben, S. 253.
[102] Ordnungen, S. 387.

Grundsätzlich hielt er fest:

> «Wir können nicht zurück hinter den Industrialismus, hinter die Weltwirtschaft, nicht zurück zur Naturalwirtschaft und patriarchalischen Zunft- und Handwerksordnung. Es wäre nicht nur Don Quichoterie, sich ins Mittelalter zurückzuträumen, es wäre auch die grösste Lieblosigkeit; denn die ungeheuren Bevölkerungsmassen der zivilisierten Welt können nur noch durch die technische Massenproduktion und die rationale Weltwirtschaft versorgt werden. [...] In diesem Sinne ist der Kapitalismus unser unentrinnbares Schicksal, an dem keine Veränderungen des wirtschaftlichen Systems, die als Alternativen etwa denkbar wären, etwas ändern können. Der Kapitalismus im wirtschaftstechnischen Sinn des Wortes wird *der konstante Faktor* jeder zukünftigen Wirtschaftsordnung – sie möge heissen, wie sie will – sein. [...] Das ‹humanste› Wirtschaftssystem ist grausamer als ein ‹inhumanes›, wenn es die Menschen nicht mit dem Notwendigen versorgen kann. Das ist die entscheidende ‹Eigengesetzlichkeit der Wirtschaft›. Es besteht nun gar kein Zweifel, dass seit der kapitalistischen Wirtschaft der durchschnittliche Lebensstandard sich gehoben hat; ob das nicht nur *seit*, sondern *durch* den Kapitalismus geschehen ist, kann unsereiner schwerlich entscheiden. Gewiss ist, dass durch den Kapitalismus die wirtschaftliche Energie ungeheuer gesteigert worden ist.»[103]

Brunner wandte sich damit einerseits gegen eine einseitige und überspannte Wirtschaftskritik, wie man sie auch in kirchlichen Kreisen manchmal trifft, zugleich aber auch gegen die in Wirtschaftskreisen weit verbreitete Ansicht, Wirtschaft habe überhaupt nichts mit Ethik zu tun:

> «Wer die Wirtschaft ethisch schulmeistern will, ruiniert sie unfehlbar, ebenso wie der, der sie kritiklos ihrer ‹Eigengesetzlichkeit› überlässt, unmittelbar sein [eigenes] und mittelbar auch das Leben der Wirtschaftsgemeinschaft unterhöhlt.»[104]

Zum umstrittenen Thema Privateigentum hielt Brunner unter anderem fest:

> «Der individuell geschaffene Mensch bedarf eines Lebensraumes, in dem er sein ‹Eigentümliches› gestalten kann; die Aufhebung dieser Eigensphäre (als Extrem: Sklaverei) muss den Tod individueller Gestaltungsfreude und -kraft fast notwendig bewirken.»[105]

Dies war implizit gegen den Bolschewismus gerichtet. Zugleich betonte er aber auch, «dass wir im Glauben an die Schöpfung den Einzelnen nie anders als ‹den Einzelnen in Gemeinschaft› kennen»:[106]

> «Das römisch-rechtlich verstandene Privateigentum, das *jus utendi et abutendi*, steht in unversöhnlichem Gegensatz zum biblischen Schöpfungsgedanken.

---

[103] A.a.O., S. 410.
[104] A.a.O., S. 388.
[105] A.a.O., S. 389.
[106] A.a.O., S. 389.

Dieses Private ist *privatio*, Raub an Gott und am Nächsten. Das ‹das gehört mir› hat nicht nur an der Sache, sondern auch daran, dass ich mit dieser Sache in die Gemeinschaft gestellt bin, seine Grenze. [...] Was heisst ‹mein›, was heisst ‹selbst-erworben›, in einer wirtschaftenden Gemeinschaft, die mir den Erwerb allererst möglich macht?»[107] – «Der Individualismus ist an der Wurzel verkehrt und unmöglich, weil er die Gemeinschaft leugnet und den Einzelnen als autarkes Individuum auf sich stellt, weil er Gemeinschaft nur als Notbehelf und Mittel zum Eigenleben der Einzelnen auffasst. [...] Der Schöpfer will weder unser Auseinanderfallen in Einzelne, noch unsere Zusammenballung zu einer Kollektivmasse, sondern ein Ineinander des Individuellen und Gemeinschaftlichen, als gegenseitige Begrenzung des Einzelnen und der Gemeinschaft, individuelle Gestaltung in der Gemeinschaftsgebundenheit.»[108]

Kapitalismuskritik

Von seiner ausführlichen Auseinandersetzung mit dem Kapitalismus können hier ebenfalls nur einige Kernstellen wiedergegeben werden:

«Die wirtschaftliche Wirklichkeit ist das Feld brutalsten Machtkampfes, und es ist kein Zufall, dass im Zeitalter und im Land des manchesterlichen Kapitalismus Darwins Theorie vom ‹survival of the fittest› ausgedacht wurde. Wo die Volksgemeinschaft das wirtschaftliche Leben sich selbst überlässt, zeigt es mit Notwendigkeit die Züge dieses rücksichtslosen Kampfes ums Dasein.»[109]

«Die ethisch gewichtigste Folge des Kapitalismus hinsichtlich des Arbeiters ist aber die, dass er die Arbeit ihrer Würde beraubt. Nicht die moderne Technik entseelt notwendig die Arbeit – obschon es besonderer Anstrengung braucht, um es dazu nicht kommen zu lassen –, sondern die *Stellung* des Arbeiters in der wirtschaftlichen Gemeinschaft. Es zeigt sich auch hier, dass nicht der individuelle Aspekt – das Verhältnis des Einzelnen zur Es-Welt –, sondern die Gemeinschaftsbeziehung das eigentliche ethische Problem ist. Durch den Kapitalismus wird die Arbeit und mit ihr der Arbeiter selbst zur käuflichen Ware, zum rechenbaren Tauschobjekt. Er ist lediglich ein ‹Posten› in der Gewinnrechnung – nicht weil der Kapitalist ein Unmensch ist, sondern weil der Kapitalismus dieses Unmenschlichkeit notwendig macht. Die Arbeit wird zur Ware degradiert.»[110]

«Der Arbeiter in der kapitalistischen Wirtschaft ist aus der Wirtschaftsgemeinschaft ausgestossen, indem er in ihr nur als Objekt, nicht als Subjekt gewertet wird, gewertet werden *muss*. Die ‹Objektivierung des Gewinnstrebens› verlangt es so; sie macht dieses Los zum Schicksal. Das, nicht in erster Linie die materielle Ausbeutung, ist es, wogegen der Arbeiter rebelliert; das ist

---
[107] A.a.O., S. 389f.
[108] A.a.O., S. 390f.
[109] A.a.O., S. 393.
[110] A.a.O., S. 406.

es, was seine Arbeitsfreude zerstört. Das ist die eigentliche Versündigung des Kapitalismus gegen den Arbeiter: die Versündigung am personhaften Sinn, und das heisst: am Gemeinschaftssinn der Arbeit.»[111]

«Es kann nicht wohl anders sein, als dass dieses Bild zunächst einfach ein Grauen erweckt, nicht bloss in einer gläubigen Seele, sondern in jedem, dem noch Seele in dieser seelenlosen Wirtschaftswelt geblieben ist. Das Wort vom ‹Ungeheuer› Kapitalismus [...] ist keine Übertreibung. [...] So viel ist jedenfalls klar: wenn überhaupt ein Wirtschaftssystem einen bestimmten ethischen Charakter hat, und wenn dieser ethische Charakter des Wirtschaftssystems den ethischen Charakter des Einzelnen mitbestimmt, so gilt vom kapitalistischen System: es ist dasjenige, in dem alles, was wir vom Glauben aus als Sinn der Wirtschaft erkennen können, radikal verleugnet wird und in dem es darum dem Einzelnen fast unmöglich gemacht wird, irgendwie in seinem Wirtschaften Gottesdienst und Nächstendienst zu verwirklichen. *Dieses System ist dienstwidrig, würdelos, verantwortungslos; mehr noch: es ist die System gewordene Verantwortungslosigkeit.*»[112]

«Der Kapitalismus ist eine solche Verkehrung der Schöpfungsordnung, dass wir seinen auch ökonomisch ruinösen Charakter sogar dann behaupten müssten, wenn uns – wovon freilich das Gegenteil der Fall ist – alle Fachleuchte widersprechen würden. Es *kann* nicht anders sein, als dass eine Wirtschaft, die dermassen der göttlichen Ordnung widerspricht, sich als ‹der Leute Verderben›[113] erweisen muss. Hier geht es nicht mehr um technische Fragen, sondern um die ethische Grundfrage: können wir als Christen ein System bejahen, das als solches, gerade nach seinen *Grundlagen*, widersittlich ist? Oder anders ausgedrückt: dürften wir uns von ‹Fachleuten› überzeugen lassen, dass *nur* dieses System – dessen widersittlichen Charakter wir kennen – die Menschheit zu ernähren imstande sei? Auf diese Frage antworten wir: Nein. Wir sind verpflichtet, eine Ordnung zu suchen, die wirklich Ordnung und nicht Anarchie ist. Der Kapitalismus ist die Wirtschaftsanarchie; darum ist der Christ verpflichtet, gegen ihn und für wirkliche Ordnung zu kämpfen.»[114]

«Wir haben für die neue bessere Ordnung zu kämpfen, da die gegenwärtige eine solche Un-ordnung ist, dass sie den Dienst an der Gemeinschaft fast verunmöglicht. [...] Es ist die Aufgabe des Christen, in jeder Ordnung gegen den Strom zu schwimmen; er muss, auch wenn er seine Amtspflicht gemäss dieser ungerechten Ordnung zu erfüllen hat, beständig darauf aus sein, durch die Härte dieser Ordnung, so gut wie nur irgend möglich, hindurchzubrechen und trotz ihrer Unmenschlichkeit in ihr dem Mitmenschen, so gut wie nur irgend möglich, als Mensch, als Bruder zu begegnen.»[115]

Die Kirche hat «prophetisch Kritik zu üben».[116]

---

[111] A. a. O., S. 407.
[112] A. a. O., S. 407 f.
[113] Vgl. Sprüche 14,34.
[114] Ordnungen, S. 411.
[115] A. a. O., S. 419.
[116] A. a. O., S. 424.

Die «Frauenfrage»

Emil Brunners Ehe mit seiner Frau Margrit führte dazu, dass er in der sogenannten Frauenfrage im Abschnitt «Die Lebensgemeinschaft, Ehe und Familie» weitblickender als andere damalige Theologen war. Margrit Brunner hatte einen anspruchsvollen Beruf erlernt.[117] Es fiel ihr schwer, sich mit der Rolle als Hausfrau und Mutter abzufinden, aus der sie – innerlich und äusserlich – häufig ausbrach: innerlich durch ihre Depressionen, äusserlich, indem sie dann und wann den Mann und die Kinder der Hausangestellten überliess und in der freien Natur malen ging. Es erstaunt deshalb nicht, dass Brunner zu diesem Thema in seiner Ethik von 1932 Weiterführendes formulierte:

> «[Es ist] ein Zeichen unglaublicher Weltfremdheit, auch heute noch das Schlagwort ‹die Frau gehört ins Haus› als Losung auszugeben; denn erstens hat ein Drittel aller heiratsfähigen Frauen dieses ‹Haus› gar nicht, in das sie angeblich ‹gehören›, trotzdem sie es wohl haben möchten. Und zweitens muss die Frau, auch wenn sie es hat, die Entleerung, die die moderne Wirtschaft für das ‹Hauswesen› gebracht hat, zu kompensieren suchen, wenn nicht, wie so oft, diese Kompensation, mehr als ihr lieb und als dem Haus gut ist, durch die wirtschaftlichen Verhältnisse einfach erzwungen wird.»[118]

> «Wir können das Rad der Geschichte nicht rückwärts drehen: die moderne Technik der Produktion, des Verkehrs und des Konsums lässt sich nicht mehr zugunsten irgendeiner Annäherung an patriarchalische Verhältnisse abschaffen oder auch nur reduzieren.»[119]

Brunner befürwortete deshalb auch das Frauenstimmrecht:

> «Ist aber einmal die Frau Glied geworden in dem abstrakten Wirtschaftsleben und dem in Wechselwirkung damit verbundenen politischen Leben, so müssen auch die Konsequenzen gezogen und der Frau die Rechte, die ihren Pflichten entsprechen, gegeben werden. Es ist eine monströse Ungerechtigkeit, den wirtschaftlich selbständigen Frauen zuzumuten, die gleichen Bürgerpflichten zu erfüllen wie die Männer, aber ihnen die gleichen Bürgerrechte vorzuenthalten.»[120]

Vor allem zum Schutz der Frauen trat er auch für Familienplanung ein.

> «Der Geschlechtsverkehr ist vom Schöpfer nicht nur als Mittel der Zeugung, sondern zugleich als Ausdrucksmittel ehelicher Liebe gemeint.»[121]

Die christliche Ethik habe «sich einzusetzen für die selbständige Bedeutung des Erotischen und Geschlechtlichen in der Ehe». Geburtenregelung

---
[117] Vgl. oben, S. 61.
[118] Ordnungen, S. 362.
[119] A. a. O.
[120] Ordnungen, S. 362 f. In der Schweiz erst seit 1972.
[121] A. a. O., S. 352.

halte er «für selbstverständliche Pflicht der Ehegatten»;[122] Geburtenkontrolle sei «verantwortliche Mutterschaft»:

> «Die Frau von heute will nicht ein Kind bekommen, weil und wann es sich so gibt, sondern dann, wenn und weil sie dazu bereit ist.»[123]

Eduard Thurneysen sah das anders und schrieb am 15. Mai 1933 (also nach der Lektüre von Brunners Ethik), «nach wirklich gründlicher Erwägung» könne er zu keinem andern Schluss kommen, «als dass der Gebrauch von Verhütungsmitteln von der Kirche aus eigentlich doch schlechterdings *nicht* vertreten werden» könne.[124] Brunner antwortete postwendend, ungewöhnlich ausführlich und sichtlich erregt und beharrte auf seiner Meinung:

> «Deine Bemerkung wegen der Geburtenregelung hat mich sehr erschreckt. [...] Lieber Eduard, es hängt viel Frauenunglück und viel falsche Gewissensnot an diesem Verbot [von Verhütungsmitteln]; und kein Mensch hat bis jetzt auch nur einen Schimmer einer echt biblischen oder theologischen Begründung beizubringen vermocht. *In dubiis libertas*, Eduard. [...] Du tust Tausenden Unrecht und bringst Zehntausende in Not. [...] Ich wäre eher bereit, meine ganze Ethik vernichten zu lassen, als diese eine Sache. Sie ist wahrscheinlich das Beste, was ich durch mein Buch und überhaupt schon geleistet habe, wohlgefälliger als das meiste andere auch im Himmel.»[125]

Die Tatsache, dass Brunner die Lehre von den «Schöpfungsordnungen» vertrat, war also kein Hindernis dafür, dass seine Ethik unkonventionell und zukunftsbezogen war. – Seine spätere Lebensgeschichte zeigt, dass es ihm nicht immer möglich war, dieses Niveau zu halten. Das auf seine Art ebenfalls weiterführende und anregende Buch «Gerechtigkeit» von 1943 war gemessen an «Das Gebot und die Ordnungen» teilweise auch ein Rückschritt.[126]

---

[122] A. a. O., S. 353.
[123] A. a. O., S. 355.
[124] Thurneysen an Brunner am 13. Mai 1933.
[125] An Thurneysen am 15. Mai 1933.
[126] Vgl. unten, S. 432 ff.

DIE OXFORDGRUPPENBEWEGUNG

Das Erscheinen von «Das Gebot und die Ordnungen» im Mai 1932 war ein oder vielleicht sogar der Höhepunkt im Leben Emil Brunners. In den folgenden Jahren kam es zu verschiedenen Verwicklungen und Enttäuschungen: Zum einen wegen seines Engagements in der Oxfordgruppenbewegung, zum andern durch Karl Barths gegen seine Publikation «Natur und Gnade» gerichtete Streitschrift «Nein! Antwort an Emil Brunner» von 1934. Diese warf einen nachhaltigen Schatten auf ihn und hinterliess ein Trauma, das nie ganz verheilte. Verwickelt, schwierig und letztlich enttäuschend war auch seine Begegnung mit Frank Buchman und der Oxfordgruppenbewegung.

Der lutherische Theologe Frank Buchman war in Amerika aufgewachsen und hatte 1908 eine Bekehrung im Sinne des Pietismus erlebt. Seither reiste er als Erweckungsprediger durch die halbe Welt. Er gründete die First Century Christian Fellowship, deren Name 1929 wegen ihres Hauptquartiers in Oxford in The Oxford Group geändert wurde (und 1938 in Moral Re-armement, «Moralische Aufrüstung»!).[1] Zeitweise war das Echo auf seine Bewegung enorm. Beispielsweise in den Niederlanden mussten Extrazüge organisiert werden, weil so viele Leute Buchman und sein Team hören wollten.[2] Und auf «Einladung des Präsidenten des norwegischen Parlamentes» wurde ihm und «seiner Mannschaft [...] die Gelegenheit gegeben, einen grossen Teil der norwegischen Bevölkerung zu erreichen». Die «Logen», einer der grössten Säle Oslos, waren bereits eine halbe Stunde vor Beginn der Veranstaltung mit 1200 Menschen überfüllt, weshalb der Eingang vorzeitig geschlossen werden musste.[3]

«Eine neue Zeit des Redens hat begonnen, eine Zeit, da die Steine schreien, da die Menschen in ihrer Existenz gepackt werden müssen und gepackt werden wollen, da diejenigen, die da Rede und Antwort stehen, aus ihrer Existenz heraus [...] reden [...], leuchtend vom Widerschein der göttlichen Gnade.»[4]

---

[1] Religion in Geschichte und Gegenwart. 4. Auflage. Band 1. Tübingen 1998, Sp. 1823 f. (Paul D. Simons)
[2] Buchman an Brunner am 28. April 1937. (Wo nicht anders angegeben, liegen die in diesem Kapitel zitierten Briefe im Nachlass Emil Brunners.)
[3] Pierre Spoerri, Mein Vater und sein Jüngster. Theophil Spoerri in seiner Zeit. Stäfa 2002, S. 38.
[4] Theophil Spoerri an Brunner, nicht datiert, wohl im Sommer 1937.

Die Sätze Theophil Spoerris, eines der engsten Schweizer Mitarbeiter Buchmans, dokumentieren, welche Faszination von dieser Erweckungsbewegung ausging.

Die Oxfordgruppenbewegung und die Schweiz

Die Oxfordgruppenbewegung fand auch in der Schweiz einen grossen Zulauf. Bundespräsident Rudolf Minger begrüsste Buchman und 250 seiner Mitarbeiter persönlich. Für ein Einladungsschreiben zu verschiedenen Gruppenanlässen schrieb er das Grusswort.[5] «Wie auch in Skandinavien waren die Säle [...] bis zum letzten Platz gefüllt», «in Genf die Kathedrale». «Es gab Treffen für Ärzte, für Arbeitslose, für Universitätsprofessoren und für Hoteliers.»[6] Ein Höhepunkt war im Frühling 1937 eine Massenversammlung in der grössten Messehalle des Comptoirs in Lausanne, die 10 000 Personen fasste. Zu dieser lud Emil Brunner, der sich seit dem Herbst 1932 während mehrerer Jahre öffentlich für die Oxfordgruppenbewegung stark gemacht hatte, das Schweizer Publikum in einem flammenden Aufruf vom 4. März 1937 ein:

«In Lausanne wird die gesamte Schweizer Gruppe sich ihrer selbst, zum ersten Mal als Heer Christi auf dem Marsch, bewusst werden. So ein Truppenzusammenzug bedeutet eine gewaltige innere Stärkung, eine Erweiterung des Blickes und eine Anfachung des rechten Kampfgeistes. Und den haben wir bitter nötig, wenn es wirklich vorwärts gehen soll. Unser Volk wartet darauf. [...] Wir wollen die Sünden der Einzelnen als Sünden, die das Volk zertrennen und vergiften, zeigen und wollen vor allem den neuen Weg, den wir gefunden haben, als Weg für das Volk als Ganzes klar machen. [...] Man hat uns in der letzten Zeit öfters und mit einem gewissen Recht vorgeworfen, dass wir uns nur mit der Sünde und Bekehrung der Einzelnen abgeben, uns aber um die grossen sozialen Nöte der Zeit nicht stark kümmern. Das soll nun ein Ende haben. Wir können zwar auch jetzt nicht davon abgehen, dass das neue Leben im Einzelnen anfangen muss, aber wir müssen jetzt mehr als bisher zeigen, wie der Einzelne ein Teil des Ganzen ist, wie seine Sünde das Volk zerstört und mit seinem Neuwerden die Volksheilung beginnt; wie die grossen Nöte der Zeit in dieser Sünde ihre Wurzel haben und wie die Lösung der grossen Probleme allein von hier aus gefunden werden kann. – Das wird ein ganz neuer Ton sein, und auf diesen Ton wartet unser Volk, warten die Besten in ihm. [...] Einige haben gemeint, es wäre besser, das viele Geld den Arbeitslosen zukommen zu lassen. Das ist an sich ein schöner Gedanke, den manche von uns erwogen haben. Aber da gilt jenes Wort, das der Herr den Jüngern sagte, als sie der Frau in Bethanien Vorwürfe machten, dass sie so köstliche Salbe ver-

---

[5] Nachlass 130, 1.
[6] Pierre Spoerri, Mein Vater und sein Jüngster. Theophil Spoerri in seiner Zeit. Stäfa 2002, S. 39.

geudet habe, statt sie für die Armen zu verkaufen. Ich glaube nicht, dass irgendjemand wegen ‹Lausanne› für die Arbeitslosen weniger tut als er sonst getan hätte. Aber ich glaube, dass, wenn Gott seinen Segen zu ‹Lausanne› gibt, daraus etwas wird, was auch für die Arbeitslosen zehnmal, hundertmal wichtiger sein wird als eine noch so schöne Spende. Wenn wir erwarten dürfen, dass von ‹Lausanne› her ein neuer Geist in unsere Schweizer Öffentlichkeit hineinbläst – und warum sollte das nicht geschehen? –, so wird das sicher den Arbeitslosen in erster Linie zugute kommen. Die Arbeitslosigkeit wird im Mittelpunkt des Interesses der Lausanner Tagung stehen. [...] Und nun ‹alle Mann auf Deck›. Nur so kann etwas Grosses werden. Darum ist es nicht nur wichtig, dass ihr, die ihr dieses Schreiben lest, euch überzeugen lässt, sondern dass ihr auch alle eure Freunde überzeugt. Es muss wirklich eine Generalmobilmachung werden [...]. Es handelt sich [...] darum, dass das Schweizervolk wieder merkt, was Gott von ihm will.»[7]

Die Lausanner Tagung und was damit zusammenhing, brachte in der Tat verschiedene gesellschaftlich wichtige Kräfte miteinander ins Gespräch. Das nachhaltigste Ergebnis war das sogenannte Friedensabkommen vom 19. Juli 1937 zwischen dem Arbeitgeberverband schweizerischer Maschinen- und Metall-Industrieller und dem Schweizerischen Metall- und Uhrenarbeiter-Verband, dem Christlichen Metallarbeiter-Verband der Schweiz, dem Schweizerischen Verband evangelischer Arbeiter und Angestellter und dem Landesverband freier Schweizer Arbeiter. Man verpflichtete sich gegenseitig, Meinungsverschiedenheiten in Zukunft nach Treu und Glauben auszutragen und auf Streiks zu verzichten (unbedingte Friedenspflicht). «Das Friedensabkommen ersetzte den Klassenkampf durch Sozialpartnerschaft und wurde Modell» für weitere Entwicklungen, die die Schweiz bis heute prägen – und zwar in positivem Sinn.[8] Alfred Carrard, Professor für Arbeitswissenschaft an der Eidgenössischen Technischen Hochschule in Zürich, war mit der Oxfordgruppenbewegung tief verbunden und trug im Hintergrund viel dazu bei, dass das Friedensabkommen geschlossen werden konnte – vor allem über seinen engen Freund, den Gewerkschaftsführer Konrad Ilg. Die «Neue Zürcher Zeitung» schrieb in ihrem Jahresbericht für das Jahr 1937, dass «Oxfordismus» in die Politik getragen worden sei. Das Ergebnis sei «gar nicht etwa gleich null», da «die Aufspaltungs- und Zersplitterungstendenz» der Jahre 1933/34 «einer gegenteiligen Strömung Platz gemacht» habe.[9]

---

[7] An «Liebe Freunde» am 4. März 1937.
[8] Alfred Müller in: Schweizer Lexikon. Band 4. Visp 1999, S. 311.
[9] Pierre Spoerri, Mein Vater und sein Jüngster. Theophil Spoerri in seiner Zeit. Stäfa 2002, S. 41.

Emil Brunner und Frank Buchman

Doch zum Beginn von Brunners Engagement: Bereits im Mai 1932 hatte Brunner an Eduard Thurneysen geschrieben, er «sehe, dass [...] durch die Oxfordgruppe manches sich erstaunlich zum Guten gewendet» habe. Er nehme wahr, «dass Leute, die vorher keine Bibel anrührten, nun eifrige und ‹existentielle› Bibelleser geworden» seien, «dass ihnen der Sinn für Christus, Vergebung, ja in gewissem Sinn sogar für Kirche aufgegangen» sei. Er sehe aber natürlich «auch die Kehrseite des Erweckungschristentums: Subjektivismus, Individualismus, Seelenheil-Pietismus».[10]

Der an der Universität Zürich lehrende Romanist Theophil Spoerri, mit dem er während Jahren befreundet war, führte den zunächst ein wenig misstrauischen Brunner[11] dann im Sommer 1932 bei einer Tagung in Ermatingen mit Frank Buchman zusammen.[12] Er war tief beeindruckt. Der Stil der Oxfordgruppenbewegung brachte in ihm eine emotionale Saite zum Klingen, die seit den Tagen der Kindheit in seinem erwecklichen Elternhaus verschüttet gewesen war. Wie ein anderer Teilnehmer an der Ermatinger Tagung erzählt, war Brunner zunächst zurückhaltend: Buchman sei ihm «eigentlich nicht sympathisch», er sehe «eher einem Weinhändler als einem christlichen Zeugen gleich», aber was er sage, sei «so unerhört direkt, so einfach, so wahrhaftig, so selbstverständlich». Als jedoch Buchman «so wie nebenbei sagte: Wollen wir nicht alle niederknien?, da knieten alle im Saal nieder» – auch Emil Brunner! Ein «nüchternes Loben und Danken aus vieler Zeugen Mund fing an. Wir glaubten und wussten um die lebendige Gegenwart Christi mitten unter uns.»[13]

Schon bald nach der Ermatinger Tagung wehrte sich Brunner in einem Brief an Eduard Thurneysen gegen den Vorwurf, dass die von Buchman ausgelöste Bewegung übertrieben frömmlerisch sei. Er nannte sie eine «Erweckungsbewegung» grossen Stiles. Buchman sei ein «nüchterner Mann» – «voller Güte, mit einem breiten herzlichen Lachen und kräftigem Witz, ohne alle pietistischen Allüren: ein Mann von der Art des alten Blumhardt, jeglicher Macherei abhold, von einer unglaublichen Weisheit in der Behandlung der verschiedenen Menschen, ein Mann, der jedem grad auf den Grund zu schauen scheint und unter Umständen mit unglaublicher Direktheit gleich auf das Zentrum losgeht, dann wieder

---

[10] An Thurneysen am 24. Mai 1932.
[11] Emil Brunner, Meine Begegnung mit der Oxforder-Gruppenbewegung, in: Wort I, S. 268–288.
[12] Eine wichtige Rolle spielte auch Brunners Schwester Lydia, verheiratete de Trey, eine der engsten und treusten Anhängerinnen Buchmans in der Schweiz.
[13] Anton Schmid am 14. Juni 1966 in einer Gedächtnisstunde für Emil Brunner im Kirchgemeindehaus Zürich Oberstrass. Nachlass 128.

Theophil Spoerri, Frank Buchman und Emil Brunner (aus: Pierre Spoerri, Mein Vater und sein Jüngster. Theophil Spoerri in seiner Zeit. © *2002 Verlag Th. Gut, Stäfa).*

warten kann, wie unsereiner es nie fertig bringt». Sie hätten sich «sofort sehr gut, mit der Zeit ausgezeichnet verstanden»:

> «[Mir ist] vor allem immer wieder aufgefallen, wie vollkommen das, was die Leute zu verwirklichen suchen, mit dem übereinstimmt, was ich in meiner Ethik theoretisch entwickelt habe. Keine Gesetzlichkeit, sondern alles Abstellen auf das konkrete Gebot Gottes (*guidance* nennen sie es); kein Moralismus, sondern alles [...] gesehen vom Kreuz, von der Versöhnung in Christus her, wobei diese allerdings nicht mit dem lutherischen, sondern mit dem reformierten Akzent auf die ἐνέργεια τοῦ Χριστοῦ [Kraft Christi[14]], auf die neu schaffende Kraft des heiligen Geistes, versehen ist. [...] Kein Bekehrungskrampf, sondern der schlichte Weg: Erkenntnis der Sünde, Vergebung in Christus, Neuwerden aus der *insertio in Christum per spiritum sanctum* [Einpfropfung in Christus durch den heiligen Geist].»[15]

In dieser «neuen Erweckungsbewegung» bestehe das «Neue» darin, dass da «nun auch wirklich etwas» *geschehe*. Er habe in Ermatingen Buchman predigen gehört. Dabei habe er sich seiner eigenen Predigt «nur schämen können»:

> «Was für eine rhetorische Orgel ist doch eine Predigt von mir im Vergleich mit dieser unerhört einfachen und direkten Anrede! [...] Und dabei: das ganze

---

[14] Vgl. z. B. Kolosser 1, 29.
[15] An Thurneysen am 29. August 1932.

Evangelium vom gekreuzigten und auferstandenen Christus. [...] Hier *ist* lebenerneuernde, frei-, froh- und gutmachende Kraft, Kraft, die zu einem Leben im Gebet, im Gehorsam, in der Gemeinschaft, im Dienst führt, Kraft in einem Masse, das ich bis anhin nur aus den Geschichtsbüchern und aus meiner theologischen Besinnung kannte. Sollte es nicht wirklich die Kraft des heiligen Geistes sein? [...] Hier ist eine Sache im Gang, die ganz gewiss etwas von dem ist, auf das wir schon lange gewartet haben. Nicht alles, nicht das Ganze. Aber viel mehr, als was ich sonst kenne.»[16]

Brunner berichtete auch von konkreten Wirkungen der Oxfordgruppenbewegung im Leben Einzelner:

«Ein Grosskapitalist bekennt vor allem Volk seinen Mammonismus als die grosse Sünde, sein frevelhaftes Spekulieren, seinen Luxus und seine elend falschen Steuerangaben; er wolle fortan all sein Vermögen in den Dienst Christi stellen. – Eine vornehme Südafrikanerin bricht mit allem Rassenhass und behandelt Neger als ihresgleichen. Ein Kommunist, Hauptorganisator des Kommunismus in Schottland, steht jetzt ganz im Dienst der Evangeliumsverkündigung, wird in Folge dessen aus der Partei geschmissen, aber bleibt selbst seinem Kommunismus treu. Eine Gräfin und ihr Mann stellen ihre ganze Zeit und ihr Vermögen in den Dienst der Gruppenarbeit, halten mit ihren Dienstboten *quiet hours*, um sich von ihnen sagen zu lassen, was ihnen nicht recht scheint; sie sagen sich gegenseitig du. Pfarrer bekennen ihre Eifersucht gegen Kollegen, ihre geistliche Faulheit, ihren Halbglauben und fangen nun an, mit ganz anderem Eifer dem Dienst am Wort sich hinzugeben. Am eindrucksvollsten sind natürlich die Zeugnisse von ‹interessanten Sündern›, aus den obersten und untersten Klassen, aus Oxford-Studentenkreisen und von grossen Weltleuten. Es geschehen hier wirklich, Eduard, wirklich Dinge, die um uns herum meines Wissens nicht oder doch nur wenig merklich und selten geschehen in unglaublicher Zahl und in der Kraft und Klarheit, die nur etwa in dem, was seinerzeit in Möttlingen [bei Blumhardt dem Älteren] geschah, eine neuerliche Analogie hat.»[17]

Er sah, als er dies schrieb, offenbar voraus, dass Thurneysen Bedenken haben würde. (Dieser unterstrich in der Tat «interessante Sünder» und setzte ein Ausrufs- und Fragezeichen an den Rand.) Um allfällige Kritik von vornherein zu entkräften, fügte er hinzu:

«Der dritte Artikel [der Glaube an den heiligen Geist] steht allerdings im Vordergrund – warum sollte er nicht? –, aber der Zusammenhang mit dem zweiten [dem Glauben an Jesus Christus] ist nicht nur in der Verkündigung, sondern auch im Gebet und in der Seelsorge unmissverständlich da. Es fehlt der übliche Emotionalismus, es fehlt – das ist gerade das Auszeichnende – die Massensuggestion, überhaupt die Massenbearbeitung. Es fehlt jeder Zug zur Separation. Im Gegenteil, überall ist die Kirche – oder sind die Kirchen – die Nutzniesser dieser Bewegung, und Buchman will es nicht anders haben.

---

[16] A. a. O.
[17] A. a. O.

Darum strebt er nicht die geringste Organisation seiner Bekehrten an. Es gibt jetzt schon Tausende von Gruppen, aber sie sind nur persönlich, keineswegs organisatorisch verbunden. Die eigentliche Arbeitsgruppe, das Oxforder Team, bestehend aus 30 bis 40 Männern und Frauen, kennt keinerlei Hierarchie. Buchman ist einer unter den anderen, sie alle leben von der Hand in den Mund, von ‹faith and prayer›, und es sind wirklich prachtvolle Leute darunter, zum Teil von wirklich grossem Kaliber. Sie gehen immer in Gruppen auf ihre Missionsreisen, um sich gegenseitig zu korrigieren und nicht den Schein aufkommen zu lassen, als handle es sich um *eines* Mannes Sache. Buchman selbst tritt oft ganz zurück und lässt die anderen machen; nur gibt er offensichtlich den Ton an, und dieser Ton ist: Freude und Ernst, die Nüchternheit und die grosse Güte, die aus echtem Glauben kommt.»[18]

Ein oft kritisierter Punkt war von Anfang an die öffentliche Beichte, zu der Brunner ausführte:

«Die Beichte spielt eine grosse Rolle; aber es wird streng unterschieden zwischen dem, was vor einem einzigen, und dem, was vor der Versammlung auszusprechen ist. Und wo die Beichten emotional zu werden drohen, da lässt Buchman, buchstäblich, alle Fenster aufmachen, und wenn's nicht hilft, bricht er kurz ab. Das ist einmal vorgekommen, als eine deutsche Pfarrfrau ihre dämonischen Erfahrungen etwas gar zu aufregend vorbrachte. Sonst genügt der von Buchman ausgehende Humor, um solches von vornherein zu verhindern.»[19]

Kurz und gut: Brunner zeigte sich nach der ersten Zusammenkunft begeistert. Allerdings könnte seine möglicherweise etwas zu enthusiastische Verteidigung der Oxfordgruppenbewegung gegenüber Thurneysen als Hinweis auf ein nicht ganz zum Schweigen gebrachtes inneres Unbehagen gelesen werden. Der Briefwechsel zwischen Frank Buchman und Brunner zeigt, wie geschickt, gelegentlich aber auch manipulativ und eigennützig Buchman mit den Menschen – und so auch mit Brunner – umging. Anderseits kommt aber auch zum Ausdruck, dass dieser sich nicht einfach widerspruchslos fügte.

Buchman war ein talentierter Organisator und Seelenführer, aber rücksichtslos und autoritär. Als er Brunner kennen lernte, wurde ihm sofort bewusst, dass der bekannte Zürcher Professor seiner Bewegung nützlich sein konnte. Unverhohlen schmeichelt er ihm: «Es gibt Dinge, die nur Brunner sagen und tun kann – und niemand sonst. Sagen und tun Sie sie! [...] Es war eine grosse Freude, mit Ihnen zusammen zu sein.»[20]

Schon im zweiten Brief spricht er ihn mit «Emil» und im dritten als «Mein lieber Freund Brunner» an.[21] Er schreibt, Brunners Briefe hätten ihn «tief berührt», und dankt für «Das Gebot und die Ordnungen». Er sei

---
[18] A. a. O.
[19] A. a. O.
[20] Buchman an Brunner im August 1932.
[21] Buchman an Brunner wohl im August und am 2. September 1932.

«stolz», das Buch zu besitzen, Brunner möge auch seine anderen Bücher schicken. Er wolle ihn und alle seine Werke kennen. (Aus den Briefen geht allerdings nichts darüber hervor, dass er Brunners Bücher wirklich gelesen hätte!) Er habe das Gefühl, sie würden in Zukunft viel gemeinsam haben. Wenn er Brunner einen Dienst erweisen könne, solle der es nur «befehlen». Er habe die «glücklichsten Erinnerungen» an das Zusammensein mit Brunner. Immer noch vor sich sehe er «jenes feine Lächeln», das über Brunners Gesicht gekommen sei, und er höre sein «glückliches Lachen».[22] Nachdem sie sich ein weiteres Mal gesehen hatten (wohl bei einer Veranstaltung der Oxfordgruppenbewegung in Baden-Baden), schwärmte Buchman von der «Gemeinschaft und Freundschaft» mit Brunner und seiner Frau und erwähnte ihre «hübschen Buben».[23]

Von Anfang an ist es aber Buchman, der «befiehlt». Als völlig selbstverständlich erwartet er, dass Brunner Schriften der Oxford Group vom Englischen ins Deutsche übersetzt und dass er ihn auf verschiedenen Reisen – während sechs Monaten – in mehreren Kontinenten begleitet. Er kann sich offenbar nicht vorstellen, dass ein Universitätsprofessor viel Arbeit hat, die er nicht einfach liegen lassen kann. Als Vorbild erwähnt er anglikanische Bischöfe, die er so weit gebracht habe, sich ganz zu «übergeben». Sie hätten eine Erfahrung von Gottes «Führung» gemacht, die ihre Arbeit «revolutioniere».[24]

Nach Neujahr 1934 reiste Brunner für die Oxfordgruppenbewegung nach Stuttgart, wo er am Freitag eintraf und am Sonntagnachmittag wieder abreiste, weil er Montag früh Vorlesung halten musste. Buchman schrieb ihm darauf, wie er gehört habe, sei Brunners Predigt gut gewesen, er sei aber tief enttäuscht von ihm, weil er nicht länger in Stuttgart geblieben sei. Man könnte den Eindruck empfangen, in Zürich sei man zwar stark darin, selbst religiös etwas zu erfahren, aber meilenweit davon entfernt, diese Erfahrungen dann auch weitergeben zu wollen. Dies sei religiöser Egoismus, die Bewegung brauche eine «disziplinierte» Führung.[25]

Emil Brunner meldete zwar verschiedentlich theologische Bedenken gegenüber Publikationen der Oxford Group an, die ihm zu oberflächlich erschienen. Aber er fand kein Verständnis damit. Buchman warf ihm Kopflastigkeit vor. Es sei nicht Brunners Aufgabe, die Gruppe zu kritisieren: «Kritisiere Dich selbst!» – «Mach ein Ende mit Deinen Versuchen, die Gruppe zu korrigieren!» Er warf Brunner Vorurteile vor; er habe das Evangelium nur gepredigt und nicht gelebt, und er rief ihn auf, sich vom

---

[22] A. a. O.
[23] Buchman an Brunner am 11. September 1932.
[24] Buchman an Brunner am 2. September 1932.
[25] Buchman an Brunner am 19. Januar 1934.

Heiligen Geist berühren und führen zu lassen.[26] In einem anderen Brief wurde Buchman noch angriffiger: «Mein lieber Emil, wenn der Heilige Geist einmal die Kontrolle über unser Denken und über unser Leben übernimmt, ist es bemerkenswert, wie viel Intelligenz er an den Tag legt, um unserer Theologie die richtige Richtung zu geben.» – «Der Heilige Geist muss der entscheidende Faktor sein. [...] Die Theologie und das Leben dürfen nicht auseinander gerissen werden.»[27]

Wenn immer Brunner theologische Fragen aufwarf, wehrte Buchman diese ab: «Auch wenn manche Gruppenmitglieder jünger sind, übertreffen viele von ihnen Dich in geistlicher Hinsicht bei weitem.» – «Das Kreuz bedeutet mehr, als was Du davon begriffen oder auch nur gemerkt hast.» Mitten in einem Englisch geschriebenen Brief wechselte Buchman unvermittelt ins Deutsche, um Brunner noch besser zu packen: «Mit Deinem theologischen Stolz hast Du viel gesündigt gegen Gott und gegen die Gruppe.»[28]

Stolperstein Nationalsozialismus

Als besondere Belastung für Brunner erwies sich Buchmans politische Instinktlosigkeit gegenüber dem vom Nationalsozialismus beherrschten Deutschland. Er war zwar nicht nationalsozialistisch gesinnt und versuchte, neutral zu sein, realisierte als Amerikaner aber offensichtlich nicht, was in Deutschland auf dem Spiel stand. Im Sommer 1933 übernahm er, ohne sich dessen offenbar bewusst zu sein, die Diktion der Deutschen Christen und schrieb an Emil Brunner von «dieser grossen deutschen Kirche, die die Geburtswehen einer anderen grossen Reformation durchmacht». Entzückt berichtete er von einer Begegnung mit der Reichsführerin der deutschen Frauen.[29] Den Reichsleiter der Deutschen Christen, Joachim Hossenfelder, Bischof von Berlin und Geistlicher Minister, und den Tübinger Professor und «Richtlinien-Verfasser der Deutschen Christen» Karl Fezer lud Buchman im Oktober 1933 nach London ein.[30] Eine Pressefotografie – mit Hossenfelder und Fezer und Buchman in der Mitte – machte alsbald überall die Runde.[31]

---

[26] Buchman an Brunner am 8. Oktober 1932.
[27] Buchman an Brunner am 14. Oktober 1932.
[28] Buchman an Brunner am 2. September 1934.
[29] Buchman an Brunner am 22. August 1933.
[30] Vgl. Eberhard Bethge, Dietrich Bonhoeffer, München 1967, S. 411 f.
[31] Barth an Brunner am 22. Oktober 1933, in: Barth–Brunner, S. 239, und Thurneysen an Brunner am 24. Oktober 1933.

Nachdem Buchman zwei Wochen als Gast des deutschchristlichen Reichsbischofs Ludwig Müller in Deutschland verbracht hatte, teilt er hoch erfreut mit: Mit «*Vollmacht* könne er sagen, dass der Reichsbischof eine lebendige Kirche unter der Führung des Heiligen Geistes anstrebe, eine Kirche, die darauf aufgebaut sei, Menschen für Christus zu gewinnen», Müller wisse, dass es «unbedingt nötig sei, Laien zu schulen, um die für die Gegenwart nötige Hilfe zu bekommen». – «Gestern vor einer Woche hörte ich selbst eine Predigt des Reichsbischofs, in einer Kirche, die so überfüllt war, dass die Leute einfach dicht gedrängt in den Gängen stehen mussten, während andere nicht mehr eintreten konnten. Und *es war eine Evangeliums-Predigt von der Art, dass dein Herz gejubelt hätte.*»[32]

Gegen aussen nahm Brunner Buchman in Schutz, da er ihm nicht in den Rücken fallen wollte. An Karl Barth schrieb er, Buchman sei eben «kindlich genug zu glauben, dass auch ein Fezer und Hossenfelder – – – Christus gehören». Es sei dessen «Gewohnheit, sich grad an die Grossen und Gefährlichen heranzumachen; so in Amerika an Ford und den Autoreifenkönig Firestone». Dabei sei es ihm «völlig gleichgültig», ob einer Deutscher Christ oder sonst etwas sei. Er wisse «zu gut, *wie* relativ diese kirchlichen Unterschiede» seien, «die wir so wichtig nehmen», da er eben «nur *einen* Unterschied als wichtig gelten» lasse: «ob einer wirklich Christus gehört». «Das könnte ja bei einem Deutschen Christen durchaus der Fall und bei einem dialektischen Theologen, sogar bei einem Barthianer, durchaus auch nicht der Fall sein.»[33] Es war ein theologisch-theoretisch richtiger Satz, jedoch zum falschen Zeitpunkt.

Grundsätzlich war er aber nicht erbaut und liess dies Buchman auch wissen. In einem ausführlichen Brief versuchte er, ihm begreiflich zu machen, dass es im Kirchenkampf in Deutschland um einen «Kampf zwischen Christus und Belial» gehe. Man müsse aufpassen, auf welcher Seite man stehe. Gemäss dem, was er von gut unterrichteter Seite wisse, sei der Reichsbischof niemand, mit dem sie etwas zu tun haben sollten. Und Joachim Hossenfelder sei der Typ eines Führers der Deutschen Christen, der versuche, einen Kompromiss zwischen der «germanischen Religion» und dem Christentum zu schliessen – das Schlimmste, was sich in Deutschland zurzeit ereigne: «Ich würde die [Oxford]gruppenbewegung lieber mit dem Schnaps- oder [...] Sklavenhandel verbinden als mit dem, was Hossenfelder tut.»[34]

«Die Deutsche Evangelische Kirche kämpft um ihr Leben; nichts auf der Welt könnte mich bewegen, ihre Kräfte in diesem Kampf zu schwächen oder sogar

---

[32] Buchman an Brunner am 4. Dezember 1933.
[33] An Barth am 27. Oktober 1933, in: Barth–Brunner, S. 241 f.
[34] An Frank Buchman vor dem 23. Dezember 1933.

auf der Gegenseite mit Hossenfelder zu kämpfen. Ich würde sogar sehr zurückhaltend sein, mit Fezer zusammenzuarbeiten, bis er deutliche Zeichen seiner kirchenpolitischen Reue gegeben hat. Er hat der deutschen Kirche mehr als Hossenfelder geschadet, weil viele der Besten auf ihn vertrauten.»[35]

Buchman antwortete am 23. Dezember 1933 in grosser Schärfe auf diesen «typischen Emil-Brief»: Wenn Brunner in Deutschland helfen wolle, dürfe er keine Briefe mehr dahin schreiben, in denen er die Deutschen Christen kritisiere. Er schädige damit die Arbeit der Oxford Group mindestens so sehr, wie er es von Hossenfelder behaupte.[36] Überhaupt: Wenn Buchman ganz ehrlich sein wolle, müsse er bekennen, dass er zeitweise mit Brunner gleich grosse Schwierigkeiten wie mit Hossenfelder habe. Nach seinem Dafürhalten genüge keiner von beiden Christus. «Was den Reichsbischof betrifft, bin ich davon überzeugt, dass Gott ihn so brauchen kann, wie er häufig mich gebraucht hat.» Buchman kritisierte auch Karl Barth, dem er vorwarf, es sei ihm nicht gelungen, mit seiner Botschaft «den gemeinen Mann» zu erreichen, teilweise seien die Zustände in Deutschland von ihm mitverschuldet.

> «In dieser Weihnachtszeit, Emil, hast Du es nach meinem Dafürhalten nötig, neu an die Krippe zu gehen und Demut zu lernen – und was es bedeutet, die grossen Wahrheiten des Neuen Testaments in die Tat umzusetzen. Wir sind davon überzeugt, dass Dein letzter Brief nicht in diesem Geist abgefasst ist. ‹Seid so unter euch gesinnt, wie es auch der Gemeinschaft in Christus Jesus entspricht.›[37] Ich kann mir nicht vorstellen, wie Du nach Stuttgart fahren kannst mit einer solchen Voreingenommenheit gegenüber einem Mann wie Fezer. Wenn Du Dich nicht weise führen lässt, kannst Du viel Porzellan zerbrechen. Der Kampf ist nicht unser, sondern Gottes. ‹Siehe, wie fein und lieblich ist's, wenn die Christen einträchtig einander lieben!›[38] So verhält es sich mit einem wahren christlichen Zeugnis! – Selbstverständlich verfügst Du nicht über die *ganze* Wahrheit. Ich hatte *alle* Parteien im Blick. Und wie steht es mit Deiner Vision für die Zukunft der deutschen Kirche?»

Die Veranstaltung in Stuttgart im Januar 1934 habe das Ziel, die Deutschen aller Parteien zu bekehren. Es gehe nicht um politische Vermittlung, sondern um Lebensveränderung. Er wolle Fezer gewinnen, indem er ihm zu einer maximalen Christuserfahrung verhelfe. «Willst Du das auch», fragte er Brunner, «oder weshalb kommst Du nach Stuttgart?»[39]

---

[35] A. a. O.
[36] Ähnlich argumentierte Buchman auch im Juni 1937. Brunner hatte sich zu einem niederländischen Journalisten kritisch gegenüber diktatorisch regierten Staaten geäussert. Buchman warf ihm vor, er habe der «Oxford Gruppe» einen «unabsehbaren Schaden» zugefügt. Buchman an Brunner am 21. Juni 1937.
[37] Philipper 2,5.
[38] Nach Psalm 133,1.
[39] Buchman an Brunner am 23. Dezember 1933.

Nachdem Brunner von Buchman noch das schon erwähnte Schreiben empfangen hatte, in dem dieser ihm vorwarf, nicht lange genug in Stuttgart geblieben und zu wenig diszipliniert zu sein,[40] holte Brunner zu einem weiteren langen Brief aus. Er sei «sehr enttäuscht». Wenn er noch andere derartige Briefe bekomme, werde er das letzte bisschen Vertrauen in Buchmans Fähigkeit verlieren, Menschen zu führen. In Deutschland habe Buchman schwere Fehler gemacht und damit die Zukunft der Gruppenbewegung aufs Spiel gesetzt. Kritik habe er nicht akzeptiert.

> «Glaubst Du, dass Du der Heilige Geist in Person bist?» – «Seit Deinem Amerikaaufenthalt hast Du Propagandamethoden entwickelt, die den Wegen der Bibel gänzlich widersprechen; Du hast bewiesen, dass Du in Bezug auf die kirchlichen Angelegenheiten in Deutschland ein Ignorant bist.»[41]

Brunner warf ihm auch vor, blinden Gehorsam zu fordern: «Blinder Gehorsam ja, aber gegenüber Christus und nicht gegenüber Frank Buchman!»[42]

Man würde denken, dass dies die Trennung bedeutete. Buchman war nicht nur nicht einsichtig. Seine Ahnungslosigkeit in politischer Hinsicht und bezüglich des deutschen Kirchenkampfes liess ihn sich sogar bewundernd über Hitler äussern: Am 27. August 1936 schrieb die englische Zeitung «News Chronicle» unter dem Titel «Buchman bewundert Hitler», dieser habe gesagt: «Ich danke dem Himmel für einen Mann wie Adolf Hitler, welcher eine Frontlinie der Verteidigung gegen den Anti-Christus-Kommunismus errichtete.» Er billige Hitlers Antisemitismus nicht, aber er erkläre ihn damit, dass Hitler vermutlich «einen Karl Marx in jedem Juden» sehe. Und: «Spanien hat uns gelehrt, was der gottlose Kommunismus bringt.» Obwohl Anhänger Buchmans in Zürich versuchten, diese Pressemeldung als Lüge zu entlarven, war ihnen das nicht möglich.[43]

Brunner nahm jedoch erst am 3. März 1938 definitiv, aber in einem freundlichen Ton von der «Gruppe» Abschied,[44] nachdem er jahrelang als einer der beiden «Hauptverantwortlichen für die Schweiz» (neben Theophil Spoerri) aufgetreten war[45] und zuletzt noch den bereits zitierten Aufruf für die Lausanner Versammlung im Frühling 1937 verfasst hatte.[46] Nach dem heftigen Briefwechsel mit Frank Buchman im Winter 1933/34 hatte er sich Buchman von neuem zugewandt, sich ihm unterworfen und ihn «von ganzem Herzen um Vergebung für [seine] Undank-

---

[40] Vgl. oben, S. 280.
[41] An Frank Buchman, nicht datiert, im Januar oder Februar 1934.
[42] A. a. O.
[43] Nachlass 130, 1.
[44] Nachlass 83, Exposé einer Rede vom 3. März 1938.
[45] Theophil Spoerri an Brunner am 22. August 1936.
[46] Vgl. oben, S. 274 f.

barkeit» gebeten.[47] «Die Schranke zwischen Dir und mir ist verschwunden. [...] Ich bin so froh, dass die Mauer zwischen mir und Dir durchbrochen worden ist.»[48] Anfang Oktober 1934 nannte er die Oxfordgruppenbewegung «vielleicht das Kirchenbauendste», was gegenwärtig geschehe, «an Wirkung des Gottesgeistes» habe er hier viel «*gesehen*».[49]

Die Oxfordgruppenbewegung praktisch

Während Jahren opferte Emil Brunner viel seiner Zeit – und auch derjenigen seiner Familie – der «Gruppe». In seinem Nachlass liegen Dokumente, die zeigen, wie intensiv und perfekt organisiert die Gruppenbewegung war.[50] Es gab Männer- und Frauenbibelkreise. Man arbeitete mit Pfadfindern (Brunners zwei ältere Söhne waren dabei) und mit Studierenden an den Zürcher Hochschulen. Es gab besondere Tagungen für Pfarrfrauen und Pfarrer. Hunderte von Einladungskarten wurden versandt, und es wurde genau besprochen, welches Glied des inneren Kreises sich um wen persönlich kümmern solle. Mit selbst unterzeichneten Briefen lud Brunner ausgewählte «Herren» ein, jeweils am Freitagabend, um ein Viertel nach acht, im Kirchgemeindehaus am Hirschengraben an einem «Ausspracheabend für *Männer* in geschlossenem Kreise» teilzunehmen. «Voraussetzung: Keine, ausser der Bereitschaft, aus der Bibel für das Leben zu lernen. [...] Diese Einladung ist *persönlich*. Es empfiehlt sich, ein Neues Testament mitzubringen.»[51]

> «Ist es denn nichts, wenn in Zürich durch die Gruppe 600 Leute nun angefangen haben, die Bibel zu lesen, beten, wissen um Sündenvergebung, die es vorher nie getan? Wir haben 20 Bibelgruppen, deren Leiter mit mir den Römerbrief gelesen haben, um ihn nachher in ihren Gruppen auslegen zu können.»[52]

Seiner Schwester Lydia erzählte er im November 1937, dass «400–500 Männer» seine «Bibelstunde» besuchten.[53] Brunner predigte in jenen Jahren nicht nur in verschiedenen Kirchen der Stadt, sondern auch im säkularen «Volkshaus».[54]

---

47 An Frank Buchman, nicht datiert, wohl im Herbst 1934.
48 An Frank Buchman am 28. August 1934.
49 An Barth am 2. Oktober 1934, in: Barth–Brunner, S. 263.
50 Nachlass 130, 1.
51 An Ungenannte, diverse, am 2. November 1934.
52 Nachlass 82, Aussprache über die Gruppenbewegung in Auenstein am 26./27. Januar 1936 zwischen Karl Barth, Emil Brunner, Eduard Thurneysen etc.
53 An Lydia de Trey am 11. November 1937.
54 Nachlass 72, Predigt vom 26. Februar 1933.

Emil Brunner und Gottlob Schrenk.

Wie lässt sich verstehen, dass Brunner so lange in der Oxfordgruppenbewegung blieb, obwohl sein inneres Unbehagen nie ganz verschwand und nicht nur sein Kollege und Freund Gottlob Schrenk ihn mit heftigen Worten davor warnte?[55] Nun, Emil Brunner *liebte* seine Kirche. Nicht umsonst predigte er häufig. Im Januar 1935 teilte er seinem Schwager und Freund Rudolf Wachter mit, dass er sich in die Synode wählen lassen wolle; bei seinen «starken praktisch kirchlichen Interessen» sei es ihm «schon lange unlieb gewesen, nicht dabei zu sein».[56] (Er wurde dann ein hoch angesehener Synodaler![57]) Zugleich *litt* er aber an der Kirche. Besonders deutlich zeigt sich dies in der Broschüre «Um die Erneuerung

---

[55] Schrenk schrieb im Sommer 1935, er verstehe einfach nicht, wie sich das mit Brunners gesundem Menschenverstand zusammenreime. Brunner stosse prächtige junge Menschen vor den Kopf, wenn er Studenten in Erweckungsversammlungen den Finger aufheben lasse, «ob der Heilige Geist einfallsweise funktioniert habe» oder nicht. Er hielt die Oxfordgruppenbewegung für «eine grosse Verirrung», er werde sich mit dieser «Macherei» nie aussöhnen. Schrenk an Brunner am 15. Juli 1935.
[56] An Wachter am 27. Januar 1935.
[57] Vgl. unten, S. 417 ff.

der Kirche – Ein Wort an alle, die sie lieb haben» von 1934.[58] Die traditionelle Unterscheidung von sichtbarer und unsichtbarer Kirche nannte er hier «eine List des Teufels». Kirche im echt biblischen Sinn sei selbstverständlich nur da, «wo Gemeinschaft der Gläubigen, wo gliedschaftliche Verbundenheit mit dem Christus und miteinander» sei, «wo die berufenen Erwählten» zusammenkämen, «weil sie sich als die Berufenen und Erwählten» wüssten.[59]

> «Was aber eine Kirche sein soll, die, wie etwa die zürcherische Landeskirche, nicht einmal das Getauftsein als Bedingung der Kirchenzugehörigkeit fordert, die vielmehr jeden, der die Kirchensteuer zahlt und nicht ausdrücklich seine Nichtzugehörigkeit zur Kirche erklärt, als Glied der Kirche anerkennt, ist eine Frage, für die jedenfalls die Reformatoren nicht das geringste Verständnis gehabt hätten.»[60]

Die Kirche selbst sei «seit der Aufklärung ihres eigenen Glaubens und ihrer eigenen Verkündigung [...] so unsicher geworden», sie habe «selbst so viel mit christlichem Glauben radikal Unvereinbares, Heidnisches oder Weltliches in Praxis und Lehre in sich aufgenommen», und es seien «so viele Lebensäusserungen wahrer Kirchlichkeit in ihr ganz oder fast erstorben», dass man «diese innere Säkularisierung als eine noch viel ernstere Gefahr ansehen muss als die äussere». Die Kirche ist «ihrer selbst so unsicher geworden», dass sie «auch die offenkundig Ungläubigen, d. h. diejenigen, die aus ihrem Nichtglauben kein Hehl machen, zu sich rechnet».[61]

Rein bewahrende «Gemeindepflege» genüge in dieser Lage nicht mehr. Wie in der Mission brauche es «Gemeindesammlung» und «Gemeindeschaffung». Die Kirche kann es sich «nicht mehr leisten, bloss die Glocken zu läuten und zu warten, bis die Menschen zu ihr kommen».[62]

> «Wahre Kirche und wahres Christentum ist nur da, wo von Kirche und Christen werbende Kraft und missionarischer Wille ins Volksganze hinausgeht. [...] Die werbende Kirche muss mobile Stiftshütte sein im Unterschied zur erhaltenden und pflegenden, die die Stabilität des Tempels zum Muster ihrer Struktur hat.»[63]

In diesem Zusammenhang forderte Brunner die «Mobilisierung der christlichen Laienwelt» und die «Neubelebung des allgemeinen Priestertums aller Gläubigen»:[64]

---

[58] Emil Brunner, Um die Erneuerung der Kirche. Ein Wort an alle, die sie lieb haben. Bern und Leipzig 1934 (im Folgenden zitiert als «Erneuerung»).
[59] Erneuerung, S. 16.
[60] A. a. O., S. 24 f.
[61] A. a. O., S. 26.
[62] A. a. O., S. 28.
[63] A. a. O., S. 29.
[64] A. a. O., S. 30.

«Die Zeit der Nur-Pfarrerkirche ist vorüber.»[65] – «Das Einmannsystem unserer protestantischen Kirchen ist weder biblisch noch durch die Erfahrung geboten oder gerechtfertigt.»[66] – «Unsere Schweizer Kirche, die nicht wie die deutsche das harte Glück hat, um ihre Existenz ringen zu müssen, schläft noch den Schlaf der letzten Jahrhunderte. Sie ist noch nicht zur neuen Verantwortung erwacht. Sie sieht noch nicht, wie die Welt sich von ihr emanzipiert hat, wie illusionär ihre überlieferten Begriffe von der Einheit von Volk und Kirche sind.»[67]

Es ist dies der Grund, weshalb Brunner trotz mancher Bedenken viel von seiner Kraft in die Oxford Group investierte. Dazu kam, dass er zeit seines Lebens Wert auf die «Früchte des Geistes» legte.[68] An der «Gruppe» gefiel ihm, dass die praktisch-ethische Lebensgestaltung in ihr zentral war.

Zunehmend deutlicher waren es denn auch nicht Frank Buchman selbst und sein internationales Leitungsteam, die Brunner an der Gruppenbewegung festhalten liessen, sondern ermutigende Erfahrungen im Nahbereich. Hier wurde ihm die Gemeinschaft – und zwar mit Nichttheologen – geschenkt, die er bei den gewöhnlichen kirchlichen Anlässen nicht fand. Er traf mit Menschen zusammen, die sich für den Glauben engagieren wollten. Er schätzte die Stille, die er den «Quellpunkt der Gruppenbewegung» nannte. Die «Anleitung zum Stillesein und Gebet, die sie in der Gruppe bekommen» hätten, sei «für manche, die schon jahrelang ‹glaubten›, ihre Bibel lasen, zur Kirche gingen und zu beten versuchten, ohne dass das in ihrem Leben etwas bedeutet hätte, eine Lebenswende geworden. Aus dieser Stille heraus wurde ihnen Glaube, Bibel, Kirche und das Gebet selbst neu.»[69] Dass «einer dem anderen [ein] Beichtiger» wurde, die «Aussprache unter vier Augen vor Gott», war für Brunner der schönste Ausdruck des allgemeinen Priestertums. «Beichte sollte nicht der Ausnahmefall, sondern der Normalfall sein», wozu es keinen Pfarrer brauche. «Nach Luthers Rat ist irgendein vertrauenswürdiger Freund dafür der rechte Mann.»[70]

Emil Brunner nahm das in jenen Jahren auch für sich persönlich ernst. In Briefen an ihm vertraute Menschen sprach er offen von seinen dunkeln Seiten, etwa von Hassgefühlen, die sich sogar in Todeswünschen ausdrückten. «Ich hätte ihn in dieser Minute erschlagen mögen. Der Hass kochte in mir», bekannte er in einem Brief an Theophil Spoerri über einen gemeinsamen Freund. «Ich konnte mit dem Groll nicht fertig werden,

---
[65] A. a. O., S. 36.
[66] A. a. O., S. 38.
[67] A. a. O., S. 31.
[68] Vgl. oben, S. 17, und unten, S. 576 ff.
[69] Erneuerung, S. 40.
[70] A. a. O., S. 41.

obschon ich wusste, dass ich schwer im Unrecht war. [...] Hilf mir, den Hass [...] zu überwinden. Ich will ihn nicht hassen.»[71] Spoerri hielt ‹Gegenrecht› und gewährte Brunner in sein inneres Leben tiefe Einblicke. Einmal bekannte er sogar, Brunner «nicht richtig geliebt» zu haben, er habe ihn wohl als einen Kameraden gesehen, «aber immer noch zugleich als Figur auf einem Schachbrett».[72] Man hielt nichts voreinander zurück und spürte darin eine Änderung des Lebens. Brunner sprach von einer «neuen Freudigkeit» und davon, dass sich auch die Beziehung zu seiner Frau dank «Oxford» verbessert habe.[73] Die Kirche, wie sie war, konnte ihm dies nicht vermitteln:

> «Es ist das grösste Ärgernis, das die Kirche dem modernen Menschen bietet, dass in ihr so wenig wirklich Neuheit des Lebens wahrzunehmen ist.»[74] – «Die Welt ist der christlichen Worte satt und wird ihrer satt bleiben, bis sie wieder merkt, dass hinter diesen Worten neues Leben steht als Bürgschaft ihrer Realität. [...] Die ‹mitfolgenden Zeichen›[75] sind ein Kennzeichen der Verkündigung der Apostel. [...] Die Bedeutung dieser Zeichen wieder ernst genommen zu haben, ist ein [...] Hauptmerkmal der Gruppenbewegung, vielleicht das am meisten in die Augen fallende.»[76] – «Es soll wieder etwas lebendig werden von jenem Kampfruf der ersten Zeit: die Welt für Christus! – die ganze Welt, wie ja auch Christus für die ganze Welt gestorben ist. – Die Welt hungert und dürstet nach dem lebendigen Gott.»[77]

Die Gruppenbewegung war für ihn kein Selbstzweck. Was ihm vorschwebte, war eine *Kirchen*reform. Trotz seiner Kritik wollte er in der Landeskirche wirken. Er räumte ein, dass er «nicht ohne Besorgnis» an die weitere Entwicklung der Gruppenbewegung denke: «Die Gruppenbewegung als solche geht uns nichts an. Wir fragen nach der wahren Kirche Christi.»[78] Theophil Spoerri schrieb er später, er sehe seine Aufgabe darin, «die Kirche als ganze aufzurufen», so weit seine Stimme reiche. «Es geht doch darum, dass die Kirche als ganze erwacht. Die Gruppenbewegung ist doch ein Notprodukt.» – «Mir geht es nicht um die Gruppe, sondern um die Kirche.»[79] Und 1934 betonte er, dass die «Gruppe» im Unterschied zu andern Erweckungsbewegungen «eine innerkirchliche» sei. «Sie will nicht die Kirche ersetzen, sondern beleben.»[80]

---

71 An Theophil Spoerri, nicht datiert.
72 Theophil Spoerri an Brunner am 29./30. Juli 1936.
73 An Thurneysen am 19. Dezember 1934.
74 Erneuerung, S. 42.
75 Vgl. Markus 16,20.
76 Erneuerung, S. 43.
77 A. a. O., S. 50.
78 A. a. O., S. 46.
79 An Theophil Spoerri, nicht datiert.
80 Erneuerung, S. 45.

«Um es persönlich zu sagen: mir gefällt auch nicht alles, was in der Gruppe geschieht. Aber es gefällt mir tausendmal besser als die süffisante Kritik derer, die doch wissen, dass die Gruppe Arbeit tut, die *sie* tun sollten; und es gefällt mir auch wesentlich besser als die Trägheit derer, die noch nicht einmal gemerkt haben, dass all das, was die Gruppe – vielleicht mit jämmerlich unzureichenden Mitteln – tut, wirklich von der Kirche getan werden sollte. Der Kirchenhochmut ist schlimmer als der Kirchenschlaf; aber ich finde auch den Kirchenschlaf keinen lobenswerten Zustand.»[81]

Emil Brunners Abschied

Jahrelang rang Brunner mit sich, ob er die «Gruppe» verlassen solle oder nicht. Immer mehr regte ihn vieles auf: Er meinte feststellen zu müssen, dass man ihn zwar brauchte, seinen Rat aber nicht einholte, wenn die Gefahr bestand, dass er kritische Fragen stellen würde. Es ärgerte ihn, als das internationale Team der Oxfordgruppenbewegung von der – in Oxford tagenden – Konferenz für praktisches Christentum im Juli 1937 kaum Kenntnis nehmen wollte. In einem Briefentwurf an seine Schwester Lydia schrieb er:

«Dass dort [in der Bewegung ‹*Life and Work*›] wahrhaftig Bedeutendes für das Reich Gottes getan wurde, wird [vom internationalen Leitungsteam der Oxfordgruppe] nicht anerkannt, sondern man kritisiert, und man will die Mitglieder der Konferenz bekehren, wobei ich sagen muss, dass ich dort Christen von ganz anderem christlichen Format gesehen habe […]. Diese Haltung ist sektenhaft. […] Ich frage: ist das Gruppengemeinschaft oder Ordensdiktatur? […] Dass Christus auch ausserhalb der Gruppe da ist, dass es eine weltweite Kirche gibt, dass es wahrhaftig nicht nur tote Kirchen, sondern höchst lebendige, lebensumwandelnde Kirche gibt […], davon kein Wort.»[82]

Er nahm Anstoss an der «amerikanischen Propagandistik», die sich in der Schweiz negativ auf die Bewegung auswirke. Seit Jahren habe er «gegen die Abhängigkeit von Frank Buchman gewarnt und gemahnt»:

«Ich […] wollte es mit der restlosen Zusammenarbeit versuchen, ich bin bis an die äusserste Grenze dessen gegangen, was man ohne Rückgratbruch noch tun darf. […] Frank Buchman hört ja doch nie, er tut exakt, was er im Kopf hat.»[83]

Sein «Versuch, durch restlose Zusammenarbeit die Einheit in der Gruppe zu wahren», gehe «auf Kosten der Wahrheit und der evangelischen Art».

---

[81] A. a. O., S. 47.
[82] Vgl. verschiedene nicht datierte Briefe und Briefentwürfe an Lydia de Trey im Sommer 1937.
[83] A. a. O.

Die Gruppe sei «ein diktatorisch geführter Orden». Man erwarte «nicht Gegenseitigkeit, sondern Unterwerfung».

«Man braucht meinen Theologennamen als Werbemittel in der ganzen Welt [...] – mein Gruppenbüchlein wird in allen Sprachen verkauft –, aber mitzureden habe ich nicht, wo die entscheidenden Beschlüsse fallen.»[84]

Der Brief, der nicht abgeschickt bzw. durch einen «milderen» ersetzt wurde, ist der Ausdruck einer tiefen Krise. Nachdem Brunner am 8. November 1937 an Buchman von *«this exclusiveness or sectarianism of the Oxford Group»* geschrieben hatte, brauchte es nur noch wenig bis zum schon erwähnten definitiven Abschied am 3. März 1938.[85]

---

[84] A. a. O.
[85] Vgl. oben, S. 284.

«Natur und Gnade» und das «Nein!» Karl Barths

Für die Darstellung der endgültigen Auseinandersetzung von Emil Brunner und Karl Barth – in den beiden Streitschriften «Natur und Gnade» und «Nein!» – bedarf es einiger Vorbemerkungen: Die Beziehung zwischen den beiden grossen Schweizer Theologen war nie spannungslos. Barth war von Brunner, der ihm zu direkt, manchmal zu aufdringlich und zu humorlos war, häufig irritiert. Er hatte Mühe mit Brunners apologetischer Tendenz. Gegen Ende der Zwanzigerjahre kam dazu, dass Brunner Barth mehrfach öffentlich angriff bzw. mindestens unbequeme Fragen aufwarf. Bereits im «Mittler» von 1927 hatte Brunner vor «einem geistigen Chinesentum» gewarnt und dabei Karl Barth namentlich erwähnt.[1] Die Aufsätze «Die andere Aufgabe der Theologie» von 1929, «Theologie und Kirche» und «Kirche und Offenbarung» von 1930 und «Die Frage nach dem ‹Anknüpfungspunkt› als Problem der Theologie» von 1932 enthielten deutlich kritische Fragen an Barth. Dabei ist aber auch in Betracht zu ziehen, dass bei Brunner – gemäss einer Selbstcharakterisierung gegenüber Leonhard Ragaz – Kritik oft ein Zeichen besonderer Nähe und nicht der Ablehnung war.[2] Barth begegnete dem in der Regel gelassen, aber am 10. Dezember 1930 schrieb er dennoch an Eduard Thurneysen, dass er «in einer schwierigen Lage mit Emil» sei:

> «Denn ich kann nicht leugnen, dass mich [...] solche gedruckte Äusserungen, wie er sie mir gegenüber in der letzten Zeit immer wieder für nötig hält – weniger wegen ihres Inhalts als wegen des siegesgewiss schulmeisternden Tones –, gelegentlich nervös machen können.»[3]

Emil Brunners Verhältnis zu Karl Barth

Brunners Verhältnis zu Barth war ambivalent. Er bewunderte ihn und hatte ihn immer für den grösseren Theologen gehalten. Er empfand sich ihm gegenüber aber auch als gehemmt. 1938 schrieb er, bei und mit Barth sei es ihm seit ihrer ersten Begegnung nie ganz «wohl gewesen», sosehr er

---

[1] Mittler, S. 6. Vgl. oben, S. 234.
[2] Vgl. oben, S. 104.
[3] Barth an Thurneysen am 10. Dezember 1930, in: Barth–Thurneysen III, S. 75.

das Zusammensein mit ihm geschätzt habe.[4] Vielsagend ist seine frühe Äusserung gegenüber Eduard Thurneysen:

> «Wenn nur dieser Barth einmal über die Berge stiege […], und sich mal für eine tüchtige Zeit bei mir einnistete! Den wollte ich schön anbohren! Er sollte, wie unter die Räuber gefallen, ganz entblösst nach Hause fahren!»[5]

Die folgenden Aussagen von 1923 sprechen von einer uneingeschränkten, ja überschwänglichen Bewunderung:

> «Barth ist mein täglicher Begleiter, mein theologischer Vergilius im Gang durch Hölle und Himmel.»[6]

In die gleiche Kategorie gehört seine Bemerkung, dass er Barth als «turmhoch» über ihm stehend anerkenne,[7] oder seines Aussage, Barths «Römerbrief» sei für ihn «das wichtigste theologische Buch […] seit vielen Jahrzehnten».[8] Noch 1958 äusserte er sich im Alter von fast 69 Jahren gegenüber dem amerikanischen Theologen I. John Hesselink:

> «Wissen Sie, es gibt mehrere hervorragende Theologen wie Bultmann und Tillich, aber es gibt nur ein einziges Genie unter uns, und das ist Karl Barth.»[9]

Von Anfang an aber hatte er Mühe mit Barths «baslerischer» Ironie. Eduard Thurneysen schrieb er von Barths «bösem Basler Spott», seinen «bösen Witzen» und von «seinem Hang zur schnitzelbankartigen Karikatur […], die fatalerweise mit einem unerhörten Talent zu diesem Geschäft verbunden» sei. Barth sei sich offenbar «nicht bewusst, wie viel er damit sich und anderen» schade.[10] Es lässt sich nicht übersehen, dass Barth oft spöttisch und verletzend auftrat. Seine Reaktion auf Brunners Römerbriefrezension beispielsweise – er habe «gründliche und erleuchtende Arbeit» geleistet und «alles getan, um innerhalb der Krematoriumsatmosphäre der akademischen Weisheit auszurufen und zu verkündigen, dass es draussen frische Luft» gebe – könnte man sich herablassender nicht vorstellen.

Im Mai 1921 bat Brunner Thurneysen, seinen Einfluss bei Barth «geltend zu machen, damit er davor bewahrt werde, sich für den lieben Gott zu halten».[11] Barth schrieb darauf:

---

[4] An Barth am 17. August 1938, in: Barth–Brunner, S. 302.
[5] Vgl. oben, S. 116.
[6] Vgl. oben, S. 191.
[7] Vgl. oben, S. 191.
[8] An Barth am 5. Januar 1922, in: Barth–Brunner, S. 68.
[9] I. John Hesselink, Karl Barth and Emil Brunner – A Tangled Tale with a Happy Ending (or, The Story of a Relationship), in: Donald K. McKim (Hg.), How Karl Barth Changed My Mind. Grand Rapids, Michigan, 1986, S. 133.
[10] An Thurneysen am 24. Mai 1932.
[11] Nach: Barth–Brunner, S. 61.

«Lieber, nimm doch das alles in der Zweideutigkeit und Harmlosigkeit, mit der es gemeint ist, und vor allem: nimm doch mich und – dich nicht so blutig ernst, du fürchterlicher Wahrheitssucher mit allen deinen systematischen Saugnäpfen und Fangarmen. [...] Also lass nicht Zank sein zwischen dir und mir.»[12]

Während Jahren ging es in der Beziehung zwischen Brunner und Barth auf und ab. Freundliche Gespräche und unangenehme Zwischenfälle wechselten miteinander ab. Brunner sprach von seinem «raschen Blut – Zürcher-Blut», dass er sich «gelegentlich mitreissen» lasse und dann «wieder zurückkrebsen» müsse.[13] Seinem (und Barths!) Schüler Erwin Sutz schrieb er am 7. Oktober 1930, «nach einer ganz missglückten Korrespondenz mit Barth» habe er es «aufgegeben, da ‹etwas machen› zu wollen». Barth und er selbst würden nun – «übrigens in aller Freundschaft» – ihre «eigenen Wege gehen müssen», und die Zeit, in der die dialektische Theologie «als Einheit vor der Welt in die Brüche» gehen werde, sei nicht mehr fern.[14]

Ein besonders eindrückliches Dokument für die Beziehung zwischen Brunner und Barth ist ein Brief des damals im Aargau wirkenden Theologen Gottlob Spörri, der sich mit ihm oft über seine intimsten Gedanken austauschte: Brunner hatte ihm anvertraut, dass er sich manchmal wünsche, Barth wäre tot oder er blamiere und kompromittiere sich «sträflich». Als feinfühliger Seelsorger versuchte Spörri, Brunner zu helfen: «Dein Verhältnis zu Barth ist [...] dein ganz persönliches Kreuz.» Das Problem bestehe darin, dass er sich eingeredet habe, er sei «nach Barth, oder besser *mit Barth, der* Theologe unserer Zeit, *mit* Barth und Gogarten so etwas wie eine irdische Dreieinigkeit». Spörri forderte Brunner behutsam auf, sich von dieser übersteigerten Idee zu lösen.[15]

Eduard Thurneysen diagnostizierte einen «Komplex Karl Barth»[16] (wie er Brunner offen mitteilte) und sprach auch gegenüber Barth davon, dass Brunner «ganz einfach von tief verankerten Minderwertigkeitskomplexen geplagt» werde.[17] Diesem schrieb er:

«Du hast da irgendeine Empfindung in dir drin sich ansammeln lassen, die sicher, sicher im Grunde gegenstandslos ist. Du vergleichst dich einfach zu viel mit ihm. Und das ist doch so unnötig. Du leidest unter ihm. [...] Warum

---

12 Barth an Brunner am 26. Mai 1921, in: Barth–Brunner, S. 62. Vgl. Genesis 13,8.
13 An Thurneysen am 22. Februar 1933.
14 An Erwin Sutz am 7. Oktober 1930. (Der Brief befindet sich im Privatbesitz der Erbengemeinschaft Erwin Sutz.)
15 Gottlob Spörri an Brunner am 7. März 1933.
16 Thurneysen an Brunner am 8. September 1932.
17 Thurneysen an Barth am 21. Oktober 1930, in: Barth–Thurneysen III, S. 56, vgl. auch S. 65.

damit nicht – ich möchte sagen: aus einem gewissen Humor heraus – fertig werden?»[18]

Theophil Spoerri stellte einige Jahre später ebenfalls fest, dass Brunner Barth gegenüber «tief versteckt» an einem «Minderwertigkeitskomplex» leide.[19] Auch Brunner selbst sprach vom «Komplexhaft-Animosen in meiner inneren Haltung» gegenüber Barth, das aber gemäss seiner Selbstwahrnehmung längst nicht immer manifest war.[20] Diese ganze Problematik war aber während langer Zeit öffentlich höchstens umrisshaft erkennbar.

Störfall Oxfordgruppenbewegung

Die Situation zwischen Brunner und Barth verschlechterte sich drastisch, als die Oxfordgruppenbewegung Brunner immer mehr in ihren Bann zog. Aus der Korrespondenz mit Thurneysen wird deutlich, wie intensiv er für diese Erweckungsbewegung warb. In immer neuen Ansätzen beschwor er Thurneysen – und durch ihn Barth –, das Positive an der Gruppenbewegung wahrzunehmen und sich auch selbst zu beteiligen. In der Anfangsphase bekundete Thurneysen, der im Vergleich mit Barth oft unentschlossener war bzw. langsamer dachte,[21] ein gewisses neugieriges Wohlwollen. Am Ostermontag 1932 schrieb er Brunner, dass er eine «relative Sympathie für das Anliegen und die Praxis der Buchmanleute» habe, warnte aber bereits auch hier vor einer «Art neuen Barbarentums in christlichem Gewande». Denn die Botschaft der Gruppenbewegung bedeute «eigentlich die Infamierung aller ‹Theorie› durch eine sogenannte Praxis».[22]

Nachdem Brunner intensiv für die Gruppenbewegung eingetreten war,[23] setzte Thurneysen nun seinerseits zu einem langen Brief an. Seine Ablehnung der Oxfordbewegung war jetzt eindeutig und kaum mehr zu überbieten, auch wenn er freundliche Worte wählte: Er sprach von der «absoluten Verborgenheit» des Glaubens. In den *«quiet hours»* sehe er «die Gefahr der Verwechslung der eigenen inneren Stimme» mit derjenigen des Heiligen Geistes. Die meisten der von den Oxfordleuten berichteten Erlebnisse könne man psychologisch deuten. Hier werde «in einer

---

[18] Thurneysen an Brunner am 8. September 1932.
[19] Theophil Spoerri an Brunner am 22. August 1936.
[20] An Thurneysen nicht datiert, im Juli 1933.
[21] Noch Anfang Juni 1933 liess er zum Beispiel durchblicken, er halte «Hitler selber [...] subjektiv» für «durchaus ehrlich und ernsthaft»! Thurneysen an Brunner am 2. Juni 1933.
[22] Thurneysen an Brunner am Ostermontag 1932.
[23] An Thurneysen am 29. August 1932, vgl. oben, S. 276 ff.

Weise laut von Hunderten solcher menschlicher Erfahrungen geredet», dass in ihm die Angst aufsteige, «es könnte wieder einmal mehr der Mensch [...] mit seinen frommen Erfahrungen» wichtiger werden und «Gott und sein Tun [...] wieder zu kurz kommen», «eben jenes Opfer Christi, eben jenes Tun Gottes, dem gegenüber unsere sichtbar werdenden Bekehrungen nur unendlich schwache, gar nicht entsprechende Zeichen sind». Thurneysen sah in der Oxfordgruppenbewegung also einen Rückfall in die von der dialektischen Theologie ein Jahrzehnt früher überwunden geglaubte und besonders auch von Emil Brunner selbst kritisch hinterfrage Erfahrungstheologie des 19. Jahrhunderts und beschwor diesen, sich von Frank Buchman nicht vereinnahmen zu lassen: «Auf dich sehen viele mit Recht. Und ich frage mich, frage nun auch dich: meinst du, das könne wirklich verantwortet werden?»[24]

Zum Eklat kam es am 11. September 1933. Noch wenige Tage vorher hatte Barth Brunner in Zürich besucht. Bei einem «guten Spaziergang im Zürichbergwald»[25] hatten sie freundschaftlich miteinander diskutiert. Brunner schlug vor, Barth mit einigen seiner Freunde aus der Gruppe zusammenzuführen. Begleitet von Rudolf Pestalozzi fand sich Barth am Abend des 11. September ein. Neben Brunner selbst waren von der Zürcher Gruppe Theophil Spoerri, Alphonse Maeder und Fritz Enderlin dabei, ausserdem Pfarrer Gottlob Spörri. Brunner hoffte, es sei möglich, Barths Bedenken gegen die Oxfordgruppenbewegung zu zerstreuen. Es kam aber anders: Theophil Spoerri legte ein persönliches «Zeugnis» ab, das selbst Brunner zu weit ging. Es ist anzunehmen – ein Protokoll der Sitzung ist nicht vorhanden –, dass Spoerri Barth direkt aufforderte, sich zu bekehren. Barth reagierte heftig. In einem Telefongespräch orientierte er Thurneysen darüber, dass etwas Unwiderrufliches passiert sei, die Begegnung mit der Gruppe habe bei ihm einen «verheerenden Eindruck» hinterlassen. Er sei unglücklich darüber. – Auch Thurneysen war erschüttert:

> «Ich sehe die Dinge so, dass du da einen Versuch gemacht hast, den ich [...] für absolut verfehlt halten muss. Das *durfte* nicht gelingen, [...] dass man in der Absicht, einen Prominenten irgendwie zu gewinnen oder sagen wir deutlicher: zu bekehren, sich selber sozusagen als mit besonderer Ausrüstung begabte *homines religiosi* vorführte. Da ist auch vielleicht ganz unbewusst [...] etwas *gespielt* worden. Und das konnte nur mit einer absoluten Katastrophe enden. [...] Sieh, Emil, das ging nun einfach, möchte ich sagen, seelsorgerlich nicht. Es war etwas, ich will es ein wenig brutal ausdrücken, Abgekartetes dabei, es war ein Experiment. Mit den göttlichen Dingen aber kann man nicht experimentieren, sonst werden sie zur Farce.»[26]

---

[24] Thurneysen an Brunner am 8. September 1932.
[25] Barth an Brunner am 22. Oktober 1933, in: Barth–Brunner, S. 238.
[26] Thurneysen an Brunner am 14. September 1933.

Emil Brunner seinerseits war nicht nur enttäuscht, sondern entrüstet darüber, wie Barth an jenem Abend reagiert hatte: dass diesem die «ganze Gruppensache» «menschlich als ‹gruusig›, kirchlich als verwirrend und illegitim und theologisch als Rückfall in vorkutterische und vordialektische Frömmigkeitspflege» vorgekommen war. Gegenüber Thurneysen räumte er zwar ein, nachvollziehen zu können, dass Barth das «persönliche Zeugnis von Spoerri peinlich und geschmacklos» gefunden habe. Barth sei aber «ausserordentlich beherrscht» gewesen und «durchaus taktvoll und freundlich», was ihm «ausserordentlich schwer gefallen sein» müsse und darum hoch anzurechnen sei.[27]

Barth sei ihm überhaupt «persönlich – auch in diesem zweiten unglücklichen Gespräch – lieber geworden [...] als je zuvor», er habe «rein menschlich, und ausserdem ästhetisch, an ihm [s]eine helle Freude gehabt». Das war aber doch wohl eher eine *captatio benevolentiae* an die Adresse Thurneysens. Denn sachlich gab sich Brunner hart. Es schmerze ihn, «sehen zu müssen, wie ein Graben» sich zwischen ihnen aufgetan habe, «der nun wirklich unüberbrückbar» sei. «Der Prozess der inneren Ablösung von Karl Barths Theologie ist damit zu einem vorläufigen Ende gekommen.» Er sei Barth zwar «dauernd dankbar» für die Hilfe, die er ihm und der Kirche geleistet habe «in der Wiederentdeckung der Bibel und der Reformatoren». Endgültig scheide er sich aber von ihm, «insofern er der Schöpfer der spezifisch ‹Barthschen Theologie›» sei. Eine «öffentliche Auseinandersetzung» werde ja nun wohl auch von seiner Seite nötig werden. Karl Barth habe «sich in seine dialektische Theologie, d. h. in seine, von aller theologisch-kirchlichen Tradition abweichende Sonderlehre, dermassen verstiegen, dass er nicht mehr auf der Ebene steht, wo Menschen leben». Brunner sprach weiter von Barths «erschreckender Welt- und Lebensferne» und vom «häretischen Element seiner Theologie», das «kirchenzerstörend» wirke. Ihm sei es vorgekommen, es gehe bei Barth um *«fiat theologia, pereat mundus»*, es komme «alles nur darauf an, dass die Bibel richtig ausgelegt» werde – «was daraus in der Kirche, unter dem Menschen wirklich» werde gehe einen «nichts an». Nur zwei Tage später doppelte er nach: Barth sei ihm an jenem Abend «ungeheuerlich zusammengeschrumpft». Er werde «auch in Zukunft auf ihn hören», das verstehe sich von selbst. Entscheidendes erwarte er allerdings nicht mehr von ihm, «es sei denn, auch er sei der Wandlung fähig».[28]

---

[27] An Thurneysen am 13. September 1933. (Auch die folgenden Zitate sind aus diesem Brief.)
[28] An Thurneysen am 15. September 1933.

Barths Kritik an Brunner

Die Beziehung zwischen Brunner und Barth konnte von da an nicht mehr wirklich gekittet werden. In einem Brief Ende September oder Anfang Oktober 1933 versuchte Brunner zwar, sich für das verunglückte Treffen mit den Vertretern der Zürcher Gruppe zu entschuldigen. Sachlich blieb er aber bei seiner Position. Barth antwortete ebenfalls deutlich. Seine negative Sicht der Oxfordgruppenbewegung hatte in der Zwischenzeit zusätzlich Nahrung durch das Erscheinen der Fotografie Buchmans zusammen mit Hossenfelder und Fezer bekommen.[29] Schonungslos schrieb er, was er schon bei früherer Gelegenheit sagen wollte, aus Höflichkeit aber unterlassen habe:

> «Wenn du in Deutschland lebtest, so wärest du jetzt bei den Deutschen Christen. [...] Wir stehen uns, jedenfalls im Augenblick, in ziemlich deutlich abgegrenzten Positionen gegenüber und müssen und wollen uns so nehmen, wie wir eben sind.»[30]

Der Briefwechsel setzte darauf für mehrere Monate aus.[31] In Brunner schwelte der Konflikt weiter. Er wollte sich mit Barth zwar nicht mehr über die Oxfordgruppenbewegung auseinander setzen, strebte aber einen grundsätzlichen theologischen Disput an. Begonnen hatte diese Auseinandersetzung spätestens mit Brunners Aufsatz über «Die andere Aufgabe der Theologie» von 1929[32] und Karl Barths verschiedenen öffentlichen Einwänden gegen eine «natürliche Theologie», die er radikal ablehnte.[33]

In drei Publikationen hatte er Brunner öffentlich kritisierte: zunächst im Vortrag «Das erste Gebot als theologisches Axiom», den er im März 1933 hielt und der im Sommer 1933 in «Zwischen den Zeiten» erschien und in dem er Brunner namentlich in *einer* Reihe mit Holl, Hirsch, Bultmann und Gogarten als einen Theologen erwähnt, der neben der Offenbarung Gottes in Jesus Christus noch eine «erste Offenbarung» geltend

---

[29] Vgl. oben, S. 281.
[30] Barth an Brunner am 22. Oktober 1933, in: Barth–Brunner, S. 239.
[31] Abgesehen von einem Brief Barths über das Anliegen eines Studenten, vgl. Barth an Brunner am 26. November 1933, in: Barth–Brunner, S. 243 f.
[32] Vgl. oben, S. 66.
[33] Zu Barths Haltung gegenüber der «natürlichen Theologie» vgl. die in der Hauptsache von ihm entworfene erste These der Theologischen Erklärung von Barmen (Mai 1934): «Jesus Christus, wie er uns in der heiligen Schrift bezeugt wird, ist das eine Wort Gottes, das wir zu hören, dem wir im Leben und im Sterben zu vertrauen und zu gehorchen haben. – Wir verwerfen die falsche Lehre, als könne und müsse die Kirche als Quelle ihrer Verkündigung ausser und neben diesem einen Worte Gottes auch noch andere Ereignisse und Mächte, Gestalten und Wahrheiten als Gottes Offenbarung anerkennen.» In: Karl Barth, Texte zur Barmer Theologischen Erklärung. Mit einer Einleitung von Eberhard Jüngel und einem Editionsbericht herausgegeben von Martin Rohkrämer. 2. Auflage. Zürich 2004, S. 2/3.

mache, die «mittels irgendeiner mehr oder weniger klugen Exegese unserer Existenz» erkannt werden könne. «Ich weiss nicht, wie ich das, was [...] in Brunners Ethik aus der Rechtfertigung wird, anders nennen soll.» Ist bei ihm das «Gebot mehr als ein anderes Wort für die Ordnungen?»[34]

In seinem Artikel «Abschied» (von der Zeitschrift «Zwischen den Zeiten») im Oktober 1933 hielt Barth fest, er habe den ebenfalls zur Gruppe der Dialektiker gerechneten Emil Brunner zunehmend «eine Theologie treiben» sehen, die er «nur noch als eine unter neuen Fahnen vollzogene Rückkehr zu den [...] verlassenen Fleischtöpfen des Landes Ägypten» beurteilen könne, «nämlich zu dem neuprotestantischen bzw. katholischen Schema ‹Vernunft *und* Offenbarung›».[35]

Anfang Januar 1934 dann hielt Barth an verschiedenen Orten den Vortrag «Gottes Wille und unsere Wünsche», in dem Brunner namentlich zwar nicht genannt wird. Und doch mussten alle Wissenden sofort verstehen, dass Barth auch Brunner meinte, wenn er davon sprach, es gebe Theologen, die die Lehre von «allerlei ‹Anknüpfungspunkten›» verträten. Man pflege gegenwärtig oft zu sagen, die Güte und die Ordnung der Schöpfung seien «durch die Sünde des Menschen nicht so völlig zerstört [...], dass es nicht erlaubt oder sogar geboten» sei, «Gottes Wort und also Gottes Willen auch einfach in unserem geschöpflichen Dasein in seiner geschichtlichen Wirklichkeit zu suchen und zu hören».[36] Die «Lehre von der natürlichen Offenbarung» sei falsch, zwischen dem Satz «Ich glaube an Gott den Schöpfer» und dem Satz «Ich glaube an die Göttlichkeit oder Gottbezogenheit des Menschen als seines Geschöpfes» sei fundamental zu unterscheiden.[37] Emil Brunner empfand diese Äusserungen als ein «Anathema» bzw. als Barths «Bannstrahl».[38]

Brunners Kritik an Barth

Mit seinen ausgeprägt philosophischen Interessen schrieb Brunner der menschlichen Vernunft eine grössere Nähe zur Wahrheit zu als Barth. Einen Bundesgenossen fand er in dessen jüngerem Bruder, dem Philosophen Heinrich Barth, der damals einen «christlichen Humanismus» vertrat. An Thurneysen schrieb Brunner im Sommer 1933, bei Heinrich Barth

---

[34] Karl Barth, Das erste Gebot als theologisches Axiom, in: Theologische Fragen und Antworten. Gesammelte Vorträge, 3. Band. 2. Auflage. Zürich 1986, S. 141.
[35] Karl Barth, Abschied, in: «Der Götze wackelt.» Zeitkritische Aufsätze, Reden und Briefe von 1930 bis 1960. Herausgegeben von Karl Kupisch. Berlin 1961, 64 f.
[36] Karl Barth, Gottes Wille und unsere Wünsche, in: Theologische Fragen und Antworten. Gesammelte Vorträge, 3. Band. 2. Auflage. Zürich 1986, S. 152.
[37] A. a. O., S. 154 f.
[38] An Barth am 26. Februar 1934, in: Barth–Brunner, S. 245 und S. 247.

könne man lernen, dass es eben «das Humanum» gebe, demzufolge «Grammatik und Logik, Kunst und Wissenschaft und Kultur» vorkommen, nämlich das, was «den Menschen vom Tier unterscheidet». Er nahm den von Karl Barth abgelehnten Begriff der *«analogia entis»* positiv auf und bestritt, dass dieser «thomistisch» und nicht «reformatorisch» sei.

> «In der Frage, um die es hier geht, sind alle Theologen, die je gelebt haben, nicht nur die alten Patristiker, sondern auch die Reformatoren, ‹Thomisten› gewesen.»[39]

Er kenne kaum einen Theologen «weder der Gegenwart noch der Vergangenheit [...], der diesen Begriff des Reformatorischen oder diesen Gegenbegriff des Katholischen mit [Barth] gemeinsam hätte»:

> «Karl Barth hat hier einen Begriff des Reformatorischen inauguriert, der ohne jegliche Präzedenz in der Dogmengeschichte ist, und er verdammt denn auch, konsequent wie er ist, alle zeitgenössische Theologie, von mir abwärts über Gogarten, Bultmann, Althaus, Heim bis in die wirklichen Niederungen des ‹Thomismus›.»[40]

«Mit dem Vorwurf der Grundverderbnis», den Barth gegen die andern Theologen (mit Ausnahme der Barthianer) schleudere, mache er sich selbst «nicht nur zum Ketzer, sondern gleichzeitig zum Schismatiker». Seine «Sondermeinung» sei ausgerechnet *nicht* reformatorisch. Brunner nannte sie einen *«spleen»*. Es sei «nicht zum Nutzen der Kirche, in dieser Weise seine eigene ‹reine Lehre› in dem Masse für wichtig zu halten, dass man alle, die ihre Spezialität nicht mitmachen», als «Katholiken» bezeichne. «Die Ideebezogenheit des Menschen» sei «eine Tatsache, die nicht nur mit dem Unterschied zwischen Mensch und Tier, sondern auch mit dem christlichen Glauben [...] etwas sehr Erhebliches zu tun hat». Heinrich Barth behaupte mit Recht, «dass diese Ideebezogenheit in letzte Tiefen» reiche. Nur vom Materialismus oder «von einem ins Unsinnige überspitzten Sündenbegriff aus» könne man das in Abrede stellen. Barth verfahre in diesen Dingen «einfach böotisch [d. h. primitiv und ungebildet]», «wie einer, der nie etwas von Philosophie gehört hat, und überdies wie einer, der auch von der Dogmengeschichte [...] nur sehr unzureichende Kenntnisse hat».[41] Brunner fügte hinzu: «Noch eine Bitte: behalte diesen Brief für dich, und lasse ihn um keinen Preis Karl sehen. Ich will ihm alles selbst sagen, nicht weniger deutlich, aber anders.»[42] Brunners Streitschrift gegen Barth «Natur und Gnade» vom Frühling 1934 war damit im Grunde bereits entworfen.

---

[39] An Thurneysen, nicht datiert, Juli 1933.
[40] A. a. O.
[41] A. a. O.
[42] A. a. O.

Durch eine ungefähr gleichzeitige Broschüre des damals wie Barth in Bonn wirkenden jungen Kirchenhistorikers Ernst Wolf, der Barth theologisch nahestand, fühlte Brunner sich in seiner eigenen Position bestärkt. Er meinte dessen Schrift «Martin Luther. Das Evangelium und die Religion»[43] entnehmen zu können, dass er in der Frage des «Anknüpfungspunktes» mit Luther übereinstimme (was Wolf in einem Brief an Karl Barth allerdings bestritt[44]). In seinem Vortrag «Gottes Wille und unsere Wünsche» hatte Barth – gewissermassen präventiv – gesagt, die Frage der «natürlichen Theologie» sei «uns heute in einer Schärfe gestellt [...], wie sie Luther und Calvin in dieser Schärfe nicht gestellt» gewesen sei und auf die «deshalb bei ihnen auch keine eindeutige Antwort» gefunden werden könne.[45] Brunner wollte nun aber zeigen, dass Barths «neue» Position unreformatorisch sei. Vor allem Calvin habe gleich wie Brunner gelehrt, er sei sogar noch «weiter in der Richtung des ‹Katholischen›» gegangen, als er selbst es wage.[46]

«Natur und Gnade.»

Unter diesen Voraussetzungen machte Brunner sich an die Ausarbeitung seiner Schrift «Natur und Gnade. Zum Gespräch mit Karl Barth». Sie erschien Anfang Mai 1934 bei Brunners gewohntem Verlag J. C. B. Mohr in Tübingen und war schnell ausverkauft. (Eine zweite, verbesserte Auflage folgte 1935.) In einer (vermutlich vom Alttestamentler Artur Weiser geschriebenen) Besprechung in der Zeitschrift «Deutsche Theologie» wurde die Schrift gelobt:

«Diese an Gewichtigkeit und innerem Format manchen theologischen Wälzer übertreffende und in sachlicher Auseinandersetzung geschriebene Broschüre Brunners ist von nicht zu überschätzender Bedeutung für unsere theologische und kirchliche Situation und fordert zur Stellungnahme heraus.»[47]

Im «Deutschen Pfarrerblatt» wurde Brunners Schrift «eine Fund-, ja geradezu eine Goldgrube» genannt.[48]

---

[43] Ernst Wolf, Martin Luther. Das Evangelium und die Religion. München 1934.
[44] Wolf an Barth am 12. März 1934, in: Barth–Brunner, S. 408 ff.
[45] Karl Barth, Gottes Wille und unsere Wünsche, in: Theologische Fragen und Antworten. Gesammelte Vorträge, 3. Band. 2. Auflage. Zürich 1986, S. 153.
[46] An Barth am 26. Februar 1934, in: Barth–Brunner, S. 245.
[47] Zitiert auf der Rückseite von: Emil Brunner, Vom Werk des Heiligen Geistes. Tübingen 1935. Dass Artur Weiser der Verfasser war, vermuten die Herausgeber von Barth–Brunner, S. 257.
[48] Nach: Walter Fürst (Hg.), «Dialektische Theologie», in Scheidung und Bewährung 1933–1936. Aufsätze, Gutachten und Erklärungen. München 1966, S. 212.

Brunner hatte das Werk im Winter 1933/34 schnell geschrieben. Nachdem der Plan einmal vorlag, durfte ihn nichts davon abbringen. Er antwortete nicht, als Barth ihn am 13. März 1934 zu einer Aussprache einlud und seine bereits bekannten kritischen Fragen wiederholte.[49] Erst am 8. Mai 1934 kündigte er ihm an, dass er sein «Büchlein vom Verlag Mohr zugeschickt bekommen» werde, und fügte hinzu, er sei offenbar erstaunt gewesen über die Gesprächsverweigerung, sei sich aber «offenbar nicht ganz bewusst», dass er ihn mit seiner Kritik vor den Kopf gestossen habe, «oder dann traust du mir – ich will's einmal medizinisch statt theologisch sagen – bessere Nerven zu, als ich sie habe. Ich kann [...] ziemlich viel vertragen, aber es hat doch alles seine Grenze.»[50]

«Natur und Gnade» ist eine Streitschrift, auch wenn Brunner dies verneint,[51] sich um einen irenischen Tonfall bemüht und betont, dass es zwischen ihm und seinem «Freund» Karl Barth jedenfalls grundsätzlich «keine Meinungsverschiedenheiten» gebe – «ausser derjenigen auf Seiten Barths», dass es eine solche gebe![52] Dennoch wird seine tiefe Verletzung und Verstimmung sichtbar – auch hier spricht er vom «Bannstrahl Barths» und davon, dass dieser ihn «als einen durchaus unzuverlässigen Theologen» gebrandmarkt habe.[53]

Einerseits lobt er zwar Barth in den höchsten Tönen: Ihm «gebührt uneingeschränkt» und «konkurrenzlos die Anerkennung, dass er der protestantischen Theologie ihr Thema, ihre Sache wiedergegeben hat».[54] Obwohl auch andere Theologen daran gearbeitet hätten, habe es dazu eine «grössere geistige Wucht» gebraucht. Und diese «war Karl Barth geschenkt. Er hat in wenigen Jahren das Bild der protestantisch-theologischen Lage völlig verändert. Er hat auch dort, wo man ihn nicht anerkennt, gewaltig gewirkt.»[55]

Anderseits erhebt er aber massive Vorwürfe: Barth ziehe «falsche Konsequenzen» aus dem, was er «mit Recht» anstrebe,[56] lehre «ebenso unbiblisch wie unreformatorisch» und vertrete einen «einseitigen Offenbarungsbegriff».[57] Zu Recht habe Barth zwar gelehrt, gegen eine falsche Naturtheologie zu kämpfen. Die rechte *theologia naturalis* liege aber weitab von Barths Negation. Dieser halte sich für unfehlbar bzw. sei nicht

---

[49] Vgl. Barth an Brunner am 13. März 1934, in: Barth–Brunner, S. 249 f.
[50] An Barth am 8. Mai 1934, in: Barth–Brunner, S. 250 f.
[51] Natur und Gnade, S. 169/4.
[52] A. a. O., S. 172/6.
[53] A. a. O., S. 169/3.
[54] A. a. O., S. 170/4.
[55] A. a. O., S. 171/5.
[56] A. a. O., S. 170/4.
[57] A. a. O., S. 179/14 und S. 199/35.

bereit, zu glauben, dass auch er sich irren könne.[58] Er gleiche einem Wachsoldaten, der gelegentlich einen guten Freund über die Klinge springen lässt:[59]

«Nachdem es mir trotz langen und ehrlichen Bemühungen nicht gelungen ist, meinen Freund selbst von der Richtigkeit meiner Thesen zu überzeugen, muss ich zum Mittel der öffentlichen Auseinandersetzung Zuflucht nehmen.»[60]

Es gehe ihm vor allem darum, «den Stillstand und die Versteifung in falschen Antithesen, die dem theologischen Gespräch durch die Einseitigkeit Barths droht, überwinden zu helfen».[61]

Den inhaltlichen Teil seiner Schrift beginnt Brunner damit, dass er kurz zusammenfasst, worum es Karl Barth und ihm ging (Kapitel I). In einem zweiten Kapitel stellt er dann Barths «falsche» Konsequenzen aus der «Lehre von der *sola gratia* und der Alleingültigkeit der Bibel als letzter Wahrheitsinstanz» zusammen: 1. Die dem Menschen «von Gott anerschaffene Gottebenbildlichkeit» ist seit dem Sündenfall «völlig, d. h. restlos, ausgetilgt».[62] 2. «Jeder Versuch, eine ‹allgemeine Offenbarung› Gottes in der Natur, im Gewissen, in der Geschichte geltend zu machen», ist «rundweg abzulehnen».[63] 3. Es gibt keine «von der Schöpfung der Welt her wirksame und in Gottes Erhaltung der Welt sich an uns erweisende Schöpfungs- und Erhaltungsgnade».[64] 4. Deswegen gibt es auch «keine Erhaltungsordnungen Gottes», weshalb ein aus der Schöpfung abgeleitetes Naturrecht (*lex naturae*) als ein «heidnischer Gedanke» verworfen werden muss.[65] 5. Aus demselben Grund ist es «auch nicht statthaft, von einem Anknüpfungspunkt des erlösenden Handelns Gottes zu sprechen».[66] 6. Ebenso ist die «neue Schöpfung in keiner Weise Vollendung, sondern ausschliesslich eine durch Vernichtung des Alten hindurch geschehende Neusetzung, Ersetzung des alten durch den neuen Menschen. Der Satz: *gratia non tollit naturam sed perficit* ist in keinem Sinne richtig, sondern durchaus eine Erzketzerei.»[67] Immer gehe es um das Problem der natürlichen Theologie (*theologia naturalis*). Karl Barth bezeichne die in den sechs Thesen abgelehnten «Irrtümer» als «erstens unbiblisch, zweitens thomistisch-katholisch und darum unreformato-

---

[58] A. a. O., S. 173/7.
[59] A. a. O., S. 170/3 f.
[60] A. a. O.
[61] A. a. O.
[62] A. a. O., S. 173/8.
[63] A. a. O.
[64] A. a. O., S. 173 f./8.
[65] A. a. O., S. 174/8.
[66] A. a. O., S. 174/8.
[67] A. a. O., S. 174/8.

risch, drittens aufklärerisch-neuprotestantisch und *darum* unreformatorisch».[68]

Im dritten, vierten und fünften Kapitel folgen sechs «Gegenthesen mit einem sehr kurz zu fassenden Schriftbeweis», eine «dogmengeschichtliche Auseinandersetzung» über deren Verhältnis zum «Thomismus» und zum «Neuprotestantismus» sowie eine Schlussausführung über die theologische und praktische Bedeutsamkeit der Auseinandersetzung mit Karl Barth «für Theologie und Kirche» in der Gegenwart.[69]

Brunner beginnt seine «Gegenthesen» mit seiner Lehre von der Gottebenbildlichkeit des Menschen, welche er drei Jahre später in «Der Mensch im Widerspruch» breiter ausführte – zum Teil in anderen Begriffen.[70] Gemäss seiner Sicht müssen Gottebenbildlichkeit im *formalen* Sinn und Gottebenbildlichkeit im *materialen* Sinn voneinander unterschieden werden. Die Gottebenbildlichkeit im *materialen* Sinn wurde durch den Sündenfall zerstört. Der Mensch hat seine ursprüngliche Gerechtigkeit verloren und ist restlos erlösungsbedürftig. Im *formalen* Sinn ist die Gottebenbildlichkeit aber «das Humanum, d. h. dasjenige, was den Menschen, ob er nun Sünder sei oder nicht, vor der gesamten übrigen Kreatur auszeichnet»:[71] «Der Mensch hat auch als Sünder nicht aufgehört, der Mittel- und Höhepunkt der Schöpfung zu sein.» Das «Subjektsein» und die «Verantwortlichkeit» des Menschen sind durch den Sündenfall nicht aufgehoben worden. Die formale Gottebenbildlichkeit ist im Gegenteil «die Voraussetzung des Sündigenkönnens» des Menschen. «Er hört auch als Sünder nicht auf, einer zu sein, mit dem man reden kann, mit dem auch Gott reden kann.» Der Mensch «ist, ob sündig oder nicht, Subjekt und verantwortlich».[72] Seine «Wortfähigkeit» oder «Wortmächtigkeit»[73] hat der Mensch nie verloren, sie ist im Gegenteil «die Voraussetzung für das Hörenkönnen des Gotteswortes».[74]

Dass «man überhaupt von Gott reden, sein Wort verkündigen kann, liegt, objektiv, darin, dass Gott uns zu seinem Bilde geschaffen hat». Die «Gottebenbildlichkeit des Menschen in ihrer Unzerstörtheit nach der formalen Seite ist die *objektive Möglichkeit* für die göttliche Offenbarung in seinem ‹Wort›».[75]

---

[68] A. a. O., S. 174/9.
[69] A. a. O., S. 175/9.
[70] Vgl. oben, S. 11 und unten, S. 334 ff.
[71] A. a. O., S. 175/10.
[72] A. a. O., S. 176/11.
[73] A. a. O., S. 176/11 und S. 184/19.
[74] A. a. O., S. 184/19.
[75] A. a. O., S. 204/41. Von «*Offenbarungs*mächtigkeit» sprach Brunner nicht im Zusammenhang mit dem Menschen, sondern im Hinblick auf die *ganze* Schöpfung. A. a. O., S. 179 f./14.

Brunner hatte an diesem Aspekt seiner Lehre ein eminent praktisch-theologisches Interesse, weil es für ihn um eine unbedingt notwendige Voraussetzung des Predigenkönnens ging. Seine theologischen Interessen an einer ‹natürlichen Theologie› konvergierten hier mit seinem Engagement für die Oxfordgruppenbewegung: In beiden Fällen ging es darum, Menschen für den christlichen Glauben zu gewinnen. Der Mensch muss ansprechbar sein. Die Verkündigung des Evangeliums wäre sonst von Anfang an vergeblich. Der Mensch ist nicht nur erlösungs*bedürftig*, sondern auch erlösungs*fähig*. – Paradox formuliert Brunner:

> «Wer nicht glaubt, der ist selbst schuld. Wer glaubt, der weiss: es ist reine Gnade.»[76]

In der Folge führt Brunner aus, dass die Schöpfung «zugleich Offenbarung» sei. Dies ist «nicht heidnisch», sondern «christlicher Fundamentalsatz». Die Bibel gibt keinen Anlass zu denken, dass die Sünde die Erkennbarkeit Gottes in seiner Schöpfung zerstört hätte. Die Menschen sind darum «unentschuldbar, weil sie den Gott, der sich ihnen so deutlich manifestiert, nicht erkennen wollen».[77] Es gibt also zweierlei Offenbarung, «die aus der Schöpfung und die aus Jesus Christus»,[78] und es gibt die Gnade in Jesus Christus und eine «erhaltende Gnade»:[79]

> «Dass Gott so gütig ist, dass er seine Sonne scheinen lässt über Gute und Böse ..., dass er uns Leben gibt, Gesundheit, Kraft usw. – kurzum der ganze Umkreis natürlichen Lebens und natürlicher Lebensgüter –, das alles wird unter den Begriff der Erhaltungsgnade oder – wie sie darum heisst – der *allgemeinen* Gnade gestellt. Im Glauben an den Christus erkennen wir, dass wir, schon bevor wir diese, die erlösende Gnade kennen lernen, von der Gnade Gottes gelebt haben, ohne sie recht zu erkennen, nämlich eben von der erhaltenden Gnade.»[80]

Das «ganze geschichtliche Leben» gehört zu diesem Kreis.

> «Nicht nur was wir von Vater und Mutter, sondern auch was wir vom Volk und seiner Geschichte haben, die Güter, die das geschichtliche Erbe der ganzen Menschheit darstellen, werden im Glauben als Geschenke der erhaltenden Gnade Gottes angesehen.»[81]

Das waren gefährliche Sätze in einer Zeit, in der auch Theologen die Wörter «Volk» und «völkisch» in euphorischer und unkritischer Weise benutzten!

---

[76] A. a. O., S. 184/19.
[77] A. a. O., S. 177/12.
[78] A. a. O., S. 178/13.
[79] A. a. O., S. 180/15.
[80] A. a. O., S. 181/16.
[81] A. a. O.

Die «Lehre vom Beruf und Amt» habe an dieser Stelle «ihren Ursprung» und «vor allem jene ‹Ordnungen›, die als die Konstanten des geschichtlich-sozialen Lebens einen Grundbestandteil aller ethischen Problematik bilden».[82] Im Vergleich mit «Das Gebot und die Ordnungen» geht Brunner hier nuancierter vor, indem er «Schöpfungsordnungen» bzw. «Naturordnungen» (z. B. die Ehe) und «Erhaltungsordnungen» (z. B. den Staat) voneinander unterscheidet. Beide gehören nicht zum «Reich der Erlösung», sondern zum «Reiche der göttlichen Erhaltung, in dem Naturtrieb und Vernunft konstitutiv sind». Auch der Glaubende «kann nicht umhin, in diesen Ordnungen, gerade wie in den Künsten, seinen Trieb und seine Vernunft walten zu lassen».[83] Obwohl sie nur «vom Glauben aus [...] richtig verstanden werden können, sind sie doch [...] auch dem ‹natürlichen Menschen› als notwendige und irgendwie heilige Ordnungen bekannt und von ihm respektiert».[84] Brunner vertritt die Lehre eines Naturrechts *(lex naturae)* und spricht in Anlehnung an Luther von einer «bürgerlichen Gerechtigkeit» *(iustitia civilis)*. Menschen, die danach handeln, tun «Gottes Werk» unabhängig von ihrem Motiv: Die «Ehe-Ordnung» und die «Staats-Ordnung» sind ein «Teil des göttlichen Gesetzes» auch ausserhalb der Kirche.[85] «Die Anerkennung gottgesetzter objektiver Schranken unserer Willkür und objektiver Anleitung zur Ordnung der Sozietät ist der einzige Ausweg aus diesem Chaos», einer «unsicheren [...] Haltung hinsichtlich der gesellschaftlichen Ordnungen als Gegebenheiten» – «der Weg, der der reformatorischen Ethik einerseits ihre Sicherheit, anderseits ihre Realistik gibt».[86]

Die zitierten Sätze[87] machen deutlich, wie wichtig Brunner der Dialog nicht nur im Raum der Kirche, sondern mit der ganzen Welt war. Für ihn entschied «die Stellung zur *theologia naturalis*» über den «Charakter der Ethik»,[88] das «rechte Verständnis der *theologia naturalis*» über die Qualität der Verkündigung.[89] Eine notwendige Vorbedingung dafür, bzw. der «Anknüpfungspunkt für die göttliche Erlösungsgnade», ist die «Wortmächtigkeit» des Menschen. «Nicht Steine und Klötze, sondern nur

---

[82] A. a. O., S. 181/16 f.
[83] A. a. O., S. 182 f./17 f.
[84] A. a. O., S. 183/18.
[85] A. a. O., S. 202/38 f.
[86] A. a. O., S. 201/38.
[87] In seiner, hier nicht näher dargestellten, sechsten These führt Brunner weiter aus, was er bereits in seiner ersten über die Gottebenbildlichkeit des Menschen und sein durch den Sündenfall nicht zerstörtes Subjektsein ausgeführt hatte.
[88] Natur und Gnade, S. 200 f./37.
[89] A. a. O., S. 207/44.

menschliche Subjekte» können «das Wort Gottes und den Heiligen Geist empfangen».[90]

«Nie kann die Kirche anders verkündigen als vermöge der schöpfungsmässigen Beziehung zwischen Gotteswort und Menschenwort. [...] Auch die Kirche ist darauf angewiesen, dass man mit den Menschen ‹überhaupt von Gott reden› kann. Das ist der ‹Anknüpfungspunkt›: Wortmächtigkeit und Verantwortlichkeit.»[91]

Bereits vor der Abfassung seiner Schrift hatte Brunner sich mehrfach darauf berufen, die Reformatoren hinter sich zu haben. Neben der bereits erwähnten Schrift Ernst Wolfs «Martin Luther. Das Evangelium und die Religion»[92] war eine andere theologiegeschichtliche Untersuchung für ihn wichtig: die Dissertation «*Theologia naturalis* bei Calvin» seines Schülers Günter Gloede, die zwar erst 1935 in der Reihe «Tübinger Studien zur systematischen Theologie» erschien, Brunner als Manuskript aber schon im Februar 1934 vorlag.[93] An Barth hatte er damals geschrieben, er «habe in diesen Tagen eine Doktorarbeit zu prüfen». Dabei sei er «fast erschrocken darüber, wie weit Calvin in dieser Richtung» gehe. Gloede habe etwa 2500 Calvinstellen im Wortlaut zitiert, und er selbst habe daran seine «ganze Lehre neu geprüft und gefunden», dass er «nirgends über die Lehre Calvins hinausgehe, dagegen öfters diesseits von ihr sozusagen in [Barths] Nähe bleibe». «Die Strecke», die ihn und Brunner trenne, liege «jedenfalls herwärts von Calvin».[94]

Im theologiegeschichtlichen Teil von «Natur und Gnade» – mit 14 Seiten der umfangreichste – demonstriert Brunner dies. In Opposition zu Barth, der der Ansicht war, dass die Frage der natürlichen Theologie in der Gegenwart schärfer gestellt sei als für Luther und Calvin und dass deshalb auch die Antwort nicht bei ihnen gefunden werden könne,[95] griff er dabei auf Calvin zurück:[96] Wenn die von ihm vertretene *theologia naturalis* thomistisch sei, so diejenige Calvins «noch viel mehr»:[97]

---

[90] A. a. O., S. 183/18. Zur Formulierung «Steine und Klötze» vgl. oben, S. 16.
[91] A. a. O., S. 205/41.
[92] Vgl. oben, S. 302.
[93] Günter Gloede, Theologia naturalis bei Calvin. Tübinger Studien zur systematischen Theologie, Band 5. Stuttgart 1935.
[94] An Barth am 26. Februar 1934, in: Barth–Brunner, S. 245 ff.
[95] Karl Barth, Gottes Wille und unsere Wünsche, in: Theologische Fragen und Antworten. Gesammelte Vorträge, 3. Band. 2. Auflage. Zürich 1986, S. 153. Vgl. oben, S. 302.
[96] Die theologiegeschichtlichen Einzelheiten sind in diesem Zusammenhang nicht zentral. Vgl. dazu die luzide Analyse von Edward A. Dowey, Jr. in Ders.: The Knowledge of God in Calvins Theology, erweiterte Ausgabe, Grand Rapids 1994, S. 265–267. (Ich verdanke diesen Hinweis I. John Hesselink.)
[97] Natur und Gnade, S. 187/22 f.

«Wenn ein gegenwärtiger Theologe [der Barthianer Kurt Frör] den Satz gewagt hat, dass ein Theologe, der auf die Schöpfungsordnungen die Ethik bauen wolle und nicht katholisch werde, ein Dilettant sei, so ist Calvin der erste, auf den dieses Verdikt fällt. Die calvinische Ethik ist ohne den Begriff der Schöpfungsordnungen schlechterdings undenkbar.»[98]

Brunner schliesst denn auch seine Broschüre mit den Sätzen:

«Hätten wir uns früher bei diesem Meister erkundigt, so wäre unter uns Schülern nicht solcher Streit entstanden. Es ist höchste Zeit, dass wir das Versäumte nachholen.»[99]

Karl Barths Schweigen

Anfang Mai 1934 liess Brunner Barth seine neue Schrift durch den Verleger zusenden. In einem Begleitbrief sprach er die Hoffnung aus, Barth «gerecht» geworden zu sein. «Wenn es mir nicht völlig gelungen sein sollte, so tut's mir leid. Noch wichtiger ist mir allerdings, ob ich der biblischen Botschaft gerecht geworden bin. [...] Ich bitte dich, dieses Büchlein gnädig aufzunehmen, so gut das geht.»[100] Karl Barth gab während mehrerer Monate keine Antwort. Er war im Begriff, sich auf die Ende Mai stattfindende Bekenntnissynode von Barmen vorzubereiten,[101] und war sehr belastet durch die Auseinandersetzungen mit den deutschen Behörden.[102]

Als im September 1934 noch immer keine Reaktion von Barth vorlag, nahm Brunners Beunruhigung immer mehr zu. Andere (wie bemerkenswerter-, aber nicht unbedingt empfehlenswerterweise Paul Althaus und Karl Fezer) hatten seine Schrift zwar gelobt,[103] aus mündlichen Berichten wusste er aber, dass Barth mit «Natur und Gnade» in seinen Lehrveranstaltungen in Bonn sehr ungnädig umgegangen war. Er fühlte sich falsch verstanden und schrieb – der Brief wurde nicht abgeschickt –, es sei überhaupt «skandalös», dass sie sich erlaubten, «Streit zu haben», jeder von ihnen wolle «nichts anderes als die reine biblische Botschaft».

«Wenn also noch Differenzen bestehen: nun, so lass sie uns friedlich beseitigen oder auch stehen lassen. Die Kirche Christi ist dadurch nicht bedroht. Sie ist durch unsere Setzköpferei viel mehr bedroht.»[104]

---

[98] A.a.O., S. 191/26. Vgl. Kurt Frör, Was ist evangelische Erziehung? München 1993, S. 12.
[99] A.a.O., S. 207/44.
[100] An Barth am 8. Mai 1934, in: Barth–Brunner, S. 250f.
[101] Vgl. Busch, S. 257ff.
[102] Vgl. Busch, S. 258.
[103] Barth an Brunner am 1. Oktober 1934, in: Barth–Brunner, S. 257.
[104] An Barth, Mitte September 1934, in: Barth–Brunner, S. 433.

Noch beschwörender wiederholte und präzisierte er seine Thesen in einem dann wirklich abgeschickten Brief Mitte September 1934 und bat um eine persönliche Begegnung:

> «Könnten wir nicht doch noch einmal zusammenkommen, um wenigstens festzustellen, ob das, was du *an mir* gefährlich oder ärgerlich findest, wirklich das ist, was du – dann wohl mit Recht – gefährlich und ärgerlich findest? [...] Sieh, wenn Krach sein muss, so will ich den auch ganz getrost aufnehmen. Der natürliche Mensch in mir liebt ja von jeher den Krach. Und ich darf wirklich sagen: ich fürchte mich nicht. In bin meiner Sache sicher und ganz getrost. Aber es scheint mir ein unverzeihlicher Luxus, wenn zwei Männer, die sich so nahe stehen wie wir, vor der Welt krachen müssen. – Dass wir es in unseren Schulzimmern tun – du etwas boshafter, ich etwas klobiger –, das macht nichts aus; das gehört zum Betrieb, auch wenn ich meine, wir müssten auch das noch gewissenhafter tun. Aber vor der Welt – nein. Heute nein. In *der* Sache, um die heute wirklich in der Öffentlichkeit gekämpft werden muss, sind wir eins.»[105]

«Nein! Antwort an Emil Brunner»

Am 1. Oktober 1934 – nach fünf Monaten – kam dann endlich die briefliche Antwort Barths, die sich knapp mit deren erstem Satz zusammenfassen lässt: «Lieber Freund! Dazu ist es nun zu spät.»[106] Barth hatte in der Zwischenzeit den Beifall zur Kenntnis nehmen müssen, den Brunner besonders auch von deutschchristlicher Seite erhielt. Er sprach von Brunners «deutschen Lobrednern». Es sei eine Tatsache, dass Brunner «in dieser Angelegenheit neben ihnen» stehe, was identisch mit «gegen» Barth sei.[107] Brunner könne das in «Natur und Gnade» Ausgeführte nicht zurücknehmen.

> «Gesagt ist gesagt und muss so, wie es gesagt ist, zunächst verantwortet werden, besonders, wenn es die Wirkungen gehabt hat, die das, was du gesagt hast, nun einmal gehabt hat. [...] Du hast nun des Geschirrs wahrlich genug zerbrochen, und auf keinen Fall solltest du wieder so etwas schreiben, mit dem du bei allen Toren und Böslingen Jubel erregst und von dem du allen Gerechten nachher sagen musst, dass sie dich missverstanden hätten. [...] Menschlich dir nach wie vor aufrichtig zugewandt, aber theologisch mit den denkbar tiefsten Sorgenfalten, dein Karl Barth.»[108]

In einem späteren Brief äusserte sich Barth sogar noch schärfer: Er müsse ihm «jetzt privatim doch sagen», was er öffentlich nicht habe aussprechen

---

[105] An Barth am 30. September 1934, in: Barth–Brunner, S. 254 f.
[106] Barth an Brunner am 1. Oktober 1934, in: Barth–Brunner, S. 256.
[107] A. a. O., S. 258.
[108] A. a. O., S. 259 ff.

wollen, dass er «Natur und Gnade» «abgesehen von allem Sachlichen für eine elend schludrig hingeschmissene Arbeit» halte. Brunner hätte sich dies «in dieser wichtigen Sache nicht [...] leisten dürfen».[109]

In der Zwischenzeit hatte Barth zusammen mit Freunden und seinem Sohn Markus Ferien in Italien gemacht. An «einem offenen Fenster auf dem Monte Pincio zu Rom» schrieb er jeweils «im Morgenglanz zwischen 5 und 6 Uhr» an seiner berühmtesten und berüchtigtsten Streitschrift: «Nein! Antwort an Emil Brunner».[110] Diese erschien Anfang November 1934.

John W. Hart, der den Streit zwischen Brunner und Barth minutiös analysierte, ist der Meinung: «‹No!› was not Barth's greatest piece of work.» Durch seine Ablehnung der natürlichen Theologie habe sich Barth eindeutig ausserhalb der kirchlichen Tradition positioniert und auch ausserhalb der Bibel. Indem er sich weigerte, anthropologische Grundfragen überhaupt zu diskutieren, habe er die Schöpfungslehre rücksichtslos der Versöhnungslehre unterworfen. Die Wucht von Barths Anathema sei nur als ein «Nein!» gegen Brunners deutsche Lobredner zu erklären, deren «Jauchzen» Barth erzürnte.[111] Ebenfalls kritisch äussert sich Gerhard Sauter:

> «Barths [...] Verwerfung natürlicher Theologie, die jede analytische Klärung als unwesentlich oder gar gefährlich beiseite schiebt, ist ein nahezu klassisches Beispiel einer Problemreduktion, die in Krisenzeiten erforderlich ist und dann äusserst hilfreich sein kann, auf Dauer jedoch einschneidende Reduzierungen zur Folge hat und zur Diskursverengung führt. Diese Strategie, mit der Barth Schule machte, hat sich später als Bumerang erwiesen und sich an Barth gerächt. Etwa mit Dietrich Bonhoeffers zugespitztem Vorwurf, Barth stütze sich auf einen ‹Offenbarungspositivismus›.»[112]

Literarisch betrachtet ist Barths Pamphlet eine rhetorische Meisterleistung. Es trieft von Ironie, die polemischen Pointen überschlagen sich. Unklarheiten bei Emil Brunner – wie die Verwendung der Partikel «ir-

---

[109] Barth an Brunner am 12. November 1934, in: Barth–Brunner, S. 271.
[110] Nein, S. 231/32.
[111] John W. Hart, Karl Barth vs. Emil Brunner. The Formation and Dissolution of a Theological Alliance, 1916–1936. New York 2001, S. 169. Zum Wort «Jauchzen» vgl. Nein, S. 209/6.
[112] Gerhard Sauter, Theologisch miteinander streiten – Karl Barths Auseinandersetzung mit Emil Brunner, in: Michael Beintker, Christian Link, Michael Trowitzsch (Hg.), Karl Barth in Deutschland (1921–1935). Aufbruch – Klärung – Widerstand. Zürich 2005, S. 279 f. Vgl. auch die Äusserung Reinhold Niebuhrs: «[Barth's] answer entitled Nein! is informed by peculiar quality of personal arrogance and disrespect fort the opponent», in: Reinhold Niebuhr, The Nature and Destiny of Man I, London 1941, S. 215 (nach: Yrjö Salakka, Person und Offenbarung in der Theologie Emil Brunners während der Jahre 1914–1937, Helsinki 1960, S. 160).

gendwie» – werden blossgestellt und lächerlich gemacht.[113] Dem ersten Kapitel gibt Barth den Titel «Zornige Einleitung»[114] und beginnt mit:

> «Ich bin von Natur ein sanftes Wesen und allen unnötigen Streitigkeiten gänzlich abgeneigt. [...] Emil Brunner ist ein Mann, dessen ausserordentliche Fähigkeiten und dessen energisches Wollen ich immer aufrichtig respektiert habe. Ich wollte nichts lieber, als dass ich einmütig mit ihm zusammengehen könnte. Aber in der Kirche geht es um die Wahrheit.»[115]

Er müsse «jetzt deutlich werden».[116] Brunner habe sich «in die Gemeinschaft der betrüblichsten Gestalten des heutigen evangelischen Deutschland» begeben.[117] Er habe es «vorgezogen, mit den Wölfen zu heulen» und ihm «in den Rücken zu fallen». Barth schliesst seine «Antwort an Emil Brunner» damit, dass er festhält, die natürliche Theologie sei «*a limine*: schon auf der Schwelle, abzulehnen. Sie kann nur der Theologie und Kirche des Antichrist bekömmlich sein. Die evangelische Kirche und Theologie würde an ihr nur kranken und sterben können.»[118]

Barth hatte Brunners Schrift genau gelesen und ging mit ihr um wie ein Professor, der die Seminararbeit eines Studenten korrigiert, unterzog sich dabei aber einer überdurchschnittlich grossen Mühe. Es wimmelt von kleineren und grösseren Vorwürfen. Im Vorübergehen legt er sogar ein gutes Wort für die von Brunner «in allzu schweizerischer Nüchternheit» so oft kritisierte «arme Mystik» ein.[119] Er hält ihm vor, die moderne römisch-katholische Fundamentaltheologie nicht gut genug zu kennen, er habe offenbar nicht «mit einem einigermassen geschulten katholischen Theologen über diese Dinge gesprochen».[120]

> «Ganz ohne Gnade ist die Vernunft auch nach katholischer Ansicht unheilbar krank und keiner ernstzunehmenden theologischen Leistung fähig. [...] So wie Brunner und manche andere die katholische *theologia naturalis* sich vorstellen, existiert sie in der heute massgebenden katholischen Theologie sicher nicht.»[121]

Gegen Brunners Argumentation mit Calvinzitaten wendet Barth ein, diese seien zwar an und für sich und in der Regel richtig zitiert, aber Brunner habe das Vorzeichen vor der Klammer übersehen, das zu ihrem Verständ-

---

[113] Nein, S. 234/36.
[114] A. a. O., S. 210/7.
[115] A. a. O., S. 208/4.
[116] A. a. O., S. 213/10.
[117] A. a. O., S. 238/40.
[118] A. a. O., S. 258/63.
[119] A. a. O., S. 228/28.
[120] A. a. O., S. 231/32.
[121] A. a. O., S. 232 f./33 f.

nis beachtet werden müsse: «das *si integer stetisset Adam!*»[122] «Zwischen dem, was prinzipiell, und dem, was faktisch möglich» sei, stehe aber bei Calvin «unerbittlich der Sündenfall».[123] Auch er zitiert Calvin: «‹Wir sind blind, nicht weil die Offenbarung dunkel wäre, sondern weil wir verrückt (*mente alienati*) sind: nicht nur der Wille, sondern auch die Fähigkeit zu dieser Sache fehlt uns.›»[124] «Mit Hilfe dieser Weglassungen» habe «Brunner Calvin auf seine Seite gebracht» – «auch im Einzelnen ein Vorgang, über den man weinen möchte».[125]

Schon zuvor hatte Barth eingewandt, dass Brunner seine Haltung gegenüber der natürlichen Theologie falsch wiedergebe. Die sechs Thesen am Anfang seiner Schrift[126] seien aus dem Zusammenhang gerissen und entsprächen nicht Barths Meinung. Er vertrete nicht gewissermassen eine negative natürliche Theologie, indem er dem Menschen bestreite, Gott von sich aus erkennen zu können, sondern er weigere sich überhaupt, dieses Thema – weder positiv noch negativ – zu behandeln, weil es ihn grundsätzlich nicht interessiere:

> «Wirkliche Ablehnung der natürlichen Theologie macht ernst damit, dass dieser gar nicht die Bedeutung eines selbständigen Problems zukommt. […] Wirkliche Ablehnung der natürlichen Theologie gehört nicht ins *Credo*. […] Sie ist nur eine hermeneutische Regel […]. Sie lässt sich nicht zu einem Gefüge von besonderen, sie explizierenden und verteidigenden Sätzen ausspinnen und zusammenstellen […]. In wirklicher Ablehnung der natürlichen Theologie starrt man die Schlange nicht erst an, um sich von ihr wieder anstarren, hypnotisieren und dann sicher beissen zu lassen, sondern indem man sie erblickt, hat man mit dem Stock schon zugeschlagen und totgeschlagen. […] Wirkliche Ablehnung der natürlichen Theologie kann sich nur in der Furcht Gottes und darum in einer letzten Uninteressiertheit an dieser Sache vollziehen.»[127]

Theologie hat genau genommen nur das folgende Geschäft: die Wahrheit zu erkennen, die gute Botschaft auszulegen, Gott zu loben und Kirche zu bauen.[128]

> «Der Mensch […] ist das, was durch Gottes Wort und Geist überwunden, mit Gott versöhnt, von Gott gerechtfertigt und geheiligt, getröstet und regiert und endlich erlöst werden soll. Genügt das wirklich nicht?»[129]

---

[122] A. a. O., S. 243/45.
[123] A. a. O., S. 240.
[124] A. a. O., S. 240/42, nach: Corpus Reformatorum 49, S. 326.
[125] A. a. O., S. 243/45.
[126] Vgl. oben, S. 304 f.
[127] Nein, S. 214 f./12 f.
[128] A. a. O., S. 215/13.
[129] A. a. O., S. 256/61.

Dass Barth und Brunner zu keinem Einverständnis kamen, hing nicht mit Einzelfragen, sondern mit einer grundsätzlich verschiedenen Optik zusammen. Sie vertraten ein unterschiedliches theologisches Paradigma.

Ein weiterer Teil des «Nein!» Karl Barths war sein Hinweis darauf, dass Brunner sich in den letzten Jahren offenbar verändert habe. Ursprünglich habe er nur einen «negativen» Anknüpfungspunkt gekannt, die Verzweiflung, in die der Mensch gerate, wenn er sich auf sich selbst verlassen wolle. In seiner neuen Schrift würden dem Menschen und seiner Vernunft aber auf einmal auch positive Fähigkeiten zugesprochen. Obwohl er schon damals nicht einverstanden gewesen sei, habe er die frühere Fassung von Brunners natürlicher Theologie – etwa noch in seinem Aufsatz «Die Frage nach dem ‹Anknüpfungspunkt›, als Problem der Theologie» von 1932 – «entschieden interessanter» gefunden, da darin «das *Können* des Menschen hinsichtlich der Offenbarung» nur darin bestanden habe zu verzweifeln.[130] Barth lehnte aber auch diese frühere Version von Brunners natürlicher Theologie ab, die unter dem Einfluss von Sören Kierkegaard und Martin Heidegger stand:

> «Triumphiert [die Vernunft] da nicht erst recht in unbändigster Hybris? Gibt es einen dickeren Hochmut als den eines gewissen Kierkegaardianismus? Hat es je einen ausgesprocheneren Prometheismus gegeben als den der Philosophie der an sich selbst verzweifelnden Existenz?»[131]

Wie sollte gerade diese Philosophie «den ‹Anknüpfungspunkt› für Gottes Offenbarung bilden?».[132]

Brunner las Barths Schrift in den ersten Novembertagen 1934. Er gab sich zunächst ruhig. Thurneysen schrieb er, dass er, nachdem er sie «in einem Zug durchgelesen» habe, «erleichtert aufgeatmet» habe. Er könne wirklich nichts in der Schrift finden, was ihn treffe. Sie wimmle «von beweisbaren Missverständnissen und ganz groben Entstellungen», er «werde sehr gut schlafen und habe keine Spur böser Empfindungen» gegenüber Barth.[133] An Barth schrieb er: «O Mensch, was für ein Zerrbild von Emil Brunner hast du dir da zurechtfabriziert?»[134] Er fühlte sich missverstanden, versuchte sich zu rechtfertigen und sagte dann – überaus typisch für ihn –: «Die ganze Affäre ist doch meine Schuld.» Grundsätzlich blieb er aber bei seiner Haltung und wollte Barth weiter davon überzeugen, dass dessen Lehre «wirklich nicht» mit der Reformation und der Bibel übereinstimme.[135]

---
[130] A.a.O., S. 247/50.
[131] A.a.O., S. 251/55.
[132] A.a.O.
[133] An Thurneysen am 9. November 1934 (im Nachlass falsch datiert!).
[134] An Barth vor dem 12. November 1934, in: Barth–Brunner, S. 268.
[135] A.a.O., S. 269.

In Wirklichkeit ging ihm die Sache aber tiefer. Immer deutlicher wurde ihm, dass so etwas wie ein Blitz bei ihm eingeschlagen hatte. Sein «Donnerwort» habe «auf viele wie ein Bannstrahl gewirkt», schrieb er nach einem guten halben Jahr an Barth. Für viele sei er «ein *outcast* geworden». In einer schwedischen Zeitschrift habe er lesen müssen, dass er «kein christlicher Theologe» sei.[136] Bei Eduard Thurneysen beklagte er sich über «die Intoleranz und Verketzerungswut der Schüler Barths» und erzählte von einem «Genfer Barthianer», der «dem» Brunner das Abendmahl nicht reichen würde; dieser sei ja «ein Heide», weil er «an eine doppelte Offenbarungsquelle» glaube.[137]

In menschlicher Hinsicht kam es nicht zu einem absoluten Bruch: Als Barth in Deutschland immer grössere Schwierigkeiten bekam, entwarf Brunner den Plan, sich für das Sommersemester 1935 an der Universität Zürich beurlauben zu lassen und Barth als Stellvertreter einzusetzen,[138] und Ende Juni 1935 kam es zu einem «fröhlichen *weekend*», das die beiden gemeinsam auf dem «Bergli» in Oberrieden verbrachten.[139] Brunner berichtete Thurneysen darüber:

«Das Gespräch in Oberrieden hat wirklich neue Perspektiven eröffnet und war [...] mir etwas Grosses, ich darf wohl sagen: eine Gebetserhörung [...]. Wir haben unsere Karten aufgedeckt auf den Tisch gelegt und trotzdem brüderlich miteinander zu Ende reden können.»[140]

Ein ungutes Gefühl blieb dennoch zurück. Jahrzehntelang kam Brunner immer wieder neu darauf zu sprechen, dass Barth ihn missverstanden habe.[141] Sachlich war er zwar völlig damit einverstanden, dass Barth im Sommer 1935 nach Basel berufen wurde, hatte menschlich aber grosse Bedenken wegen der allzu grossen geographischen Nähe. Er gestand Barth, dass er sich «allerdings allerhand Gedanken darüber» mache, «wie sich das wohl machen werde: du in Basel, ich in Zürich». Ihr «Bruderzwist» sei «ja ohnehin ein Ärgernis in der Kirche, dessen Vergrösserung und Verschärfung *um der Kirche willen* nicht zu wünschen» sei.[142]

In welch schiefem Licht Brunner von Barth wahrgenommen wurde, geht unter anderem daraus hervor, wie dieser Eduard Thurneysen von

---

[136] An Barth am 15. Juni 1935, in: Barth–Brunner, S. 278.
[137] An Thurneysen am 21. August 1935.
[138] An Barth am 21. Dezember 1934, in: Barth–Brunner, S. 272 f.
[139] An Barth am 1. Juli 1935, in: Barth–Brunner, S. 286.
[140] An Thurneysen am 21. August 1935.
[141] Vgl. die Fussnote zur Neuausgabe von «Natur und Gnade» im Sammelband «‹Dialektische Theologie› in Scheidung und Bewährung 1933–1936», die Brunner im November 1965 nachträglich hinzufügte – also ein halbes Jahr vor seinem Tod: Natur und Gnade, S. 183 f.
[142] An Barth am 15. Juni 1935, in: Barth–Brunner, S. 277.

Karl Barth und Emil Brunner Ende 1935 auf dem «Bergli» in Oberrieden.

ihrer zufälligen Begegnung am 11. Juni 1935 an der Trauerfeier für Pfarrer Hans Bader in der Johanneskirche im Zürcher Industriequartier erzählte:

> «Ich sass bei der Abdankung unseres Freundes Bader neben [Rudolf Pestalozzi], vor uns eine Reihe von leeren Bänken für die erst erwarteten Zürcher Honoratioren und Matadoren. Und siehe, sie kamen und in ihrer Mitte, in einer Haltung, wie etwa der Hohepriester am grossen Versöhnungstag eingenommen haben mag, so ganz sakral und doch auch bürgerlich mächtig, unser [...] Freund Emil. Es riss ihn ganz herum, als er unvermutet mich da erblickte, aber er musste sich dann doch unmittelbar vor mir niederlassen. [...] Nachher vor der Kirche schien er dann [...] die Funktion einer Art von Trauermarschall zu versehen.»[143]

Hämischer könnte die Beschreibung nicht sein. Sie passt zu einer Stelle in einem früheren Brief Brunners an Barth:

> «Du hast mir in den [...] Jahren, seit wir uns gelegentlich schrieben, nicht viel Freundliches geschrieben. Du hast mich immer schon, längst bevor ich ‹gegen dich› aufstand, sozusagen abgeschüttelt.»[144]

---

[143] Barth an Thurneysen am 13. Juni 1935, in: Barth–Thurneysen III, S. 904.
[144] An Barth am 2. Oktober 1934, in: Barth–Brunner, S. 263.

Die Beziehung und die Auseinandersetzung der beiden Theologen hatte viele tragische Aspekte: Jahre später sprach Brunner von einer «vierzigjährigen ‹unglücklichen Liebe›».[145]

Zwei theologische Paradigmen

Abgesehen von allen persönlichen und zeitgeschichtlich-politischen Komponenten stellt sich die Frage, ob es nicht möglich gewesen wäre, wenigstens auf theologischer Ebene zu einer Verständigung zu kommen. Ein an und für sich durchaus wohlwollender Beobachter, der Ökumeniker Adolf Keller, sprach damals von der «Not», in die Brunner und Barth ihre Kollegen brachten. «Wir sind doch froh, dass wir zwei solche Kerle haben, aber wenn man in die Räder eines solchen Streitgesprächs gerät, hat man gelegentlich das Gefühl, als ob in der heutigen Lage das Theologische überspitzt sei.»[146]

Ein Hinweis eines bedeutenden Zeitgenossen und Kollegen Barths und Brunners mag hilfreich sein, um den Konflikt zwischen den zwei Theologen angemessener auf den Begriff zu bringen: In seiner «Systematischen Theologie» hat Paul Tillich über den berühmten Streit zwischen Luther und Erasmus über die Willensfreiheit nachgedacht. (Erasmus behauptete, der menschliche Wille sei relativ frei, während Luther von der «Knechtschaft des Willens» sprach.) Tillich meint, dass beide Kontrahenten Recht gehabt hätten, aber auf verschiedene Weise. Erasmus habe «in seiner Verteidigung der *essentiellen* Willensfreiheit Recht». Luther meine aber – ebenfalls zu Recht –, die Freiheit des Menschen sei «*existentiell* verknechtet»:[147] «Die Lehre von der ‹Knechtschaft des Willens› setzt die Lehre von der Freiheit des Willens voraus. Nur was essentiell frei ist, kann in existentielle Knechtschaft fallen.»[148] Oder anders formuliert: *Ontologisch* ist der menschliche Wille frei, *ontisch* aber unfrei.[149]

In Anwendung auf den Streit zwischen Brunner und Barth könnte man sagen: Brunners Sicht der natürlichen Theologie in «Natur und Gnade» bezieht sich auf das Essentielle bzw. Ontologische. In dieser Hinsicht – von der Schöpfung her – ist der Mensch wirklich ein Wesen, das für Gott offen ist. Barth vertritt in «Nein!» und auch in den frühen Bänden der «Kirchlichen Dogmatik» dagegen die existentielle bzw. ontische Perspek-

---

[145] An Barth am 9. Mai 1956, in: Barth–Brunner, S. 382.
[146] Keller an Brunner am 30. Juni 1934 – also noch vor «Nein!».
[147] Paul Tillich, Systematische Theologie II. 2. Auflage. Stuttgart 1958, S. 88.
[148] A. a. O.
[149] So Tillich mündlich in seinem Schleiermacherseminar in Zürich im Wintersemester 1963/64.

tive. Aus diesem Blickwinkel kann der Mensch in der Tat den Gott des christlichen Glaubens nicht aus eigener Kraft erkennen. «Nach drüben ist die Aussicht uns verrannt», wie es in Goethes «Faust» heisst.[150]

Eine ähnliche Denkfigur findet sich in einer grossen Untersuchung von Otto Hermann Pesch über Martin Luther und Thomas von Aquin. Pesch nennt die Theologie Luthers *«existentiell»* und diejenige Thomas' *«sapiential»*.[151] Luther habe «alle Aussagen grundsätzlich nur aus dem Innenraum [der] Glaubensbewegung heraus gemacht», «die christliche Legitimität einer theologischen Aussage» habe sich für ihn daran entschieden, «ob sie zum Bekenntnis, zum Gebet werden» könne.[152] Thomas wage dagegen «von der Höhe Gottes aus den Blick auf das Ganze von Mensch, Welt und Geschichte». Er trete «damit im theologischen Erkenntnisvollzug in bestimmtem Sinne ausserhalb dessen, worauf er blickt. [...] Dieses ‹ausserhalb› ist [...] die Erkenntnis Gottes selbst, die der Glaubende aufgrund des Kontaktes mit Gott als Ur-Wahrheit mitvollziehen darf. Von hier aus ist es dem mit allen Instrumenten des Geistes ausgerüsteten Auge des Theologen möglich, im Lichte Gottes das Ganze von Mensch, Welt und Geschichte auf Bezüge und Strukturen, Zusammenhänge und Schwerpunkte hin anzuschauen.»[153]

Brunner mit seiner natürlichen Theologie wäre in diesem Sinn ein «sapientialer» Theologe (wobei er mit dieser Bezeichnung natürlich nicht auf das Niveau des Aquinaten gehoben werden soll) und Barth abermals – wie in der Sprache Tillichs – ein «existentieller».

In seiner Streitschrift gegen Brunner fand Barth ein treffendes Bild, an dem der Sachverhalt erläutert werden kann: «Einem Menschen, der eben von einem tüchtigen Schwimmer vom Wassertod errettet worden» sei, würde es «übel anstehen, wenn er die unbestreitbare Tatsache, dass er eben doch ein Mensch und kein Bleiklotz sei, als seine ‹Errettungsmöglichkeit› ausgeben würde».[154] Barth hat Recht, sofern es diesen Menschen selbst betrifft. Ich selbst kann mich nicht meiner «Errettungsmöglichkeit» rühmen, ohne mich lächerlich zu machen. Ich kann nur für meine Rettung danken. Ein aussenstehender Beobachter kann die Situation jedoch nüchtern beschreiben und den verschiedenen Faktoren, die notwendig sind, damit ein Mensch überhaupt gerettet werden kann, analysierend nachgehen. In diesem Zusammenhang fällt die Tatsache, dass dieser kein Bleiklotz ist, eben wirklich in Betracht! Als «sapientialer» Theologe spielte

---

[150] Johann Wolfgang von Goethe, Faust II, 5. Akt, Vers 11440. Mitternacht.
[151] Otto Hermann Pesch, Theologie der Rechtfertigung bei Martin Luther und Thomas von Aquin. Mainz 1967, S. 935 ff.
[152] A. a. O., S. 936.
[153] A. a. O., S. 936 f.
[154] Nein, S. 218/16.

Brunner die Rolle dieses aussenstehenden Beobachters, der die Welt aus einer höheren Perspektive betrachtet. Barth dagegen schlüpfte ganz hinein in die Rolle des Ertrinkenden, der gerettet wird und nur für die Rettung danken kann. Alles andere wäre vermessen. – Ihre verschiedenen Rollen konnten die beiden Kontrahenten in den Dreissigerjahren aber offenbar nicht durchschauen.

Späte Versöhnung

Der Streit zwischen Brunner und Barth ging versöhnlich aus. Unter dem Eindruck der Studie des katholischen Theologen Hans Urs von Balthasar «Karl Barth – Darstellung und Deutung seiner Theologie» von 1951 verzichtete Barth darauf, weiter gegen natürliche Theologie und *analogia entis* zu protestieren.[155] Und in den späten Bänden seiner «Kirchlichen Dogmatik» ging er davon aus, dass auch in der «Geschöpfwelt» bzw. im «Kosmos» «Lichter und Wahrheiten» vorkämen.[156] Der alte Karl Barth entdeckte an oft völlig überraschenden Orten «Helligkeiten», «Lichtungen und Erleuchtungen» in der Welt, die nach seinem Dafürhalten «nicht sprachlos und vernunftlos», sondern im Gegenteil als «von Gott geschaffene Welt» «ein lesbarer und verständlicher Text» ist.[157] Barth rechnete jetzt explizit damit, dass es «auch *extra muros ecclesiae*» wahre und ernst zu nehmende Worte gebe.[158] In einem der letzten von ihm entworfenen Paragraphen seiner Dogmatik nannte er den Heiligen Geist den intimsten «Freund des gesunden Menschenverstandes».[159] Brunner erlebte das Erscheinen dieses Bandes nicht mehr.

Die letzte persönliche Begegnung zwischen Barth und Brunner hatte am 19. November 1960 stattgefunden. Brunner fuhr an diesem Tag zusammen mit seiner Frau nach Basel, um seinen Schüler und Freund I. John Hesselink zu besuchen, der damals Doktorand bei Barth war. Begleitet von Hesselink, suchten sie Barths Haus auf dem Bruderholz auf. Wie aus Hesselinks Bericht hervorgeht, kam es zu einem längeren Gespräch in einer guten Atmosphäre. Hesselink beschreibt den Anlass so:

---

[155] Hans Urs von Balthasar, Karl Barth. Darstellung und Deutung seiner Theologie. 2. Auflage. Köln 1957. Vgl. dazu jetzt: Karl Barth – Hans Urs von Balthasar. Eine theologische Zwiesprache. Schriften Ökumenisches Institut Luzern 2. Zürich 2006, bes. S. 18, sowie Denis Müller, Karl Barth. Paris 2005, S. 110. Brunner stellte auch selbst fest, dass Barths Einstellung sich geändert hatte. Vgl. Emil Brunner, Der neue Barth, in: ZThK 48 (1951), Heft 1, S. 89–100.
[156] Karl Barth, KD IV 3, Zollikon-Zürich 1959, S. 157.
[157] A. a. O., S. 159 f.
[158] A. a. O., S. 122 f.
[159] Karl Barth, KD IV 4. Zürich 1967, S. 31.

«Brunner war offensichtlich nervös und mehr als sonst von seinem Schlaganfall gezeichnet. Als Barth ihn aber mit sehr warmen und offenen Worten an der Haustüre begrüsste, verschwanden alle Bedenken, die Brunner möglicherweise hatte. Eine besonders bewegende Erfahrung war es für die zwei Ehefrauen, die einander seit vierzig Jahren nicht mehr gesehen hatten! Die ersten Gesprächsversuche waren etwas gehemmt, wie wenn zwei Jugendliche das erste Rendezvous miteinander haben. Aber schnell waren die zwei Frauen in ein lebhaftes Gespräch vertieft, und auch die Männer begannen bald, sich frei und kraftvoll über vorwiegend theologische Fragen zu unterhalten. Barths Mitarbeiterin, Fräulein von Kirschbaum, war als einzige weitere Person dabei und zog *mich* ins Gespräch, weshalb ich der Konversation der beiden Theologen nicht ganz folgen konnte. – Um zwölf Uhr mahnte Frau Brunner zum Aufbruch. Barth wandte sich mir zu und sagte verschmitzt: ‹Wir diskutieren gerade über den Kommunismus.› [Dabei hatte Barth sich vorher vorgenommen, die Themen ‹natürliche Theologie› und ‹Kommunismus› nicht zu berühren.] Ich lächelte, wandte mich zu Herrn und Frau Brunner und sagte: ‹Ja, es ist besser, wenn wir gehen.› – Obschon es etwas regnerisch war, liessen die beiden Männer sich gerne fotografieren. [...] Noch bewegender als die Begrüssung war der Abschied. Als wir wegfuhren, stand Barth am Strassenrand und winkte betont freundlich, bis wir verschwanden. Er verhielt sich ganz wie ein Engel.»[160]

Beide Seiten freuten sich über den gelungenen Besuch. Wie I. John Hesselink mitteilt, strahlte Barth, als er ihm erzählte, Brunner sei glücklich gewesen, und sagte, auch er sei jetzt zufrieden. Die Frage, ob es damals zu einer wirklichen Versöhnung zwischen Barth und Brunner gekommen sei, beantwortet Hesselink mit Nein. Auf theologischer Ebene sei es unmöglich gewesen, da beide zu verschieden dachten – und auf der menschlichen Ebene sei es nicht nötig gewesen, weil keine persönliche Feindschaft zwischen ihnen bestand.[161]

Noch berührender ist der Bericht über den in diesem Fall nicht persönlichen, wohl aber indirekten und schriftlichen *allerletzten* Kontakt: Am 2. April 1966 schrieb Peter Vogelsanger, einer der engsten Brunner-Schüler und Pfarrer am Fraumünster in Zürich, an Karl Barth, Brunner liege im Spital und werde wohl sterben. Postwendend antwortete Barth:

«Ihr Brief hat mich *sehr* bewegt [...]. – Wenn ich selber nach zweijähriger Krankheit noch oder wieder mobiler wäre, würde ich mich in den nächsten Zug setzen, um Emil Brunner noch einmal die Hand zu drücken. – Sagen Sie ihm, wenn er noch lebt und wenn es geht, noch einmal: ‹*Unserm* Gott befohlen!› auch von mir. Und sagen Sie ihm *doch ja*, die Zeit da ich meinte, ihm ein ‹Nein!› entgegenrufen zu müssen, sei längst vorüber, wo wir doch alle nur

---

[160] Vgl. I. John Hesselink, Karl Barth and Emil Brunner – A Tangled Tale with a Happy Ending (or, The Story of a Relationship), in: Donald K. McKim (Hg.), How Karl Barth Changed My Mind. Grand Rapids, Michigan, 1986, S. 135 ff.
[161] A. a. O.

Die letzte Begegnung von Emil Brunner und Karl Barth am 19. November 1960 in Basel (Foto: I. John Hesselink).

davon leben, dass ein grosser und barmherziger Gott zu uns allen sein gnädiges Ja sagt.»[162]

Als Vogelsanger Brunner diesen Brief vorlas, ging «ein feines, unendlich schönes und versöhntes Lächeln [...] über seine Züge». Er drückte Vogelsanger «still die Hand». «Wenige Minuten später ist Emil Brunner in die völlige Bewusstlosigkeit versunken, aus der er nicht mehr erwachte.»[163]

---

[162] Nach: Barth–Brunner, S. 391.
[163] A. a. O., S. 391.

Die Bewegung für Praktisches Christentum – «Der Mensch im Widerspruch» und «Wahrheit als Begegnung»

Trotz Karl Barths Streitschrift war Emil Brunner gefragt und auch weiterhin als Prediger, Redner, Dozent, Schriftsteller und Freund anerkannt – in Zürich und im Ausland. Mit grösseren und kleineren Publikationen fand er ein internationales Echo. Etliche seiner Schriften erschienen nicht nur deutsch, sondern auch in englischer, französischer, niederländischer, dänischer, schwedischer, norwegischer, italienischer, spanischer, ungarischer, japanischer, koreanischer, chinesischer und thailändischer Sprache sowie in verschiedenen indischen Idiomen.

«Unser Glaube» und «Vom Werk des Heiligen Geistes»

Zwei Publikationen aus dem Jahr 1935 hätten bereits in den vorangehenden Kapiteln genannt werden können, da sie – wenigstens zum Teil – mit Brunners Engagement für die Oxfordgruppenbewegung verbunden sind: «Unser Glaube – Eine christliche Unterweisung» und «Vom Werk des Heiligen Geistes».[1]

«Unser Glaube» war Brunners erfolgreichstes Buch und wurde von Zehntausenden in der ganzen Welt gelesen (1963 wurde es sogar ins Hebräische übersetzt[2]). In den Jahren 1930–1935 hatte Brunner im «Kirchenboten für den Kanton Zürich» 35 kleine Aufsätze über den christlichen Glauben publiziert, welche er anschliessend in Buchform herausgab – eine Art Dogmatik für Nichttheologen. Diese Art der Darstellung wäre wohl ohne seine volksmissionarische Erfahrung im Zusammenhang mit der Oxfordgruppenbewegung nicht möglich geworden. An seinen Männerabenden im Kirchgemeindehaus am Hirschengraben *musste* er so reden und griffige Bilder benutzen, um schwierige theologische Fragen zu erklären. Den Begriff «Sünde» im Sinne des Apostels Paulus legte er beispielsweise folgendermassen aus:

> «Wenn zwei miteinander in einen Zug gestiegen sind, tut vielleicht der eine etwas Vernünftiges im Zug, der andere etwas Dummes. Aber wie sie einmal aufschauen, da merken sie beide, dass sie in den falschen Zug gestiegen sind, alle beide, und gerade in der verkehrten Richtung fahren. Das meint die Bibel

---

[1] Vgl. oben, S. 13, und: Emil Brunner, Vom Werk des Heiligen Geistes. Tübingen 1935 (im Folgenden zitiert als «Geist»).

[2] Paul Re'emi an Brunner am 18. Juni und am 3. Juli 1963.

mit dem Wort: Sünde. Die ganze verkehrte Richtung unseres Lebens, nämlich die Richtung von Gott weg. In diesem Zuge sitzen nicht weniger als alle Menschen.»[3]

Mit diesem vielen unmittelbar verständlichen Bild konnte Brunner zeigen, dass Sünde im biblischen Sinn etwas ganz Grundsätzliches und vom Einzelnen nicht wieder Gutzumachendes – eine Grundsituation – bedeutet und mehr als eine isolierte Tat ist.

Ein anderes Bild aus «Unser Glaube» hinterliess besonders in Amerika einen tiefen Eindruck: Hier spielte in den Dreissigerjahren nach wie vor der Konflikt zwischen Fundamentalisten und Liberalen eine Rolle. Die Wogen gingen hoch. Unermüdlich wurde diskutiert, ob man alles buchstäblich glauben müsse, was in der Bibel steht, und wie zu verstehen sei, dass man die Bibel «Gottes Wort» nennt. Brunner beantwortete dies so:

> «An allen Strassen sieht man Plakate der Grammophongesellschaft ‹His Masters Voice›, das heisst auf Deutsch: ‹Seines Meister Stimme›. Also, will die Grammophongesellschaft sagen, kauf eine Platte, und du hörst des Meisters, Carusos, Stimme. Ist das wahr? Aber sicher! Wirklich seine Stimme? Jawohl! Und doch – ja eben: der Grammophon macht halt noch sein eigenes Geräusch. Das ist nicht des Meisters Stimme, das ist Gekratz von Hartgummi. Aber schilt nicht über den Hartgummi! Nur durch die Hartgummi-Grammophonplatten kannst du ‹des Meisters Stimme› hören. Sieh, so ist's mit der Bibel. Sie macht dir des wirklichen Meisters Stimme vernehmlich, wirklich seine Stimme, seine Worte, was er sagen will. Aber es hat Nebengeräusche dabei, eben darum, weil Gott durch Menschenmund sein Wort spricht.»[4]

Als im Zusammenhang mit Brunners Berufung nach Princeton[5] die Frage auftauchte, ob die Bibel für ihn Wort Gottes sei, erwies sich dieses Bild als hilfreich.[6] Es wirkte beruhigend und befreiend. Brunner nahm die Bibel zwar ernst, war aber doch kein Fundamentalist. Der christliche Glaube und das neuzeitliche Denken standen nicht in einem sich gegenseitig ausschliessenden Widerspruch zueinander. Es war genau das, was die Kirchen in den USA in jenen Jahren brauchten.

Brunners andere wichtige Publikation aus dem Jahr 1935, «Vom Werk des Heiligen Geistes», war an ein theologisches Fachpublikum adressiert. Im Wesentlichen handelte es sich dabei um drei zusammenhängende Vorträge, die er im September 1934 an der Universität Kopenhagen gehalten hatte, darüber «wie die menschliche Existenz in ihren drei Dimensionen: Vergangenheit, Gegenwart und Zukunft durch das Wirken des Gottesgeistes neu bestimmt wird». Es geht um «jenen geheimnisvollen

---

[3] Glaube, S. 46.
[4] Glaube, S. 15.
[5] Vgl. unten, S. 359 ff.
[6] Mackey an Brunner am 7. Dezember 1937.

Punkt, wo Gott selbst und der Mensch selbst einander begegnen, wo Gottes Wahrheit in menschliche Wirklichkeit sich umsetzt». «Vom Werk des heiligen Geistes zu wissen», ist «für den Christen und die Kirche genauso entscheidend wie: vom Werk des Schöpfers und vom Werk des Sohnes zu wissen. [...] Denn dieses Werk des Geistes ist ja nichts anderes als das Christsein und das Sein der Kirche.»[7]

Es ging also um die *Erfahrung* des Glaubens, nicht nur um Rechtfertigung, sondern auch um Bekehrung, Wiedergeburt, Heiligung, Gemeinschaft und ein neues Leben. Brunner nahm damit Begriffe auf, die man vor allem im Pietismus und in der Erweckungstheologie betonte – und im Umkreis Frank Buchmans: «So wahr Luthers Formel ‹*simul justus, simul peccator*› ist, so gefährlich ist sie auch.» Was im Neuen Testament «am meisten eingeschärft wird, ist nicht, dass die Sünde unüberwindlich sei, sondern umgekehrt, dass der, ‹der in ihm bleibt, nicht sündigt› (1. Joh. 3,6), dass die, die in Christus sind, ‹der Sünde abgestorben sind› und das alte Wesen abgetan haben.»[8]

Brunner wandte sich damit auch gegen Thurneysen und Barth, die behaupteten, das «neue Leben» bleibe ganz und gar verborgen. Diese Lehre sei «weder reformatorisch noch biblisch». So gewiss «der heilige Geist immer nur durch den Glauben» wirke, so gewiss sei «doch diese seine Wirksamkeit nicht bloss eine zu glaubende, sondern auch eine erfahrene».[9]

Wie in «Natur und Gnade» legte Brunner auch in dieser Schrift Wert darauf, dass «nur menschliche Subjekte das Wort Gottes und Heiligen Geist empfangen können».[10] Die Beziehung zwischen Gott und Mensch ist personal und nicht mechanisch zu denken. «Glaube im Sinn des Neuen Testamentes findet da und nur da statt, wo ‹ich selbst› zur Stelle bin, in meiner Eigentlichkeit.»[11] Nur weil wir nicht fähig sind, «das Personhafte überhaupt zu denken», «verwandeln wir es immer in ein Sachenhaftes».[12]

«Geist wirkt auf Geist nicht so, wie ein Maurer den Kalk an die Mauer wirft, wo die Mauer dies Beworfenwerden schlechtweg erleidet. Geist wirkt auf Geist nie anders als durch Inanspruchnahme der Selbsttätigkeit des Verstehens und des Jasagens. Die Geist-Mitteilung im Neuen Testament ist immer personhaft, also nach Analogie des Gesprächs, nicht nach Analogie kausaler

---

[7] Geist, S. 3.
[8] A. a. O., S. 57. Für die Formel «simul iustus, simul peccator» vgl. z. B. Luthers Römerbriefvorlesung, WA 56, S. 272: «simul peccator et iustus; peccator re vera, sed iustus ex reputatione et promissione Dei certa [...].»
[9] A. a. O., S. 53.
[10] Natur und Gnade, S. 183/18.
[11] Geist, S. 30.
[12] A. a. O., S. 44.

Vorgänge zu verstehen. Glaube ist *re-sponsio*, Antwort auf Gottes Wort, ein Personakt: Erkenntnis, Bejahung, Vertrauen, Gehorsam.»[13]

Auch hier wird betont, dass das Neuwerden des Menschen im Glauben nicht einfach im Verbogenen geschehe. Es ereignet sich wirklich etwas:

> «Wahrer Glaube ist niemals bloss Glaube an etwas, ja nicht einmal bloss Glaube an jemand, sondern reale, personhafte, erfahrungsmässige Begegnung mit dem lebendigen Christus durch den heiligen Geist.»[14] – «Liebe kann nur im Wiederlieben in Empfang genommen werden.»[15] – «Der heilige Geist ist [...] nicht mehr nur redend uns gegenüber, sondern jetzt wirkend, schaffend, treibend in uns.»[16] – «Das Sein-in-Liebe ist das neue Menschsein, die neue Kreatur, die neue Wirklichkeit: die Gegenwart Gottes ist die neue Gegenwärtigkeit des Menschen.»[17]

Brunner konnte in solchem Zusammenhang überschwänglich werden: «Geistesgegenwärtigkeit oder Gottesgegenwart» ist «die Art, wie [der Christen] Gegenwart in der neuen Existenz bestimmt ist».[18]

> «Nur durch die Liebe sind wir gegenwärtig.»[19] – «In der Liebe habe ich Zeit für dich, ich bin frei von mir für dich, gewahre ich dich als Du. [...] Sei mir willkommen, du Anderer – das ist die Sprache der Liebe, der Geöffnetheit für die Mitkreatur. [...] Indem der Mensch offen geworden ist für Gott – dadurch, dass Gottes Wort ihn aufgebrochen hat –, ist er nun auch offen für seine Mitkreatur.»[20] – «Wir leben als Glaubende schon im Zukünftigen. [...] Die Zukunft ragt in die Gegenwart hinein. Es sind die Kräfte der zukünftigen Welt, die uns hier, jetzt schon bewegen.»[21]

Wie wichtig ihm dies war, geht aus Briefen an Erwin Sutz hervor, der sich an diesem Punkt gegenüber Brunner skeptisch zeigte. Die Frage sei:

> «Wie ist vom Christsein richtig zu denken? Gehören dazu sichtbare Früchte, die trotz aller Zweideutigkeit von Gottes Wirken Zeugnis geben, oder nicht? Geschieht – oder geschieht nicht – durch den Glauben, wenn er ‹wirklich› ist, eine Umwandlung des Menschen, die auch empirisch in Erscheinung tritt? [...] Christen sind andere Leute als die Nichtchristen, der Christus, den sie im Glauben ergriffen haben, *non est otiosus*.[22] Er schafft in ihnen Neues, auch im empirischen Feld, wenn auch dieses Empirische immer zweideutig bleibt. Das ist meine Lehre. [...] Bei Barth aber sehe ich die Zweideutigkeit des Empi-

---

[13] A.a.O., S. 43.
[14] A.a.O., S. 38.
[15] A.a.O., S. 39.
[16] A.a.O., S. 40.
[17] A.a.O., S. 41.
[18] A.a.O., S. 47.
[19] A.a.O., S. 48.
[20] A.a.O., S. 49.
[21] A.a.O., S. 67.
[22] Vgl. Thomas von Aquin, Summa Theologiae III 79 ad 2.

rischen in einer Weise betont, dass der Begriff Wirklichkeit dadurch einen anderen Sinn bekommt als im Neuen Testament. [...] Bei Paulus ist offenkundig: Das Neusein der Christen wirkt werbend in der Welt, das Licht wird gesehen auch von den Ungläubigen, sodass sie nach der Quelle des Lichtes fragen müssen.»[23]

«Das ‹simul justus, simul peccator›[24] hat etwas von der entscheidungslosen Zeitlosigkeit platonischer Idee an sich, die Statik des Zweifarbendruckes. Was kann eigentlich da geschehen? Hat nicht das ‹simul› jede Entscheidung vorweg abgeschnitten? Wo ist da der Ernst des Beharrens oder Nichtbeharrens, des Kampfes oder Lauwerdens? Ist es nicht so, dass nun einmal alles, was auf Geschehen deutet, ‹psychologisch›-erfahrungsmässig gesagt werden muss? [...] Im Neuen Testament sehe ich [...] die Doppelheit jenes logisch-prinzipienhaften, totalitären, einfürallemaligen ‹simul – simul› auf der einen Seite und des dynamisch-beweglichen, wachstümlichen, kampfhaften, stufenfähigen, komparativen Realistisch-Empirischen auf der andern Seite. Dort ruht das Vertrauen, und hier entspring der Kampfernst. Dort ist alles geschehen: Gericht und Freispruch in einem in die Zeit hineinragenden ‹nunc aeternum›,[25] hier aber ist noch alles ungeschehen, darum in der Entscheidung des Augenblicks, der vielleicht für die Ewigkeit entscheiden wird. Dort ist der Sünder-Mensch, bedeckt von der gnädigen Hand Gottes, hier ist der aus der Sünde herausgerufene Mensch, der würdig seines Berufes wandeln und für den Tag Jesu Christi untadelig sich darstellen, der wachsen und sich bewähren, der mehr und mehr glauben und mehr und mehr lieben soll, der entweder treu bleibt oder aber untreu wird. Der eine beharrt, der andere beharrt nicht; der eine kommt vorwärts, der andere rückwärts. Hier gibt es darum etwas Unprinzipielles, Untotales zu loben oder auch – was wieder ein anderer Fall ist – zu tadeln. Da gibt's verschiedene Urteile gemäss 1. Kor. 3. [...] Dieses Nebeneinander von beidem ist erst die Paradoxie der Bibel, die Paradoxie von ἔχομεν [wir *haben* es] und ἔχωμεν [*lasst* es uns haben, bemühen wir uns darum], die Paradoxie von Phil. 2,12, die Paradoxie, dass das Logisch-Grundsätzliche nicht ernster genommen wird als das Psychologisch-Zufällige, dass keins das andere aufheben darf [...], dass die einen Gebete erhört werden, die anderen nicht, das negative Wunder, dass man aus dem Glauben fallen kann, oder – positiv – im Glauben beharren und wachsen, dass beides etwas so Verschiedenes ist als Himmel und Hölle, trotzdem es in der Entscheidung des Menschen ruht ebenso wie in der Erwählung Gottes. Und so haben die Christen es auch erfahren – Jesus Christus als den, der die Schuld vergibt und auch die Gewalt der Sünde bricht, mehr und mehr, wenn man treu bleibt.»[26]

---

[23] An Erwin Sutz am 25. Januar 1934. (Der Brief befindet sich im Privatbesitz der Erbengemeinschaft Erwin Sutz.)
[24] Zu «simul iustus, simul peccator» vgl. oben, S. 325.
[25] Wendung aus der mystischen Tradtion.
[26] An Erwin Sutz, nicht datiert. (Auch dieser Brief befindet sich im Privatbesitz der Erbengemeinschaft Erwin Sutz.)

Brunners Zentralanliegen, über dem Indikativ des Evangeliums dessen Imperativ nicht zu vergessen, wird in diesen Sätzen greifbar, Brunners Interesse an der Ethik.

Neue Weggefährten

Max Huber

*Max Huber
(aus: Freundeskalender zum
60. Geburtstag).*

In den Jahren nach seiner grundsätzlichen Auseinandersetzung mit Karl Barth traten Emil Brunners alte Freundschaften – besonders diejenige mit Eduard Thurneysen – immer mehr in den Hintergrund, wenn sie nicht sogar zu Ende gingen, während neue entstanden. Immer wichtiger wurde diejenige mit dem Völkerrechtler Max Huber. Als vertiefendes Moment kam hier dazu, dass Max Hubers Frau, Emma Huber-Escher, ebenso an immer wiederkehrenden Depressionen litt wie Margrit Brunner. Die beiden Männer konnten sich über ihre privaten Sorgen austauschen und dabei auf das uneingeschränkte Verständnis des andern zählen. Brunner freute sich darüber, dass der hoch angesehene Jurist und Diplomat, wann immer er in Zürich war, seine Predigten im Fraumünster besuchte, ihn als gleichrangig behandelte und ihm vertraute. Und es berührte ihn tief, als

Huber ihm zu Weihnachten 1938 einen Brief schrieb, der sieben Bogen umfasste. Seiner Frau berichtete er voller Genugtuung, dass Hubers Frau, der es in jenen Monaten «recht gut» ging, mit «grosser Freude» seinen allgemeinverständlichen Römerbriefkommentar studiere.[27]

Die Stunden, die Brunner mit Max Huber verbrachte, gehörten für ihn «zu den kostbarsten Erinnerungen» seines Lebens – und einige davon zu den «heiligsten», an die er «nur mit Dankbarkeit gegen Gott und mit einer Art heiligem Schauer» zurückdachte, wie er Huber schrieb:

> «Ich betrachte es als eine ganz besonders gnädige Führung Gottes, dass er Sie in mein Leben hineingeführt hat, Sie lieber guter Mann.»[28] – «Es kommt mir offen gestanden ganz unglaubwürdig vor, dass Sie mir Ihre Freundschaft geschenkt haben. Ich bin Ihrer wirklich nicht von ferne würdig und komme mir zwerghaft vor neben Ihrer Riesengestalt.»[29]

Adolf Keller

Adolf Keller

---

[27] An Margrit Brunner am 20. Dezember 1938. Gemeint ist: Emil Brunner, Der Römerbrief. Leipzig und Hamburg ohne Jahrgang (1938). Das Buch erschien in der Reihe «Bibelhilfe für die Gemeinde».
[28] An Huber am 16. Juli 1940.
[29] An Huber am 13. August 1956.

Eine weitere immer innigere Freundschaft entwickelte sich mit dem Ökumeniker Adolf Keller. Brunner kannte ihn schon lange und hatte viel Wohlwollen und Förderung von ihm erfahren – vor allem im Zusammenhang mit dem Amerikajahr 1919/1920. Wie Karl Barth und Eduard Thurneysen nahm er Keller aber während langer Zeit nicht ganz ernst. Sie mokierten sich gemeinsam über seine Betriebsamkeit und fanden ihn theologisch oberflächlich. «Sie gehen von der Peripherie aus, wir vom Zentrum», schrieb Brunner 1924.[30] Die ‹Dialektiker› befürchteten, die im Entstehen begriffene ökumenische Bewegung würde die Wahrheit des evangelischen Glaubens aus falscher Rücksicht auf andere christliche Traditionen verwässern, wenn nicht gar opfern. Im Umfeld Karl Barths wurde damals von der ökumenischen Bewegung als von einer «Versuchung des Teufels» gesprochen.[31]

Dadurch nicht beirrt, nahm der eine Generation ältere Keller die Anliegen der ‹dialektischen› Theologen dennoch ernst. Obwohl er sich zeit seines Lebens nie mit einer theologischen Richtung restlos identifizieren wollte, warb er bei seinen zahlreichen Vortragsreisen in der englischsprachigen Welt für die damalige theologische Avantgarde in der Schweiz und in Deutschland. 1931 publizierte er das Buch «Der Weg der dialektischen Theologie durch die kirchliche Welt – Eine kleine Kirchenkunde der Gegenwart»,[32] das Brunner in «Zwischen den Zeiten» «sehr freundlich» rezensierte.[33] Als theologischer Sekretär des von ihm initiierten Schweizerischen Evangelischen Kirchenbundes zog er Brunner mehrfach als Experten bei. Sowohl Barth (der sein Vikar gewesen war und den er getraut hatte) als auch Brunner lud er ein, in den von ihm veranstalteten ökumenischen Seminaren (es waren dies die Vorläufer des heutigen Institut oecuménique de Bossey) als Vortragsredner zu wirken. Am 17. August 1934 sprach Brunner in Genf über die «Theologie der Offenbarung».[34] Keller forderte ihn auch auf, sich an einem solchen Seminar im Sommer 1937 zu beteiligen, das er im Vorfeld der Weltkonferenz des Ökumenischen Rates

---

[30] Nach: Keller an Brunner am 23. Mai 1924.
[31] Keller an Brunner am 10. Januar 1927.
[32] Adolf Keller, Der Weg der dialektischen Theologie durch die kirchliche Welt. Eine kleine Kirchenkunde der Gegenwart. München 1931.
[33] Keller an Brunner am 14. Juni 1933. Vgl. Emil Brunner, Rezension des in der vorangehenden Anmerkung genannten Buches in: Zwischen den Zeiten, 11. Jahrgang, München 1933, S. 283/284. Hier S. 284: «[Man merkt] dem Buch an, dass dahinter nicht ein kühler Beobachter, sondern ein Mann steht, dem die Not der Kirche auf dem Herzen brennt und der der evangelischen Wahrheit auf seine Weise den Weg bereiten möchte.»
[34] Keller an Brunner am 6. März 1933 und andere Briefe sowie das Vortragstyposkript in Nachlass 82.

für Praktisches Christentum (Life and Work) organisierte, dieses Mal in Oxford.[35]

Keller versuchte überhaupt, Brunners Interesse für die Bewegung Life and Work zu wecken, und verteidigte sie gegen den Vorwurf, sie sei zu wenig theologisch. Immer mehr schmolz das Eis zwischen den beiden Theologen, und Brunner konnte erfahren, dass der ältere Freund, wo immer er konnte, für ihn eintrat. Keller vergewisserte sich z. B., dass Brunner an die eben erwähnte Weltkonferenz eingeladen wurde, an der auch Max Huber als Schweizer Delegierter teilnahm.[36] Ebenso verwendete Keller sich für Brunner im Zusammenhang mit dessen Gastprofessur in Princeton in den Jahren 1938/39.[37] Im Streit zwischen Brunner und Barth über die natürliche Theologie stand Keller Brunner näher, während «die grossartige Einseitigkeit» Barths ihn zunehmend irritierte.[38] Nachdem Barths «Nein!» erschienen war, liess Keller Brunner kurz vor Weihnachten 1934 brieflich «wenigstens» seinen «warmen Händedruck spüren, den man zu Weihnachten denen geben möchte, die einem nahestehen».[39]

Im Sommer 1938 schrieb Keller an Brunner:

«Ich möchte Dir überhaupt generell danken für so vieles, was ich Deinen Büchern an Kenntnissen und Klärung verdanke, und auch für die Freundschaft, mit der Du mich immer umgibst. Sie tut einem älteren Herrn, der von den Jungen gewiss schon in die Rumpelkammer verstossen ist, immer wohler, auch wenn wir ja wissen, dass es im Wesentlichen wenig auf solche Menschlichkeiten ankommt.»[40]

Und in Kellers Gratulationsbrief zu Brunners 50. Geburtstag am 23. Dezember 1939 heisst es:

«Ich möchte Dir nicht zuletzt danken, und damit Deiner lieben Frau, dass Ihr mich immer so freundlich in Eurem Kreise aufgenommen habt und damit ein Stück Gemeinschaft ermöglicht habt in aller Menschlichkeit und Unbefangenheit, die mir oft wohl tat. [...] Du hast Dir als Theologe ein Doppeltes bewahrt, das Dir über alle möglichen Differenzen hinweg stets eine reiche Wirkung sichert: Du bist auch als Theologe ein Mann der Kirche geblieben, der Erbarmen hat mit denen, die nicht Theologen sein können und doch Gemeinschaft im Höchsten suchen; und Du bist dabei auch einfach ein Mensch geblieben und hast jene breite Basis Dir bewahrt, auf der man auch mit Menschen verkehren kann, die vielleicht nicht gerade Brüder in Christo sind.»[41]

---

[35] Keller an Brunner am 16.Oktober 1936.
[36] Keller an Brunner am 16. Oktober 1936.
[37] Keller an Brunner am 4. Januar 1938, weitere Briefe und Keller an Mackey vom 11. November 1938 (Nachlass Brunner).
[38] Keller an Brunner am 17. Juli 1934 und andere Briefe.
[39] Keller an Brunner am 22. Dezember 1934.
[40] Keller an Brunner am 12. Juli 1938.
[41] Keller an Brunner am 20. Dezember 1939.

Joseph H. Oldham

Vorbereitungstagung für die ökumenische Konferenz in Oxford: Links neben Erzbischf W. Temple (Mitte) Joseph H. Oldman, rechts Willem A. Visser 't Hooft; Emil Brunner in der 2. Reihe (2. v. r.).

Eine tiefe Beziehung verband Brunner mit dem schottischen Theologen Joseph (genannt Joe) H. Oldham, ebenfalls eine «Pioniergestalt der Ökumene».[42] Am Heiligen Abend 1929 schrieb Oldham Brunner, den er persönlich noch nicht kannte, er habe «eines oder zwei» seiner Werke gelesen und würde es als einen «grossen Vorzug» betrachten, wenn er ihn auf der Durchreise von Tübingen nach Basel im Januar 1930 kennen lernen und seinen Rat einholen dürfte, und zwar im Zusammenhang mit der Missionsbewegung.

Damit begann eine Freundschaft, die bis ins hohe Alter der beiden Theologen anhielt und der sich auch ihre Frauen anschlossen. Ein reger Briefwechsel entspann sich, in dem man auch private Sorgen – besonders über Krankheiten – miteinander teilte. Bereits im Sommer 1930 besuchte das Ehepaar Oldham die Familie Brunner vom Wallis aus in Grindelwald, wo diese Urlaub machte. Im Herbst 1930 schlug Oldham – er war etwas älter als Brunner – vor, sich nicht mehr mit ihren akademischen Titeln anzusprechen: «May we mutually adopt the less formal style of address?»[43]

---

[42] Religion in Geschichte und Gegenwart. 4. Auflage. Band 6. Tübingen 2003, Sp. 547. (Keith Clements.)
[43] Oldham an Brunner am 14. Oktober 1930.

Wenn immer Brunner in London war, bot Oldham ihm und seiner Frau an, in seinem etwas ausserhalb der Stadt gelegenen Haus abzusteigen.[44] Und als – nach dem Zweiten Weltkrieg – Oldham einmal nicht in der Lage war, Brunner bei sich zu Hause zu empfangen, lud er den Freund aus der Schweiz wenigstens in seinen Club in der Stadt ein: ins berühmte Athenäum.[45]

Oldham schätzte Brunner sehr und hielt ihn für einen der international bedeutendsten lebenden Theologen. Nachdem er Vorsitzender der Forschungsabteilung des Ökumenischen Rates für Praktisches Christentum (Life and Work) geworden war, bat er Brunner sogleich, Mitglied der Forschungskommission zu werden und in dieser Eigenschaft ein Arbeitspapier über die christliche Lehre vom Menschen zu verfassen. «Soweit wir das sehen können», fügte er hinzu, «sind Sie viel besser dazu gerüstet, diesen Dienst zu erweisen, als irgendjemand sonst, der uns in den Sinn kommt.»[46] Der Text wurde kleinen Gruppen in verschiedenen Ländern zur Diskussion vorgelegt.[47] Vom 22. bis zum 27. Juli 1935 in Leicester und noch einmal im Sommer 1936 in York wurde im Rahmen der Forschungskommission mündlich darüber diskutiert.[48] In England und Amerika gab es viele oppositionelle Stimmen, da dort Brunners Sicht von der Verfallenheit des Menschen an die Sünde als zu pessimistisch erschien. Kurz vor Weihnachten 1935 drückte Oldham seine *«deep satisfaction»* über den inzwischen revidierten Text aus.[49] «The difficulties of our undertaking are colossal», schrieb er später. Es gehe darum, «to disturb the waters of Anglo-Saxon humanism».[50] Brunners Beitrag zu *«The Christian Understanding of Man»* – zugleich eine der Keimzellen seines Buches «Der Mensch im Widerspruch. Die christliche Lehre vom wahren und wirklichen Menschen»[51] – wurde schliesslich im Jahr 1938 von der Forschungsabteilung des Ökumenischen Rates für Praktisches Christentum publiziert.[52]

---

[44] Oldham an Brunner am 14. Oktober 1930.
[45] Oldham an Brunner am 1. und am 3. März 1949.
[46] Oldham an Brunner am 28. September 1934.
[47] In Nachlass 129, 4 findet sich eine ganze Mappe mit Stellungnahmen zu Brunners «Die christliche Lehre vom Menschen» von 1935/36.
[48] Oldham an «Members of the Leicester Group» am 14. Juni 1935 und z. B. Oldham an Brunner am 1. Juli 1936.
[49] Oldham an Brunner am 18. Dezember 1935.
[50] Oldham an Brunner am 26. März 1936.
[51] Vgl. oben, S. 11.
[52] Emil Brunner, The Christian Understanding of Man, in: The Christian Understanding of Man. London 1938, S. 139–178.

«Der Mensch im Widerspruch.»

Der gegen 600 Seiten dicke Band besteht aus den zwei Hauptteilen, «Grundlagen» und «Entfaltungen». Abgesehen von den umfangreichen «Beilagen» am Schluss, in denen Brunner sich mit der Sekundärliteratur auseinander setzt, ist das Werk allgemeinverständlich. Brunner war der Meinung, dass «rechte Theologie [...] nicht nur für Fachleute» da sein solle, «sondern für alle, denen die Fragen des Glaubens zugleich Probleme des Denkens sind». «Rechte Theologie» hatte für ihn eine seelsorgliche Dimension und sollte bei Glaubensschwierigkeiten helfen. Er bemühte sich, «auch die schweren theologischen Fragen so zu behandeln», dass man beim Mitdenken ohne «Fachausrüstung» auskommt.[53]

Das Buch fand sofort weit herum Beachtung, auch von römisch-katholischen Theologen. Der spätere Bischof und Kardinal Hermann Volk widmete ihm zwei weitgespannte Studien – «Emil Brunners Lehre von der ursprünglichen Gottebenbildlichkeit des Menschen» und «Emil Brunners Lehre vom Sünder». Obwohl er als Katholik einen anderen Weg einschlagen zu müssen glaubte, drückte er seine hohe Anerkennung aus:

> «Man kann sich von Brunners Werk nicht trennen ohne das Bewusstsein seiner erregenden Bedeutung in der Situation der Zeit und der Theologie im Besonderen. [...] Brunners christliche Lehre vom Menschen [ist] höchst bedeutsam.»[54]

In Weiterführung und Vertiefung früherer Publikationen – vor allem von «Natur und Gnade» – legt Brunner vorerst grundlegend dar, dass «auch der Ungläubige nicht ohne Gottesbeziehung» ist und «eben darum» auf seine Verantwortlichkeit angesprochen und dabei behaftet werden kann. Der «Grundgedanke» ist die «*Verantwortlichkeit des Menschen schlechthin*».[55] Vor allem gegen Karl Barth betont er, dass «diese Verantwortlichkeit auch durch die radikalste Geltendmachung der schenkenden Gnade Gottes nicht ausser Kraft gesetzt» wird. Gott nimmt die Verantwortlichkeit «im Gegenteil in Anspruch».[56]

Der Mensch ist und bleibt Gottes Ebenbild, auch wenn er «durch die Sünde aus diesem Ursprung gefallen und damit in den Widerspruch mit sich selbst hineingeraten» ist.[57] «Der Mensch ist nun einmal nicht nur ein

---

[53] Mensch, S. X.
[54] Hermann Volk, Emil Brunners Lehre von der ursprünglichen Gottebenbildlichkeit des Menschen, Emsdetten 1939; ders., Emil Brunners Lehre von dem Sünder, Regensberg–Münster 1950. Zitat im zweiten Buch, S. 226.
[55] Mensch, S. IX.
[56] A. a. O., S. IX.
[57] A. a. O., S. 212.

Stück Natur.»[58] Er wird «auch in seiner Gottlosigkeit vom Gotteswort getragen».[59]

«Darum hört er nicht auf, Mensch zu sein, auch wenn sein Menschsein qualitativ in ‹Unmenschlichkeit› verkehrt ist.»[60] – «Nicht die tierischen Triebe, sondern *der Geist* des Menschen ist der Ursprung alles Bösen.»[61]

«Der Mensch ist: das verantwortliche Wesen. [...] Die Verantwortlichkeit ist die Voraussetzung dafür, dass der Mensch Sünder sein kann. Nur der verantwortliche Mensch kann sündigen.»[62]

Der «Gehalt der Lehre von der Ebenbildlichkeit Gottes» besteht darin, dass der Mensch nicht nur ein Produkt, sondern der «Empfänger des Gotteswortes» ist.[63]

«Die Antwort auf das göttliche Wort, die Möglichkeit und Notwendigkeit dieser Antwort als Sinn des Lebens, das ist die echte Verantwortlichkeit und zugleich die echte Humanität.»[64] – «Die Grenze des Wissens um Verantwortlichkeit fällt mit der Grenze des Menschseins zusammen: wer nichts mehr von Verantwortlichkeit wüsste, der hätte aufgehört, ein Mensch zu sein.»[65]

«Wie kann der Mensch leben, wenn er nicht versteht, um was es in seinem Leben geht? Und wie kann er verstehen, um was es in seinem Leben geht, wenn er nicht weiss, wer er, der Mensch, ist?»[66]

Der Mensch ist «nicht bloss das, was er ist; er ist das Wesen, das sich selbst erst sucht»;[67] er ist «nicht nur der, der fragen kann, weil er Subjekt ist, sondern der fragen *muss*, den das Nochnichtwissen ebenso wie das Nochnichtsein bedrängt. Ob er will oder nicht, er muss irgendwie über sich hinausgreifen, sich selbst transzendieren.»[68]

Brunners homiletisches und apologetisches Interesse drückt sich hier deutlich aus. Er suchte nach einem «Anknüpfungspunkt», weil er auch mit nichtgläubigen – nicht mehr gläubigen oder noch nicht gläubigen – Menschen ins Gespräch kommen wollte, um für das Evangelium zu werben.

So weit handelt es sich um Thesen, die Brunner schon früher vertreten hatte. Neu kommt dazu, dass er nun auch auf die Lehren von Geistes- und Naturwissenschaften eingeht und sie vor diesem Hintergrund dis-

---

[58] A. a. O., S. 47.
[59] A. a. O., S. 68.
[60] A. a. O., S. 69.
[61] A. a. O., S. 182.
[62] A. a. O., S. 62.
[63] A. a. O., S. 61.
[64] A. a. O., S. 40.
[65] A. a. O., S. 39.
[66] A. a. O., S. 14.
[67] A. a. O., S. 6.
[68] A. a. O., S. 6.

kutiert. So hält er beispielsweise fest, dass «heute kein Christ um seines Christseins willen und kein Theologe als Theologe» die «hohe Wahrscheinlichkeit» der Abstammungslehre des Darwinismus «in Abrede stellen» sollte.[69] «Denn Schöpfung und Fall» im theologischen Sinn sind «Geschehnisse, die in kein empirisch-historisches Bild eingezeichnet werden, also auch durch keine Veränderungen des empirischen Werdebildes betroffen werden können».[70]

«Der von Gott gut geschaffene Mensch ist nicht der Neandertalmensch oder der Heidelberg- oder Pekingmensch oder der *homo sapiens*, sondern der Mensch schlechthin.»[71] – «Auch der Sündenfall ist kein Ereignis in der Werdegeschichte der Menschheit.»[72]

«Die Lehre von der Schöpfung konkurriert nicht mit der weltlichen Wissenschaft von den sichtbaren, erforschbaren Anfängen, sondern sie weist […] in die Dimension des Ursprungs, von der, grundsätzlich, die Wissenschaft ebenso wenig weiss als die Farbenchemie von der Schönheit eines Bildes oder die physikalische Akustik vom Gehalt einer Symphonie.»[73]

Der alte Geozentrismus und damit der alte Anthropozentrismus sei mit dem Erscheinen von Kopernikus' «Sechs Büchern über die Kreisbewegungen der Weltkörper» im Jahr 1543 «ein für allemal» dahingefallen.[74] Es ist zwar verständlich, dass die «Anschauung der kosmischen Unendlichkeit des Raumes und der Zeit […] für den modernen Menschen ein schweres Glaubenshindernis und einen mächtigen Zweifelsgrund» darstellen, über den gerade die Theologie sich nicht «hinwegtäuschen» sollte.[75] Vom christlichen Glauben her betrachtet ist der Mensch «zwar nicht selbst die Weltmitte», wohl aber in diese «gestellt», da die «Tatsache, dass Gott Mensch wurde, und die Tatsache, dass einzig der Mensch nach Gottes Bild geschaffen wurde», zusammengehören.[76]

«Gott offenbart sich uns in Jesus Christus als der *Menschengott*, als der ‹Gott zum Menschen hin›, ebenso wie er uns uns selbst offenbart als den ‹Menschen von Gott her und zu Gott hin›. Die Menschwerdung des Gottessohnes ist in *einem* die Offenbarung Gottes, der die Mitte ist, und des Menschen, der durch Gottes Schöpfung an dieser Mitte teilhat.»[77]

---

[69] A.a.O., S. 423.
[70] A.a.O., S. 416.
[71] A.a.O., S. 412.
[72] A.a.O., S. 413.
[73] A.a.O., S. 79.
[74] A.a.O., S. 437.
[75] A.a.O., S. 438.
[76] A.a.O., S. 431.
[77] A.a.O., S. 432.

Menschen, für die dieser Christusglaube unter den Bedingungen der Neuzeit seine Plausibilität verloren hat, erinnerte Brunner an Immanuel Kant. Von ihm sei «Beträchtliches» zu lernen:

> «In demselben Mass, in dem der Mensch als Objekt, als Weltstück an vergleichsweiser Grösse abnimmt, weil sein Kosmos sich ausdehnt, nimmt er als Subjekt zu. Denn es ist ja der Mensch, der dies Universum misst, es ist der Mensch, der seine Gesetze erforscht, es ist des Menschen Welt, die ihm so unheimlich geworden ist. Noch immer wie zu Thales' Zeiten ist es der Mensch, der mit seinem Geist den Kosmos umspannt und darüber nachdenkt.»[78] – «Der Gott, der diese ungeheuerlich grosse Raum-Zeitwelt geschaffen hat und uns, durch die Wissenschaft, diese Unendlichkeit seiner Schöpfung vor Augen stellt, wird nicht dadurch geehrt, dass wir bei einem früheren, begrenzteren Raum-Zeitbild stehen bleiben. Er mutet uns zu, dass wir ihn auch in diesen grösseren Massen der Schöpfung als Schöpfer verehren lernen. Lassen wir unsere Phantasie strecken! Es kann unserem Glaubens nichts anhaben, es wird ihn weder mindern noch mehren.»[79]

Warnend fügt er hinzu:

> «Für den Menschen, der keinen Halt jenseits der Raum-Zeitwelt hat, ist allerdings die Wirkung der Weltexpansion eine Katastrophe. Sie annihiliert ihn schlechtweg.»[80]

Brunner griff auch das damals (1937) aktuelle und brisante Thema der Rassentheorien auf:

> «Die Betrachtung des Menschengeschlechts als Einheit [ist] für den biblischen Glauben unbedingt unaufgebbares, fundamentales ‹Dogma›.»[81] – «‹In Christus› ist nicht nur ‹nicht Jude, noch Grieche, nicht Barbar noch Skythe›, sondern auch nicht Schwarzer, Weisser oder Gelber.»[82] – «Keine Rasse und kein Volk [ist] unfähig [...], die Botschaft von Jesus Christus, vom göttlichen Heilsplan zu verstehen.»[83] – «Jeder, der Menschenangesicht trägt, ist auf das Evangelium Gottes hin ansprechbar, während das Tier grundsätzlich – und auch von der biblischen Weisung aus – nicht ansprechbar ist.»[84]

Eine «pseudowissenschaftliche Rassen-Wert-Philosophie» lehnte er ab:

> «Zwischen naturwissenschaftlich festgestellten Tatsachen und wilder, aus ganz anderer als wissenschaftlicher Erkenntnis stammender, aber wissenschaftlich sich gebärdender Rassenmythologie [ist] zu unterscheiden.»[85]

---

[78] A. a. O., S. 438.
[79] A. a. O., S. 440.
[80] A. a. O., S. 441.
[81] A. a. O., S. 341.
[82] A. a. O., S. 342. Vgl. Galater 3,28.
[83] A. a. O., S. 343.
[84] A. a. O., S. 344.
[85] A. a. O., S. 340.

Wie schon in «Das Gebot und die Ordnungen» ging Brunner auch in seiner Lehre «vom wahren und wirklichen Menschen» ausführlich auf die Geschlechterproblematik ein. Seine Ausführungen enthalten konventionelle und weiterführende Elemente. Traditionell ist seine Ansicht, dass «der Mann auch geistig das zeugende, die Frau das gebärende und nährend-pflegende Prinzip zum Ausdruck bringt. Der Mann ist mehr nach aussen, die Frau mehr nach innen gekehrt, der Mann objektiviert, die Frau subjektiviert, der Mann sucht das Neue, die Frau bewahrt das Alte, der Mann schweift, die Frau macht Wohnung.»[86] Etwas unkonventioneller war seine Wahrnehmung, dass die Frau «durch ihr naturhaftes Frau- und Muttersein unvergleichlich mehr belastet als der Mann durch Mannsein und Vaterschaft» sei. «Sie ist viel weniger in der Lage, über sich selbst frei zu verfügen, es wird über sie verfügt – nicht durch den Mann, sondern durch ihr Mutterwerden.» Weiterführend war auch seine Einsicht, dass die sogenannt natürlichen Geschlechterrollen viel weniger wirklich naturgegeben als weitgehend kulturell geprägt sind:

> «Was die Frau ‹eigentlich› ist, können wir [...] heute erst in einer sehr vorläufigen Weise und mit Vorbehalt sagen. [...] Die Frau hat noch einen langen Freiheitsweg vor sich. [...] Der Mann als der faktisch dominierende Gestalter der Geschichte, der Kultur, der Rechtsverhältnisse und der öffentlichen Erziehung hat aus kurzsichtig egoistischen Motiven die Frau [...] künstlich auf ihre Naturbestimmung festgelegt und ihre freie geistige Entfaltung, zu der sie so gut wie der Mann als Ebenbild Gottes berufen ist, gehemmt [und] unterbunden. Er hat sie nach seinem Wunschbild von der Frau geformt. Die Frau ist noch heute in viel höherem Masse, als wir gewöhnlich annehmen, die Sklavin des Mannes, auch die Frau in den gehobeneren Schichten, auch die gebildete Frau. Ihr eigentliches Wesen ist darum noch nicht deutlich zu erfassen.»[87]

Geradezu feministisch muten seine Ausführungen zum Thema «Sünde» an:

> «Mann und Weib sind beide Sünder [...]. Aber sie sind anders Sünder. [...] Der Mann [...] sündigt vor allem nach der Seite der Freiheit hin; er ist der willkürliche, der herrische, der gewalttätige, der hochmütig anmassliche, der keine Bindung anerkennende, der freche [...]. Er brutalisiert die Kreatur und tritt sie mit Füssen, er setzt sich hochmütig über ihre Ordnungen hinweg und gibt ihr seine Willkürordnung. Er ist der Vergewaltiger und Zerstörer.»[88]

Die Sünde der Frau bestehe umgekehrt darin, dass sie sich füge: «Sie rebelliert nicht gegen das Böse.» Sie vergisst «die Freiheit, die sie so oft äusserlich nicht hat» und gibt sie «auch innerlich preis». «Sie lässt sich vom Mann einreden, dass sie ‹ins Haus gehöre und weiter nichts›.»[89]

---

[86] A. a. O., S. 364 f.
[87] A. a. O., S. 367.
[88] A. a. O., S. 365.
[89] A. a. O., S. 366.

«Das Ursprüngliche aber ist, dass Gott den Menschen nach seinem Bild schuf, Mann und Frau schuf er sie. Damit ist jeglicher Theorie von der weiblichen Minderwertigkeit der Boden entzogen.»[90]

Brunner wollte nichts von einer «Wertdifferenz» oder einer «Rangordnung» zwischen den Geschlechtern wissen. Die Geschlechterrollen sind relativ und «funktionell».[91] Das Geschlechtliche gehört überhaupt «zum Irdischen, nicht zum Himmlischen, zum Zeitlichen, nicht zum Ewigen». Auch «die vollkommenste denkbare Ordnung der Beziehungen der Geschlechter» ist christlich verstanden «nur ein Vorletztes, nicht ein Letztes».[92]

Life and Work

Im Sommer 1937 fand in Oxford die vom Ökumenischen Rat für Praktisches Christentum (Life and Work) veranstaltete Weltkonferenz über das Verhältnis von «Kirche, Volk und Staat» statt. J. H. Oldham war ihr *spiritus rector*.[93] In vielen Briefen und Gesprächen warb er um Brunners Mitarbeit, da er zu wissen glaubte, dass Brunner «der weltweiten Christenheit einen ausserordentlich wichtigen Beitrag» leisten werde:

> «Sie sind fähig, beide Seiten zu sehen, und ich weiss keinen, der so gut dafür geeignet ist, als Dolmetscher zwischen der deutschsprachigen und der angelsächsischen Theologie zu dienen. Die Vorsehung hat Sie für diese Aufgabe vorbereitet. [...] Es gibt eine grosse Schar von Menschen, besonders der jüngeren Generation, die auf einen Anstoss und auf die Anleitung warten, die Sie geben können.»[94]

Schon vor diesem Brief war Brunner im April 1934 zusammen mit Max Huber nach Paris gereist, um an einer der Vorbereitungskonferenzen einen Vortrag zu halten. Angesichts der Verhältnisse in Russland, Italien und Deutschland wurde vor allem über das Problem der Demokratie, über Nationalismus und Totalitarismus debattiert. Der deutsche Theologe Paul Althaus – er war krank und konnte seinen Gesprächsbeitrag nur schriftlich einreichen – führte aus, nach lutherischer Auffassung sei die Demokratie nicht in jedem Fall die beste Staatsform, die Verfassung des Staates müsse und könne «je nach der verschiedenen Art und Geschichte der Völker, je nach der besonderen geschichtlichen Stunde eine verschiedene sein». «Als allgemeine ethische Anforderung» sei «nur zu erheben,

---

[90] A. a. O., S. 370. Vgl. Genesis 1,27.
[91] A. a. O., S. 371.
[92] A. a. O., S. 373.
[93] Willem A. Visser 't Hooft, Die Welt war meine Gemeinde. München 1972, S. 92.
[94] Oldham an Brunner am 26. März 1936.

dass die Verfassung Raum habe für wirkliche Herrschaft, d.h. für eine Regierung, die Macht hat und, von dem jeweiligen Mehrheitswillen frei, unmittelbar vor Gott die Verantwortung für das von ihm gegebene und anvertraute Leben des Volkes trägt». «Die Totalität» konnte nach seinem Dafürhalten geradezu «die Form sein, in der alle Lebensgebiete aus ihrer Bindungslosigkeit im liberalen Staate heraus für das gefährdete Leben des Volkes neu in Anspruch genommen werden».[95]

Einiges von dem, was Emil Brunners in Paris vortrug, kommt erst auf diesem Hintergrund voll zur Geltung: «Der Staat ist nicht wesentlich Volksstaat, aber er ist wesentlich Rechtsstaat.» Der Christ suche «immer die Demokratie», weil «die möglichste Begrenzung der staatlichen Zwangsmacht [...] durch das Gesetz einerseits und die lebendige Kontrolle seitens des regierten Volkes andererseits eine direkte Folgerung aus der christlichen Wesensbestimmung des Staates» sei.[96] Die «Idee des totalitären Staates» ist «mit dem christlichen Glauben unvereinbar». «Die Idee des totalitären Staates ist die Gegenidee zum christlichen Gedanken mehrer, je in sich selbst ihr Gesetz tragenden Ordnungen, die sich gegenseitig begrenzen.»[97] Und die Kirche kann «niemals, ohne ihren Herrn zu verraten, dem staatlichen Diktat sich fügen». Der Staat ist immer nur eine «Sündenordnung».[98]

Max Huber, der selbst über das Thema «Evangelium und nationale Bewegung» referierte,[99] meinte nach dieser Konferenz, er sei während mehr als siebenundzwanzig Jahren an vielen internationalen Konferenzen und Ausschüssen beteiligt gewesen, aber er glaube, dass die Konferenz in Paris «die erste war, die ich ohne ein Gefühl der Enttäuschung verlassen habe. Ich habe sie im Gegenteil mit neuem Vertrauen auf die Möglichkeit internationaler Zusammenarbeit verlassen.»[100]

Brunner trug auch mit seinem Aufsatz «Der Staat und das christliche Freiheitsverständnis» zur Vorbereitung der Oxforder Konferenz bei, mit dem er dezidert Stellung bezog:

«Der Staat, der die Freiheitsrechte mehr eingrenzt, als unbedingt nötig ist, handelt ungerecht. Die Kirche ist aufgefordert, diesem Staat protestierend ent-

---

[95] Paul Althaus, Zum gegenwärtigen lutherischen Staatsverständnis, in: Forschungsabteilung des Ökumenischen Rates für Praktisches Christentum (Hg.), Die Kirche und das Staatsproblem in der Gegenwart. Zweite, erweiterte Auflage. Berlin 1935 (im Folgenden zitiert als «Kirche und Staat»), S. 7.
[96] Kirche und Staat. S. 15.
[97] A.a.O., S. 13.
[98] A.a.O., S. 12.
[99] Max Huber, Evangelium und nationale Bewegung, in: Kirche und Staat, S. 45–77.
[100] Nach: Ruth Rouse und Stephen Neill, Geschichte der Ökumenischen Bewegung 1517–1948. Zweiter Teil. Göttingen 1958 (im Folgenden zitiert als «Rouse-Neill»), S. 236.

gegenzutreten und sich schützend vor das verletzte Recht des Einzelnen – sei er nun Jude oder Christ oder Bolschewist – zu stellen. Sie muss es tun auf die Gefahr des Martyriums hin. [...] Damit ist die Idee vom totalen Staat *a limine* und unbedingt als eine mit dem christlichen Glauben unvereinbare erwiesen.»[101]

Brunner sprach von einem «christlichen Naturrecht».[102]

Wie wenig selbstverständlich die von Brunner vertretene Position damals war, zeigt sich darin, dass im selben Aufsatzband der deutsche Neutestamentler und nach dem Zweiten Weltkrieg hoch angesehene Sozialethiker Heinz-Dietrich Wendland die Auffassung vertrat, es sei «nicht die christliche Aufgabe, den sogenannten Rechtsstaat gegen den totalen Staat zu verteidigen oder ins Feld zu führen». Vor allem gegen englische, amerikanische (aber auch schweizerische) Sozialethiker sprach sich Wendland dagegen aus, dass die Christen «einer oder mehrerer Nationen» das Recht hätten, «politische und soziale Ordnungsformen, die unter bestimmten geschichtlichen Bedingungen sich als lebendig, wirksam, rechtschaffend usw. erwiesen haben, in Verkennung ganz andersartiger geschichtlicher Bedürfnisse und Notwendigkeiten für Christen anderer Länder und Völker als normativ zu setzen». Im Deutschland der Weimarer Republik, aber auch «in Italien, in Polen, in verschiedenen Balkanstaaten [und] in der Türkei», sei «der bürgerliche Rechtsstaat des 19. Jahrhunderts» jedenfalls zum «Unrechtsstaat» geworden. «Das Christentum hat nicht die Aufgabe, vergangene politisch-soziale Lebensformen zu verteidigen und seine Botschaft durch ein derartiges Bündnis hoffnungslos zu kompromittieren.» Gerade die Christen seien in einer solchen Lage «gehalten», nach einer neuen «Staatsgestaltung» zu suchen.[103] Der totale Staat bedeute «Rettung des Staates».[104]

---

[101] Emil Brunner, Der Staat und das christliche Freiheitsverständnis, in: Forschungsabteilung des Ökumenischen Rates für Praktisches Christentum (Hg.), Totaler Staat und christliche Freiheit. Genf 1937 (im Folgenden zitiert als «Totaler Staat»), S. 37–59; Zitat: S. 54.
[102] Totaler Staat, S. 56.
[103] A. a. O., S. 172 f.
[104] A. a. O., S. 166. Vgl. Dazu: Heinz-Dietrich Wendland, Wege und Umwege, 50 Jahre erlebter Theologie 1919–1970. Gütersloh 1977. In dieser seiner Autobiographie erzählt er S. 166 f. von seinen «grossen Fehlern» von 1934. Besonders den zweiten Teil seiner Schrift «Reichsidee und Gottesreich» müsse er «jetzt verwerfen», da er «nicht imstande gewesen» sei, «den utopisch-illusionären Charakter des Nationalsozialismus früher zu erkennen». Er habe «theologische Gliederverrenkungen» gemacht, «um – wie viele andere auch – den christlichen Schöpferglauben zu retten und so zu einer zwar nicht unkritischen, aber doch noch positiven Beurteilungen des Nationalsozialismus zu gelangen, ein höchst gefährliches Unternehmen». «Im Jahr 1934 glaubte ich jedoch tatsächlich noch an eine echte deutsche Volksbewegung in Gestalt des Nationalsozialismus, trotz seiner Schwächen.» A.a.O., S. 134: «Trotz einiger guter Gedanken über soziale und politische Utopien im ersten Teil» wünschte er jetzt, er hätte «Reichsidee und Got-

Die Oxforder Konferenz dauerte vom 12. Juli bis am 25. Juli 1937 und war mit 425 Vollmitgliedern die bis dahin grösste ökumenische Versammlung überhaupt. Oxford wurde für vierzehn Tage zu einer Manifestation der menschlichen Vielgestaltigkeit und nicht weniger derjenigen der Kirchen mit ihren – so die offizielle Geschichte der ökumenischen Bewegung – «einander widersprechenden Stimmen, ihren festgelegten geistlichen und nationalen Interessen, ihrem Unglauben und ihrer Selbstzufriedenheit».[105] Mit J. H. Oldham kann man es aber auch wohlwollender und mit mehr Begeisterung betrachten:

> «Nichts trat im Denken und Handeln der Konferenz [...] so klar hervor, wie die Anerkennung der Tatsache, dass die Kirche ihrem Wesen nach eine universale Gemeinschaft ist, eins in ihrem gemeinsamen Herrn, und dass in ihm nicht Jude noch Grieche, nicht Barbar noch Skythe, nicht Sklave noch Freier sein kann.»[106]

120 Kirchen und kirchliche Gemeinschaften aus 40 Ländern waren vertreten. «Die Konferenzteilnehmer stellten einen Ausschnitt der Christenheit dar, abgesehen von der römischen Kirche, von der [immerhin] [...] persönliche Beobachter auf Einladung zugegen waren.»[107] Abwesend war die Abordnung der Deutschen Evangelischen Kirche, der die nationalsozialistische Regierung die Teilnahme verboten hatte. Die offizielle «Geschichte der ökumenischen Bewegung» erzählt:

> «Pastor Niemöller und mehrere andere der erwarteten Delegierten standen unter Bewachung oder schmachteten im Gefängnis. Die Konferenz sah sich deshalb veranlasst, ‹ihren Brüdern in der Deutschen Evangelischen Kirche› eine besondere Botschaft der Sympathie und Solidarität zu schicken. Sie erwähnte besonders die schmerzlichen Erfahrungen und das standhafte Zeugnis der Bekennenden Kirche, vergass aber auch nicht einen ausdrücklichen Hinweis auf den Kampf der römisch-katholischen Kirche. Dies führte zu einem peinlichen Zwischenfall. Drei Deutsche nahmen an der Konferenz teil, ein Alt-Katholik, ein Methodist und ein Baptist als Vertreter kleiner Freikirchen, die sich dem Kampf der Evangelischen Kirche ferngehalten hatten. In einem öffentlichen Protest gegen die [an Deutschland adressierte] Botschaft

---

tesreich» «nicht geschrieben». – «Viele junge Menschen sind heute der Meinung, es sei damals doch ganz klar gewesen, für welche Seite man sich entscheiden musste. Das ist jedoch völlig unhistorisch gedacht. Das Gegenteil war der Fall. Viele ernste Christen und Theologen haben lange geschwankt. Die politische, geistige und religiöse Landschaft war eingehüllt vom Nebel der Propaganda. Das Parteiprogramm sprach vom ‹positiven Christentum›. Gerade dadurch wurde alles zweideutig und unklar. Wer wollte damals wohl der Erneuerung von Staat und Nation im Wege stehen?»

[105] Rouse-Neill, S. 243 f.
[106] Forschungsabteilung des Ökumenischen Rates für Praktisches Christentum (Hg.), Bericht der Weltkirchenkonferenz von Oxford über Kirche, Volk und Staat. Frauenfeld 1938 (im Folgenden zitiert als «Oxford»), S. 31. Vgl. Galater 3,28.
[107] Rouse-Neill, S. 244.

versicherte der Methodist, dass ‹der Bund der Evangelischen Freikirchen in Deutschland für die volle Freiheit der Verkündigung des Evangeliums von Jesus Christus dankbar [sei]›. Er brachte sodann [seine] ‹Dankbarkeit dafür› zum Ausdruck, ‹dass Gott in seiner Vorsehung einen Führer gesandt [habe], der die Gefahr des Bolschewismus in Deutschland zu bannen [...] und ihm [d. h. Deutschland] einen neuen Glauben an seine Sendung und Zukunft zu geben [vermöge]›.»[108]

Emil Brunner war an der Vorbereitung und Durchführung der Konferenz intensiv beteiligt. J. H. Oldham hatte ihn Ende August 1936 in Zürich besucht. Gemeinsam fuhren sie zu Max Huber, der auf seinem Landsitz, Schloss Wyden in der Nähe von Winterthur, seine Sommerferien verbrachte. Es gelang ihnen, den damals 62-Jährigen dafür zu gewinnen, den Vorsitz der Sektion «Kirche und Staat» der Oxforder Konferenz zu übernehmen, in der auch Brunner mittat. Obwohl Oldham wusste, dass die grosse zusätzliche Belastung für den Präsidenten des Internationalen Komitees vom Roten Kreuz fast unzumutbar war, sah er keine «befriedigende Alternative» und freute sich darüber, dass Huber den Auftrag – wenn auch mit Bedenken – annahm.[109] Huber seinerseits schlug Emil Brunner als einen – wie man heute sagen würde – *keynote speaker* vor.[110]

Eine andere Frage, über die Oldham mit Brunner diskutierte – teilweise «in den Strassen Zürichs» –, war der geistliche Aspekt der Konferenz. Zuerst schwebte ihnen vor, die Delegierten einzuladen, jeweils am Morgen «in kleinen Gruppen von 15 oder 20» gemeinsam zu beten.[111] Angesichts der grossen Zahl der Teilnehmer und der wenigen verfügbaren Räume liess der Plan sich nicht realisieren. Man zweifelte auch daran, ob genügend qualifizierte Gruppenleiter gefunden werden könnten. Infolgedessen wurde beschlossen, in der Oxforder Marienkirche jeweils am Morgen einen Gottesdienst und abends eine Andacht durchzuführen. «Bei diesen Gottesdiensten wurde nur eine ganz kurze Ansprache gehalten. Fast die ganze Zeit gehörte dem Gebet und der Fürbitte. Es wurde reichlich Zeit zur Stille gegeben. Die Beteiligung an den Gottesdiensten war auffallend gut und hielt an oder wuchs im Laufe der Tage.»[112] Die Gestaltung des Gottesdienstes am 22. Juli übertrug man Emil Brunner,[113] ebenso eine Andacht an der Sitzung der Präsidenten und Sekretäre der Konferenz, die deren Eröffnung unmittelbar voranging.[114]

---

[108] A. a. O., S. 245.
[109] Oldham an Brunner am 1. September 1936
[110] Oldham an Brunner am 6. April 1936, vgl. unten, S. 334 f.
[111] Oldham an Brunner am 6. April 1937.
[112] Oxford, S. 19.
[113] A. a. O., S. 275–279 und besonders S. 278.
[114] Oldham an Brunner am 2. Juli 1937.

In seinem Konferenzbericht schreibt Oldham:

> «Es ist kaum möglich, denjenigen, die nicht dabei waren, einen Begriff davon zu geben, was die tägliche gemeinsame Anbetung in einem aus vielen Ländern, Völkern und Rassen zusammengesetzten Kreise, in dem so viele verschiedene kirchliche Strömungen und Bekenntnisse vertreten waren, für diejenigen bedeutet hat, die daran teilnahmen. In den Zeiten der Stille hatte man oft das überwältigende Gefühl, dass in der Welt des Geistes etwas geschehe und dass man in den kommenden Jahren erwarten dürfe, im Aufbrechen neuen Lebens nach unzähligen Richtungen hin eine Antwort auf die gemeinsam vor Gott gebrachten Gebete zu erleben.»[115]

Dazu kamen der feierliche Eröffnungs- und der wohl noch feierlichere Abschlussgottesdienst und weitere – konfessionell getrennte – Abendmahlsgottesdienste. Kritisch vermerkte Oldham:

> «Bis jetzt ist noch keine Lösung gefunden, die die katholische und die protestantische gottesdienstliche Tradition vereint, und es wird nötig sein, dass die ökumenische Bewegung in Zukunft dieser Frage ernstlich nachgeht.»[116]

Als einen besonderen Höhepunkt erlebten viele ein Abendmahl «nach anglikanischem Ritus», bei dem die Anglikaner «getaufte, abendmahlsberechtigte Glieder anderer Kirchen» zur Kommunion einluden. «Tatsächlich mussten gleichzeitig zwei Gottesdienste stattfinden, da für die Zahl derjenigen, die teilzunehmen wünschten, eine Kirche nicht ausreichte.»[117] Einiges kam also in Bewegung.

Am 15. Juli 1937 fand eine Vollversammlung im Rathaus von Oxford statt. Dabei wurden zwei Hauptreferate gehalten – beide zum Thema: «Die Grundlagen der christlichen Ethik» –, das erste von Emil Brunner und das zweite vom anglikanischen Theologen Walter Robert Matthews, damals Dekan der St.-Pauls-Kathedrale in London.[118] Oldham und viele andere waren von den Worten Brunners tief beeindruckt. Indirekt geht das auch daraus hervor, dass Oldham in seinem Konferenzbericht darüber ausführlicher als über andere Voten referiert.

Anders als sein Korreferent, W. R. Matthews, wandte sich Brunner gegen eine Ethik, die von der Bergpredigt ausgeht: «Die Ethik der Bergpredigt, wie sie z. B. von Tolstoi oder im sogenannten *Social Gospel* vertreten» werde, sei «ein völliges Missverständnis der wirklichen Bergpredigt». Jene sei «gesetzliche Ethik, Prinzip und System» und erschöpfe sich «in der Aufstellung von Forderungen, ohne wirksame Kräfte zu mobilisieren oder gar zu schaffen». «Mit der Liebesforderung und mit der Aufstel-

---

[115] Oxford, S. 19f.
[116] A. a. O., S. 21.
[117] A. a. O.
[118] Oldham an Brunner am 3. Juni 1937 und Oxford, S. 276.

lung von Sozialprogrammen» ist es «nicht getan». Es kommt «vielmehr darauf an, den Menschen die Kraft zum Guten zu geben». «[Es ist] überhaupt fraglich, ob man von einer christlichen Ethik sprechen kann; denn Ethik bedeutet ja [...] ein für sich dastehendes System.» «Im christlichen Glauben» ist «das Gute so verstanden, dass es nie an und für sich als Programm des menschlichen Tuns fixiert werden kann.» «Verständlich und möglich» wird es «immer nur im Zusammenhang mit dem göttlichen Tun und Reden.» «Die dogmatischen Wahrheiten – d. h. die Erkenntnis dessen, was Gott ist und tut und schenkt – und die ethischen Gebote sind so eng verbunden, dass keins ohne das andere sein kann.» – Man darf die Ethik nicht vom «Glauben an Gottes Heilstat» loslösen. Sonst kommt es zu einem «ethisch unfruchtbaren Dogmenglauben» und zu einer «vom Glauben losgelösten, gesetzlichen Ethik». «Ein Glaube, der nicht zugleich Gehorsam ist, ist nicht nur unvollständig sondern verderblich, ebenso wie ein Handeln, das nicht aus dem Glauben kommt, sündig ist.»[119]

Die Hauptfrage einer echt christlichen Ethik sei, «wie der sündige Mensch gut werden» könne. Es komme also «darauf an, die vergiftete Quelle alles Lebens, das Personenzentrum, selbst zu entgiften, damit das Handeln rein werde». «Was die Welt braucht, sind nicht in erster Linie neue Institutionen, sondern neue Menschen.» Brunner unterstrich zugleich, dass dieser «christliche Personalismus» nicht «mit Individualismus» verwechselt werden dürfe.

> «Echter Glaube ist der radikale Gegensatz zum Individualismus. [...] Denn echter Glaube ist Einverleibung in den Leib Christi. Persönlichster Glaube ist zugleich universellste Verantwortlichkeit.»[120]

«Echte Jüngerschaft» wirkt «auch in die Bereiche des Institutionellen» hinein. «Der christliche Glaube kann einen neuen Geist in der Gesellschaft und zwischen den Völkern schaffen.»[121]

Am Samstag, dem 24. Juli 1937, versammelte sich die Konferenz zu ihrer letzten Vollversammlung im Rathaus von Oxford.[122] Die Delegierten nahmen eine offizielle «Botschaft an die christlichen Kirchen» entgegen, verwiesen sie zur Überarbeitung an den beauftragten Ausschuss und empfahlen sie den Kirchen zu «ernster und freundlicher Erwägung».[123] Als «wichtigste Aufgabe» der Kirche wurde bezeichnet, «die Menschen durch die Verkündigung des Wortes Gottes zu Jüngern Christi zu machen und ihr eigenes Leben zu ordnen aus der Kraft des Heiligen

---

[119] Oxford, S. 37–39.
[120] A. a. O.
[121] A. a. O.
[122] A. a. O., S. 279.
[123] A. a. O., S. 260.

Geistes».[124] Brunner war einer der Hauptverfasser dieser Botschaft.[125] Die Universität Oxford verlieh ihm anlässlich der Weltkonferenz den Titel eines «Doctor of Divinity» honoris causa.[126]

«Wahrheit als Begegnung»

In Oxford traf Brunner auch mit Arvid Runestam zusammen, der an der Vorbereitungskonferenz in Paris im Frühling 1934 dabei gewesen war und dort ein Referat über «Das Christentum und der Staat» gehalten hatte.[127] In Oxford sprach er in der ersten Vollversammlung über «Von Stockholm nach Oxford».[128] (Wie Brunner war er einer der *keynote speaker*.) Seit 1922 war er Professor für systematische Theologie und theologische Ethik an der Universität Uppsala. 1937 wurde er zum Bischof von Karlstadt (Schweden) berufen. Er war nicht nur für die Ökumene tätig, sondern unterstützte auch die Oxfordgruppenbewegung, hatte mit Brunner also viel gemeinsam.[129]

Arvid Runestam veranlasste, dass Brunner im Oktober 1937 die angesehenen *Olaus-Petri*-Vorlesungen in Uppsala halten konnte. Diese waren zum Andenken an den Schüler Martin Luthers und schwedischen Reformator Olaf Petersson – oder lateinisch: *Olaus Petri* – gestiftet worden. Sie wurden grosszügig honoriert und auf Kosten der Veranstalter auf Schwedisch publiziert. In einem intensiven Briefwechsel zwischen Februar und September 1937 und während der Oxforder Konferenz einigten Runestam und Brunner sich über die Thematik. Diskutiert wurden «Das Wort» (Runestam),[130] «Das Wahrheitsproblem in der christlichen Theologie» (Brunner), «Das Objektive und das Subjektive im Christentum» (Runestam)[131] und «Gewissheit und Wahrheit im christlichen Glauben» (Brunner).[132] Am 1. Oktober des gleichen Jahres war es dann so weit: Brunner begann in Uppsala mit der Vorlesungsreihe «Wahrheit als Begegnung».[133]

---

[124] A. a. O., S. 263.
[125] Nach einem Pressetext von John A. Mackay im Februar 1938, in: Princeton Theological Seminary, Special Collections (im Folgenden: «P»).
[126] A. a. O. und Nachlass 127, 1.
[127] Kirche und Staat, S. 102–104.
[128] Oxford, S. 275.
[129] http://www.bautz.de/bbkl/r/runestam_a.shtml, Wolfdietrich von Kloeden.
[130] Runestam an Brunner am 2. März 1937.
[131] Runestam an Brunner am 29. März 1937.
[132] Runestam an Brunner am 2. September 1937.
[133] Emil Brunner, Wahrheit als Begegnung. Sechs Vorlesungen über das christliche Wahrheitsverständnis. Berlin 1938 (im Folgenden zitiert als «Wahrheit»).

Die Vorlesungen fanden jeweils abends um 7 Uhr statt.[134] Brunner war Gast im Palast von Erzbischof Erling Eidem, hielt sich aber oft bei Runestam auf. Dieser veranstaltete am 5. Oktober 1937 ein festliches Abendessen (auf Schwedisch: ein «spätes Mittagessen») für den Gast aus der Schweiz «zusammen mit dem Rektor der Universität und anderen prominenten Mitgliedern» der schwedischen Akademie.[135] Am 16. November 1937 dankte er Brunner für seinen Besuch und die Vorlesungen:

> «Mir persönlich war es ein Erlebnis. Ich habe mit Dir so viel gemeinsam. Nicht nur die Teilnahme an der Oxfordgruppe, obwohl sie dazu beigetragen hat, die Freundschaft zu beschleunigen. Sondern die ganze Einstellung zum Leben und dem, was das Notwendigste ist oder wäre in der Zeit der Entscheidung.»[136]

In einem weiteren Brief schrieb er: «Es ist wirklich wunderbar zu denken, dass man so mit einem Menschen – nach nur kurzer Bekanntschaft – Gemeinschaft haben kann.»[137]

Der Titel «Wahrheit als Begegnung» stammte von Brunners Freund Pfarrer Gottlob Spörri[138] und war gut gewählt. Denn darum ging es Brunner: Er wollte zeigen, dass die «Wahrheit, von der die Bibel spricht, [...] immer ein Geschehen» ist, «und zwar das Geschehnis der Begegnung Gottes mit dem Menschen, ein Tun Gottes, das in einem Tun des Menschen aufgenommen werden muss». Denn die «Wahrheit tun» – das ist «die charakteristisch unphilosophische, ungriechische Art, wie die Bibel von der Wahrheit spricht».[139] Im Neuen Testament wird der «landläufige Wahrheitsbegriff» gesprengt.

> «Wahrheit ist das, was geschieht, was Gott tut. [...] Wahrheit ist Begegnung Gottes mit dem Menschen.»[140] – «Nicht das Substantiv, sondern das Verbum ist in der biblischen Sprache das Hauptwort.»[141]

Brunner nahm damit einen Faden auf, der in seine frühe Zeit zurückreicht: Glaube im theologischen Sinn ist, «wie wenn eine Mutter zu ihrem Sohn sagt: Ich glaube an dich!».[142] Schon als Student war ihm aufgegangen, dass ein rein intellektualistisches Glaubensverständnis – Glaube im Sinne von Fürwahrhalten – irreführend ist. Deshalb war der junge Brunner so von Bergson fasziniert. In seiner Rezension von Barths Römerbrief-

---

[134] Runestam an Brunner am 9. September 1937.
[135] Runestam an Brunner am 9. und am 20. September 1937.
[136] Runestam an Brunner am 16. November 1937.
[137] Runestam an Brunner am 14. Dezember 1937.
[138] Pfarrer Rudolf Keller, St. Gallen, mündlich.
[139] Wahrheit, S. 155.
[140] A. a. O., S. 106.
[141] A. a. O., S. 107.
[142] Vgl. oben, S. 47.

kommentar hatte er an Hermann Kutter erinnert, der jene Leute «so köstlich» charakterisiert habe, «die, statt das Bild im Bilderbuch anzuschauen, Papier und Farbe analysieren», weil «die eigentliche Aufgabe – die Betrachtung und das Verständnis des Bildes –» ihnen «als ‹unwissenschaftlich› erscheint».[143] In seiner Lizentiatendissertation hiess es:

> «Einer der verhängnisvollsten Irrtümer in der Geschichte des menschlichen Denkens ist der Grundsatz des Intellektualismus, dass der Verstand einziges und zureichendes Mittel der Erkenntnis der Wirklichkeit sei.»[144] – «Ich hoffe, dass wenigstens eines mir gelungen ist, der Überzeugung einen klaren Ausdruck zu geben, dass Religion, religiöses Leben niemals durch philosophische Spekulation ersetzt werden könne. Was der religiösen Erkenntnis zugänglich ist, das ist ihr eigenster Besitz, den sie mit niemand sonst zu teilen braucht, ein Heiligtum, das keinen anderen einlässt.»[145]

In der zurückgezogenen ersten Habilitationsschrift von 1915 war es ihm um den «Aufbau einer nicht-intellektualistischen Erkenntnistheorie» gegangen, die den «Geltungswert der religiösen Erkenntnisse» positiv bestimmt und zugleich den «Grund der Verschiedenheit religiöser und wissenschaftlicher Erkenntnis» demonstriert.[146] In der schliesslich angenommenen Habilitationsschrift von 1921 hatte er vor einer «metaphysischen Verdinglichung des Geistes» gewarnt:[147] Gott werde durch den Intellektualismus verdinglicht, weil dieser die «Gottesidee» für «Gott selbst» halte.[148]

Nachdem Brunner sich in Amerika intensiv mit Religionspsychologie auseinander gesetzt hatte (und unter dem Eindruck Barths und Thurneysens), begann er in den frühen Zwanzigerjahren auch in einer zweiten Richtung zu kämpfen: Nicht nur den Objektivismus, sondern auch den Subjektivismus hielt er für gefährlich für die Theologie. Die «Erlebnisreligion» war ebenfalls «ein prinzipielles Missverständnis»,[149] eine These, die Brunner in «Die Mystik und das Wort» vertiefte.[150] Jetzt, im Herbst 1937, nahm Brunner in Uppsala zwar nichts davon zurück. Immer noch wandte er sich gegen das «mystische Erlebnis der Identifikation».[151] Er unterstrich, dass der Subjektivismus das «Offenbarungsgut» tiefer als der

---

[143] Emil Brunner, «Der Römerbrief» von Karl Barth, in: Anfänge, S. 80. Vgl. oben, S. 39.
[144] Das Symbolische, S. V. Vgl. oben, S. 52.
[145] A. a. O., S. 132. Vgl. oben, S. 52.
[146] Bergson, S. 17. Vgl. oben, S. 65.
[147] Erlebnis, S. 79. Vgl. oben, S. 174.
[148] A. a. O., S. 75. Vgl. oben, S. 174.
[149] A. a. O., S. 3. Vgl. oben, S. 175.
[150] Vgl. oben, S. 13.
[151] Wahrheit, S. 116.

Objektivismus gefährde und dass er eine «eigentlich kirchenauflösende Tendenz» aufweise.[152] Aber das war nur ein Nebenthema. Mit viel grösserer Heftigkeit wandte er sich gegen einen «falsch objektivistischen Glaubensbegriff»[153] und warf «der heutigen objektivistischen Richtung der Theologie»[154] die «Verwechslung von Lehre und Wort Gottes» vor.[155] Der Glaube war für ihn nicht «eine blosse Kopfsache, eine rein intellektuelle Angelegenheit, ein Glaube in der Dimension ‹etwas Wahres glauben›».[156]

Vor allem Karl Barths Weg vom «Römerbrief» zur «Kirchlichen Dogmatik», so wie Brunner ihn sah, provozierte ihn zu dieser Wendung. Bereits 1932 – nach Erscheinen des ersten Bandes der «Kirchlichen Dogmatik» – hatte er Barth geschrieben:

> «Aber eines sehe ich [...] deutlich [...]: dass wir ungefähr in der entgegengesetzten Richtung weitergehen. Du in der Richtung auf die *theologia perennis*, die eigentlich die Besonderheit der menschlichen Fragen für jede Zeit ablehnt und auch im 20. Jahrhundert auf die Fragen des 16. glaubt antworten zu müssen; ich gerade umgekehrt in der Richtung auf eine solche Dogmatik, die gerade darin ihren Dienst sieht, dass sie auf die Fragen antwortet, die gerade der heutige Mensch stellt.»[157]

Und als der zweite Band der «Kirchlichen Dogmatik» erschien, erinnerte er dessen Verfasser daran, er habe schon früher gesagt, «dass die zunehmende Orthodoxie an dem zunehmenden Volumen der Dogmatiken festzustellen sei»;[158] das wolle er an diesem Wälzer (1011 Seiten!) überprüfen. An John Alexander Mackay schrieb er wenige Tage später:

> «Haben Sie Barths zweiten Band [...] schon erhalten? Die Entwicklung im Sinn der Scholastik ist evident. Ein Jammer, wenn man an Barths frühere prophetische Kraft denkt.»[159]

Er beklagte Barths ‹theologische Engherzigkeit›,[160] seine «orthodoxe Zusammenrückung von Theologie und Glaube» und warf ihm vor, einen «altkatholischen und unbiblischen, orthodoxen Glaubensbegriff» zu ver-

---

[152] A.a.O., S. 129.
[153] A.a.O., S. 125.
[154] A.a.O., S. 139.
[155] A.a.O., S. 133.
[156] A.a.O., S. 121.
[157] An Barth am 13. Dezember 1932, in: Barth–Brunner, S. 210.
[158] An Barth am 11. Januar 1938, in: Barth–Brunner, S. 299.
[159] An Mackay, nicht datiert (wohl am 20. Januar), eingetroffen am 31. Januar 1938. P.
[160] An Barth am 2. Oktober 1934, in. Barth–Brunner, S. 265.

treten, Glaube im Sinne von Fürwahrhalten.[161] Barth sei «so orthodox geworden».[162]

Ohne jedoch Barth persönlich zu erwähnen (er nannte überhaupt keine zeitgenössischen Theologen), führte Brunner in Uppsala aus, dass der Objektivismus «immer die eigentliche, kirchliche, innerkirchliche Gefahr» gewesen sei:[163]

> «Diese Verwechslung, diese Verschiebung vom personalen Verständnis des Glaubens auf das intellektuelle ist wohl das verhängnisvollste Geschehen innerhalb der gesamten Kirchengeschichte, die Ursache der ungeheuerlichen Inflation der Christlichkeit und Kirchlichkeit, die das Zeugnis von der Heilsoffenbarung in Jesus Christus [...] schwer belastet und das Ansehen der Kirche mehr als irgendetwas anderes geschädigt hat.»[164]

> «Glaube ist nicht primär Glaube an etwas Wahres – auch nicht an das Wahre, ‹dass› Jesus der Sohn Gottes sei, sondern er ist primär Vertrauen und Gehorsam.»[165]

Brunner lehnte den Fundamentalismus ab, bezeichnete «die Bibelkritik als Selbstverständlichkeit»[166] und hielt dafür, die «Lehre von der göttlichen Unfehlbarkeit des Schriftwortes» sei durchaus mit der «Lehre von der Unfehlbarkeit des Heiligen Stuhles» zu vergleichen.[167] Über die realexistierende Kirche als Institution sprach er kritisch, beklagte «das achtzehnhundert Jahre alte Missverständnis der Kirche»[168] und nannte besonders die «Praxis der Säuglingstaufe [...] skandalös»[169] – oder mindestens eine «höchst fragwürdige Einrichtung». Man begehre sie heute «mehr aus Rücksicht der Sitte als aus Glaubensüberzeugung».[170] – Runestam fand Brunners Standpunkt zu «subjektivistisch» und wollte an der Säuglingstaufe festhalten.[171]

Weiter führte er aus, der «Pfarrer legitimiere seine Alleinverantwortlichkeit für die Lehre durch das Monopol der theologischen Bildung [und] seine Ausnahmestellung hinsichtlich der Sakramentsspendung durch das Monopol der kirchenrechtlichen Ordination».[172] Die «Zeit der Nur-Pfar-

---

[161] Emil Brunner, Zur Diskussion mit Barth: Die Probleme, Nachlass 81, abgedruckt in Barth–Brunner, S. 448–458, hier: S. 457.
[162] An die Schwestern am 26. November 1938.
[163] Wahrheit, S. 129.
[164] A. a. O., S. 118.
[165] A. a. O., S. 105.
[166] A. a. O., S. 131.
[167] A. a. O., S. 130.
[168] A. a. O., S. 122.
[169] A. a. O., S. 140.
[170] A. a. O., S. 139.
[171] Runestam an Brunner am 14. Dezember 1937.
[172] Wahrheit, S. 146.

rer-Kirche» sei aber «endgültig vorbei».[173] Die «Monopolstellung des theologisch Gebildeten in der Gemeinde» sei «erschüttert»,[174] da grundsätzlich «jedes Gemeindeglied» als ein «mündiger Bibelleser» für voll genommen werden müsse.[175]

> «Das Neue Testament weiss nichts von einem Unterschied zwischen Klerikern und Laien, zwischen einem ‹geistlichen› Stand und einem nichtgeistlichen Kirchenvolk.»[176] – «Der heutige Christ will Verantwortung mittragen, will seine Kraft in den Dienst der Kirche stellen und ist von der Kirche enttäuscht, wenn sie ihm dieses Recht des Dienstes vorenthält. Eine Kirche, die ihm nichts zu tun gibt, kann ihm nicht genügen.»[177]

Das «allgemeine Priestertum» lasse sich am ehesten in der Seelsorge realisieren und sei hier auch besonders nötig.[178]

Brunner forderte eine «bekennende Kirche»: «Wer sich nicht zu Christus bekennen will, gehört nicht in die Kirche.»[179] Die «bisherige Kirche» sei fiktiv, da sie «Millionenmassen» von «getauften Ungläubigen oder kirchlich Uninteressierten» umfasse, wogegen das «kleine Häuflein der Bekennenden» im Vergleich dazu gering sei.[180]

Auf dem Hintergrund dieser kritischen Beobachtungen und Abgrenzungen liess sich nun auch das Positive darstellen, das, worauf es Brunner ankam: sein Programm eines *biblisch fundierten Personalismus*. Er traf sich hier mit anderen damals führenden Religionsphilosophen und Theologen: Martin Buber, Franz Rosenzweig, Friedrich Gogarten, Paul Tillich (teilweise), Jacques Maritain, Gabriel Marcel und anderen.[181] Dass er vom österreichischen Volksschullehrer Ferdinand Ebner Anregungen empfangen hatte, wurde bereits erwähnt.[182] Inzwischen hatte er natürlich auch Buber und vor allem dessen Schrift «Ich und Du» gelesen.[183]

Eine der entsprechenden Kernstellen in Uppsala lautet folgendermassen:

> «Gott gegenüber dem Menschen, als der in souveräner Freiheit Schenkende, der Mensch ihm gegenüber als der in empfangender Freiheit Wiedergebende, Gottes Ja zum Menschen – zu dem Menschen, der als Sünder in der Vernei-

---

[173] A. a. O., S. 150.
[174] A. a. O., S. 149.
[175] A. a. O., S. 148.
[176] A. a. O., S. 144.
[177] A. a. O., S. 149.
[178] A. a. O., S. 151.
[179] A. a. O., S. 141.
[180] A. a. O., S. 141.
[181] Religion in Geschichte und Gegenwart. 4. Auflage. Band 6. Tübingen 2003. Sp. 1130–1133 (Martin Leiner).
[182] Vgl. oben, S. 191 f.
[183] Martin Buber, Ich und Du. Leipzig 1923.

nung Gottes lebt, – und des Menschen Ja zu Gott, das durch Gottes Ja hervorgerufen, aber nicht erzwungen wird, sondern des Menschen eigene Entscheidung bleibt. Gottes verantwortlich machendes Wort – das als Wort der Gnade erst recht verantwortlich macht; und des Menschen verantwortliche Entscheidung, die Gott fordert und erwartet und die er zugleich gibt. Gottes Liebe, die sich, ohne Bedingungen zu stellen, dem Menschen zuwendet – dem Menschen, in dem keine Bedingung der Würdigkeit erfüllt ist –, die aber im Menschen, gerade durch diese Unbedingtheit, das Vertrauen erweckt, so dass er es wagt, sich diesem liebenden Gott ganz und ohne Reserve in die Hand zu legen, darum, weil er von dieser Liebe überwunden wird. Der Mensch, der nunmehr, so von Gottes Liebe überwunden, Gott seine Liebe in Wiederliebe zurückgibt: [Darum geht es.]»[184]

Er ging von einer «formalen Urrelation aus, die doch mit der Sache der Bibel identisch» sei, und nannte sie «das Verhältnis der *personalen Korrespondenz*»[185] zwischen Gott und Mensch, das «Verhältnis der göttlichen und menschlichen Dubeziehung».[186]

Das Prinzip der personalen Korrespondenz realisiert sich nach biblischem Verständnis im Verhältnis zwischen dem Wort Gottes und dem Glauben. Und umgekehrt kann man das Verhältnis von Wort Gottes und Glaube nur als personale Korrespondenz begreifen.[187]

«Das Wort ist die Art und Weise, durch die Geist dem Geist, Subjekt dem Subjekt, Wille dem Willen sich mitteilt. Wort ist [...] diejenige Mitteilung, die das Subjekt nicht zum Objekt macht, sondern es zur Selbsttätigkeit im Entgegennehmen bewegt. Wort ist die Selbstmitteilung Gottes, die den Freiheitsraum kreatürlicher Selbstentscheidung ausspart, die gibt, ohne zu vergewaltigen, die so gibt, dass auch das Nehmen eine Hingabe, eine freie Selbsthingabe sein kann.»[188] – «Das menschliche Subjekt, die menschliche Person wird nicht ausgeschaltet, übersprungen, sondern sie wird im Gegenteil in der allerdringlichsten Weise aufgerufen und aufgeboten.»[189]

«Gott will ein Gegenüber, das in freier Entscheidung zu ihm ja sagt» und ihn liebt, wie er zuvor auch dieses liebt:

«Gott überrennt den Menschen nicht, er setzt den menschlichen Willen, die Personentscheidung nicht ausser Kraft, sondern er nimmt sie in Anspruch.»[190] – «Liebe setzt völlige Freiheit voraus. Erzwungene Liebe ist keine Liebe.»[191]

---

[184] Wahrheit, S. 101.
[185] A.a.O., S. 49.
[186] A.a.O., S. 78.
[187] A.a.O., S. 57.
[188] A.a.O., S. 50.
[189] A.a.O., S. 74.
[190] A.a.O., S. 74.
[191] A.a.O., S. 45.

Gott ist nicht eine «Übermacht, die den anderen Teil vergewaltigt».[192] Denn es entspricht nicht dem Verständnis des christlichen Glaubens, wenn man die Beziehung zwischen Gott und Mensch nicht personal – als Ich-Du-Beziehung – sondern im Sinne einer «Kausalität» fasst.[193]

«Nicht als Etwas, als Abstraktum, als Objektives, Gegebenes [...] will Gott da sein, sondern persönlich und darum [...] in den Herzen der Gläubigen wohnend.»[194] – «Stehe ich Gott gegenüber, so stehe ich dem gegenüber, der im unbedingten Sinne kein ‹Etwas›, der im unbedingten Sinn reines Du ist, wo ich also nichts zu ‹denken› [...] habe.»[195] – «Wer glaubt, ist nie einsam. Glaube ist die radikale Überwindung der Icheinsamkeit. Der Monolog der Existenz – auch jener Existenz, da mit vielen vieles besprochen wurde – ist die dialogische Existenz geworden, es ist jetzt unbedingte Gemeinschaft da.»[196] – «Gott will [...] Gemeinschaft haben.»[197]

Mit seiner Vorlesungen in Uppsala und mit deren Publikation war Brunners theologische Entwicklung zu einem gewissen Ziel- und Höhepunkt gekommen. Es ist nicht falsch – wenn auch etwas holzschnittartig –, wenn ein sorgfältiger Brunner-Forscher die Jahre 1938–1966 in Brunners Leben als «personale Phase» zusammenfasst, ohne sie in weitere Abschnitte zu unterteilen.[198] Was Brunner 1937 erreicht hatte, führte er in vielen weiteren Publikationen aus – vor allem in seiner «Dogmatik» und im Buch «Das Missverständnis der Kirche». Es war ihm in Uppsala gelungen, mit sich selbst ins Klare zu kommen und seine eigene, von Karl Barth unabhängige Position zu definieren. In der Folge ging es in erster Linie um deren weitere Entfaltung.

---

[192] A.a.O., S. 74f.
[193] A.a.O., S. 74.
[194] A.a.O., S. 73.
[195] A.a.O., S. 64.
[196] A.a.O., S. 65.
[197] A.a.O., S. 44.
[198] Uwe Lüdemann, Denken – Glauben – Predigen. Eine kritische Auseinandersetzung mit Emil Brunners Lehre vom Menschen im Widerspruch. Frankfurt am Main u.a. 1998, S. 11 und öfters.

Gastprofessor in Princeton

Auf das Betreiben John Alexander Mackays, damals Präsident des Princeton Theological Seminary und wie Huber, Keller, Oldham und Runestam einer seiner engsten Freunde, wurde Brunner 1937 als Gastprofessor nach Princeton berufen.

Mackay gehörte zu den wichtigsten englischsprachigen ‹Kirchenführern› seiner Generation. Er hatte in Aberdeen Philosophie, am Princeton Theological Seminary Theologie studiert und sein Doktorstudium in Salamanca beim Philosophen Miguel de Unamuno absolviert. Danach hatte er in Lima eine evangelische Schule gegründet, war als erster Protestant Philosophieprofessor an der seit 1551 bestehenden San Marcos-Universität geworden und hatte weitere Lehraufträge in Uruguay und Mexiko wahrgenommen.

Mackays theologische Kenntnisse und Interessen waren gross. Das Sommersemester 1930 verbrachte er in Bonn bei Karl Barth, dem er Englischunterricht erteilte.[1] Von hier aus besuchte er auch Emil Brunner, mit dem er in Kontakt zu bleiben hoffte.[2] Seit 1936 war er Präsident des Princeton Theological Seminary, der ältesten und grössten theologischen Hochschule der amerikanischen Presbyterianer. Er gründete die Zeitschrift «Theology Today» und war später unter anderem Mitglied des Zentralkomitees des Ökumenischen Rates der Kirchen, Präsident der Amerikanischen Vereinigung Theologischer Schulen, Vorsitzender des Internationalen Missionsrates und Präsident des Reformierten Weltbundes.

Im Sommer 1937 trafen Brunner und Mackay sich in Oxford. Eine enge Freundschaft begann. Im «Obergemach» der Marienkirche tauschten sie ihre Gedanken aus und beteten miteinander.[3] Beruflich war Mackay damals in einer anspruchsvollen Situation, da das *Princeton Theological Seminary* sich im Umbruch befand. Die Fundamentalisten mit John Gresham Machen an der Spitze hatten Princeton verlassen und das orthodox calvinistische Westminster Theological Seminary in Philadelphia gegründet.[4] Das Durchschnittsalter der verbleibenden Professoren war hoch, ihre Lehrveranstaltungen waren wenig mitreissend. Mackays wichtigste Aufgabe war es deshalb, frischen Wind in die Fakul-

---

[1] Busch, S. 217.
[2] Mackey an Brunner am 29. Juni 1930.
[3] Mackey an Brunner am 7. Dezember 1937 und andere Stellen.
[4] Vgl. oben, S. 245.

John A. Mackay 1938.

tät zu bringen. Der erste von ihm berufene Vertreter der damals jungen Theologengeneration war Otto Piper, ab 1930 Nachfolger Karl Barths in Münster, von wo er im September 1933 von den Nationalsozialisten entlassen wurde. Auf dem Umweg über England kam er «1937 nach Princeton, um seiner aus einer jüdischen Familie stammenden Frau und den Kindern die Ausreise in die USA zu ermöglichen». Unter dem Titel «Recent Developments in German Protestantism» hatte er bereits 1934 eine der ersten Gesamtdarstellungen der theologischen Wende nach dem Ersten Weltkrieg publiziert.[5] Eine weitere Blutauffrischung für die überalterte und ausgetrocknete theologische Fakultät war Elmer George Homrighausen. Dieser hatte Karl Barths frühe Predigt- und Aufsatzbände ins Englische übersetzt und 1936 «Christianity in America: A Crisis» veröffentlicht, ein Buch, in dem er den «sterilen, intellektuell doktrinären Konservatismus der Fundamentalisten» und den «ebenso sterilen Intellektualismus der Liberalen» problematisierte.[6] Auch er war Mitglied der amerikanischen Delegation in Oxford.

Anwerbung für Princeton

In langen Gesprächen versuchte Mackay, Brunner davon zu überzeugen, dass er der richtige Mann sei, ihn dabei zu unterstützen, das Princeton Theological Seminary zu reformieren. Brunner reagierte zunächst abweisend, aber Mackay liess nicht locker. Kaum hatten sie sich in Oxford

---

[5] Religion in Geschichte und Gegenwart. 4. Auflage. Band 6. Tübingen 2003, Sp. 1357 (Friedrich Wilhelm Graf).
[6] http://www.talbot.edu/ce20/educators/view.cfm?n=elmer_homrighausen

getrennt, führte er in einem langen Brief aus seinem Urlaub in Schottland aus, dass die Universität Princeton (dem theologischen Seminar unmittelbar benachbart) zurzeit eine der führenden der Welt sei. Emigranten aus Deutschland wie der Physiker Albert Einstein, der Mathematiker Hermann Weyl, der Kunsthistoriker Erwin Panofsky und der Schriftsteller Thomas Mann (dieser allerdings erst ab September 1938) hatten aus Princeton so etwas wie ein neues Athen gemacht. Mackays Bestreben war es, der theologischen Fakultät einen ebenso guten Ruf und eine ebenso grosse Ausstrahlung zu verschaffen, wie sie die anderen Fakultäten hatten:

> «Es gibt niemanden, der so vollkommen wie Sie zu uns passen würde [...]. [...] Ich bete ernsthaft darum, dass Gott mir die Freude und Gunst erweist, dass ich Sie als Kollegen und Mitarbeiter, nein, als geliebten Bruder, in Princeton empfangen kann. Mein persönlicher Kontakt mit Ihnen in Oxford hat Liebe zu Ihnen als Mensch zu meiner Bewunderung für Sie als Theologe hinzugefügt. Wenn Sie nach Princeton kommen, werden Sie eine grosse missionarische Aufgabe im Gebiet der Theologie übernehmen.»[7]

Brunner erhielt Mackays Brief in Bad Wildungen, wo er wie fast immer im Sommer mit seiner Frau zur Kur war. Wie wichtig ihm die Anfrage war, zeigt sich darin, dass Brunner nicht spontan antwortete, sondern zuerst einen Entwurf schrieb. In diesem heisst es:

> «*Princeton grows on me the more I think of it.* Der Gedanke, ganz neu anfangen zu dürfen und vor eine gewaltige, einzigartige Aufgabe gestellt zu sein, hat eine mächtige Anziehungskraft. Manchmal fällt mich allerdings der Zweifel an, ob ich es auch wirklich schaffen könnte und Sie nicht enttäuschen würde. Aber den Mut dazu hätte ich wohl. [...] mein Herz hat schon beinahe ja gesagt – aber es soll nicht mein Herz sprechen, sondern Gottes Wille soll entscheiden.»[8]

Sein Entwurf enthielt allerdings auch einen Gedanken, den er dann doch für sich behielt: Seine «theologischen Freunde» hätten ihm gesagt, er dürfe «nicht einfach Karl Barth das Feld räumen», seine «Vaterstadt im Stich lassen usw.».[9]

Sowohl im Entwurf als auch im definitiven Brief beschäftigte Brunner sich mit vielen Detailfragen: Wie ist es mit Gehalt und Altersvorsorge? Wer kommt für die Umzugskosten auf? Wie hoch sind die Lebenskosten? Da Brunners Frau leidend ist, braucht sie eine Haushalthilfe. Würde Frieda, die seit 13 Jahren mit den Brunners lebt, eine Immigrationsbewilligung bekommen? Wäre es günstiger, wenn seine Söhne ebenfalls nach Amerika umzögen und dort studierten? Oder werden mindestens die zwei älteren in

---

[7] Mackey an Brunner am 30. Juli 1037.
[8] An Mackey am 3. August 1937 (Entwurf).
[9] A. a. O.

Zürich zurückbleiben? Der zweite Sohn, Peter, möchte Germanistik studieren und Gymnasiallehrer werden. Hat die Universität Princeton eine gute germanistische Abteilung? Wie steht es mit den Ferien?

Obwohl Mackay ihm mitgeteilt hatte, dass das Jahresgehalt für einen Professor in Princeton 4500 Dollar betrug, forderte er bereits in diesem ersten Brief 6000 Dollar und darüber hinaus das Recht, auch während des Semesters gelegentlich Gastvorlesungen auswärts – z. B. am Union Theological Seminary in New York – zu halten. Die Beispiele zeigen, dass er sich einen Wechsel ans Princeton Theological Seminary durchaus vorstellen konnte.

Die grosse Aufgabe und die gewaltigen Möglichkeiten liessen sein Herz schneller schlagen. Er sei sicher, dass die Zusammenarbeit mit Mackay eine «grosse Sache» für ihn wäre.

> «Ich weiss, dass und wie wir *zusammen* wirken könnten im Beten und im Denken. Selbst wenn meine Entscheidung negativ ausfallen sollte, wäre die Freundschaft mit Ihnen dennoch ein sehr wertvoller Gewinn von Oxford. [...] Ich sehe, dass ich einen sehr wichtigen Punkt vergessen habe: Meine Frau hat die unerwartete Neuigkeit sehr positiv aufgenommen. Sie versteht *völlig*, was mich an dieser neuen Aufgabe anzieht, und ist ganz bereit, mitzukommen, obwohl das Opfer an persönlichen Beziehungen für sie viel grösser ausfallen würde als für mich.»[10]

Mackay erhielt Brunners Schreiben noch in Schottland. Seine viele Seiten lange Antwort verfasste er während der Rückreise nach Amerika auf dem Schiff: «Mein lieber Brunner, Ihr Brief erfüllt mich mit grosser Freude und Hoffnung.» Er ging auf Brunners Fragen ein und kam ihm, wo immer es ihm möglich war, entgegen: «Es sollte nicht schwierig sein, in den praktischen Fragen, die Sie in Ihrem Brief angeschnitten haben, eine für beide Seiten befriedigende Übereinkunft zu erreichen.» Der Verwaltungsratsausschuss des Princeton Theological Seminary werde Anfang Oktober seine nächste Sitzung abhalten, und er hoffe, bevollmächtigt zu werden, Brunner definitiv auf den Lehrstuhl für systematische Theologie zu berufen.

> «Wie begeistert bin ich vom Gedanken, was es für die Zukunft der theologischen Erziehung und die Sache Christi im Allgemeinen bedeuten wird, wenn Sie nach Princeton kommen! Lasst uns [...] oft miteinander über diese Sache beten! Geben Sie Frau Brunner meine warmen Grüsse. Mit noch liebevolleren Grüssen für Sie selbst bleibe ich für immer Ihr John A. Mackay.»[11]

In einem weiteren Brief vom 6. September 1937 betonte Brunner vor allem, wie schwer es ihm fallen würde, von der Schweiz Abschied zu nehmen, und verglich sich mit Abraham, zu dem Gott gesagt hatte: «Gehe

---

[10] An Mackey am 4. August 1937. P.
[11] Mackey an Brunner am 14. August 1937.

aus deinem Vaterlande und von deiner Freundschaft und aus deines Vaters Hause [...].»[12] Freundschaft sei für ihn «wohl das köstlichste irdische Gut neben der Ehe und Familie». Seine «Verwurzelung mit Heimat und Volk» sei stark.

> «Ich habe hier – ganz abgesehen von Gemütswerten der Schweizer-Heimat – eine Wirksamkeit im gesamten Schweizervolk gewonnen, wie sie nach einem Ausspruch von Karl Barth seit Zwingli kein Schweizer Theologe mehr gehabt habe.»[13]

Das sei zwar «gewiss übertrieben eingeschätzt», aber es sei doch wahr, dass er «ebenso sehr Schweizer Kirchenmann als Theologieprofessor» sei. Die «Frage der Nachfolge an der Universität» sei schwierig zu lösen, und für ihn wäre es ein grosser Verzicht, Abschied von einem «ganz ausgezeichneten Kollegenkreis» nehmen zu müssen, «dem führende Männer der neutestamentlichen, alttestamentlichen und kirchengeschichtlichen Wissenschaft angehören». Er wiederholte seine praktischen Fragen, fuhr dann aber fort:

> «Die eine grosse und alles entscheidende Frage ist nach wie vor die eine: Will mich Gott hier haben oder dort, und das heisst doch wohl: Kann ich seiner Sache hier oder dort mehr dienen? Gott hat mir auch meine Lieben anvertraut, und ich habe kein Recht, eines von ihnen unglücklich zu machen; aber er wird ihnen allen Kraft geben, auch drüben glücklich zu werden, wenn wir mit dem Bewusstsein gehen: Er will es so. Sie werden es gewiss verstehen, dass ich bis heute in dieser Frage noch zu keinem klaren Entscheid gekommen bin.»[14]

Die Berufung

Die definitive Berufung verlief dann doch nicht so glatt. Obwohl Machen und seine Anhänger Princeton verlassen hatten, war der fundamentalistische Druck immer noch erheblich. Es war bekannt, dass Brunner das Dogma der Jungfrauengeburt ablehnte. Und seine Religionsphilosophie von 1927, auf Englisch erst 1937 erschienen, enthielt eindeutige Äusserungen über die Bibelkritik:

> «Bibelglaube schliesst Bibelkritik nicht aus, sondern ein.»[15] – «Die Erforschung der raumzeitlichen Dinge und Begebenheiten als solcher ist Sache der Wissenschaft allein.»– Es ist «die bedenklichste aller theologisch-apologeti-

---

[12] Genesis 12,1 (Lutherbibel von 1912).
[13] An Mackey am 6. September 1937. P.
[14] A. a. O.
[15] Religionsphilosophie (vgl. oben, S. 217), S. 79.

schen Künste, sich mit Vorliebe in den Lücken der wissenschaftlichen Theorien anzusiedeln».[16]

Ende September 1937 warnte John E. Kuizenga, damals Professor für Apologetik und Christliche Ethik am Princeton Theological Seminary, ein älterer und verdienter Mann, Mackay in vorsichtigen Worten vor Brunners «liberaler» Haltung. Er warf die Frage auf, ob dieser in der Lage wäre, das offiziell gültige Glaubensbekenntnis der Presbyterianer, die Westminster Confession von 1647, zu unterschreiben, was doch für einen Dogmatikprofessor in Princeton unerlässlich sei: «Schliesslich sind wir eine Kirche mit einem Bekenntnis, und wir stehen unter der strengen Verpflichtung, das Bekenntnis hochzuhalten.»[17]

Diese und ähnliche Stimmen bewogen den Verwaltungsratsausschuss, den Beschluss, Brunner zu berufen, aufzuschieben und nähere Auskünfte über seine Haltung gegenüber Bibel und Bekenntnis zu verlangen. Mackay liess ihm die Kirchenverfassung der Presbyterianischen Kirche in den Vereinigten Staaten von Amerika zustellen, damit er sich dazu äussere, betonte aber gleichzeitig:

«Sie können sich die Ungeduld und die Erwartung nicht vorstellen, die in vielen theologischen Zirkeln dieses Landes herrschen und die der Gedanke an Ihr Kommen nach Princeton ausgelöst hat. Jeden Tag träumen einige von uns Träume, was es für die Sache Christi in Amerika und in der Welt bedeuten würde.»[18]

Mackay fügte hinzu, am Princeton Theological Seminary stehe man unter dem Eindruck, dass Brunners Theologie mehr der von Calvin entspreche als diejenige Barths. (Mackay meinte damit Brunners Haltung in der Frage der *theologia naturalis*.[19]) Um seinen voraussehbaren Ärger zu lindern, stellte er ihm im Falle einer Wahl die Erfüllung sämtlicher seiner materiellen Forderungen in Aussicht.[20]

Brunner *war* verärgert. Postwendend stellte er klar, dass er sich nicht um die Stelle beworben habe, sondern von einer Berufung ausgegangen sei. Das Glaubensbekenntnis entspreche zwar durchaus seiner persönlichen Haltung. Er könne es aber zu diesem Zeitpunkt aus formalen Gründen nicht unterschreiben. Der Verwaltungsratsausschuss müsse selbst entscheiden, ob er ihn wolle, und sich selbst ein Bild seiner Theologie machen. Er käme sich illoyal gegenüber seinem Arbeitgeber vor,

---

[16] Religionsphilosophie, S. 88.
[17] John E. Kuizenga an Mackay am 23. September 1937. P.
[18] Mackey an Brunner am 14. Oktober 1937.
[19] Vgl. oben, S. 293 ff.
[20] Mackey an Brunner am 14. Oktober 1937.

wenn er aktive Schritte für eine Professur in Amerika unternähme. Selbstbewusst fügte er hinzu:

«Gott hat mich dorthin gestellt, wo ich heute bin. Er hat mir hier wunderbare Möglichkeiten gegeben. Das Einzige, was mich von hier wegbringen könnte, wäre ein bedingungsloser Ruf – geradezu ein Befehl – von auswärts, d. h. ein Ruf, der von vollem Vertrauen und rückhaltloser Zuversicht geprägt ist: Komm, du bist der, den wir brauchen! Das muss die *conditio sine qua non* in meiner Situation sein.»[21]

Mackay, der nicht auf Brunner verzichten wollte, verfasste zuhanden der Entscheidungsgremien in Princeton einen Situationsbericht und trat mit feurigen Worten für die Berufung Brunners ein: Princeton müsse den «hervorragendsten reformierten Theologen» finden. Und Professor Emil Brunner sei zweifellos der am besten ausgewiesene Lehrer für den vakanten Lehrstuhl. Er sei die Schlüsselperson, die man in Princeton brauche, «um um sie herum ein theologisches Doktorandenprogramm aufzubauen». Er sei «ein bestimmender Faktor» dafür gewesen, dass sich das religiöse Denken wieder der Bibel und dem reformierten Glauben zugewendet» habe.

«Er hat sich selbst eine führende Stellung in der angelsächsischen Welt und auf dem europäischen Festland geschaffen. Seine Position in der angelsächsischen Welt verdankt sich weitgehend der Tatsache, dass er die ethischen Implikationen des christlichen Glaubens mit grosser Klarsicht wahrnimmt. Die fraglichen Themen behandelte er in bewundernswerter Weise. Er besteht darauf, dass Theologie für das Leben relevant wird. [...] Er ist ein Mann von tief christlicher Erfahrung, inniger Frömmigkeit und kindlichem Glauben, [...] eine beeindruckende Persönlichkeit und ein geborener Pädagoge. [...] Er beherrscht die englische Sprache perfekt in Wort und Schrift. [...] Mit 47 Jahren steht er in der Blüte seines Lebens.»[22]

In der Folge hatte sich Mackay vor allem mit Einwänden aus der fundamentalistischen Ecke auseinander zu setzen und versuchte dabei, zu zeigen, dass die fundamentalistische Position nicht mit den Bekenntnisschriften der Reformation übereinstimme: Der eigentliche Konflikt bestehe nicht «zwischen Brunners Haltung und den zentralen Aussagen des reformierten Glaubens oder der Westminster Confession», sondern zwischen ihm und einer «besonderen Auffassung über die literarische Gestalt der Bibel», welche man dem reformierten Glauben «übergestülpt bzw. aufgezwungen» habe.[23]

---

[21] An Mackey am 23. Oktober 1937. P.
[22] Typoskript von John A. Mackay, nicht datiert. P.
[23] A. a. O.

Es gab aber auch etliche einflussreiche Amerikaner, die Mackays Plan, Brunner nach Princeton zu berufen, unterstützten. Ein Mitglied des Verwaltungsratsausschusses schrieb vor der entscheidenden Sitzung:

«Es ist vollkommen eindeutig für mich, dass Dr. Brunner wohl der fähigste Vertreter des Glaubensverständnisses ist, für das Princeton seit jeher gestanden hat. Von ganzem Herzen gebe ich zu Protokoll, dass ich dafür stimme, Brunner eine enthusiastische Einladung zu schicken.»[24]

Am 6. Dezember 1937 sprach sich der Verwaltungsratsausschuss und am 21. Dezember dann auch der Verwaltungsrat, beide Gremien einstimmig, für Brunners Berufung als Ordinarius für systematische Theologie am Princeton Theological Seminary aus. Man war auch bereit, seine sämtlichen Honorarforderungen zu erfüllen, und stellte ihm darüber hinaus eine der schönsten viktorianischen Villen in Princeton unentgeltlich zur Verfügung.

In zwei Briefen jubelte Mackay, Brunner ahne gar nicht, welch tiefen Eindruck sein Buch «Unser Glaube» in den Herzen und in den Gemütern in Amerika hinterlassen habe. Man habe das Gefühl, dass sein Kommen «mit Gottes Hilfe» sich als ein «grosses historisches Datum in der Geschichte des Christentums in den Vereinigten Staaten» erweisen werde. Die amerikanischen Kirchen befänden sich «in einer missionarischen Situation». Brunners Lehre vom «Anknüpfungspunkt» sei das Richtige. Er werde in den kommenden Tagen «besonders ernsthaft» dafür beten, dass Brunner und seine Familie Gottes Plan für sie zu erkennen vermöchten.[25] Noch nie habe er erlebt, dass einer Berufung mit soviel Enthusiasmus und Eifer zugestimmt worden sei.[26]

Die offizielle Berufung wurde Brunner zunächst mit einem Telegramm mitgeteilt und dann mit einem feierlichen Schreiben im Stil der Apostelbriefe:

«Sehr geehrter Professor Brunner, unter göttlicher Führung, wie wir glauben, hat der Verwaltungsrat des theologischen Seminars der Presbyterianischen Kirche in den Vereinigten Staaten von Amerika in Princeton, New Jersey, Sie an seiner Sitzung am 21. Dezember 1937 einstimmig als Charles Hodge Professor für systematische Theologie berufen. [...] Wir haben uns darum bemüht, Gottes Willen für uns in dieser Angelegenheit zu erkennen, und sind davon überzeugt, dass wir ihn durch den Heiligen Geist gefunden haben. Und wenn jetzt Sie Ihrerseits Gottes Willen für Sie erkennen wollen, seien Sie versichert, dass wir unablässig beten: Gott möge Sie zu uns bringen. Mögen Sie an der Erfüllung seiner Pläne für uns mitarbeiten, vor allem bei unserem ‹Bestreben, eine Schar von Männern heranzuziehen, die sowohl für den Dienst

---

[24] J. Harry Cotton an Mackay am 3. Dezember 1937. P.
[25] Mackey an Brunner am 7. Dezember 1937.
[26] Mackey an Brunner am 21. Dezember 1937.

der Verkündigung des Evangeliums qualifiziert als auch begeistert davon ist [...] und die am Geist der ersten Verkündiger des Evangeliums Anteil hat, bereit, jedes Opfer dafür zu erbringen, Schwierigkeiten zu ertragen und jeden Dienst zu erweisen, welcher für die Verbreitung einer reinen und unbefleckten Religion unerlässlich ist›.[27] Gebe Gott, dass dieser unser Ruf zu Gottes Ruf an Sie wird. – Gez. Ihre Brüder in Christus [...].»[28]

«Nur» Gastprofessor

Inzwischen war Brunners Begeisterung für Princeton aber etwas abgeklungen. Zu viele Wochen waren vergangen, ohne dass er etwas Neues aus den Vereinigten Staaten gehört hätte. Seine Unsicherheit, ob er Europa wirklich auf die Dauer verlassen könnte, hatte zugenommen. Am 11. Januar 1938 machte er Mackay deshalb den «Kompromissvorschlag», «zunächst für ein Probejahr nach Princeton» zu kommen. Er sei sich «nicht völlig gewiss, dass jetzt schon der Moment der Reife» sei. Auch für Princeton wäre es von Vorteil, seine Eignung für eine Professur zuerst einmal zu prüfen, weshalb eine «gegenseitige Probe» angebracht sei.[29] Am 20. Januar 1938 wandte er sich dann auch an den Verwaltungsrat von Princeton:

«Ich habe nicht den Mut, mit einem ganzen Ja zu antworten. [...] Ich würde im nächsten Herbst zu Ihnen kommen, und zwar für ein Versuchsjahr, das die endgültige Entscheidung für Sie und für mich offen lässt.»[30]

Dieser Vorschlag wurde angenommen, und Mackay sorgte sogleich dafür, dass Brunners Kommen gebührend vorbereitet wurde: In der Zeitschrift «The Presbyterian» publizierte er selbst einen Artikel über Emil Brunner, in dem er ihn als «einen der hervorragendsten christlichen Denker der Gegenwart» vorstellte. «In den vergangenen Jahren» habe «sein Einfluss in der angelsächsischen Welt denjenigen sämtlicher lebender Theologen übertroffen, Karl Barth nicht ausgenommen.»[31]

Der Neutestamentler Holmes Rolston schrieb in einem anderen Artikel:

«Dr. Brunner ist eine Weltfigur. Er und sein Freund, Dr. Karl Barth, werden als die beiden hervorragendsten Theologen betrachtet, die der protestantische

---

[27] Zitat aus den Satzungen des Princeton Theological Seminary.
[28] Typoskript, nicht datiert. P.
[29] An Mackey am 11. Januar 1938. P.
[30] To the board of trustees of the Princeton Theological Seminary, USA, am 20. Januar 1938. P.
[31] John A. Mackay, Typoskript, nicht datiert. P.

Glaube in unserer Generation hervorgebracht hat. [...] Man erhofft sich nicht zu viel, wenn man sagt, dass mit Brunner ein Mann kommen wird, der gross genug ist, um der Mann der Stunde zu werden und das theologische Denken in Amerika aus dem Morast zu ziehen, in dem es sich abquält, und es zu einer Theologie zu führen, die die Botschaft der christlichen Kirche in den schweren Tagen vor uns glaubwürdig vertritt.»[32]

Die Fundamentalisten leisteten zwar nach wie vor Widerstand gegen Brunner. Der orthodox calvinistische Dogmatiker Cornelius van Til, der später durch seine Bücher gegen Karl Barth internationale Bekanntheit erlangen sollte,[33] griff ihn im Sommer 1938 in einem streitlustigen Artikel an. Princeton warf er dabei vor, «unter einer falschen Flagge zu segeln».[34] Im Herbst 1938 gelang es seinen Gegnern sogar, in der Zeitschrift «The Christian Century» die Zeitungsente zu platzieren, dass Brunner von Princeton Abschied nehmen müsse. Der ‹Evangelische Pressedienst› und die «Neue Zürcher Zeitung» brachten die Meldung auch in der Schweiz zum Abdruck,[35] was ihm aber entging, da er in jenen Tagen wieder einmal eine Nierenkolik hatte. Brunners Ablehnung der Vorstellung von der Jungfrauengeburt wurde auch *nach* seiner Ankunft in Amerika vor allem unter Professoren und Ehemaligen viel diskutiert, so dass er sich Anfang 1939 gezwungen sah, in der Zeitschrift «The Presbyterian» einen Rechtfertigungsartikel publizieren.[36]

Viele Amerikaner freuten sich aber auch über Brunners Kommen. Die Zeitschrift «Christianity Today» etwa hatte schon im Juli 1937 eine Rezension von «Unser Glaube» gebracht, in der es u. a. heisst:

«Wenn wir uns ein Urteil über [Barth und Brunner] auf Grund der Bücher bilden, die auf Englisch vorliegen, ergibt sich, dass Brunner nicht nur als Gelehrter und Denker mit Barth ebenbürtig ist, sondern dass er diesen in Klarheit und treffender Wortwahl sogar übertrifft.»[37]

Das Nachrichtenmagazin «Time» veröffentlichte am 3. Oktober 1938 einen zweiseitigen Artikel mit Fotografie, um Brunner in Amerika freundlich zu begrüssen.[38]

---

[32] Holmes Rolston, Typoskript, nicht datiert. P.
[33] Vgl. Karl Barth, Kirchliche Dogmatik III, 2. Zollikon-Zürich 1948, S. VIII.
[34] Cornelius van Til, Brunner Comes to Princeton. «The Banner» vom 4. August 1938, S. 699. P.
[35] Vgl. Keller an Brunner am 4. November 1938 und zahlreiche weitere Dokumente.
[36] Mackey an Brunner am 30. Januar 1939 und Typoskript: «Jesus Christ, the Son of God.» P.
[37] Presseausschnitt in: P.
[38] Presseausschnitt in: P.

Princeton

Brunner erreichte Princeton am 25. September 1938, nachdem er zusammen mit seiner Frau einige Urlaubstage in Venedig verbracht hatte und von dort nach New York gefahren war. Während der ersten Tage wohnte das Ehepaar im Haus von Präsident Mackay. Dann wurden zwei Zimmer in der Pension Peacock bezogen: bei Mrs. Benham, einer guten Köchin, in deren gemütlichem Haus Brunner während seines gesamten Aufenthalts wohnte. (Margrit Brunner kehrte nach zwei Monaten nach Zürich zurück.)[39]

Da Brunner jeweils am Dienstag- und am Mittwochabend eine zweistündige Vorlesung hielt (die von gut 120 Studierenden besucht wurde) und am Donnerstagabend ein zweistündiges Seminar (mit 50 Studierenden), konnte er an den Vormittagen und von Freitag bis Dienstag frei über seine Zeit verfügen. Neben seinen akademischen Pflichten in Princeton hielt er zahllose Vorträge in der näheren und weiteren Umgebung. Zumeist sprach er vor Pfarrerkonferenzen, aber auch vor Schweizer Clubs und anderen Organisationen. Dabei stellte er fest, «dass, aufs Ganze gesehen, doch viel mehr kirchliches Interesse und christliches Familienleben vorhanden» sei als in der Schweiz, Deutschland oder Frankreich.[40]

> «Amerika ist auch jetzt noch das kirchlichste Land der Welt und zwar zum guten Teil ganz altmodisch kirchlich, sowohl was den Glauben als auch was die kirchliche Sitte und den Gottesdienst betrifft. Natürlich ist die Kirchenflucht auch hier gewaltig – gegenüber früher. Aber der Prozentsatz streng kirchlicher Leute ist doch noch viel grösser als in irgendeinem europäischen Land – Holland vielleicht ausgenommen. Es gibt auch jetzt noch eine Reihe der grössten Universitäten, wo für den Studenten der Besuch der Gottesdienste obligatorisch ist, und die Zahl der Professoren, die sich aktiv am Leben der Kirche beteiligen, ist ungleich grösser als bei uns. Dasselbe gilt von den Führern des öffentlichen Lebens, wenigstens in den bürgerlichen Lagern. Die ‹New York Times› bringt jeden Montag eine ganze Seite – eine Riesenseite – Predigtauszüge [...]. Anderseits gibt es in USA viel mehr Leute als bei uns, die nie biblischen Unterricht hatten, weil es eben ganz den Kirchen überlassen ist [...]. Massgebende Männer der Universitäten haben es ausgesprochen, dass die amerikanische Jugend religiös unterernährt sei und dass das anders werden müsse.»[41]

Allerdings gab es auch eine «riesige Evangelisationsbewegung» an den Universitäten.[42]

---

[39] Margrit und Emil Brunner an die Geschwister am 5. Oktober 1938.
[40] A. a. O.
[41] Rundbrief vom 19. Oktober 1938.
[42] A. a. O.

*Emil Brunner in Princeton
ca. 1938.*

Seine Vortragsreisen führten ihn im Norden bis nach Toronto, von dort über Detroit nach Chicago, und im Süden bis nach New Orleans. Häufig sprach und predigte er auch im nahen New York. Mit Paul Tillich, der nach New York emigriert war, stand er in einem engeren Kontakt. Er war Ehrengast am Ball des Schweizervereins in New York, wohnte im feudalen Plaza Hotel und bestaunte in der nahe gelegenen Radio City die Television, die wirklich «funktionierte»![43] An der Jahreswende 1938/39 unternahm er eine ausgedehnte Vortragsreise in die Südstaaten. Mackay,

---
[43] An Margrit Brunner am 19. Januar 1939.

der die Tour organisiert hatte, erhielt viele Schreiben «voll von Dankbarkeit für das Privileg», dass man Brunner habe «haben und hören» dürfen.[44]

In North Carolina konnte Brunner eine Herrnhuter Siedlung kennen lernen mit einem «Riesenfriedhof, alle Gräber exakt die gleiche Steinplatte. Seit 1776 sind alle Gräber erhalten.» Es folgte ein Besuch in einem «grossen schwarzen Lehrerseminar». Seiner Frau schrieb er:

> «Vor mir unter dem Podium sassen 600 Schwarze, 18 bis 25 Jahre alt, alles zukünftige Lehrer und Lehrerinnen. Sie sangen, ja sie sangen, wie ich noch nie in meinem Leben habe singen gehört. Das kroselte einem von weit unten herauf, das geht ganz aufs Gemüt und ist doch nicht im Geringsten sentimental. Einzigartig.»[45]

In Due West (South Carolina) lud man ihn ein, die Weihnachtspredigt zu halten.[46]

> «Die Stockorthodoxen sind auch hier die eigentlich Schwierigen. Sie verstecken geistliche Leere und Lieblosigkeit hinter einem anmassliehen Eifer für Gottes Wort und Ketzerschnüffelei.»[47]

An der Emory-Universität in Atlanta unternahm er «einen ziemlich kecken Angriff auf den Fundamentalismus», eine Attacke, von der er annahm, dass sie «nicht umsonst» gewesen sei. Er beschäftige sich mit der Rassenfrage und stellte fest: «Die Legende von der intellektuellen Inferiorität der Neger schwindet.» Brunner gab sich an diesem Tag «fast etwas zu stark aus und war nachher so müde, dass [er] die ganze Nacht nicht schlafen konnte».[48]

Nach einem Vortrag in Montgomery (Alabama) reiste er weiter «nach Tuskegee, der berühmten Negerinstitution von Booker T. Washington, dem Pestalozzi der Neger». Hier lernte er Dr. George Washington Carver kennen, der 1864 oder 1865 noch als Sklave geboren worden war, «kohlschwarz, aber ein Pestalozzigesicht, wundervoll durchgeistigt in Demut und Liebe». «Er hat uns einige grosse Worte gesagt über Genesis 1, aber so unglaublich schlicht. Werde ihn nie vergessen.»[49] Carver, der Botaniker war und die Bauern in den Südstaaten lehrte, unfruchtbar gewordene Baumwollfelder durch das Anpflanzen von Süsskartoffeln, Erdnüssen und Sojabohnen zu regenerieren,[50] hatte über «Ehrfurcht vor dem Leben»

---

44 Mackey an Brunner am 29. Dezember 1938.
45 An Margrit Brunner am 20. Dezember 1938 ff.
46 A. a. O.
47 A. a. O.
48 An Margrit Brunner am 26. Dezember 1938 ff.
49 A. a. O.
50 http://www.graceproducts.com/carver/carver.html

gesprochen. In New Orleans besuchte er einen «höchst interessanten Negergottesdienst».[51]

Ein Höhepunkt waren die «Sprunt Lectures» am Union Theological Seminary in Richmond (Virginia) über das Thema «Offenbarung» im Februar 1939.[52] Brunner sprach hier neben dem grossen Ökumeniker John Mott, «einem ganz Grossen im Reiche Gottes, oder wenigstens in der Christenheit unserer Zeit. Und er spricht ‹gewaltig›, doch ohne alles Pathos.»[53]

In Princeton selbst kam es zu vielen interessanten Begegnungen: Ein Mittagessen bei Thomas Mann im Frühling 1939 etwa war «ganz nett»,[54] und eines der unvergesslichsten Erlebnisse in Amerika war ein Abendessen im Haus des Brunner sehr freundschaftlich gesinnten Andrew W. Blackwood am 7. Oktober 1938,[55] zu dem neben Emil und Margrit Brunner Albert Einstein, John und Jane Mackay sowie eine Dame aus Pittsburgh eingeladen waren. Während des Essens unterhielt man sich über Martin Buber, den Einstein und Brunner persönlich kannten.[56]

Trotz dieser und vieler anderer Einladungen fühlte sich Brunner häufig einsam – vor allem, nachdem seine Frau in die Schweiz und zu den Söhnen zurückgekehrt war. An seine Gesprächspartner stellte er hohe Anforderungen und urteilte manchmal ungerecht, etwa wenn er seiner Frau im Januar 1939 schrieb, dass er «auch mit Mackay nie eigentlich» habe «vertraut werden» können. «Niemand, der mit mir spaziert nach dem Mittagessen, niemand, mit dem ich beim Essen reden kann, niemand, mit dem ich vertraute Gedanken aussprechen kann […]. […] Der Amerikaner scheint einfach Vertrautheit nicht mehr zu kennen», sagte er verallgemeinernd.[57] Die Blackwoods waren fast die einzigen, mit denen Brunner privat verkehrte und mit denen er auch über anderes als Theologie sprechen konnte. Sie wohnten unmittelbar neben der Pension Peacock, hatten in den ersten Tagen Brunner und seiner Frau Lebensmittel gebracht, ihnen Einkaufsmöglichkeiten gezeigt und auch sonst beim Sesshaftwerden geholfen. Wie Blackwoods Sohn erzählt, behandelten ihn die anderen Theologieprofessoren mit Achtung, wenn nicht sogar mit Scheu, selten aber freundlich und

---

[51] An Margrit Brunner am 26. Dezember 1938 ff.
[52] Nachlass 123 und an Margrit Brunner am 9. Januar 1939. Vgl. auch: Holmes Rolston, The Significance of Brunner for Our Generation, Typoskript, nicht datiert. P.
[53] An Margrit Brunner am 26. Februar 1939.
[54] An Margrit Brunner am 4. März 1939, vgl. auch Nachlass 123 und: Thomas Mann, Tagebücher 1937–1939. Frankfurt am Main 1980, S. 368.
[55] Nachlass 121, Terminkalender von Margrit Brunner, Datum nach dieser Quelle.
[56] Gästebuch von Andrew W. Blackwood und Brief von dessen Sohn, James R. Blackwood, vom 29. August 1999 an die Bibliothek des Princeton Theological Seminary. P.
[57] An Margrit Brunner am 7. Januar 1939.

persönlich.[58] Es kam sogar vor, dass Brunner bei Zusammenkünften kaum begrüsst wurde, wenn er nicht selbst die Initiative ergriff.[59] Mackay schreibt Ende Dezember 1938 von «unglücklichen Erfahrungen und Eindrücken in den vergangenen Monaten».[60] Und Brunner selbst berichtet von einem «Kreis von ganz engherzigen und streitsüchtigen bibelgläubigen ‹Fundamentalisten› […], die mich ankläffen und den ganzen neuen Kurs in Princeton […] zu Fall bringen möchten».[61]

Die Studenten waren aber begeistert. Die Angriffe auf Mackay und Brunner erachteten viele von ihnen als «tragisch».[62] Wenn immer der Gast aus der Schweiz einen Vortrag hielt, erschienen sie in grosser Anzahl – nicht nur zu seinen Vorlesungen und Seminarien, sondern auch wenn er predigte.

> «Der Kontakt ist ausgezeichnet, aber das Wissen etwas mager. Dagegen scheint mir das ‹Material› sehr gut, viele frische, kräftige und ernste Menschen, von denen man den Eindruck hat, dass sie einmal etwas Tüchtiges leisten werden.»[63]

Noch viele Jahre später erzählte ein früherer Student von Brunners Gottesdienst in der Miller Chapel, der klassizistischen Seminarkirche aus dem Jahr 1834, in dem Brunner sagte – Predigttext war 1. Korinther 13 –:

> «Prüft euch selbst. Setzt das Pronomen ‹Ich› für die Vokabel ‹Liebe› ein. Könnt ihr wirklich sagen: ‹Ich bin langmütig und gütig; ich eifere nicht und prahle nicht; ich blähe mich nicht auf und tue nichts Unschickliches …›?»[64]

Die Sätze hinterliessen einen tiefen Eindruck.

Derselbe ehemalige Student berichtet über eine weitere Episode: In Brunners Hauptvorlesung erschien einmal Carl McIntire, einer der bekanntesten Fundamentalisten des 20. Jahrhunderts, der unter anderem als *spiritus rector* des International Council of Christian Churches bekannt geworden ist, einer Protestgründung gegen den «liberalen» Ökumenischen Rat der Kirchen. McIntire hatte in den Jahren 1928/1929 das Princeton Theological Seminary besucht und gehörte zur Gruppe derjenigen, die John Gresham Machen folgten, als er Princeton verliess, um das Westminster Theological Seminary einzurichten.[65] McIntire stellte Brun-

---

[58] James R. Blackwood an die Bibliothek des Princeton Theological Seminary am 29. August 1999. P.
[59] Briefentwürfe an Mackey.
[60] Mackey an Brunner am 29. Dezember 1938.
[61] An die Schwestern am 26. November 1938.
[62] An Margrit Brunner am 9. Januar 1939.
[63] Rundbrief vom 19. Oktober 1938.
[64] Leserbrief von Charles R. Ehrhardt in «The Christian Century», Ausschnitt, Datum abgeschnitten. P. Aus dem Text geht hervor, dass das Ereignis lange Zeit zurückliegt.
[65] http://www.pcanet.org/history/findingaids/mcintire.html

ner verschiedene Fragen, auf die dieser zuerst geduldig einging. Endlich wurde ihm der aufdringliche Gast zu mühsam, und er fragte zurück: «*Sir*, wie viele Sitzungen meiner Lehrveranstaltung haben Sie eigentlich besucht?» McIntire antwortete: «Das ist meine erste.» «Und Sie erwarten von mir, dass ich Ihnen in dieser einen Stunde erkläre, worüber ich seit Mitte September jede Woche vier Stunden lang gehandelt habe?» Dann begann er, grundsätzliche Gedanken über den Fundamentalismus zu entwickeln. Am Schluss der Stunde brüllten die Studenten laut, stampften mit den Füssen und klapperten mit den Pultdeckeln wie bei einem Fussballspiel «im nahe gelegenen Palmer Stadium», dem Stadion von Princeton.[66]

Brunner selbst stellte seine Situation in Princeton folgendermassen dar:

«Die Arbeit [...] gefällt mir bis jetzt recht gut. Ich werde hier wegen der Selbstverständlichkeit, mit der ich bibelkritisch und wissenschaftlich denke, von vielen als gefährlicher Modernist empfunden und auch bereits bekämpft. Aber die ‹Fundamentalisten›, die diesen Kampf führen, geniessen gerade bei den besten Christen nicht gerade guten Ruf. Sie sind Buchstabenreiter und in ihrem Leben wenig anziehend. – Mit der Theologie steht es im Ganzen nicht gut, zum Teil gerade wegen einer gewissen Tyrannei, die die Fundamentalisten ausüben, indem sie den schlichten Bibelglauben der Massen demagogisch ausbeuten. Aber im grossen Ganzen höre ich von allen Seiten Freude darüber, dass ich gekommen sei, um den etwas festgefahrenen Karren wieder in Gang zu bringen. Einige meiner Kollegen helfen darin wacker mit, andere sehen etwas brummig der Sache zu und wissen offenbar nicht recht, wie sie sich einstellen sollen. Es hat gut getan, dass ich gerade guten persönlichen Kontakt hatte mit einigen der wichtigsten der älteren Schule, aber ich muss mich auf allerlei gefasst machen. Die liberalen Kreise sind im Ganzen aufgeschlossener als die orthodoxen. Die merken, dass sie in einen Leerlauf geraten sind, und sind froh, einen Weg zu finden, den sie mit gutem wissenschaftlichem Gewissen gehen können. Freilich weiss ich auch noch nicht, wie weit es langen wird.»[67]

«Ein theologisches Programm»

In den Spezialsammlungen der Seminarbibliothek in Princeton befindet sich ein Typoskript mit handschriftlichen Korrekturen Emil Brunners, das er ursprünglich mit «Entwurf für eine Inauguraladresse in Princeton» überschrieben hatte, dann aber «Einführungsvorlesung» nannte und mit dem Titel «Ein theologisches Programm» versah.[68] Der Vortrag besteht

---
[66] Vgl. die vorletzte Anmerkung.
[67] Rundbrief vom 19. Oktober 1938.
[68] P. Daraus auch die folgenden Zitate.

aus zwei Teilen: Zunächst sprach er über «die absolute Antithese zwischen dem Geist der Moderne und dem Glauben der Bibel»:

> «Die moderne Weltanschauung ist völlig anthropozentrisch, während die biblische theozentrisch ist. Der moderne Mensch zweifelt an allem, nur nicht an einem, dass es an ihm ist, darüber zu entscheiden, was richtig und was falsch ist.»

Im wesentlich umfangreicheren zweiten Teil setzt sich Brunner dann mit dem richtigen und dem falschen Verständnis des Wortes Gottes auseinander und geht dabei von der These aus, dass das Wort Gottes nicht nur die menschliche Vernunft, sondern auch alle kirchlichen Traditionen und theologischen Systeme kritisch hinterfrage. Es sei eine grosse Gefahr – und damit richtet er sich einmal mehr gegen die Fundamentalisten –, die einmal erkannte Wahrheit festzuhalten, einfach aus Traditionalismus und nicht wegen der Wahrheit. Die reformierte Kirche im Sinne der Reformatoren hat kein Dogma wie die römisch-katholische Kirche. Zwingli, Bullinger, Calvin und die Verfasser der Westminster Confession seien «sicher feine Theologen» gewesen, aber *nicht* «unfehlbar»! Die neutestamentliche Wissenschaft habe sich seit dem 16. Jahrhundert weiter entwickelt – er erwähnt das seit 1933 neu erscheinende «Theologische Wörterbuch zum Neuen Testament», das «die beste philologische Gelehrsamkeit mit dem besten theologischen Denken» kombiniere.[69] «Wir müssen uns selbst offen halten für neue Erkenntnisse und sogar für gewisse Korrekturen im Bereich der Lehre.»

> «Ich habe nicht das Bestreben oder den Wunsch, von Calvin wegzukommen, ausser wenn ein solches Wegkommen bedeutet, dass man der Bibel dafür umso näher kommt. Ich bin allerdings davon überzeugt, dass die theologische Aufgabe unserer Generation darin besteht, das wahre biblische Evangelium präziser als sogar Luther und Calvin zu erfassen.»

In der Folge nahm er seine Leitgedanken von «Wahrheit als Begegnung» auf:[70] Es gebe zwei unterschiedliche Wahrheitsbegriffe, den «biblisch-prophetischen» und den «griechisch-rationalen»:

> «Wenn die Kirche dem biblischen Wahrheitsverständnis treu geblieben wäre, hätte es nie einen Konflikt zwischen Wissenschaft und Glaube geben können; dieser Konflikt ist in sich selbst ein Missverständnis.» – «Indem sie wirklich biblisch ist, wird die Theologie den unfruchtbaren Antagonismus hinter sich lassen, der der Kirche so viel lebendiges Blut geraubt und keine einzige Frucht gebracht hat.»

---

[69] Vgl. Gerhard Kittel (Hg.), Theologisches Wörterbuch zum Neuen Testament. Stuttgart 1933 ff.
[70] Vgl. oben, S. 346 ff.

Brunner betont den unverwechselbar besonderen Charakter einer theologischen Wissenschaft, die sich selbst mit Recht christlich nennen dürfe, da die religiöse Erfahrung bzw. der Glaube die Voraussetzung seien, und er handelt ausführlich über das Verhältnis zwischen der Theologie und den Naturwissenschaften:

> «Vor allem in den letzten hundert Jahren wurden Forscher verschiedener Wissenschaftszweige mit der Theologie ungeduldig, und zwar mit nicht geringen Gründen. Die Theologie behauptete oft, gewisse Fakten seien existent oder nichtexistent, die in den Bereich dieser Wissenschaften gehören und offensichtlich nicht in den theologischen Bereich. Alles, was durch empirische Forschung als gewiss aufgewiesen werden kann, ist ein Faktum, das entweder zur Naturwissenschaft oder zur Geschichtswissenschaft gehört. Die Theologie darf in diesen Gebieten keine besonderen Ansprüche erheben. Wenn wir also sagen, die Theologie müsse wissenschaftlich sein, so sagen wir damit auch, dass sie sich für die Resultate der Wissenschaften offen halten muss, und das in allen Fragen, die korrekterweise in die Sphäre der Wissenschaft allgemein und nicht in diejenige der Theologie gehören.»

Der «Zusammenstoss» zwischen den Lehren der Kirche und der modernen Wissenschaft *muss* nicht sein, *darf* nicht sein, und es *gibt* ihn nicht, wenn sich die Theologie über diese Regeln im Klaren ist. Ja, noch mehr: Es ist nötig, dass sich die Theologen auch über die «weltlichen» Wissenschaften auf dem Laufenden zu halten versuchen. Denn «die Kirche und ihre Theologie müssen eine gewisse intellektuelle Anstrengung erbringen, um die biblische Botschaft im Alphabet» der eigenen Zeit zu formulieren. Um zu sagen, worauf es ihnen ankam, hätten die biblischen Autoren das antike Weltbild verwendet. Es sei deshalb die Pflicht der heutigen Theologie, das ihr Aufgetragene ins *heutige* Weltbild zu übersetzen: «Die grosse Aufgabe der Theologie besteht darin, die biblische Botschaft unserer eigenen Generation klar zu machen» und ihre Gegner dort auszumachen, wo sie sich wirklich befinden. – «Eine wahrhaft christliche Theologie […] muss eine missionarische Theologie sein.» – «Die christliche Kirche hat viele Schlachten verloren, weil sie sie dort geschlagen hat, wo sie nicht hätte kämpfen sollen, und weil sie dort *nicht* kämpfte, wo es nötig gewesen wäre.»

Das Folgende galt zwar vordergründig den Fundamentalisten, war aber auch für einen weiteren Kreis gedacht:

> «Nicht viele Christen und sogar nicht viele Theologen sind sich der Tatsache bewusst, dass Lehre und Predigt der Kirche für die meisten modernen Menschen ehrlich gesagt keine Bedeutung haben. Ein grosser Teil des Widerstandes gegen die christliche Lehre beruht auf nichts anderem als auf der Unfähigkeit zu verstehen. Wenn die Welt nicht versteht, was das Evangelium bedeutet, ist deshalb nicht die Welt dafür anzuklagen, wohl aber die Kirche und ihre Theologie wegen ihrer Unfähigkeit, das Evangelium so auszulegen, dass die Menschen unserer Generation seine Bedeutung verstehen können.»

Man müsse zeigen, wie sich die christlichen Lehren im praktischen Leben auswirken:

> «Solange wir nicht fähig sind, die Bedeutung der Trinitätslehre in der Sprache der Sozialethik zu formulieren, sollten wir über die heilige Dreieinigkeit gar nicht sprechen.» – «Wenn wir wirklich unseren Heiland brennend lieben, der sein Leben für die Rettung der Welt gegeben hat, und wenn wir unsere Brüder und Schwestern wirklich lieben, für die er gestorben ist, müssen wir eine Theologie ‹erfinden›, die wirklich eine missionarische Theologie ist.» – «Und das ist es, wofür diese Institution [das Princeton Theological Seminary] da ist.»

Princeton oder Zürich?

Mackay versuchte alles, um Brunner trotz der fundamentalistischen Anfeindungen und der Zurückhaltung seiner Kollegen bei Laune zu halten und ihn zum Bleiben zu bewegen. Unter anderem setzte er beim Verwaltungsratsausschuss durch, dass Brunner einstimmig eingeladen wurde, am 16. Mai 1939 in der Universitätskirche den Festvortrag am *«commencement»* zu halten, d. h. an der von 2000 Menschen besuchten Feier zur Verleihung der akademischen Grade – die grösstmögliche Ehre für einen Gastprofessor. Dem Brief, mit dem er ihn von dieser Einladung in Kenntnis setzte, fügte er an: «Ich flehe Sie an, halten Sie ihren Geist in der Frage eines definitiven Hierbleibens offen!» Mackay veranstaltete am zweiten Januarwochenende 1939 zudem eine Retraite für die Fakultät, um die Atmosphäre zu entkrampfen, was ihm auch gelang: «Zum ersten Mal seit Jahrzehnten ein freundschaftlich- und erbauliches Zusammensein der Fakultät! [...] Es war ein wichtiger Tag für Princeton.»[71] Brunner war der Ansicht, dass Mackay «kolossal viel» auf seine Karte setze.[72]

Sein Entschluss, definitiv in die Schweiz zurückzukehren, war zu diesem Zeitpunkt aber wohl bereits gefasst. Aus seinen Briefen geht hervor, dass er eben doch zu stark an Zürich hing und dass ihn trotz vieler positiver Echos zu wenig in Princeton festhielt. Und zu den beiden Kollegen, die ihm theologisch am nächsten hätten stehen müssen, Piper und Homrighausen,[73] fand er keinen Zugang.[74] Schon im November hatte er seinen Schwestern geschrieben, die «Waagschale» neige sich trotz allem «eher weniger zum Bleiben».[75] Und in einem Brief an Margrit Brunner

---

[71] Mackey an Brunner am 29. Dezember 1938 und Brunner an Margrit Brunner am 15. Januar 1939.
[72] An Margrit Brunner am 9. Januar 1939.
[73] Vgl. oben, S. 356.
[74] An Margrit Brunner am 19. Januar 1939.
[75] An die Schwestern am 26. November 1938.

vom 9. Januar 1939 heisst es: «Innerlich bin ich ja ganz überzeugt vom Nein.» Er hatte nur *einen* Vorbehalt: Sollte die Schweiz – wie im Frühling 1938 Österreich – an das Dritte Reich angeschlossen werden, würde er in Amerika bleiben. (Obschon er es für «frevelhaft» hielt, mit dieser Möglichkeit zu rechnen, traute er der schweizerischen Regierung «eine solche Schuschniggerei» wenigstens «zum Teil» durchaus zu!) Brunner hatte das Gefühl, «in einer merkwürdig vulkanischen Zeit» zu leben, und erwartete «fast von einem Tag auf den anderen eine Eruption».[76] Am 19. Januar schrieb er: «Der Zweifel ist bei mir kaum mehr ein Prozent gross, dass ich heimkommen muss.» Die Fundamentalisten in der presbyterianischen Kirche wüteten so heftig und kämpften auch mit anonymen Briefen, dass Brunner von einem «Sturmangriff auf Princeton» und auf ihn persönlich sprach. Es schien ihm, dass er Princeton schwer kompromittiere,[77] und er vermutete, dass ihn Mackay wegen seiner Stellung zur jungfräulichen Geburt Jesu nicht durch die Wahlgremien werde bringen können.

Als ihn ein Jahr zuvor Mackay als ordentlichen Professor – und zwar auf die Dauer – nach Princeton hatte holen wollen, hatte Brunner ihm den Kompromiss eines Probejahres vorgeschlagen.[78] Ende Januar 1939 machte er ein ähnliches Angebot: Er würde zwar in die Schweiz zurückkehren und den Ruf nach Princeton *nicht* annehmen, aber jeweils im Frühjahr regelmässig wenigstens für ein paar Wochen in Princeton unterrichten. Auch so werde es ihm möglich sein, seinen – wie er etwas gespreizt formulierte – «providentiellen Auftrag für Amerika» zu erfüllen. Dieser Kompromiss schien, angesichts der grossen Widerstände, mit denen er kämpfen musste, auch Mackay entgegenzukommen. Brunner schrieb seiner Frau, es sei «fast verdächtig, wie begeistert Mackay diesen Plan» aufgenommen habe, eine «Zwischenlösung», die eine «Dauerverbindung» mit Amerika gestattete und die Möglichkeit einer späteren, stärker ausgebauten und besser verankerten Gastprofessur in Princeton offen liess.[79]

Am 9. Februar richtete Brunner dann einen formellen Brief an den Verwaltungsrat des Princeton Theological Seminary, in dem er die Berufung zum Charles Hodge Professor für Systematische Theologie ausschlug. An erster Stelle machte er die «veränderte Situation in Europa und seine Verantwortung für seine Familie, sein Land, seine Kirche und die Universität» Zürich für seinen Entschluss geltend. Er ging aber auch auf die theologischen Auseinandersetzungen in und um Princeton ein: Die

---

[76] An Margrit Brunner am 9. Januar 1939. (Kurt von Schuschnigg war der österreichische Bundeskanzler, der sein Land an Hitler auslieferte.)
[77] An Margrit Brunner am 19. Januar 1939.
[78] Vgl. oben, S. 363.
[79] An Margrit Brunner am 19. Januar 1939.

«Kräfte des Widerstandes» seien noch zu kräftig, und ein «etwas langsamerer Wandlungsprozess» sei angezeigt. Princeton habe sich zu lange den ultrakonservativen Kräften innerhalb der Kirche angepasst und dabei zunehmend an Einfluss verloren. Veränderungsprozesse müssten aber bald eingeleitet werden, damit das Princeton Theological Seminary «der Kirche die Anleitung geben» könne, die diese dringend nötig habe. Brunner schloss mit dem Dank für das ihm entgegengebrachte Vertrauen. An das Jahr in Princeton werde er immer «mit grosser Dankbarkeit und Freude» zurückdenken.[80]

Universitätsprofessur?

Die Frage, ob Brunner in Amerika bleiben solle, war damit aber noch nicht entschieden, da man an der *Universität* Princeton auf ihn aufmerksam geworden und ein Vortrag im hochkarätigen *Nassau Club* auf viel Wohlwollen gestossen war. Brunner hatte «sehr frei über die geistigen Hintergründe der Weltsituation» gesprochen, über «Totalitarismus und Demokratie», und dabei «kräftig» ein «christliches Bekenntnis abgelegt».[81] Dass Brunner von den Fundamentalisten angefeindet wurde, erwies sich bei der liberalen Universität als Vorteil. Ziemlich genau zur Zeit seiner Absage an den Verwaltungsrat des Princeton Theological Seminary berief ihn die Universität auf einen eigens für ihn geplanten Lehrstuhl. An der Universität sollte er nicht mehr nur Theologen ausbilden, sondern Studierende aller Fakultäten in den christlichen Glauben einführen, in erster Linie in die Bibel. (Einige Jahre später wurde ein ähnlicher Lehrstuhl in Harvard für Paul Tillich geschaffen.) Die Universität wünschte einen «kräftigen Aufschwung des christlichen Geistes»[82] und bot Brunner hohe materielle Anreize (rund 10 000 Dollar Gehalt, allerdings kein Haus) und, was noch mehr zählte, günstige Arbeitsbedingungen: «8 Stunden an der Uni, wovon aber nur die Hälfte oder weniger Vorlesungen, das andere Zusammenarbeit mit einzelnen Studenten in kleinen Gruppen». Ausserdem wurde ihm in Aussicht gestellt, mittelfristig auch theologische Doktoranden betreuen zu können. Das Angebot war verlockend und trieb Brunner «sehr um». Alles war «wieder in Fluss gekommen». Die neue Berufung stimmte ihn dankbar, da er «in Zürich oft das Gefühl der Verspiessung» hatte. Sie schaffte «wieder etwas Luft» und liess ihn «das Wagnis des Lebens spüren». Als bedenklich erschien ihm aber die weltpolitische Perspektive. Seiner Frau schrieb er:

---

[80] An der Verwaltungsrat des Princeton Theological Seminary am 9. Februar 1939. P.
[81] An Margrit Brunner am 15. Februar 1939.
[82] An Margrit Brunner am 2. März 1939.

> «Aber wer weiss, ob die Frage nicht durch Herrn Hitler über den Haufen geworfen wird. Man erwartet hier bestimmt für den Monat März irgendetwas Unheimliches. [...] Ich glaube noch immer, dass wir nicht zu entscheiden haben, sondern dass irgendwie für uns entschieden wird.»[83]

Das Angebot war «ganz anders verlockend» als der «erste Plan». Ein grosses «Wirkungsfeld» wurde ihm eröffnet. Dazu kam, dass er sich ausrechnete, jeden Sommer dreieinhalb Monate in der Schweiz verbringen zu können, und das hohe Salär garantierte auch eine gute Ausbildung der Söhne. Als Hauptfrage aber bezeichnete er gegenüber seiner Frau (wie schon ein Jahr zuvor):

> «Wo will Gott mich und euch haben? Bin ich der Mann, der das kann, was diese Leute erwarten, und wenn ich's wäre: Ist das wichtiger als der bescheidenere Dienst in der Heimat? Die alte Frage: Weite und Tiefe, Verwurzelung oder Mission? Wir werden viel darüber beten müssen.»[84]

Brunner stellte den Instanzen in Princeton eine definitive Entscheidung «nicht vor Mitte Juni» in Aussicht.[85] Er wollte am 10. Juni in Genua ankommen[86] und die Angelegenheit mit seinen Angehörigen und Freunden in der Schweiz besprechen.[87]

Die politische Lage in Europa beschäftigte Brunner sehr. Am 13. März schrieb er seiner Frau, man rede von einem Plan der Deutschen, «Holland und die Schweiz als Faustpfänder zu annektieren». Er glaube allerdings «nicht recht, dass die Deutschen so dumm sein könnten», zu meinen, «dass sich so etwas machen liesse, ohne sofort einen Weltkrieg zu entfesseln mitsamt Amerika auf Englands Seite».[88] Empört über die Annexion Böhmens und Mährens durch das Deutsche Reich sprach er von der «tschechischen Tragödie», «der verbrecherische Raubüberfall» gebe auch in Amerika «sehr zu denken». Er habe «die Seminarklasse aufstehen lassen zum Zeichen der Sympathie mit der gestorbenen tschechischen Republik».

> «Hoffentlich haben wir nicht einen Bundesrat, der sich auch eines Tages bewegen liesse, nach Berlin zu fahren und die kampflose Kapitulation heimzubringen. Und wenn noch, so glaube ich, hätte das Schweizervolk Charakter genug, einen solchen Bundesrat fristlos zu entlassen und zu mobilisieren.»[89]

---

[83] An Margrit Brunner am 26. Februar 1939.
[84] An Margrit Brunner am 2. März 1939.
[85] A.a.O.
[86] An Margrit Brunner am 6. März 1939.
[87] An Margrit Brunner am 2. März 1939.
[88] An Margrit Brunner am 13. März 1939.
[89] A.a.O.

In diesem Fall würde er «sofort heimkommen, Seminar und Universität Princeton hin oder her». Er fiel sich dann aber selbst ins Wort, indem er bemerkte, es sei «gar nicht klar», wo und wie er «mehr tun» könne für sein Land, direkt oder indirekt. «Gesetzt den Fall, ich könnte zu einer wirklichen Erweckung Amerikas beitragen, wie viel würde das für die Sache der Kirche und Demokratie, auch in der Schweiz, bedeuten?»[90]

Brunner fiel es schwer, sich zu entscheiden, weil das Angebot von Princeton, die Kombination von Universität und Seminar, ihn reizte:

> «Das, was ich mir ja heimlich immer schon gewünscht hatte: Theologie ebenso gegen die Weltfront hin wie innerhalb der Kirche. [...] Ich würde an der [Universität] lesen über christliche Anthropologie, Geschichtsphilosophie, Soziologie etc., Grenzgebiete, für die ich immer eine besondere Liebe hatte im Unterschied von Barth. Und am Seminar könnte ich mein bestes Eigentlich-Theologisches geben.»[91]

Aus «allen Teilen des Landes» würden Studierende seinetwegen nach Princeton kommen, dass es «so etwas wie ein theologisches Zentrum würde, teils für Unileute, die irgendeine weltliche Wissenschaft lehren wollen, aber als Christen mit theologischem Hintergrund, und wieder für solche, die an theologischen Schulen oder Universitäten Religion oder Theologie dozieren möchten».[92]

Am 24. März schrieb er, er habe «das ganz bestimmte Gefühl»: «Heim, nicht Princeton! Ich gehöre der Schweiz, nicht Amerika, daran können schliesslich die grösseren Perspektiven nichts ändern. Das allein genügt nicht zu einem solchen Wechsel», er sei auch «gesellschaftlich immer noch sehr isoliert».[93] Am 3. April ist dann sein «negativer Entscheid» so gut wie gefasst, man dürfe es nur noch nicht weitersagen. «Wie man eine Mutter nicht im Stich» lasse, «um ‹grösserer› Aufgaben willen, so auch die Heimat [nicht], wenn sie in Not» sei. Seit dem Fall Prags sei er zur definitiven Rückkehr in die Schweiz praktisch entschieden.[94] Und am 5. April – vor seiner Abreise in die Osterferien – telegrafiert er: «decision for zurich final but not yet official tell nearest friends go ahead housedeal.»[95] Mit dem Hauskauf meinte Brunner den Erwerb des Hauses an der Hirslandenstrasse, das zu kaufen Margrit Brunner damals im Begriff war. Das Anwesen im Klusdörfli war für die Familie zu eng geworden.

---

[90] A. a. O.
[91] An Margrit Brunner am 24. März 1939.
[92] A. a. O.
[93] A. a. O.
[94] An Margrit Brunner am 3. April 1939.
[95] Telegramm an Margrit Brunner vom 5. April 1939.

Rückkehr

Möglicherweise hätte Brunner seine Entscheidung noch länger verzögert. Aber dann *wurde* über ihn entschieden: Er verbrachte die Osterfeiertage bei Pfarrer Hunter B. Blakely in Staunton (Virginia) im Shenandoah Valley. Blakely war ein Freund Mackays und ein «lieber Mensch». Brunner fühlte sich «sehr zu Hause»[96] bei ihm und fand die Einladung zu Ostern «allerliebst».[97] Ausgerechnet dort hatte er aber einen Nervenzusammenbruch, eine «Versagungsreaktion auf körperliche, seelische und geistige Überbeanspruchung».[98] Nach seiner Rückkehr nach Princeton vertraute er sich Mackay an, der ihn für die letzten Tage in Amerika liebevoll in seinen Haushalt aufnahm und zusammen mit seiner Frau pflegte sowie dafür sorgte, dass er einen Monat früher als vorgesehen nach Hause fahren konnte. Das Schiff, auf das Mackay ihn begleitete, verliess den Hafen von New York am 22. April 1939. Am 30. April erreichte es Cannes, wo Margrit Brunner ihren Mann in die Arme schliessen konnte. Gemeinsam verbrachten sie einige Tage in Südfrankreich. Am 6. Mai 1939 trafen sie in Zürich ein, wo sie von allen vier Söhnen, «gesund, fröhlich [und] erwartungsvoll», und einer Reihe «guter Freunde» empfangen wurden. Das Haus war mit «Blumen, Kuchen und Obst überfüllt», und die ganze Stadt war wegen der Eröffnung der Schweizerischen Landesausstellung beflaggt.[99]

Die Krise hatte sich bereits um Neujahr 1939 angedeutet, als er nachts nicht mehr schlafen konnte.[100] Häufig brauchte er ein Schlafmittel.[101] Seine rastlose Tätigkeit – die Arbeit in Princeton und zahlreiche Vortragsverpflichtungen im ganzen Land, die er, obwohl er das Gegenteil behauptete,[102] nie ablehnte – zehrte an seinen Kräften. Und auch die Anfeindungen von fundamentalistischer Seite gingen nicht spurlos an ihm vorüber. Dazu kamen die Entscheidungen über seine persönliche Zukunft und die Angst um Europa, besonders um die Schweiz. Es brauchte die lange Fahrt über den Ozean und das Mittelmeer, anschliessend die Ferientage mit seiner Frau und viele Wochen Abstand von jeglicher Berufstätigkeit, bis er sich mehr oder weniger aufgefangen hatte. Die erste Zeit in Zürich verbrachte er in «vollkommener Faulheit und, in einem gewissen Sinn, in Verantwortungslosigkeit», «frei von jeglicher Verpflichtung».[103]

---

[96] An Margrit Brunner am 18. Dezember 1938.
[97] An Margrit Brunner am 7. Januar 1939.
[98] Meyers Grosses Taschenlexikon 15. Mannheim, Leipzig, Wien, Zürich 1995, S. 212.
[99] An Mackey am 22. Mai 1939. P.
[100] Vgl. oben, S. 367.
[101] An Margrit Brunner am 26. Dezember 1938 und am 7. Januar 1939.
[102] An Margit Brunner am 9. Januar 1939.
[103] An Mackey am 22. Mai 1939. P.

Mackay hatte vor Brunners eiliger Abreise einen Abend mit Fakultätsmitgliedern und Studierenden veranstaltet. Diese überreichten ihm feierlich ein «Diplom» mit 171 Unterschriften:

> «Wir, die wir das Privileg hatten, bei Ihnen am *Princeton Seminary* im Jahr 1938/39 zu studieren, drücken durch unsere Unterschriften unsere Wertschätzung für Ihre Anwesenheit bei uns aus, ebenso für die Meisterschaft, mit der Sie zu lehren wissen, für Ihre Anteilnahme an den Studierenden, für Ihre Grosszügigkeit, mit der Sie uns Zeit und Kraft zur Verfügung stellten, für Ihre Feinfühligkeit gegenüber unseren gegenwärtigen spirituellen Bedürfnissen und für die Art, in der Sie ein Zeuge des Wortes und des Lebens Christi und seiner Königsherrschaft waren.»[104]

In der amerikanischen kirchlichen Presse erschien eine von Mackay veranlasste Verlautbarung, dass Brunner eigentlich bis im Juni 1939 in Princeton hätte bleiben sollen, aber aus gesundheitlichen Gründen und wegen seiner Bedenken in Bezug auf die politische Situation in Europa und der Schweiz früher in seine Heimat habe zurückkehren müssen. Brunners Ärzte hätten ihm für den ganzen Sommer einen nichttheologischen Urlaub verordnet.[105]

Zu Brunners Ankunft in Europa schickte Mackay ein Telegramm mit dem Text: «HAPPY REUNION» und zwei persönliche Briefe. Margrit Brunner gegenüber drückte er seine «tiefe Besorgnis» über den Gesundheitszustand ihres Mannes aus. Er habe unter einem grossen inneren Druck gestanden wegen der von ihm geforderten Entscheidungen und wegen der vielen Vortragsverpflichtungen. Ihre letzten gemeinsam verbrachten Tage seien für Mackay und seine Frau die Zeit eines selten schönen Zusammenseins gewesen. Die Studierenden in Princeton hätten das Gefühl, einer ihrer besten Freunde und ihr bester akademischer Lehrer habe sie verlassen.[106] – An Brunner selbst schrieb Mackay:

> «Niemand kann voll ermessen, was Ihr Aufenthalt in Princeton für diese alte Bildungsstätte und für die Kirche im Allgemeinen bedeutet hat. Bande wurden geknüpft, die nicht mehr zerrissen werden können. Alle sind enttäuscht darüber, dass Sie an unserem ‹commencement› nicht werden reden können [...]. Wir sind aber froh darüber, dass Sie das Meer überqueren konnten, bevor das Schlimmste passierte. [...] Darf ich darauf bestehen, dass Sie Ihrem Hausarzt gehorchen, und zwar in Bezug auf die Art, wie Sie den Sommer so ertragreich wie möglich verbringen können. Sie sind in einem höheren Ausmass ermüdet und ausgebrannt, als Ihnen wohl selbst bewusst ist und als Sie es sich einzugestehen vermögen.»[107]

---

[104] Nachlass 138, 10.
[105] Zeitungsausschnitt, nicht datiert. P.
[106] Mackey an Margrit Brunner am 28. April 1939.
[107] Mackey an Brunner am 28. April 1939.

Brunner nahm sich das zu Herzen. Er vertraute sich nicht nur seinem Hausarzt an, sondern auch dem ihm von der Oxfordgruppenbewegung her bekannten Psychiater Alphonse Maeder.

KRIEGSAUSBRUCH UND FLÜCHTLINGSHILFE

Emil Brunner erholte sich relativ schnell, nachdem er aus Amerika zurückgekehrt war. Er schlief viel, ging oft spazieren[1] und beschäftige sich intensiv mit dem Umzug ins neue Haus an der Hirslandenstrasse 47.[2] Zu Beginn des Wintersemesters 1939/40 nahm er seine volle Lehrtätigkeit an der Universität wieder auf. Zu seinem 50. Geburtstag am 23. Dezember 1939 erhielt er einen «wundervoll geratenen» «Freundeskalender»,[3] «einen merkwürdigen Querschnitt durch unsere Zeitgenossenschaft», dessen verschiedene Zeugnisse nicht nur «durch die allen gemeinsame Freundschaft» zusammengehalten wurden; sie waren «zugleich ein Chor der Kirche Christi».[4] Es rührte Brunner zutiefst, dass auch sein alter Lehrer Leonhard Ragaz sich dafür hatte gewinnen lassen, obwohl sie sich seit längerer Zeit entfremdet hatten.[5]

Max Huber beteiligte sich nicht nur an diesem «Freundeskalender», sondern dankte zusätzlich: Durch die Lektüre der Bücher Brunners «und später in persönlichem Gedankenaustausch» sei ihm «das Wort der Wahrheit [...] ein Wort der *Klarheit* geworden». Brunner habe ihm «den Sinn für viele Lebensverhältnisse erschlossen oder doch geschärft und geklärt», das «Besondere», das er ihm geschenkt habe, sei, dass er erst durch ihn «das Wort Gottes nicht nur als ein Wort des Gerichtes, sondern als das Wort der *Gnade*» verstehen gelernt habe.[6] In seiner Antwort schrieb Brunner:

> «Immerhin: so ein 50. Geburtstag macht einen eher traurig als fröhlich im Gedanken an all das, was man versäumt und verpatzt hat. Was einen tröstet: Wenn schon Menschen einem trotz allem Fehlen so treu sind, wie viel mehr dürfen wir der vergebenden Güte Gottes zutrauen?»[7]

Die Universität Zürich dankte Brunner auf ihre Art dafür, dass er die Berufung nach Princeton ausgeschlagen hatte: Er erhielt eine Besoldungszulage von 2000 Franken im Jahr.[8] Und am 30. Januar 1942 wurde er

---

[1] An Mackey am 22. Mai 1939. P.
[2] An Mackey am 30. August 1939. P. Vgl. oben, S. 377.
[3] Das Original befindet sich im Besitz von Frau Lilo Brunner-Gutekunst, Erlenbach.
[4] An Thurneysen am 27. Dezember 1939.
[5] An Ragaz am 5. Januar 1940.
[6] Huber an Brunner am 20. Dezember 1939.
[7] An Huber am 27. Dezember 1939. Ähnlich an Barth in: Barth–Brunner, S. 309.
[8] Nachlass 129, Mappe 5.

382 Kriegsausbruch und Flüchtlingshilfe

> **Professor Dr. EMIL BRUNNER**
> ist trotz den zahlreichen Ehrungen, die ihm in Amerika zuteil geworden sind, wieder in unsere kleine Heimat zurückgekehrt, wo ihn sein überaus grosser Freundes- und Bekanntenkreis mit herzlicher Freude empfängt. Der Zwingli-Verlag, Zürich hat es sich zur angenehmen Pflicht gemacht, bei diesem Anlass die in seinem Verlag aufgenommenen Werke und Arbeiten von Professor Dr. Emil Brunner durch diese Zusammenstellung seinen Freunden und auch weiteren Kreisen bekannt zu machen.
>
> Dargereicht durch
>
> **Buchhandlung der Ev. Gesellschaft & Zwingli-Verlag - Zürich 1**
> Sihlstr. 33 - Glockenhof - Tel. 3 39 86 - Postcheck-Konto VIII/344
>
> die Ihnen gerne jede in diesem Prospekt aufgeführte Publikation schnellstens besorgen wird.

Verlagsprospekt des Zwingli-Verlags 1939.

vom Senat für die Amtsperiode 1942/44 zum Rektor gewählt. Es war eine Kampfwahl: Auf seinen Kollegen Walter Gut entfielen 21 Stimmen, auf Brunner 52. Er nahm die Wahl «ohne Bedenken» an, obschon ihm «eine grössere Annäherung an die Einstimmigkeit» natürlich «lieber gewesen wäre». Er dachte, die «neue Last» werde ihm «gut tun».[9]

Brunner konnte mit seinem beruflichen Erfolg und in seinem öffentlichen Wirken also zufrieden sein. Er selbst sah es nicht immer so. Als Max

---

[9] An Huber am 4. Februar 1942.

*Leonhard Ragaz'
Beitrag
zum Freundes-
kalender zu
Emil Brunners
50. Geburtstag.*

Huber seine Bronzebüste in Auftrag gab,[10] schrieb ihm Brunner, viele hielten ihn für besonders erfolgreich. Doch: «Von innen sieht das ganz anders aus.» Er sei zwar im Ganzen «fröhlich und arbeitsfroh», habe aber auch «zu kämpfen» und sei oft «niedergeschlagen». Er nahm sich weniger als Autor zeitlos gültiger Werke, sondern als theologischen «Journalisten» wahr, er sei ein «Pianist» und nicht ein «Komponist». Er glaube nicht, dass man seine Schriften «in fünfzig Jahren noch kennen oder in dreissig Jahren noch lesen» werde.[11] Das streng wissenschaftliche Arbeiten im engeren Sinne dieses Wortes liege ihm wenig. Mit wissenschaftlichen

---

[10] Die Büste wurde von Werner Friedrich Kunz, 1896–1981, geschaffen und steht heute in der Aula der Universität Zürich. (Nachlass 128, 7.) Sie gefiel den Brunnersöhnen gut, während seine Frau sie «etwas streng» fand. (An Huber am 25. August 1941.)

[11] An Huber, nicht datiert, wohl im September 1941.

Apparaten «täusche ich eine Gelehrsamkeit vor, die ich nun einmal unfähig bin zu erwerben». Er sehe, wie viel «geschickter» seine Söhne das wissenschaftliche Handwerk anpackten. Er mache «schlechte Notizen oder gar keine», und wenn er sie verwenden wolle, finde er «die eine Hälfte nicht mehr, die andere Hälfte untauglich». Dann «türme» er Bücher auf und zitiere «eben sozusagen aus dem Finde-Instinkt heraus».[12]

Dazu kam, dass Brunner unter Anfechtungen litt. Im Sommer 1940 schrieb er von seiner «absoluten Unwürdigkeit», das Predigtamt «zu verwalten», «der böse Feind» sei ihm «grauenhaft nahe» gewesen. Er «habe das Gefühl, dass es oft an einem dünnen Fädchen» gehangen habe. Aber immerhin, *die* «Gewissheit» habe er trotzdem nicht verloren: «Der in euch angefangen hat das gute Werk, der wird es auch vollenden.»[13] Gottes «rettende und bewahrende Barmherzigkeit» habe er «vielleicht noch nie so wie jetzt» erfahren.[14]

Auch in seiner Familie hatte Brunner Sorgen. Nachdem er zunächst nur andeutungsweise davon gesprochen hatte,[15] teilte er Mackey im Mai 1940 mit, dass Margrit Brunner während fast des ganzen Jahres 1939 schwermütig gewesen war. Sie hatte unter einer Antriebsschwäche gelitten, sodass sie z. B. nicht in der Lage gewesen war, ihre Korrespondenzen zu erledigen. Die Depression hatte langsam angefangen und war immer bedrohlicher geworden.[16] Erst im Frühling 1940 begann sie sich wieder besser zu fühlen. Und an Weihnachten des gleichen Jahres konnte Brunner berichten, seine Frau sei jetzt wieder völlig hergestellt, verfüge über ihre frühere «Heiterkeit» und sei endlich wieder die «Sonne» im Haus, wie in alten Zeiten.[17]

Das Jahr 1942 war für Brunner und seine Familie besonders schwer: Am 18. März starb völlig unerwartet der zweitälteste Sohn Peter, und wenig später gab der Gesundheitszustand des jüngsten Sohnes, Thomas, wegen einer «plötzliche Erkrankung» der Bauchspeicheldrüse Anlass zu grosser Sorge.[18] Dem Freund Max Huber schrieb Brunner nach Peters Tod:

> «Peter war im letzten Jahr von einer geradezu beunruhigenden Arbeitsfreudigkeit und -kraft. Sein Geist schwang mit einer beglückenden Intensität, und seine Liebe liess uns an allem teilnehmen, was ihn bewegte. Ich habe noch nie so etwas Ergreifendes von wissenschaftlich-geistiger Leidenschaft erlebt, verbunden mit tiefem Christusglauben und einem beschämenden Ernst im Gebrauch der Heiligen Schrift zur Deutung aller Probleme, die sich ihm stellten. Ich habe Gott fast alle Tage für dieses Glück, das uns gerade dieser Sohn

---

[12] An Huber am 26. Mai 1941.
[13] Nach Philipper 1,6.
[14] An Huber am 16. Juli 1940.
[15] An Mackey am 9. Dezember 1939.
[16] An Mackey am 15. Mai 1940. P.
[17] An Mackey am 22. Dezember 1940. P.
[18] An Huber am 28. September 1942.

täglich bereitete, gedankt. Aber nun schien der Schwung seines Geistes für seine Natur zu gross geworden zu sein. Plötzlich geriet der Geist ins Wirre, wir mussten Peter, obschon er in jenem Moment noch sehr euphorisch war, unter ärztliche Pflege und Bewachung geben. Dann traten Fieber ein, die sich bis 42,7 steigerten und zuletzt ein Herzkollaps – alles innert 9 Tagen.»[19]

Peter hatte die Offiziersschule absolviert und studierte Germanistik.[20] Mit besonderem Eifer hatte er in den letzten Jahren die Publikationen seines Vaters stilistisch redigiert.[21] Einen Tag vor Peters Tod hatte Brunner noch gehofft, dass das Schlimmste vorüber sei.[22]

«Meine Frau hat es wunderbar tapfer getragen, ich habe sie nie fassungslos gesehen, und sie konnte nicht nur äusserlich, sondern innerlich geradezu heiter und fröhlich bleiben bis heute. Wir haben beide an der Beerdigung das von uns gewünschte Lied ‹Ein feste Burg› wacker mitgesungen,[23] und das hat der ganzen Trauerfeier einen ungewohnt positiven Klang gegeben. Wir waren immer erfüllt – und sind es bis heute – von der Gewissheit: Seine Augen – diese geisterleuchteten und beseelten Augen – schauen jetzt das Angesicht des Herrn der Herrlichkeit. Und das liess uns einfach nie richtig traurig sein, auch wenn uns immer wieder das Heimweh ein wenig übernimmt. Er war eben ein sehr, sehr lieber Sohn. Aber Gott hat uns noch drei andere, kräftige, begabte und liebe Söhne gelassen.»[24]

Kirche und Staat angesichts der Bedrohung durch den Totalitarismus

Besonders im Mai 1940 befürchteten viele den Einmarsch der deutschen Wehrmacht in die Schweiz. Seinem amerikanischen Freund Mackay schilderte Brunner die Lage drastisch:

«Solange Mussolini nicht in den Krieg eintritt, bleiben wir vielleicht vom Krieg verschont. Sobald er anfängt, werden wir von zwei Seiten angegriffen – genau genommen von drei Seiten –, und auf Grund der Erfahrungen der letzten 5 Tage in Holland gibt es wenig Hoffnung, dass unser Widerstand sich längere Zeit behaupten kann, obwohl wir in den letzten Monaten viel unternommen haben, unsere Festungsanlagen zu verstärken. Es ist wenig wahrscheinlich, dass Frankreich die Front wird halten können. Es wird höchstens den Einmarsch der [deutschen] Invasion verzögern.»[25]

---

[19] An Huber am 2. April 1942.
[20] An Mackey am 22. Dezember 1940. P.
[21] An Huber am 16. Juli 1940 und ohne Datum, wohl September 1941.
[22] An Mackey am 17. März 1942. P.
[23] Martin Luther, Ein feste Burg ist unser Gott, in: Gesangbuch der Evangelisch-reformierten Kirchen der deutschsprachigen Schweiz, Zürich und Basel 1998, Nr. 42.
[24] An Huber am 2. April 1942.
[25] An Mackey am 15. Mai 1940. P.

Er habe den Schweizer Behörden angeboten, freiwillig Militärdienst zu leisten, und warte jetzt auf eine Antwort. Sein ältester Sohn Hans Heinrich leiste Dienst als Offizier und sei sehr kämpferisch gesinnt. Peter sei Unteroffizier und könne sich weniger gut mit der Situation abfinden. Andreas wolle so bald als möglich in die Armee eintreten, wogegen Thomas, der Jüngste, sich nicht äussere. In der Schweiz hoffe man immer noch, dass dieser Weltenbrand ein gnädiges Ende nehmen möge, und werfe «verzweifelte Blicke» über den Atlantik: «Wenn Amerika helfen würde, wäre der Sieg der gerechten Sache gesichert. Ohne eine solche Hilfe kann man nicht wissen, wie es ausgeht.»[26]

Der Vorschlag, eine Verhandlungslösung zu suchen – eine Gruppe amerikanischer ‹Kirchenführer› hatte dies vorgeschlagen –, sei «absurd»:

«Mit diesen Monstern Frieden zu schliessen, würde das Chaos nur verlängern. Diese Monster müssen vernichtet werden – entweder heute oder morgen, vielleicht von der ganzen Völkergemeinschaft. Solange diese Monster an der Macht sind, wäre ein Friedensschluss die Hölle.»[27]

In der Schweiz sei man froh darüber, dass Churchill Premierminister geworden sei. «Dieser sieht deutlich, dass es nur die Alternative: ‹Tod oder Sieg!› gibt.» Die Aufgabe der Christen und der Kirchen in der Schweiz bestehe darin, «den Glauben zu hüten, aufrecht zu stehen» und zu «bewahren, was uns anvertraut ist».[28]

«Möge Gott Erbarmen haben mit seiner armen Menschheit und seiner armen Kirche! Ich fühle mich manchmal stark deprimiert über meine eigene Arbeit und vor allem über meine christliche Schwachheit. Wenn ich nur noch erleben würde, dass ich sprechen könnte: ‹Jetzt ist mein ganzes Herz für Gott, nur für seinen Willen.› Manchmal meine ich zwar, so sprechen zu können, und dann – nur zu schnell – falle ich in eine gewisse Halbherzigkeit zurück, mein Streben ist gespalten. Als Theologe weiss ich, dass Römer 7 nicht den Christen beschreibt, sondern den natürlichen Menschen, gesehen aus einer christlichen Perspektive. Wie ich es erfahre, beschreibt dieser Text aber ziemlich genau meine eigene Realität. Lieber Freund, wenn wir doch nur still miteinander beten könnten [...]! Wenn wir das machen könnten! Das ist es, was ich Ihnen gegenüber fühle.»[29]

Kurz vor Weihnachten 1940 stellt Brunner die Lage der Schweiz dann folgendermassen dar:

«Der Fall Frankreichs – nicht nur an und für sich, sondern besonders wegen der Umstände, unter denen er geschah, – sowie die Okkupation von Belgien, Holland, Norwegen und Dänemark hat uns zuerst ganz entmutigt. Inzwi-

---

[26] A. a. O.
[27] A. a. O.
[28] A. a. O. Vgl. 1. Timotheus 6,20.
[29] A. a. O.

schen hat sich die Stimmung bei uns wieder etwas aufgefangen. Angesichts der Tatsache, dass Deutschland praktisch den ganzen Kontinent beherrscht, haben wir aber sehr schwere Probleme. Ich denke nicht, dass wir eine militärische Besetzung befürchten müssen, solange England sich halten kann. Unsere Wirtschaftslage ist aber ziemlich schlecht, seit unser Land vollständig von den Achsenmächten umkreist ist. Wir haben keinen Zugang zu Rohstoffen für unsere Grossindustrie. Bis jetzt haben unsere Fabriken Arbeit, aber die Rohstoffvorräte sind bald erschöpft – und wie danach weiter? Ein schreckliches Arbeitslosenproblem steht bevor. Auch wenn man materiell damit umgehen könnte, wird es sich trotzdem als beinahe unlösbares psychologisches und ethisches Problem erweisen. Wegen der Grenzbesetzung hat unsere Armee bis jetzt die meisten Arbeitslosen absorbiert. Wenn unsere Industrie aber völlig darniederliegt, genügt diese ‹Lösung› nicht mehr. Der wirtschaftliche Druck wird schrecklich sein, und das bedeutet eine grosse Gefahr für die Schweiz. Deutschland wird die Taktik von ‹Zuckerbrot und Peitsche› anwenden, um uns zu zwingen, seine Hegemonie anzuerkennen. Ein militärischer Angriff steht kaum zur Diskussion. Es wäre dies ein zu kostspieliges Experiment, das sich nicht auszahlen würde, wenn man unsere Landesverteidigung in Betracht zieht. Es wäre aber eine andere Sache, ‹den Brotkorb höher zu hängen›. Ich weiss nicht, ob unser Volk innerlich stark genug wäre, um den Hunger dem Verlust der nationalen Unabhängigkeit vorzuziehen.»[30]

Noch am Vortag des Kriegsausbruchs am 1. September 1939 hatte Brunner geschrieben, er vertraue nach wie vor darauf, dass die «Standfestigkeit Grossbritanniens zusammen mit der offensichtlichen Unzuverlässigkeit Mussolinis» Hitler davon abhalten werde, zum Äussersten zu schreiten.[31] Dennoch war er sich über die Gefährlichkeit Hitlers im Klaren. *Vor* Hitlers Machtergreifung hatte er im Mai 1932 zwar noch geglaubt, dass hinter der nationalsozialistischen Bewegung «– im Unterschied zu ihrer unmittelbaren politischen Auswirkung – etwas Bedeutsames und letzten Endes Fruchtbares» stecke.[32] Und im Sommer 1933 hatte er kritische Bedenken über «unseren Parlamentarismus» geäussert und als Aufgabe der Kirche bezeichnet, «die Autorität des Staates zu fordern», da diese in der Schweiz zu schwach sei. Allerdings habe sie dabei die weitere Aufgabe, die «Relativität und Begrenztheit» des Staates «durch die Freiheit» zu betonen. Bei der «deutschen Neuordnung» fehle dies «völlig», und deshalb sei sie «dämonisch»,[33] ein Gedanke, der Brunners politische Ethik überhaupt dominiert.

Beispielsweise auch in einer Ansprache an das Zürcher Pfarrkapitel, für die er das Thema «Der Staat als Problem der Kirche» gewählt hatte: In dieser warnte er zwar vor einer «auf die Spitze getriebenen formalen

---

[30] An Mackey am 22. Dezember 1940. P.
[31] An Mackey am 30. August 1939. P.
[32] An Thurneysen am 24. Mai 1932.
[33] An Thurneysen am 6. Juni 1933.

Demokratie» und nannte «die Diktaturstimmung eine Folge der ochlokratischen Verlotterung des Staates».[34] Er betonte aber auch, dass die Schweiz «nur als Demokratie Existenzberechtigung» habe und nur in einer Welt bestehen könne, «die nicht dem Staatsabsolutismus» verfalle:[35]

> «Die Autorität des Staates ist keine unbedingte, sondern eine bedingte, und der ihm geschuldete Gehorsam kein unbedingter, sondern ein bedingter. Unbedingt ist Gott allein.»[36] – «Der Protest gegen die Selbstverabsolutierung des Staates ist wichtiger als alles, was der Christ sonst noch für den Staat oder dem Staat gegenüber tun kann.»[37]

Und in seinem grundlegenden Vortrag «Die reformierte Staatsauffassung» vor der Neuen Helvetischen Gesellschaft im Jahr 1938 wandte Brunner sich gegen den – wie er sich jetzt ausdrückte – «Staats*totalitarismus*»:[38]

> «Weil der Staat seine Macht von Gott hat, darum ist er nicht souverän [...]. Der Staat kann nicht sagen und tun, was er will, sondern er ist an den göttlichen Willen gebunden. Das gilt vor allem für das Recht. Keine Rede davon, dass *das* Recht ist, was der Staat für Recht erklärt! Was der ungerechte, gottlose Staat für Recht erklärt, ist deswegen noch nicht Recht, es bleibt staatlich gesetztes und erzwungenes Unrecht. Es hat deshalb auch gerade die Kirche, aber durchaus nicht nur sie, sondern jeder Bürger, der weiss, was Recht ist, das Recht und die Pflicht, das Unrecht des Staates Unrecht zu heissen, und, wenn er dazu berufen ist, es auch öffentlich zu tun. Namentlich der Kirche ist dieses Wächteramt anvertraut.»[39]

Abzulehnen ist jedes «Gottesgnadentum» und jeder «Staatsabsolutismus».[40]

Als Ende September 1938 der englische Premierminister Arthur Neville Chamberlain und Hitler das Münchner Abkommen schlossen und die überwiegend von Deutschen bewohnten Grenzgebiete Böhmens (Sudetengebiete) dem Deutschen Reich abgetreten werden mussten,[41] befand sich Brunner noch in Princeton. In einem Brief an seine Geschwister zeigte er sich von «Chamberlains wunderbarer Haltung [...] tief beeindruckt». Dass ein Krieg abgewendet worden war, empfand er «wie die direkte Erhörung von Millionen Gebeten», auch seiner eigenen. «Cham-

---

[34] Ochlokratie bedeutet Pöbelherrschaft.
[35] Emil Brunner, Der Staat als Problem der Kirche, in: Wort I, S. 289–307, hier: S. 305.
[36] A. a. O., S. 293.
[37] A. a. O., S. 292.
[38] Emil Brunner, Die reformierte Staatsauffassung. Zürich und Leipzig 1938, S. 20.
[39] A. a. O., S. 17 f.
[40] A. a. O. Bereits am 23. Dezember 1933 hatte Brunner Frank Buchman geschrieben, im Kirchenkampf in Deutschland gehe es um einen «Kampf zwischen Christus und Belial», zwischen Christus und dem Teufel. Vgl. oben, S. 282.
[41] Meyers Grosses Taschenlexikon, Band 15. 5. Auflage. Mannheim und andere Orte 1995, S. 79.

berlains Weisheit und Lauterkeit und Demut» habe «wirklich [...] den Frieden gerettet». Etwas anderes sei es jedoch, «ob man die ganze vorangehende Politik billigen könne». Es sei «ja ganz ausser Zweifel, dass England und Frankreich der Sache nach glatt vor Hitlers Kriegsdrohung» kapituliert hätten. Und diese sei ein «Bluff» gewesen. Ein britischer Diplomat habe schon zuvor einigen Sudetenführern gesagt, «die einzige Lösung sei die Abtretung des Sudetenlandes» an das Deutsche Reich. Hitler habe daraus schliessen müssen, «Chamberlain werde niemals einen Krieg riskieren bloss zur Vermeidung dieser an sich zweifelhaften Sache», und er könne «durch seine Kriegsdrohung Chamberlain helfen [...], die öffentliche Meinung in England und Frankreich von der Notwendigkeit des Nachgebens zu überzeugen». Hitler habe jetzt «alles ohne Schwertstreich, was er wollte, und weit mehr, als er hoffen konnte!». Die «gegenseitige Friedensgarantie» sei für Hitler «ein reines Geschenk». Dieser habe nun «freie Hand im Osten», und Europa sei «schutzlos seiner Übermacht preisgegeben». Natürlich habe «Chamberlain es anders gemeint». Er habe gehofft, «Hitler werde nun gesättigt sein und man könne an allgemeine Abrüstung denken». Auch Deutschland werde das «gerne tun», «aber nur so weit, dass es beständig die Oberhand behält und mit reduzierter Armee genauso diktieren kann wie mit grosser Aufrüstung. Und zudem steht so in Aussicht, dass Deutschland endlich die nötigen Kredite von London bekommt. So ist also auch dies wieder zum Vorteil Hitlers. Es ist unerhört, was der Mensch für Glück hat!»[42] Brunner zweifelte allerdings daran, «dass England dieses Chamberlain-Abkommen ratifizieren» werde.[43]

Sechs Wochen später schrieb er seinen Geschwistern, er sei nicht damit einverstanden, dass die Oxfordleute die Parole einer gesinnungsmässigen Neutralität ausgäben, weil man «über Nachbarn» und darüber, «was in Nachbarländern vor sich geht», nicht «richten» dürfe:

> «Denn wenn jetzt *eines* Gottes Gebot ist, so gewiss dies, dass wir klar sehen, was Teufelswerk ist und was Gerechtigkeit. Und dass wir, was Teufelswerk ist, auch so nennen, ohne ein Blatt vor den Mund zu nehmen. [...] Wenn *eines* jetzt Aufgabe der Schweiz ist, von Gott her, dann ist es dies, mit aller Macht den Abwehrwillen der Schweiz gegen die Mächte der Versklavung und Unmenschlichkeit mit allen rechten Mitteln zu stärken und zu schaffen. Es dünkt mich, wenn etwas mich hier [in Princeton] loshakt, so ist es die Erkenntnis der Pflicht, jetzt in der Schweiz alles aufzubieten, um das Volk durch und durch selbständigkeits- und abwehrwillig zu machen. – Es wird ja immer klarer, was für eine Katastrophe München bedeutet hat [...]. Allmählich beginnt es doch manchem zu dämmern, dass Chamberlains Politik nicht für England, sondern

---

[42] An die Geschwister am 5. Oktober 1938.
[43] A.a.O.

für die Welt eine ungeheure Schlappe der guten und einen furchtbaren Sieg der bösen Sache bedeutet. Freilich sollen wir für Hitler beten – nämlich, dass diesem Mann ein Riegel gestossen werde. An seine Bekehrung glaube ich nicht. Es gibt eine ‹Sünde zum Tode›, wo die Fürbitte aufhört (1. Johannes 5,17). Ich wehre keinem ab, für Hitlers Bekehrung zu beten, aber ich selbst kann es nicht mehr. Dagegen kann und will ich beten, dass Gott diesem Tyrannen das Schwert aus der Hand nehme, ehe er ganz Europa versklavt hat. Und als Schweizer will ich mein Möglichstes tun, um alle Schweizer darüber aufzuklären, mit was für einer Satansmacht wir es da zu tun haben, und ihnen das Gewissen zu schärfen dafür, dass sie hier eine Aufgabe von Weltbedeutung haben, diesem Strom einen Damm entgegenzustellen. Hier ist Scheidung der Geister notwendig. [...] Vor allem aber müssen wir [...] dafür arbeiten, dass diese Frist, die uns noch gegeben ist – sei es vor einem Weltkrieg, sei es vor einer Versklavung, die öffentliches Aussprechen der Wahrheit nicht mehrt erlaubt oder ermöglicht –, [dafür genutzt wird,] dass die Schweiz wieder zu Gott erwacht und erkennt, wohin Gottlosigkeit und Gleichgültigkeit gegen sein Wort führten. Ob wohl Russland und Frankreich und Deutschland als abschreckende Beispiele noch nicht genügen? [...] Wie soll die Schweiz erwachen, wenn sie nicht bös bös und unrecht unrecht nennen soll? Wie ist Gotteserkenntnis möglich ohne Teufelserkenntnis und Gottesgehorsam ohne Absage an den Teufel und seine Machenschaften?»[44]

Brunner berührte sich an diesem Punkt stark mit Karl Barth. Im Herbst 1938 schrieb dieser seinen offenen «Brief an Prof. Hromádka in Prag», mit den seither oft zitierten Worten:

«Jeder tschechische Soldat, der streitet und leidet, wird es auch für uns – und ich sage es heute ohne Vorbehalt: er wird es auch für die Kirche Jesu Christi tun, die in dem Dunstkreis der Hitler und Mussolini nur entweder der Lächerlichkeit oder der Ausrottung verfallen kann.»[45]

Ein Unterschied bestand jedoch: Barth machte seine Aussage öffentlich. Er sprach als Kirchenmann. Brunner äusserte sich in einem Brief, der nicht zur Veröffentlichung vorgesehen war.

In Brunners Nachlass findet sich ein undatiertes Typoskript, das den Titel «Zur Besinnung auf Karl Barths Aufruf» trägt. Brunner hielt darin zunächst fest, dass auch er fundamental gegen den totalitären Staat eingestellt sei. Auch er war der Meinung, dass man sich in der Not als Bürger zu den Waffen rufen lassen muss. Als falsch bezeichnete er es jedoch, dass Barth nicht zwischen der bürgerlichen und der christlichen Sphäre unterscheide:

---

[44] An die Geschwister am 26. November 1938.
[45] Karl Barth, Eine Schweizer Stimme 1938–1945. 3. Auflage. Zürich 1985, S. 58 f. = Karl Barth, Offene Briefe 1935–1942. Herausgegeben von Diether Koch. GA 36, Zürich 2001, S. 114.

«Die Kirche hat keine andere Waffe als das Wort Gottes [...]. Die Kirche Jesu Christi kann darum niemals als Kirche zu den Waffen rufen.» – «[Barth] vermischt das kirchliche Interesse an der Fernhaltung des totalitären Staates von unseren Grenzen mit dem bürgerlichen Interesse, diese Fernhaltung mit den Waffen zu vollziehen. Er proklamiert den Heiligen Krieg. Der Heilige Krieg ist eine wesentlich mittelalterliche katholische Idee, die aus der Vermischung der Sphären kommt.»[46]

Noch schärfer geht es weiter:

«Das Besondere bei Barth ist [...] dies, dass er selbst seine Anschauungen in einem Mass mit Unfehlbarkeit zu umkleiden pflegt, die von seinen Schülern ins Masslose gesteigert zu einer Gefahr für die Kirche [wird]. Es ist die Gefahr des Sektenstifters, der nicht einsieht, dass dank der Beschränktheit unserer Gotteserkenntnis innerhalb jeder Kirche ein gewisses Mass von gegenseitiger Duldung und ein grosses Mass von Bereitwilligkeit von anderen zu lernen notwendig ist. Beides fehlt Barth in ungewöhnlichem Masse, in einem Masse, wie es gewöhnlich nur Sektenstiftern eignet.» – «Es wäre [...] höchst gefährlich, wenn sich die Kirche von Barth verführen liesse, als Kirche zu den Waffen zu rufen. Ich will als Schweizerbürger dies tun, so laut ich kann. Aber da man nun einmal in mir den Theologen und Pfarrer zu sehen pflegt, werde ich alles tun, um klar zu machen, dass ich das als Schweizer Bürger und nicht als Lehrer der Kirche tue, trotzdem in diesem Fall auch das Wohl der Kirche mit im Spiel ist.»[47]

Noch ein anderer Unterschied fällt auf: Barth setzte sich konkret – und zu dieser Zeit *ausschliesslich* – mit dem Nationalsozialismus auseinander, den er während seiner Zeit in Deutschland als höchst gefährlich erfahren hatte. Für Brunner war der Nationalsozialismus dagegen ein Beispiel für den Totalitarismus *allgemein*, und zwar eines neben anderen. Es ist bezeichnend, dass er im oben zitierten Brief an seine Geschwister ausser Deutschland auch Frankreich (wegen des dortigen Säkularismus) und Russland (wegen des Bolschewismus) als abschreckende Beispiele anführt. Der ‹Totalitarismus› – und nicht Adolf Hitler oder der Nationalsozialismus – war und blieb sein Thema. Kurz nach Kriegsausbruch stellte er in einer Vorlesung fest:

«Es geht nicht um Diktatur oder Demokratie. Über die Möglichkeit einer Diktatur als unter Umständen gebotene Form der staatlichen Gewalt lässt sich auch im Bereich des Christentums diskutieren [...]. Diktatur als solche ist keine totalitäre Erscheinung, sondern eine politische Form, der sich z. B. jeder Staat, der im Kriegszustand lebt, einigermassen annähert. Diktatur fordert nicht den ganzen Menschen, sondern sie schaltet lediglich sein politisches Mitbestimmungsrecht aus. Das totalitäre Prinzip aber, in welcher Gestalt es sich auch präsentiere, fordert die Seele des Menschen. Wo das totalitäre Prin-

---

[46] Zur Besinnung auf Karl Barth. Nachlass 81.
[47] A. a. O.

zip herrscht, da sollen Menschen geformt werden ‹nach unserem Bilde›, da muss der Mensch seine Seele verkaufen.»[48]

Und 1943 warnte er vor dem totalitären Prinzip überhaupt:

> «Auch wenn einmal, wir hoffen bald, das machtvollste und vorläufig gefährlichste System der Menschenknechtung zerbrochen sein wird, steht unter den Siegern schon wieder ein anderes, nicht minder gefährliches da, das, mit etwas anderer Ideologie und in etwas andern Formen, dasselbe will und tut: Die menschliche Persönlichkeit einstampfen zu einem kollektivistischen Brei, zu einer Form des Massenlebens, in der wahrhaft menschliches Leben kaum mehr möglich wäre. Der Kampf unserer Zeit gilt ganz eindeutig dem totalitären Prinzip als solchem.»[49]

An Eduard Thurneysen schrieb Brunner am 15. September 1939:

> «Das atheistische Frankreich ist – in geistlicher Hinsicht – [...] sicher kein überzeugender Gegenpart des gottlosen Hitlertums.» – «Seit Deutschlands Pakt mit Russland[50] scheint es [...] geistlich einfacher zu sein; jetzt sind die beiden Kirchenverfolger miteinander.»[51]

Er habe seinen Leuten aber eingeschärft:

> «Nur jetzt nicht das tun, was ohnehin jeder Schweizer, und selbstverständlich ich auch, tut: das Gericht über Deutschland zu predigen.» – «Wir dürfen, als Prediger, doch nicht in die Ideologien von anno 14 zurückfallen: Gott ist mit den Westmächten, und ihr Sieg ist Gottes Sieg.»[52]

Auch hier grenzt er sich von Barth ab:

> «Karl Barths Kreuzzugsparole vom letzten Jahr [der Brief an Hromádka] hat mich erschreckt.» – «Wenn ich nur meinem Gelüste trauen dürfte, so würde ich auch auf der Kanzel loslegen und das sagen, was ich unter Freunden sage, – was ich auch in einer politischen Versammlung sagen würde. Aber ich hätte dann ein innerstes Gefühl, dass ich die Sache Christi verrate.»[53]

In Amerika habe er in öffentlichen Vorträgen oft ähnlich wie Barth geredet, aber:

> «Mein Thema war immer: die totalitären Revolutionen, einschliesslich Russland, und beide als Reaktionen auf den liberalen kapitalistischen Säkularismus. So wurde es auch immer Busspredigt für Amerika, ohne dass ich im Mindesten den Nationalsozialismus anders beurteilte als Barth. Es scheint mir das

---

[48] Emil Brunner, Das Christentum und die Mächte der Zeit, in: Neue Schweizer Rundschau. Neue Folge. VII. Jahrgang, Heft 8. Dezember 1939, S. 481.
[49] Emil Brunner, Jubiläumsansprache zum 50-jährigen Bestehen des abstinenten Studentenvereins Libertas, in: Die Junge Schweiz. 19. Jahrgang, Nr. 3, Dezember 1943, S. 37.
[50] Am 23. August 1939 wurde der Deutsch-Sowjetische Nichtangriffspakt geschlossen.
[51] An Thurneysen am 15. September 1939.
[52] A. a. O.
[53] A. a. O.

noch immer die richtigere Sicht als die Barthsche Kreuzzugsparole gegen den Nationalsozialismus.»[54]

Brunner vertrat hier eine Art Zwei-Reiche-Lehre: Als Mann der Kirche muss man anders sprechen als als Staatsbürger oder Privatmann.

«Sosehr wir als politische Subjekte innerlich unzweideutig auf der einen Seite stehen und ihre Sache als die gerechte, die Sache der anderen als die ungerechte ansehen, und sosehr es unsere Pflicht als Prediger ist, die dämonischen Hintergründe der ganzen Situation deutlich zu machen, so haben wir doch nicht den Auftrag, unser politisches Urteil auf die Kanzel zu tragen.»[55]

Brunner fügte dann aber hinzu, er sei «froh», dass nun zwischen Barth und ihm «ein neuer Anfang gemacht» sei.[56]

Schweizerisches Evangelisches Hilfswerk für die Bekennende Kirche in Deutschland

Mit dem zuletzt zitierten Satz meinte Brunner seine Zusammenarbeit mit Barth im Schweizerischen Evangelischen Hilfswerk für die Bekennende Kirche in Deutschland (SEHBKD). Dieses war 1938 gegründet worden; dessen *spiritus rector*, der später als «Flüchtlingspfarrer» bekannte Paul Vogt, ein überaus strenger ‹Barthianer›, ‹barthianischer› als Barth, hatte nicht daran gedacht, auch Brunner ins Komitee zu berufen. Dieser fühlte sich «umgangen» und war gekränkt.[57] Und dies mit Recht, hatte er sich doch bereits seit Jahren in der Hilfe für die Flüchtlinge aus Deutschland kräftig engagiert:

Nur gut zwei Monate nach Hitlers Machtergreifung wurden ‹nichtarische› Forscher, Gelehrte, Ärzte und andere Beamte auf Grund des «Gesetzes zur Wiederherstellung des Berufsbeamtentums» vom 7. April 1933 aus dem Staatsdienst entlassen und viele von ihnen zur Auswanderung gezwungen. Emil Brunner hatte sich sofort massgebend an der Gründung des Schweizerischen Hilfswerks für deutsche Gelehrte beteiligt, das nicht nur bedeutende Summen für die Vertriebenen sammelte, sondern ihnen auch praktisch beistand.

An einer Benefizveranstaltung für dieses Hilfswerk hielt Emil Brunner am 12. November 1934 einen Vortrag, in dem er um Unterstützung warb:

---

[54] A. a. O.
[55] A. a. O.
[56] A. a. O.
[57] Vogt an Brunner am 21. Juli 1939. Für eine Kopie dieses Briefes danke ich Herrn Pfarrer Heinrich Rusterholz, Wetzikon. Weitere Quellentexte aus der Sammlung H. Rusterholz werden in der Folge mit R. gekennzeichnet.

«Wir dürfen diese Menschen nicht einfach verhungern lassen. Helfen Sie uns. Sie haben Einzahlungsscheine erhalten. Füllen Sie sie aus mit einer möglichst hohen Ziffer. Aber lassen Sie es nicht dabei sein Bewenden haben. Fragen Sie sich in diesem Moment: wem kann ich von dieser Not erzählen? Schreiben Sie sich die Namen auf und tun Sie die Gänge heute oder morgen noch. Tragen Sie sich ein in die Liste der Mitglieder [...]. Wissen Sie jemanden, der ein freies Zimmer hat, so melden Sie das [...]. Setzen Sie Ihren Ehrgeiz darein, mindestens einige, wenn möglich viele, als Mitglieder oder für einen einmaligen höheren Beitrag zu gewinnen. Aber auch kleine Beiträge sind [...] hoch willkommen. Verzeihen Sie mir, dass ich den Klingelbeutel so unverschämt schütteln muss. Aber die Not ist gross, und es sollte rasch geholfen werden. Sie sollen nicht untergehen! Wir haben den Notschrei gehört, wir lassen den Mann nicht auf der Strasse liegen, wir gehen nicht vorüber.[58] Ich danke Ihnen.»[59]

Die Schlusssätze verraten den erfahrenen Kanzelredner, nur das «Amen» fehlt. Davor hatte Brunner nicht nur von bewegenden Einzelschicksalen erzählt, sondern auch grundlegende Informationen und Analysen gegeben: Die «Hilfsbereitschaft» dürfe nicht «an bestimmte nationale oder rassische Erfordernisse» gebunden werden. Unter den Hilfesuchenden seien alle Fakultäten vertreten:

«Alle akademischen Berufe; es sind sehr junge Leute dabei und sehr alte, verheiratete und ledige, kinderlose und solch mit Kindern. [...] Selbstverständlich die Mehrzahl Ausländer, aber doch eine Anzahl Schweizer – in grosser Bedrängnis –, die ihre Stellung, zum Teil sehr hohe Stellung, in Deutschland verloren haben. – Der Rasse nach: natürlich eine grosse Zahl Nichtarier, aber durchaus nicht die Mehrzahl. Nach der Konfession haben wir nicht gefragt. Aber in einem Falle hat sie sich uns aufgedrängt. Denn die heimatlosesten Menschen, die es heute wohl in Europa gibt, sind: die nichtarischen Christen. Für sie will niemand sorgen, die Christen nicht, weil sie Nichtarier, die Israeliten nicht, weil sie Christen sind.»[60]

Brunner wies darauf hin, dass «die Judenschaft Deutschlands und der Schweiz Opfer bringe, die uns Christen nur beschämen können».[61] Er erinnerte auch an die Bereitschaft früherer Generationen in der Schweiz, Flüchtlinge aufzunehmen, zur Zeit der Hugenottenverfolgung in Frankreich und noch einmal im europäischen Revolutionsjahr 1848, und er hob das grosszügige England als ein Vorbild hervor. Ähnliches sei ihm auch «aus Frankreich und Holland bekannt geworden. Gerade Holland, das ja unvergleichlich viel stärker als die Schweiz von der wirtschaftlichen Krise erfasst ist».[62]

---

[58] Anspielung auf das Gleichnis vom Barmherzigen Samariter, Lukas 10,30 ff.
[59] Sollen sie also untergehen, S. 9 f. Vgl. oben, S. 14.
[60] A. a. O., S. 6.
[61] A. a. O., S. 7.
[62] A. a. O., S. 3 f.

Für seinen Vortrag am Jahresfest der Basler Mission im selben Jahr hatte Brunner das Thema «Die Unentbehrlichkeit des Alten Testamentes für die missionierende Kirche» gewählt. Er nahm damit die geistige Auseinandersetzung mit den Deutschen Christen auf – und erst recht mit den Ideologen des Nationalsozialismus, die das Alte Testament wegen seiner «Zuhälter- und Viehhändlergeschichten» verächtlich machten und «die nordischen Sagen und Mären in ihrer Klarheit und Reinheit» an seine Stelle setzen wollten.[63] Entschieden wandte Brunner sich gegen diese Strömung:

> «So gewiss die Kirche nicht Kirche sein kann ohne Jesus Christus, so gewiss kann sie nicht Kirche sein ohne das Alte Testament.»[64] – «Die Kirche steht und fällt mit dem Alten Testament.»[65] – «Das Alte Testament bildet zusammen mit dem Neuen Testament die Heilige Schrift der christlichen Kirche.»[66]

Und er erinnerte die Besucherinnen und Besucher des Missionsfestes – viele von ihnen Deutsche:

> «Jesus Christus ist ein Jude, und alle Apostel sowie alle Glieder der Urgemeinde sind Juden. Der Satz gilt in vollem Umfang: *Das Heil kommt aus den Juden.* Der ewige Gott ist als Jude Mensch geworden.»[67]

Nach Karl Barth (in einer Predigt im Jahr 1933[68]) und dem Berner religiös-sozialen Pfarrer Karl von Greyerz[69] war Brunner einer der ersten, die damit aussprachen, was vielen fremd war und was sie nicht wahrhaben wollten.

In der Adventszeit 1937 richtete ein Kreis von Pfarrern und Theologieprofessoren um Paul Vogt ein «Memorandum an die Pfarrer der reformierten Kirchen der Schweiz». Der Text – er stammt im Wesentlichen von Karl Barth[70] – weist hin auf die Not der evangelischen Kirche in Deutschland: Ein «Vernichtungskrieg» sei im Gang «gegen den inneren und äusseren Bestand der christlichen Kirche». «An die Stelle des Glaubens an Jesus Christus» solle «die Selbstanbetung des deutschen Menschen, die Verherrlichung des deutschen Volkstums und die religiöse Ergebenheit gegenüber dem deutschen Führer treten, und an die Stelle der

---

[63] Vgl. Hans-Joachim Kraus, Geschichte der historisch-kritischen Erforschung des Alten Testaments von der Reformation bis zur Gegenwart. Neukirchen 1956, S. 393.
[64] Emil Brunner, Die Unentbehrlichkeit des Alten Testamentes für die missionierende Kirche, in: Wort I, S. 376–393, hier S. 378.
[65] A.a.O., S. 379.
[66] A.a.O., S. 381.
[67] A.a.O. S. 379. Vgl. Johannes 4,22.
[68] Vgl. Karl Barth, Predigten 1921–1935. Herausgegeben von Holger Finze. GA 31, Zürich 1998, S. 302.
[69] Vgl. Hermann Kocher, Rationierte Menschlichkeit. Schweizerischer Protestantismus im Spannungsfeld von Flüchtlingsnot und öffentlicher Flüchtlingspolitik der Schweiz 1933–1948. Zürich 1996 (im Folgenden zitiert als «Kocher»), S. 537.
[70] Kocher, S. 525.

Kirche» gedenke «die nationalsozialistische Partei sehr einfach sich selbst zu setzen.»[71] Auch in der Schweiz müsse man sich brennend für die Vorgänge in Deutschland interessieren. Es gehe nicht nur darum, Erholungsurlaube für deutsche Bekenntnispfarrer und ihre Familien zu organisieren und deutsche Theologiestudierende zu unterstützen, sondern in erster Linie müsse man für die Kirchen in Deutschland «beten».[72] Zusammen mit seinen Fakultätskollegen, dem Alttestamentler Ludwig Köhler und dem Zwingliforscher und Grossmünsterpfarrer Oskar Farner, und 27 anderen unterzeichnete auch Emil Brunner,[73] der Paul Vogt für seine «Initiative und Hingebung in dieser Sache» dankte.[74] – Es ist schwer verständlich, dass Vogt es unterliess, Brunner ins Komitee des SEHBKD einzuladen.

Nach Brunners Rückkehr aus Princeton in die Schweiz war es dann Karl Barth persönlich, der – grosszügiger und unverkrampfter als viele ‹Barthianer› – in einem Brief vom 20. Juli 1939 an Paul Vogt seinen Zürcher Kollegen als Mitglied der leitenden Kommission des SEHBKD vorschlug.[75] An Brunner schrieb er am 26. August 1939:

«Lieber Freund! Lass mich dich vor allem meinerseits in dem Hilfswerkkomitee willkommen heissen. [...] Wie wäre es, wenn wir bei diesem Anlass – auch bei Anlass deiner Rückkehr aus Amerika und vor allem bei Anlass der gefährlichen Zeiten – ein neues Leben beginnen oder doch ein neues Buch oder Heft mit vorläufig ganz leeren (verheissungsvoll leeren!) Seiten aufschlagen würden?»[76]

Der Brief bereitete Brunner eine «grosse Freude».[77]

Die formelle Aufnahme des Zürcher Professors erfolgte anlässlich einer Komiteesitzung am 4. Dezember 1939,[78] nachdem Brunner bereits im Sommer als Dozent in einen von Paul Vogt organisierten Ferienkurs für 18 deutsche Theologen aus der Bekennenden Kirche im Hotel Falken in Walzenhausen eingeladen worden war. Im Kreis des SEHBKD begegnete man ihm allerdings von Anfang an mit Misstrauen und wenig wohlwollend, da man befürchtete, er würde im Sinne der Oxfordgruppenbewegung arbeiten und die jungen deutschen Theologen in ihrem Widerstandswillen

---

[71] Karl Barth, Offene Briefe 1935–1942. Herausgegeben von Diether Koch. GA 36, Zürich 2001, S. 57.
[72] A. a. O., S. 63.
[73] Kocher, S. 526.
[74] Heinrich Rusterholz u. a., Ohne Wenn und Aber dem Gewissen verpflichtet. Zürich 2000, S. 16 f.
[75] Eberhard Busch, Unter dem Bogen des einen Bundes. Karl Barth und die Juden 1933–1945. Neukirchen 1996 (im Folgenden zitiert als «Busch, Bogen»), S. 378.
[76] Barth an Brunner am 26. August 1939, in: Barth–Brunner, S. 304.
[77] An Barth am 28. August 1939, in: Barth–Brunner, S. 306.
[78] Kocher, S. 554.

gegen ihre kirchlichen Oberbehörden schwächen oder sich sogar vom politisch extrem rechts stehenden Pfarrer Rudolf Grob vereinnahmen lassen.[79] Arthur Frey, Leiter des Evangelischen Pressedienstes und ein strammer ‹Barthianer›, trat aus dem Komitee des SEHBKD aus, um gegen Brunners Wahl zu protestieren.[80] Brunner engagierte sich dennoch gerne, und sein Briefwechsel mit Karl Barth, dem er nun wieder häufiger begegnete, dokumentiert, dass – jedenfalls vorübergehend – wieder etwas von der früheren Herzlichkeit zurückgekehrt war, obwohl die theologischen Meinungsverschiedenheiten blieben. Barth selbst beschrieb die Situation in einem humorvollen Bild: «Wir leben wie Elephant und Walfisch in verschiedenen Räumen.»[81]

Brunner beteiligte sich intensiv am SEHBKD. Unter anderem unterzeichnete er den «Weihnachtsbrief an die Juden in der Schweiz» vom Dezember 1942,[82] als die Verfolgung und Vernichtung der Juden Europas sich ihrem Höhepunkt näherte und informierten Kreisen in der Schweiz das Ausmass des Schreckens und der Verbrechen bekannt wurde. Der «Weihnachtsbrief» ist wohl das erste Dokument in der Christentumsgeschichte, in dem Christen ein Schuldbekenntnis gegenüber dem Judentum ablegen:

«Wehe der Christenheit, wenn sie sich vom heidnischen Denken ins Schlepptau des Antisemitismus einfangen liesse! [...] [Es ist] an uns [Christen], Busse zu tun für alles, was von unserer Seite an den Juden gesündigt wurde.»[83]

Die deutlichen, von Brunners Kollegen Oskar Farner konzipierten Sätze waren damals kontrovers, und es brauchte Mut, sie zu unterschreiben. Auch Alphons Koechlin (1885–1965), seit 1941 Präsident des Vorstandes des Schweizerischen Evangelischen Kirchenbundes, ging der Brief zu weit mit dem «Eingestehen unserer Schuld in Beugung und Busse» vor dem «Richterstuhl der Juden». Er war nicht einverstanden mit einer «solchen Erniedrigung unserer Kirche den Juden gegenüber», da die «Würde unserer Kirche» so nicht mehr gewahrt sei. Man dürfe die Juden nicht «zu unsern erlauchten Richtern über unser Verhalten erheben».[84] Besonders

---

[79] Vogt an Barth am 21. Juli 1939 und Brief, vermutlich von Thurneysen, an Vogt, wahrscheinlich vom 24. August 1939. R.
[80] Kocher, S. 554.
[81] Barth an Brunner am 12. Januar 1943, in: Barth–Brunner, S. 331.
[82] Ungekürzt abgedruckt in: Karl Barth, Offene Briefe 1935–1942. Herausgegeben von Diether Koch. GA 36, Zürich 2001, S. 425 f., und: Peter Aerne, «Wehe der Christenheit ..., Wehe der Judenschaft ...» Der Weihnachtsbrief an die Juden in der Schweiz von 1942. Teil I, in: Judaica, 58. Jahrgang, Heft 4. Dezember 2002; Teil II, in: Judaica, 59. Jahrgang, Heft 1. März 2003 (im Folgenden zitiert als «Aerne I und II»), hier: Aerne I, S. 234 f.
[83] A. a. O., S. 425 f. bzw. S. 235.
[84] Nach: Aerne I, S. 248 f.

allergisch reagierte der katholische Theologe Alois Schenker in der
«Schweizerischen Kirchenzeitung»:

> «Dieses *confiteor* geht zu weit [...]. Die Juden haben sich in Vergangenheit
> und Gegenwart so häufig und so unverschämt frech und ungerecht auf Kosten
> der Christen breit gemacht, ... dass es ein Akt primitivster Notwehr gewesen
> ist und noch ist, sie zurückzubinden und an parasitärer Ausnützung ihrer
> Unverfrorenheit zu verhindern.»[85]

Es verhielt sich aber gerade umgekehrt: Der Brief ging «zu weit», weil er
sich zwar für die verfolgten Juden wehrte, diese zugleich aber aufrief,
Jesus Christus als ihren Messias zu akzeptieren:

> *«Wehe der Judenschaft, wenn sie sich jetzt im Widerstand gegen Christus versteifen würde!»*[86]

Nur wenige spürten damals, dass dies vor allem auch angesichts der Verfolgung der Juden und der dafür aufgebotenen Vernichtungsmaschinerie –
gelinde formuliert – anmassend war. Der dem SEHBKD sonst nahestehende St. Galler Kirchenrat Robert Sturzenegger, der auch im Vorstand
des Schweizerischen Evangelischen Kirchenbundes sass, weigerte sich aus
diesem Grund, den Brief zu unterschreiben. Aus dem Protokoll der Komiteesitzung geht hervor, dass auch Karl Barth Bedenken hatte und sich lieber darauf beschränkt hätte, gegen den auch in der Schweiz vorhandenen
Antisemitismus zu protestieren.[87] Barth unterzeichnete dann aber doch
(zusammen mit Charlotte von Kirschbaum und Eduard Thurneysen, der,
obwohl er mit Robert Sturzenegger eng befreundet war, dessen Bedenken
offenbar nicht nachvollziehen konnte[88]) – und eben auch zusammen mit
Emil Brunner, was zeigt, wie eng dieser in die Arbeit des Komitees des
SEHBKD eingebunden war.[89]

Eine besonnene Analyse kommt zum Schluss, dass der «Weihnachtsbrief» damals trotzdem weiterführend war. «Bei aller notwendigen Kritik» sollte «beachtet werden, dass der Brief sich an die Seite der Juden
stellt und ihnen Schutz und Solidarität zusagt.»[90] Der Basler Rabbiner
Arthur Weil wies in seiner am 2. Januar 1943 gehaltenen Predigt die Aufforderung zur Konversion zwar dezidiert zurück. Der Brief habe ihn «sei-

---

[85] Nach: Busch, Bogen, S. 497.
[86] Nach: Karl Barth, Offene Briefe 1935–1942. Herausgegeben von Diether Koch. GA 36, Zürich 2001, S. 426, und: Aerne I, S. 235.
[87] Marianne Jehle-Wildberger, Das Gewissen sprechen lassen. Zürich 2001, S. 191.
[88] A. a. O., S. 146.
[89] Für sämtliche (37!) Unterschriften vgl. Aerne II, S. 46–48.
[90] Ekkehard W. Stegemann, Eine Predigt «aus ernster Zeit». Rabbiner Weils Antwort auf den «Weihnachtsbrief», in: Katrin Kusmierz, Niklaus Peter (Hg.), dreissig-, sechzig-, hundertfältig. Basler Predigten aus sechs Jahrhunderten. Zürich 2004, S. 204–213, hier: S. 209 f. unter Verweis auf Marianne Jehle-Wildberger (Anmerkung 87), S. 147.

ner Offenheit wegen» und «seines persönlichen Schuldeingeständnisses wegen und nicht zum wenigsten seiner Nächstenliebe wegen» aber dennoch «stark beeindruckt». «Eine solche Sprache» hätten die «Juden von Seiten der Vertreter der Kirche seit 1900 Jahren nicht gehört». Dass man die Juden «in aller Öffentlichkeit» als «Liebe jüdische Brüder und Schwestern» anspreche, sei nie mehr vorgekommen «seit den Tagen [des Humanisten] Johannes Reuchlin».[91]

Die «Wipkinger Tagungen»

Das SEHBKFD setzte sich nicht nur für die Flüchtlinge ein. Es machte auch Öffentlichkeitsarbeit, und mit den «Wipkinger Tagungen» (so genannt, weil sie im grossen, damals neuen und sehr praktisch eingerichteten Kirchgemeindehaus in Zürich-Wipkingen stattfanden) betrieb man theologische Weiterbildung. Zwischen 1938 und 1948 trafen sich (zunächst einmal im Jahr und später in grösseren Abständen) jeweils Hunderte von (vor allem) Theologen. Die dabei gehaltenen Vorträge von Karl Barth, Eduard Thurneysen, Emil Brunner und anderen fanden ein grosses Echo.[92]

An diesen «Wipkinger Tagungen» kam es nun zu heftigen Auseinandersetzungen zwischen ‹Brunnerianern› und ‹Barthianern›, was – abgesehen von persönlichen Differenzen – damit zusammenhing, dass die beiden Parteien nicht von denselben Voraussetzungen ausgingen. Emil Brunner selbst hatte sich vorgestellt, dass im SEHBKD verschiedene theologische Richtungen zusammenarbeiten würden, um der Sache der Verfolgten zu dienen. Im Kreis um Karl Barth war man aber der Ansicht, die Verbundenheit mit der Bekennenden Kirche in Deutschland sei so konstitutiv, dass die Theologische Erklärung von Barmen vom 31. Mai 1934 auch für das SEHBKD den Charakter eines Glaubensbekenntnisses habe. Wer immer mitarbeiten wolle, *müsse* vor allem die erste These von Barmen akzeptieren:

> «Jesus Christus, wie er uns in der Heiligen Schrift bezeugt wird, ist das eine Wort Gottes, das wir zu hören, dem wir im Leben und im Sterben zu vertrauen und zu gehorchen haben. – Wir verwerfen die falsche Lehre, als könne und müsse die Kirche als Quelle ihrer Verkündigung ausser und neben diesem einen Worte Gottes auch noch andere Ereignisse und Mächte, Gestalten und Wahrheiten als Gottes Offenbarung anerkennen.»[93]

---
[91] Nach: A. a. O., S. 199.
[92] Ein Überblick findet sich bei Kocher, S. 537.
[93] Karl Barth, Texte zur Barmer Theologischen Erklärung. 2. Auflage. Zürich 2004, S. 2/3. Vgl. oben, S. 299.

Damit war der Streit unvermeidbar, da Emil Brunner an seiner Position von «Natur und Gnade» festhielt – auch *nach* Karl Barths «Nein!». Sowohl an der Komiteesitzung vom 8. Mai 1940 als auch an derjenigen vom 8. Oktober des gleichen Jahres rückten die unterschiedlichen Ansichten über das Problem der ‹natürlichen Theologie› in den Mittelpunkt. Am 8. Mai (Karl Barth war an diesem Tag entschuldigt) gab Brunner zu Protokoll, er nehme «Anstoss an den Barmer Artikeln als theologischer Grundlage sowohl der Bekennenden Kirche als auch» des SEHBKD: Entschieden erklärte er, «dass er im Komitee nicht weiterarbeiten könnte, wenn dasselbe sich einseitig zu diesen Artikeln bekennen würde». Paul Vogt als Vorsitzender versuchte auszugleichen. Eduard Thurneysen und der Karl Barth nahestehende Alttestamentler Wilhelm Vischer stellten sich jedoch «auf den Standpunkt, dass die theologische Auffassung von Barmen 1 die Grundlage sei und deshalb die Frage der theologischen Zusammengehörigkeit als von grösster Wichtigkeit vorerst unbedingt abgeklärt werden» müsse. Wegen Zeitmangels wurde beschlossen, dass Brunner seinen Standpunkt an der nächsten Sitzung darlegen werde.[94]

An der Sitzung vom 8. Oktober 1940 war auch Karl Barth anwesend, der sich dafür aussprach, «die Grundsätze der ‹Barmer Besinnung› bei[zu]behalten und weiterhin [zu] verfechten, solange wir dazu die Gelegenheit haben». Wilhelm Vischer stellte fest, dass das «Hilfswerk den besagten Artikel 1 von Anfang an ganz selbstverständlich als die eigene Überzeugung aufgefasst habe». In mehreren Voten stellte sich Emil Brunner gegen diesen Standpunkt. «Als ‹bekenntnisloser Gruppe› von Helfern» stehe es dem Hilfswerk nicht an, sich an ein bestimmtes Bekenntnis zu binden. Artikel 1 erscheine ihm als untragbar, weil nach seinem Dafürhalten diese Formulierung «die Schöpfungsoffenbarung Gottes ausser Acht lasse»:

> «Wir sind herzlich verbunden mit den Christen in Deutschland, die sich an Jesus Christus gebunden wissen als dem alleinigen Herrn. Die Schöpfungsoffenbarung ist hiermit in diesem Bekenntnis *mit*eingeschlossen. Wer anderer Meinung ist, *schliesst uns aus.*»[95]

Barth war «überrascht, dass das Hilfswerk nicht selbstverständlich zum 1. Barmer Artikel stehen sollte». Brunner kam er aber insofern entgegen, als er die Barmer Erklärung zeitgeschichtlich aus der Situation des Jahres 1934 erklärte; damals sei eine scharfe Abgrenzung von der Position der Deutschen Christen nötig gewesen. Er schlug zudem vor, Brunner an der nächsten «Wipkinger Tagung» Gelegenheit zu einem Vortrag über seine eigene Position zu geben. «Brunner stellte sich im Sinne dieses Antrags als Redner für Wipkingen zur Verfügung, da vielleicht doch die Möglichkeit

---

[94] Protokoll der Sitzung vom 8. Mai 1940 des SEHBKD. R.
[95] Protokoll der Sitzung vom 8. Oktober 1940 des SEHBKD. R.

bestehe, dass beide Parteien auf gleicher Grundlage stünden.» Er bat aber, «sorgfältig zu prüfen, ob die Wipkingertagung der rechte Ort für diese rein theologische Aussprache sei. Nach einer regen Diskussion befürwortete darauf das Komitee mit 12 gegen 4 Stimmen die Aussprache in Wipkingen. Barth beantragte, dass Brunner seine wichtigsten Thesen den Teilnehmern im Voraus und in gedruckter Form in die Hand geben solle. Dieser Antrag wurde zum Beschluss erhoben»,[96] aber dann nicht ausgeführt.

Die Tagung fand am 8. und am 9. Dezember 1940 statt. Am Sonntagnachmittag hielt Brunner seinen Vortrag «Bekennende Kirche in Deutschland und in der Schweiz», dessen 31-seitiges Typoskript in seinem Nachlass erhalten ist. Er begann damit, dass er das Thema nicht selbst gewählt habe, der Auftrag sei ihm «auf Grund von Gesprächen im Hilfskomitee für die Bekennende Kirche Deutschlands [...] gegeben» worden. Zugleich unterstrich er deutlich, dass auch er das nationalsozialistische Deutschland für «eine nur kümmerlich getarnte antichristliche Grösse» halte. «Er beklagte den Verlust von Bekenntnissen im schweizerischen reformierten Raum, warnte aber eindringlich vor einer ‹Bekenntnisgleichschaltung›, da ein Bekenntnis immer nur aus einer eigenen ‹gewaltigen Glaubenserweckung und in erschütternden Kämpfen› zu formulieren sei. Die volkskirchliche Struktur dürfe zum gegebenen Zeitpunkt nicht ‹mutwillig preisgegeben› werden.»[97]

Im Zusammenhang mit der Theologischen Erklärung von Barmen nannte er drei kritische Einwände, einen formalen und zwei inhaltliche: Formal vertrat er die Meinung, dass «Barmen» der Text einer theologischen «Schule» sei und deshalb keinen Bekenntnischarakter trage. Man könne in guten Treuen davon abweichen, ohne dass es deshalb zur Kirchentrennung kommen müsse. Inhaltlich kritisierte er den *theologisch-erkenntnistheoretischen* Christusmonismus der 1. These, wobei er seine Ansicht über die «Schöpfungsoffenbarung» wiederholte. Ebenso stellte er den *praktisch-ethischen* Christusmonismus der 2. These in Frage, wonach Jesus Christus «Gottes kräftiger Anspruch auf unser ganzes Leben» ist und es keine «Bereiche unseres Lebens» gibt, «in denen wir nicht Jesus Christus, sondern anderen Herren zu eigen wären».[98] Gegen diese – später so benannte – Lehre von der «Königsherrschaft Christi» verteidigte Brunner die klassische Zwei-Reiche-Lehre Luthers und der Lutheraner: «Der Staat ist eine weltliche, die Kirche ist die geistliche Ordnung.»[99]

---

[96] A. a. O.
[97] Kocher, S. 161.
[98] Karl Barth, Texte zur Barmer Theologischen Erklärung. 2. Auflage. Zürich 2004, S. 3.
[99] Bekennende Kirche in Deutschland und in der Schweiz, Nachlass 83, Typoskript. Vgl. zur Fragestellung: Frank Jehle, Lieber unangenehm laut als angenehm leise. Der Theologe Karl Barth und die Politik 1906–1968. 2. Auflage. Zürich 2002, S. 131 ff.

Das Referat wurde am Montagmorgen in Arbeitsgruppen diskutiert. Gemäss dem von Arthur Frey redigierten «Evangelischen Pressedienst» wurden «schwerwiegende Bedenken gegen die im Vortrag von Prof. Brunner [...] gemachten Ausführungen laut». Man habe «der Befürchtung Ausdruck gegeben [...], dass durch sie die Einheit der Trinitätslehre gebrochen, der Herrschaftsbereich Christi auf unzulässige Weise eingeschränkt und der natürlichen Theologie Raum gegeben» werde. In der Vollversammlung am Nachmittag ergriff auch Karl Barth das Wort. Und nach einer langen Diskussion wurde dann «nahezu einstimmig» beschlossen, sich hinter die Theologische Erklärung von Barmen zu stellen, *ohne* jedoch dem Resultat weiterer theologischer Gespräche über die «natürliche Theologie» vorgreifen zu wollen! Es war der als Gast anwesende Willem Adolph Visser 't Hooft, Generalsekretär des damals «in Bildung begriffenen» Ökumenischen Rates der Kirchen, der dank der zuletzt genannten Präzisierung zu einem vergleichsweise friedlichen Tagungsausgang beitrug.

Arthur Frey kommentierte den Versammlungsverlauf so:

> «Es ist ein überaus ernstes theologisches Gespräch geführt und zwar sehr sachlich geführt worden. Dafür werden alle Teilnehmer dankbar gewesen sein. [...] Das einheitliche Bild der Abstimmung lässt nach unserer Auffassung nicht ohne weiteres auf eine einheitliche theologische Haltung schliessen. Das aber ist durch die Abstimmung klar und eindrücklich geworden, dass man das Gespräch fortsetzen und sich um eine Klärung der gestellten Probleme bemühen will. Wer hätte höher gestellte Wünsche haben können?»[100]

Manche jüngere Teilnehmer der «Wipkinger Tagung» gingen eher verstimmt nach Hause, weil sie es nicht verstehen und akzeptieren konnten und wollten, dass ihre Lehrer Brunner und Barth in diesem welthistorisch schwierigen Augenblick theologisch nicht am gleichen Strick zogen.[101]

Emil Brunner selbst war tief verärgert. In einem Brief an Eduard Thurneysen beklagte er sich über Barths «terroristisches Gebaren». Jedes Mal, wenn er Barth sehe, sei dieser «auch wieder um ein gutes Stück gewalttätiger geworden». Er und seine Freunde hätten «wieder einmal den Eindruck gewonnen, dass man mit Karl Barth nur Frieden haben kann um den Preis völliger Unterwerfung unter sein theologisches Diktat». Brunner erinnerte Thurneysen an ihre alte Freundschaft und daran, dass dieser vor Barths Rückkehr in die Schweiz weniger intransigent gewesen sei: «Komm doch heraus aus diesem Gefängnis!»[102]

---

[100] Nach: EPD vom 11. Dezember 1940. «Bekennende Kirche in Deutschland und in der Schweiz.» R.
[101] Hans Wildberger mündlich.
[102] An Thurneysen am 20. Dezember 1940.

Auch in der Theologischen Arbeitsgemeinschaft, dem «Brunner-Kranz»[103], äusserte Brunner sich gereizt. Gemäss einem nicht publizierten Text ärgerte ihn besonders, dass einzelne Mitglieder der Arbeitsgemeinschaft Partei für Barth ergriffen hatten. Er forderte sie auf, aus der Arbeitsgemeinschaft auszutreten, andernfalls gehe *er* und rufe eine neue Diskussionsgruppe ins Leben. Er lasse zwar theologische Meinungsverschiedenheiten zu, aber nicht unbegrenzt. Er bezeichnete Barth drastisch als einen theologischen «Hitler», nannte sich selbst einen «pazifistischen Engländer», eine wenig glückliche Anspielung auf das Münchner Abkommen vom Herbst 1938.[104]

An der nächsten «Wipkinger Tagung» vom 17. November 1941 gingen die Wogen zwischen ‹Brunnerianern› und ‹Barthianern›, zwischen ‹Zürich› und ‹Basel›, nochmals hoch. Brunner – tief getroffen vom unsagbaren Leid, das den Juden angetan wurde – schlug vor, über eine Motion abzustimmen, die an den Vorstand des Schweizerischen Evangelischen Kirchenbundes adressiert werden sollte, damit dieser sie allen Gemeinden zustelle und «womöglich auch in allen kirchlichen Zeitschriften etc.» publiziere.[105] Sein zur Diskussion gestellter Motionsentwurf sei hier ungekürzt zitiert:

> «Die heute in Zürich-Wipkingen tagende Versammlung von Pfarrern aus der ganzen Schweiz richtet an den Vorstand des Evangelischen Kirchenbundes die dringliche Bitte, er möchte dahin wirken, dass sämtliche reformierte Kirchen der Schweiz zur Judenfrage öffentlich Stellung nehmen.
>
> Nicht nur die neuesten Deportationen von Juden, die durch ihre Zahl und Art besonders furchtbar sind, sondern ebenso gewisse Kundgebungen, die auch in der schweizerischen Presse erschienen sind, machen es der Kirche um ihrer eigenen Glieder willen zur Pflicht, vor aller Welt zu proklamieren:
>
> 1. Dass die Kirche, der das Evangelium von der Barmherzigkeit Gottes anvertraut ist, ihre Glieder auffordert, für die leidende Judenschaft zu beten und alles ihnen Mögliche zur Linderung dieser Leiden zu tun.
>
> 2. Dass die Kirche, der die Botschaft von der Erschaffung des Menschen nach dem Bilde Gottes anvertraut ist, die Schändung des Gottesbildes in der Verächtlichmachung und Verfolgung einer Rasse als eine Empörung gegen den Schöpferwillen Gottes verurteilt.
>
> 3. Dass die Kirche, der die Botschaft von der Offenbarung Gottes im Volke Israel und in dem aus dem Samen Davids geborenen Gottessohn anvertraut ist, sich als Gemeinde Jesu Christi mit dem Schicksal des Judenvolkes in besonderer Weise verbunden weiss. Weil ihr Heil von den Juden kam, ist

---

[103] Vgl. oben, S. 206.
[104] Zur Lage nach Wipkingen, Typoskript, nicht datiert, Nachlass 81.
[105] An Thurneysen am 8. Februar 1942.

der grundsätzliche Antisemitismus mit der Zugehörigkeit zur christlichen Gemeinde unvereinbar.»[106]

Zunächst schien es, dass die Versammlung den Entwurf gutheissen würde, nicht einmal Karl Barth fand «daran etwas Unrichtiges». Man «freute sich allgemein, dass es ja diesmal sicher nicht wieder zu einem Krach kommen werde»[107] – bis Wilhelm Vischer den Vorwurf äusserte, der Text genüge theologisch nicht. Man dürfe nicht sagen: «Das Heil *kam* von den Juden», sondern es müsse heissen: «Das Heil *kommt* von den Juden.»[108] Karl Barth schloss sich dieser Kritik an und forderte zusätzlich, «*in besonderer Weise* verbunden» durch «*unlöslich* verbunden» zu ersetzen, und anstelle «der *grundsätzliche* Antisemitismus» genüge «der Antisemitismus».

Die Motion wurde schliesslich angenommen, der erste Abschnitt sogar einstimmig. Wegen der theologischen Detailfragen stimmen die Anwesenden den drei Punkten der Proklamation aber lediglich mit einem Mehr von nur einer Stimme zu.[109] Der besonders strittige Passus lautet in der definitiven – und in der Tat besseren – Fassung: «*Weil geschrieben steht: ‹Das Heil kommt von den Juden› (Joh. 4,22)*, ist der grundsätzliche Antisemitismus mit der Zugehörigkeit zur christlichen Gemeinde unvereinbar.»[110]

Vor allem über die Frage, ob das Heil von den Juden komme oder gekommen sei, wurde nicht nur in Wipkingen selbst, sondern auch in den folgenden Monaten heftig diskutiert. Der damals in Zürich lehrende Alttestamentler Walther Zimmerli unterstützte Brunner. (Dass dieser selbst im Jahr 1934 die präsentische Form gebraucht hatte,[111] war der Vergessenheit anheim gefallen.) Barth und Thurneysen stimmten Vischer zu. Gemeinsam schrieben die ‹Basler› an die Leitung des Schweizerischen Evangelischen Kirchenbundes:

> «Wir freuen uns, dass [Brunner] den Anstoss gab, baten ihn jedoch die drei Sätze so abzuändern, dass sie sagen, was die Kirche aufgrund der heiligen Schrift in der Judenfrage zu bekennen hat. Konnte man zuerst noch hoffen, die Sätze seien nur verkehrt abgefasst, aber gut gemeint, so zeigte die Erläuterung, die der Verfasser gab, dass sie grundfalsch gemeint sind. Leider gelang es uns nicht, die Versammlung davon zu überzeugen, dass durch diese Sätze Jesus Christus verleugnet wird und die Menschen verführt werden.»[112] – «Man hat uns überstimmt.»[113]

---

[106] Motionsentwurf von Brunner. R.
[107] An Thurneysen am 8. Februar 1942.
[108] Vgl. Johannes 4,22.
[109] Busch, Bogen, S. 374,
[110] Nach: EPD 1941, Nr. 47 vom 19. November 1941. R. Auch Busch, Bogen, S. 375
[111] Vgl. oben, S. 395.
[112] Nach: Busch, Bogen, S. 377, und Kocher, S. 554.
[113] Nach: Kocher, S. 554.

Der Vorfall liess vielerorts bittere Gefühle zurück. Paul Vogt schrieb am 2. Januar 1942 an Charlotte von Kirschbaum:

> «Ich kann Ihnen sagen, dass es mir innerlich am Nachmittag schwarz geworden ist. Ganz schwarz in der Seele. Es wollte alles zusammenstürzen. Ich sah nur noch ein Trümmerfeld. Und nachher die bitteren Beschuldigungen auf beiden Seiten gegeneinander. – Ich liebe Karl so von ganzem Herzen und bin ihm dankbar für seinen theologischen Dienst, den ich empfangen durfte. – Ich liebe Emil Brunner und leide darunter, nicht helfen zu können und zu merken, dass sich ein Graben auftun will. […] Trotz meinem Bitten und Beten, vielleicht ist es noch zu wenig tief und ernst geschehen, habe ich mich an jenem Nachmittag von Gott und Menschen verlassen und alleingelassen gefühlt, einen Augenblick lang, dass ich bitter wurde. Denn ich hatte eine grauenhafte Angst davor, dass alles auseinander bricht und meine Schützlinge die Leidtragenden sind.»[114]

Brunner selbst schrieb an Eduard Thurneysen:

> «Das Schlimmste aber war das Nachspiel: *dass ihr eine eigene Motion machtet, durch die die ganze Sache sabotiert wurde;*[115] dass ihr das hinter dem Rücken des [Komitees] tatet und vor allem dass ihr das tatet mit dem Vermerk: damit nicht Christus verleugnet und die Gemeinde irregeführt werde. Da hört natürlich nicht nur alle Ökumene, sondern auch aller menschlicher Anstand auf. Ich möchte den Ausdruck unterdrücken, der hier zur Qualifikation gebraucht werden müsste. […] Damit habt ihr den eindeutigen Beweis erbracht, dass man mit euch nicht zusammenarbeiten kann. […] Dieselbe Klage von überall: Mit Barthianern ist Zusammenarbeit unmöglich. […] Ihr versteht Zusammenarbeit als Akzeptieren der euch richtig scheinenden theologischen Formulierungen. Abweichung davon gilt als Häresie, Christus verleugnen und die Gemeinde irreführen. Diesmal habt ihr das zu Protokoll gegeben, es liegt bei den Akten des Kirchenbundes. Und damit habt ihr euch als eine Gruppe gestempelt, mit der es keine ökumenische Gemeinschaft gibt. Denn *ökumenische Gemeinschaft kann es nur geben, wo zwischen Übereinstimmung in den einzelnen Formulierungen und der Übereinstimmung im Grundbekenntnis unterschieden wird.* Ihr habt euch, nicht zum ersten Mal, damit eigentlich als Sekte konstituiert. Rechtgläubig, also in der Kirche, ist nur, wer so lehrt wie Karl Barth und Wilhelm Vischer, die anderen verleugnen Christus und führen die Gemeinde in die Irre, sie heissen nun Brunner, Bultmann, Schlatter, Heim, Althaus oder wie immer. – Das praktische Resultat kann kein anderes sein, als dass nun endlich diesem Wipkinger Skandal ein Ende gemacht wird. Wir dürfen nicht weiter den Feinden der Kirche diesen Spass bereiten, dass sie auf uns hinweisen und sagen können: seht, wie sie einander – – auffressen. Wem die Ehre der Kirche noch ein wenig lieb ist, möchte dieses Ärgernis nicht weiter bereiten.»[116]

---

[114] Vogt an Charlotte von Kirschbaum am 2. Januar 1942. R.
[115] Der Kirchenbundsvorstand unternahm in der Folge nichts!
[116] An Thurneysen am 8. Februar 1942.

Der «Weihnachtsbrief an die Juden in der Schweiz» von 1942 zeigt, dass das SEHBKD trotzdem weiterfunktionierte.[117] Ein weiterer eindrücklicher Beweis dafür ist ein Protestbrief an die ungarische Gesandtschaft in Bern (und durch diese an das ungarische Aussenministerium) vom 4. Juli 1944, den Barth, Brunner, Visser 't Hooft und Vogt gemeinsam unterschrieben. Es war die Zeit der schwersten Verfolgung der ungarischen Juden. Dem Brief wurden Berichte über schreckliche und grauenhafte Ereignisse beigelegt, «die aus ganz zuverlässiger Quelle stammen und auf diplomatischem Wege in die Schweiz gekommen sind»:

> «Aus unserem Verantwortungsbewusstsein heraus wissen wir uns verpflichtet, die beiden Berichte auch Ihnen zur Kenntnis zu geben. [...] [Sie] haben uns aufs Tiefste erschüttert.»[118]

---

[117] Vgl. oben, S. 397 ff.
[118] Archiv für Zeitgeschichte der ETH Zürich, UStA, K 84-IX-1944–5/1.

Geistige Landesverteidigung

«Am Tage der Mobilmachung» (3. September 1939) stellte sich Brunner «dem Kirchenrat für tägliche Andachten zur Verfügung».

«Denn was wäre jetzt nötiger, als dass das Wort laufe. Natürlich gab es sofort wieder Stimmen, die sagten: nur jetzt nicht dem religiösen Bedürfnis nachgeben, sondern nicht mehr tun als sonst auch. Ich halte das für falsch. Wenn Gott durch sein Gericht heute die Herzen auftut, so wollen wir uns doch darüber freuen, und unsere Sorge kann doch nur die sein, dass jetzt wirklich das Wort Gottes reichlich unter uns wohne und nicht etwas Menschengemachtes.»[1]

Der Vorschlag wurde angenommen. Brunner legte Jesaja 64 und Epheser 6,10 ff. aus, aber auch Philipper 4,4 ff. und 2. Korinther 6,1 ff., Worte der Klage, der Ermutigung und der geistlichen «Aufrüstung».[2] Am Eidgenössischen Dank-, Buss- und Bettag im September hielt er in der grossen Halle der Landesausstellung eine öffentliche Ansprache über «Schweizer Freiheit und Gottesherrschaft».[3] Sie wurde auch vom Radio übertragen und erschien im Druck. «Noch nie» hatte er «die Last der Verantwortung [so] empfunden».[4]

Zu «Der Grundriss – Schweizerische reformierte Monatsschrift», im Jahr 1939 neu gegründet und von seinem Freund Gottlob Spörri redigiert, trug Brunner anfänglich fast zu jeder Nummer etwas bei. Ein gern gesehener Gastautor war er auch in der «Neuen Schweizer Rundschau». Noch wichtiger, weil mehr gelesen, waren seine Artikel in der «Neuen Zürcher Zeitung»: etwa über «Der konfessionelle Frieden in der Schweiz» im April 1940, «Das christliche Erbe» im April 1941, «Heilige Ordnung» im Dezember 1941, «Bettag 1942», «Friede auf Erden» im Dezember 1943 und weitere Texte.[5] Im damals vergleichsweise neuen Medium Radio sprach er mehrfach, z. B. zu Ostern 1940.[6] Zu Weihnachten 1941 wurde von BBC in London eine von ihm entworfene Kurzbotschaft «An die

---

[1] An Thurneysen am 15. September 1939.
[2] A. a. O.
[3] Emil Brunner, Schweizer Freiheit und Gottesherrschaft, in: Im Dienst unserer Heimat, Heft 1, Zürich 1939. S. 1–16.
[4] An Thurneysen am 15. September 1939.
[5] Vgl. Bibliographie.
[6] Huber an Brunner am 15. Juli 1940.

Christen in Deutschland» verlesen, was ihm Ärger mit der Schweizer Militärzensur eintrug.[7]

Brunner wirkte auch in der Feldpredigerausbildung mit. In einem Vortrag in Lausanne im Jahr 1941 schärfte er den anwesenden Feldpredigern ein, sie hätten ihren «Auftrag nicht von der Armee, sondern vom Herrn der Kirche». Die Schweiz sei, «wie auch andere Länder Europas, weithin Missionsgebiet der Kirche geworden». Der Feldprediger hat «genau denselben Auftrag wie der Apostel»: er ist «ausgesandt, um für den Namen Jesu Christi den Gehorsam des Glaubens zu bewirken unter allen Menschen».

> «Die Kirche, d. h. die Gemeinde derer, die an Jesus Christus glauben, wagt daran zu glauben, dass jeder Soldat ein für die Ewigkeit bestimmtes Gottesgeschöpf sei, dass jeder Soldat ein Mensch sei, für den Jesus Christus Mensch geworden, gelitten und gestorben ist. Darum schickt sie den Feldprediger zu ihm, um ihm das zu sagen.»[8]

Für die Soldaten schrieb er religiöse Kleinschriften, von denen einige auch ins Französische übersetzt wurden, so ein vierseitiges Flugblatt mit dem Titel «Warum?» bzw. *«Pourquoi?»*:

> «Warum müssen wir jetzt, wo zu Hause so viel Arbeit auf uns wartet, unter Waffen stehen, und daheim wissen sie nicht wovon leben? Warum müssen jetzt wieder Hunderttausende von jungen Menschenleben vernichtet, Städte zerstört und Länder verwüstet werden? Warum muss die europäische Kultur in einem Strom von Blut untergehen?»[9]

Brunner forderte dazu auf, die Welt vom «Standort Gottes» aus zu betrachten,[10] und versuchte zu zeigen, dass nicht nur die «Grossen» – «die da oben» – verantwortlich sind, weil nämlich *alle*, wenn sie wirklich ehrlich sind, sich als *schuldig* bekennen müssen.

> «Denn auch in dir ist jener Geist, aus dem Kriege entstehen.»[11] – «Weil wir nicht auf [Gott] hörten, als er redete, redet er jetzt mit uns durch Kanonen.»[12]

Brunner erinnert an Apostelgeschichte 16, an Paulus und seinen Gefährten Silas, die im Gefängnis waren, die Füsse in den Block geschlossen, und *doch* fröhlich sein konnten, denn sie waren «mit Gott verbunden»![13] In ganz schlichten und bildhaften Worten werden die Soldaten aufgerufen,

---

[7] [An die Christen in Deutschland], Radioansprache, Typoskript, Nachlass 84. Vgl. dazu auch: Nachlass 131, 3.
[8] Der Dienst der Kirche in der Armee, Typoskript, Nachlass 84.
[9] Emil Brunner, Warum? Flugschrift, ohne Ortsangabe und nicht datiert, S. 1. (Privatarchiv F. J.)
[10] A. a. O., S. 2.
[11] A. a. O., S. 2.
[12] A. a. O., S. 4.
[13] A. a. O., S. 2.

die «Verbindung» mit Gott zu suchen, zu ihm zu beten und auf sein Wort zu hören. Gott sagt «dir, dass er einen einzigen, unabänderlichen Plan hat, in dem du auch drin bist und diese unsere liebe Heimat und alle, die du gern hast».[14] Aus heutiger Sicht ist es schwer auszumachen, wie dieser in einem evangelistischen Stil geschriebene Text bei den Soldaten ankam.

Anspruchsvoller, aber ebenfalls allgemeinverständlich war die kleine Broschüre «Eiserne Ration», 32 Seiten stark, die als Heft 1 der sogenannten Tornister-Bibliothek erschien, einer Reihe, die von Emil Brunner, dem Literaturwissenschaftler Fritz Ernst[15] und Eduard Korrodi, Feuilletonredaktor der «Neuen Zürcher Zeitung», herausgegeben wurde. Die beiden damals hoch angesehenen Mitherausgeber waren wertkonservativ. Korrodi lehnte z. B. den Expressionismus ab und zeigte wenig Verständnis für Schriftsteller, die als Emigranten in die Schweiz gekommen waren.[16] Fritz Ernst publizierte Werke wie «Die Schweiz als geistige Mittlerin», «Helvetia Mediatrix» und «Die Sendung des Kleinstaates».[17]

Dass Brunner hier mitarbeitete, zeigt, dass er sich auf das Projekt der *geistigen Landesverteidigung* eingelassen hatte. Diese war in den Dreissigerjahren entstanden und richtete sich ursprünglich gegen den Kommunismus, dann aber auch gegen Faschismus und Nationalsozialismus. Die geistige Landesverteidigung «hob als schweizerische Eigenheit die kulturelle Vielfalt und die genossenschaftliche, kommunale und bündische Demokratie hervor. Sie orientierte sich vor allem an alteidgenössischen Traditionen, betonte den Gemeinschaftsgedanken und erwartete vom einzelnen Hingabe, Einordnung, gläubige, ehrfürchtige und freudige Bejahung des Staates als des Hortes der überlieferten Werte.»[18]

Brunners «Eiserne Ration» ist wesentlich kürzer als sein Buch «Unser Glaube»,[19] aber ähnlich gestaltet: Es besteht aus kleinen, meditativen Texten, durchschnittlich von einer Seite: «Soldat und Christ», «Der Bundesbrief», «Der Fünflibrspruch» (gemeint ist: «Dominus providebit»[20]), «Das Schweizer Kreuz», «Das Rote Kreuz», «Die Bundesverfassung» (mit der Präambel «Im Namen Gottes, des Allmächtigen»), «Die Kirche in der Schweizer Landschaft», «Der Eidgenössische Bettag»; aber auch «Die Bibel», «Weihnacht», «Karfreitag», «Ostern», «Pfingsten». Unter dem Titel «Grosse Schweizer» wird nicht nur an die Protestanten Huldrych Zwingli und Heinrich Pestalozzi erinnert, sondern auch an Niklaus

---

[14] A. a. O., S. 3.
[15] Vgl. oben, S. 208.
[16] Charles Linsmayer in: Schweizer Lexikon 7. Visp 1999, S. 57.
[17] Charles Linsmayer in: Schweizer Lexikon 4. Visp 1999, S. 21.
[18] Georg Kreis in: Schweizer Lexikon 4. Visp 1999, S. 400.
[19] Vgl. oben, S. 323 f.
[20] Nach Genesis 22,8.

*Emil Brunner, Eiserne Ration
(Heft 1 der «Tornister-Bibliothek»).*

von Flüe, um in dieser kritischen Zeit nicht die konfessionelle Spaltung, sondern das allen christlichen Konfessionen Gemeinsame zu betonen:

> «Als die streitenden Parteien auf der Tagsatzung zu Stans schon auseinander gehen wollten, um die Waffen entscheiden zu lassen, wurde in letzter Stunde noch [Niklaus von Flües] Rat eingeholt. Durch seine Weisheit und unbedingte Uneigennützigkeit vermochte er das Wort zu sprechen, das den Streit beendete. Aus der Gottverbundenheit heraus war das die Menschen Verbindende gefunden.»[21]

Mehrfach verfasste Brunner Texte zu aktuellen Ereignissen: Als Finnland im Winterkrieg 1939/40 «etwa ein Zehntel seiner Industrie, seines Acker- und Waldareals» an die Sowjetunion verlor,[22] schrieb er einen Aufruf für eine Geldspende:

> «Wenn wir aber sagen, Finnland kämpft für uns, so wollen wir daraus auch die Konsequenz ziehen, dass wir, in der Weise, die uns durch unsere geschichtliche Lage gewiesen ist, für und mit Finnland kämpfen gegen den bösen Geist, der auch im Westen Europas in unserem eigenen Land und Volk sein Wesen

---

[21] Emil Brunner, Eiserne Ration, in: Wort II, S. 24–42, hier: S. 32.
[22] Meyers Grosses Taschenlexikon 7. Mannheim, Leipzig, Wien, Zürich 1995, S. 97.

treibt. Die politische Neutralität, die unser Staatswille ist, darf uns nicht zu einer geistigen Neutralität führen, die mit geistigem Selbstmord identisch wäre. Das Nächstliegende aber in diesem Kampf ist, dass wir alle ein persönliches Opfer bringen, um den tapferen Vorkämpfern unserer Sache im hohen Norden in ihrem jetzigen schweren Kampf beizustehen, so gut wir das vermögen.»[23]

Ende November 1943 schlossen die Nationalsozialisten im besetzten Norwegen die Universität Oslo. Alle Professoren und Studenten wurden verhaftet und mit Deportation nach Deutschland bedroht (was später auch geschah). Am 3. Dezember veranstalteten die Studierenden der Universität Zürich eine Sympathiekundgebung, an der Brunner – damals Rektor der Universität – eine Ansprache hielt:

«Wir sind ja nicht einfach Universitätsstudenten und -dozenten, sondern wir sind Schweizer Studenten und Schweizer Dozenten. Das auferlegt uns eine besondere Verpflichtung. Denn die Schweiz ist durch ihre Geschichte und ihr politisches Wesen für alle Völker der Welt ein Symbol der Freiheit und des Kampfes für die Freiheit. [...] Es ist uns schmerzlich genug, dass die Rücksicht auf die Sicherheit unseres Landes und die Verpflichtungen, die uns die staatlich politische Neutralität auferlegen, uns in den letzten Jahren so oft den Mund verschlossen haben, wo es fast unerträglich war, zu schweigen. Wir wollen [...] kein Hehl daraus machen, dass das uns offiziell auferlegte Schweigegebot oftmals die Grenze überschritt, die nicht überschritten werden darf, wenn man nicht in sich selbst Ehre und Menschenwürde gefährden will. Man hat bei uns wohl auch etwa vergessen, dass zur Landessicherheit nicht bloss kluges Schweigen gehört, sondern auch jenes Reden, in dem der freie Geist sich äussern *muss*, um die Infektion mit unfreiem Denken, mit Propaganda totalitärer Ideologien, die von aussen auf uns eindringt, aus unserem geistigen Blut herauszuschaffen. Es gibt immer wieder die Verpflichtung zum Schweigen; aber es gibt auch Zeiten, wo man reden muss und nicht schweigen darf, wenn nicht der Geist der Freiheit selbst Schaden leiden und das Gewissen verdunkeln soll. Und das darf nicht geschehen, nie; das ist ein kategorischer Imperativ.»[24]

Es fällt auf, dass die Schweiz als «Symbol der Freiheit», als Land mit einer besonderen Sendung, dargestellt wird.

Unter Brunners zahlreichen Beiträgen zur geistigen Landesverteidigung im engeren Sinn seien genannt sein Vortrag «Die christliche Schweiz», den er am 21. Juni in der Aula der Universität Zürich hielt,[25] und der Vortrag «Im Namen Gottes, des Allmächtigen» an der Landsgemeinde der Jungen Kirche (der damals grössten und wichtigsten evangelisch-reformierten Jugendorganisation) am 6. Juli 1941 im Letzigrund-

---

23 Zur Finnland-Aktion der HTS [Höheren Töchterschule?], Nachlass 83.
24 Emil Brunner, Da dürfen wir nicht schweigen, in: Wort II, S. 150–152, hier: S. 151 f.
25 Nachlass 84. Mehrfach gedruckt, vgl. Bibliographie.

Stadion in Zürich.[26] Hier entwarf er das folgende Bild von jungen Christen: Entscheidend sei, dass sie «ein solches Zeugnis» von ihrem Glauben ablegten, dass ihre Altersgenossen es wahrnähmen:

> «Hier sind die ‹Typen›, die sich unter keinen Umständen dem Unrecht beugen. Die unter keinen Umständen die Freiheit für den warmen Ofen und die Bratwurst verkaufen, das sind die, von denen man sicher ist, dass sie lieber hungern und frieren als das kostbare Gut der Unabhängigkeit, das sie von den Vätern überkommen haben, preiszugeben, unter allen Umständen. Wir reden jetzt nicht pathetisch vom letzten Blutstropfen, sondern lieber ganz nüchtern vom letzten Brikett und dem letzten Stück Käse. Denn hier wird die Entscheidung fallen.»[27]

Besonders herausgegriffen sei der Vortrag «Die Grundlagen nationaler Erziehung», den Brunner am 12. April 1942 vor der Neuen Helvetischen Gesellschaft hielt. In der Einleitung hält er zwar fest, dass er «die sittlichen Kräfte» keineswegs verachte, «die auf anderem geistigen Boden wachsen» als das Christentum; er «ehre die idealistische Begeisterung mit ihrem hohen Pathos der Idee» und er «achte den Realismus, mit seiner notwendigen Schulung am Objekt». Wenn er aber gefragt werde: «Worauf kommt es jetzt in der Schweiz an?», dann habe er nur *eine* Antwort:

> «[Ich erwarte die] Erneuerung und die reale Kraft der Gesinnung, aus der die freie Eidgenossenschaft allein leben kann, [...] einzig und allein aus der Erneuerung und Kräftigung des Glaubens, der sich in der bisherigen Geschichte der Schweiz als die Quelle des Besten in ihr erwiesen hat, des christlichen Glaubens.»[28]

Brunner stellt die Lehre von der Gottebenbildlichkeit des Menschen in den Mittelpunkt wie bereits in «Der Mensch im Widerspruch» von 1937:[29]

> «Gott schuf den Menschen ihm zum Bilde – das ist die biblische Anschauung vom Wesen und der Bestimmung des Menschen.»[30]

In zahlreichen Wiederholungen führt er weiter aus:

> «Ist eine Gesellschaft nicht durch *heilige* Ordnungen gebunden, gründet die gesellschaftliche Ordnung nicht in *göttlichen* Gesetzen, so ist sie nicht wurzelstark genug, um den zentrifugalen Kräften der Menschennatur standzuhalten.»[31] – Das «Prinzip unserer nationalen Erziehung» ist «der christliche

---

[26] Nachlass 84 und in: Karl Barth, Emil Brunner, Georg Thürer, Im Namen Gottes des Allmächtigen 1291–1941. Zürich 1941, S. 31 ff.
[27] A. a. O., S. 41.
[28] Emil Brunner, Die Grundlagen nationaler Erziehung. Separatdruck aus dem Jahrbuch «Die Schweiz» 1943, hg. von der Neuen Helvetischen Gesellschaft. Brugg 1943 (im Folgenden zitiert als Grundlagen»), S. 3.
[29] Vgl. oben, S. 334 ff.
[30] Grundlagen, S. 5.
[31] A. a. O., S. 6.

Glaube».³² – «Nur der wahre Glaube kann die wahre Liebe erzeugen, und nur aus der wahren Liebe erwächst die wahre Volksgemeinschaft.»³³

Mit den Schlussabschnitten grenzte Brunner sich von nationalistischen Ideologien ab, wie er sie in andern Ländern wahrnahm. Mit einem gewissen Stolz hielt er fest:

> «Überlassen wir den Nationalismus andern Völkern, wir Schweizer werden unsere nationale Bestimmung gerade dann am besten erfüllen, wenn wir weniger nach dem Nationalen, als nach dem wahrhaft Menschlichen fragen. […] Wir müssen an den Menschen glauben, den der Schöpfer durch Gnade zur ursprünglichen Wahrheit seines Seins erneuern will. […] Das Schweizervolk wird seine nationale Sendung nur dann erfüllen, wenn es von ganzem Herzen ein Volk Gottes sein will.»³⁴

Der Text dokumentiert abermals: Nicht nur für Fritz Ernst,³⁵ sondern auch für Emil Brunner hatte der «Kleinstaat» Schweiz eine «Sendung».

Der Gotthard-Bund

In den gleichen Zusammenhang gehören seine Kontakte mit dem «Gotthard-Bund», einer Organisation, die am 30. Juni 1940 von einer Gruppe mehrheitlich aus dem grossbürgerlichen Milieu stammender Männer verschiedener politischer und geistiger Herkunft gegründet wurde, die sich nach der Einkreisung durch die Achsenmächte Sorgen um die geistig-seelische Befindlichkeit des Schweizer Volkes machten. «Ziel des Bundes war die Stärkung des Willens zur Landesverteidigung und die Überwindung der Interessengegensätze. An Pressekonferenzen und Heimatabenden, in Versammlungen und Kursen sowie durch Inserate, Plakate und Broschüren warben die rund 8000 in Kantons- und Ortsgruppen organisierten Mitglieder für die gemeinsame Bewältigung gesellschaftlicher Aufgaben wie Anbauschlacht, Familienschutz, Altersvorsorge und Arbeitsbeschaffung. Weitere Programmpunkte der Erneuerungsbewegung waren die Forderung nach einer autoritären Demokratie, einer korporativen Wirtschaftsordnung und einer Neuordnung des politischen Systems.»³⁶ – «Juden und Freimaurer waren ausgeschlossen, weil sich der Gotthard-

---

[32] A.a.O., S. 8.
[33] A.a.O., S. 10.
[34] A.a.O., S, 12.
[35] Vgl. oben, S. 409.
[36] http://www.lexhist.ch/externe/protect/textes/d/D17417.html. – Nach dem Zweiten Weltkrieg waren Mitglieder des Gotthard-Bundes massgeblich daran beteiligt, dass die Alters- und Hinterbliebenen-Versicherung geschaffen wurde. Vgl. Schweizer Lexikon 5. Visp 1999, S. 148.

Bund gemäss Satzung auf die christliche Tradition der Eidgenossenschaft berief.»[37] Mehrere massgebende Gründungsmitglieder des Gotthard-Bundes hatten sich früher an der Oxfordgruppenbewegung beteiligt. Der Romanist Theophil Spoerri hatte zusammen mit Gonzague de Reynold, Denis de Rougemont, Gottlieb Duttweiler, Christian Gasser und dem Gewerkschafter Charles-Frédéric Ducommun die Federführung.[38]

Im Juli 1940 trat der Gotthard-Bund erstmals an die Öffentlichkeit, zuerst mit einem «Manifest», worin die Verfasser mitteilen, das «Versagen *plutokratischer* Demokratie» lasse ihren «Glauben an die *eidgenössische* Demokratie» dennoch «unerschüttert». «Die ungeheure Aufgabe eines kleinen Landes, inmitten andersgearteter, übermächtiger Nationen sich zu behaupten», fordere jedoch «aussergewöhnliche Männer und kühne Massnahmen». «Landläufige Sentimentalitäten, kleinliche Rücksichten, persönliche Empfindlichkeiten und Parteiprestige» hätten «vor der heute gestellten Lebensfrage des Landes zu weichen». Es brauche eine «vollständige geistige Umstellung im politischen Denken: Überwindung der Gegensätze von ‹links› und ‹rechts› und der erstarrten Parteiformen»; weiter eine «vollständige geistige Umstellung im Wirtschaftsdenken nach den Grundsätzen: Der Mensch steht im Mittelpunkt; Geld ist nur ein Mittel der Wirtschaft; Dienst geht vor Verdienst; volkswirtschaftliche geht vor privatwirtschaftlicher Rendite». Vom Bundesrat wurde verlangt, «die nötige Einsicht und Aufopferung an den Tag» zu legen. Die «Heranziehung neuer Kräfte in den Bundesrat» wurde gefordert, ebenso «in die entscheidenden Bundesämter und in die [...] ausländischen Vertretungen».

In den führenden Tageszeitungen der Schweiz erschien bald danach, um den 21. Juli 1940, ein grosses Inserat mit der fettgedruckten Überschrift «An das Schweizervolk!»:

> «Der Augenblick, das Neue zu verwirklichen, ist gekommen. Tausende sind bereit. Ihr Zusammenschluss allein verbürgt das Gelingen der Neuordnung. [...] Der Gotthard, natürliches Bollwerk der Schweiz, Herz Europas und Grenzstein der Sprachen! Um dieses Wahrzeichen finden sich alle Eidgenossen in ihrer Mannigfaltigkeit zur Einheit. [...] Ihr, die Ihr die alten Parteihändel satt habt – Ihr, die Ihr aus der Armee entlassen, bereit seid zu neuer Hingabe –

---

[37] A. a. O. Den Statuten ist bezüglich des Ausschlusses von Juden und Freimaurern Folgendes zu entnehmen: 1. «Der Gotthard-Bund bezweckt die Wahrung der eidgenössischen Ehre und Unabhängigkeit auf der ursprünglichen christlichen, föderalistischen und demokratischen Grundlage.» 2. «Mitglieder des Gotthard-Bundes sind Schweizer beider Geschlechter, im Alter von mindestens 18 Jahren.» Wer nicht für die «christliche» Grundlage der Schweiz eintrat, war also nicht willkommen. Die Formulierung erlaubt einen gewissen Ermessensspielraum. – Die Texte des Gotthard-Bundes, denen die obigen und die folgenden Zitate entnommen sind, können eingesehen werden im Archiv für Zeitgeschichte der ETH Zürich, Bestand Gotthard-Bund.

[38] Pierre Spoerri, Mein Vater und sein Jüngster. Theophil Spoerri in seiner Zeit. Stäfa 2002, S. 73.

Ihr Alten mit freiem Blick – Ihr Jungen, die Ihr nach Führung verlangt – wir rufen Euch auf zu gemeinsamer Tat. [...] Wir haben nur ein Ziel: Die Eidgenossenschaft noch zu halten in der Gegenwart, für die Zukunft.»

Brunner war fasziniert. Diese «Sache» bewege ihn «stark», schrieb er an Max Huber und fügte hinzu: «Der Gedanke an das Schicksal unseres Vaterlandes, das mir noch nie so sehr wie heute als Teil meiner selbst fühlbar wurde, liegt mir schwer auf.»[39] Als der Gotthard-Bund einen weiteren Aufruf mit dem Titel «Aufforderung zur Zusammenarbeit» publizierte, in dem es hiess: «Eidgenossen, sammelt Euch zur gemeinsamen Arbeit im Gotthard-Bund», unterschrieb auch er und schickte das Blatt an Eduard Thurneysen mit der Bemerkung, endlich sei es gelungen, «unter den Parolen, die wohl heute jeder rechte Schweizer unterschreibt, Leute von der äussersten konservativen Rechten bis zur gewerkschaftlichen Linken zusammenzubringen». Es scheine ihm als «etwas vom wenigen Erfreulichen, was aus diesen Wochen zu melden» sei. «Alle wichtigeren Leute des Metallarbeiterverbandes» seien eingetreten, «dazu auch einige wichtige Männer vom Gewerkschaftsbund». Man dürfe hoffen, dass es diesmal gelinge, «den Graben zwischen Bürgerlichen und Arbeiterschaft zu überbrücken». Er «habe im Sinn, in dieser Sache mitzutun», soweit seine «Kraft und Zeit» reichten; «denn selbstverständlich bleibt die kirchlich theologische Aufgabe im Vordergrund».[40] – Gemäss dem Erinnerungsbuch von Emil Brunners Sohn Hans Heinrich war es Emil Brunner, der Gottlieb Duttweiler im Rahmen des Gotthard-Bundes anregte, der von ihm gegründeten Migros AG die sozialverträglichere Form einer Genossenschaft zu geben.[41]

Am Freitag, 12. September 1940, war es so weit: Im Theatersaal zur «Kaufleuten» in Zürich hielt Emil Brunner einen Vortrag, zu dem der Gotthard-Bund alle «lieben Gotthardfreunde» eingeladen hatte.[42] Unter anderem vertrat er hier seine bekannte These von der Unvereinbarkeit von totalem Staat und christlichem Glauben. Zum Stichwort «Demokratie» führte er aus:

«Demokratie ist nicht die christliche Staatsform, sondern die christlichste [d. h. relativ die beste]. Demokratie [ist] das Gemeinwesen, in dem sich jeder respektiert als Person.»[43]

Er nahm auch an der vom Gotthard-Bund veranstalteten Arbeitstagung am 1./2. Februar 1941 teil.[44] Für eine weitere Tagung am 8./9. März

---
[39] An Huber am 16. Juli 1940.
[40] An Thurneysen am 8. August 1940.
[41] Hans Heinrich Brunner, S. 83.
[42] Im Archiv für Zeitgeschichte der ETH Zürich findet sich diese Einladung als zerrissenes Blatt, dessen Rückseite Christian Gasser für stenografische Notizen verwendete!
[43] Zitiert nach den stenografischen Aufzeichnungen Christian Gassers im Archiv für Zeitgeschichte der ETH Zürich.

1941 stellte er sogar sein Haus an der Hirslandenstrasse zur Verfügung. Theophil Spoerri, Charles-Frédéric Ducommun, der Musiker Adolf Brunner, Christian Gasser und andere formulierten einen Aufruf des Gotthard-Bundes an die Öffentlichkeit. Jeder von ihnen nahm den Entwurf anschliessend nach Hause, «um persönlich das zu überarbeiten, was [sie] im Fieber der zwei Tage provisorisch zu Papier gebracht hatten».[45] Inhalt dieser neuen Botschaft war die Bedeutung der Familie als Keimzelle der Gesellschaft.[46]

Der Gotthard-Bund wurde seit seiner Gründung kontrovers beurteilt. Brunner selbst nahm wahr, dass der «offizielle Sozialismus natürlich kläfft» – und zwar «aufs hässlichste».[47] Angesichts der Tatsache, dass politisch sehr konservative Persönlichkeiten massgebend mitwirkten, wurde die demokratische Gesinnung der «Gotthardfreunde» von vielen bezweifelt. (Gonzague de Reynold «war ein enger Vertrauter der Bundesräte Motta, Musy und Etter und pflegte ausgezeichnete Beziehungen zu Mussolini»,[48] wurde dann allerdings vom Gotthard-Bund «bald ausgebootet».[49]) Auch Karl Barth gehörte zu diesen Kritikern. Er beteiligte sich zusammen mit dem Brunner «wenig» sympathischen Gewerkschaftsführer Hans Oprecht an der eher «links» orientierten antifaschistischen «Aktion Nationaler Widerstand».[50] Das «Volksrecht», die Zeitung der Zürcher Sozialdemokraten, höhnte über den Gotthard-Bund, ebenso Leonhard Ragaz in den «Neuen Wegen», was zu einem heftigen Schriftwechsel zwischen Brunner und seinem einstigen Lehrer führte. Brunner warf ihm vor, zu verkennen, dass der Gotthard-Bund «fast nur für solche Dinge» sich einsetze, zu denen Ragaz selbst, so wie Brunner ihn kenne, «nur ja sagen» könne:

> «Da stehen in der Zeit, wo unsere Schweiz von allen Seiten bedroht ist und wo es mit dem Unabhängigkeitswillen auch an hohen Stellen nicht allzu gut steht, ein paar Männer zusammen im Willen, etwas zu tun, um das Umfallen zu verhüten und etwas anbahnen zu helfen, was längst hätte getan werden sollen, wozu aber die vorhandenen Parteien – die sozialistische so gut wie die anderen – sich als unfähig erweisen. [...] Und dann kommt wieder Professor Ragaz und bengelt auf die neue Kampfgruppe los, als wäre sie ein Feind dessen, wofür auch er kämpft. Warum auch immer dieses Losschlagen auf die anderen? Ist das christusgemäss? Ist das hilfreich?»[51]

---

[44] Teilnehmerliste im Archiv für Zeitgeschichte der ETH Zürich.
[45] Nach: Pierre Spoerri, Mein Vater und sein Jüngster. Theophil Spoerri in seiner Zeit. Stäfa 2002, S. 79 f..
[46] Unterlagen im Archiv für Zeitgeschichte der ETH Zürich.
[47] An Thurneysen am 8. August 1940.
[48] Schweizer Lexikon 9. Visp 1999, S. 319.
[49] Jürg Frischknecht (u. a.), Die unheimlichen Patrioten. 5. Auflage. Zürich 1984, S. 29.
[50] Vgl. Barth–Brunner, S. 320.
[51] An Ragaz am 22. Oktober 1940.

Ragaz bezeichnete umgekehrt Brunners «Teilnahme am Gotthard-Bund» als einen *«faux pas»* und spottete über die «Lächerlichkeit, ja Unwahrheit», welche «die Zusammensetzung dieser Männer» darstelle. In «kürzester Frist» werde vom Gotthard-Bund «nichts [...] als ein Katzenjammer» übrig bleiben.[52] So verhielt es sich freilich nicht, auch wenn Probleme auftraten, die hier nicht darzustellen sind. Denn die Kirche und die Universität – und *nicht* der Gotthard-Bund – waren Emil Brunners Lebenszentrum.

Todesstrafe für Landesverräter?

Die Kirche – konkret: «seine» evangelisch-reformierte Landeskirche des Kantons Zürich – liess Brunner auch in den Kriegsjahren nicht los. Die Tradition seiner Predigten im Fraumünster erhielt er aufrecht und erreichte damit viele. Seine Verkündigung hatte eine seelsorgliche Dimension: Max Hubers Frau, Emma Huber-Escher,[53] etwa erlebte Brunners Predigten als aufrichtend, auch in schriftlicher Form. Als sie, die oft schwermütig war, im Sommer 1940 zusammen mit ihrer Schwiegertochter den Gottesdienst im Fraumünster besuchte, war sie «voller Dankbarkeit». Christus sei ihr «an jenem Sonntag [...] zu einem lebendigen Erlebnis geworden», erzählte sie ihrem Mann.[54] Als sie sich ein Jahr später wieder in der Klinik aufhielt, übersetzte sie eine der Predigten Brunners für ihre Pflegerin ins Französische – «jeden Tag einen Abschnitt».[55]

Brunner beteiligte sich auch an der Kirchenleitung. Den Zürcher Kirchenrat beriet er in Fragen der Kirchenorganisation und des Kirchenrechts.[56] Von 1937 bis 1953 stellte er sich seiner Kirche als Synodaler zur Verfügung.[57] In der Synode – der höchsten Instanz der Zürcher Landeskirche – hörte man auf den bekannten Theologieprofessor, der in den Kriegsjahren Rektor der Universität war, auch als er das Wort ergriff, als es um die Hinrichtung von drei «Landesverrätern» ging, und er die Synode (und durch sie die Vereinigte Bundesversammlung) mit seinem rhetorischen Schwung doch wohl in die falsche Richtung beeinflusste.

In ihrem zivilen Strafrecht kannte die Schweiz die Todesstrafe seit dem 1. Januar 1942 nicht mehr. Anders stand es mit dem Militärstrafrecht, das noch bis 1992 die Möglichkeit vorsah, im Kriegsfall Landesver-

---

[52] Ragaz an Brunner am 23. Oktober 1940.
[53] Vgl. oben, S. 328.
[54] Huber an Brunner am 15. Juli 1940.
[55] Huber an Brunner am 6. September 1941.
[56] Vgl. Emil Brunner, Zürcher Kirchengesetz und christliche Kirche, in: Wort II, S. 43–68.
[57] Vgl. oben, S. 286. Die Jahreszahlen verdanke ich Peter Aerne.

räter durch Erschiessen hinzurichten. 1942 stand die Schweiz zwar nicht im Krieg, aber der Bundesrat hatte entschieden, den sogenannten Aktivdienst juristisch dem Kriegszustand gleichzusetzen. Im Herbst 1942 wurden drei Todesurteile gefällt. Sie betrafen den Fourier Werner Zürcher, geboren 1916, den Fourier Jakob Feer, geboren 1908, und den Fahrer Ernst Schrämli, geboren 1919, alle drei für verhältnismässig harmlose Delikte: Der erst 23-jährige Ernst Schrämli beispielsweise hatte den Deutschen einige Granaten übergeben, welche militärische Gutachter bereits damals als unwichtig einstuften, und militärische Befestigungsanlagen gezeichnet. In der Bevölkerung herrschte aber grossmehrheitlich die Meinung, da die Taten der drei zum Teil noch sehr jungen Wehrpflichtigen geeignet seien, «die Existenz des Staates und das Leben ungezählter Bewohner dieses Landes zu gefährden», müsse der Staat deshalb aus dem «einfachsten Selbsterhaltungstrieb die schärfsten Mittel gegen die Landesverräter anwenden».[58] Und General Guisan war der Meinung: «Landesverräter sind [...] aus der Gemeinschaft auszumerzen, und zwar so, dass sie nie mehr Gelegenheit haben, Ähnliches zu begehen.»[59] Der Bundesrat und die Begnadigungskommission hatten die Begnadigungsgesuche um eine Umwandlung der Todesurteile in eine Zuchthausstrafe abgelehnt. Letzte Instanz war die Vereinigte Bundesversammlung, die zu diesem Zweck am 10. November 1942 eine der äusserst seltenen Geheimsitzungen[60] abhielt.

Paul Trautvetter, Pfarrer in Zürich-Höngg und ein enger Vertrauter von Leonhard Ragaz, reichte in diesem Zusammenhang auf die Sitzung der Synode vom 28. Oktober 1942 die folgende Resolution ein:

«Die Kirchensynode des Kantons Zürich gibt ihrem Entsetzen Ausdruck über die Tatsache, dass in einer Reihe von Fällen das verabscheuungswürdige Verbrechen des Landesverrates unter uns möglich gewesen ist. Sie ist der Überzeugung, dass gegen eine derart verwerfliche, die Gesamtheit unseres Volkes gefährdende Handlungsweise mit der ganzen Strenge des Gesetzes eingeschritten werden muss. – Sie kann es aber mit ihrem Verständnis Christi nicht vereinbaren, dass die Schuldigen getötet werden sollen, sondern hält es gerade in unserer Zeit, der die Scheu vor dem Blutvergiessen und die Ehrfurcht vor dem göttlichen Ebenbild abhanden zu kommen droht, für eine besonders dringliche, ja heilige Aufgabe, an jener menschlichen, auf die Besserung des Schuldigen abzielenden Rechtspflege festzuhalten, wie sie im neuen Eidgenössischen Strafgesetz festgelegt ist. [...] Sie kann nur mit Grauen daran denken, dass wir – vor dem Kriege gnädig bewahrt – nun Gesetze zur Anwendung

---

[58] St. Galler Tagblatt vom 5. November 1942. Nach: Peter Aerne, Religiöse Sozialisten, Jungreformierte und Feldprediger. Konfrontationen im Schweizer Protestantismus 1920–1950. Zürich 2006 (im Folgenden zitiert als «Aerne»), hier: S.118.
[59] Schweizer Illustrierte Zeitung vom 4. November 1942. Nach: Aerne, S. 118.
[60] Aerne, S. 121.

bringen, die nur für den Kriegsfall vorgesehen sind, und dass unsere Soldaten, die, Gott sei Dank, nicht in den Fall kamen, töten zu müssen, nun ihre Waffen zu Hinrichtungen erheben sollten.»[61]

Es ist hier nicht der Ort, den Verlauf der ganzen Synodalsitzung zu protokollieren. Es genügt zu berichten, dass Brunner der Resolution Trauvetter sehr wirkungsvoll entgegentrat und erreichte, dass die Synode die Resolution mit 143 gegen 20 Stimmen zurückwies: Im Sinne einer *captatio benevolentiae* zeigte Brunner sich von Trauvetters Worten tief beeindruckt. Er «habe einen guten Teil der vergangenen Nacht dazu verwendet, um diese erst [am Vorabend] bekannt gewordene Erklärung zu bedenken». Er habe nicht nur mit seinem «theologischen Gewissen ins Reine» kommen müssen, sondern die «Entscheidung» finden wollen, welche «Gott will».[62]

Theologisch begründete er seine Position mit dem 13. Kapitel des Römerbriefes:

«Jedermann sei den vorgesetzten Obrigkeiten untertan; denn es gibt keine Obrigkeit ausser von Gott, die bestehenden aber sind von Gott eingesetzt. [...] Wenn du aber das Böse tust, so fürchte dich, denn nicht umsonst trägt sie das Schwert; denn Gottes Dienerin ist sie, eine Rächerin zum Zorngericht für den, der das Böse verübt.»[63]

Und folgerte daraus:

«Der Staat, der grundsätzlich und in jedem Falle auf das Recht der Tötung verzichten würde, würde damit sich selbst aufgeben. Das Blutvergiessen darf ihn, wenn es denn notwendig ist, so furchtbar es ist, nicht schrecken. Gerade das meint der Apostel, wenn er ausdrücklich sagt: Die Obrigkeit führt das Schwert nicht umsonst. Tut sie es aus zwingender Notwendigkeit, so tut sie es im Auftrag Gottes.»[64]

Gegen Stimmen, die den Jesus der Bergpredigt anführten, argumentierte er:

«Entweder hat Jesus nicht nur die Todesstrafe, sondern alles staatlich zwingende vergeltende Recht abschaffen wollen – oder aber sein Verbot der Vergeltung ist nicht auf das Tun und Lassen des Staates, sondern der einzelnen Christen bezogen. Will man sagen: Die Barmherzigkeit Jesu Christi verträgt keine Todesstrafe, so muss man auch fortfahren und sagen: Sie verträgt auch keine Verurteilung zu lebenslänglichem Zuchthaus, sie steht zu allem Strafrecht, sie steht auch zur Militär- und Polizeigewalt, sie steht zum Wesen des Staats überhaupt im Widerspruch.»[65]

---

[61] Nach: Wort II, S. 89.
[62] Emil Brunner, Zur Todesstrafe, in: Wort II, S. 90–95, hier S. 91.
[63] Römer 13,1 ff. (Zürcher Bibel von 1931.)
[64] Wort II, S. 94.
[65] A. a. O., S. 93.

Entweder ein Strafrecht mit der jedenfalls grundsätzlichen Möglichkeit der Todesstrafe oder überhaupt kein Strafrecht und überhaupt kein Staat! Brunner räumte freilich ein, es sei wohl richtig gewesen, dass das Schweizer Volk die Todesstrafe in Friedenszeiten abgeschafft habe. Aber nicht im Krieg!

> «Denn im Kriege ist das Wohl des Vaterlandes und die Sicherheit der Rechtsordnung in ganz besonderem Masse bedroht und gefährdet. Auch wenn wir jetzt nicht aktiv am Krieg beteiligt sind, so sind wir es doch passiv.»[66]

Brunner forderte in seiner temperamentvollen Rede nicht konkret, die drei Todesurteile vollziehen zu lassen, da die Synode ja die Einzelheiten nicht kenne. Sie dürfe aber dem Staat nicht dareinreden:

> «Eines aber wissen wir: dass wir hier nicht mit der Berufung auf die Barmherzigkeit Gottes dem Richter Staat in den Arm fallen und ihm sagen dürfen: Das darfst du nicht tun, weil du es nicht tun darfst.»[67]

Man müsse die staatlichen Instanzen zwar «ermahnen, sich an die Barmherzigkeit Gottes zu erinnern». In ihrem Lichte sollten «sie prüfen, ob es wirklich sein muss». Wichtiger war für Brunner aber ein anderer Punkt, und mit diesem schloss er seine Rede: Es gehe darum, diejenigen der politisch Zuständigen, denen es damit ernst sei, «auch in dieser schweren Entscheidung ihrem Herrn Christus gehorsam zu sein, in der Überzeugung [zu] stärken, dass es, nach der Lehre der heiligen Schrift selbst, Fälle gibt, wo auch der Gebrauch der Schwertgewalt Gehorsam gegen Gottes Auftrag ist und selbst unter der Barmherzigkeit Gottes steht».[68] Mit diesem letzten Satz beruhigte Brunner das Gewissen der eidgenössischen Parlamentarier, die die Begnadigungsgesuche dann ablehnten.[69] – Die drei zum Tode Verurteilten wurden in der Nacht vom 10. auf den 11. November 1942 hingerichtet.

Es war Brunners alter Lehrer Leonhard Ragaz, der die Sache auf den Punkt brachte: Die Synode sei auf Brunner «glatt hineingefallen». Ragaz sprach von «ärgsten Kunststücken schriftgelehrter Sophistik». Brunners so wirkungsvolle Rede beruhe auf einer «Verdrehung der ganzen Frage».[70] In der Resolution Trautvetter sei es nicht um das Problem der

---

[66] A. a. O., S. 93.
[67] A. a. O., S. 94.
[68] A. a. O., S. 95. Wie Aerne, S. 117–118 und S. 392, ausführt, hatte Brunner die gleiche Auslegung von Römer 13 (inklusive seine Haltung bezüglich der Todesstrafe) öffentlich schon früher in seiner Predigt vom 4. Oktober 1942 im Fraumünster vertreten. Titel dieser Predigt, die auch im Druck erschien: «Die Gerechtigkeit des Staates.» Vgl. Emil Brunner, Zwei Predigten von der Gerechtigkeit. Zürich 1942, S. 24 f.
[69] Im Falle von Werner Zürcher: 202 Nein, 18 Ja und 7 leer; im Falle von Jakob Feer: 200 Nein, 21 Ja, 6 leer; im Falle von Ernst Schrämli: 176 Nein, 36 Ja, 9 leer. Aerne, S. 395.
[70] In: Neue Wege, November-Sendung 1942, S. 42–45. Nach: Aerne, S. 123.

Todesstrafe an sich gegangen, sondern «nur» um die Frage der Begnadigung von bereits Verurteilten. Ragaz hatte Recht: Indem Brunner theologisch sehr weiträumig ausholte und darstellte, dass der Staat in extremen Notfällen das Recht habe, ein Todesurteil zu verhängen (und zu vollstrecken), streute er der Synode Sand in die Augen. Es bleibe dahingestellt, wie bewusst ihm das war.

Auf rein theoretischer Ebene waren im Jahr 1942 die meisten theologischen Ethiker der Meinung, dass man die Todesstrafe nicht in *jedem* Fall ausschliessen dürfe. Auch Karl Barth vertrat in seiner erst nach dem Zweiten Weltkrieg erschienenen theologischen Ethik eine mit derjenigen Brunners vergleichbare Position.[71] Im Fall der Synode vom 28. Oktober 1942 ging es aber nicht um ein theologisch-ethisches Lehrbuch, sondern um einen konkreten Anlass. Brunner war darüber hinaus hinter seine in «Das Gebot und die Ordnungen» im Jahr 1932 vertretene Sicht zurückgefallen, die zurückhaltender und differenzierter war.[72]

Und noch einmal mit Leonhard Ragaz: Brunner war als «Anwalt des Staates» aufgetreten, «nicht als Zeuge Christi». Ragaz' Schluss-Verdikt war hart (und ebenfalls von einer übersteigerten Rhetorik):

> «Professor Brunner hat mit seiner Haltung in dieser Sache das Todesurteil über sich als berufenen Zeugen Christi gesprochen, und ich fahre fort: dieses Todesurteil kann nur aufgehoben werden – durch *Gnade*!»[73]

In der grossen Öffentlichkeit fand Brunner mehrheitlich Beifall. Das katholisch-konservative «Vaterland» in Luzern griff Paul Trauvetter und seine Gesinnungsfreunde an und schrieb:

> «Linksgerichtete protestantische Pfarrer lassen [...] in der Presse eine Erklärung erscheinen, die so weltfremd anmutet, dass man sie eigentlich mit Stillschweigen übergehen könnte, wenn sie nicht eine Mentalität verraten würde, die zum Aufsehen mahnt. Dieser fadenscheinige Appell für Gnade richtet sich heute ja selbst.»[74]

Die «Neue Zürcher Zeitung» liess Zeitungsverkäufer durch die Stadt gehen, die auf ihren Schildmützen Affichen trugen, auf denen marktschreierisch und in Grossbuchstaben stand: «Emil Brunner zur Todesstrafe!»[75] Ihren Leitartikel zur Sonntagsausgabe vom 8. November 1942 (also zwei Tage vor dem Zusammentreten der Bundesversammlung zur Behandlung der Begnadigungsgesuche) überschrieb sie mit «Orientierung

---

71 Karl Barth, KD III 4. Zollikon-Zürich 1951, S. 512.
72 Vgl. oben, S. 265 f.
73 In: Neue Wege, November-Sendung 1942, S. 42–45. Nach: Aerne. S. 123.
74 Vaterland vom 9. November 1942. Nach: A. a. O., S. 121.
75 Nach: A. a. O., S. 117.

des Gewissens».[76] Der Leonhard Ragaz (und also auch Paul Trautvetter) nahestehende «Aufbau» fasste die Stimmung so zusammen:

> «Von Katholiken bis zu den Sozialdemokraten, vom ‹Aufgebot› des Herrn Lorenz und der ‹Ostschweiz› bis zum ‹Beobachter› und ‹Nebelspalter› erschallt der Ruf wie Donnerhall: gebt uns gegen die Landesverräter die liebe gute alte Todesstrafe wieder.»[77]

Es gab aber auch andere Reaktionen: «Dem Zürcher Kirchenrat lagen drei Austrittserklärungen (eine Frau, zwei Männer) vor, weil die Resolution Trautvetter abgelehnt wurde.»[78] Und der Redaktor der St. Galler «Volksstimme», Franz Schmidt, nannte Brunners Entgegnung an Trautvetter etwas «vom Jammervollsten, was ein Theologe von sich geben» könne.[79]

Brunner «erhielt auch direkt Rückmeldungen, wie von jener Frau, die ihn nachts telefonisch anrief: ‹Wenn diese Männer erschossen werden, gehören auch Sie an die Wand gestellt.›» Brunner erzählte seinen Studenten von diesem Anruf und sagte dazu, er sei davon «beeindruckt, aber nicht unsicher geworden».[80]

In der «Neuen Zürcher Zeitung» liess er am 1. November 1942 eine Präzisierung erscheinen:

> «Wenn nun die Synode, mit der Schlussfolgerung dieser Rede übereinstimmend, die Resolution von Pfarrer Trauvetter mit 143 gegen 20 Stimmen ablehnte, so hat sie damit nicht gesagt: Wir sind für die Ausführung der Todesstrafe. Vielmehr hat sie gesagt: Auch als Christen anerkennen wir diese *als Möglichkeit* für den Fall, dass nach bestem Ermessen die Sicherheit des Landes nicht anders gewährleistet ist.»[81]

Theoretisch war das richtig. Aber viele Zeitungen interpretierten den Synodalentscheid als: «Die Zürcher Synode ist für die Todesstrafe!»[82] An Max Huber, der offenbar auch für die Hinrichtung der Landesverräter war, schrieb Brunner:

> «Die Todesstraf-Frage hat mir eine Masse von anonymen und anderen Protesten eingebracht. Ich habe erfahren, wie gefühlsmässig irrational viele Menschen denken. Ich schwanke, ob ich nicht noch einmal etwas zur Kopfklärung schreiben müsse.»[83]

---

[76] A. a. O.
[77] Nach: A. a. O., S. 392.
[78] A. a. O., S. 393.
[79] Nach: A. a. O., S. 394.
[80] A. a. O., S. 395.
[81] NZZ 1942, Nr. 1743, gezeichneter Artikel von Emil Brunner: Die Kirche und die Todesurteile wegen Landesverrats. Nachlass 84.
[82] Peter Aerne brieflich.
[83] An Huber am 13. November 1942.

«Offenbarung und Vernunft» und «Gerechtigkeit»

Neben der Kirche war der Hauptschauplatz von Emil Brunners Leben die Universität. Er dozierte leidenschaftlich gern und sagte von sich selbst:

> «Ich bin der Sohn eines Lehrers und selber mit ganzer Freudigkeit Lehrer. Ich glaube nicht nur die Leiden, sondern auch die Freuden eines Schulmeisters zu kennen.»[1]

An der theologischen Fakultät waren in den Kriegsjahren knapp 150 Studierende immatrikuliert.[2] Auf die sechs ordentlichen Professoren, zu denen noch ein ausserordentlicher und vier Privatdozenten kamen, entfiel also viel Arbeit. Trotzdem war es Brunner möglich, wissenschaftliche Bücher zu schreiben und auch sonst zu publizieren. Ende 1941 erschien im Zürcher Zwingli-Verlag der umfangreiche Band «Offenbarung und Vernunft. Die Lehre von der christlichen Glaubenserkenntnis». Brunner hatte kurz nach seiner Rückkehr aus Amerika mit der Arbeit an diesem Buch begonnen, das er «meine Prolegomena» nannte, die wissenschaftstheoretische Einleitung zu seiner «Dogmatik», die zwischen 1946 und 1960 erschien. An Max Huber schrieb er im Sommer 1940, einige Kapitel von «Offenbarung und Vernunft» seien «bereits geschrieben» und das Ganze liege «als Vorlesung, also als Entwurf, vor». Er glaube, das Werk sei «jetzt reif» für die Veröffentlichung.[3]

«Offenbarung und Vernunft»

Es ging dann aber doch nicht so schnell. Vieles kam dazwischen. Brunner konnte erst im Sommer 1941 an die Fertigstellung seines Buches gehen. Max Huber, der auf die «Prolegomena [...] gespannt» war, bot ihm an, «eine Korrektur» zu lesen, «wenn es nicht allzu sehr pressiert».[4] Ende Juli 1941 sandte Brunner ihm das Rohmanuskript, deutete aber an, dass vieles provisorisch sei – auch die Disposition. Er betrachte es als «eine Zumutung», dass Huber ein Manuskript «in solch unfertigem Zustand» lesen

---

[1] Grundlagen, S. 10. Vgl. oben, S. 412.
[2] Universität Zürich, Jahresbericht 1942/43. Zürich 1943, S. 33.
[3] An Huber am 16. Juli 1940.
[4] Huber an Brunner am 26. Juli 1940.

müsse. Das Buch scheine «in der Formulierung» zwar «ziemlich fertig», aber es sei «nicht aus einem Guss».[5]

Schon nach einer Woche konnte Huber melden:

> «Ich habe eben die erste Lektüre Ihrer ‹Offenbarung und Vernunft› beendet. [...] es war für mich ein geistiger Genuss, nein, eine Erbauung. Allerdings auch ein geistiger Genuss, denn das Buch ist hinreissend geschrieben. Vielleicht sind da und dort gewisse Längen und Wiederholungen, aber das Wesentliche kann eigentlich den Menschen nie genug eingehämmert werden.»[6]

Er hielt aber auch mit Kritik nicht zurück. Vor allem beanstandete er, dass Brunner zwar darauf verzichtet habe, andere Theologen persönlich anzugreifen, einige Male aber doch von «einer gewissen Theologie» rede, womit «nur Barth oder die Barth-Epigonen gemeint sein» könnten:

> «Wäre es nicht besser, bestimmte Autoren und Stellen zu zitieren oder dann in ganz unpersönlicher Weise von Standpunkten zu sprechen? Generalisierungen und indirekte Andeutungen sind immer misslich. Der sich angegriffen Glaubende ist, weil unverkennbar markiert, entweder ‹vertäubt› oder kann mangels präziser Angabe des abweichenden Standpunktes die Kontroverse auf eine falsche Basis schieben.»[7]

Mit den noch folgenden Anmerkungen werde sich wohl vieles noch klären. Huber forderte Brunner zudem auf, seine Behauptungen wenn immer möglich biblisch zu begründen.

«In einem, allerdings wesentlichen Punkt» sei er «noch nicht ganz beruhigt»:

> «Wie steht es mit der dem nach Gottes Ebenbild geschaffenen Menschen gegebenen Schöpfungsoffenbarung? Warum wird sie durch den Fall des Menschen verdunkelt und verkehrt? Warum hat sie dem Menschen nicht die Kraft gegen die Versuchung gegeben? Wie verhält sich diese Offenbarung zu der in Christus vorausgegebenen[8] und in der Parusie vollendeten Offenbarung? Ist sie nicht unvollkommen, auch ohne Fall, im Vergleich zu letzterer? Ist der Weg über den Fall und das Kreuz Christi nicht ein notwendiger Weg zur Offenbarung Gottes?»[9]

Huber warf damit die theologisch sehr subtile Frage auf, ob die Schöpfung durch die Erlösung nur wiederhergestellt oder ob sie durch diese nicht sogar *überboten* werde. Über dieselbe Frage hatten Brunner und Barth bereits in den Zwanzigerjahren diskutiert.[10] Wohl ohne sich dessen

---

[5] An Huber am 20. Juli 1941.
[6] Huber an Brunner am 30. Juli / 3. August 1941.
[7] A. a. O.
[8] Huber meinte wohl: uns Christen *jetzt* schon gegebenen.
[9] A. a. O.
[10] Vgl. Barth–Brunner, S. 136–145.

bewusst zu sein, hatte Huber nun Barths Position eingenommen! Darüber hinaus bemängelte er, dass Brunner die Verfallenheit des Menschen an die Sünde überbetone. Der «nicht-gläubige Leser» könnte abgeschreckt werden, wenn Brunner «das christusferne Denken und Ethos» zu negativ darstelle. Ob Brunner Römer 1,18 ff. nicht zu stark gewichte, denn: Apostelgeschichte 17 stehe ebenfalls in der Bibel; nicht nur der Satz: «Denn es offenbart sich der Zorn Gottes vom Himmel her über alle Gottlosigkeit und Ungerechtigkeit der Menschen», sondern auch: «Denn in ihm leben und weben und sind wir.»[11]

Beachtenswert ist auch das Folgende: Er frage sich, ob die *groben* Sünden von Römer 1 – die «Götterbilder» und die «Unzucht» – gegenwärtig vielleicht nicht weniger ins Gewicht fielen als die *feineren* Sünden. Die «Spiritualisierung» und die «Abstraktheit» des modernen Denkens seien «eine philosophische Form der Heuchelei, entsprechend der ethischen des pharisäischen Moralismus».[12] Huber war ein hartnäckiger und tiefschürfender Gesprächspartner. In seinen Briefen wird Brunners Theologie, werden deren Stärken und deren weniger plausible Begründungen wie in einem Spiegel sichtbar.

Brunner war Huber dankbar, da er sich seit Kriegsausbruch theologisch etwas isoliert fühlte. Der «Schweizer Theologenschaft» warf er vor, sie sei den Fragestellungen, die er aufwarf, «nicht eigentlich zugewendet».

> «Sie möchte einfach wissen, was ist zu predigen und was nicht, und hat es nicht gern, wenn man sie zum Neudurchdenken des Ganzen nötigt. Sie ist im Ganzen eher denkfaul und will einfach in ihrem Glauben bestärkt sein.»[13]

Er beklagte sich auch darüber, dass sein Buch «Wahrheit als Begegnung»[14] wenig zur Kenntnis genommen worden sei. Die Ansicht des Rezensenten im «Kirchenblatt für die reformierte Schweiz» – «eines Barthianers» – erschien ihm als «typisch», da sie ungefähr darauf hinausgelaufen sei: «Was daran gut ist, ist nicht neu, was neu ist, ist nicht gut.» Nur wenige hätten «gemerkt, dass sich da so etwas wie ein Durchbruch vollzog, der, ausgewertet, eine Umwälzung des ganzen theologischen und kirchlichen Betriebes nach sich ziehen müsste». Er habe das Gefühl, «gegen den Strom» zu schwimmen, was mühsam sei, besonders, «wenn auch die eigenen Schüler nicht imstande sind, die Bedeutung des Gebotenen zu erfassen».[15]

---

[11] Vgl. Römer 1,18 ff. und Apostelgeschichte 17,28.
[12] Huber an Brunner am 30. Juli/3. August 1941.
[13] An Huber, nicht datiert, August 1941.
[14] Vgl. oben, S. 346 ff.
[15] An Huber, nicht datiert, August 1941.

Brunner, der sich jahrelang für den «in Bildung begriffenen» Ökumenischen Rat der Kirchen persönlich engagiert hatte, befürchtete, die Zentrale in Genf werde von der Schule Barths zu stark beeinflusst, und bat Huber, bei Visser 't Hooft ein gutes Wort für ihn einzulegen. Die «Genfer» (Visser't Hooft eingeschlossen) seien «in Gefahr, nur noch positive Lehre im Sinn von Dogma wertzuschätzen und das Nachdenken über die dahinter liegenden Probleme den Ungläubigen zu überlassen». Wer wie er solche Probleme anspreche, gerate in Genf fast schon in den Geruch, «freisinnig angehaucht zu sein».[16] Mit seinem neuen Buch werde er sich «sozusagen zwischen Stuhl und Bank» setzen:

> «Die Theologen zur Rechten werden sagen: zu wenig theologisch, zu viele *Outsiderfragen*; und die Nichttheologen werden es zu theologisch und zu wenig auf ihre Fragen eingehend finden.»[17]

Dabei sei es «jedenfalls aus echten Fragen entstanden und an den biblischen Antworten allein orientiert».[18] Max Huber versuchte, Brunner zu beruhigen: «Nur die ungemütlichen Fragen sind wirklich wichtig, und darum werden sie gemieden wie diejenigen, die sie stellen.»[19]

Brunner unterzeichnete das Vorwort «am Martinstag», d. h. am 11. November 1941.[20] Am 24. Dezember dankte Max Huber dafür, dass er «Offenbarung und Vernunft» ihm gewidmet habe – «zusammen mit dem lieben Oldham».[21]

Gleich im Vorwort unterstreicht Brunner – wohl vor allem, um sich gegen die ‹Barthianer› abzusichern –, dass sein Buch «Offenbarung und Vernunft» und nicht «Vernunft und Offenbarung» heisse. Er frage «nicht von der Vernunft her zur Offenbarung hin», sondern er frage, als Vertreter der «glaubenden Kirche, von der Offenbarung her zur Vernunft hin».[22] Viel wichtiger sei ihm aber, Missverständnisse zu beseitigen, «die vielen unserer Zeitgenossen den Weg zum christlichen Glauben versperren»: Sein Buch sei eher apologetisch und weniger dogmatisch orientiert und wende sich «nicht nur an Theologen». Theologie sei «nicht nur Dienst an den Verkündern des Evangeliums, sondern auch an all den denkenden Menschen, die über das Verhältnis von Christentum und Kultur zur Klarheit kommen möchten». Er wolle «den Weg zum Verständnis des

---

[16] A. a. O.
[17] An Huber am 31. Juli 1941.
[18] An Huber am 31. Juli 1941.
[19] Huber an Brunner am 30. Juli / 3. August 1941.
[20] Emil Brunner, Offenbarung und Vernunft. Zürich 1941 (im Folgenden zitiert als «Offenbarung»), hier: S. IX.
[21] Huber an Brunner am 24. Dezember 1941.
[22] Offenbarung, S. VII.

Glaubens freilegen». Denn dieser sei «für viele durch Vorurteile versperrt».²³

Brunner wollte nicht nur im Binnen- und Schonraum der Kirche nachdenken und nach innen gerichtet argumentieren, zwar wohl «biblisch», auf keinen Fall jedoch «orthodox» sein.²⁴ Sein Buch sollte «mithelfen, das echt biblische Verständnis der Offenbarung von traditionsgeheiligten Übermalungen zu befreien».²⁵

«Jetzt aber ist die Zeit gekommen, wo das christliche Denken aus seiner fatalen theologischen Isolierung heraus muss.»²⁶

Sein Anliegen ist unter anderem, was er eine «christliche Philosophie» nennt:²⁷

«Wenn ein Christ – was bis jetzt wohl nicht bezweifelt wurde – musizieren darf, warum sollte er nicht philosophieren dürfen?»²⁸ – «Jesus Christus ist kein Feind der Vernunft, sondern bloss des unvernünftigen Vernunfthochmutes und der vernunftwidrigen Selbstgenügsamkeit der Vernunft.»²⁹ – «Der Unterschied zwischen christlicher Philosophie und christlicher Theologie ist [...] kein grundsätzlicher, sondern ein fliessender.»³⁰

Er möchte die «Wahrheit des Idealismus» retten, die darin bestehe, «dass der Mensch als Mensch immer von Gott her geistig bewegt wird, dass das Menschsein von der göttlichen Selbstoffenbarung unzertrennlich ist».³¹ Angeregt von Max Huber³², zitiert er dazu Apostelgeschichte 17,28: «In ihm weben und leben und sind wir.»

«Der Idealismus sieht, dass man vom Menschen nicht wahrhaftig reden kann, ohne zugleich von Gott zu reden; er hat etwas gemerkt von der Gottebenbildlichkeit und dem Geschaffensein des Menschen als Person.»³³

Es sei eine «fanatische Kurzsichtigkeit, wenn [...] Theologen, um ja nicht der Verwechslung von christlichem Glauben und spekulativem Idealismus Vorschub zu leisten, diese bedeutsamen Wahrheitsmomente übersehen».³⁴ Dies schränkt er dann aber sofort mit einer für seine Theologie charakteristischen Formulierung ein:

---

[23] A.a.O. S. VIII.
[24] A.a.O., S. VII.
[25] A.a.O., S. VIII.
[26] A.a.O., S. 390.
[27] A.a.O., S. 369 ff.
[28] A.a.O., S. 380.
[29] A.a.O., S. 17.
[30] A.a.O., S. 385.
[31] A.a.O., S. 349.
[32] Vgl. oben, S. 425.
[33] Offenbarung, S. 349.
[34] A.a.O.

> «Nur der christliche Philosoph kann wahrhaft kritisch und wahrhaft realistisch denken. [...] Der christliche Philosoph allein ist imstande, den Menschen als Geschöpf, als endliche, nicht-absolute Vernunft, und als gefallenes Geschöpf, als ‹Mensch im Widerspruch› zu sehen.»[35]

In grossen Teilen seines Buches setzt Brunner sich mit verschiedenen Religionen und Philosophien auseinander und kommt immer wieder zum gleichen Schluss: Sie sehen etwas Richtiges, und doch wird die volle Wahrheit erst in Christus ganz erkennbar.

Ein anderer, wichtiger Aspekt von «Offenbarung und Vernunft» ist Brunners Kampf gegen allen Buchstabenglauben und überhaupt gegen alle Verobjektivierung des Glaubens und der Offenbarung, gegen den Intellektualismus. Er nimmt hier das zentrale Anliegen von «Wahrheit als Begegnung» auf, das ihm seit seiner Erfahrung mit dem amerikanischen Fundamentalismus *noch* wichtiger geworden war. Dies legt er in immer wieder neuen Wendungen dar:

> «Der eigentliche Inhalt der Offenbarung in der Bibel ist nicht Etwas, sondern Gott selbst. Offenbarung ist Gottes Selbstkundgebung.»[36] – «Es gehört gerade zum entscheidend Charakteristischen des biblischen Offenbarungsverständnisses, dass es nicht auf eine Einheitsformel gebracht, nicht durch einen abstrakten Begriff ausgedrückt werden kann.»[37] – In der «biblischen Offenbarung» geht es nicht nur «um Mitteilung eines lebenswichtigen Wissens, sondern um das Leben selbst».[38] – «Der Glaube des Christen hat keinen anderen Gegenstand, als Jesus Christus, Gott in seiner Personoffenbarung.» – «Jesus ist das uns gegebene, das uns begegnende Du Gottes, der Glaube ist das Innewerden dieses Du.»[39] – «Das Vertrauen ist das Herz des Glaubens.»[40] – «Das Analogon zum echt biblischen Glauben ist nicht das Hinnehmen der Aussage eines zuverlässigen Gewährsmannes, sondern das Vertrauensverhältnis zum anderen Menschen selbst, das zwischenmenschliche Personverhältnis.»[41] – «Darum ist dieser Glaube ohne weiteres, seinem Wesen nach, Personwandlung; er *bewirkt* nicht nur, er *ist* die Wiedergeburt.»[42] – «Das Ergriffenwerden und Sichergreifenlassen von der Liebe Gottes – das ist der Glaube.»[43] – «Glauben heisst, sich selbst aus der Hand Gottes annehmen.»[44]

---

[35] A. a. O., S. 388.
[36] A. a. O., S. 26.
[37] A. a. O., S. 23.
[38] A. a. O., S. 29.
[39] A. a. O., S. 38.
[40] A. a. O., S. 36.
[41] A. a. O., S. 40.
[42] A. a. O., S. 41.
[43] A. a. O., S. 42.
[44] A. a. O., S. 43.

Auf diesem personalistischen Hintergrund versteht es sich von selbst: Die
«als klassisch geltende Lehre von der Verbalinspiration» ist nicht adäquat.[45]

> «Nur ein Unkundiger oder Unwahrhaftiger bringt heute noch eine vollständige Evangelienharmonie oder eine widerspruchslose Verbindung des paulinischen und des lukanischen Berichtes von den Auseinandersetzungen zwischen den Aposteln zustande.»[46]

Die Berichte über «Geschehenes» in der Bibel sind «nicht widerspruchslos
und irrtumsfrei».[47] Was alle neutestamentlichen Bücher gemeinsam
haben, ist:

> «Er selbst, Jesus Christus, das Wort Gottes; er ist der Mittelpunkt ihres Zeugnisses, aber ihre Zeugnisse von ihm, ihre besondere matthäische, paulinische oder johanneische Lehre, sind wie Radien, die von verschiedenen Seiten her auf diese Mitte hinzielen, ohne dass einer diese Mitte ganz erreichte. Sie sind menschliche, geistgewirkte, gottgegeben Zeugnisse vom Wort Gottes; sie haben Anteil an seiner unbedingten Autorität und sind doch nicht dieses selbst, sondern Mittel, durch die es uns gegeben wird.»[48]

Und auch in Bezug auf den Kanon gilt es, sich bewusst zu machen, dass die
«Kanonbildung [...] das Werk der Kirche» ist. Sie ist «ein Glaubensurteil,
ein Erkenntnisentscheid, ein ‹Dogma› [...]. Darum ist die Kanonfrage
grundsätzlich nie definitiv beantwortet, sondern immer wieder offen.»[49]
Brunner spricht von der «Kontingenz des Geschichtlichen» und vom
Kanon als «einer Grösse mit fliessenden Rändern».[50] Kurz: der Gott des
christlichen Glaubens «ist nicht ein Buchgott».[51] Jeder «geschichtslos-
abstrakte Biblizismus» ist abzulehnen, da «zwischen dem Bibelwort und
dem Gotteswort nur eine indirekte Identität besteht».[52]

> «Die Heilige Schrift doziert nicht theologische Lehre. Es ist eine Tatsache von höchster Bedeutsamkeit, dass die Bibel nichts enthält, was auch nur entfernt einem ‹Katechismus christlicher Lehre› oder gar einem Lehrbuch der Dogmatik ähnlich wäre.»[53]

Die «nach Gottes Wort reformierte Kirche hat» aus diesem Grund «kein
Dogma, sondern ein Bekenntnis».[54]

---

[45] A. a. O., S. 126.
[46] A. a. O., S. 127.
[47] A. a. O., S. 127.
[48] A. a. O., S. 128.
[49] A. a. O., S. 129.
[50] A. a. O., S. 130.
[51] A. a. O., S. 140.
[52] A. a. O., S. 142 und S. 143.
[53] A. a. O., S. 146.
[54] A. a. O., S. 152.

> «Im reformatorischen Verständnis [...] ist, wie in der Bibel selbst, nicht eine Lehre der Gegenstand des Glaubens, sondern Jesus Christus selbst. Die Lehre ist nur dienendes Mittel, nur Fassung, und darum niemals unfehlbar. [...] Die Lehre ist also niemals Glaubensgegenstand, sondern Glaubensausdruck, Glaubensbekenntnis.»[55]

Und «das Bekenntnis der Kirche» ist «jederzeit revidierbar».[56] «Die Erkenntnis, das Verständnis der Heiligen Schrift, ist ein unendlicher, nie vollendeter Prozess.»[57]

> «Nicht ein System fertiger, nebeneinander stehender Lehren, sondern nur Lehre als radial auf ein Zentrum hinzielende Hinweise entspricht dem Wort Gottes. [...] Es gibt kein abgeschlossenes theologisches Lehrsystem; das Ideal der scholastischen *Summa theologiae* ist ein Phantom.»[58]

Die Zitate genügen, um zu zeigen, dass Brunner nie ein ‹liberaleres› Buch publizierte. Was er, als er in Zürich diese Passagen schrieb, nicht wissen konnte: Auf der Pfingsttagung der Gesellschaft für Evangelische Theologie hielt Anfang Juni 1941 Rudolf Bultmann seinen später berühmt gewordenen Vortrag: «Neues Testament und Mythologie», der nach dem Krieg jahrelang heftige Auseinandersetzungen auslöste.[59] So weit wie Bultmann ging Brunner nicht. Die Fragestellung «Glauben *und Verstehen*» (so der Titel der Aufsatzsammlung Bultmanns[60]) lag damals aber in der Luft, unter anderem auch wegen einer gewissen theologischen Erstarrung im Rahmen der Bekennenden Kirche in Deutschland (und ihrer Anhänger in der Schweiz). Auch Brunner befürwortete den historisch-kritischen Umgang mit der Bibel und stellte die These auf:

> «Alle Konflikte zwischen historischer Kritik und Glaube erweisen sich bei genauerer Prüfung als ein Schein, der entweder durch ungerechtfertigtes Dogmatisieren von traditionellen historischen Anschauungen von Seiten der Kirche oder durch skeptische Entartung der kritischen Wissenschaft entsteht. So haben Kirche und Theologie geirrt, wenn sie meinten, ein Angriff auf die paulinische oder johanneische Autorschaft gewisser Schriften des Neuen Testamentes sei ein Angriff auf eine wesentliche Position des Glaubens [...]. Es war Kurzsichtigkeit des kirchlichen Glaubens, bzw. der Theologie, zu meinen, die Verneinung der Geschichtlichkeit der alttestamentlichen Urgeschichte oder der Patriarchengeschichte müsste den Ruin des christlichen Glaubens bedeuten.»[61]

---

[55] A.a.O., S. 153.
[56] A.a.O., S. 157.
[57] A.a.O., S. 157.
[58] A.a.O., S. 154.
[59] Vgl. Hans-Werner Bartsch (Hg.), Kerygma und Mythos. Ein theologisches Gespräch. Vierte, erweiterte Auflage. Hamburg 1960, S. 15–48.
[60] Vgl. Rudolf Bultmann, Glauben und Verstehen. 4 Bände. Tübingen 1933, 1952, 1960 und 1965.
[61] Offenbarung, S. 279.

Nur an der Kreuzigung Jesu «im Sinn raumzeitlichen, historischen Geschehens» hielt Brunner fest,[62] wie übrigens auch Bultmann! Dieser war ihm allerdings etwas zu kritisch. Dennoch war er der Ansicht, dass «gläubig» und «radikal-kritisch» nicht kontradiktorische Gegensätze seien, so wenig wie «konservativ» und «ungläubig»:

> «Es ist gut, dass nicht alle Gläubigen so kritisch sind wie ein Bultmann und nicht alle Forscher so konservativ wie ein Schlatter, wer möchte aber als Ausleger des Neuen Testamentes die Arbeit des einen oder des anderen missen?»[63]

Mit der Frage «Mythus, Geschichte und Offenbarung» setzte sich auch Brunner auseinander:

> «Durch die Menschwerdung Gottes in Jesus Christus ist der Mythus abgetan – der Mythus von den Göttern, die Menschen werden und doch keine wirklichen Menschen sind, der Mythus vom sterbenden und auferstandenen Gottheiland, der nie wirklich starb und nie wirklich auferstand, weil er nicht wirklich lebte.»[64]

«Offenbarung und Vernunft» war das am wenigsten erfolgreiche von Brunners grossen Werken. Mit Recht hatte er vorausgesehen, dass die meisten Theologen in der Schweiz sich damals nicht für seine Fragestellung interessierten.[65] Eine englische Übersetzung erschien nach dem Krieg in Amerika und England.[66] In Deutschland konnte das Buch während des Krieges nicht verkauft werden. Und nachher stand Brunner bald im Schatten Bultmanns, der ihn in der Radikalität der Fragestellung übertraf. Eine zweite Auflage erfolgte erst 1961 im Zusammenhang mit der Vollendung von Brunners «Dogmatik», sozusagen als deren «Prolegomena». Sie wurde auch von der Wissenschaftlichen Buchgesellschaft in Darmstadt übernommen, eine späte Ehrung.[67]

Immerhin: Die «Neue Zürcher Zeitung» brachte im Sommer 1942 eine ausführliche Rezension des Philosophen Heinrich Barth, des Bruders von Karl Barth.[68] Dieser anerkannte «dankbar», dass hier ein Theologe bereit sei «zum Gespräch mit denen, die zwar in der Nähe des christlichen Glaubens, aber ausserhalb der Theologie stehen». Es sei schade, dass Theologie und Philosophie in der Regel schiedlich und friedlich nebeneinander her lebten, ohne sich ernst zu nehmen. Es sei nötig, «zur Er-

---

[62] A. a. O., S. 278.
[63] A. a. O., S. 289.
[64] A. a. O., S. 402.
[65] Vgl. oben, S. 425.
[66] Vgl. Bibliographie, S. 359.
[67] Emil Brunner, Offenbarung und Vernunft; die Lehre von der christlichen Glaubenserkenntnis. 2. Auflage. Zürich 1961 und Darmstadt 1961.
[68] Heinrich Barth, «Offenbarung und Vernunft.» Zu Emil Brunners Lehre von der christlichen Glaubenserkenntnis, in: NZZ 1942, Nrn. 1243 und 1248; hier die folgenden Zitate.

kenntnis durch[zu]dringen, dass die beidseitigen Anliegen einander in Wahrheit» sehr viel angingen. Es gebe «nicht den mindesten Vorwand zum wechselseitigen Ignorieren».

Für «alle denkfreudigen Leute innerhalb und ausserhalb der Mauern der Kirche» sei Brunners Buch «eine Einladung, eine Aufforderung, die Kulissen menschlicher Besonderungen, vor allem auch der Fakultätsunterschiede, einmal auf die Seite zu stossen und die Sache selbst zu bedenken». Brunner sei «durch seine Aufgeschlossenheit für die weite Welt der Bildung, der Wissenschaft, der Religionen, der Philosophie» «in höchstem Masse» dazu berufen. Was er biete, sei «gut gerüstete ‹Apologie›».

Obschon Heinrich Barth auch kritische Fragen stellt, vor allem im Hinblick auf Brunners bekannte Konzeption einer «Schöpfungsoffenbarung», hält er das Buch für «darin wegweisend, dass von Offenbarung und Vernunft in einer Weise die Rede ist, dass wir beide Grössen in ihrer wirklichen Grösse wiederzuerkennen meinen»:

> «Von Philosophie und Wissenschaft wird hier endlich von einem Theologen nicht mehr in jenen summarischen Verneinungen gesprochen, deren tröstliches Ergebnis wir nur in einem erkennen: In dem erlösenden Geschlossenbleiben von so und so viel Büchern, die zu Rate zu ziehen der Theologe bei andern Voraussetzungen sich entschliessen würde!»

Mit der «Grundtendenz Brunners», der sich über diese Besprechung freuen konnte, ging Heinrich Barth «durchaus einig».

«Gerechtigkeit»

Brunner beschäftigte sich auch noch später mit der Fragestellung von «Offenbarung und Vernunft», unter anderem in seiner zweiten Rektoratsrede mit dem Titel «Glaube und Forschung» am 29. April 1943 und in seinem Winterthurer Vortrag «Wissenschaft und Glaube» am 15. Dezember 1944, den das «Neue Winterthurer Tagblatt» in den Weihnachtstagen des gleichen Jahres in fünf Fortsetzungen publizierte.[69] Schon nach Neujahr 1942 wandte er sich aber einem *andern* Thema zu: «Die Katze lässt das Mausen nicht», schrieb er Max Huber. «Aller Vernunft zuwider» habe er sich an ein «neues Buch gemacht». Das Problem sei «eine christliche Lehre von der Gerechtigkeit, von der Gerechtigkeit in *menschlichen* Dingen». Es gehe dabei um sein «altes Problem der Lex naturae» bzw. «des Naturrechts». Ob er es «neben dem Rektorat werde schaffen können», wisse er noch nicht. Aber er sei «so dick drin wie noch selten», er müsse es ver-

---

[69] Vgl. Bibliographie, S. 360/361.

suchen.⁷⁰ Die erste Rektoratsrede «Die Menschenrechte nach reformierter Lehre» vom 29. April 1942, liegt bereits auf dieser neuen Linie.⁷¹

Besonders in der zweiten Hälfte des Sommers 1942 nahm er das «Problem der Gerechtigkeit» «systematisch in Angriff», allerdings: «ohne noch an einem Buch zu schreiben». Zuerst einmal musste er das Thema für sich selbst «schriftlich durchdenken», ehe er «an eine schriftstellerische Gestaltung» gehen konnte. Er las den 1907 erschienenen Klassiker «Themis, Dike und Verwandtes. Ein Beitrag zur Geschichte der Rechtsidee bei den Griechen» des seinerzeit an der Universität Jena tätig gewesenen Altphilologen Rudolf Hirzel.⁷² Vor allem aber beschäftigte er sich mit dem fünften Buch der Nikomachischen Ethik von Aristoteles, über den er an Max Huber schrieb, dass er bisher «weitaus am meisten zur Lösung des Gerechtigkeitsproblemes» beigetragen habe. Auffallend sei «auch die Tatsache, dass seit 300 Jahren kein protestantisches Buch über Gerechtigkeit geschrieben» worden sei, «oder dann nur über die Glaubensgerechtigkeit», die «den Gegenpol zur weltlichen Gerechtigkeit» bilde. Er selbst glaube, «von der christlichen Anthropologie her wesentlich Neues zur Lösung des Gerechtigkeitsproblemes beitragen zu können», vor allem zur Lösung der Frage: «Was ist das verschiedene ‹Seine›, das jedem zuzuteilen ist?», und er möchte «nun zäh an diesem Thema bleiben», bis er «etwas Ganzes darüber zu sagen habe».⁷³ In einem 44-seitigen Typoskript legte er seine ersten Gedanken über das Problem der Gerechtigkeit nieder.⁷⁴

Das Thema «Gerechtigkeit» lag damals in der Luft. An vielen Orten wurde um Gesellschaftsmodelle gerungen, auf Grund deren das menschliche Leben friedlicher und würdiger gestaltet werden könnte. In England waren Theologen und Nichttheologen um Joseph H. Oldham an der Arbeit, dazu die Political and Economic Planning Group um den Erzbischof von Canterbury, William Temple. In Deutschland machten sich der Freiburger Kreis der Bekennenden Kirche (mit dem Nationalökonomen Constantin von Dietze) Gedanken über den Wiederaufbau nach dem Nationalsozialismus und – unabhängig davon – der Kreisauer Kreis um Graf Helmuth James von Moltke.⁷⁵ Brunners Kontakte mit seinen Gesprächspartnern ausserhalb der Schweiz waren während des Zweiten Weltkriegs fast völlig unterbrochen. (Zwischen dem 16. August 1939 und dem 28. August 1945 hat er keinen Brief von Oldham erhalten!) Mit nur

---

70 An Huber am 2. April 1942.
71 Emil Brunner, Die Menschenrechte nach reformierter Lehre, in: Wort II, S. 116–133.
72 Rudolf Hirzel, Themis, Dike und Verwandtes. Ein Beitrag zur Geschichte der Rechtsidee bei den Griechen. Leipzig 1907.
73 An Huber am 28. August (oder September?) 1942.
74 Nachlass 84.
75 Vgl. Eberhard Bethge, Dietrich Bonhoeffer. München 1967, S. 870–873.

einigen wenigen Bezugspersonen in der Schweiz, z. B. dem Juristen Hans Nef (dessen Buch «Gleichheit und Gerechtigkeit» von 1941 Brunner las[76]), arbeitete er an diesem herausfordernden und uferlosen Thema weitestgehend allein.

Ein Jahr später war es dann so weit: Brunner besuchte Max Huber in Genf und überreichte ihm das Manuskript seines neuen Buches, das dieser mit grosser Sorgfalt durchlas und anschliessend als «Wertpaket» zurückschickte. Huber hatte «nichts gefunden», was ihm «als Juristen unhaltbar» erschien. Er habe von Brunner «hauptsächlich gelernt». Da er «in einer Zeit eines öden [Rechts-]Positivismus aufgewachsen» sei, kenne er sich in «staats- und rechtsphilosophischen Fragen» nicht gut aus. Dazu komme, dass er seit dem Jahr 1914 (als er Rechtsberater des Generals im Armeestab geworden war[77]) mit dem wissenschaftlichen Arbeiten im engeren Sinne dieses Wortes aufgehört habe. Trotzdem gab er einige Ratschläge für das Kapitel über die internationale Politik, das er sich zeitloser wünschte. Brunner solle sich weniger auf den Nationalsozialismus beziehen, dessen Tage nach der Niederlage der Deutschen in Stalingrad im Winter 1942/43 ohnehin gezählt seien – und auch nicht so direkt auf den Kommunismus. Die «Auseinandersetzungen über Gerechtigkeit» seien «unabhängig von diesen zeitbedingten Formen».

Huber fürchtete überhaupt, Brunners Buch werde dem Vorwurf «einer politischen Tendenzschrift» kaum entgehen können. «Aus diesem Grunde wären vielleicht noch einzelne Darlegungen wünschbar gewesen, in denen die Kritik an den bestehenden, namentlich wirtschaftlichen, Verhältnissen, indirekt wenigstens, stärker sichtbar geworden wäre. Unsachliche Kritiker von links werden dem Buch einen sehr konservativen Charakter zum Vorwurf machen.»[78] – Für eine tiefgreifende Überarbeitung des Textes war es jedoch zu spät. Das Buch war in der Setzerei, und Brunner hatte das Vorwort schon im September 1943 geschrieben. «Gerechtigkeit – Eine Lehre von den Grundgesetzen der Gesellschaftsordnung» erschien im Spätherbst 1943.[79]

Anders als sein Vorgänger, «Offenbarung und Vernunft», erzielte dieses Werk ein grosses Echo. Als Oldham das Buch im Sommer 1945 las, fühlte er sich «mächtig aufgewühlt» und war der Meinung, es sei ein «Beitrag von höchster Bedeutung in der gegenwärtigen Situation».[80] Eine ausführliche Rezension erschien in der «Schweizer Brauerei-Rundschau».[81]

---

[76] Hans Nef, Gleichheit und Gerechtigkeit. Zürich 1941.
[77] Hans-Peter Gasser in: Schweizer Lexikon 6. Visp 1999, S. 48.
[78] Huber an Brunner am 9. Oktober 1943.
[79] Vgl. oben, S. 14.
[80] Oldham an Brunner am 28. August 1945.
[81] Schweizer Brauerei-Rundschau Nr. 3, April 1945, in: Nachlass 129.

Auch, wenn nicht sogar besonders, Nichttheologen interessierten sich für Brunner und sein Buch. Er selbst charakterisierte seine neue Publikation mit den folgenden Worten: «Die Fragestellung dieses Buches ist nicht die der predigenden Kirche, sondern die des christlichen Staatsmannes.»

Besonders begeistert war Eugen Gerstenmaier. Dieser aus Württemberg stammende Theologe hatte im Sommersemester 1934 bei Brunner studiert. Zwischen beiden war früh eine enge Freundschaft entstanden. Obwohl Gerstenmaier der Bekennenden Kirche nahestand und bereits 1934 wegen einer Protestnote gegen das Regime vorübergehend inhaftiert worden war, arbeitete er ab 1936 im Kirchlichen Aussenamt der Deutschen Evangelischen Kirche in Berlin, so dass er während geraumer Zeit als ‹Werkzeug› der nationalsozialistischen Aussenpolitik erschien. 1942 stiess er zum Kreisauer Kreis.[82] Als Mitverschwörer beim misslungenen Attentat auf Adolf Hitler vom 20. Juli 1944 wurde er durch den Volksgerichtshof zu sieben Jahren Zuchthaus verurteilt. Nach der Befreiung durch die Amerikaner baute er zuerst das Hilfswerk der Evangelischen Kirche in Deutschland auf. Später ging er in die Politik und wurde eines der massgebenden protestantischen Mitglieder der Christlich-Demokratischen Union. Auf Wunsch Konrad Adenauers war er 1954–1969 Bundestagspräsident. Gerstenmaier war zeit seines Lebens umstritten. Vor allem Karl Barth und seine Schüler verziehen ihm sein Wirken in den Dreissigerjahren nicht. Emil Brunner schätzte Gerstenmaier, hielt ihn für integer und verteidigte ihn nach dem Krieg unter anderem in der «Neuen Zürcher Zeitung».[83]

Als Mitarbeiter des Kirchlichen Aussenamtes gehörte es zu Gerstenmaiers Pflichten, den Kontakt mit den ökumenischen Institutionen in Genf zu pflegen. In den Kriegsjahren reiste er mehrmals in die Schweiz. Dabei besuchte er auch Emil Brunner. Dieser hatte ihm das Manuskript von «Gerechtigkeit» über Nacht ins Hotel «Glockenhof» in Zürich mitgegeben. Gerstenmaier erzählte später:

> «Der Morgen graute, als ich es aus der Hand legte, und ich wusste, dass ich die Grundlagen für den Neubau Deutschlands gelesen hatte – wenn es überhaupt einen neuen Anfang für Deutschland geben sollte.»[84]

Nach Ansicht Gerstenmaiers war es das Buch «Gerechtigkeit» und der darin formulierte Gesellschaftsentwurf, in deren Geist sich die Christlich-

---

[82] Vgl. oben, S. 433.
[83] http://www.bautz.de/bbkl/g/gerstenmaier_e_k_a.shtml, Matthias Stickler. Vgl. NZZ 1945, Nr. 1124 und Kirchenblatt für die reformierte Schweiz 1945, Nr. 19.
[84] Ansprache Eugen Gerstenmaiers anlässlich der Verleihung des Grossen Verdienstkreuzes der Bundesrepublik Deutschland an Emil Brunner am 14. Mai 1960 in Zürich. Nachlass 128.

Demokratische Union als «die stärkste politische Kraft des neuen Deutschlands» nach dem Zweiten Weltkrieg formte.[85]

Das gut lesbare, weil flüssig (aber vielleicht doch etwas zu schnell) geschriebene Buch hat viele Facetten: Brunner machte sich u. a. Sorgen wegen des ethischen Substanzverlustes. Dieser war nach seiner Wahrnehmung die Hauptursache der damaligen Katastrophe. Auf der einen Seite sah er die drohende Anarchie in einer Gesellschaft, die keine festen Massstäbe mehr kennt, auf der andern den Totalitarismus. Der «Widerspruch gegen die Ordnung der Gerechtigkeit» sei «zur Tagesordnung» geworden. Im «Namen des Rechts» werde «Unrecht getan», ja das Unrecht sei «zum System» geworden.[86]

Den Beginn dieser unheilvollen Entwicklung ortete Brunner in der europäischen Aufklärung, welche das «göttliche Naturrecht» destruierte. Vor allem «der romantische Historismus» habe dann «der Idee einer zeitlos gültigen Gerechtigkeit den Krieg erklärt». Der Positivismus habe «mit seiner Leugnung alles Metaphysisch-Übermenschlichen die Zersetzung der Gerechtigkeitsidee durch die Proklamation der Relativität aller Gerechtigkeitsanschauungen vollendet». «Durch ihn wurde die Idee der Gerechtigkeit aller göttlichen Würde entkleidet und das Recht der menschlichen Willkür preisgegeben.» Der «Unterschied von Recht und Unrecht wird zur blossen Konvention, das Recht gilt als blosses Produkt des jeweils herrschenden Machtwillens».[87] Und ein weiterer Schritt:

> «Der totale Staat ist nichts anderes als der in politische Praxis umgesetzte Rechtspositivismus [...]. Gibt es keine göttliche Norm der Gerechtigkeit, dann gibt es auch keinen kritischen Massstab für das, was ein Staat als Rechtsordnung zu setzen beliebt. Gibt es keine überstaatliche Gerechtigkeit, dann kann eben der Staat alles als Recht erklären, was ihm passt, dann gibt es für seine Willkür keine Schranke als seine tatsächliche Macht.»[88]

Brunner spricht von der «Krise der Rechtsordnung, die totaler Staat heisst».[89] Obwohl er mehrfach auch auf den Nationalsozialismus hinweist, sagte er (und dies im Jahr 1943!):

> «Seine vollkommenste, konsequenteste Ausformung hat das totalitäre Prinzip im bolschewistischen Kommunismus gefunden.»[90]

Angesichts dieser riesigen Bedrohung bringt Brunner das klassische *Naturrecht* ins Spiel, theologisch formuliert: die *Schöpfungsordnung*. Gerechtig-

---
[85] A. a. O.
[86] Gerechtigkeit, S. 3.
[87] A. a. O., S. 6 f.
[88] A. a. O., S. 7.
[89] A. a. O., S. 9.
[90] A. a. O., S. 167.

keit ist «etwas Heiliges», etwas, das «über» den Menschen steht und über das man «ebenso wenig willkürlich verfügen kann wie über die Wahrheit».[91] Er erinnert an Aristoteles, der in der Nikomachischen Ethik (5,10) gelehrt hatte, das «von Natur Gerechte» sei «unabhängig davon, ob es den Menschen gut scheint oder nicht».[92] Er spricht vom «Weltgesetz» als einer «Manifestation» des «Schöpferwillens»[93] und von der «differenzierenden, jedem das Seine zuweisenden Schöpfungsordnung»:[94]

> «Das Gesetz der Gerechtigkeit weist zurück auf eine Ordnung des Seins, kraft derer jedem Geschöpf sein Bereich, sein Spielraum, seine Freiheit und seine Schranke zugewiesen wird. Gott, der Schöpfer, gibt jedem Geschöpf mit seinem Sein und So-sein das Gesetz seines Seins und So-seins. [...] Schöpfung ist Ur-zuteilung, materiale Lebensvorschrift. Jedes Geschöpf *soll* so sein, wie Gott es geschaffen hat; jedes Geschöpf soll [...] diese vom Schöpfer gesetzte Ordnung respektieren.»[95] Der Mensch ist «in eine Ordnung hineingestellt» und «Teil eines Gefüges».[96]

Wichtig für Brunner war neben Aristoteles der römische Rechtsgelehrte Ulpian, der Gerechtigkeit folgendermassen definiert hatte: «Justitia est perpetua et constans voluntas ius suum cuique tribuendi.» («Gerechtigkeit ist der immerwährende und feststehende Wille, jedem das Seine zuzuteilen.»)[97] Gerechtigkeit teilt nicht «allen das Gleiche» zu, sondern «allen das Gleiche in Berücksichtigung ihrer Ungleichheit»,[98] ein Sachverhalt, der in die Schöpfungstheologie gehört:

> «Denn das Geheimnis der christlichen Gerechtigkeitsidee ist nicht die Gleichheit, sondern die Verbindung der Gleichheit mit der Ungleichheit.»[99] – «Das Individuelle ist [...] niemals ein Unwesentliches, sondern gehört genau so zum Menschsein wie das Allgemeine. Gott liebt nicht die Menschheit im allgemeinen, sondern er liebt den Einzelnen in seiner von ihm geschaffenen besonderen Wesensart. [...] Gott schafft keine Schemata, sondern Individualitäten. [...] Die Ungleichheit hat denselben Ursprung und darum auch dieselbe Dignität wie die Gleichheit.»[100]

Das Phänomen der Ungleichheit ist für Brunner *deshalb* von Bedeutung, weil er daraus ableitet, dass die Menschen um dessentwillen wechselseitig aufeinander angewiesen sind. Die Menschen sind «so geschaffen, dass sie

---

[91] A. a. O., S. 55.
[92] A. a. O., S. 56.
[93] A. a. O., S. 57.
[94] A. a. O., S. 61.
[95] A. a. O., S. 57 f.
[96] A. a. O., S. 22.
[97] A. a. O., S. 20.
[98] A. a. O., S. 32.
[99] A. a. O., S. 46.
[100] A. a. O., S. 47.

[...] miteinander sein müssen, in gegenseitigem Geben und Nehmen, im Austausch und in der Zusammenarbeit eines ‹jeglichen nach seiner Art›».[101] Das trifft nicht nur auf Ehe und Familie zu, sondern allgemein auf die Gesellschaft und besonders auf die Wirtschaft:

> «Selbständigkeit der Einzelnen *und* gliedschaftliche Verbundenheit, freie Zustimmung *und* gleichzeitig Unterordnung des Einzelnen unter den Gemeinschaftszweck, Recht des Einzelnen an die Gemeinschaft *und* Recht der Gemeinschaft an den Einzelnen: das ist auch hier das notwendige Ergebnis der Besinnung auf die Schöpfungsordnung. Der eine *bedarf* nicht nur des anderen, er hat, von der Gemeinschaft aus gesehen, ein *Recht* auf den anderen, auf seine Mithilfe und auf das, was der eine hat und was dem andern fehlt. Von da aus erweist sich jedes bloss individualistische, vom Recht des Einzelnen ausgehende Verständnis des Wirtschaftslebens als ungerecht, ebenso sehr wie ein kollektivistisches, das den Einzelnen zum rechtlosen Bestandteil einer übergeordneten abstrakten Gemeinschaft macht. Keiner darf für sich allein stark sein; keiner muss für sich allein schwach sein. Der Schöpfer hat das Starke und das Schwache geschaffen, dass das Starke dem Schwachen diene und das Schwache dem Starken zum Dienst Gelegenheit gebe. Die *Verschiedenheit* ist die Grundlage der *Dienstgemeinschaft*.»[102]

In den wirtschaftsethischen Passagen entwirft Brunner einen «mittleren Weg» zwischen Liberalismus und Sozialismus. (Es war dieser Aspekt, der Eugen Gerstenmaier und der späteren Christlich-Demokratischen Union in Deutschland besonders gut gefiel und der Schule machte.) Nicht umsonst hatte er die Bücher des damals in Genf lehrenden deutschen Nationalökonomen Wilhelm Röpke gelesen, mit dem er auch in persönlichem Kontakt stand. Röpke war einer der bedeutendsten Vertreter des «Ordoliberalismus», der Theorie von der «sozialen Marktwirtschaft». D. h., er vertrat die Auffassung, dass der Markt zur Sicherung des Einzelnen staatliche Rahmenbedingungen brauche. Krankenkassen, Arbeitslosen-, Alters-, Hinterbliebenen- und Invalidenversicherungen seien nötig. Mit Hilfe der Steuerprogression müsse dafür gesorgt werden, dass eine gewisse Umverteilung der Vermögen stattfinde. In Anlehnung an Röpke spricht sich nun Brunner für eine «Kombination von freier und staatlich überwachter – nicht dirigierter – Wirtschaft» aus.[103]

Wo es um Fragen der Wirtschaft geht, ist Brunner grundsätzlich liberal. Dezidiert wendet er sich gegen einen «wirtschaftlichen Egalitarismus»:[104]

---

[101] A. a. O., S. 84. Vgl. Genesis 1,21.
[102] A. a. O., S. 84.
[103] A. a. O., S. 329.
[104] A. a. O., S. 183.

«Es ist gerecht, dass der, der mehr leistet, mehr bekommt als der, der weniger leistet; es ist gerecht, dass der, der zu sparen versteht, das, was er sich abspart, auch behalten darf, und nicht dem gleichgestellt wird, der alles verbraucht, was er gewinnt; und es ist gerecht, dass der, der etwas wagt, am Gewinn des Wagnisses mehr Anteil bekommt als der, der den bequemen und sicheren Weg vorzieht, bei dem er nichts riskiert. Es wäre ungerecht, wenn der Tüchtige und Fleissige nicht mehr bekäme als der Untüchtige und Faule, wenn dem Sparer, was er gespart, genommen würde zugunsten dessen, der alles verbraucht, was er bekommt, und wenn dem Wagemutigen der Preis des Wagemutes entzogen würde.»[105]

Es ist aber sofort zu beachten, dass Brunner unmittelbar nach diesen Sätzen auch Kritik übt: Es gebe auch eine andere Seite der Medaille. Ein massloser Erwerbswille sei von Tüchtigkeit zu unterscheiden, ebenso der Geiz vom Sparen. «Skrupellosigkeit und Brutalität in der Verfolgung wirtschaftlicher Ziele» sei nicht bloss Wagemut. «Das christliche Gerechtigkeitsdenken» fordere zwar «nicht die Gleichheit, wohl aber den Ausgleich».

«Allzu grosser Besitz einzelner bedeutet immer eine Gefahr für die Volksgemeinschaft. Riesenvermögen sind für die wirtschaftende Volksgemeinschaft ebenso gefährlich wie Grossmachtungeheuer in der politischen Welt. Denn übermässig grosser Besitz bedeutet zugleich Übermacht, Aufhebung der Rechtsgleichheit und Bedrohung der Freiheit der anderen. Der Riesentrust ist ein Staat im Staat, der sich erlauben kann, was keinem einzelnen Bürger erlaubt ist. Der Kampf gegen diese Ungeheuer ist ein Gebot für jede auf Gerechtigkeit gerichtete Wirtschaft.»[106]

«Es ist gerecht, wenn der, der mehr leistet, mehr bekommt. [Aber es] ist [ebenso] gerecht, dass der, der sein Möglichstes leistet, auch wenn es ein Geringes ist, als vollwertiges Glied der Arbeitsgemeinschaft, als Mensch, der menschenwürdig soll leben können, behandelt wird.»[107] Unter diesem «menschenwürdig» ist «die Existenz der Familie mit verstanden».[108]

«Der Arbeiter hat ein Recht auf den gerechten Lohn; er protestiert darum mit Recht, wenn ihm das, worauf er ein Recht hat, als Almosen, als Geschenk der Liebe, angeboten wird.»[109]

«[Die] totale Abhängigkeit vom Diktat des Eigentümers ist umso entwürdigender, je unpersönlicher, je anonymer dieser diktierende kapitalistische Eigentümer ist. Die Grossaktionäre der Aktiengesellschaft [...] sind weder den Arbeitern bekannt, noch kennen sie diese. [...] Sie sind gerade dadurch aufs höchste versucht, rein nach dem Gesichtspunkt der Kapitalrendite, der

---
[105] A. a. O., S. 182.
[106] A. a. O., S. 185.
[107] A. a. O., S. 201.
[108] A. a. O.
[109] A. a. O., S. 153.

Aktiendividende zu handeln. Dadurch wird der Arbeiter zum blossen Produktionsfaktor, zum wirtschaftlichen Objekt. Mit Recht empfindet er das als menschenunwürdig; es wird ihm dadurch sein gliedschaftliches Subjektsein im Wirtschaftsganzen genommen, seine Personwürde missachtet.»[110]

«Das Entsetzlichste an der durch den verantwortungslosen Kapitalismus geschaffenen Wirtschaftsanarchie sind nicht die schlechten Löhne, ja nicht einmal die Unsicherheit des Verdienstes und die Arbeitslosigkeit, sondern der Verlust der Ehre des Arbeiters. Indem man die Arbeit des Lohnarbeiters als Ware, als käufliches Produktivmittel betrachtet und ihn merken lässt, dass er ‹nichts zu sagen hat›, hat man ihm seine Ehre geraubt. Der Mensch ist zum Objekt degradiert.»[111]

Brunner war nicht grundsätzlich gegen das kapitalistische System:

«Kapitalbildung ist notwendig, soll die Wirtschaft nicht stillstehen.»[112] – «Nicht der Zins selbst, sondern die falsche Proportion des Kapitalanteils (Zins) und des Arbeitsanteils (Löhne, Gehälter) am Gesamtertrag ist das Ungerechte, also nicht der Zins an sich, sondern der zu hohe Zins.»[113] – «Nicht der Kapitalist als solcher ist der Feind der wirtschaftlichen Gerechtigkeit, sondern der verantwortungslose Kapitalist.»[114]

Zu Recht wies er darauf hin, was man «polemisch Kapitalismus» nenne, bestehe «zu einem guten Teil gerade darin, dass kein freier Austausch» stattfinde, weil Monopole vorhanden seien, «die vermöge einer künstlichen Verknappung von Waren künstliche Preissteigerungen» erlaubten.[115] Vom Staat erwarte er Eingriffe ins Wirtschaftsleben, «um dem Markt seine Freiheit zu bewahren».[116]

«Die unter der wirtschaftlichen Ungerechtigkeit leidende Menschheit kann [...] nicht warten, bis alle Kapitalisten von selbst gerecht handeln. Sie muss diejenigen, die es nicht freiwillig tun, durch die Mittel der staatlichen Gesetzgebung zur Gerechtigkeit zwingen.»[117]

Brunner behandelte auch die durch wirtschaftliche Fehlspekulationen verursachten «Schädigungen der Landschaft» und den «Raubbau an den nationalen Bodenreichtümern». Eine «Wirtschaft ohne Planung» stelle «eine ungeheure Verschwendung dar», die die Volksgemeinschaft sich auf die Dauer nicht leisten könne.[118] Es gibt, «in christlicher Sicht, kein abso-

---

[110] A. a. O., S. 205.
[111] A. a. O., S. 231.
[112] A. a. O., S. 185.
[113] A. a. O., S. 191.
[114] A. a. O., S. 213.
[115] A. a. O., S. 214.
[116] A. a. O., S. 215.
[117] A. a. O., S. 213.
[118] A. a. O., S. 216.

lutes Privateigentum, sondern nur Eigentum innerhalb der Grenzen des Gemeinwohls, der Verantwortung gegenüber der Gemeinschaft».[119]

«Das Recht auf Eigentum steht, christlich gesehen, immer unter dem Gemeinschaftsvorbehalt; es ist kein unbedingtes Recht. [...] Mitbeteiligung am Eigentum und an der Verteilung des Nationaleinkommens kommt der Gemeinschaft kraft göttlicher Schöpfungsordnung zu.»[120]

«Die Volksgemeinschaft muss sich ihrer Pflicht und ihres Rechtes bewusst werden, die exzessiven Konjunkturschwankungen als ein Problem der Gerechtigkeit aufzufassen. Hat sie in Zeiten der Arbeitslosigkeit oder schlechten Geschäftsganges die Verpflichtung, dem Arbeiter zu seinem menschenwürdigen Auskommen zu verhelfen, so hat sie in Zeiten der Hochkonjunktur auch das Recht, übermässige Zinsgewinne ‹abzuschöpfen› [...]. Dieses regulierende Eingreifen der Gemeinschaft hat mit totalitärem Kommunismus oder Staatswirtschaft nichts zu tun. [...] Die Pflicht des Ausgleichs ist nicht eine Verpflichtung der individuellen Barmherzigkeit, sondern der sozialen Gerechtigkeit.»[121] – «Der menschenwürdige Lohn des Arbeiters muss von den Schwankungen der Konjunktur unabhängig gemacht werden.»[122]

Brunner empfiehlt, Gesamtarbeitsverträge abzuschliessen, und deutet an, es könnte sinnvoll sein, die Arbeiter und Angestellten «auch am Geschäftsgewinn Anteil nehmen zu lassen in dem Mass und in der Weise, dass auch das Geschäftsrisiko ein gemeinsames» sei.[123]

Zusammenfassend hält er fest:

«Die grosse Gefahr für die nächste Zukunft ist eine doppelte. Auf der einen Seite besteht die Tendenz, die üblen Erfahrungen mit dem Kapitalismus dazu zu verwerten, die freie Wirtschaft überhaupt zu diskreditieren und den Staatssozialismus oder totalitären Kommunismus als einzige Alternative zu preisen und zu propagieren. Auf der anderen Seite besteht die entgegengesetzte Meinung, das Schreckbild des Kommunismus und die lästigen Erfahrungen der Kriegswirtschaft dazu zu benutzen, um unter der Flagge ‹freie Wirtschaft› dem *verantwortungslosen* Kapitalismus wieder die Tore weit zu öffnen und jede vernünftige Wirtschaftsplanung als totalitären Kommunismus zu brandmarken.»[124]

Brunner beschritt Neuland und nahm vieles vorweg, was sein Schüler und Nachfolger auf dem Lehrstuhl, Arthur Rich, Jahrzehnte später breiter und differenzierter ausführte.[125] Zwischen Georg Wünsch im Jahr 1927

---

[119] A. a. O., S. 209.
[120] A. a. O., S. 204.
[121] A. a. O., S. 203.
[122] A. a. O., S. 204.
[123] A. a. O., S. 207.
[124] A. a. O., S. 217.
[125] Vgl. vor allem: Arthur Rich, Mitbestimmung in der Industrie, Zürich 1973; Wirtschaftsethik I, Gütersloh 1984; Wirtschaftsethik II, Gütersloh 1990.

> QUOD BONUM FAUSTUM FELIX FORTUNATUMQUE SIT
> AUCTORITATE LITTERARUM UNIVERSITATI BERNENSI
> anni MDCCCXXXIV die XV novembris a senatu populoque Bernensi concessa rectore litterarum universitatis magnifico WERNERO NAEF philosophiae doctore historiae universalis professore publico ordinario decano ordinis jurisconsultorum spectabili IOANNE HUBER juris utriusque doctore juris publici professore publico ordinario senatus litterarum universitatis illustrissimo jurisconsultorum ordine auctore viro doctissimo
>
> AEMILIO BRUNNER
>
> Turicensi theologiae doctori honoris causa theologiae in universitate Turicensi professori publico ordinario, qui sagaciter perspiciens et theologicis argumentis ratiocinans, qua essent natura et praestantia et dignitate cum jus legesque tum res publica humanorum civiliumque jurum tutrix, itemque pietate adhibita altius ponens fundamenta docendarum rerum civilium et illustrandae conscientiae civium optime meritus esset
>
> HONORIS CAUSA
> DOCTORIS JURIS UTRIUSQUE
>
> dignitatem jura privilegia contulit collata publico hoc diplomate promulgavit
>
> BERNAE DIE XXIX MENSIS MAI ANNI MCMXLVIII

Ehrendoktorurkunde: Dr. iur. h. c. Universität Bern.

und Arthur Rich liess kein evangelischer Ethiker sich so intensiv auf Fragen der Wirtschaftsethik ein![126] «Gerechtigkeit» ist ein Meilenstein in dieser Hinsicht. Mit guten Gründen wurde Brunner besonders für dieses Buch der Ehrendoktortitel von der juristischen Fakultät der Universität Bern verliehen.[127] «Gerechtigkeit» offenbart aber noch einen anderen Aspekt: Brunner hatte sich im Lauf der Zeit verändert. Er war *konservativer* geworden, was seine Haltung in der Frage der Todesstrafe für Landesverräter bereits dokumentiert.[128] In «Das Gebot und die Ordnungen» war Brunner noch offener gewesen und weniger autoritär.[129] In «Gerechtigkeit» zeigte er sich nun von einer *wertkonservativen* Seite. «Ich bin Sozialist, weil ich an Gott glaube», hatte er im Jahr 1919 gesagt.[130] So klingt es im Jahr 1943 nicht mehr. Der ‹neue› Brunner ist vor allem wesentlich pessimistischer im Hinblick auf die Menschheit.

---

[126] Vgl. Georg Wünsch, Evangelische Wirtschaftsethik. Tübingen 1927. Dazu die Rezension Emil Brunners: Zur evangelischen Ethik und Wirtschaftsethik, in: Kirchenblatt für die reformierte Schweiz 1929, S. 97–102. Vgl. unten S. 448.
[127] Am 29. Mai 1948, vgl. Nachlass 138, 15.
[128] Vgl. oben, S. 417 ff.
[129] Vgl. oben, S. 253 ff.
[130] Vgl. oben, S. 76.

In «Gerechtigkeit» spricht er oft von der Sünde und vom Bösen. Er rechnet «mit der Machtgier, Habsucht, Brutalität und Selbstsucht des Menschen» und stellt fest, «dass das Böse, der Trieb zur ungerechten Aneignung dessen, was des anderen ist, zu dem uns bekannten Menschenwesen gehört».[131] Und er hält es für «gefährliche Phantastik, zu erwarten, dass sündige Menschen das Reich der Gerechtigkeit und des ewigen Friedens zu verwirklichen vermögen».[132] Damit hängt zusammen, dass er für einen starken Staat plädiert: «Je grösseres Gewicht man dem Faktum ‹das Böse› in der menschlichen Wirklichkeit beimisst, desto grösser wird die Bedeutung sein, die man dem zwingenden Recht des Staates einräumt.»[133] Die «Haltung des christlichen Glaubens zu den gegebenen Ordnungen» ist «im wesentlichen eine eher konservative»:

> «Wer nicht die Wohltat der auch nur relativ gerechten Ordnung gegenüber der Anarchie zu würdigen weiss, der überschätzt sich selbst und unterschätzt die Macht des Bösen. Denn jede Ordnung ist dem Bösen abgerungen, wie Küstenland durch Deiche dem Meer.»[134]

Je «böser die Menschen sind, desto mehr Staat brauchen sie».[135]

In verschiedenen Zusammenhängen zitiert Brunner Römer 13, mit der Formulierung, wonach die «Obrigkeit» «Gottes Dienerin» ist; sie trägt das «Schwert», um das «Strafgericht» an denen zu vollziehen, die «Böses» vollbringen.[136] (Auch in seiner Synodalrede zur Todesstrafe für Landesverräter hatte er mit diesem Text argumentiert.) Er meldet Vorbehalte gegenüber der Staatsform der «formalen» Demokratie an, die er besonders in wirtschaftspolitischen Zusammenhängen für nicht effektiv genug hält:

> «Die formale politische Demokratie als solche bietet nicht die geringste Gewähr für die Gerechtigkeit, auf die es heute […] ankommt: die sozial-wirtschaftliche. Im Gegenteil, der formal-demokratische Staat hat, seinem Ursprung nach, eine stark individualistische Tendenz, eine Neigung zum wirtschaftlichen *Laisser-faire*.»[137]

Die Macht darf man nicht diffamieren.[138]

> «Der unbedingte Glaube an die Gerechtigkeitsgarantie der demokratischen Staatsform kann nur da blühen, wo man, mit Rousseau, an die Güte der Menschennatur glaubt. Wer aber weiss, was für dämonische Gewalten in ihr ste-

---

[131] Gerechtigkeit, S. 23.
[132] A. a. O., S. 306.
[133] A. a. O., S. 117 f.
[134] A. a. O., S. 123.
[135] A. a. O., S. 164.
[136] Römer 13, 4. Vgl. z. B. Gerechtigkeit, S. 123 ff., S. 233 und andere Stellen.
[137] Gerechtigkeit, S. 245.
[138] A. a. O., S. 249.

cken, wird vom Willen der Mehrheit sicher nicht ohne weiteres die Verwirklichung des Gerechten erwarten.»[139]

Die Demokratie ist «immer durch die Anarchie gefährdet».[140] Sie kann «unter Umständen die schlechteste aller staatlichen Ordnungen sein – dann nämlich, wenn das Volk für sie nicht reif ist, dann, wenn die gesellschaftlichen Verhältnisse so zerrüttet sind, dass nur ein starker zentraler Wille, eine ‹starke Hand›, imstande ist, die offene oder latente gesellschaftliche Anarchie zu bändigen».[141]

«Wichtiger als die Frage: Demokratie oder Nichtdemokratie, ist auf alle Fälle die Frage: Gerechte oder ungerechte Gesetze und Regierung.»[142] – «Nicht um die Demokratie geht es heute, sondern um die soziale Gerechtigkeit und um die reale Freiheit der Bürger, die einerseits vom monopolistischen Grosskapitalismus, anderseits vom kommunistischen Syndikalismus und Totalstaat bedroht ist.»[143]

Brunner bestätigt zwar, dass die Demokratie «zweifellos» die «gerechteste aller Staatsformen» sei: «da wo die Bedingungen für sie gegeben sind»![144] Aber das Umgekehrte gilt ebenfalls und wird stärker unterstrichen:

«Es kann auch ein absoluter Monarch gerechte Gesetze erlassen und im Sinne solcher Gerechtigkeit regieren. Es kann umgekehrt auch in einer Republik oder Demokratie durch den Willen der Mehrheit ungerechtes Gesetz geschaffen und gerechtes Gesetz, das nötig wäre, nicht geschaffen werden.»[145]

Brunner hat natürlich Recht mit manchem. Und doch hat seine Argumentation einen autoritären Grundzug: «Der Staat ist Gottes Ordnung, darum hat er sein Grundgesetz unabhängig vom Willen der Menschen.»[146] Die Lehre von der Volkssouveränität wird abgelehnt:

«Souveränität ist ein Begriff, den man nicht ungestraft von Gott weg, dem er allein angemessen ist, auf den Menschen oder auf Menschliches überträgt. [...] Weder das Volk noch der Staat sind souverän; sie beide stehen unter einem Gesetz, das sie bindet, das ihnen ihr Recht begrenzt. Souveränität kommt einzig Gott zu.»[147] – «Ohne die Begrenzung im Gotteswillen verfällt entweder das Volk in anarchisch-ochlokratische Willkür oder der Staat in totalitäre Tyrannei.»[148]

---

[139] A. a. O., S. 239.
[140] A. a. O., S. 238.
[141] A. a. O., S. 237.
[142] A. a. O., S. 238.
[143] A. a. O., S. 240.
[144] A. a. O., S. 237.
[145] A. a. O., S. 236.
[146] A. a. O., S. 88.
[147] A. a. O., S. 88.

Bemerkenswert (und typisch für die Zeit des Zweiten Weltkriegs) ist, mit welcher Begeisterung Brunner die Armee «als Dienstgemeinschaft» und damit als Vorbild für Staat und für Wirtschaft hinstellt:

> «Unsere Armee ist ein Dienstorganismus, wo einer für den anderen da ist, in seiner Verschiedenheit des ‹Standes›. Der General ‹dient› genau so wie der einfache Soldat. Aber keinem Verständigen fällt es ein zu denken, der General sollte durch Soldatenräte gewählt werden. [...] Eine nach formaler Demokratie konstituierte Armee ist ein Ding der Unmöglichkeit. Kein Schweizer aber zweifelt daran, dass gerade die hierarchisch gegliederte Armee eine legitime Einrichtung unserer Demokratie sei. – In der Armee gibt es echte Befehlsgewalt, undelegierte Autorität. Der General ist *für* die Soldaten verantwortlich, aber nicht *vor* den Soldaten.»[149] – «In der Armee hat jeder seinen Platz, mit ihm seine besondere, grössere oder kleinere Verantwortung für das Ganze und die ihr entsprechende Kompetenz. [...] [Es gibt] eine streng geordnete, durch den Zweck bedingte Kompetenzabstufung, eine abgestufte, aber immer echte, nicht-delegierte Befehlsgewalt, die nicht nur nach unten, sondern auch nach oben fest gefügt ist. [...] Kein verständiger Soldat fühlt sich dadurch entwürdigt, dass ihm der Offizier zu befehlen hat, ohne ihm über das Rechenschaft zu geben, was er ihm befiehlt. Aber der Offizier kann das Vertrauen der Mannschaft nur bewahren, wenn sie den Eindruck gewinnt, dass seine Befehle in der Sache begründet und dass sie in Verantwortung gegenüber dem Dienstganzen gefasst sind. So ist die rechte Armee [...] ein Musterbeispiel patriarchalischer sozialer Struktur.»[150]

Das «christliche Gemeinschaftsverständnis» ist «grundsätzlich patriarchalisch».[151]

Brunner spricht deutlich aus, dass die Armee für ihn «nur *ein* Beispiel» einer echten Ordnung ist. Auch die Wirtschaft muss recht verstanden «als Dienstgemeinschaft» gestaltet werden.[152] Auf der einen Seite steht «die Verantwortung des Chefs für den Arbeiter, auf der anderen die Verantwortung des Arbeiters für ‹die Firma›».[153]

Die «Notwendigkeit» einer wirklichen «Berufsgemeinschaft» wird betont. Nicht nur der «Herr-im-Haus-Standpunkt» ist abzulehnen, sondern auch der «Klassenkampf», da er die «Arbeitsgemeinschaft» zerstört:[154]

> «Eigentum am Produktionsmittel [heisst nicht] freie Ausnützung der sich bietenden Gewinnchancen auf Kosten der Mitproduzierenden.»[155] – «Formale

---

[148] A. a. O., S. 89.
[149] A. a. O., S. 225.
[150] A. a. O., S. 226 f.
[151] A. a. O., S. 98.
[152] A. a. O., S. 227.
[153] A. a. O., S. 228.
[154] A. a. O., S. 228.
[155] A. a. O., S. 228.

Wirtschaftsdemokratie [wäre] genauso unsinnig und ruinös [...] wie die formale Armeedemokratie.»[156]

Brunner fordert eine «echte, gerechte, hierarchisch-patriarchalische Struktur der Wirtschaft» und spricht von der «Notwendigkeit der Führung»: Wie der gute Offizier in der Armee weiss auch «der verantwortungsbewusste Wirtschaftsführer», dass «er zwar nicht *vor* seinen Arbeitern, aber *für* seine Arbeiter verantwortlich ist, dass er, dem allein die letzte Entscheidung in voller, ungeteilter Verantwortung zukommt, seinen Unterstellten Mitverantwortung geben muss, nach dem Mass ihrer wirklichen Kompetenz».[157]

Ihm schwebt eine «echte berufsständische Wirtschaftsordnung» vor, «in der jedem das Seine gegeben wird, weil jeder an seinem Platz sein Recht und seine Ehre hat»:[158] Eine echte «‹ständische› Ordnung», «in der jedem einzelnen Glied der Gemeinschaft der Platz, der ‹Stand›, zukommt, auf den es kraft seiner geschöpflichen Gleichheit und Ungleichheit gerechten Anspruch hat», ist ‹identisch mit der wahrhaft gerechten Sozialordnung».[159]

Brunners Sozialethik hinterlässt einen ambivalenten Eindruck: Sie verbindet einen klaren Blick für Missstände in Wirtschafts- und Arbeitswelt mit einem *konservativ-romantischen Gesellschaftsideal*. Dies erinnert an die Sozialenzyklika «*Quadrigesimo anno*» Papst Pius' XI. aus dem Jahr 1931, welche ebenfalls einen «Mittelweg» zwischen Kapitalismus und Sozialismus vorschlägt.[160] Brunner zitiert diese Enzyklika zwar nicht. Aus seinem Nachlass geht aber hervor, dass er sich in akademischen Lehrveranstaltungen mehrfach damit auseinander setzte.[161]

Beinahe noch deutlicher wird sein gesellschaftspolitischer Konservatismus im Zusammenhang mit der Familienethik: Die Ehe – und zwar die Einehe – ist eine «göttliche Stiftung»:[162]

«Es gibt eine heilige, göttliche, weil in der Schöpfung begründete Eheordnung, die von Menschen nicht beliebig abgeändert werden kann.»[163] – «Gott hat den Menschen so geschaffen, dass nur die streng monogame und grundsätzlich unauflösliche Ehe den Naturzweck der geschlechtlichen Verbindung ohne

---

[156] A. a. O., S. 229.
[157] A. a. O.
[158] A. a. O., S. 230.
[159] A. a. O., S. 222.
[160] Vgl. Texte zur katholischen Soziallehre. Die sozialen Rundschreiben der Päpste und andere kirchliche Dokumente, mit einer Einführung von Oswald von Nell-Breuning SJ. Herausgegeben vom Bundesverband der Katholischen Arbeitnehmer-Bewegung Deutschlands – KAB. 6. Auflage. Kevelaer 1985, S. 91 ff.
[161] Nachlass 114, 5 (und 16).
[162] Gerechtigkeit, S. 62.
[163] A. a. O., S. 63.

> Verletzung des Personzwecks und den Personzweck der christlichen Liebe ohne Verletzung des Naturzwecks erfüllt. [...] Die Gerechtigkeit der Ehe heisst darum: unauflösliche und streng exklusive Monogamie.»[164]

«Der Mann ist des Weibes Haupt.»[165] Brunner legt dies folgendermassen aus: «Gott hat den Mann so geschaffen, dass er in der Ehe der führende Teil sein soll.»[166] Die «funktionelle Überordnung des Mannes über die Frau in der Ehe und die entsprechende Unterordnung der Frau unter den Mann» wird «aus der Schöpfung abgeleitet»:[167]

> «Das Patriarchat, nicht das Matriarchat, entspricht der Schöpfungsordnung [...]. Der Vater ist das Haupt, der führende Teil der Familie. Wenn ein bestimmter Vater durch seine Schwäche diese führende Stellung nicht einnehmen kann, muss die Mutter an seine Stelle treten; aber sie weiss, wenn sie eine wirkliche Mutter ist, dass es nicht so sein sollte, dass ihr das nur stellvertretungsweise zukommt.»[168]

Das Kind ist der «objektive Sinn der Ehe», der «Geschlechtsapparat ‹dient› der Fortpflanzung».[169] Homosexualität ist widernatürlich.[170] Die «Frage der ehelichen Fruchtbarkeit» ist nicht «in das Belieben der Ehegatten gestellt».[171] «Eheliche Unfruchtbarkeit ist als ungewollte ein Unglück, als gewollte ein Unrecht. Das Kinderhabenwollen ist nicht Gegenstand menschlicher Übereinkunft.»[172] Brunner verweist in diesem Zusammenhang auf sein Buch «Das Gebot und die Ordnungen» und räumt in einer Fussnote ein, dass mit den eben zitierten Sätzen die «sittliche Regulierung der natürlichen Fruchtbarkeit» nicht ausgeschlossen sei.[173] Er weist auch darauf hin, dass die biblische Überlieferung eine Ehescheidung im Notfall zulasse – «um der Herzen Härtigkeit willen».[174] Wenn man sich an die in Stellen aus «Das Gebot und die Ordnungen» erinnert – und an Brunners Briefwechsel mit Eduard Thurneysen[175] –, erkennt man schnell, dass Brunner in den Jahren 1932–1943 einen weiten Weg zurückgelegt hatte, einen Weg, der ihn immer konservativer werden liess.

Diese Veränderung zeigt sich auch im Zusammenhang mit dem Begriff «Schöpfungsordnung». Wie im Kapitel über «Das Gebot und die

---

[164] A. a. O., S. 168.
[165] A. a. O., S. 169 (nach Epheser 5,23).
[166] A. a. O., S. 169.
[167] A. a. O., S. 137.
[168] A. a. O., S. 170 und 173.
[169] A. a. O., S. 171.
[170] A. a. O., S. 137.
[171] A. a. O., S. 171.
[172] A. a. O., S. 172.
[173] A. a. O., S. 172.
[174] Vgl. Markus 10,5.
[175] Vgl. oben, S. 271 f.

Ordnungen» dargelegt, arbeiteten viele protestantische Ethiker mit diesem Paradigma.[176] Der junge Emil Brunner hatte in ethischen Zusammenhängen aber nicht nur vom Willen Gottes, des *Schöpfers*, sondern auch vom Willen Gottes, des *Erlösers*, gesprochen. Seine Ethik war anfänglich als sowohl «konservativ» als auch «radikal» konzipiert. In seinem frühen theologischen Gesamtentwurf, den er 1926 im Band «Der Protestantismus der Gegenwart» publiziert hatte, sprach er nicht nur vom «konservativen Respekt vor dem gottgeschaffenen Sein», sondern zugleich vom «angreifenden Gehorsam gegen das gottgeoffenbarte Sollen».[177] In «Das Gebot und die Ordnungen» nannte er den christlichen Glauben sowohl «konservativ» als auch «revolutionär». Unser Leben bewege sich zwischen Schöpfung und Erlösung in der Zeit der Versöhnung – in der «Mitte der Zeit», weshalb er die christliche Ethik als «Interimsethik» bezeichnete.[178] Im Jahr 1929 hatte es mit eindrücklicher Prägnanz geheissen:

> «Wie der Schöpfungsglaube für sich allein zu einem falschen Konservativismus führten müsste, so der Erlöserglaube für sich allein zu einem ebenso falschen Radikalismus; der erste zu einer falschen weltförmig-realistischen Konkretheit, der zweite zu einer falschen ideologischen Abstraktheit. Der christliche Konservativismus ist radikal, weil er auf die ursprüngliche Schöpfungsordnung zurückgreift, und der christliche Radikalismus ist konservativ, weil er nicht gesetzlich, sondern barmherzig ist, weil er nicht ein hochfliegendes Hinausfahren, sondern ein demütiges Herabsteigen bedeutet.»[179]

Im Buch «Gerechtigkeit» von 1943 findet sich kaum mehr etwas von dieser Dialektik. Brunners Ethik ist jetzt fast ausschliesslich an der «Schöpfungsordnung» bzw. an den «Schöpfungsordnungen» orientiert und deshalb teilweise in der Tat – wie er es 1929 selbst vorhergesehen hatte[180] – von «einer falschen weltförmig-realistischen Konkretheit».

Debatte in der «Neuen Zürcher Zeitung»

Das Buch «Gerechtigkeit» hatte ein erzählenswertes Nachspiel: An der 75. Jahresfeier des Evangelischen Lehrerseminars Unterstrass[181] im Frühjahr 1944 hielt Brunner den Festvortrag zum Thema «Die Freiheit der

---

[176] Vgl. oben, S. 259 ff.
[177] Vgl. oben, S. 221.
[178] Vgl. oben, S. 259 f.
[179] Emil Brunner, Zur evangelischen Ethik und Wirtschaftsethik, in: Kirchenblatt für die reformierte Schweiz 1929, S. 100. Vgl. oben, S. 442.
[180] Vgl. das vorhergehende Zitat!
[181] Vgl. oben, S. 21 f.

christlichen Gemeinde im heutigen Staat».[182] Darin griff er in gedrängter Form Thesen auf, die er in «Gerechtigkeit» entfaltet hatte, und kritisierte das zürcherische Staats- und Erziehungswesen: Auch eine demokratische Verfassung biete nicht unbedingt Gewähr dafür, dass die öffentlichen Schulen nach «christlichen Grundsätzen» gestaltet würden. Auch eine Demokratie könne sich irren! Da das christliche Gedankengut in der staatlichen Lehrerinnen- und Lehrbildung zu kurz komme, sei das Gegengewicht eines Evangelischen Lehrerseminars wichtig oder sogar nötig. Die «Neue Zürcher Zeitung» berichtete über diesen Vortrag.[183]

Der Erziehungswissenschaftler Walter Guyer, ein anerkannter Pestalozziforscher und 1942–1957 Direktor des Oberseminars Zürich (heute: Pädagogische Hochschule) und damit Zürichs «oberster» Lehrerinnen- und Lehrerbildner, nahm an Brunners Thesen Anstoss. Er fühlte sich angegriffen und war gewissermassen stellvertretend für den zürcherischen Staat gekränkt. In einem temperamentvollen Artikel in der «Neuen Zürcher Zeitung» mit dem Titel «Verwirrung im Staatsbegriff»[184] schrieb er, dass er Brunner dankbar wäre, wenn dieser «nicht Kirche und freie evangelische Schule gegen den Staat ausspielen wollte». Zürich brauche kein «‹kommandiertes› Christentum». Besser wäre es, wenn Brunner als Theologieprofessor gegenüber dem Staat «etwas Anerkennung» bezeugen würde. Dieser unterhalte immerhin «eine respektable theologische Fakultät» und begrüsse freudig «eine christliche Haltung in Erziehung und Schule»!

Guyer, der nicht nur den Zeitungsbericht über den Festvortrag, sondern auch «Gerechtigkeit» gelesen hatte, stiess sich aber auch an Brunners oben ausgeführten demokratiekritischen Gedanken:

> «Kann es dem Christentum oder der Freiheit der Kirche in der Monarchie oder Diktatur ebenso wohl sein wie in der Demokratie?» – «Eine totalitäre Demokratie gibt es nicht, wohl aber eine totalitäre Monarchie und eine totalitäre Diktatur.»

In Anlehnung an, aber zugleich auch in Abgrenzung zu Brunners Ruf nach einem «starken Staat» schrieb Guyer: «Wir brauchen nach wie vor den starken Staat, aber nicht im Sinne der Monopolisierung und Zentralisierung, sondern als Stärke und Reinheit der Staatsgesinnung in den *Herzen* der Männer und Frauen», und zitierte einen Ausspruch Pestalozzis aus dem Jahr 1813:

---

[182] Emil Brunner, Die Freiheit der christlichen Gemeinde im heutigen Staat, in: Kirche und Schule. Zürich 1944, S. 5–27.
[183] NZZ 1944, Nr. 828.
[184] Walter Guyer, Verwirrung im Staatsbegriff, in: NZZ 1944, Nr. 850. Die folgenden Guyer-Zitate stammen aus diesem Aufsatz.

> «‹Wir sind, durch Recht und Gesetz untereinander verbunden, unser Staat selber. Wir dürfen es sagen, denn wir sind es, und das konstitutionell und von Rechts wegen, und zwar so lange, als wir keinen Fürsten haben, dem der Staat und wir selber zugehören. Noch haben wir keinen [Fürsten], noch sind wir frei, noch schlägt unser Herz in diesem Geist, und wir lieben über diesen Punkt keine Zweideutigkeiten – und es ist unser wirkliches Wohlgefallen, hierüber keinen Spass zu verstehen.›»[185]

Die Auseinandersetzung zwischen Brunner und seinen Kritikern in der «Neuen Zürcher Zeitung» erstreckte sich vom Mai bis zum Juli 1944. Es erschienen sieben Artikel, drei davon von Brunner.[186] Max Huber hatte vorausgesagt, dass Brunners Konservatismus Kritik «von links» erwecken werde.[187] Die Zeitungsdebatte zeigt, dass auch liberal-bürgerliche Kreise mit Brunner Mühe hatten, da er ihnen theologisch zu ‹positiv› und zu doktrinär war. Es wollte manchen Patrioten nicht einleuchten, dass Brunner von einer totalitären Gefährdung der Demokratie sprach.

In seinen Artikeln in der «Neuen Zürcher Zeitung» verdeutlichte Brunner seine Position:

> «Auch ein formal-demokratischer Staat kann totalitär entarten, und zwar: durch Zentralismus, Bürokratismus und Monopolismus. Auch ein Staat, der durch vom Volk gewählte Repräsentanten regiert wird und in dem der Mehrheitsbeschluss jedem Gesetz Kraft gibt, ist nicht davor geschützt, monopolistisch, zentralistisch und bürokratisch zu entarten. […] Wir sehen am Beispiel der französischen Formaldemokratie, wie der übermässige Zentralismus und Bürokratismus einen Staat ruinieren kann.»[188]

Die Schweiz allerdings nahm er in Schutz, da ihre föderalistische Struktur ein gutes Heilmittel gegen einen totalen Staat sei.

Dennoch sah er auch hier totalitäre Tendenzen am Werk. Er nahm diese im «Bestreben der Bürger» wahr, «für alles und jedes den Staat in Anspruch zu nehmen, um sich von ihm das garantieren zu lassen, was eigentlich Sache freier Initiative sein sollte». Brunner war in dieser Hinsicht für weniger Staat:

> «Je mehr der Staat zum Mädchen für alles wird, desto mehr *muss* er zentralistisch, bürokratisch und monopolistisch entarten, also dem Totalstaat sich annähern. Dagegen hilft das allgemeine Wahl- und Stimmrecht dann nicht das Geringste, wenn die Mehrheit der Bürger vom Staat eben diese Garantien verlangt. Je mehr Aufgaben man dem Staat überbindet, desto mehr muss er zentralisieren; je mehr er zu tun bekommt, desto mehr bürokratischen Apparat

---

[185] Leider gibt Guyer seine Quelle nicht an.
[186] NZZ 1944, Nrn. 850 (Walter Guyer), 875 (Emil Brunner), 939 (H. W.), 983 (Walter Marti), 1000 (Emil Brunner), 1073 (A. J., Pfr.), 1116 (Emil Brunner).
[187] Vgl. oben, S. 434.
[188] Dieses und die nächsten Zitate in: NZZ 1944, Nr. 875.

muss er anschaffen; je mehr man von ihm garantiert haben will, desto mehr muss er Monopole haben, um diese Garantie übernehmen zu können.»
Gegen Guyers Angst vor einem «‹kommandierten› Christentum» wendete er ein: Auch er habe «von jeher den Klerikalismus» und «den staatlichen Machtgebrauch seitens der Kirche» bestimmt bekämpft. Dennoch verfechte er die These, «dass unsere schweizerische Demokratie auf christlichen Grundlagen ruhe und ohne diese zugrunde gehen müsse». Es sei «nicht angängig», «mit Berufung auf die Glaubens- und Gewissensfreiheit diese christliche Basis unseres Staates und unserer staatlichen Schulen anzutasten».
«Es gibt nur eine Macht, die dem Götzen Totalstaat gewachsen ist, der christliche Glaube.» – «Die grundsätzliche Entchristlichung der Schule aber ist ein grosser Schritt auf dem Wege zum Totalstaat.»

Auch in zwei weiteren Artikeln in der «Neuen Zürcher Zeitung» wurde Brunner kritisiert. «H. W.», ein Jurist, warf ihm unter anderem vor, der christliche Glaube sei keine Garantie für einen freiheitlichen Staat, was die «gegenwärtigen politischen Zustände der beiden katholischen Länder der Pyrenäenhalbinsel» zeigten.[189] H. W. erinnerte auch an «die theokratischen Intentionen der Zürcher und Genfer Reformatoren». Darüber hinaus bemängelte er, dass Brunner die Errungenschaften der europäischen Aufklärung zu wenig schätze. Leider sei «es Sitte geworden, die schweizerische Demokratie allein auf das ‹Rütli› zurückzuführen und mit dem ‹Rütli› zu rechtfertigen, dagegen das 18. und 19. Jahrhundert zu verleugnen». Der Theologe Walter Marti doppelte nach: Als Angehöriger der liberalen Richtung nahm er an der Offenbarungstheologie Brunners (*und* Barths!) und an dessen «Neo-Biblizismus» Anstoss.[190]

Pfarrer «A. J.» warnte Brunner davor, die Möglichkeiten des Christentums in der Politik zu überschätzen. Der «Gegensatz ‹staatliche Gerechtigkeit› und ‹christliche Liebe›» sei nur ein Idealtypus, denke man «etwa an die sogenannten christlich-patriarchalischen Regierungsformen» «oder gar an die ‹christliche Liebe›, wie sie gewisse Kirchenregierungen oder -parteien üben».[191] «Alle reformierten Christen antreten zu einer einzigen politischen Partei!», laute die «Zielgebung» von Brunners Vortrag, wenn auch glücklicherweise vorerst «hypothetisch, nur als Warnung und *ultima ratio* gegenüber einem entchristlichten Staat». Christliche «Parteibildungen in jeder konfessionellen Färbung» hätten «sich noch stets als Irrweg und als Gefährdung des christlichen Geistes erwiesen». Auch A. J. nahm

---

[189] Dieses und die nächsten Zitate in: NZZ 1944, Nr. 939.
[190] NZZ 1944, Nr. 983.
[191] Dieses und die nächsten Zitate in: NZZ 1944, Nr. 1073.

die Aufklärung und damit das 18. und das 19. Jahrhundert in Schutz und fand Brunners Kritik an Rousseau überzogen.

Dieser kam in der «Neuen Zürcher Zeitung» noch zweimal zu Wort. Vor allem legte er dabei dar, dass der Christ «nicht nur daran ein Interesse» habe, «dass der Staat die unmittelbaren Lebensäusserungen der christlichen Gemeinde, ihren Gottesdienst und ihre Lehrtätigkeit, nicht schädige, sondern auch daran, dass er ein *gerechter Staat* sei».[192] Die Theologie hat es «durchaus auch mit den Dingen des Werktags zu tun, mit dem Leben in Ehe, Familie, Schule, Wirtschaft und Staat». Unbedingt wichtig sei die Frage, ob die «christlichen Ideen, die an der Schaffung der Eidgenossenschaft so massgebend» beteiligt gewesen seien, «auch weiterhin lebendig» blieben «oder aber ob der Staat einem atheistischen Denken ausgeliefert» werde.

Noch einmal wies Brunner auf die enorme Bedeutung des Föderalismus und der Genossenschaftsidee für die spezifisch schweizerische Gestalt der Demokratie hin:

> «Je stärker in einem Volk die genossenschaftlichen Freiheitskräfte sind, desto unmöglicher ist die Entstehung von Diktatur [...].» – «Wir haben [...] allen Anlass, darüber zu wachen, dass nicht jene unschweizerische Auffassung der Demokratie, die nur am Mehrheitsprinzip hängt und das genossenschaftliche [Element] ausser Acht lässt, überhand nimmt, und dass umgekehrt [dieses] genossenschaftliche Element, das unserer schweizerischen Demokratie ihre Eigentümlichkeit und ihre grosse Stabilität verleiht, im Bewusstsein der Volksgenossen lebendig bleibt.»[193]

Die Redaktion der «Neuen Zürcher Zeitung» schrieb zu Brunners letztem Artikel:

> «Wir schliessen die interessante und gewiss nicht unfruchtbare Diskussion über Christentum und Staatsbegriff vorläufig mit der Wiedergabe dieses Artikels von Prof. Dr. Emil Brunner ab.»[194]

Brunners Auseinandersetzung mit dem Totalitarismus fand ihre Fortsetzung in seinem Kampf gegen den Kommunismus in der Zeit nach dem Zweiten Weltkrieg.

---

[192] Dieses und die nächsten Zitate in: NZZ 1944, Nr. 1000.
[193] NZZ 1944, Nr. 1116.
[194] A.a.O.

Gegen den Kommunismus

Am 8. Mai 1945 war der Krieg zu Ende, jedenfalls in Europa. Margrit Brunner schrieb in ihren Taschenkalender: «Tag der Waffenruhe! Keine Vorlesungen; die Schüler können wieder heim! Nun ist es also so weit nach fast 6 Jahren – –! Aber Freude nicht ungetrübt! Die Russen ...» Am Abend besuchte die Familie den Gottesdienst im Grossmünster. Und zwei Tage später, am 10. Mai 1945, an Christi Himmelfahrt, predigte Emil Brunner im Fraumünster. Es war «schön heiss».[1] Als Predigttext wählte er Offenbarung 11,9–10: «Und Leute aus den Völkern und Stämmen und Sprachen und Nationen sehen ihre Leichname dreiundeinhalb Tage lang und lassen es nicht zu, dass ihre Leichname in ein Grab gelegt werden. Und die Bewohner der Erde freuen sich über sie und frohlocken und werden einander Geschenke schicken; denn diese zwei Propheten peinigten die Bewohner der Erde.» Unter Verzicht auf historisch-kritische Exegese – die er doch immer auch vertreten hatte –, spielte Brunner mit diesen Bibelversen auf das Ende Hitlers und Mussolinis an. (Wie wir heute wissen, hatte Hitler sich am 30. April das Leben genommen. Bereits damals war bekannt, dass Mussolini am 28. April erschossen worden war; sein halbnackter Leichnam wurde an einer Tankstelle in Mailand mit dem Kopf nach unten aufgehängt.) In Anlehnung an eine Tageszeitung sprach Brunner vom «Höllensturz der Diktatoren».[2] «In diesen unerhört geschehnisreichen Tagen, wo endlich nach fast sechs langen Jahren der furchtbarste aller Kriege zu Ende gegangen ist und mit ihm ein allmächtig scheinendes Ungeheuer von Staat ins Nichts zusammenstürzte», war ihm «nicht so sehr darum zu predigen als *Gott selbst predigen zu lassen* und einfach zu hören, was er uns sagt».

Brunner fragte nach der Wurzel alles Bösen und fand sie im Griff nach dem Totalen:

«Gott allein hat das Recht auf Totalität und Absolutheit [...]. Wo aber etwas anderes, es sei nun ein Mensch oder ein Staat, und es sei nun ein nationalsozialistischer oder ein kommunistischer, diese Totalität für sich beansprucht, da greift der Mensch nach dem, was Gott sich allein vorbehalten hat.» – «Der totale Staat ist ja weder in Italien noch in Deutschland erfunden worden, sondern in einem Land, dessen Macht nicht mit der der anderen beiden zertrümmert wurde, sondern das heute in höchster Machtfülle steht. Wir haben bisher

---

[1] Taschenkalender Margrit Brunners für das Jahr 1945, Nachlass 121.
[2] Dieses und die folgenden Zitate nach Nachlass 74, Predigt vom 10. Mai 1945.

Emil Brunner predigt im Fraumünster in Zürich.

noch durchaus keine deutlichen Beweise dafür, dass dort der totale Staat abgeschafft und durch einen, der Menschenmass hat, ersetzt wurde. Darum seien wir gerüstet und auf der Hut, dass nicht zum zweiten Mal, und dieses Mal ärger als das erste Mal, die satanische Verführungsmacht an uns, in unserem eigenen Land, sich auswirke. Merken wir uns aus der furchtbaren ersten Erfahrung die Kennzeichen: Schlagwortpropaganda, Massensuggestion, Unterdrückung der freien Prüfung und Kritik, Ausschaltung der öffentlichen Diskussion. Terrorgeist, Brutalität mit Schlauheit und Lüge vermischt. Vor allem: die totale Unterordnung der Persönlichkeit des Menschen unter den Staat, heisse er, wie er wolle.»

Brunner verortete die «Abschaffung Gottes» weder im Jahr 1933 (als Hitler an die Macht gekommen war) noch im Jahr 1922 (dem Jahr von Mussolinis «Marsch auf Rom»), noch im Jahr 1917 (dem Jahr der bolschewistischen Revolution), sondern in der Aufklärung. Die «Abschaffung Gottes» sei «seit zweihundert Jahren in Europa im Gang». Seine apokalyptisch gefärbte Predigt schloss er in Anlehnung an ein anderes Wort aus der Johannesoffenbarung: «Geworfen wurde der grosse Drache, die alte Schlange, genannt der Teufel und der Satan, und jetzt ist das Heil und die Kraft und die Herrschaft unserem Gotte und die Macht seinem Gesalbten zuteil geworden. Amen.»[3]

Die Predigt wirkt überraschend, obwohl sie bekannte Gedanken Brunners enthält. Schon im Jahr 1934 hatte er in Paris die These aufgestellt, die Idee des totalitären Staates» sei «mit dem christlichen Glauben unvereinbar».[4] Und seit seinen Anfängen hatte er den Nationalsozialismus zusammen mit dem Kommunismus unter dem Begriff des Totalitarismus subsumiert, war – wie er sich gegenüber Eduard Thurneysen ausdrückte – sein Thema «immer: die totalitären Revolutionen, *einschliesslich Russland*, und beide als Reaktionen auf den liberalen kapitalistischen Säkularismus».[5] Die These, dass die unheilvolle Entwicklung in Richtung Totalitarismus bereits in der Aufklärung begonnen habe, war ebenfalls nicht neu. Unter anderem in «Gerechtigkeit» hatte er sie breit entfaltet.[6] Und doch berührt es seltsam, dass Brunner in seiner ersten Predigt nach dem Waffenstillstand vor allem vor dem Kommunismus warnte, ohne etwa der russischen Kriegsopfer zu gedenken, die ihr Leben auch für die Freiheit der Schweiz gelassen hatten. – Ein Problemfeld wurde hier angeschnitten, das für Brunner bis zu seinem Tod zentral blieb – und in dem er sich, wie zu zeigen sein wird, abermals von Karl Barth und dessen Schülern unterschied.

---

[3] Nach Offenbarung 12,9–10, verkürzt.
[4] Vgl. oben, S. 340 f.
[5] An Thurneysen am 15. September 1939, vgl. oben, S. 392.
[6] Vgl. z. B. oben, S. 436.

Am 12. Juni 1945 doppelte Brunner nach. Die Tageszeitung «Tat» hatte verschiedenen Prominenten die Frage gestellt: «Was erwarten Sie von der Sowjetunion?» Brunners Antwort lautete:

«Wir können also unser Urteil dahin zusammenfassen, dass uns der russische Einfluss in geistiger, sozialer und politischer Hinsicht höchst unerwünscht ist. – Das einzige Positive, das ich darin sehen kann, ist die Tatsache, dass der Kommunismus, wenn er auch selber nicht das Paradies bedeutet, doch als Erinnerung und Mahnung an unerfüllte soziale Aufgaben für die westliche Welt wirkt. Denn er lebt nur aus der Unerfülltheit seiner Postulate.»[7]

An der ersten Vollversammlung der Kommission der Studienabteilung des Ökumenischen Rates der Kirchen in Cambridge, England, im August 1946 betonte Brunner seine «grundsätzliche Ablehnung des roten Totalitarismus».[8] Zwei Jahre später, an der Gründungsversammlung des Ökumenischen Rates der Kirchen in Amsterdam vom 22. August bis zum 4. September 1948, an der er als «consultant»[9] teilnahm, musste er zu seinem Schmerz erleben, dass sein Hauptreferat, in dem «er die christlich verantwortbare Staatsauffassung mit aller Schärfe gegen den Totalstaat» abgrenzte und in dem er dazu aufrief, dem «in Ost und West mächtig voranschreitenden Sowjetkommunismus» kompromisslos entgegenzutreten, der Mehrheit nicht genehm war. Der ebenfalls als «*consultant*» anwesende Karl Barth[10] ‹siegte›, und Brunners Gesprächsbeitrag wurde im offiziellen Konferenzbericht nur ganz summarisch erwähnt![11] «Emil Brunners Wirken im Rahmen des Ökumenischen Rates» nahm so «ein abruptes Ende».[12]

In Brunners Nachlass findet sich ein Dokument, worin seine Enttäuschung über «Amsterdam» stichwortartig festgehalten ist. Obwohl er für vieles dankbar war, was dort geschehen war, erkannte er als «Minusseite»:

«Verlust an Spontaneität und geistlicher Eindruckskraft, Gefahr der Verkirchlichung, Gefahr der Überorganisation, Gefahr des ‹Papsttums› von Genf, jedenfalls zu grosse Macht des Generalsekretariates, *Schwächung des antikommunistischen Protests durch kirchenpolitische Rücksichten* (während in antikapitalistischer Deutlichkeit grosse äussere Gefährdung nicht gescheut wurde). Die [Abschluss-]Botschaft [der Konferenz hatte] keine zündende Kraft. Die Welt hat keinen Grund zu sagen: ‹Amsterdam war ein grosses Ereignis.› Ob die Kirche es kann?»[13]

---

[7] Nachlass 85.
[8] Emil Brunner, Wie soll man das verstehen? Offener Brief an Barth, in: Karl Barth, Offene Briefe 1945–1968. GA 15, Zürich 1984, S. 149.
[9] W. A. Visser 't Hooft (Hg.), The First Assembly of the World Council of Churches. London 1949, S. 256.
[10] A. a. O., S. 255.
[11] A. a. O., S. 178.
[12] Hans Heinrich Brunner, S. 224 f.
[13] Nachlass 87.

Wohl der erste Vortrag Brunners nach dem Krieg in Deutschland fand am 9. April 1947 in Stuttgart statt (er wiederholte ihn zwei Tage später in Willingen/Waldeck in Hessen): «Zeitliche Ordnung und Ewigkeitshoffnung». Auch hier vertrat er eine den Kommunismus scharf ablehnende Position und verfocht die These, dass *ohne den* Marxismus «der Hitlerstaat mit seiner Proklamation eines tausendjährigen Reiches nicht denkbar gewesen» wäre.[14] (Es ist dies eine Geschichtsdeutung, welche im sogenannten Historikerstreit in den Jahren 1986 und 1987 die Gemüter stark bewegt hat![15])

Ebenso deutlich, aber ausführlicher ist Brunners Aufsatz «Kommunismus, Kapitalismus und Christentum» aus dem Jahr 1948. Gegen den Kommunismus wendete er dort ein, dass zwar dessen «Diagnose der Krankheit weithin richtig», die «Theorie» aber «falsch» sei. Die «kommunistisch-staatssozialistische Lösung» mache nur «alle gleich arm und gleich unfrei».[16]

«Ist einmal die Wirtschaft verstaatlicht, so ist der Totalstaat da, ob man will oder nicht. […] Die Verstaatlichung des Menschen – das ist die vollkommenste, weil grundsätzlichste Entpersönlichung des Menschen, gegen die die Kirche alles, was in ihren Kräften steht, einsetzen muss. […] Der Totalstaat ist der wahre Teufel unserer Epoche, neben dem alle anderen sozialen Übel, *sogar der Kapitalismus,* Übel zweiten Ranges werden.»[17] – «Der totalstaatliche Kommunismus […] ist der Leviathan unseres Zeitalters, das furchtbare Monstrum einer entmenschten Menschheit. Er ist nicht zufällig, sondern notwendig mit dem Atheismus verbunden. […] Der totalitäre und atheistische Kommunismus ist ein unteilbares Ganzes, das man nur ganz annehmen oder ganz verwerfen kann. […] Wer als Christ Kommunist ist – im Sinne des heutigen Kommunismus –, ist ein Phantast. […] Es gibt keinen stichhaltigen Grund, der das Beiseitestehen der Christen, der Kirche, im geistigen Kampf gegen den Kommunismus rechtfertigen könnte. Totalstaat heisst Verleugnung nicht nur der Menschenrechte, der Menschenwürde, der menschlichen Person und Freiheit, sondern zuallererst der Souveränität Gottes […]. […] Es ist uns, der Kirche, aufgetragen, gegen den Teufel zu kämpfen.»[18]

Karl Barth sah es anders. Heute weiss man zwar besser, als es damals auf Grund der zugänglichen Texte bekannt sein konnte, dass auch er den so-

---

[14] Emil Brunner, Zeitliche Ordnung und Ewigkeitshoffnung, in: Wort II, S. 201–220, hier: S. 205.
[15] Vgl. Rudolf Augstein (Mitverfasser), Historikerstreit. Die Dokumentation der Kontroverse um die Einzigartigkeit der nationalsozialistischen Judenvernichtung. München/Zürich 1987.
[16] Emil Brunner, Kommunismus, Kapitalismus und Christentum, in: Wort II, S. 221–250, hier: S. 227.
[17] A. a. O., S. 226.
[18] A. a. O., S. 240.

wjetrussischen Kommunismus kritisierte.[19] Er beschränkte sich aber nicht darauf, *gegen* etwas zu sprechen, sondern er wollte das Evangelium *positiv* bezeugen. Im Unterschied zu Brunner hielt er nichts von theologischer Apologetik. Als grössere Gefahr als den Kommunismus beurteilte er die Selbstgerechtigkeit der westlichen Gesellschaft. Seinen Freunden im sich verfestigenden Ostblock versuchte er, Mut zu machen, auch unter für den christlichen Glauben unerfreulichen Bedingungen zu existieren.[20] Als Barth im Frühling 1948 in einem Bericht über eine Ungarnreise sehr zurückhaltend mit dem Kommunismus umging (obwohl er durchaus für eine Demokratie nach dem Muster der Schweiz eintrat),[21] richtete Brunner im «Kirchenblatt für die reformierte Schweiz» einen offenen Brief an ihn: «Wie soll man das verstehen?»[22] Auch hier ging er von seiner Totalitarismustheorie aus. Ihretwegen sei er «schon im Frühjahr 1934 auf einer ökumenischen Studienkonferenz in Paris mit deutschen Theologen scharf» aneinander geraten, weil sie seine These nicht hätten schlucken wollen, «dass der totalitäre Staat *eo ipso* der ungerechte, unmenschliche und gottlose Staat sei». Karl Barth habe schon damals nur gegen den Nationalsozialismus und nicht gegen den Totalitarismus gekämpft.[23] Er nannte auch in diesem offenen Brief den totalitären Staat «die grundsätzliche Rechtlosigkeit». Er sei «auch die grundsätzliche Unmenschlichkeit, die grundsätzliche Verleugnung der Personwürde»; er sei «seinem Wesen nach gottlos».[24] Im Vergleich zum Sowjetkommunismus sei der Nationalsozialismus dilettantisch gewesen, was man daran ablesen könne, dass «Hitler erst in den letzten Kriegsjahren den Schritt zur totalen Verstaatlichung, Politisierung und Militarisierung der Wirtschaft» vollzogen habe:[25]

> «Kann die Kirche [dem] Totalstaat gegenüber etwas anderes als leidenschaftlich und unbedingt nein sagen? Muss sie es nicht einem ‹kommunistischen›, d. h. konsequenten Totalstaat gegenüber genau so wie gegenüber dem dilettantischen Nazi-Totalstaat?»[26]

---

[19] Vgl. Frank Jehle, Lieber unangenehm laut als angenehm leise. Der Theologe Karl Barth und die Politik 1906–1968. 2., revidierte Auflage. Zürich 2002, S. 112–127.

[20] Besonders exemplarisch: Karl Barth, An einen Pfarrer in der Deutschen Demokratischen Republik, 1958, in: Karl Barth, Offene Briefe 1945–1968. GA 15, Zürich 1984, S. 402–439.

[21] Vgl. Frank Jehle, Lieber unangenehm laut als angenehm leise. Der Theologe Karl Barth und die Politik 1906–1968. 2., revidierte Auflage. Zürich 2002, S. 13 und S. 119 f.

[22] Emil Brunner, Wie soll man das verstehen? Offener Brief an Karl Barth, in: Kirchenblatt für die reformierte Schweiz 1948, S. 59–66; wieder abgedrukt in: Karl Barth, Offene Briefe 1945–1968. GA 15, Zürich 1984, S. 149–158; es wird nach dieser Ausgabe zitiert.

[23] A. a. O., S. 151.

[24] A. a. O., S. 154.

[25] A. a. O., S. 153.

[26] A. a. O., S. 155 (Orthographie leicht verändert).

Es ist hier nicht der Ort, über Karl Barths neue «Antwort an Emil Brunner» zu referieren, die wie diejenige von 1934[27] deutlich macht, wie weit die beiden sich voneinander entfernt hatten. Brunner blieb bei seiner dezidiert antikommunistischen Haltung. Unter dem Titel «Und wenn der Kommunismus siegte …?» publizierte er noch 1961 einen Artikel in der «Neuen Zürcher Zeitung», in dem er seine Position wiederholte:

> «Von allen Diktaturen der bisherigen Geschichte unterscheidet sich die des Kommunismus durch ihre perfekte Systematik und durch ihren alles Leben erfassenden Totalitarismus.»[28]

Auch in diesem Artikel griff er Karl Barth an, den er den «bedeutendsten Wortführer des Protestantismus» nannte.[29] Mit dem Artikel «Pazifismus als Kriegsursache» hatte er schon 1958 Stellung bezogen gegen «offizielle kirchliche Gremien und theologische Fakultäten, die in einer Reihe von öffentlichen Erklärungen den unbedingten Verzicht der evangelischen Christen auf die Atomrüstung und die Erklärung der Kriegsdienstverweigerung im Falle eines Atomkrieges als die selbstverständliche Forderung des christlichen Gewissens» bezeichneten.[30]

> «Da in Russland keine pazifistischen Stimmen laut werden dürfen und dort im Ernstfall mit dem Pazifismus kurzer Prozess gemacht wird, möge man doch endlich einsehen»: Mit der «Propagierung des bedingungslosen Pazifismus» macht man sich «zum Schrittmacher des skrupellosen Kriegswillens».[31] – «Damit wäre der atomare Weltkrieg da. Schuld daran wäre aber niemand so sehr wie die Pazifisten mit ihrer Verwechslung von moralischem Postulat und politischem Denken.»[32]

Während Jahrzehnten blieb Brunner äusserst gradlinig und konsequent bei diesem politischen Urteil.

In seiner Beurteilung des Sowjetkommunismus sah Brunner vieles richtig. Und doch besteht die Frage, weshalb er diese Kritik so beharrlich vertrat und so häufig wiederholte. Eine Rolle mag dabei gespielt haben, dass Brunner, wohl unbewusst, den Kommunismus als Folie brauchte, um seine eigene Sicht zu profilieren. Besonders deutlich wird dies in seinem Buch «Das Ewige als Zukunft und Gegenwart» von 1953:[33] Auch hier sagt er, dass «zwischen dem christlichen Glauben und [der] kommunisti-

---

[27] Vgl. oben, S. 310 ff.
[28] Emil Brunner, Und wenn der Kommunismus siegte …?, in: Wort II, S. 377–382, hier: S. 380.
[29] A. a. O., S. 379.
[30] A. a. O., S. 373 f.
[31] A. a. O., S. 375.
[32] A. a. O., S. 376.
[33] Emil Brunner, Das Ewige als Zukunft und Gegenwart. Zürich 1953 (im Folgenden zitiert als «Das Ewige»); vgl. dazu unten, S. 466 ff.

schen Revolution Todfeindschaft» bestehe.³⁴ Zwar sei auch der «echtchristliche Glaube [...] revolutionäre Existenz».³⁵ Es bestehe jedoch ein Unterschied zwischen dem christlichen und dem marxistischen Revolutionsverständnis:

> «Das Revolutionsprinzip des Christenglaubens heisst: Nur neue Menschen können wahrhaft neue Verhältnisse schaffen.»³⁶

Der marxistische Revolutionär geht aber vom genauen Gegenteil aus:

> «Die Umwandlung der Verhältnisse, die Abschaffung des Kapitalismus und seine Ersetzung durch die klassenlose Gesellschaft des Kommunismus, schafft den neuen [...] Menschen.»³⁷

Christlich verstanden beginnt die Revolution

> «zuinnerst, im Herzen, und besteht darin, dass aus dem ‹selbständigen› Menschen der ganz und gar von Gott abhängige wird; und dies ist [...] der Akt, in dem aus dem Unfreien ein Freier, aus dem Sünder das Gotteskind wird. Die wahre Revolution besteht in dieser innersten Wandlung, die durch das Kreuz Christi gewirkt wird und die in der ‹Geburt von oben› durch den heiligen Geist besteht.»³⁸

Mit dem Kommunismus verhält es sich exakt umgekehrt:

> «Statt der erhofften Freiheit Sklaverei, statt der Gerechtigkeit die neue Ungerechtigkeit der Ausbeutung durch den Totalstaat, statt der Menschlichkeit die vollendete Unmenschlichkeit. Die Revolution erweist sich [hier] als die schlimmste Form der Reaktion, des Rückfalls in primitivste Hordenorganisation, in das organisierte Untermenschentum.»³⁹

> «Der christliche Glaube revolutioniert den Begriff der Revolution, indem er die Revolution von innen nach aussen statt von aussen nach innen als die einzig wirkliche, die andere aber als eine camouflierte Reaktion erkennt. Man muss den Gegensatz noch tiefer fassen: Der christliche Glaube sieht die wahre Revolution darin, dass der Mensch seine angemasste Freiheit preisgibt und in der Abhängigkeit von Gott seine wahre Freiheit erlangt. Nur mit Menschen, die ihre Freiheit im Gehorsam und Vertrauen gegen Gott erkennen, lässt sich eine neue Gesellschaft, eine Ordnung der Gerechtigkeit und Menschlichkeit, aufbauen. Die *sogenannte* Revolution, die immer als Freiheitsbewegung beginnt, endet immer in einer besonders massiven Unfreiheit und in einem Kollektivismus, der den Menschen entwürdigt und entmenscht.»⁴⁰

---

[34] A. a. O., S. 72.
[35] A. a. O., S. 67.
[36] A. a. O., S. 69.
[37] A. a. O.
[38] A. a. O., S. 68 f. Vgl. Johannes 3,3.
[39] A. a. O., S. 69.
[40] A. a. O., S. 69 f.

Die Zitate dokumentieren es: Emil Brunner stand nach wie vor im Erbe der religiös-sozialen Tradition, besonders derjenigen von Leonhard Ragaz:

> «Christlich glauben heisst unbedingt-menschheitlich denken. Die Abgrenzung einer religiösen Innerlichkeit gegenüber dem Bereich der öffentlichen sozialen Fragen ist hier der Sache nach ausgeschlossen. […] Das in Jesus Christus eröffnete Ziel ist nicht eine private Seligkeit der Seelen im Jenseits, sondern das kommende Reich Gottes […].»[41]

Gerade weil auch der älter gewordene Brunner in diesem Sinn immer noch religiös-sozial war und die Gesellschaft auch weiter revolutionieren wollte, meinte er, sich besonders scharf vom marxistischen Kommunismus und dem in diesem verwendeten Revolutionsbegriff abgrenzen zu müssen. Im in Sowjetrussland praktizierten Totalitarismus sah Brunner «die Verleugnung und Verhöhnung *Gottes*», in dessen Kollektivismus die «Leugnung und Verhöhnung des *Menschen*».[42]

---

[41] A. a. O., S. 41.
[42] A. a. O., S. 72 f.

EMIL BRUNNER

Das Ewige als Zukunft und Gegenwart

ZWINGLI-VERLAG ZV ZÜRICH

Eschatologie –
«Das Ewige als Zukunft und Gegenwart»

Doch zurück in die erste Nachkriegszeit und zunächst zu Persönlichem! Ein Blick in die erhaltenen Kalender Emil und Margrit Brunners zeigt, dass ihr Leben damals aktiv und reich war, wenn auch nicht immer unbeschwert. Neben den beruflichen Verpflichtungen traf man sich mit Freunden, in der Regel mehrfach während der Woche, zum Tee oder zum Abendessen, zu Hause oder im Restaurant. Sie besuchten Konzerte oder machten selbst Hausmusik. Im Sommer genoss die Familie Ferienwochen in den Bergen. Die Söhne wurden selbständig und erwachsen.

Ein besonderer Höhepunkt war die Vermählung des Sohnes Andreas mit Elisabeth Gyr am 6. August 1949 in der Kirche von Witikon. Sie hatten sich an der Universität kennen gelernt, wo sie Nationalökonomie und

Die Kirche von Witikon, gemalt von Margrit Brunner.

er Rechtswissenschaften studierte. Max Huber gratulierte: «Es sind zwei junge Menschen von grosser Begabung, mit Zielen vor sich und mit Verantwortungsbewusstsein.»[1] Margrit Brunner hielt in ihrem Taschenkalender viele fröhliche Einzelheiten dieses Familienfestes fest.[2] Der Vater des Bräutigams sprach bei Tisch. Die vorangehende kirchliche Trauung hatte Andreas' Konfirmator, Pfarrer Gustav Breit, gehalten, ein Freund der Familie, dessen Predigtstil wegen seiner «träfen [...], mit handfesten und heiteren Anspielungen auf Menschlich-Allzumenschliches gespickten»[3] Worte gut bei der Gesellschaft ankam.

Die Hochzeit des ältesten Sohnes, Hans Heinrich, der damals Pfarrer in Marthalen im Zürcher Weinland war, mit Lilo Gutekunst (die in Genf als *assistante sociale* ausgebildet worden war) erfolgte acht Monate später am 13. April 1950. Die Trauung wurde diesmal vom befreundeten Pfarrer Paul Frehner vollzogen, der ein Brunner-Schüler und ihm eng verbunden war (und dem hochbetagten Max Huber zuweilen aus Brunners Schriften vorlas[4]). Der jüngste Sohn, Thomas, schloss das Physikstudium an der Eidgenössischen Technischen Hochschule in Zürich ab und verlobte sich mit der unweit des Brunner'schen Hauses wohnhaften Primarlehrerin Iris Brun.[5]

Aber Freude und Leid sind im Leben nahe beieinander. Schwer traf es die Familie, als Thomas am 1. August 1952 einem Eisenbahnunglück bei Bever im Engadin zum Opfer fiel, als er gerade zusammen mit seiner Braut seine Eltern besuchen wollte. Nach Peter also noch ein weiterer Sohn, von dem es Abschied zu nehmen galt! Max Huber schrieb: «Vor solchen Fügungen können wir nur erschüttert stille stehen und schweigen.»[6] In einer Predigt über «Jesus in Gethsemane» sagte Brunner einige Monate später:

> «Gott, der Schöpfer, hat uns Menschen nicht umsonst Tränen gegeben. Wir sollen uns ihrer, auch als Männer, nicht schämen. Sie sind nicht Zeichen der Schwachheit, sondern Zeichen davon, dass wir ein menschliches Herz haben; Zeichen davon, dass wir nicht zur Apathie geschaffen sind, sondern dazu, Freude und Leid, beides, so tief wie möglich zu erleben. Der wahrhafte Mensch ist ein Mensch mit Herz – das gerade sehen wir an Jesus.»[7]

Brunners Predigten aus der Zeit nach dem 1. August 1952 widerspiegeln immer wieder das Leid, das er erfahren hatte. Er wusste von den Sorgen

---

[1] Huber an Brunner am 2. Juli 1949.
[2] Taschenkalender Margrit Brunners für das Jahr 1949, Nachlass 121.
[3] Hans Heinrich Brunner, S. 43.
[4] Huber an Brunner am 22. April 1958.
[5] Vgl. unten, S. 528 ff.
[6] Huber an Brunner am 4. August 1952.
[7] Jesus in Gethsemane, in: Fraumünster-Predigten. Zürich 1953, S. 132.

und Ängsten in der «rauen, brutalen Welt des Alltags [...], wo Krankheit und Tod uns umgeben und plötzlich in erschreckender Weise mitten ins Leben hineingreifen».[8] Sein nicht enden wollendes Steinleiden hatte dazu geführt, dass er sich im Sommer 1948 einer schwierigen Operation hatte unterziehen müssen. Da er den Tod nicht ausschliessen konnte, schrieb er vorsorglich einen Abschiedsbrief an seine Familie:[9] «Könnte ich mein Leben nochmals neu anfangen, so würde ich eines nicht anders haben wollen: Ich möchte nichts anderes als Theologe sein.»[10] Nach dem Tod von Thomas schrieb er aber auch, er bereue «alle Stunden, die ich wegen eines falschen Verantwortungsbewusstseins gegenüber meiner Arbeit nicht meinen Kindern gewidmet habe».[11] Im Spätsommer 1952 erkrankte er an einer langwierigen Darminfektion und fühlte sich total erschöpft.[12] Dazu kamen Sorgen über die politische Lage.

> Die «Geschichte der Menschheit [ist] eine wirkliche Tragödie».[13] – «Besonders in den letzten 30 oder 40 Jahren sind wir aus dem Fürchten nicht mehr herausgekommen.»[14]

Wie bereits in Princeton im Frühling 1939[15] und wieder in Zürich im Sommer 1940 hatte Brunner auch im Sommer 1949 dunkle Anfechtungen. Am 25. Juni 1949 musste er sofort nach der Vorlesung den Psychiater Werner Scheidegger aufsuchen, der in Hilterfingen am Thunersee das «Kurheim Eden» betrieb. Wie sich herausstellte, hatte er zu viele Schmerzmittel genommen, wohl wegen seiner Nierenkoliken. Er litt unter Halluzinationen, unter anderem «sah» er «Hexen».[16] Eine Woche lang verblieb er in Hilterfingen. In der Nacht vom 13. zum 14. Juli litt er immer noch an Schlaflosigkeit und sagte zu seiner Frau, «es sei alles aus, wie wenn jemand gestorben wäre, wie bei Peter». Er musste auch weiterhin Schlafmittel nehmen. Dennoch predigte er schon am 17. Juli wieder im Fraumünster – über Römer 4,1–8.[17] An den Schluss dieser Predigt, die in erster Linie an ihn selbst gerichtet war, setzte er den Aufruf:

> «Jetzt, lieber Christ, sei fröhlich, getrost und freudig in deinem Gott; juble deinem Gott, probiere, wie's geht allein aus dem Glauben.»[18]

---

[8] A.a.O., S. 117.
[9] Vgl. Nachlass 122, 10.
[10] A.a.O.
[11] An Theodore A. Gill, nicht datiert, Spätsommer 1952. P.
[12] Vgl. Huber an Brunner am 3. September und am 23. September 1952 und Brunner an Theodore A. Gill, nicht datiert, wohl September 1952. P.
[13] Jesus in Gethsemane, in: Fraumünster-Predigten. Zürich 1953, S. 135.
[14] Bis Christus Gestalt gewinn in euch, in: a.a.O., S.117.
[15] Vgl. oben, S. 378 ff.
[16] Nachlass 122, 11.
[17] Nachlass 122 und Taschenkalender Margrit Brunners für das Jahr 1949, Nachlass 121.
[18] Nachlass 75.

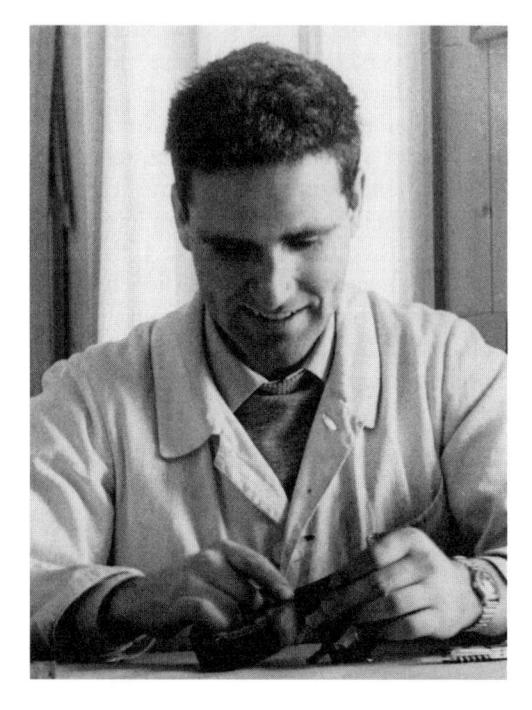

*Thomas Brunner
(1926–1952).*

Am 15. August 1949 konnte er an dann seinem Freund Tracy Strong berichten:[19]

> «Von Tag zu Tag gewinne ich an Stärke. Ich halte mich aber immer noch an das Arbeitsverbot, das der Arzt mir auferlegt hat. [...] Ich muss wieder lernen, wie man schläft. Sonst fühle ich mich aber sehr gut.»[20]

Brunners schon erwähntes Buch «Das Ewige als Zukunft und Gegenwart» von 1953 ist dem Andenken seiner Söhne gewidmet: «Peter, 1919–1942, und Thomas, 1926–1952.» Er versuchte seinen Schmerz zu verarbeiten, indem er sich der Eschatologie zuwandte, der Lehre von den «Letzten Dingen». Bereits in seiner Predigt vom 7. Dezember 1952 hatte er im Fraumünster über das ewige Leben gesprochen[21] und dabei die Frage aufgeworfen, «was denn nun mit einem Menschen geschieht, der so plötzlich und mitten aus der schönsten menschlichen Entwicklung heraus abberufen wird». Seine Antwort lautete:

---

[19] Vgl. unten, S. 499 ff.
[20] An Tracy Strong am 15. August 1949.
[21] Vgl. Huber an Brunner am 23. Dezember 1952 und am 15. Februar 1953.

«Wen aber Gott bei seinem Namen nennt und ihn ‹mein› heisst, den lässt er nicht im Tode untergehen und zu nichts werden. Der bleibt in Ewigkeit der von Gott Gerufene. [...] Den wird [Gott] als sein Geschöpf [...] vollenden und ihm das Leben schenken, für das er ihn geschaffen hat, das Leben in Gemeinschaft mit Gott, das ewige Leben.»

Wir versinken nicht im Nichts. Und wir sollen auch «nicht in einer unbestimmten Göttlichkeit verschwinden».[22]

«Wir können uns das ewige Leben nicht vorstellen, weil wir in unseren Vorstellungen ganz an das Zeitliche und Irdische verhaftet sind.»

Die Bibel spricht aber nicht «von der Unsterblichkeit der Seele, sondern von Auferweckung oder Auferstehung».

«Gott ist es, der den Toten ins ewige Leben hineinruft und durch seinen Ruf ihm ewiges Leben gibt. Und Gott gibt ihm dann auch einen neuen Leib, der zwar nicht ein materieller Leib ist, wie wir ihn jetzt haben, aber doch eine bestimmte erkennbare Gestalt, eine individuelle, persönliche Gestalt und Existenz.»[23]

Max Huber schrieb über diese Predigt: «[Sie] war eine der ergreifendsten, die ich von Ihnen gehört habe. [...] Es war die alte Stimme in der bis zum letzten Wort atemlos hörenden Gemeinde, eine sozusagen hörbare Stille.»[24] – Es gab allerdings auch Gemeindeglieder, denen Brunners Predigt zu wenig ‹orthodox› war. Sie vermissten den Hinweis auf das Jüngste Gericht.[25]

Sein neues Buch, «Das Ewige als Zukunft und Gegenwart», nannte Brunner «die Frucht des Glaubenskampfes eines einfachen Christenmenschen, der, durch schwere Todeserfahrungen angefochten, den Trost des Evangeliums suchte».[26] Es habe der «Erschütterung» durch das Eisenbahnunglück im Sommer 1952 bedurft, damit das Problem der Eschatologie «zu einer brennenden Frage» seines «persönlichen Lebens» wurde.[27]

Ein äusserer Anstoss war zudem vom Ökumenischen Rat der Kirchen gekommen. Dieser hatte für die zweite Vollversammlung in Evanston bei Chicago im Sommer 1954 das Thema «Christus – die Hoffnung für die Welt» gewählt. Brunner wurde in die Arbeitsgruppe berufen, deren Aufgabe es war, die Botschaft der Konferenz vorzubereiten. (Diese war «an alle unsere Mitchristen und Mitmenschen überall»[28] gerichtet.) An *einer*

---

[22] Nachlass 76.
[23] A. a. O.
[24] Huber an Brunner am 8. Dezember 1952.
[25] Anmerkung zur Predigt vom 7. Dezember 1932, Nachlass 76.
[26] Das Ewige, S. 238.
[27] A. a. O., S. 237.
[28] The Evanston Report. The Second Assembly of the Word Council of Churches 1954. London 1955, S. 1.

Sitzung nahm er teil, schied dann aber aus, weil die zwischen ihm und dem Ökumenischen Rat in Amsterdam aufgebrochenen Gegensätze offenbar unüberbrückbar waren.[29] Umso mehr fühlte er sich gedrängt, das Thema selbst zu erarbeiten. Auch für ihn war «das Problem der Hoffnung [...] *das* Problem unserer Epoche».[30] Er diagnostizierte ein «eschatologisches Vakuum der Theologie».[31] Mit einer gewissen Verwunderung stellte er fest, dass es «zu den Merkwürdigkeiten der theologisch-kirchlichen Lage» gehöre, «dass gerade die ‹eschatologische› Frage, die Frage nach dem Inhalt der christlichen Hoffnung, in den letzten zwei Jahrzehnten, wo sonst theologisch so Entscheidendes» sich ereignet habe, «fast ganz ausserhalb der Diskussion» gestanden habe.[32]

Brunner war sich wohlbewusst, dass es mit der «Wiederholung althergebrachter und durch das Alter geheiligter biblisch-liturgischer eschatologischer Formeln» nicht getan war.[33] Die Kirche war

> «vor die Aufgabe gestellt, ihre Hoffnung so zu formulieren, dass sie die Menschen nicht vor die Wahl stellt: *entweder die Wissenschaft oder der Glaube*. Wo es zu diesem Entweder-Oder kommt, da hat sich das immer wieder als eine Folge davon erwiesen, dass die Theologie eine ihrer Hauptaufgaben versäumt hatte, nämlich den Glauben des Neuen Testaments so zu formulieren, dass er sich als nicht an das Weltbild einer früheren Zeit gebunden, sondern von allen Wandlungen des Weltbildes unabhängig erweist.»[34]

Mit der Wendung «entweder die Wissenschaft oder der Glaube» spielte Brunner bemerkenswerterweise auf das berühmte «Zweite Sendschreiben» an «Herrn Dr. Lücke» an, in dem Friedrich Schleiermacher im Jahr 1829 die rhetorische Frage gestellt hatte: *«Soll der Knoten der Geschichte so auseinander gehn: das Christentum mit der Barbarei und die Wissenschaft mit dem Unglauben?»*[35]

Als «eine Hauptaufgabe der Theologie» bezeichnete Brunner, «das Evangelium so zu verstehen, dass es auf die Fragen der Menschen *jedes* ‹gegenwärtigen Zeitalters› antwortet».[36]

> «Denn, wenn [die Theologie] dies nicht tut, wenn sie an den *Fragen* des heutigen Menschen vorbeigeht, so geht sie am lebenden Menschen selbst vorbei, sie erreicht ihn nicht. Was nützt es aber, das Evangelium zu verkünden, wenn es nicht die Menschen erreicht, denen die Kirche die gute Botschaft schul-

---

[29] Das Ewige, S. 230. Nähere Einzelheiten über das Zerwürfnis teilt Brunner nicht mit.
[30] A. a. O., S. 229.
[31] A. a. O., S. 147 f.
[32] A. a. O., S. 230 f.
[33] A. a. O., S. 229.
[34] A. a. O., S. 229 f.
[35] Heinz Bolli (Hg.), Schleiermacher-Auswahl. Mit einem Nachwort von Karl Barth. München und Hamburg 1968, S. 146.
[36] Das Ewige, S. 230.

det?»³⁷ – «Was aus der Christusoffenbarung in den Händen des abendländischen Menschen, vor allem in den Händen der Kirche und ihrer Theologie, geworden war, das konnte Menschen, die die Wahrheit und die geistige Freiheit liebten, nicht mehr befriedigen. Soll die christliche Hoffnung noch einmal die Hoffnung der Menschheit werden, so kann das nur geschehen, indem auch die Kritik der letzten Jahrhunderte ehrlich und redlich aufgenommen und verarbeitet wird, und nicht durch eine einfache Rückkehr zum Glauben des Mittelalters oder der Reformation.»³⁸

Brunner befand sich an diesem Punkt in enger Nachbarschaft mit Rudolf Bultmann, dessen Programm einer «Entmythologisierung» der biblischen Botschaft in den Fünfzigerjahren heftig diskutiert wurde.³⁹ Die «Arbeit Bultmanns» hielt er denn auch für «einen notwendigen Dienst» an der «christlichen Theologie». Sie wirke «wie ein frischer Luftzug, der in eine durch orthodoxe Erstarrung gekennzeichnete theologische Situation hinein bläst».⁴⁰

«Der Barth'sche Objektivismus erwies sich nach zwei Seiten hin als gefährlich. Einmal vermochte er nicht, die Entwicklung zur konfessionellen Orthodoxie zu verhindern, anderseits vermochte er nicht, dem Fragen des heutigen Menschen Genüge zu tun. [...] Die Mahnungen, die einige von uns gerade an diesem Punkt seit langem erhoben, wurden, namentlich in der Hitze des Kirchenkampfes, in dem man nur mit einer möglichst massiven Bekenntnisobjektivität glaubte bestehen zu können, in den Wind geschlagen oder als [...] Ketzerei verdächtigt.»⁴¹

Und doch fühle Brunner sich nicht *nur* wohl bei Bultmann, dem er anders als den Barthianern nicht «Objektivismus», sondern «Subjektivismus» vorwarf!⁴² «Bultmanns Postulat der ‹Entmythologisierung›» betreffe «vor allem auch die neutestamentliche Eschatologie»; deren «Interpretation» habe sich genau besehen als «Elimination» vollzogen. Was «als Eschatologie übrig» bleibe, sei «nicht mehr Hoffnung auf ein Zukünftig-Ewiges, sondern lediglich ein neues Selbstverständnis». – Die «Dimension der Zukunft» sei «in dieser ‹Interpretation› aus dem neutestamentlichen Kerygma ganz einfach ausgefallen».⁴³

Er spitzte seine Kritik an Bultmann noch zu: Dessen Theologie laufe «hinaus auf einen Glauben ohne Hoffnung».⁴⁴ «Das Evangelium Jesu Christi» sei jedoch «die frohe Botschaft nicht nur von der Vergebung der

---
37 A. a. O.
38 A. a. O., S. 27.
39 Vgl. oben, S. 430.
40 A. a. O., S. 232 f.
41 A. a. O., S. 233.
42 A. a. O., S. 233.
43 A. a. O., S. 232.
44 A. a. O.

Sünde, sondern auch von der Überwindung des Todes. Nur das erste festhalten und das zweite weg-‹interpretieren›, als ob es nur eine andere Form der Aussage für das erste wäre», könne nicht «Interpretation», sondern «nur Verstümmelung heissen».[45] An die Adresse Bultmanns gerichtet waren auch die folgenden Sätze:

> «Eine einfache Übernahme der apokalyptisch-eschatologischen Vorstellungen des Neuen Testaments ist uns Menschen von heute schlechterdings nicht mehr möglich. Wir haben keine Welt mehr, in der ‹die Sterne vom Himmel auf die Erde fallen› können.»[46]

Insofern habe Bultmann Recht.

> «Aber noch viel weiter als von einem solchen naiven – und im Grunde unredlichen – Biblizismus sind wir geschieden von einer Theologie der ‹Entmythologisierung›, die uns zumutet, eine ‹Interpretation› des neutestamentlichen Glaubens anzuerkennen, die aus diesem *die ganze Dimension der Zukunft* eliminiert. [...] Kann eine solche Amputation der Zukunft aus dem Evangelium im Ernst als ‹Interpretation› in Frage kommen?»[47] – «*Der Glaube ohne Hoffnung ist ebenso nichtig wie der Glaube ohne Liebe.*»[48] – «Der Glaube an Jesus ohne Erwartung seiner Parusie ist ein Gutschein, der nie eingelöst wird, ein Versprechen, das nicht ernst gemeint ist. Ein Christusglaube ohne Parusieerwartung ist wie eine Treppe, die nirgendwohin führt, sondern im Leeren endet.»[49]

Brunner ging es also insbesondere um die *Zukunft* und um den *ganzen Kosmos*. «Sowohl das Leben des einzelnen, ‹dein› Leben, als auch das Leben der Menschheit als ganzer, die Geschichte, ja auch die Welt, der Kosmos, hat einen Sinn, einen ewigen Sinn in dem, der zu-kommt», d. h. in Christus.[50]

> «Die Antwort, die der christliche Glaube auf die Frage nach dem Sinn gibt, ist einzigartig durch ein Doppeltes. Erstens dadurch, dass dieser Sinn gegenwärtige Erfahrung und zugleich Hoffnung der Zukunft ist. Zweitens dadurch, dass er zugleich das Allerpersönlichste und das Alleruniversalste ist. Er ist das Persönlichste, ja das einzige Wahrhaft-Persönliche, die Liebe. [...] Er ist aber das Universalste dadurch, dass diese Liebe nicht nur mein Ziel, sondern der Menschheit Ziel, ja das Ziel der Welt ist. Diese Liebe aber ist nicht nur meine und der ganzen Welt Hoffnung, sondern sie ist durch den Glauben meine gegenwärtige Erfahrung und mein jetziges wahres Leben, das Leben ‹in Christus›.»[51]

---

[45] A. a. O., S. 132.
[46] A. a. O., S. 131.
[47] A. a. O.
[48] A. a. O., S. 150 f.
[49] A. a. O., S. 152.
[50] A. a. O., S. 91.
[51] A. a. O., S. 99.

Durch das Neue Testament ist die Theologie verpflichtet, «eine Formulierung der Endhoffnung zu suchen, die das menschheitsgeschichtliche Element, die Reichgotteserwartung, ebenso zur Geltung bringt wie die individuell-persönliche, das ewige Leben».[52]

> «Indem wir das Zeugnis von Jesus Christus, dem gekreuzigten und auferstandenen, als einzige Basis der eschatologischen Aussage gelten lassen, wird es uns vielleicht gelingen, vom Ende der Geschichte so zu reden, dass darin sowohl der personhafte Sinn der individuellen Geschichte als auch der universale Sinn der Menschheitsgeschichte, ja sogar der Geschichte des Kosmos, zur Geltung kommt.»[53]

Als Brunner diese Sätze schrieb, konnte er die Schriften des französischen Paläontologen und christlichen Denkers Teilhard de Chardin nicht kennen, da diese erst nach dessen Tod im Jahr 1955 gedruckt werden durften (deutsch ab 1959). Durchaus vergleichbar mit Teilhard und dessen Vision eines «kosmischen Christus» stellte er fest:

> «In Jesus Christus erkennen wir den Schöpfungs*grund* und das Schöpfungs*ziel* in einem, den Gott, der mein und der Welt Woher und mein und der Welt Wohin ist.»[54]

Die «kosmische Ausweitung des Christusglaubens» war auch für Brunner unabdingbar.[55] Jesus Christus ist das «Weltziel»:[56]

> «Die im Gottmenschen Jesus Christus erlöste Menschheit ist das Ziel des ganzen ungeheuren Kosmos.»[57] – «Es ist der Gott, der von Anfang der Welt an seine Selbstmitteilung an die Welt und seine Selbstverherrlichung in der Welt will.»[58]

Gott ist es, «der die Welt in ihren unvorstellbaren Massen auf dieses Telos hin geordnet hat und in diesem Telos ihr Ende und zugleich ihre Vollendung gewinnen lassen will»:[59]

> «Das Geheimnis der christlichen Hoffnung ist dies, dass sie ein ewiges Ziel für den Einzelnen eröffnet, das zugleich Ziel der Menschheit ist. Ja, das individuelle und das menschheitlich-universale Sinnziel sind in der Weise eine Einheit, dass der Einzelne seinen Sinn, sein Ziel, nur erreichen kann als Glied der vollendeten Menschheit.»[60]

---

[52] A. a. O., S. 147.
[53] A. a. O., S. 148.
[54] A. a. O., S. 205.
[55] A. a. O., S. 212.
[56] A. a. O., S. 211.
[57] A. a. O., S. 213.
[58] A. a. O., S. 216.
[59] A. a. O.
[60] A. a. O., S. 30. Vgl. auch a. a. O., S. 41: «Christliche glauben heisst unbedingt-menschheitlich denken. […] Das in Jesus Christus eröffnete Ziel ist nicht eine private Seligkeit der Seelen im Jenseits, sondern das kommende Reich Gottes als Vollendung.»

Emil Brunner lehrte nicht die Allversöhnung. Die biblischen Aussagen über ein «Jüngstes Gericht» hätten den Sinn, die Menschen nicht leichtfertig werden zu lassen und im Besonderen die «Selbstsicherheit» und den «Selbstruhm» der «Frommen» zu erschüttern.[61] Man möge «spekulativ-theoretisch einen Gottesgedanken haben, zu dem das Gericht nicht gehört: aber ein solcher ‹Gott› ist nicht der Gott, der sich als der lebendige offenbart und sich uns [...] als der Herr kundgibt».[62] Im «Gerichtsgedanken» zeige es sich, ob Gott als Gott und der Mensch als Mensch wirklich ernst genommen würden.[63] Dennoch wandte sich Brunner aber auch gegen die klassisch-calvinistische Lehre von einer «doppelten Prädestination»:

> «Von einem doppelten Plan Gottes, einem Heils- und daneben einem Unheilsplan, hören wir in der Bibel auch nicht ein Wort. Der Wille Gottes ist ‹einspitzig›, er ist eindeutig-positiv. Er hat nicht zwei, er hat nur *ein* Ziel.»[64] – «Der in Jesus Christus geoffenbarte Gotteswille ist *Eu*angelion, frohe Botschaft. Gott will das Leben und nicht den Tod, er will das Heil und nicht das Unheil. Gott ist Licht und nicht Finsternis.»[65]

Brunner war der Ansicht, dass, wer als Theologe über die «Letzten Dinge» nachdenkt, bescheiden werden muss und sich damit abzufinden hat, dass nicht alles logisch glasklar aufgeht:

> «Es gehört zum Charakter des Endgeschehens, dass sein Geschehnischarakter unvorstellbar ist. Wir werden darum am liebsten bei den neutestamentlichen Symbolen bleiben, wissend, dass es Symbole sind, wissend zugleich, dass wir der Symbole bedürfen.»[66]

Indem er an seine im Jahr 1912/13 geschriebene Dissertation über «Das Symbolische in der religiösen Erkenntnis»[67] anknüpfte, erinnerte er daran, dass man «bei aller symbolischen Rede der Bibel» den «symbolischen Charakter der Aussagen nicht [...] vergessen und nicht symbolisch sein wollende Ausdrücke unsymbolisch-direkt [...] verstehen» dürfe:

> «Alle ‹symmetrische›, logisch befriedigende Erkenntnis Gottes ist tödlich. Darum ist das Kriterium aller echten Theologie dies, ob [sie] einmündet in ein ‹Gott, sei mir Sünder gnädig› und darüber hinaus in das: ‹Gott sei Dank, der uns den Sieg gegeben hat in Jesus Christus, unserem Herrn.›»[68]

---

[61] A.a.O., S. 198.
[62] A.a.O., S. 197.
[63] A.a.O., S. 196.
[64] A.a.O., S. 199.
[65] A.a.O., S. 198.
[66] A.a.O., S. 153.
[67] Vgl. oben, S. 49 ff.
[68] Das Ewige, S. 202. Vgl. Lukas 18,13 und 1. Korinther 15,57.

«Die Auferstehung Jesu ist das schlechthin Unbegreifliche und Unfassbare»; ihr «– man möchte sagen: selbstverständliches – Charakteristikum» ist «die Unfassbarkeit, das ‹Inkoordinable›, die Unmöglichkeit [...], sie in Kategorien unseres Denkens, unseres Vorstellens zu erfassen oder auszudrücken».[69]

> «Die Auferstehung ist darum unfassbares Geschehen, weil sie der Einbruch der Ewigkeitswelt Gottes in die Zeitlichkeit ist.»[70]

Aus diesem Grund ist es unvermeidlich, dass sich die Ostergeschichten in den Evangelien in vielen Einzelheiten widersprechen. Das «Gemeinsame aller Auferstehungsberichte» besteht aber darin – und darauf komme es an – «dass der, der am Kreuze starb, sich den Gläubigen als der Lebendige offenbart hat».[71]

In diesem Zusammenhang wird diskutiert, wie das Verhältnis von individueller und allgemeiner Totenauferstehung zu denken sei: Da die Zeit ein Phänomen dieser «irdischen» Welt ist, ist die Frage, ob – wie man es sich in der Tradition häufig vorstellte – die bereits Verstorbenen mit der Auferstehung *warten* müssten, bis das Ende der Welt und das «Jüngste Gericht» eintreten, irrelevant:

> «Hier auf Erden gibt es ein Vorher und ein Nachher und einen Zeitabstand, der Jahrhunderte oder gar Jahrtausende umfasst. Aber ‹auf der anderen Seite›, in der Welt der Auferstehung, in der Ewigkeit, gibt es diese auseinander gezogene Zeit, diese Zeit der Vergänglichkeit, nicht. Das Todesdatum ist für jeden ein verschiedenes; denn der Todestag gehört zu dieser Welt. Unser Auferstehungstag ist für alle derselbe und ist doch vom Todestag durch kein Intervall von Jahrhunderten getrennt – denn es gibt diese Zeitintervalle nur hier, nicht aber dort, in der Gegenwart Gottes, wo ‹tausend Jahre sind wie ein Tag›.»[72]

> «Wir müssen [...] radikaler denken und radikaler Ernst machen mit der ‹Inkommensurabilität› des Zeitlichen und des Himmlisch-Ewigen. [...] Zwischen beiden besteht ebenso wenig eine Berührung als – um eine Analogie zu wagen – zwischen der Welt und Zeit des Traumes und der Welt und Zeit des Wachseins. Der Moment des Erwachens ist kein Zeitpunkt in der Welt des Traumes. Er ist schlechthin deren Aufhören. So ist es auch mit dem ‹Abscheiden und bei Christus Sein›. Das bei Christus Sein ist nicht der nächste Moment nach dem Tode. Denn in der ewigen Welt gibt es keinen ‹nächsten Augenblick›. Im Tode verschwindet die Welt des Raumes und der Zeit – und eben dies ist das diesseitige Geschehen, dem als jenseitiges das bei Christus Sein und die Zukunft des Herrn, beides in einem, entspricht.»[73]

---

[69] A. a. O., S. 158. Den Begriff des «Inkoordinablen» hatte er von seinem Freund Gottlob Spörri übernommen. Vgl. a. a. O.
[70] A. a. O., S. 159.
[71] A. a. O., S. 159.
[72] A. a. O., S. 167. Vgl. Psalm 90,4.
[73] A. a. O., S. 169. Vgl. Philipper 1,23.

«Das Ewige als Zukunft und Gegenwart», in dem es Brunner gelungen war, in theologisches Neuland vorzustossen, fand eine freundliche Aufnahme, besonders im Freundeskreis: Karl Fueter, Pfarrer in Zürich-Fluntern, stellte das Buch in einer lobenden Rezension in der «Neuen Zürcher Zeitung» vor. Der greise Max Huber – er war der erste, der brieflich reagierte – schrieb, dass ihm das «Hoffnungsbuch» Brunners viel bedeute.[74] Die englische Übersetzung erschien unter dem Titel «Eternal Hope» sowohl in London als auch in Philadelphia. Brunner teilte Huber mit, dass «das Buch in England gut aufgenommen» werde. Er war aber verärgert darüber, dass es vom «amerikanischen Verlag verbummelt worden» war, weshalb es an der Vollversammlung des Ökumenischen Rates der Kirchen in Evanston im Sommer 1954 nicht vorlag,[75] obwohl er es ja in gewisser Hinsicht eigens für diese Konferenz geschrieben hatte.[76]

Die amerikanische Zeitschrift «The Lutheran» brachte eine anerkennende Besprechung, in der auf Brunners Bultmannkritik hingewiesen wird: «Ein Wort an die Theologen: Lesen Sie in diesem Buch unbedingt die eindringliche Kritik an Rudolf Bultmanns Existentialismus!» Dieser «Existentialismus» führe den bekannten Marburger Theologen dazu, «viele der wichtigsten Lehren Christi und seiner Apostel über die Hoffnung für die Ewigkeit zu verneinen». Obwohl der Rezensent nicht mit allen Ansichten Brunners einverstanden sei, kenne er doch «kein anderes Buch, das [er] einer gebildeten und philosophisch interessieren Leserschaft wärmer empfehlen könnte, die Antworten auf die bedrängenden Fragen unseres Lebens sucht». Brunner gebe Antworten, «die nicht nur die Bedürfnisse der Seele, sondern auch diejenigen der Vernunft zufrieden stellen».[77]

---

[74] An Huber am 4. Juli 1954.
[75] An Huber am 4. Juli 1954.
[76] Vgl. oben, S. 467.
[77] The Lutheran. News Magazine for the United Lutheran Church in America. Philadelphia 1955, 2. März 1955. Der Autor heisst Toivo Harjunpaa.

Internationale Beziehungen – «Das Ärgernis des Christentums» und «Christentum und Kultur»

In den Jahren 1940–1945 war Brunner von seinen ausländischen Freunden völlig abgeschnitten gewesen. Nicht nur hatte er keine Auslandreisen unternehmen können, sondern auch der Briefverkehr war unterbrochen. (Der letzte Brief von Joseph H. Oldham ist vom 16. August 1939 datiert, der letzte von John A. Mackay vom 5. März 1941.) Wie wichtig ihm die internationalen Beziehungen waren, geht unter anderem daraus hervor, dass er sich als Rektor und auch später tatkräftig für das Schweizerische Institut für Auslandforschung[1] in Zürich einsetzte. Die Glückwünsche der Universität hatte er an der Eröffnungsfeier des Instituts am 24. Juni 1943 persönlich überbracht.[2]

Der während der Kriegsjahre gegründeten Swiss-American Society for Cultural Relations diente er von 1944 bis 1956 als Präsident. (1956 wurde er Ehrenpräsident.[3]) Am 27. Mai 1945 sprach er an der Jahresversammlung im Kammermusiksaal der Tonhalle in Zürich vor 400 Personen über das Thema: «Was hat Amerika uns, was haben wir Amerika zu geben?»[4] An Amerika lobte er «den Geist des experimentierenden Wagens», den «Pioniergeist»,[5] während er die Schweiz als «ein ungewöhnlich proportioniertes Land» bezeichnete. Sie sei «sozusagen ein europäischer Mikrokosmos».[6]

> «Die Schweiz hat das Genie der Proportionen. – Es ist durchaus denkbar, dass gerade darum Amerika, das die Gefahr seiner Riesenmasse und den modernen Zug zum Extremen kennt, immer wieder gern auf die Schweiz blicken und versuchen wird, uns das Geheimnis des goldenen Schnitts abzulauschen.»[7]

Er schloss seinen Vortrag – der, wie Margrit Brunner in ihrem Taschenkalender festhielt, ein zustimmendes Echo fand – mit den Worten:

> «Möchten doch wir hier und unsere Freunde drüben auch in der Zukunft ebenso bereit und ebenso fähig sein, wie in der Vergangenheit, zu geben und

---

[1] Dessen Gründung geschah auf Anregungen aus dem Kreis der Neuen Helvetischen Gesellschaft und besonders Adolf Kellers. Vgl. Nachlass 84.
[2] A. a. O.
[3] Nachlass 130, 5.
[4] Taschenkalender Margrit Brunners für das Jahr 1945, Nachlass 121.
[5] Emil Brunner, Was hat Amerika uns, was haben wir Amerika zu geben?, in: Wort II, S. 162–176, hier: S. 164.
[6] A. a. O., S. 174.
[7] A. a. O., S. 175.

zu empfangen, zum Wohl unserer eigenen Länder und zum Segen der ganzen Menschheit, die so dringlich wie nie zuvor der Kräfte positiv schöpferischen Aufbaus bedarf.»[8]

Am *Thanksgiving Day* hielt Brunner eine Radioansprache.[9] Und bereits zu Neujahr 1945 war vom Schweizer Radio eine Englisch gesprochene Neujahrsbotschaft Emil Brunners für die Vereinigten Staaten ausgestrahlt worden.[10]

Allmählich öffneten sich die Grenzen. John A. Mackay meldete sich mit einem Brief am 13. und Joseph H. Oldham ebenfalls mit einem Brief am 28. August 1945. Besonders aus Amerika kamen Studenten – vor allem Doktoranden – nach Zürich, mit denen Brunner regelmässig Kolloquien in englischer Sprache abhielt.[11] Einer von ihnen – der erste Doktorand aus Amerika nach dem Zweiten Weltkrieg überhaupt – war Theodore A. Gill, der später als Chefredaktor der Zeitschrift «*The Christian Century*» und in andern kirchlichen und akademischen Ämtern hervortrat.[12] Auch junge Deutsche stellten sich ein, die es an Brunner unter anderem schätzten, dass er – anders als in Deutschland üblich – nicht nur systematische, sondern auch praktische Theologie betrieb und überhaupt praxisbezogener war.[13] Auch Rudolf Bultmann, mit dem Emil Brunner seit den Zwanzigerjahren freundschaftlich korrespondierte,[14] konnte endlich wieder schreiben. Am 24. August 1946 teilte er Brunner mit, dass er durch den Krieg vier (wenn nicht sogar fünf) Neffen und den angehenden Schwiegersohn verloren habe.[15]

Und: Brunner konnte erneut reisen! Zuerst – bereits während des Sommersemesters 1945 – besuchte er die vom Krieg arg betroffene Universität Leiden in den Niederlanden. Zusammen mit dem Medizinprofessor Hans Rudolf Schinz machte Brunner sich auf den Weg – in einem «knallroten» Hotchkiss, an dessen Steuer ein Berufschauffeur aus Genf sass. Ausgestattet waren die Zürcher Professoren mit Passierscheinen des Internationalen Komitees vom Roten Kreuz, welche ihnen die Grenzen öffneten. Im August 1945 dann kamen einige Professoren und ihre Gattinnen aus Leiden zu einem Gegenbesuch nach Zürich.[16] – Bald war Brun-

---

[8] A.a.O., S. 176.
[9] Nachlass 85.
[10] Nachlass 85.
[11] Nachlass 123, Terminkalender Emil Brunners.
[12] Vgl. Theodore A. Gill, A recollection, in: Kramer, S. 206–209, und Mitarbeiterverzeichnis, in: Kramer, S. 229.
[13] So gemäss einem Brief von Konrad Staehelin, alt Pfarrer in Zürich, an F.J. vom 4. Juni 2005.
[14] Vgl. oben, S. 251.
[15] Bultmann an Brunner am 24. August 1946.
[16] Nachlass 129.

ners weltweite Reise- und Lehrtätigkeit beinahe noch intensiver als in der Zeit *vor* dem Zweiten Weltkrieg.

Schnell und gern machte er Gebrauch von der damals noch verhältnismässig neuen Möglichkeit des Fliegens. Wie damals üblich, führte die Route seiner ersten Amerikareise nach dem Krieg im Herbst 1946 über Genf, Paris, Shannon (Irland) und Neufundland nach New York. Sie dauerte fünf Tage. Hier traf er am 11. September mit seinem Sohn Hans Heinrich zusammen, der als Stipendiat am Union Theological Seminary eingeschrieben war – wie sein Vater 27 Jahre vorher. In ihrem Taschenkalender schildert Margrit Brunner, wie unheimlich-dramatisch es war, als Brunner am 6. Februar 1947 bei Schneegestöber und Nebel von Zürich nach London reiste. Im Mai 1949 flog er an einem einzigen Tag von Zürich nach London und zurück, um sowohl am Radio als auch vor englischen und walisischen Kirchenleuten über «Die Kirche zwischen Ost und West» zu sprechen.[17] Auch das Typoskript einer englischen Radioansprache über das Rote Kreuz findet sich in seinem Nachlass.[18]

Andere Reisen Brunners – zum Teil im Auftrag der CVJM[19] – galten Oslo – wo er am 7. Mai 1946 mit dem Ehrendoktorat ausgezeichnet wurde –, Stockholm – am 4. November 1947 hielt er einen Vortrag über «Menschheit, Technik – wohin?»[20] –, Nyborg (Dänemark), London, Cambridge, St. Andrews in Schottland – für eine weitere Ehrenpromotion –, Amsterdam, Strassburg und – auffallend selten – Deutschland (im Oktober 1950 nahm er an einer «Theologischen Woche» in Bethel teil).

Besonders gewichtig war der Amerikaaufenthalt im Herbst 1946 (6. September bis 10. November). In Princeton wurde er zum Ehrendoktor promoviert und sprach an der Zweihundertjahrfeier der Universität über das Thema «Die Kirche und die politische Ordnung»;[21] gewissermassen eine Kompensation für die Commencement-Rede, die er im Frühsommer 1939 hatte ausfallen lassen müssen.[22] Die alte Freundschaft mit John Alexander Mackay wurde aufgefrischt. In Fragen der Fakultätspolitik wurde Brunner zu dessen persönlichem Berater.[23] In Brunners Terminkalender sind zehn verschiedene Städte in den USA verzeichnet. In New York trat er nicht nur mehrfach an ‹seinem› Union Theological Seminary auf (das ihn ein Jahr später, am 15. August 1947, zum Ehrendoktor ernannte), sondern auch am Jewish Theological Seminary.

---

[17] Nachlass 121 und 123, Kalender Margrit und Emil Brunners.
[18] Nachlass 86.
[19] Vgl. unten, S. 499 ff.
[20] Nachlass 86.
[21] Nachlass 85.
[22] Vgl. oben, S. 373 und S. 378 ff.
[23] Vgl. an John Alexander Mackay am 23. November 1946.

The Princeton University Bicentennial Conference on the Evolution of Social Institutions in America: Conference Group (Emil Brunner: 1. Reihe, 6. v. l.).

Zenos Lectures: «Das Ärgernis des Christentums»

Eine umfangreiche theologische Arbeit waren fünf Vorlesungen im Oktober 1946 – die Zenos Lectures – am McCormick Theological Seminary in Chicago über «Das Ärgernis des Christentums» («The Scandal of Christianity»), die Brunner im März 1948 – als Robertson Lectures – in Glasgow wiederholte. In markanten Strichen hob er in diesen Vorlesungen hervor, dass das Evangelium «unpopulär» sei. «Wo immer die Kirche populär» werde, müsse «der Verdacht aufsteigen, dass die Verkündigung sich dem Publikumsgeschmack angepasst und das Evangelium verfälscht» habe.[24]

> «Eine der grössten Gefahren für das Leben der Kirche in einem demokratischen Land besteht in der Versuchung, das Evangelium in einer Weise zu verkünden, die dem allgemeinen Volksempfinden nahe steht.»[25]

Brunner sprach wie ein ‹dialektischer› Theologe fünfundzwanzig Jahre früher. In jeder der fünf Vorlesungen stellte er einen Begriff ins Zentrum, der dem sogenannten modernen Menschen fremd sei: die «geschichtliche Offenbarung», den «dreieinigen Gott», die «Erbsünde», den «Mittler» und die «Auferstehung».

Dabei ging er zum Teil evangelistisch vor: Man muss die Sündhaftigkeit erkennen, bevor sich einem das Evangelium erschliesst. Grundsätz-

---

[24] Emil Brunner, The Scandal of Christianity. Philadelphia und London 1951; deutscher Originaltext: Das Ärgernis des Christentums. Zürich 1957; zitiert wird im Folgenden nach der 3. Auflage, Zürich 1988.
[25] A. a. O., S. 108.

lich sei zwar die «Erkenntnis der Sünde» eine Glaubenserkenntnis. Sie werde «uns gleichzeitig mit der Erkenntnis unserer Erlösung durch Jesus Christus zuteil».[26] Dennoch sei die «Einsicht» des Menschen in seine «Unfähigkeit», sich selbst zu erlösen, «das Tor zur Erkenntnis der rettenden Gnade Gottes».[27] Die Erkenntnis der Sünde führt «zur Verzweiflung [...], aber diese Verzweiflung ist der einzigmögliche Zugang zur rettenden Erkenntnis».[28] Durch Nacht zum Licht, durch Verzweiflung zum Heil! Es gibt keinen anderen Weg.

Brunner zog einen scharfen Trennungsstrich zwischen dem Gott des christlichen Glaubens und dem Gott der Philosophen sowie den Göttern der nichtchristlichen Religionen:

> «Der Gott der Philosophen ist nicht der Herr-Gott, der sich selbst unbedingt selbst will und der auf den Widerstand gegen diesen heiligen Willen mit göttlichem Zorn reagiert.»[29] – «Nur die Liebe des heiligen Gottes ist das Wunder, das uns in der Bibel geoffenbart ist.»[30]

«Indem man die Heiligkeit und den aus ihr entspringenden Zorn Gottes ignoriert», beraubt man «die Liebe Gottes ihres wahren Sinnes». – «Wer nicht zornig werden kann, kann auch nicht lieben.»[31]

> «Vom Standort der theologischen Philosophie aus muss dieser biblische Herr-Gott, ebenso wie der Gedanke des selbstredenden, selbsthandelnden persönlichen Gottes, als Mythologie abgelehnt werden. Ist das rationale Denken der oberste Richter der Theologie, so kann der biblische Personalismus sowohl im Gottes- wie im Offenbarungsgedanken nur *a limine* abgelehnt werden.»[32] – «Ebenso können die Religionen den wahren Gott darum nicht erreichen, weil sie nicht begründet sind auf [dem] Faktum der sich selbst hingebenden heiligen Gottesliebe. [...] Darum ist der Gott, der sich als Vater Jesu Christi kundtut, ein anderer als der Gott der Religionen und ein anderer als der Gott der philosophischen Spekulation.»[33]

Viele von Brunners Formulierungen klingen hart: Die Frage etwa, warum Gott ausgerechnet «das Volk Israel auserwählt» habe und warum der Sohn Gottes ausgerechnet «in den Jahren 1 bis 30 in Palästina Mensch geworden» sei «und nicht schon lange zuvor in China oder Indien, oder an allen Orten und zu allen Zeiten zugleich», beantwortet er schroff: Sie

---

[26] A. a. O., S. 65.
[27] A. a. O., S. 70.
[28] A. a. O., S. 69 f.
[29] A. a. O., S. 38.
[30] A. a. O., S. 77.
[31] A. a. O., S. 76. Der Satz ist ‹klassisch›, vgl. Laktanz, Vom Zorne Gottes. Eingeleitet, herausgegeben, übertragen und erläutert von H. Kraft und A. Wlosok. 4. Auflage. Darmstadt 1983, S. 13 und S. 21.
[32] A. a. O., S. 38.
[33] A. a. O., S. 48.

sei nicht gestattet; man könne sie «nicht ernstlich stellen», wenn man sich wirklich «vor der Majestät und Allmacht des Schöpfergottes» beuge.

«Gott und Mensch leben nicht in einer himmlisch-irdischen Demokratie, wo man von der Regierung jederzeit Auskunft verlangen kann, warum sie so und nicht anders vorgehe. Wir leben in einer absoluten Monarchie.»[34]

Hans Heinrich Brunner erzählt in seinem Erinnerungsbuch, dass sein Vater während seines Amerikaaufenthaltes im Herbst 1946 nicht wirklich glücklich gewesen sei. Er habe das Land nicht als gleich offen für seine Botschaft erlebt wie noch 1938/39. Zwar seien ihm «auch jetzt viel Freundlichkeit und Ehrung zuteil» geworden; er habe aber spüren müssen, «wie zwiespältig das Echo war». Mancherorts habe «man sein Auftreten als eitel und rechthaberisch, sein Reden als aggressiv und undifferenziert» empfunden.[35] Der oft etwas pathetische Sprachstil der frühen dialektischen Theologie erzielte in der Nachkriegszeit nicht mehr die gleiche Wirkung. Und in den Vereinigten Staaten nahm jetzt Paul Tillich den Platz ein, der in der Vorkriegszeit fast unbestritten von Emil Brunner besetzt worden war. Brunner hatte auch nicht mehr die gleiche Spannkraft und Kreativität – er begann, sich zu wiederholen. Dies gilt – wie aus der Darstellung dieses Buches hervorgeht[36] – nicht für «Das Ewige als Zukunft und Gegenwart» und trifft – aus anderen Gründen – auch für seine «Dogmatik» nicht zu.[37]

Gifford Lectures: «Christentum und Kultur»

Die grösste und wichtigste Vorlesungsreihe Brunners auf Englisch waren die Gifford Lectures im Frühling 1947 und im Frühling 1948 an der schottischen Universität St. Andrews. 1885 hatte der schottische Jurist Lord Adam Gifford den grössten Teil seines riesigen Vermögens den vier schottischen Universitäten (Edinburg, Glasgow, St. Andrews und Aberdeen) mit der Auflage vermacht, allgemeinverständliche Vorlesungszyklen zu veranstalten mit dem Ziel, das Studium der «natürlichen Theologie» «zu fördern, voranzubringen, zu lehren und zu verbreiten».[38] Weitere inhaltliche Vorschriften gab es nicht. Es ging ‹einfach› um Gott

---

[34] A.a.O., S. 25.
[35] Hans Heinrich Brunner, S. 299 f.
[36] Vgl. oben, S. 466 ff.
[37] Vgl. unten, S. 493 ff.
[38] University of St. Andrews, Gifford Lectureship. Extracts from the Trust Disposition and Settlement of the late Lord Gifford, dated 21st August, 1885. Nachlass 131, 5. Zu Gifford vgl.: http://www.giffordlectures.org/biography.asp. 10.10.2005.

bzw. um Religion. Die Gifford Lectures entwickelten sich ab 1888 zu einer der prestigeträchtigsten Institutionen in der englischsprachigen Welt.

Neben zahlreichen Gästen aus Grossbritannien und Nordamerika (z. B. William James, Josiah Royce, James Frazer, Alfred North Whitehead, John Dewey, Reinhold Niebuhr, Hannah Arendt, Arnold Toynbee usw.) wurden und werden auch viele Kontinentaleuropäer eingeladen: Henri Bergson, Nathan Söderblom, Etienne Gilson, Niels Bohr, Gabriel Marcel und aus dem deutschsprachigen Kulturraum: Otto Pfleiderer, Albert Schweitzer, Karl Barth, Richard Kroner, Rudolf Bultmann, Paul Tillich, Werner Heisenberg, Carl Friedrich von Weizsäcker, Jürgen Moltmann und andere. Da die Vorlesungen auch gedruckt werden, gehen zum Teil sehr bekannte und verbreitete Bücher auf sie zurück: von Karl Barth «Gotteserkenntnis und Gottesdienst nach reformatorischer Lehre, 20 Vorlesungen über das Schottische Bekenntnis von 1560» (es ist das Werk, in dem Barth seine Lehre vom politischen Widerstand dargestellte[39]); von Reinhold Niebuhr «Nature and Destiny of Man»; von Rudolf Bultmann «Geschichte und Eschatologie»; von Paul Tillich dessen «Systematische Theologie» (jedenfalls deren erster Band); von Jürgen Moltmann «Gott in der Schöpfung» usw. Emil Brunner war bereits in den Dreissigerjahren eingeladen worden. Wegen seiner Gastprofessur in Princeton hätte er aber erst im Oktober 1939 nach St. Andrews kommen können; der Ausbruch des Zweiten Weltkrieges verhinderte dies.

Brunners Gifford Lectures, die unter dem Titel «Christianity and Civilisation» erschienen («Christentum und Kultur»),[40] sind grundsätzlich betrachtet ein kühnes und weiterführendes Projekt. Indem Brunner sich der Fragestellung zuwandte, wie die ganze menschliche Kultur: Technik, Wissenschaft, Erziehung und Bildung, Arbeit, Kunst, Sitte und Recht, sich aus der Sicht des christlichen Glaubens darstellt, schritt er hinter den seinerzeit von ihm mitgetragenen theologischen Neuansatz in der Zeit nach dem Ersten Weltkrieg zurück und knüpfte neu bei den Fragestellungen des sogenannten Kulturprotestantismus an: bei Max Weber und Ernst Troeltsch, bei Adolf von Harnack, Friedrich Schleiermacher und anderen. Er wollte eine «christliche Idee der Kultur» entwickeln.[41]

---

[39] Karl Barth, Gotteserkenntnis und Gottesdienst nach reformatorischer Lehre. 20 Vorlesungen (Gifford Lectures) über das schottische Bekenntnis von 1560. Zollikon 1938. Vgl. Frank Jehle, Lieber unangenehm laut als angenehm leise. Der Theologe Karl Barth und die Politik 1906–1968. 2., revidierte Auflage. Zürich 2002, S. 78 f.

[40] Emil Brunner, Christianity and Civilisation I und II. London 1948 und 1949. Auf Deutsch: Christentum und Kultur. Eingeleitet und bearbeitet von Rudolf Wehrli. Zürich 1979 – also dreizehn Jahre nach Brunners Tod! Es wird aus dieser Ausgabe zitiert («Christentum»).

[41] Christentum, S. 321–335.

Wenn auch bewusst skizzenhaft, entwarf er eine «christliche Bildungslehre». Zu deren Merkmalen werde gehören, «das geistige Leben des Menschen nicht bloss im kulturellen Bereich zu sehen, sondern ebenso sehr im Alltagsleben und im Bereich der Wirtschaft». Sie soll «nicht in falscher idealistischer Vornehmheit die Tatsache verschweigen, dass der Mensch einen Magen hat und essen muss, dass er ein Geschlechtswesen ist und auf Geschlechtsgemeinschaft hin geschaffen ist». Sie vergisst «weder die Schöpfung Gottes noch die Sünde» und wird «darum auch die Fülle neuer Erkenntnis, die uns die moderne Naturwissenschaft gebracht hat, in den Bereich der Bildung einbeziehen», zugleich aber «alle Verabsolutierungen und wissenschaftlichen Mythologien zurückweisen, ohne den Vorwurf der Rückständigkeit zu fürchten». Diese christliche Bildungslehre wird «den Menschen einreihen in den Naturbereich, zugleich aber betonen, dass mit dem Menschen etwas völlig Neues» da ist. Dieses «völlig Neue» sieht die christliche Bildungslehre «nicht in erster Linie in den Vernunftkräften», «sondern im Personsein». Aus diesem Grund wird sie «alle naturwissenschaftlichen Gesichtspunkte [...] den personalistischen unterordnen», diese aber nicht «vergewaltigen». «Die christliche Bildungsidee» rückt «allem Wissen und Können gegenüber das Sein und Handeln in Verantwortung, und zwar das Sein in Liebe und zur Liebe, an die erste Stelle». Sie handelt von der «entscheidenden Rolle der Gemeinschaftskräfte» und muss «dem Individualismus der neuzeitlichen Schul- und Universitätsbildung entgegentreten», wie auch dem «Intellektualismus».[42]

Brunner wollte lösende Worte finden in der «Krise der abendländischen Kultur»,[43] wie sie zuletzt in den Schrecken des Krieges zum Ausdruck gekommen war. Unter Kultur verstand er dabei ausdrücklich «nicht nur den engen Bereich von Kunst, Wissenschaft und der Geisteskultur überhaupt, sondern auch wirtschaftliche und politische Formen und Institutionen».[44] Er bemühte sich auch nicht, exakt – wie das im Deutschen sonst üblich ist – zwischen den beiden Begriffen «Kultur» und «Zivilisation» zu unterscheiden.[45]

Brunners Gifford Lectures lassen sich am besten verstehen, wenn man andere kulturphilosophische und kulturkritische Äusserungen aus der Zeit nach dem Zweiten Weltkrieg zum Vergleich heranzieht: etwa Horkheimers und Adornos «Dialektik der Aufklärung» (1947)[46] oder Romano

---

[42] A. a. O., S. 238.
[43] A. a. O., S. 27–39.
[44] A. a. O., S. 37.
[45] Rudolf Wehrli in: A. a. O., S. 15 f. Dass Brunner «Kultur» und «Zivilisation» *promiscue* braucht, hängt mit der Zielsprache Englisch zusammen, in der diese Unterscheidung so nicht gemacht wird.
[46] Max Horkheimer und Theodor W. Adorno, Dialektik der Aufklärung. Philosophische Fragmente. 12. Auflage. Frankfurt a.M. 2000.

Guardinis damals viel gelesenes Buch «Das Ende der Neuzeit» (1950),[47] das auf Vorlesungen im Wintersemester 1947/48 beruht[48] – und also zeitlich exakt mit Brunners «Christentum und Kultur» zusammenfällt. Gemeinsamer Ausgangspunkt war das Entsetzen über die Krise der abendländischen Kultur, die die Gräuel nicht hatte verhindern können. Dabei hatte alles doch einmal so vielversprechend angefangen, Lessing sein Buch «Die Erziehung des Menschengeschlechts» publiziert[49] und Kant von der Aufklärung als dem «Ausgang des Menschen aus seiner selbst verschuldeten Unmündigkeit» gesprochen! «Habe den Mut, dich deines eigenen Verstandes zu bedienen! ist [...] der Wahlspruch der Aufklärung.»[50] In den Jahren nach dem Zweiten Weltkrieg konnten viele die europäische Geistesgeschichte nicht mehr so optimistisch sehen.

Gleich in der ersten Vorlesung setzte Brunner damit ein, die «letzten drei Jahrhunderte» seien «in geistiger Hinsicht die Geschichte des schrittweisen Abbaus der zentralen und fundamentalen Idee der gesamten abendländischen Kultur, der Idee der Menschenwürde» gewesen,[51] des «christlichen Gedankens», dass der Mensch «zum Ebenbilde Gottes» geschaffen worden sei.[52]

Die «Geistesgeschichte der Neuzeit» sei «in der Hauptsache die Geschichte davon, wie die europäische Kultur [sich] mehr und mehr von ihren christlichen Grundlagen» entfernt habe.[53] Brunner wollte diese neu begründen. «Der Vorrat an Menschlichkeit» sei «durch eine glaubenslose Zeit bald erschöpft». «Das wahrhaft Menschliche» lasse «sich auf die Dauer nicht ohne religiösen Glauben behaupten». «In der Glaubenslosigkeit» versinke «der Mensch in blosser Nützlichkeit, Zweckmässigkeit und letztlich in der Brutalität».[54] Der Totalitarismus ist unvermeidlich, wenn «die bürgerliche Gesellschaft des Westens [...] sich nicht auf die christlichen Grundlagen all der Ideale zurückbesinnt, für deren Verteidigung sie gegen Hitler in den Krieg zog».[55]

Und in seiner letzten Vorlesung postulierte er: «Ohne Kultur kann die Menschheit nicht wahrhaft menschlich sein, aber die Kultur allein garan-

---

[47] Romano Guardini, Das Ende der Neuzeit. Basel 1950.
[48] Rüdiger Safranski, Ein Meister aus Deutschland. Heidegger und seine Zeit. Taschenbuchausgabe. Frankfurt a.M. 1997, S. 400.
[49] Gotthold Ephraim Lessing, Die Erziehung des Menschengeschlechts, in: Gotthold Ephraim Lessing, Werke und Briefe in zwölf Bänden, Band 10: Werke 1778–1781. Bibliothek deutscher Klassiker 176. 1. Auflage. Frankfurt 2001.
[50] Immanuel Kant, Werke in sechs Bänden. Herausgegeben von Wilhelm Weischedel. Band VI. Frankfurt a.M. 1964, S. 53.
[51] Christentum, S. 28.
[52] A. a. O.
[53] A. a. O., S. 120.
[54] A. a. O., S. 269.
[55] A. a. O., S. 125.

tiert keineswegs die wahre Menschlichkeit.»[56] Es braucht auch den Glauben! Brunner argumentierte wissenschaftsfreundlich, kritisierte aber eine Wissenschaft, die ihre Grenzen nicht respektiere.

Am Beispiel der Atombombe zeigte er die «Diskrepanz zwischen wissenschaftlicher Machtsteigerung und segensvoll wohltätigem Machtgebrauch», wobei er feststellte, dass «viele denkende Menschen» diese Sorge teilten – «nicht zuletzt die Physiker selbst»![57] Er warnte vor «Wissenschaftsvergottung», vor dem Glauben an die «alleinseligmachende Kraft der Wissenschaft». Dieser Glaube sei «zu einer technokratischen Religion geworden, in der Fanatismus und absolute Seelenlosigkeit, Ding-Gläubigkeit und totale Geist- und Personblindheit sich zu einem neuartigen Menschentum von furchtbarster Unmenschlichkeit» entwickelten.[58] Fortschritt sei kein «Automatismus».[59]

Eine «Steigerung der Vernunftkräfte» garantiert «keineswegs eine höhere Menschlichkeit». «Aus der christlichen Sicht des Menschen» ergibt sich im Gegenteil «die Erkenntnis, dass mit der Höherentwicklung der Vernunftkräfte auch die Möglichkeiten des Bösen und der zerstörerischen Unmenschlichkeit» ansteigen.

> «Der zivilisierte Mensch, welcher über eine hoch entwickelte Wissenschaft und Technik sowie über den während Jahrhunderten angehäuften Reichtum des kulturellen Lebens verfügt, kann gleichwohl böse, ja teuflisch sein. Der hoch entwickelte menschliche Geist und die ebenso weit entwickelte Zivilisation sind in der Lage, alles Erreichte in einem einzigen Augenblick des Wahnsinns zu zerstören».[60] – «Der kriegstechnische Fortschritt ist jetzt an dem Punkt angelangt, an dem ihm hinsichtlich der Zerstörung nichts mehr unmöglich ist. Die Menschheit steht vor der nahen Möglichkeit des vollkommenen Menschheitsselbstmordes.»[61]

Dennoch lasse das «echte christliche Verständnis der Wahrheit [...] der wissenschaftlichen Erforschung der Weltwirklichkeit freien Spielraum», ohne allerdings «in ihr den *Schlüssel* zum Verständnis des Geheimnisses der menschlichen Existenz und die *Quelle* und *Norm* für die Erkenntnis letzter Wahrheit zu suchen».[62] «Schlüssel», «Quelle» und «Norm» ist der Glaube! Doch auch die «Wissenschaft ist der Wahrheit verpflichtet, das ist ihr tiefes, man darf wohl sagen, ihr religiöses Pathos und Ethos».[63]

---

[56] A. a. O., S. 324.
[57] A. a. O., S. 60 f.
[58] A. a. O., S. 61.
[59] A. a. O., S. 80.
[60] A. a. O., S. 81.
[61] A. a. O., S. 187.
[62] A. a. O., S. 67.
[63] A. a. O., S. 194.

> «Die Glaubenserkenntnis ist kein Ersatz für wissenschaftliche Erkenntnis. Umgekehrt aber ist die wissenschaftliche Erkenntnis kein Ersatz für den Glauben. [...] Wissenschaft und Glaube liegen auf verschiedenen Ebenen, vielleicht darf man sagen auf senkrecht zueinander stehenden Ebenen, die darum keine gemeinsame Fläche, sondern nur eine gemeinsame Schnittlinie haben. [...] Es ist darum ebenso töricht, aus angeblich wissenschaftlichen Gründen nicht glauben zu wollen, als aus angeblichen Gründen des Glaubens die Selbständigkeit der Wissenschaft nicht anzuerkennen.»[64] – «Die Wissenschaft erkennt, was *ist*, sie erkennt [...] nicht, was sein *soll*. [...] Über der Wissenschaft steht das Menschsein, die Menschlichkeit. Die Wissenschaft, aus dem Gesamtverband der menschlichen Aufgabe herausgelöst und an die erste Stelle gerückt, macht unmenschlich.»[65]

Brunner distanzierte sich vom «empirischen kirchlichen Christentum» und seinem leider oft wenig toleranten «Dogmatismus».[66] Kirchenkritisch sprach er davon, dass «der als christlicher Glaube getarnte Machtwille» das «Furchtbarste» sei, «unvergleichlich furchtbarer als aller weltliche Machtmissbrauch».[67] Dennoch kam er auf eine These zurück, die ihm schon bisher lieb gewesen war:

> «Die Geschichte selbst führt uns zum unausweichlichen *Entweder-Oder* zwischen radikaler Sinnverzweiflung und christlichem Glauben. [...] Wo [...] der Glaube Wirklichkeit wird, da wird er es als die Errettung aus der Sinnverzweiflung und als gläubige Gewissheit der zukünftigen, radikalen Sinnerfüllung und Sinnvollendung.»[68] – «Die Menschheit steht [...] wie nie zuvor [...] vor der Alternative, den Weg der neuzeitlichen Emanzipation von der christlichen Wahrheit weiterzugehen, welcher zum völligen Auslöschen jedes wahrhaft Menschlichen und vielleicht sogar zur totalen physischen Vernichtung führt, oder aber zurückzukehren zur Quelle aller Gerechtigkeit, aller Wahrheit und Liebe, welche allein Gott ist und in der allein die Kraft zur Erlösung liegt.»[69]

Die «Ernüchterung und Verzweiflung *könnte* der Einsatzpunkt für eine wirkliche Wende zum Guten werden», für «eine Wende aus dem Zentrum».[70]

Brunner hatte sich mit dem Thema «Christentum und Kultur» wohl zu viel vorgenommen. Einer, der die Gifford Lectures hörte, war der tschechische Theologe Jan Milič Lochman, der später Professor in Basel wurde. Er erfuhr Emil Brunner damals als einen überaus freundlichen und hilfsbereiten Menschen, der ihm spontan ein Stipendium zur Fortset-

---

[64] A. a. O., S. 199.
[65] A. a. O., S. 206.
[66] A. a. O., S. 67.
[67] A. a. O., S. 320.
[68] A. a. O., S. 97.
[69] A. a. O., S. 174.
[70] A. a. O., S. 191.

zung des Studiums in der Schweiz organisierte. Über Brunners Vorlesungen schreibt er in seiner Autobiographie:

> «Emil Brunner kam für einige Wochen nach St. Andrews, da ihm [...] die Ehre zuteil geworden war, im Rahmen des prestigeträchtigen Zyklus ‹Gifford Lectures› Vorlesungen [...] zu halten. – Brunner hatte sich das Thema ‹Christentum und Kultur› ausgewählt. Auch wenn das Buch mit diesem Titel nicht sein stärkstes ist, waren die Vorlesungen anregend.»[71]

Fünfzehn Jahre später meinte Brunner selbst:

> «Im Rückblick erkenne ich [...], dass meine Vorlesungen [...] der Grösse der Aufgabe nicht gewachsen waren. In der ersten Abteilung prüfte ich die Grundlagen, in der zweiten die einzelnen Gebiete der Zivilisation. Aber in je einer Stunde über so gewaltige Probleme wie Freiheit, Wahrheit, Gerechtigkeit usw. zu handeln, war nur so möglich, dass ich mich auf die Ansprüche der College-Studentenschaft von St. Andrews, die ich vor mir hatte, einstellte. Der kritischen Leserschaft der besten Denker und Gelehrten der Gegenwart konnten diese Darbietungen in ihrer allzu grossen Raffung nicht genügen. Wesentlich bleibt daran immerhin der Versuch, den christlichen Glauben als das Fundament unserer Kultur und als wichtigstes und unabdingbar notwendiges Bollwerk gegen die zerstörerischen Mächte unserer Zeit aufzuweisen.»[72]

Wie schnöde eine «kritische Leserschaft» reagieren konnte, geht aus einer englischsprachigen Rezension der gedruckten Vorlesungen im Jahr 1950 hervor: Brunners Ausführungen hätten keine «natürliche Kraft». Er habe von seiner Reputation gezehrt und zu seinen bisherigen Publikationen «keine neue Dimension» hinzugefügt. «Unglücklicherweise» hätten seine *Gifford Lectures* den «Geschmack» eines Sprechers, der zu «stark gehetzt» sei.[73]

---

[71] Jan Milič Lochman, Wahrheitssuche und Toleranz. Lebenserinnerungen eines ökumenischen Grenzgängers. Zürich 2002, S. 59.
[72] Emil Brunner, Autobiographische Skizze, nach: Kramer, S. 46 f.
[73] Nachlass 129, Mappe mit Rezensionen, aus dem «Westminster Bookman», Vol. IX, März/April 1950.

Wirken und Wirkung in der Schweiz – Die Heimstätte Boldern und die beiden ersten Bände der «Dogmatik»

Trotz Brunners vielfältiger Tätigkeit im Ausland blieb die Schweiz sein Mittelpunkt – und in erster Linie Zürich. Im Sommersemester 1946 vertrat er in Basel Karl Barth, der damals eine Gastprofessur in Bonn bekleidete. Im Übrigen konzentrierte er sich auf seine Pflichten in der Vaterstadt. Sein ehemaliger Schüler Konrad Staehelin erinnerte sich noch im Sommer 2005 mit Begeisterung an Brunners Vorlesung «Einführung in das Theologiestudium» im Wintersemester 1947/48. Brunner habe Theologie «das umfassendste und schönste Studium» genannt und den Anfängern den Rat gegeben, die Zeit gut einzuteilen: «8 Stunden Schlaf.» Arbeit und Freizeit müsse man streng voneinander trennen. Man brauche eine gute Haltung und müsse immer gut rasiert sein![1]

Staehelin hörte auch die Vorlesung «Predigtlehre» im Wintersemester 1950/51: Eine Predigt sei «kein Manuskript, sondern [ein] mündlicher Vorgang». Das Ablesen sei «Unfug» bzw. eine «Majestätsbeleidigung Gottes». Predigt sei «freies Wort», sie «darf, kann, soll Gottes eigene Predigt sein». Brunner selbst zittere «immer wieder über diesen Auftrag».

> «Der Prediger muss das menschliche Herz kennen: die Sehnsüchte des menschlichen Herzens, die Schliche, mit denen sich der Mensch Gott entzieht. Kniffe, die der Mensch braucht, um Gottes Wort fern zu halten. Schläfrigkeit, Faulheit des menschlichen Herzens. Der Mensch will nicht den Preis zahlen, den der Glaube kostet.»

Nie sei «der Versucher dem Pfarrer näher, als wenn er von der Kanzel heruntersteigt». Entweder denke er: «Du hast es wieder einmal gut den Menschen gesagt.» Oder: «Es nützt doch alles nichts. Du bist ein totaler Versager.»

In der Vorlesung «Seelsorge», die Konrad Staehelin im Sommersemester 1951 hörte, sagte Brunner seinen Studenten: «Bei der Predigt können Sie bluffen, bei der Seelsorge, in der Begegnung von Mensch zu Mensch, hört jegliche Blufferei auf.» Wegen der «erotischen» Gefahr müsse der Seelsorger «zwei Meter Distanz» vom Menschen halten, der Hilfe bei ihm suche; damit warnte er vor dem, was in der Psychoanalyse Übertragung genannt wird. «Theologisch Interessierte» seien aber leider oft seelsorglich «sehr wenig interessiert». Und ein anderes *highlight* aus dieser Vorlesung: «Der

---

[1] Diese und die folgenden Angaben und Zitate nach einem Brief von Konrad Staehelin, alt Pfarrer in Zürich, an F. J. vom 4. Juni 2005.

Protestantismus [habe] der ledigen Frau nichts zu bieten.» Die «naturhafte Mütterlichkeit» bedürfe der «Umsetzung» in eine «geistige Mutterschaft». Konrad Staehelin erinnerte sich auch an die Vorlesung «Pfarrer und Gemeinde» im Wintersemester 1947/48. Brunner habe unterstrichen, dass Pfarrer und Kirchenpflege (d. h. Kirchgemeinderat oder Kirchenvorsteherschaft) *gemeinsam* die Gemeindeleitung bildeten. Darüber hinaus sei der Pfarrer «derjenige, dem die Gemeinde alle andern Lasten abgenommen hat, damit er sich [ganz] der Gemeinde widmen kann». Ein Pfarrer müsse «gebildet» sein und danach streben, «mit den Lehrern gut auszukommen und Arbeitsgemeinschaft mit ihnen zu haben».

Neben Brunners alltäglicher Tätigkeit an der Universität ragen in den Nachkriegsjahren zwei Ereignisse heraus: die Gründung der evangelischen «Heimstätte Boldern» und das Erscheinen der ersten zwei Bände seiner «Dogmatik».

Die evangelische Heimstätte Boldern

Je älter Brunner wurde, desto deutlicher erkannte er, dass es nicht genüge, wenn die Kirche nur predigte, sondern dass der Dialog über den Glauben ebenso nötig sei. Das Gespräch fördert und vertieft den Glauben. Dazu kommt die Notwendigkeit des Dialogs der Kirche mit der sogenannten Welt. An einer Jahresversammlung des Boldernvereins,[2] dessen Präsident er war, drückte er dies in den Fünfzigerjahren mit den folgenden Worten aus:

> «Der bisher normale Weg zum Glauben an Jesus Christus, der Weg über die Predigt und den Unterricht, erweist sich als immer ungangbarer für viele Menschen. Erstens sind sie an unserem Predigtgottesdienst zu wenig interessiert, um überhaupt zu kommen. Zweitens, auch wenn sie kommen und hören, so sagen sie, sie verstehen die Predigt nicht, auch wenn sie noch so lebensnah und verständlich ist. Darum müssen ‹Neue Wege› gefunden werden, um die Menschen an Christus und Christus an die Menschen heranzuführen. Es hat sich in der Erfahrung gezeigt, dass das Gespräch über der Bibel, das einem bestimmten Thema gewidmet ist und das die Menschen von vornherein interessiert, für viele der Kirche Entfremdete ein solcher Weg ist. Sie wollen nicht angepredigt werden, sondern zum eigenen und zum gemeinsamen Lesen der Bibel angeleitet werden, und sie wollen, dass während dieses Bibellesens ständig auf die Fragen, die sich ihnen stellen, eingegangen wird. Sie wollen auch sehen, dass die Botschaft der Bibel für das tägliche Leben praktische Bedeutung hat, und sie verstehen das alles am besten, wenn es in einer Atmosphäre der Gemeinschaftlichkeit vor sich geht. Das Suchen nach Gemeinschaft ist ja

---

[2] Vgl. unten, S. 490.

das grosse Thema des heutigen Menschen, des atomisierten, des mitten im Gewimmel einsamen Menschen.»[3]

Hans Jakob Rinderknecht, der erste Leiter der Heimstätte, schrieb im Jahr 1959 – also gut zehn Jahre nach deren Eröffnung: Entscheidend sei «das Ineinander von Begegnung mit dem Mitmenschen in seinen Alltagsfragen und dem Suchen nach der Begegnung mit Gott in seinem Wort – der Versuch, deutlich zu machen, dass die Begegnung mit Gott gebunden ist an die brüderliche Begegnung mit dem Nächsten».[4] Er betonte dabei besonders: «Wir müssen uns in allem Ernst eingestehen, dass die kirchlichen Veranstaltungen, zumal der Grossgemeinden, diese mitmenschliche Nähe gerade Aussenstehenden gegenüber nicht oft geben können.»[5]

Es ging um den «Auftrag der Kirche in der modernen Welt».[6] Nicht nur Emil Brunner, sondern viele seiner Freunde und Schüler hatten erkannt, dass es nicht genügte, den traditionellen Betrieb der Kirche aufrechtzuerhalten. Es brauchte neue Methoden und – so einer der Beiträge zur Festschrift zu Brunners siebzigstem Geburtstag – neue «Stätten der Begegnung».[7]

Die Gründung kirchlicher Begegnungsstätten lag in den Vierzigerjahren in der Luft. Bereits in der Zwischenkriegszeit hatte der Pionier der modernen Erwachsenenbildung in der Schweiz, Fritz Wartenweiler, Volksbildungsheime in Neukirch an der Thur und auf dem Herzberg im Kanton Aargau gegründet. Beeinflusst von der skandinavischen Volkshochschulbewegung, versuchte er, «gegenseitiges Verständnis und Rücksichtnahme zu fördern» und den Graben zwischen verschiedenen Bevölkerungsgruppen zu überbrücken.[8] In «rascher Folge» entstanden nach dem Zweiten Weltkrieg neunzehn Evangelische Akademien in Deutschland (als erste Bad Boll), acht «Vormingscentra» (Bildungszentren) in den Niederlanden, je sechs Begegnungshäuser in Schweden und in Frankreich, sechs «Heimstätten» in der Schweiz, acht *Colleges* in Grossbritannien und verschiedene Häuser in Finnland, den Vereinigten Staaten und Kanada.[9] «Boldern» war die erste derartige Einrichtung in der Schweiz.[10] Emil

---

[3] Nachlass 89 (sprachlich leicht redigiert).
[4] Hans Jakob Rinderknecht, Stätten der Begegnung, in: Peter Vogelsanger (Hg.), Der Auftrag der Kirche in der modernen Welt. Festgabe zum siebzigsten Geburtstag von Emil Brunner. Zürich und Stuttgart 1959, S. 279–290, hier: S. 282.
[5] A. a. O., S. 288.
[6] Vgl. den Titel der in Anmerkung 4 zitierten Festschrift!
[7] Vgl. Anmerkung 4!
[8] Franziska Meister in: Schweizer Lexikon 12. Visp 1999, S. 166.
[9] Nach Rinderknecht (Anm. 4), S. 280.
[10] Es gab allerdings verschiedene Jugendhäuser, seit 1929 den Campo Enrico Pestalozzi in Arcegno und die Heimstätte für die reformierte Jugend in Gwatt bei Thun oder seit 1932 das gesamtschweizerische Zwingliheim in Wildhaus, am Geburtsort des Reformators.

Die evangelische Heimstätte Boldern 1948.

Brunner und seine Freunde hatten während der Kriegsjahre schon begonnen, entsprechende Pläne zu schmieden.

Hans Heinrich Brunner beschreibt anschaulich, wie es zur Gründung von «Boldern» kam: Es war im Kreis der «Habakuke»,[11] in dem Hans Jakob Rinderknecht eine Skizze vorlegte. Sie «zeigte eine Gruppe bescheidener Bauten, im Halbkreis ins Gelände gesetzt. Gemeint war ein Ort, an dem sich Menschen aus allen Bevölkerungskreisen treffen, sich über ihre persönlichen und beruflichen Fragen aussprechen, gemeinsam Antwort im Bibelwort suchen, Glaubensgemeinschaft erfahren und in ihrem Umkreis die inneren Kräfte des Volkes erneuern konnten.»[12]

Hans Jakob Rinderknecht und seine Frau Lini gehörten zu den engsten persönlichen Freunden des Ehepaares Brunner seit den Dreissigerjahren. Rinderknecht war Methodiklehrer am Evangelischen Lehrerseminar Unterstrass und gab zusammen mit dessen Direktor Konrad Zeller eine oft aufgelegte «Methodik christlicher Unterweisung» heraus.[13] Um den Plan voranzutreiben, wurde ein Heimstättenverein gegründet, dessen erste Versammlung am 10. Juli 1944 im Bahnhofbuffet Zürich stattfand und als dessen Präsident Emil Brunner gewählt wurde. Als Geldgeber konnte unter anderen der Winterthurer Mäzen Werner Reinhart gewonnen werden, der sich auch aktiv an der Konzeptarbeit beteiligte.[14] Auch «der damalige Zürcher Finanzdirektor und spätere Bundesrat Hans Streuli» unterstützte den Verein. «Auf seinen Antrag hin» bewilligte das Parlament des Kantons Zürich «einen Staatsbeitrag, der dem Projekt endgültig freie Bahn schuf».[15]

---

[11] Vgl. oben, S. 208.
[12] Hans Heinrich Brunner, S. 85.
[13] Hans Jakob Rinderknecht und Konrad Zeller, (Kleine) Methodik christlicher Unterweisung. Zürich 1936–1968.
[14] Die meisten Angaben über die Boldern-Gründung finden sich in der Sammlung der Briefe Hans Jakob Rinderknechts an Emil Brunner, Nachlass 39.
[15] Hans Heinrich Brunner, S. 85 f.

Emil Brunner auf Boldern (Brunnertagung 20.–24. Juli 1953).

Nach längerem Suchen im ganzen Kanton Zürich war es möglich, den Bauernhof Boldern hoch über dem Zürichsee in Männedorf zu erwerben. Hans Jakob Rinderknecht gab seine Stelle als Seminarlehrer auf und bezog das neu erbaute Haus für den Heimstättenleiter am 17. September 1947. Ausser dem Leiterhaus standen ein Haupthaus mit Küche, Speisesaal und einfachen Gästezimmern sowie ein «Jugendhaus», das besonders schlicht war, zur Verfügung. Ab Dezember 1947 trafen die ersten Gäste ein. Und am 18. Januar 1948 predigte Brunner im Gottesdienst zur Eröffnung der «Heimstätte Boldern». Text war 2. Chronik 6,20–21, der «erste Bibelspruch», den Brunner als Kind auswendig gelernt hatte:[16] «Dass deine Augen offen seien über dies Haus Tag und Nacht, über die Stätte,

---

[16] Vgl. oben, S. 26.

Im Gespräch mit den Freunden vom «Brunner-Kranz» auf Boldern (Brunnertagung 20.–24. Juli 1953).

dahin du deinen Namen zu stellen verheissen hast; dass du hörest das Gebet, das dein Knecht an dieser Stätte tun wird. [...].» Als Hauptziel des Unternehmens nannte Brunner «Zellenbildung» und «Gemeinschaft».[17]

Die Neugründung entwickelte sich erfreulich. In den ersten dreizehn Monaten «hatte Boldern etwas über 7000 Übernachtungen». Im Jahr 1949 waren es bis Ende August «schon über 9000». «Das Haupthaus [war] bis im Frühling zu drei Vierteln besetzt.» Das Jugendhaus fand «immer den gleichen Anklang».[18] Auch Studenten aus Deutschland stellten sich ein, «mit denen es ein gutes Zusammenleben» gab.[19] Im zweiten Jahr des Bestehens der «Heimstätte» konnten «25 Prozent mehr Übernachtungen» verzeichnet werden als im ersten.[20] Für das Leitungsteam meldete sich schon bald das Problem der Überforderung, und es stellte sich die Frage, ob «die Arbeit mit den Einzelgästen» weitergeführt werden solle. Was man auf «Boldern» fand, war – so Lini Rinderknecht – «wirkliche Gemeinde, nicht fromme Masse». Das mache «Boldern zum Vorraum der

---
[17] Nachlass 75.
[18] Lini Rinderknecht an Margrit und Emil Brunner am 10. Oktober 1949.
[19] A. a. O.
[20] Rinderknecht an Brunner am 11. Dezember 1949.

Kirche – Vorraum, durch den ein Mensch hindurchgehen kann, weil er eingeladen ist», und zur «Verheissung auf das, was im Innenraum» der Kirche auf den Eintretenden warte. «Möchte doch Boldern Vorraum bleiben und die Kirche die Verheissung erfüllen!» Hier könne man sich «in eine christliche Lebensgemeinschaft» einfach «einfügen» ohne «autoritative Suggestion»; eine «saubere, nüchterne Haltung» belasse «jedem das Seine».[21]

Besonderen Anklang fanden die «Bäuerinnenwochen». Im Jahr 1949 kamen 26 Bäuerinnen zu Tagen des Austausches und der Erholung. Für eine entsprechende Veranstaltung 1950 meldeten sich sogar «99 Frauen» an, sodass die Woche doppelt geführt werden musste. Am Morgen gab es Bibelarbeit mit dem «Hausvater» Hans Jakob Rinderknecht. Wenn am Nachmittag Vorträge mit Gastreferenten stattfanden, kamen zusätzlich Bäuerinnen aus der näheren Umgebung. Zu Ärztetagungen wurde eingeladen über die Themen: «Die ärztliche Aufgabe bei psychophysischen Grenzfällen» und «Unser Bekennen in der täglichen Praxis». Dazu kamen Veranstaltungen für Techniker, Werkmeister und Konstrukteure und ein «Eheleutewochenende».[22]

Brunner setzte sich auch weiterhin mit viel Liebe für «Boldern» ein und richtete bei mehreren Gelegenheiten finanzielle Beiträge dafür aus. Da Hans Jakob Rinderknechts Gehalt verhältnismässig klein war, sandte er ihm im Sommer 1952 achtzig Franken als Taschengeld für die Ferien.[23]

Brunners «Dogmatik»

Die ersten beiden Bände von Brunners «Dogmatik» erschienen in den Jahren 1946 und 1950.[24] Die theologische Disziplin Dogmatik war für Brunner die «Selbstbesinnung der christlichen Gemeinde über Grund, Sinn und Inhalt der ihr gegebenen und aufgetragenen Botschaft».[25] Theologie sei zwar «nicht notwendig zur Seligkeit, wohl aber [...] innerhalb der Kirche» und für Menschen, die denken müssen oder wollen.[26] «Die theologische Reflexion» solle «dazu dienen, das Gültige und Echte von dem Ungültigen und Unechten zu unterscheiden»; sie solle «die Fremdheit des biblischen Offenbarungszeugnisses überwinden und dieses verständlich

---

[21] Lini Rinderknecht an Margrit und Emil Brunner am 10. Oktober 1949.
[22] Lini Rinderknecht an Margrit und Emil Brunner am 18. Januar 1950.
[23] Rinderknecht an Brunner am 26. Juli 1952.
[24] Der dritte Band erschien wesentlich später und gehört in ein anderes Kapitel. Vgl. unten, S. 556 ff.
[25] Emil Brunner, Dogmatik I. Die christliche Lehre von Gott. 3. Auflage. Zürich 1960 (im Folgenden zitiert als «Dogmatik I»), S. 7.
[26] Dogmatik I, S. 52.

machen» und «endlich die Kluft zwischen dem weltlich-natürlichen Erkennen und der Glaubenserkenntnis überbrücken».[27]

Brunner war sich im Klaren darüber, dass jede Lehre im Vergleich mit dem, worüber sie belehrt, etwas Vorläufiges und Relatives ist:

> «Die recht verstandene Lehre ist der Finger, der auf [Jesus Christus] deutet und dem entlang das Auge des Glaubens auf ihn selbst geleitet werden soll.»[28]

Das kirchliche Bekenntnis und infolgedessen auch die Dogmatik als Besinnung über dieses Bekenntnis ist «ein Produkt menschlicher Arbeit» und «darum grundsätzlich irrtumsfähig und wahrscheinlich der Verbesserung bedürftig».[29]

> «Die rechte Lehre erweist sich bei genauerer Prüfung immer als eine Aufgabe, die nie vollendet ist.»[30]

Er warnte auch vor der Gefahr eines logisch in sich geschlossenen theologischen Systems:

> «Die Offenbarung lässt sich in kein System fassen, auch nicht in ein dialektisches. System bedeutet immer rationale Gewalttätigkeit, Imperialismus einer Idee [....]. Wie der Glaube die Brechung des menschlichen Eigenwillens ist, so ist er auch die Brechung der menschlichen Systematik.»[31] – «Dogmatisches Denken ist nicht nur Denken über den Glauben, sondern *gläubiges Denken.*»[32] – «Der rechte Dogmatiker denkt nicht nur *über* den Glauben und über die im Glauben gegebene Offenbarung, sondern er vollzieht im Denken selbst auch immer wieder den Glaubensakt; er richtet sich glaubend aus auf die dem Glauben gegebene Offenbarung.»[33]

Dass Brunners Kreativität, seine Gabe, neue Fragen aufzuwerfen und alte Fragen neu zu beantworten, in den Jahren nach dem Zweiten Weltkrieg abnahm,[34] fällt im Zusammenhang mit seiner «Dogmatik» nicht ins Gewicht. Sie wollte und sollte nicht originell und neu sein, sondern ein auf das Wesentliche konzentriertes Lehrbuch. Brunner bemühte sich deshalb, ein überschaubares Gesamtbild der kirchlichen Lehre zu entwerfen. Im Vorwort wies er darauf hin, dass er «während mehr als zwanzig Jahren in dem üblichen viersemestrigen Turnus Dogmatik vorgetragen» und «so das Ganze des Lehrstoffes fast ein Dutzend Mal in immer neuem Anlauf zu formen versucht» und vieles schon in Monographien behandelt

---

[27] A. a. O., S. 75.
[28] A. a. O., S. 64.
[29] A. a. O., S. 67.
[30] A. a. O., S. 23.
[31] A. a. O., S. 82. (Druckfehler berichtigt.)
[32] A. a. O., S. 15.
[33] A. a. O., S. 86.
[34] Vgl. oben, S. 480.

habe.³⁵ Er konnte also eine reiche Ernte einbringen, die Früchte jahrzehntelanger Arbeit. Dank seiner pädagogischen Begabung war es ihm möglich, den Stoff klar zu ordnen. Er folgte dabei «der Ordnung der *Loci theologici*», die seit Petrus Lombardus «das Gerüst der Dogmatik» bildet «und die auch, im Wesentlichen, vom Meister reformierter Theologie, von Calvin, übernommen» worden war.³⁶ Petrus Lombardus hatte seine in vier Bücher eingeteilten sogenannten Sentenzen folgendermassen strukturiert: Buch I, Gotteslehre, Buch II, Schöpfungs- und Sündenlehre, Buch III, Christologie und Ethik, Buch IV, Sakramentenlehre und Eschatologie.³⁷ Bis und mit Martin Luther – und in der römisch-katholischen Kirche länger – waren die «Sentenzen» das massgebende Lehrbuch für alle, die Theologie studierten.

Gemäss diesem Schema stehen am Anfang von «Dogmatik I» die Prolegomena über «Sinn und Aufgabe der Dogmatik». Es folgt der *erste* Teil: «Der Ewige Grund der göttlichen Selbstmitteilung», eingeteilt in zwei Abschnitte: «Das Wesen Gottes und seine Eigenschaften» und «Der Wille Gottes». «Dogmatik II» umfasst den *zweiten* Teil: «Die geschichtliche Verwirklichung der göttlichen Selbstmitteilung». Er ist in neun Kapitel gegliedert³⁸ und heilsgeschichtlich aufgebaut, angelehnt an das apostolische Glaubensbekenntnis. Der erst im Jahr 1960 erschienene Band «Dogmatik III» erfüllte das Konzept mit den zwei weiteren Teilen: «Die Selbstmitteilung Gottes als seine Selbstvergegenwärtigung durch den Heiligen Geist» und «Die Vollendung der göttlichen Selbstmitteilung in der Ewigkeit».

Wichtig war Brunner, dass seine «Dogmatik» gut lesbar war und nicht langatmig wurde. Mackay teilte er mit, er stelle auf 500 Seiten dar, wofür Karl Barth 4000 brauche!³⁹ Die dogmen- und theologiegeschichtlichen Einzelheiten brachte er nicht im Haupttext unter, sondern in Exkursen, die von Fall zu Fall in das 1200-seitige Werk eingefügt sind und übergangen werden können, ohne dass man die Hauptgedanken versäumt.

Auch seine Freunde wie Max Huber und Hans Jakob Rinderknecht (und andere interessierte Nichttheologen) sollten die «Dogmatik» lesen

---

[35] Dogmatik I, S. 8.
[36] A. a. O., S. 8.
[37] Nach: Religion in Geschichte und Gegenwart. 4. Auflage. Band 6. Tübingen 2003, Sp. 1173 (Ulrich Köpf).
[38] «Der Schöpfer und seine Schöpfung», «Der Mensch der Schöpfung», «Der Mensch als Sünder», «Die Folgen der Sünde», «Die Engelmächte und der Satan», «Von der Vorsehung, der Welterhaltung und der Weltregierung Gottes», «Geschichte und Heilsgeschichte», «Das Gesetz», «Die Fülle der Zeiten», «Die Begründung des Christusglaubens», «Das Heilswerk Gottes in Jesus Christus» und «Die Person Jesu Christi».
[39] An Mackay am 27. April 1945. P.

können, was dann auch geschah. Rinderknecht interessierte sich besonders für die Abschnitte über die «Schöpfungslehre», über die «Lehre von der Person Christi» und über die «Entmythologisierungsfrage». «Das Buch» gehörte zu den ihm «besonders teuren Werken» und stand in seiner «allernächsten Nähe».[40] Max Huber teilte Brunner mit, dass er den zweiten Band «sofort verschlungen» und sich «dafür zwei Tage» in seinem Schlafzimmer eingeschlossen habe. Das Buch sei «hinreissend» durch die «Klarheit der Gedankenfolge» und dadurch, wie es «für den Christen» ans Lebendige gehe. Er habe nichts zu korrigieren. Gewisse «Bedenken» oder Fragen seien durch die folgenden Ausführungen Brunners immer sofort wieder «beseitigt» worden.[41]

Brunners «Dogmatik» nahm ihren stillen Weg. (Eine zweite Auflage des ersten Bandes erschien 1953.) Sie wurde ins Englische und später auch ins Französische übersetzt. In der Schweiz (und in Nordamerika) dürfte es damals wenige Studenten gegeben haben, die sie nicht für ihre Examensvorbereitung brauchten. Trotzdem stand sie in der theologischen Diskussion nicht im Vordergrund. Es ist wohl kein Zufall, dass die renommierte «Theologische Literaturzeitung» in den Nachkriegsjahren nur Brunners «Religionsphilosophie» und seinen Römerbriefkommentar rezensierte – Werke aus der Vorkriegszeit![42] Erst 1963, drei Jahre nachdem der dritte Band herausgekommen war, brachte das (seinerzeit von Adolf von Harnack ins Leben gerufene) Rezensionsorgan einen ausführlichen Leitartikel des Systematikers Carl-Heinz Ratschow.[43] Endlich wurde sichtbar, dass Brunner auch in Deutschland gelesen wurde.[44] Ratschow rühmte die «Meisterschaft» von Brunners «Stil» und «Darstellung» und die «Geschlossenheit der einzelnen Teile» der «Dogmatik».[45] In den Einzelheiten vertrat Ratschow zwar eine andere Sicht als Brunner. Und doch erfuhr dieser hier eine späte Anerkennung.

Ebenfalls als Ehrung darf man es auffassen, dass H. Richard Niebuhr den ersten Band von Brunners «Dogmatik» rezensierte. H. Richard Niebuhr, der in Yale lehrende, theologisch tieferschürfende jüngere Bruder Reinhold Niebuhrs, konnte sich zwar Brunners scharfer Unterscheidung

---

[40] Rinderknecht an Brunner am 24. Dezember 1950.
[41] Huber an Brunner am 3. April 1951.
[42] Theologische Literaturzeitung 1951, Sp. 359–361 (Religionsphilosophie) und 1952, Sp. 77 (Römerbriefkommentar).
[43] Carl-Heinz Ratschow, Gottes Geist und personales Denken, in: Theologische Literaturzeitung, 88. Jahrgang, Nummer 1. Leipzig, Januar 1963, Sp. 1–10. Vgl. unten S. 557f.
[44] In einem Brief an Emil Brunner nannte der Herausgeber der «Theologischen Literaturzeitung», Ernst Sommerlath, Brunners «Dogmatik» «besonders wichtig» und fügte hinzu, er habe selbst «viel gelernt» aus Brunners Werken. Vgl. Sommerlath an Brunner am 18. September 1963.
[45] Carl-Heinz Ratschow (vorletzte Anmerkung), Sp. 1.

zwischen Offenbarung und Vernunft, zwischen dem Gott der Bibel und demjenigen der Philosophen nicht anschliessen. Er war der Ansicht, Brunners Gottesbegriff zehre heimlich von der Philosophie. Ebenso wenig leuchtete ihm Brunners Umgang mit der Bibel ein – nicht am Buchstaben der Bibel, sondern an ihrem ‹Geist› orientiert: Wie das wohl gehe? Halte sich Brunner wirklich an die Bibel oder bloss an ein Konzept – eine ‹Idee› – der Bibel? Darüber hinaus forderte Niebuhr Brunner aber auch auf, sich nicht immer mit Karl Barth zu vergleichen. Er habe doch einen «eigenen und eigenständigen persönlichen Beitrag für die Wiedergeburt der Theologie» geleistet und habe es nicht nötig, auf andere zu schielen. Wie seine früheren Publikationen sei auch dieses Buch – teilweise wenigstens – der «Beitrag eines grossen Lehrers». Brunner formuliere klar und werfe Fragen auf. Sowohl Orthodoxe als auch Liberale störe er in ihrem «dogmatischen Schlummer».[46]

---

[46] Nachlass 129, Mappe mit Rezensionen, aus dem «Westminster Bookman», Vol. IX, Mai/Juni 1950.

Im Auftrag der CVJM –
«Das Missverständnis der Kirche»

Freundschaften waren im Leben Emil Brunners wichtig. Man denke an Rudolf Wachter oder Eduard Thurneysen in seiner frühen Zeit – oder später in der Schweiz an Max Huber und Hans Jakob Rinderknecht und in der angelsächsischen Welt an Joseph H. Oldham und John A. Mackay. Nach dem Zweiten Weltkrieg kam ein neuer Freund dazu: der Amerikaner Tracy Strong. Seit 1937 war er Generalsekretär des Weltbundes der Christlichen Vereine junger Männer. Er bewunderte und verehrte Emil Brunner. Sätzen wie denjenigen I. John Hesselinks in seinem Gedenkartikel zum 100. Geburtstag des Zürcher Theologen hätte er zugestimmt:

> «Anders als viele Theologen in Deutschland schrieb Brunner mit Anmut und Klarheit. Das *wollte* Brunner. Er hatte ein breiteres Publikum vor Augen und nicht nur die Gemeinschaft der Universitätstheologen. Seine Frau las die ersten Entwürfe seiner verschiedenen Publikationen. Abschnitte, die sie schwer verständlich fand, pflegte er umzuschreiben.»[1]

Tracy Strong schlug Brunner vor, seine Stelle an der Universität Zürich aufzugeben und ganz in den Dienst des Weltbundes der CVJM zu treten. Nach längeren Verhandlungen im Frühjahr 1946 wurde vereinbart, dass Brunner zwar in Zürich bleibe, einen «Zehntel seiner Zeit» aber dem Komitee des CVJM-Weltbundes zur Verfügung stellte. Er erhielt dafür ein monatliches Salär von 300 Schweizerfranken. Dazu kamen 150 Franken für die Beschäftigung einer Schreibhilfe, ebenfalls pro Monat.[2] Diesen Betrag nahm er aber nie in Anspruch, da er seine Papiere selber schrieb.[3] «Seine Dienste» bestanden «in erster Linie darin, Broschüren und Bücher zu verfassen, in denen die christliche Botschaft für junge Männer und ältere Jugendliche formuliert war». An zweiter Stelle hatte er die Aufgabe, «in verschiedenen Ländern und Gebieten» mit den Leitern der CVJM «zusammenzutreffen, um das Interesse an der christlichen Botschaft zu intensivieren und mit ihnen zu erarbeiten, wie es möglich wäre, diese Botschaft noch wirkungsvoller zu vertreten»: Er wurde also «Berater» («*counsellor*») der CVJM in Fragen der Evangelisierung. Tracy Strong war über die Vereinbarung hoch beglückt. Er könne fast nicht erwarten,

---

[1] I. John Hesselink, Emil Brunner: A Centennial Perspective. The Christian Century vom 13. Dezember 1989; http://www.religion-online.org/showarticle.asp?title=915.
[2] Strong an Brunner am 31. Mai 1946.
[3] An Strong am 6. April 1950.

schrieb er einem Freund, dass Brunner so intensiv wie möglich zur Verfügung stehe, «um die religiöse Arbeit» der CVJM zu stärken und zu vertiefen. Brunner trat sein Mandat am 1. Juni 1946 an.[4]

Wenn man Brunners Bibliographie und seinen Terminkalender durchsieht, wird schnell deutlich, dass er sich geradezu rastlos für die CVJM einsetzte. Selbst im September 1952, kurz nach der Erschütterung durch den Tod seines Sohnes Thomas und von einer Grippe gezeichnet, liess er es sich nicht nehmen, an einer «Stabsretraite» der CVJM einen Vortrag über das Thema «Die CVJM als Laienbewegung» zu halten.[5] In seinem Nachlass wimmelt es von handgeschriebenen Entwürfen für Zusammenkünfte mit Leitern der CVJM, die zeigen, dass er in diesem Fall – anders als sonst bei Vorträgen, deren Typoskripte überaus sorgfältig ausformuliert waren, – nicht einfach ‹fertige› Gedanken vortrug, sondern das *Gespräch* mit den jungen Leuten suchte. Er gab sich Mühe zuzuhören und auf Fragen einzugehen. Ähnlich verhält es sich mit seinen zahlreichen Beiträgen für das «World Communique» bzw. das «Communiqué international» der CVJM. Manchmal haben sie Briefcharakter, etwa wenn er versucht, Fragen junger Menschen – wie etwa «Ist Gott beweisbar?» – persönlich zu beantworten. Andere Artikel tragen Titel wie: «Das Geheimnis des Lebens», «Warum sollte die christliche Gottesvorstellung die einzig wahre sein?», «Ist Religion wirklich so ‹idealistisch›, wie sie von den Marxisten beschrieben wird?», «Wie kann man an die Mythen des Christentums glauben?», «Warum sagt man, dass die Menschen von Geburt an Sünder seien?», «Wirkliche Freiheit», «*Muss* ich an Jesus Christus glauben?», «Gibt es eine persönliche Beziehung zu Jesus Christus?»,[6] «Der Gott der Liebe und die Welt, die leidet».[7]

Auch im Auftrag der CVJM war Brunner viel unterwegs. Bereits während seiner Amerikareise im Herbst 1946 nahm er an verschiedenen CVJM-Veranstaltungen teil – unter anderem am Lake Mohonk (90 Meilen nördlich von New York)[8] – und lernte die Zentrale der amerikanischen CVJM an der Madison Avenue in New York kennen, wo die Bürokratie ihn «befremdete».[9] Vom 12. bis zum 21. August 1947 beteiligte er sich an einer Konferenz in Edinburg.[10] Tracy Strong war von Brunners Anregungen tief beeindruckt. Er habe alle zu Diskussionen über Grundsatzfragen «aufgerüttelt».[11] In Oslo sprach er an einer CVJM-Veranstal-

---

[4] Strong an Henry Pitt van Dusen am 17. Mai 1946 und an Brunner am 31. Mai 1946.
[5] Nachlass 90.
[6] Nachlass 87.
[7] Nachlass 88.
[8] Strong an Brunner am 6. Juni 1946 und öfters.
[9] Strong an Brunner am 29. November 1946.
[10] Strong an Brunner am 7. Juli 1947.
[11] Strong an Brunner am 24. Oktober 1947.

tung über das Thema «Theologie für Laienmitarbeiter»,[12] und an einer CVJM-Konferenz im Seebad Skegness (an der englischen Ostküste) hielt er im Juni 1950 eine Vortragsreihe über «Gott», «Jesus Christus», «Der Heilige Geist» und über «Die erlöste Gesellschaft: die Kirche».[13]

Ein besonderer Höhepunkt war die «Weltkonsultation» des CVJM-Weltbundes im August 1950 in Nyborg (Dänemark), an der Brunner das Hauptreferat hielt. Tracy Strong bezeichnete den Anlass als «eine der wichtigsten Zusammenkünfte» in der Geschichte der CVJM. Rund vierzig seiner «besten Männer» nahmen daran teil. Gemeinsam dachte man über die Form nach, in der die christliche Botschaft besser – das heisst: glaubwürdiger und wirkungsvoller – weitergegeben werden könnte.[14]

Im ersten Teil seines Vortrags[15] sprach er über die Stärken der Bewegung und nannte dabei als erste, dass die CVJM dezidiert *«nicht* sektiererisch» seien. «Der Schock, die Christenheit uneins zu sehen», sei «eines der grössten Hindernisse» für das Evangelium in der Welt.[16] Indem die CVJM «konstant und mit voller Absicht» von «aller Sektiererei» Abstand nähmen, erweckten sie bei den Menschen den Eindruck, sie stünden «der Wahrheit und dem Leben näher». Als zweite Stärke der CVJM bezeichnete er ihren Charakter als «Laienorganisation». «Wir leben in einer Zeit, welche Hierarchien und pompöse Formen ablehnt.» Drittens sei wichtig, dass die CVJM für Christus mehr durch Taten als durch Worte Zeugnis ablegten. Das falle vor allem in nichtchristlichen Ländern ins Gewicht. Ein vierter positiver Punkt sei die Offenheit der CVJM «für alle Rassen, Klassen, Nationen und sogar Religionen». Man lebe miteinander in «einer wirklichen Gemeinschaft».

Im zweiten Teil warf Brunner kritische Rückfragen an die Bewegung auf. Zunächst stellte er klar, dass die Schwachstellen der CVJM sich zumindest zum Teil aus ihren Stärken ergäben:

> «Das Wesen der CVJM als interkonfessionelle Organisation, die vielerorts das praktische Leben stärker betont als Lehre, Predigt und Glaubensbekenntnis, kann leicht zu einer ernsthaften, in einigen Extremfällen sogar verheerenden, Unterschätzung der Glaubensbasis führen und damit des Urquells des Christseins.»

«Wenn die CVJM sind, was das ‹C› in ihrem Namen bedeutet, dann müssen sie christlich sein, was immer sie auch sonst sind.» Auf seinen vielen

---

[12] Nachlass 89.
[13] Nachlass 89.
[14] Strong an Brunner am 9. Februar 1950.
[15] In seinen Ausführungen zehrte Brunner auch von seiner erst später darzustellenden sechsmonatigen Asienreise im Winter 1949/50. Vgl. unten, S. 515 ff.
[16] Dieses und die folgenden Zitate in Nachlass 89.

Reisen seien ihm Zweifel aufgestiegen, ob man sich dessen überall noch voll bewusst sei.

Brunner wies auf die von ihm oft beobachtete Diskrepanz zwischen äusserem Erfolg und gesellschaftlichem Ansehen der CVJM und deren innerem, spirituellem Inhalt hin. Vielerorts bestehe die Tendenz, dass sich die CVJM eher zu einer weltlichen Wohltätigkeitsinstitution entwickelten oder einem Rotary Club. In diesem Fall «hätten wir die ganze Welt gewonnen und dabei unsere Seele verloren».[17] «Lieber kleine CVJM, die im Vollsinn christlich sind, als eine weltweite Organisation, die ihre christliche Identität verloren hat.»

1855 hatten sich die CVJM auf die sogenannte Pariser Basis als gemeinsame Grundlage geeinigt:

> «Die CVJM haben den Zweck, solche jungen Männer miteinander zu verbinden, welche Jesus Christus nach der Heiligen Schrift als ihren Gott und Heiland anerkennen, in ihrem Glauben und Leben seine Jünger sein und gemeinsam danach trachten wollen, das Reich ihres Meisters unter jungen Männern auszubreiten.»[18]

Brunner hatte aber festgestellt, dass «an verschiedenen Orten eine vollkommen weltliche Philosophie – wie diejenige John Deweys – an die Stelle einer echt christlichen Lebensanschauung getreten» sei. Es gebe «hoch gestellte Sekretäre und Leiter», die «viel mehr» als an Jesus Christus und dem christlichen Glauben «daran interessiert» seien, «Programme zur körperlichen Ertüchtigung oder Erholung aufzustellen – oder zur Moralerziehung». Selten hätten sie daran gedacht, die «Mitglieder in Berührung mit Gott oder Jesus Christus zu bringen, da sie selbst nie eine solche Erfahrung oder Berührung» gemacht hätten. Und auch dort, wo christlicher Glaube und die «Leidenschaft, für Christus zu arbeiten», durchaus vorhanden seien, fehle oft das «wirkliche Verständnis dafür», was der christliche Glaube meine». Viele dächten, es genüge, «ein Mensch guten Willens zu sein, an den moralischen Fortschritt zu glauben und den Wunsch zu haben, für eine bessere Gesellschaft zu kämpfen»; «von Sünde und Erlösung zu sprechen», hielten sie für «altmodisch und antiquiert».

In seiner Analyse des Zustandes der CVJM ging Brunner aber auch auf ganz praktische Probleme ein. Die Verantwortlichen seien vielerorts überarbeitet. Es herrsche Personalmangel, und trotzdem verfolge man eine gefährliche Wachstumsstrategie. Anstatt neue Zentren zu gründen, wäre es klüger, «das zur Verfügung stehende Geld für die bereits bestehen-

---

[17] Nach Matthäus 16,26.
[18] Zitiert nach: Religion in Geschichte und Gegenwart. 4. Auflage. Band 2. Tübingen 1999, Sp. 263 (Dieter Roll). Es ist dies ein Text, der bei der Gründung des Ökumenischen Rates der Kirchen im Jahr 1948 eine wichtige Rolle spielte! Vgl. Religion in Geschichte und Gegenwart. 4. Auflage. Band 6. Tübingen 2003, Sp. 536 (Darell Guder).

den zu verwenden und diese so auszustatten, dass sie das tun können, was sie wollen und wofür sie da sind».

Es bestehe ein Konflikt zwischen zwei verschiedenen Tendenzen: Einerseits wolle man expandieren und durch das Anbieten praktischer Dienstleistungen (z. B. Turnhallen und Hallenbäder) so viele junge Menschen wie möglich gewinnen. Anderseits werde das Ziel verfolgt, das am Anfang der Bewegung festgelegt worden sei und das von der Mehrzahl der Leiter immer noch aufrechterhalten werde, nämlich eine «Vereinigung junger Christen zu sein und dem Zweck zu dienen, noch bessere Christen aus ihnen zu machen». Dies sei schwieriger zu erreichen. Die «expansionistische Aufgabenstellung, die alles umarmt», sei denn auch während der «letzten Generation zum grossen Nachteil der anderen, viel wesentlicheren Zielsetzung» einseitig gefördert worden.

Die Hauptfrage war für Emil Brunner nicht, ob Bibelstunden abgehalten würden, sondern «ob die CVJM als ein Ganzes und in seinen Teilen immer noch anerkennen – wie die Leiter in früheren Zeiten es taten –, dass die Hauptaufgabe unserer Vereinigung» darin bestünde, «junge Menschen zu Jesus Christus zu führen und sie zu seinen Jüngern zu machen». Ob man das durch körperliche Ertüchtigung und Erholung oder durch Bibelstunden zustande bringe, sei weniger wichtig. Es komme darauf an, das *eigentliche* Ziel nicht aus den Augen zu verlieren. Er dachte dabei nicht an introvertierte Gebetskreise und Bibelgruppen. Mit einem exklusiv *religiösen* Programm könne man Tausende von jungen Menschen nicht erreichen. Er habe aber Zentren gesehen, in denen sich Hunderte an Sport- und Spielgruppen beteiligten, ohne dabei etwas von Jesus Christus zu hören. «Falsche Introversion» sei liebloser Glaube; «falsche Extraversion» sei glaubenslose Liebe.

Das «Genie» der CVJM bestehe darin, beides miteinander zu verbinden: «die indirekte und die direkte Methode der Arbeit für das Königreich Christi». Unabhängig von der Methode sei die Hauptsache, dass der Wille im Zentrum bleibe, «junge Menschen in Berührung mit Jesus Christus zu bringen». Man müsse sich darauf konzentrieren, in jedem Verein ein «christliches Leitungsgremium» und eine «christliche Kerngruppe» aufzubauen; alles andere sei nebensächlich.

> «Wenn die Kerngruppe schwach ist oder überhaupt nicht existiert, verliert der Verein seine christliche Eigenart. [...] Wenn eine solche Kerngruppe aus wirklich hingebungsvollen Christen vorhanden ist, ist es von zweitrangiger Bedeutung, ob das Programm eher extravertiert oder introvertiert ist. Tatsächlich verhält es sich so, dass das Vorhandensein einer solchen Kerngruppe automatisch eine einseitige Entwicklung in der einen oder anderen Richtung verhindert.»

Es handle sich um die Frage «Leben oder Tod?» der ganzen CVJM-Bewegung.

Brunner sprach die in Nyborg versammelte «höchst massgebliche Gruppe» sehr persönlich an. Er hoffte, dass sie «Feuer fange» und dieses sich automatisch verbreite. Andernfalls werde die «Verweltlichung» der CVJM sich fortsetzen, «bis das innere Licht völlig erloschen» sei – «vielleicht auf dem Höhepunkt des äusseren Erfolges».

Tracy Strong war Brunner für seine Worte dankbar. Er verglich sie mit einem «Wirbelsturm». Einige der Anwesenden hätten Brunners Analyse der CVJM allerdings als «zu ausfegend» empfunden. Mit seiner «pädagogischen Begabung» habe er aber alle dennoch für sich gewonnen. Er habe einen «wirklichen Dienst» geleistet. Sein Vertrag als *counsellor* werde verlängert, zu den gleichen Bedingungen wie bisher. Zugleich teilte er mit, worauf Brunner nicht gefasst war, dass vergleichbare Verträge mit anderen Personen abgeschlossen werden sollten. Einige im CVJM-Weltbund waren der Monopolstellung Emil Brunners offensichtlich überdrüssig.

Einige Wochen später versuchte Strong Brunner zu beschwichtigen:

> «Kein anderer Mann hätte als Einzelner Besseres vollbringen können, als was Du getan hast.» Einhellig fühlen wir, «dass Du Deine gegenwärtige Beziehung [zu den CVJM] nicht nur fortsetzen musst; vielmehr müssen wir Wege entdecken, wie wir Deine Zeit noch besser nützen können. [...] Anderseits ist man der Meinung: Wenn zwei oder drei Männer sich mit den gleichen Fragen auseinander setzten, wäre die volle Wirkung der CVJM auf die Jugend stärker – unter der Voraussetzung freilich, dass diese Männer sich in ihrer Betrachtungsweise nicht völlig widersprechen.»[19]

Tracy Strong war unermüdlich in seiner Anhänglichkeit an Emil Brunner. Er übermittelte ihm nicht nur den Brief eines jungen Mannes aus China, der mehr *Theologie* in den CVJM wünschte und Brunner als beispielhaft hervorhob.[20] Wenn andere Verantwortliche der CVJM Brunner die kalte Schulter zeigten, versuchte er auch zu beruhigen und zu vermitteln: Brunner habe auf dem «Feld der Betonung des Christlichen» immer noch viel zu geben.[21] Noch Jahre später – Strong war inzwischen nicht mehr Generalsekretär der CVJM – betonte er immer wieder seine Dankbarkeit. Obwohl er kein gelehrter Theologe sei, schrieb er im Februar 1957, hätten ihm die «Freundschaft» Brunners und die «Leitung» durch ihn «wunderbar geholfen».[22] «Ich danke Dir für alles, was Du mir bedeutet hast. Du hast mir geholfen, die wesentlichen Grundzüge des christlichen Glaubens in ihren Implikationen für die ganze Welt zu sehen»,[23] schrieb er noch Weihnachten 1962.

---

[19] Strong an Brunner am 28. September 1950.
[20] C. W. Li an Tracy Strong am 27. November 1950.
[21] Strong an Brunner am 27. November 1951.
[22] Strong an Brunner am 13. Februar 1957.
[23] Strong an Brunner am 19. Dezember 1962.

Emil Brunner mit Vertretern des CVJM Bangkok.

«Das Missverständnis der Kirche»

Im Zusammenhang mit den CVJM wurde Brunner mit einer theologischen Fragestellung konfrontiert, die ihn schon seit längerer Zeit beschäftigt hatte: mit dem Problem der Kirche. Die CVJM waren interkonfessionell und wollten keine Kirche sein, jedenfalls nicht im Sinne einer Institution. Manche der den CVJM angeschlossenen jungen Leute versammelten sich aber zur Bibellektüre und zum Gebet. Es konnte sogar vorkommen, dass eine gemeinsame Abendmahlsfeier stattfand, unter Umständen auch ohne ordinierten Pfarrer. War das legitim? Oder wurde man so zu einer neuen ‹Sekte›?

Emil Brunner selbst war von jeher wenig an der Kirche als Institution interessiert gewesen. Schon von Leonhard Ragaz hatte er gelernt, wie wenig vorteilhaft etwa die Zürcher Landeskirche als staatskirchenrechtliche Einrichtung sich im Vergleich mit der Urkirche ausnahm.[24] In seinem frühen Buch über die «Pilgerväter» hatte er sich darüber gewundert, dass diese darauf verzichteten, das Abendmahl zu feiern, solange kein ordinierter Pfarrer aus England oder den Niederlanden zur Verfügung stand.[25] Über eine nach seiner Sicht übertriebene liturgische Ästhetik bei

---

[24] Vgl. oben, S. 43 f.
[25] Vgl. oben, S. 132.

den nordamerikanischen Protestanten hatte er sich mokiert.[26] Und als er in den Jahren 1919–1920 in New York an seine Gemeinde in Obstalden dachte, träumte er von einer Gemeinde, in der der Pfarrer nicht mehr benötigt wird.[27]

Während der Dreissigerjahre hatte er zunächst positive Erfahrungen mit der Oxfordgruppenbewegung gemacht, in der nicht die etablierten Kirchen, sondern sogenannte Laien den Ton angaben.[28] In Uppsala hatte er 1937 festgestellt: «Das Neue Testament weiss nichts von einem Unterschied zwischen Klerikern und Laien, zwischen einem ‹geistlichen› Stand und einem nichtgeistlichen Kirchenvolk.»[29] Und dem Ökumenischen Rates der Kirchen warf er «Klerikalismus» vor – schon vor dem Zweiten Weltkrieg hatte er der Bewegung für Praktisches Christentum («Life and Work») wesentlich näher gestanden als derjenigen für Glaube und Kirchenverfassung («Faith and Order»). Aus Brunners Briefwechsel mit Adolf Keller geht hervor, dass er schon in den späten Zwanzigerjahren den Schweizerischen Evangelischen Kirchenbund vor hochkirchlichen Tendenzen bei «Glaube und Kirchenverfassung» gewarnt hatte, weil er ein Übergewicht der Anglikaner befürchtete.[30]

Im Jahr 1951 erschien das Buch, worin Brunner diese Tendenz zu ihrer Vollendung führt und das stark von den Erfahrungen mit den CVJM geprägt ist: «Das Missverständnis der Kirche».[31] Für ihn charakteristisch stellt Brunner darin fest: «Die Ekklesía» – d. h. die Kirche im Sinne des Neuen Testaments – weiss «nichts vom heiligen Kirchenrecht. Sie ist keine Institution.»[32] «Was wir als in der Geschichte gewordene Kirche oder Kirchen kennen, kann nicht den Anspruch erheben, Ekklesía im Sinn des Neuen Testamentes zu sein.»[33] Es sei unwiderlegbar, dass die «Rechtsnatur der Kirchen» – seien es die römisch-katholische oder die orthodoxen Kirchen, seien es die Kirchen der Reformation – und ihr «Charakter als Institutionen» sie «von der Ekklesía des Neuen Testaments» «unüberbrückbar» trennten.[34] «Ekklesía» heisst: «Gottesgemeinschaft durch Jesus Christus und in ihr begründete Bruderschaft oder Menschengemeinschaft».[35]

---

[26] Vgl. oben, S. 148.
[27] Vgl. oben, S. 17 f.
[28] Vgl. oben, S. 273 ff.
[29] Vgl. oben, S. 351.
[30] Vgl. Keller an Brunner am 8. Februar 1929.
[31] Vgl. S. 18.
[32] Missverständnis, S. 125. Die Schreibweise von Ekklesía in den Brunner-Zitaten wurde vereinheitlicht.
[33] A. a. O., S. 121.
[34] A. a. O., S. 122.
[35] A. a. O., S. 123.

Aus CVJM-Perspektive gelesen, kann die Botschaft von «Das Missverständnis der Kirche» so zusammengefasst werden: Das Buch soll den jungen Christen in den CVJM Mut machen; auch sie dürfen daran glauben, dass in ihrem Zusammensein eine ‹ekklesiale Wirklichkeit› vorhanden ist, ein Stück ‹Kirche›.

Fünf Jahre später schrieb Brunner einen vergleichsweise kurzen Text für die Mitarbeiterschulung der CVJM: «Die Ekklesía des Neuen Testaments und die CVJM», in dem er auf den Punkt bringt, was er in «Das Missverständnis der Kirche» breit begründet hatte. Der nur schwer zugängliche Text sei an dieser Stelle ungekürzt zitiert:[36]

> «Von ihren ersten Anfängen an haben die CVJM grossen Wert darauf gelegt, dass sie keine Kirche sind. Sie haben vielmehr ihre Mitglieder angehalten, einer Kirche beizutreten. Diese Auffassung und Arbeitsregel hat sich bewährt und wird in der Zukunft die gleiche bleiben. Die ökumenische Bewegung und in Sonderheit die Schaffung des Ökumenischen Rates der Kirchen hat eine Neubesinnung erfordert, welche selbstverständlich vom Neuen Testament auszugehen und sich darauf zu gründen hat.
>
> Wenn wir vorurteilslos lesen, was das Neue Testament über die Ekklesía sagt, sehen wir, dass dieses Wort eine Wirklichkeit bezeichnet, welche den CVJM mindestens ebenso ähnlich ist wie den heutigen sogenannten Kirchen. Die im Allgemeinen als ‹Kirchen› anerkannten Körperschaften sind mindestens so verschieden von der Ekklesía des Neuen Testaments wie die CVJM. Denn Ekklesía ist nichts anderes, als eine Bruderschaft von Menschen, die mit Jesus Christus und miteinander durch den Heiligen Geist verbunden sind und ihr tägliches Leben in solcher Gemeinschaft führen. Die Ekklesía wird uns beschrieben als ein gemeinsames Leben unter der Führung des Heiligen Geistes, ein gemeinsames Leben in Glauben, in Hoffnung und in Liebe, wo das, was wir als die kennzeichnenden Züge einer Kirche zu nennen pflegen, keine entscheidende Rolle spielte; ‹kirchliche› Einrichtungen, kirchliche Behörden, kirchliche Veranstaltungen. Die folgenden Punkte verdienen Beachtung:
>
> 1. Da gibt es keine Unterscheidung zwischen Priestern und Laien, sondern die ganze Gemeinde ist ein ‹priesterliches Volk›, von jedem wird erwartet, dass er priesterlich handelt.
> 2. Da gibt es keinen Opferdienst, sondern im Gegenteil: durch das Opfer Christi sind alle andern Opfer für immer abgetan, während jedermann, jedes Gemeindeglied, sein Leben als ein annehmbares Opfer darbringt.
> 3. Jedes Gemeindeglied ist zum Dienst in der Gemeinde aufgerufen. Es gibt keine ‹aktiven› und ‹passiven› Glieder, sondern, wie jedes Organ in einem lebendigen Organismus seine Obliegenheiten zum Besten des Ganzen erfüllt, so ist jedermann in der Ekklesía ein Organ, zu einer Obliegenheit befähigt, und es wird von ihm ein ‹Dienst› erwartet und geleistet. Jedes

---

[36] Emil Brunner, Die Ekklesía des Neuen Testaments und die CVJM, in: Merkblätter für CVJM-Arbeit. Bern. Ohne Jahrgang. (1956.) Privatarchiv F. J. Der Text ist abgedruckt in: Gottfried Geissberger (Hg.), Werden, Wachsen und Wesen der CVJM. Zürich 1968, S. 56 ff.

Glied ist ein Diener der Gemeinde. Untätige Christen sind als unwirksame, tote Organe zu betrachten und abzuschneiden.
4. Es gibt gewiss besondere Sonntagsversammlungen der Gemeinde zur ‹Anbetung›. Aber hier ist wiederum am bedeutendsten, dass jeder zur Erbauung der Gemeinde beiträgt, dass niemand übergangen wird, weil einige sich das Sprechen vorbehalten wollen.
5. Aber die Sonntagsversammlungen der Gemeinde werden gerade nicht Gottesdienst genannt, während im Gegenteil das tägliche Leben der einzelnen Christen, welche Gott ihr Leben als Opfer darbringen, diese Bezeichnung erhält. Darum ist tägliches Leben im Liebesdienst der Menschen der echte Gottesdienst.
6. Darum besteht kein solcher unser kirchliches Leben kennzeichnender Abgrund zwischen ‹Gottesdienst› und ‹Alltagsleben›, zwischen einem ‹geistlichen› und einem ‹weltlichen› Bezirk ausserhalb. Alles ist ‹geistlich› – auch das weltlichste Ding, wenn es vereint mit Christus getan wird; dann also ist Essen und Trinken, dann ist auch die trivialste Alltagsarbeit ‹geistlich›, wenn ‹in Christo› getan.

Geistlich – nicht-geistlich
Wenn daher die Mitglieder eines CVJM durch ihren Glauben wirklich mit Christus vereint sind und die Liebe, welche aus diesem Glauben fliesst, sie mit anderen Mitgliedern verbindet, so dass sie sich als Brüder fühlen, und wenn diese Mitglieder ihre Veranstaltungen als Dienst für Christus und die Brüder betrachten und ihr Leben in diesem Dienst opfern, sind sie Ekklesía ebenso wie die Kirche. Diese Einsicht ist von grösster Bedeutung, weil sie uns erlaubt, unsere ‹weltliche› Arbeit, sei es in Sportgruppen, in abendlicher Berufsbildung, in Handarbeit der Jugendstadt in Indiens Armenvierteln als geistliche Arbeit anzusehen, als ‹kirchliche› Arbeit im Sinne des Neuen Testaments. Nicht der Gegenstand an sich, Bibelarbeit oder Sport, sondern der Beweggrund für das Eine wie für das Andere, Christus und den Brüdern zu dienen, macht den Unterschied aus zwischen geistlich und nicht-geistlich; nicht der Beitritt zu einer bestimmten Kirche macht unsere Arbeit christlich, sondern die Zugehörigkeit zu Christus.

Der ‹Praktische Erfolg›
Andererseits befreit uns diese Einsicht von dem Gedanken an den ‹praktischen Erfolg›. Es gibt heutzutage andere Organisationen: UNO, UNESCO, internationale Nothilfeverbände oder einzelne Regierungen, die, von aussen gesehen, dasselbe tun wie wir, und es sogar besser tun als wir es vermögen, weil sie über mehr Geldmittel verfügen. Doch ist es etwas ganz anderes, weil es nicht aus der Quelle der Liebe Christi entspringt und darum nicht in demselben Geiste verwirklicht wird. Unsere *soziale Arbeit* hat ihren *Wert nicht in sich selbst*, sondern als Kundgebung der Liebe Christi. Wir sind nicht CVJM, weil wir ein vorbildliches Schwimmbad jedermann zur Verfügung stellen, sondern weil wir ein Schwimmbad bauen und benützen, um jungen Männern die Liebe Christi zu bringen. *Der CVJM hat als Wohlfahrtseinrichtung wenig Bedeutung.* Der CVJM ist entweder eine Form der Ekklesía oder er ist nichts. Ist er nicht Ekklesía, ist er ein nutzloses, amateurhaftes Seitenstück öffentlicher Wohlfahrtseinrichtungen.

Innen und Aussen
So kommen wir zu der eigenartigen Feststellung: der CVJM ist innerlich Ekklesía, Kirche im Sinne des Neuen Testaments; äusserlich ist er eine Wohlfahrtseinrichtung für junge Menschen aller Völker. Die Vereinigung dieses Innerlichen und Äusserlichen ist sein Wesen und die Grundlage seiner eigenartigen, unvergleichlichen Tätigkeit.
Es gibt darum zwei gefährliche Verirrungen, welche den CVJM seine Bestimmung verfehlen lassen können. Die erste: dass er seine Seele verliert, dass er aufhört, Ekklesía zu sein. Die zweite: dass er seine Eigenart verliert, und eine Einrichtung einer der Kirchen wird, eine ‹kirchliche› Jugendgruppe mit Bibelstudium als Hauptzweck.

Die Hauptgefahr
Die erste ist eine falsche Wendung nach aussen, die andere ist eine falsche Wendung nach innen. Im ersten Fall hört der CVJM auf, christlich zu sein, im zweiten hört er auf, CVJM zu sein. Die Hundertjahrfeier 1955 muss den örtlichen CVJM und ihren Landesverbänden über die ganze Welt hin helfen, diese Einsicht von der Einheit des Leibes und der Seele zu erfassen und die Seele wiederzugewinnen, welche die CVJM vielerorts verloren haben. Das Äussere, der ‹Leib› der CVJM, ist in geringerer Gefahr; denn dieser äussere soziale Dienst ist jedermann einleuchtend und ziemlich leicht in Gang zu bringen. Die Hauptgefahr ist der Verlust der Seele, des Wesens als Ekklesía.
Die Hauptaufgabe der Ekklesía im Neuen Testament ist es, Christus allen Menschen bekannt zu machen. Darum ist die Hauptaufgabe des CVJM, die Jugend unserer Zeit für Christus zu gewinnen. Die Jugend für Christus, Christus für die Jugend. Ob das durch Schwimmbäder, Abendschulen, Leibesübungen, Bibel- und Gebetsversammlungen geschieht, ist nicht die Hauptfrage. Es kommt nur darauf an, dass das Ziel ist, junge Menschen in lebendige Berührung mit Christus zu bringen. Das kann nur geschehen, wenn die Mitarbeiter im CVJM lebendige Christen sind und wenn sie eine lebendige Gemeinschaft untereinander haben, wo die Bibel gelesen, wo sie verkündet wird; wo auf herzliche, aufrichtige, brüderliche Weise Erfahrungen ausgetauscht werden. Die Seele des CVJM kann nicht leben, ohne durch die Quelle des Glaubens genährt und gereinigt zu werden.

Der heilige Eifer
Wir können uns den *idealen CVJM* vorstellen als eine Gesellschaft junger Menschen, *die sehr weltlich aussieht,* die jedermann offen ist, die dank der Veranstaltungen für junge Menschen Anziehungskraft besitzt und ihnen Dienste leistet. Aber wenn er auch von aussen weltlich erscheint, sind doch die leitenden Männer *innen voll Eifer,* den jungen Menschen von Jesus Christus zu sprechen, sobald sie fragen: Warum tut ihr das? Warum seid ihr so freundlich zu uns? Warum nehmt ihr gerade an mir Anteil? Die Botschaft von Jesus Christus in solchen Augenblicken mit wenigen Worten zu verkünden, zu erklären, was tatsächlich ein CVJM ist, das ist das eigentliche Ziel.

Wo Menschenliebe ist
Der CVJM ist ein Beweis dafür, dass das Evangelium von Jesus Christus keine ‹Religion› ist, sondern die auf Gottes Liebe gegründete Menschenliebe. Darum ist es möglich, Christus durch einfache, äussere Dinge zu bezeugen.

Wo wirkliche Menschenliebe ist, da ist Christus am Werke, wo Christus wirklich am Werke ist, da ist echte Menschenliebe. Die Grundlage der Ekklesía ist *Gottes Liebe in Jesus Christus,* empfangen und angenommen von *Menschenherzen.* Da bedarf es keines Glaubensbekenntnisses, selbst nicht der Pariser Basis, eines Musters der Kürze.[37] Wer Jesus liebt und willig ist, Ihm zu gehorchen, gehört zu ihr. Wer Ihn nicht liebt und Ihm nicht gehört, gehört nicht zu ihr. Die Liebe zu Christus ist die Bruderliebe und Willigkeit, den Brüdern zu dienen. Darum hat der CVJM eine so ausserordentlich gute Gelegenheit, Christus zu dienen. Die Kirchen haben ihren besonderen Wert und Dienst, und die CVJM können nichts Besseres tun, als mit ihnen allen in einem guten Verhältnis zu bleiben. Sie haben ihren Mitgliedern gewiss viel zu geben, was der CVJM nicht vermitteln kann. Aber *er* vermag jungen Menschen das Wesentliche zu geben, wenn seine Seele, sein verborgenes Innerstes, die Gemeinschaft mit Christus ist, welche ihn zum Handeln treibt und ihn leitet, das heisst, wenn er wirklich eine Art Ekklesía ist.»

Wer diesen Text Brunners gelesen hat, kennt zugleich die Hauptgedanken von «Das Missverständnis der Kirche», das zusätzlich die exegetischen und kirchengeschichtlichen Grundlagen seiner These vom fundamentalen Unterschied zwischen Kirche als Institution und Ekklesía enthält. Brunner verweist ausserdem explizit auf Rudolph Sohm, der in seinem «Kirchenrecht» von 1892 eine ähnliche Deutung der Kirchengeschichte vorgetragen hatte: Auf die ‹ideale› Urgemeinde folgt der ‹Abfall›, indem die Kirche immer mehr zur Institution verkommt und vom Recht beherrscht wird.[38]

Das Buch und damit Brunners Lehre von der Kirche wurden von der theologischen Öffentlichkeit unterschiedlich rezipiert. Wer den CVJM und ähnlichen Bewegungen nahesteht, findet sich ermutigt und bestärkt.[39]

Der an der Universität Göttingen lehrende Theologe Wolfgang Trillhaas warf Brunners Buch zwar «manche Voreiligkeiten in den Formulierungen» vor, betonte aber anerkennend, dass Brunner «gegenüber dem katholisierenden Protestantismus ein unübersehbares Anliegen» vertrete.[40]

Brunners Schüler und Freund I. John Hesselink nennt seine Argumentation zwar «einseitig» und meint, dass sie «auf einer Idealisierung der Urgemeinde» beruhe.[41] Zugleich erwähnt er aber den amerikanischen

---

[37] Vgl. oben, S. 502.
[38] Missverständnis, S. 142 f. und andere Stellen. Vgl. Rudolph Sohm, Kirchenrecht. Erster Band. Die geschichtlichen Grundlagen. (1892.) Anastatischer Neudruck. München und Leipzig 1923. Zweiter Band. Katholisches Kirchenrecht (Als nachgelassenes Fragment erst nach Rudolph Sohms Tod publiziert!). München und Leipzig 1923.
[39] Vgl. Dölf Weder, Christliche Jugendarbeit. Eine empirische praktisch-theologische Studie am Beispiel von 12 Jugendlagern des CVJM/F in der deutsch-sprachigen Schweiz. St. Gallen 1980, hier vor allem S. 336 ff.
[40] Wolfgang Trillhaas, Ethik. Berlin 1959, S. 438.
[41] I. John Hesselink, Emil Brunner: A Centennial Perspective. The Christian Century vom 13. Dezember 1989; http://www.religion-online.org/showarticle.asp?title=915. Noch schärfer formulierte es der Publizist Heinz Zahrnt, als er Brunner «Urkirchenromantik»

Theologen J. Robert Nelson, auch dieser ein Brunner-Schüler, der Brunners Distanz gegenüber der Kirche als Institution ebenfalls für überzogen hält, jedoch trotzdem unterstreicht, «die strenge Betonung der *Christologie* in Verbindung mit [Brunners] vielleicht übertriebenem Beharren auf der freien Gemeinschaft (Koinonia) der *nicht*-institutionellen Kirche» habe «einen wohltätigen Einfluss ausgeübt auf christliche Konzepte und Erfahrungen von Gemeinschaft».[42] Wie der Verfasser stellt auch Nelson fest, dass Brunners «Denken über die Kirche» stark von seiner «kurzen Beteiligung» an der Oxfordgruppenbewegung und von seiner «längeren Zeit in den CVJM» bestimmt ist.[43]

In seiner Monographie «Kirche in der Kraft des Geistes» greift Jürgen Moltmann Brunners Begriff der Kirche als «Personengemeinschaft» auf.[44] Es ist unverkennbar, dass Moltmann als Vertreter einer «messianischen Ekklesiologie» von Brunner, der die Existenz der «Christusgemeinde» als eine «messianische Existenz» definierte, profitieren konnte.[45]

Wesentlich kritischer ist die Beurteilung von «Das Missverständnis der Kirche» durch den Heidelberger Theologen Christoph Schwöbel, der Brunners Lehre von der Kirche vorwirft, sie sei «in Gefahr [...], die Geschichtlichkeit und institutionelle Sozialität der Kirche zu ignorieren, indem sie die durch den Geist zusammengeführte Christusgemeinschaft (Ekklesía) vor allem kritisch (aber kaum konstruktiv oder konstitutiv) auf die empirische Wirklichkeit der Kirchen» beziehe.[46]

Brunner wird vorgeworfen, nicht berücksichtigt zu haben, dass zwischen der Zeit der Urkirche und der Gegenwart eine – doch nicht nur negativ zu bewertende – Geschichte des Christentums stattgefunden habe. Der reformierte Ökumenespezialist Gottfried W. Locher etwa stellt die Frage, ob es wirklich möglich sei, das «Leben der Kirche» *heute* unmittelbar «aus dem Leben der neutestamentlichen Gläubigen herauszulesen?»[47] Sein römisch-katholischer Kollege, Rudolf Schmid,[48] hält Brunners Text «aus katholischer Sicht» für nicht nachvollziehbar. Damit von «Kirche im vollen Sinn gesprochen werden kann», brauche es ein «verbindliches Glaubens-

---

zum Vorwurf machte und ihm einen «Zug zur Schwärmerei» nachsagte. Vgl. Heinz Zahrnt, Die Sache mit Gott. Die protestantische Theologie im 20. Jahrhundert. München 1966, S. 99 und S. 102. Nach: Dölf Weder (Anmerkung 39), S. 337.

[42] J. Robert Nelson, A Personal Tribute to Professor Emil Brunner, in: Kramer, S. 199–202, hier: S. 201 f.
[43] A. a. O., S. 201.
[44] Jürgen Moltmann, Kirche in der Kraft des Geistes. Ein Beitrag zur messianischen Ekklesiologie. München 1975, S. 125.
[45] Missverständnis, S. 64.
[46] Christoph Schwöbel, Artikel «Brunner, Emil», in: Religion in Geschichte und Gegenwart. 4. Auflage. Band 2. Tübingen 1999, Sp. 1801 f.
[47] Gottfried W. Locher in einem Brief an F. J. am 22. Juli 2005.
[48] Rudolf Schmid in einem Brief an F. J. am 24. Juli 2005.

bekenntnis», die «Feier der Sakramente», die «weltweite Verbundenheit im Sinne der Katholizität» und «kirchliche Strukturen». Von spezifischen Ämtern oder Diensten spreche bereits der Apostel Paulus: «Sind etwa alle Apostel? Sind alle Propheten? Sind alle Lehrer? Sind alle Wundertäter?»[49]

War die Christenheit nicht «von allem Anfang an sowohl geistlich als auch leiblich, d. h. auch mit institutionellen Elementen ausgestattet»? *Konnte* sie überhaupt ohne solche leben? «Das Sichtbare und das Unsichtbare, das Persönliche und das Gemeinsame, das Geistliche und das Physische, das Theoretische und das Existentielle repräsentieren Polaritäten», die man nicht ungestraft auseinander reisst – so H. Richard Niebuhr in einer recht ungnädigen Rezension bereits im Frühsommer 1953.[50]

Sein japanischer Schüler Hideo Ohki bezichtigt Brunner eines ekklesiologischen Dualismus. Die schroffe Gegenüberstellung von Kirche und Ekklesía sei unzureichend. Neben der Ich-Du- und der Ich-Es-Relation gebe es auch eine Er- bzw. Sie-Kategorie. Das Er oder das Sie kann je und je zum Du werden und ist doch etwas anderes als das Du. Durch diese Erweiterung des Brunner'schen Personalismus werde es möglich, auch das Institutionelle ernst zu nehmen.[51]

Besonders ablehnend war Karl Barth,[52] der im Kirchenkampf in Deutschland am eigenen Leib erfahren hatte, wie wehrlos eine Kirche ist, die nicht auf ein klares Bekenntnis zurückgreifen kann und auf eindeutige rechtliche Strukturen.[53] Im Kapitel über «Die Ordnung der Gemeinde» in seiner «Kirchlichen Dogmatik» (einem Teil seiner Versöhnungslehre) hält Barth gleich zu Beginn fest: Versöhnung bedeutet *auch*, dass Gott eine «grosse Kampfaktion gegen das Chaos und also gegen die Unordnung» unternimmt.[54] Ordnung ist «Protest gegen das Chaos».[55] «Wir werden es, wenn von der Ordnung der Gemeinde die Rede sein soll, nicht vermeiden können, im gleichen Atemzug» von ihrem «Recht zu reden».[56]

In der Auseinandersetzung mit Emil Brunners Begriff der «Bruderschaft» präzisiert Barth das Wort, indem er die Kirche als «bruderschaftliche Christokratie» oder «christokratische Bruderschaft» definiert.[57] Eine

---

[49] 1. Korinther 12,29.
[50] Nachlass 129, Mappe mit Rezensionen, aus dem «Westminster Bookman», Vol. XII, Juni 1953.
[51] Hideo Ohki, A Memoir from Dr. Brunner's Erstwhile Japanese Assistant, in: Kramer, S. 213–217, hier: S. 216.
[52] Vgl. Frank Jehle, Karl Barths Beitrag zur Theorie des Kirchenrechts, in Jan Bauke und Matthias Krieg (Hg.), Denkmal, 4. Band: Die Kirche und ihre Ordnung. Zürich 2003, S. 129–140.
[53] Vgl. Karl Barth, Kirchliche Dogmatik IV 2. Zollikon-Zürich 1955 (im Folgenden zitiert als «KD IV 2»), vor allem S. 766 ff.
[54] KD IV 2, S. 766.
[55] A. a. O.
[56] A. a. O.

Gemeinde, die nicht «nach Ordnung und Recht» fragt, gibt ihr Leben «unvermeidlich dem Zufall, der Willkür, der Verwilderung» preis.[58] Es könne zwar nicht bestritten werden – und hier hatte Brunner etwas Richtiges diagnostiziert –, dass «Juridifizierung und Bürokratisierung», «Formalisierung und Technisierung» des kirchlichen Lebens «Phänomene der Unordnung» bzw. einer schlechten Ordnung sind. Diese liessen sich aber nicht bekämpfen, indem man das Problem des Kirchenrechtes auf die Seite schiebe, sondern nur «mit Erkenntnis und Befestigung der wahren Ordnung».[59] Der Glaube an den auferstandenen Christus impliziert eine «in ihm aufgerichtete Ordnung und daraus folgend die Verpflichtung», dass die Kirche «dieser seiner Ordnung entsprechend» gestaltet und geleitet werde.[60]

«Das immer wieder zu erfragende rechte Kirchenrecht ist integrierender Bestandteil des ja ebenfalls immer wieder zu erfragenden rechten [...] Bekenntnisses.»[61] – «Rechtes Kirchenrecht entsteht [...] aus dem Hören auf die Stimme Jesu Christi.»[62] – Die «zu hörende Stimme ist die des in der heiligen Schrift bezeugten Jesus Christus».[63]

Barth grenzt sich gegen ein biblizistisches oder fundamentalistisches Missverständnis ab: «Die Gemeinde hat [...] bei der Frage nach ihrer [...] Lebensform nicht etwa abzuschreiben, zu übernehmen, nachzuahmen.»[64] Sie wird sich «an der ersten und originalen Gestalt der ‹bruderschaftlichen Christokratie› zu orientieren haben – nicht um sie in ihrer damaligen und dortigen Gestalt wiederherzustellen, sondern um sich durch sie anleiten zu lassen».[65]

Er war sich bewusst, dass theologische Fachleute dabei auf die Mitarbeit der «juristischen Wissenschaft und Kunst» angewiesen sind.[66] Die Kirche brauche aber jedenfalls eine *Form*. Und diese Form kann sie sich nicht von aussen (z. B. vom Vereinsrecht oder von einem Staatskirchenrecht) geben lassen. Ihre Form muss christusverträglich sein, da Jesus Christus selbst ihr «lebendiges Gesetz» ist.[67]

Fazit: Emil Brunners Buch über die Kirche löste eine heftige Diskussion aus und gibt zu denken.

---

[57] A. a. O., S. 770. Karl Barth übernahm den Begriff «bruderschaftliche Christokratie» von dem mit ihm befreundeten Kirchenrechtsspezialisten Erik Wolf.
[58] KD IV 2, S. 771.
[59] A. a. O.
[60] A. a. O.
[61] A. a. O., S. 772.
[62] A. a. O.
[63] A. a. O., S. 773.
[64] A. a. O.
[65] A. a. O.
[66] A. a. O., S. 781.
[67] A. a. O., S. 772.

Reisen nach Asien und Professor in Japan

Seine Tätigkeit für die CVJM öffnete Brunner das Tor nach Asien. Bisher hatte er nur Europa und die Vereinigten Staaten von Amerika (und etwas von Kanada) gekannt. Sobald er «*counsellor*» des CVJM-Weltbundes geworden war, kamen Pläne für eine ausgedehnte Asienreise auf. Schon im Mai 1947 schlug Tracy Strong Brunner vor, im August und September 1948 in den Fernen Osten, nach Japan, Korea und China, zu reisen und im Februar und März 1949 nach Indien.[1] Tracy Strong hielt Brunners Einsatz vor allem für Japan wichtig, da die «christlichen Kräfte» dort – unter anderem als Folge des Krieges – «völlig unzureichend» seien. Brunner müsse und könne einen «besonderen Beitrag» leisten «zum Wiederaufbau des christlichen Lebens in Japan». Die dortigen Christen müssten sich über ihren «Platz im nationalen Leben» klar werden. Es waren weniger Vorträge vor einem grossen Publikum vorgesehen als Gespräche in Kleingruppen mit massgebenden Persönlichkeiten aus dem kirchlichen und erzieherischen Bereich und natürlich aus der CVJM-Bewegung. Ein wenig naiv träumte Strong davon, dass das durch den Krieg schwer erschütterte japanische Volk als Ganzes für das Christentum gewonnen werden könnte.[2]

Im April 1948 wurde das Projekt so konkret, dass im Briefwechsel zwischen Strong und Brunner von Fachliteratur über Japan die Rede ist.[3] Und als Ende November 1948 die Universität Zürich Brunner aus Anlass seiner 25-jährigen Lehrtätigkeit für den Winter 1949/50 ein Freisemester gewährte,[4] konnte er sich den CVJM «für einen längeren Zeitabschnitt in Asien» zur Verfügung stellen.[5] Da er die psychische Krise Ende Juni 1949 überwunden hatte[6] (sein Hausarzt stellte ihm Anfang August ein entsprechendes Zeugnis aus[7]), stand einer Asienreise nichts mehr entgegen.

---

[1] Strong an Brunner am 8. Mai 1947.
[2] Strong an Soichi Saito am 23. März 1948.
[3] Vgl. Goro Mayeda an Tracy Strong am 8. April 1948.
[4] Strong an Henry P. van Dusen am 26. November 1948.
[5] Strong an Dalton I. McClelland am 13. Dezember 1948.
[6] Vgl. oben, S. 465.
[7] Nicht datierte, handschriftliche Notiz in der Sammlung der Briefe Tracy Strongs an Brunner.

Die erste Asienreise

Am 21. September 1949 brach Brunner zusammen mit seiner Frau von Zürich auf. Über London flogen sie – die Reise dauerte insgesamt 32 Stunden – nach Calcutta.[8] Dort konferierte Brunner mit lokalen CVJM-Leitern, um die Indienreise in der zweiten Semesterhälfte vorzubereiten. Weitere Zwischenstationen waren Bangkok und Hongkong. In Bangkok, dem «Venedig des Ostens», bewunderten die Brunners «Kanäle, Wohnboote, Alleen, Tempel, Buddhastatuen, eigenartige Türme, geschwungene Dächer, mächtige Mauern, Wächterfiguren, [...], [den] Königspalast» und besonders den «Smaragd-Buddha», eine 66 Zentimeter hohe Statue aus «Glas, Porzellan, Ebenholz mit Perlmutter» und Jade.

Auch hier kam es zu Kontakten mit Missionaren und Studenten der CVJM. Ein «*Churchdinner*» wurde für sie veranstaltet, und am folgenden Tag predigte Brunner in einem «Abendgottesdienst für Schweizer und Deutsche». Auf der Weiterreise nach Hongkong überflogen sie Angkor Wat, den Mekong, Urwälder und Sümpfe und die chinesische Küste.

Am 29. September 1949 kamen sie in Tokio an. Die Verwüstungen durch den Zweiten Weltkrieg waren immer noch unverkennbar. Fünfzig Prozent der Häuser waren zerstört. Der amerikanische Vertreter der CVJM hatte ein vorfabriziertes Haus aus seiner Heimat kommen lassen müssen. Brunners wurden in einer kleinen Wohnung untergebracht, die sich im zum Glück unversehrten Haus der CVJM in Tokio befand. Dass sie überhaupt hatten einreisen dürfen, verdankten sie dem Leiter der amerikanischen Militärregierung, General Douglas MacArthur. Dessen Adjutant hatte Tracy Strong bestätigt, der «Oberbefehlshaber» begrüsse «Vertreter solcher Organisationen wie des CVJM-Weltbundes» und «würdige zutiefst ihre Bemühungen, die christliche Bewegung voranzutreiben und im sehr wichtigen Programm bei der geistigen und geistlichen Neuorientierung des japanischen Volkes zu helfen».[9]

Emil und Margrit Brunner standen unter dem persönlichen Schutz der Amerikaner. Sie durften im Einkaufszentrum für die Besatzungsarmee einkaufen. Man stellte ihnen zuweilen Autos oder Benzin zur Verfügung und erlaubte ihnen, die für die Besatzungstruppen reservierten Eisenbahnzüge zu benutzen. (Ihre japanischen Freunde durften sie in diesem Fall nicht auf den Bahnsteig begleiten.) Kurz bevor sie Japan wieder verliessen, wurden sie von MacArthur persönlich empfangen, der Brunner aller-

---

[8] Die Einzelheiten basieren auf den Terminkalendern Emil und Margrit Brunners (Nachlass 123 und 121) und auf den Rundbriefen an die Familie (Nachlass 61). Dazu kommen Aufzeichnungen Margrit Brunners für einen Vortrag (Nachlass 131, 6).
[9] R. M. Levy, Colonel, AGD, Adjutant General, an Tracy Strong am 12. Mai 1949.

dings nur ‹anpredigte› und sich kaum für dessen Beobachtungen und Meinungen interessierte.[10]

Dank der guten Beziehungen zur Militärregierung erhielten sie am 7. Dezember 1949 eine halbstündige Audienz beim Kaiserpaar. Zuerst sprach der Kaiser mit Margrit Brunner, während die Kaiserin sich mit Emil unterhielt. Dann wurden die Gesprächspartner gewechselt. Margrit Brunner schenkte der Kaiserin Ansichtskarten aus der Schweiz. Der Kaiser sagte Brunner, wie dankbar er sei, wenn ausländische Gelehrte Japan besuchten, und vertraute ihm an, dass er immer gegen den Krieg gewesen sei, sich gegenüber der Generalität aber nicht habe durchsetzen können.[11] Anerkennende Worte fand er für die Arbeit der CVJM, «namentlich im Zusammenhang mit der Repatriierung der Auslandjapaner und Kriegsgefangenen». Er begrüsste «lebhaft den christlichen Einfluss im japanischen Volk», interessierte sich für «Fragen der Erziehung» und sprach «sehr freundlich über die Schweiz». Mit «Beifall» nahm er Brunners «Vorschlag» entgegen, «japanische Studenten in die Schweiz zu schicken».[12] Auch sonst wurden Emil und Margrit Brunner nicht nur von den Amerikanern, sondern auch von japanischen Amtsstellen unterstützt, etwa wenn es um Führungen durch Tempelanlagen ging.

Brunners Aufenthalt in Japan war aber keine Ferienreise! An geradezu unzähligen Veranstaltungen musste er das Wort ergreifen. Er diskutierte mit jungen Leuten, predigte und hielt Vorlesungen – teilweise vor gegen 2000 Studenten (in schwarzen Uniformen, an denen goldene Knöpfe blinkten). Wie gut er besonders bei den jungen japanischen CVJM-Mitgliedern ankam, zeigt ein Brief mit 36 Unterschriften; in einer Tagungsstätte am Fuss des Fujiyama hatte Brunner im Oktober eine Retraite mit ihnen durchgeführt, für die sie ihm schriftlich dankten:

> «Ihnen und Frau Brunner möchten wir unsere tiefste Anerkennung ausdrücken für das, was die vergangenen drei Tage uns allen bedeuteten. Es war ein beispielloses Privileg in unserem Leben, und es wird eine unvergessliche Erfahrung bleiben. Unsere christlichen Zielsetzungen wurden gestärkt, als wir gemeinsam die geistigen und geistlichen Werte des Lebens überdachten. Wir gehen [...] fort erfüllt mit dem Entschluss, unser persönliches Leben erneut dem christlichen Dienst zu widmen. Mit Hand und Herz wollen wir als Gruppe zusammenbleiben. Wir danken Ihnen für alles, was Sie uns in diesen bemerkenswerten Tagen waren.»[13]

---

[10] Rundbrief von 26./29. Dezember 1949.
[11] Vgl. die handschriftlichen Aufzeichnungen «Audienz beim Kaiser» in Nachlass 91, die aus inhaltlichen Gründen auf das Jahr 1949 (und nicht auf 1954 oder 1955) zu datieren sind. Unter anderem war Ernst Nobs nur bis 1951 Mitglied des Bundesrates.
[12] Rundbrief von 26./29. Dezember 1949.
[13] Soichi Saito und 35 Mitunterzeichner an Brunner am 13. oder 23. Oktober 1949.

Brunners Japanaufenthalt dauerte vom 29. September bis zum 11. Dezember 1949, also gut zehn Wochen – mit einer wichtigen Unterbrechung: Am 13. November flog er von Tokio nach Seoul, um dort während zehn Tagen Gespräche zu führen und Vorlesungen zu halten. Am 13. Dezember begann der Aufenthalt auf dem indischen Subkontinent. Sofort fiel Brunner auf, dass in Indien viel lebhafter und spontaner diskutiert wurde und der Autoritätsglaube geringer war als in Japan. In der Woche vor Weihnachten hielt sich das Ehepaar Brunner in Sri Lanka (damals Ceylon) auf. Am 23. Dezember wurde unter der Leitung des Ökumenikers James Edward Lesslie Newbigin, damals Bischof der südindischen Kirche in Madurai, Brunners 60. Geburtstag gefeiert «mit bunten Ranken und Blumen um seinen Sessel und Singen von ‹Happy Birthday to You›»[14]. In Madurai – einem vielbesuchten Wallfahrtsort – mit seiner überaus eindrücklichen 260 × 220 Meter grossen Tempelanlage (mit vier riesigen Tortürmen, übersät mit Figuren aus der indischen Mythologie) hatte Brunner seine erste Begegnung mit hinduistischen Gelehrten.[15] Es folgten ‹Weihnachtsferien› in Kodaikanal in Südindien, einem auf 2133 m über Meer gelegenen und deshalb klimatisch angenehmen Luftkurort, 120 Kilometer von Madurai entfernt.

Brunners besuchten Madras, Calcutta, Allahabad, Delhi und Agra mit dem Taj Mahal. In Vellore, nicht weit von Madras, lernten sie das Werk der amerikanischen Ärztin Ida Scudder kennen, das *Christian Mission College*, das über hundert junge Frauen zu Ärztinnen ausbildete und eben erst die staatliche Anerkennung erhalten hatte. Beeindruckt waren sie auch von einem grossen, ambulanten Programm, mit dem indischen Männern und Frauen zu Staroperationen verholfen wurde.[16]

Brunner sprach auf Pfarrerkonferenzen, aber auch an Universitäten. Frederik Franklin, der örtliche Vertreter der CVJM in Madras (und ein guter Violinist, mit dem Brunner mehrmals musiziert hatte), schrieb nach Brunners Abreise an Tracy Strong:

> «Auf Grund unserer Erfahrung in Madras ist es bereits klar, dass Dr. Brunners Besuch in Indien zu einer besonders günstigen Zeit stattfindet und dass seine Arbeit für die Sache des Christentums hier von allergrösstem Wert ist. – Es war sicher sehr schwierig, aus der völlig anderen Situation in Japan das erste Mal nach Indien zu kommen. Aber Dr. Brunner hat die andere Stimmung umgehend erspürt, in welcher wir unser Werk tun. In bewundernswerter Art war er fähig, sich nicht nur den Bedürfnissen der ganzen Situation anzupassen, sondern auch den unterschiedlichen Bedürfnissen der sehr verschiedenen Arten von Gruppen, mit denen er zusammentraf. Bei jeder Gelegenheit

---

[14] Rundbrief von 26./29. Dezember 1949.
[15] Vgl. unten, S. 522 ff.
[16] Emil Brunner, Blinde sehen, in: NZZ 1950, Nr. 2112.

machte er einen tiefen Eindruck nicht nur mit dem, was er sagte, sondern auch mit der gewinnenden Art seiner Persönlichkeit. Uns in den CVJM hat er eine grössere Klarheit über den Zweck unserer christlichen Aufgabe gegeben und ein deutlicheres Verständnis derselben. Den Missionaren gab er neue Zuversicht und stärkeres Vertrauen in die Einmaligkeit ihres Glaubens und ihrer Sendung. Den Theologen hat er in einer dringend benötigten Deutlichkeit die Gefahren des Relativismus aufgezeigt und sie zu klarerem christlichen Denken herausgefordert. Den Studenten gab er ein neues Verständnis des Christentums als eines Glaubens, der Anweisungen und konkrete Inhalte vermittelt sowohl für die ideelle als auch für die geistig-geistliche und moralische Grundlage ihrer wissenschaftlichen Arbeit. Den Hindus begegnete er einfühlend und bescheiden, hielt aber an der historischen und erfahrungsmässigen Einmaligkeit des christlichen Glaubens fest. Er war ein Missionar, auch wenn er zu Gremien wie dem Rotary Club oder der Philosophischen Gesellschaft sprach. Bei seinen Zuhörern hinterliess er den Eindruck, nicht nur ein grosser Gelehrter, sondern auch ein aufrichtiger Christ zu sein. So weit ich mich erinnern kann, gab es im Rotary Club Madras noch nie eine so lebhafte Diskussion wie nach Dr. Brunners Ansprache über seine Eindrücke in Japan.»[17]

Tracy Strong gab diesen Brief an Brunner weiter mit dem Kommentar:

«Glänzende Nachrichten über Ihre hochbedeutungsvolle Missionsreise kommen immer neu aus Indien und von anderswo. Mit grosser Spannung freue ich mich darauf, nach Ihrer Rückkehr einen Tag mit Ihnen verbringen zu dürfen.»[18]

In Allahabad, wo Brunner drei Vorlesungen an der Universität hielt, war der Pfarrer Rt. Rev. A. Ralla Ram, D. D., so begeistert, dass er Brunner schrieb, er werde seine Bücher «sammeln» und ihn als seinen «Guru» annehmen – mehr als jeden andern![19]

Am 21. Februar 1950 kam es zu einer persönlichen Begegnung mit dem indischen Premierminister Jawaharlal Pandit Nehru. Da Nehru aber offensichtlich müde war, verzichtete Brunner darauf, ihm viele Fragen zu stellen. Obwohl das im britisch geprägten Indien nicht üblich war, gab Nehru Emil und Margrit Brunner zur Begrüssung und zum Abschied zweimal die Hand.[20]

Besonders spektakulär war ein «Gemeinschaftsgottesdienst» der verschiedenen christlichen Denominationen in Jabalpur im Staat Madhya Pradesh. Margrit Brunner erzählt:

«Aus der ganzen Umgebung kamen die Leute herbeigeströmt – wenn die Kirche voll ist, so fasst sie 1500 Leute, und sie war voll – zum Teil fünf Meilen weit her zu Fuss, andere auf Velos, in Rikschas, in den alten buntbemalten

---

[17] Frederik Franklin an Tracy Strong am 12. Januar 1950.
[18] Strong an Brunner am 9. Februar 1950.
[19] A. Ralla Ram an Brunner am 16. Februar 1950.
[20] Rundbrief vom 20. Februar 1950.

> Kutschli aus viktorianischer Zeit [...], in Jeeps, in Autocars und [Lastwagen], kurz alle erdenkbaren ‹Vehikel›, auch ein Ochsengespann mit dem hier üblichen halbrunden Verdeck nicht zu vergessen, sowie zwei oder drei ‹normale› Autos. Ein Verkehrspolizist [...] sorgte für die nötige Ordnung, und um drei Uhr ging der Gottesdienst an. (Er musste so früh angesetzt werden, damit die Leute noch vor einbrechender Dunkelheit wieder nach Hause kommen – samt Kind und Kegel!) [...] [Da sassen] die Mütter samt ihren Kindlein im Arm da, Väter mit ihren Büblein (die noch ‹schnell hinaus mussten›), ein Hund promenierte bis kurz vor Beginn der Predigt im Querschiff hin und her, und jeden Augenblick war ich darauf gefasst, dass die magere Kuh vor der offenen Tür mir gegenüber ihre Nase in die Kirche stecke – was vielleicht ohne den Wächter an der Türe auch der Fall gewesen wäre; bald krähte dort ein Göflein, bald weinte hier eins, aber da war nicht viel zu machen, und schon kamen in feierlicher Prozession, an der Spitze ein junger Mann in priesterlichem Gewand mit einem Kreuz an langer Stange, der ganze Zug der Pfarrer, Professoren, Glieder der Kirchenchöre – darunter zwölf junge Mädchen in feuerroten seidenen Saris mit weissem Tuch über Kopf und Schulter. [...] Dann folgte die Liturgie auf Englisch und Hindi, die zirka vierzig Minuten dauerte (die englischen und die auf Hindi gesungenen Chöre inbegriffen), und nun kam erst die Predigt.»

Als Brunner «die bunte Volksmenge sah – und es war wirklich ein wunderschöner, farbenfroher Anblick, diese grosse, dicht gefüllte Kirche mit all diesen festlich gekleideten Leuten –», habe er sich gefragt, «ob er nicht einen andern Text für seine Predigt wählen sollte (als über den ‹alten› und den ‹neuen› Bund, aus Jeremia[21]), aber die Zeit, sich innerlich umzustellen, war doch zu knapp dazu, und dann waren da auch alle die Teilnehmer der theologischen Konferenz, und so versuchte er eben ‹to make the best of it› und sprach so einfach wie möglich, und allem nach wurde die Predigt gut aufgenommen», obwohl er selbst «schon nicht recht befriedigt war». Ihm war ja «immer daran gelegen [...], gerade zu den Leuten zu reden, die *jetzt hier* sind, nicht zu einem ‹abstrakten› Publikum».

> «Und dann kam noch die ‹Prozession› um die ganze Kirche, unter Absingen eines Liedes, wieder die ‹geistlichen› Herren voran, dann die Chöre und anschliessend, immer zwei um zwei, die ganze Gemeinde, bis sie beim Haupteingang wieder anlangte, wo ein Pfarrer die Gemeinde unter seinem Segen entliess.»[22]

Nach Indien folgte ein zweiwöchiger Aufenthalt in Pakistan (vor allem in Lahore, aber auch in Karachi), und zum Schluss verbrachten Emil und Margrit Brunner noch drei Tage in Kairo, wo sie nicht nur die touristischen Sehenswürdigkeiten bestaunten: Brunner predigte vor 1200 Chris-

---

[21] Vgl. Jeremia 31.
[22] Rundbrief vom 21. Januar 1950.

ten, die «einen roten Fez auf dem Kopf trugen»,[23] und lernte auch die koptische Kirche kennen. Am 20. März 1950 war das Ehepaar wieder zurück in Zürich.

Brunner hatte während seiner ersten Asienreise ein anstrengendes Programm. Dass er auf englische Manuskripte zurückgreifen konnte, die *Gifford Lectures* und auf «*The Scandal of Christianity*»,[24] machte es ihm möglich, es gut zu bewältigen. Er musste aber auch improvisieren. Er *lehrte* jedoch nicht nur, sondern er *lernte* auch und wurde mit neuen Fragen konfrontiert. Vergleichsweise am einfachsten war es in Korea, das das ‹christlichste› aller Länder in Asien war. Wegen des kommunistischen Regimes im Norden waren in kurzer Zeit eine Million Christen in den Süden geflüchtet, die innerhalb nur eines Jahres «nicht weniger als hundert neue Kirchen» bauten. Staatspräsident Syngman Rhee war «ein Christ und ehemaliger CVJM-Sekretär». Etwas «unglücklich» war aber «der Gegensatz zwischen gesetzlich-bibelgläubigen und freier denkenden Christen, der so tief» ging, dass Brunner «von jener ersten Gruppe als Ketzer betrachtet und nicht eingeladen wurde». Doch die *jungen* Leute waren «dankbar, wenn ihnen die christliche Lehre so dargebracht wurde, dass moderne Wissenschaft und Bildung nicht als böse Feinde, sondern Freunde erschienen». Der koreanische Bildungsminister – selbst kein Christ – bestätigte das: «Sie haben das Christentum zum ersten Mal wissenschaftlich und logisch dargestellt.»[25]

In Japan war die Lage anders. Brunner meinte beobachten zu können, dass die Japaner mehrheitlich agnostisch eingestellt waren, besonders die Gebildeten. Die alten Religionen hatten ihre Kraft verloren. Erstaunlich fand er aber, wie gut die Universitätsprofessoren in Fragen der europäischen Philosophie bewandert waren: Bei einer Zusammenkunft wollte man mit ihm über Heidegger diskutieren! Es irritierte ihn, dass manche Studenten es nicht akzeptierten, wenn er verständlich sprach. Sie wollten nicht «verstehen», sondern «staunen». Lästig für ihn waren die mangelhaften Englischkenntnisse der jüngeren Generation (eine Folge des Krieges), weil fast immer ein Übersetzer eingesetzt werden musste; seine Vorträge dauerten deshalb entweder viel zu lang, oder er fühlte sich gezwungen, ungebührlich zu vereinfachen.

---

[23] Emil Brunner, Erkundungs- und Dienstflug durch Asien, in: Junge Kirche. Monatsblatt der «Jungen Kirche», des Bundes evangelischer Jugend der Schweiz. 17. Jahrgang, Nr. 2. Marthalen, Mai 1950, S. 33.
[24] Vgl. oben, S. 480 ff. und S. 478 ff.
[25] Emil Brunner, Erkundungs- und Dienstflug durch Asien, in: Junge Kirche. Monatsblatt der «Jungen Kirche», des Bundes evangelischer Jugend der Schweiz. 17. Jahrgang, Nr. 2. Marthalen, Mai 1950, S. 29 f.

In Indien und Sri Lanka traf er auf eine für ihn neue Situation. Der Hinduismus (und in Sri Lanka der Buddhismus) waren hier quicklebendig. «Indien fühlt sich dem materialistischen Abendland überlegen.»[26] Es hatte die Unabhängigkeit von Grossbritannien erlangt und war stolz auf die eigene Tradition.

«Wie sehr sich die geistige Lage in Indien von der in den bisher besuchten Ländern» unterschied, erfuhr Brunner gleich bei seinem ersten Vortrag kurz vor Weihnachten 1949 in Madurai. Als er seine Ansprache im Haus des CVJM «mit den Worten schloss: Indien für Christus – Christus für Indien!, erhob sich eine stürmische Opposition, geführt von einem Brahmanen, der scharf gegen diesen ‹christlichen› Fanatismus Stellung bezog, der ‹alles für Christus allein in Beschlag nehmen› wolle. Seine Gegenrede wurde mit weit grösserem Beifall aufgenommen» als der Vortrag Brunners, woraus dieser «erkannte», dass er «in Indien nichts anderes, aber auf andere Weise reden müsse».[27]

Margrit Brunner erzählt in einem ihrer Rundbriefe, dass am Vortrag in Madurai «zur Hauptsache *Nicht*christen teilnahmen»:

> «Nie werde ich den alten Brahmanen (Advokat) mit aschenbestrichener Stirne vergessen, der sich vor Papa aufstellte, ja selber aufs Podium stieg und nun seinerseits eine Rede hielt, in der [er] gegen Papas christlichen Standpunkt Opposition machte – unter Applaus eines grossen Teils des Publikums! Zum Glück hatte er aber auch eine gute Dosis Humor, ja sogar Liebenswürdigkeit, und nachdem auch andere sich noch mehr oder weniger stürmisch zum Wort gemeldet hatten, ging schliesslich doch alles in Minne auseinander, Papa – und ich! – nach Landessitte sogar zum Schluss noch bekränzt mit [...] langen, aus süss – *zu* süss – duftenden Lilienknospen dichtgeflochtenen Kränzen.»[28]

Es bereitete Brunner grosse Mühe, dass er Widerspruch auslöste, wenn er das klassisch reformatorische – und doch auch gut biblische – «*solus Christus*» proklamierte. Die Hindus anderseits (und auch die Buddhisten) verhielten sich grundsätzlich ‹tolerant›: Als *eine* Inkarnation des Göttlichen unter *anderen* konnten sie auch Jesus Christus gelten lassen. Wie Margrit Brunner hellsichtig erkannte, war die Hauptaufgabe ihres Mannes in Indien «nicht das ‹Missionieren› unter ‹Heiden›». Dieses Wort dürfe man in Indien «unter keinen Umständen» verwenden, sondern man müsse «von ‹nicht-christlich› sprechen»:

> «Papas Hauptaufgabe [ist] einerseits Klärung und Förderung derer unter den Indern, die sich als Christen bekennen, und anderseits der Stärkung der amerikanischen Kirchenleute. Es ist ein ganz überwältigender Eindruck, wie hier *alles* ruhig zusammengeht; wie auch für die Christen die ‹Hinduvergangen-

---

[26] A. a. O., S. 31.
[27] A. a. O.
[28] Rundbrief von 26./29. Dezember 1949.

heit› mit dem ‹Christsein› noch lange nicht abgetan ist; wie da ein ‹sowohl als auch› gang und gäbe ist; wie aber auch Hindus, und zwar solche, die es durchaus ernst meinen mit ihrer Hindureligion und -philosophie, ruhig, ja willig Christus in ihre Glaubenswelt einbeziehen; und schliesslich – wie auch christliche *ausländische* Missionsleute so beeindruckt sind von diesem reichen und tiefsinnigen indischen religiösen und philosophischen Erbe, dass sie ihren eigenen christlichen Auftrag oft nicht mehr klar zu erkennen vermögen. [...] Hauptanstoss für einen Hindu ist natürlich stets die ‹Geschichtlichkeit› des christlichen Glaubens, das ‹Einmalige›, das Kreuz, alles andere, selbst das ‹Persönliche›, können sie irgendwie gelten lassen. – Die gleichen Probleme [...] tauchen immer und immer wieder auf bei denen, die sich als Christen betrachten, ja die sogar getauft sind.»[29]

Für den Dialog in Indien brauche es nicht nur gedankliche «Klarheit», sondern ganz besonders «Liebe»:

«Es ist eigentlich ein ständiges Ringen darum, da die rechte Mitte zu finden, hier, wo alles so parat ist, ‹alles zu verstehen›, alles gelten zu lassen und andere, die nicht so ‹grosszügig› sind, der Intoleranz zu zeihen. In dieser Frage ist der Einfluss Gandhis sehr stark fühlbar mit seiner Lehre: ‹*all religions are at bottom the same*› [...]. [...] Während die ‹alte Generation› noch sehr stark verwurzelt zu sein scheint in ihren alten Schriften, dem Vedanta, der Bhagavadgita, interessieren sich die ‹Jungen› vor allem für soziale und ökonomische Probleme, und – wie in Japan – sind viele gerade der besten, der ‹idealgesinnten› unter ihnen, sehr stark angezogen vom Kommunismus.»[30]

Mit vielen anderen Theologen war Brunner gegenüber der Frage der Unvergleichlichkeit des christlichen Glaubens etwas ratlos. Zu stark hatte gerade die von ihm mitbegründete dialektische Theologie die Einmaligkeit und Andersartigkeit der christlichen Offenbarung unterstrichen. Emil und Margrit Brunner versuchten wenigstens, «etwas mehr» zu «*verstehen*» von «dieser fremden, fast unheimlichen Welt» der Religionen Indiens.[31] Die erhaltenen Manuskripte Brunners aus jener Zeit zeugen von einem unablässigen Ringen. Eine seiner Vortragsskizzen – sie trägt den Titel: «Die christliche Botschaft in einer hinduistischen Umgebung» – zeigt, dass Brunner das Ein-für-allemal Jesu Christi zwar betonte und der Ansicht war, dass man in dieser Hinsicht «fest bleiben» müsse. Aber dann kommt eine behutsame Öffnung: Er erinnert daran, dass Gott «immer in der Welt am Werk» gewesen sei. Sonst wäre er nicht Gott! «Gott hat sich den Weg bereitet – im römischen Reich und in der hellenistischen Sprache und Kultur.» Dies gilt auch für den indischen Subkontinent: «*Es ist eine sichere Aussage: Gott hat sich auch im indischen Leben und in der indi-*

---

[29] Rundbrief von 8. Januar 1950.
[30] A.a.O.
[31] Rundbrief vom 21. Januar 1950.

schen Kultur den Weg bereitet – als Vorbereitung von Jesus Christus, der Wahrheit für alle.»[32]

Aus einem nicht genau datierbaren Brieffragment[33] geht hervor, wie intensiv Brunner sich mit der interreligiösen Fragestellung auseinander setzte. Auf seiner zweiten Asienreise[34] besuchte er Chiang Mai, eine Stadt im Norden Thailands, wo presbyterianische Missionare wirkten. Hier lernte er am 18. September 1953 einen «buddhistischen Mönch-Philosophen» kennen, der in einem Tempel in Wat Oomong im Dschungel lebte. Der Mönch wurde «*Pra Punya*» – «Heilige Weisheit» – genannt.[35]

«Dieser Tempel war einfach, strömte aber etwas von geistlicher Stille und Würde aus. Der gelehrte Buddhist empfing uns äusserst freundlich – wir alle hatten unsere Schuhe ausgezogen – und stand mir wohl eine gute Stunde Red' und Antwort [...]. Was ich hier vernehmen konnte, war dem ursprünglichen Buddhismus, der Religion ohne Gott, viel näher, als was man gewöhnlich zu sehen und zu hören bekommt; eine klare, einfache Lehre der moralischen Selbsterlösung ohne jegliches Suchen göttlicher Hilfe. Gott wird zwar nicht direkt geleugnet, aber klar wird, dass das Entscheidende an Reinigung von jedem selbst getan werden muss. Es gibt hier auch kein Gebet, sondern nur Meditation. Der Mönch-Philosoph war der Überzeugung, dass seine Lehre vollkommen mit der modernen Wissenschaft übereinstimme; merkwürdigerweise legte er darauf Gewicht, dass seine Lehre und die des Christentums im Grunde auf eins heraus[kämen]. Wie gut begriff ich da, was für eine grosse Aufgabe ein christlicher Pfarrer in solcher Umgebung hat; und wie notwendig ist der praktische ärztliche Dienst [...]. Wir schieden von diesem uns vorher nicht einmal dem Namen nach bekannten Fleck Erde mit herzlicher Dankbarkeit gegen Gott für das, was er durch diese opferfreudigen presbyterianischen Missionare unter diesen ‹gottverlassenen› Menschen an der indisch-chinesischen Grenze getan hat und noch tut.»[36]

Deutlich wird: Brunner war beunruhigt und befremdet. Von der «geistlichen Stille und Würde» des buddhistischen Tempels war er zwar tief beeindruckt. Aber: «Interessant ist mir die Selbstgewissheit dieser Männer, die zweifellos vom Sieg des Buddhismus über die ganze Welt überzeugt sind.»[37]

Nach seiner Rückkehr in die Schweiz hielt Brunner Vorlesungen über «Das Christentum in der Begegnung mit dem Fernen Osten»[38] – sie enthalten wenig nicht bereits Referiertes. Weiterführend und mutig war, dass er die Thematik aufgriff.

---

[32] Nachlass 89: The Christian Message in a Hindu Environment.
[33] Eingefügt in die Rundbriefe, Nachlass 61.
[34] Vgl. unten, S. 529.
[35] Laut dem Reiseprogramm in Nachlass 132, 2.
[36] Rundbrief vom 16. September 1953.
[37] A. a. O.
[38] Nachlass 110.

Auf den letzten Etappen seiner Reise – in Nordindien und Pakistan – im Winter 1949/50 wurde Brunner auch mit dem Islam konfrontiert. Er nahm ihn als intolerant wahr, teilweise als fanatisch: Wenn ein Moslem sich zum Christentum bekehre, werde er «von der ganzen Umgebung boykottiert und aus Familie und Sippe ausgestossen». In Indien veranstaltete man «regelrechte Bestattungsfeiern zum Zeichen, dass so einer ‹tot› ist». Die Bekehrung eines Moslems könne «für ihn sogar den Tod bedeuten». Seit der Staatsgründung im Jahr 1947 betone Pakistan den Islam «als Grundlage der Kultur und des Volkslebens [...] in einer Weise, die an den Fanatismus der Frühzeit erinnert».[39]

In Pakistan, in Lahore, lernte er Pfarrer Chandu Ray, den Sekretär der dortigen Bibelgesellschaft, kennen. Dieser veranlasste, dass Brunners Buch «Unser Glaube» unter dem Titel «Die Botschaft der Wahrheit» ins Urdu übersetzt wurde. Das Buch wurde in arabischer Schrift von Hand auf Steinplatten geschrieben und dann lithographisch vervielfältigt, eine Arbeit, die viel Geduld und Sorgfalt erforderte.[40]

Professur an der ICU in Tokio

Im Dezember 1952 wurde Brunner als «Professor of Christianity» an die *International Christian University* (ICU) in Tokio berufen. Die ICU, die heute einen ausgezeichneten Ruf geniesst, sollte als eine Brücke zwischen dem besiegten Japan und dem Sieger USA mit dessen Alliierten gebaut werden. Das Gründungsgremium vereinigte von japanischer Seite u. a. ein Mitglied der kaiserlichen Familie und den Generalsekretär der CVJM in Japan, Soichi Saito; von Seiten der Alliierten General Douglas MacArthur und Dean Acheson, in den Jahren 1949–1953 Aussenminister der Vereinigten Staaten. Die ICU war ein ehrgeiziges Projekt. In der Werbebroschüre stand, Japan brauche *«new leaders»*;[41] die neue Universität sollte «sich von den andern Universitäten unterscheiden [...] durch Schaffung eines Lehrkörpers, der zur Hälfte aus Japanern, zur Hälfte aus [Nichtjapanern] bestünde, durch Gestaltung des Unterrichts in möglichst weitgehender Weise in der Form der Zusammenarbeit von Lehrern und

---

[39] Emil Brunner, Erkundungs- und Dienstflug durch Asien, in: Junge Kirche. Monatsblatt der «Jungen Kirche», des Bundes evangelischer Jugend der Schweiz. 17. Jahrgang, Nr. 2. Marthalen, Mai 1950, S. 32 f.
[40] Chandu Ray am Brunner am 8. Juli und am 1. September 1952 und am 11. September 1959.
[41] Nachlass 132, 2.

Studenten unter sich und durch Ausrichtung der ganzen Erziehung auf die Schulung einer christlichen und freiheitlichen Führungselite hin».[42]

Im ersten Spendenaufruf – er wurde auch von General MacArthur unterzeichnet – heisst es:

> «Der Bau dieser christlichen Universität ist etwas vom Wichtigsten, das Amerika und die übrige Welt vollbringen können, um für Japan eine zukünftige Führungselite mit einer humanitären Perspektive aufzubauen. – Das Fortbestehen der Demokratie in Japan ist nur möglich auf einer spirituellen Basis, die Wert auf Freiheit legt, weil sie Menschenwürde fordert und an Gott, den allmächtigen Schöpfer und Herrscher über das All, glaubt. – Damit Japan demokratisch werden kann, hat dieses es nötig, sich kräftig in Richtung auf Spiritualität und moralische Führerschaft hin zu entwickeln. Wenn Japan seinen Platz in der zukünftigen Weltordnung finden will, ist ein religiöser Glaube lebensnotwendig, der den Wert des Individuums betont und ein ethisches Verhalten fordert. – Die christliche Kirche hat heute in Japan eine Chance wie nirgends und nie in den letzten fünfhundert Jahren. Und nicht nur die Kirche ist heute auf die Probe gestellt, sondern gleicherweise das ganze demokratische Ideal der westlichen Kultur. – Die hier vorgeschlagene Universität mit ihrer einmaligen Verbindung von Christentum und Erziehung wird unfehlbar eine wichtige Rolle in der Zukunft Japans spielen. Ihr hohes Ziel macht sie würdig der Unterstützung durch alle.»[43]

Nach längerer Vorbereitungszeit konnte die ICU im April 1953 feierlich eingeweiht werden. Dreizehn evangelische Kirchen in den USA und der *National Council of Churches* hatten bereits vor der Eröffnung zwei Millionen Dollar aufgebracht. Insgesamt wurde ein Gesamtbetrag von zehn Millionen Dollar benötigt, der aus den Vereinigten Staaten und aus Kanada kommen sollte. «Amerikanische Missionsgesellschaften» übernahmen «für die ersten Jahre finanzielle Garantien».[44] Auch von japanischer Seite wurde «unerwartet» viel gespendet, sogar von «nicht-christlichen Kreisen».

Die Universität liegt am Stadtrand von Tokio, etwa 30 km vom Zentrum entfernt, mit dem Auto damals eine Stunde. Der Campus war und ist «gewaltig gross», etwa anderthalb Quadratkilometer.[45] Das Hauptgebäude «wurde aus dem Rohbau einer Flugzeugfabrik umgebaut, die während des Krieges nicht mehr fertig gestellt wurde». «Ebenso wird ein grosser Flugzeughangar für die Zwecke der Universität umgebaut.»[46] Studentenwohnheime, Einfamilienhäuser für Professoren und eine Kirche gehörten dazu in einer idyllischen Landschaft mit Blick auf den Fujiyama.

---

[42] Nach einem nicht näher identifizierbaren Blatt in Nachlass 132, 2.
[43] Nachlass 133.
[44] Nachlass 132, 2.
[45] Rundbrief vom 10. Oktober 1953.
[46] Nachlass 132, 2.

Die Grundsteinlegung, der Brunner beiwohnte, fand im Spätherbst 1949 statt. «Vorderhand ist es noch keine ausgebaute Universität, vor allem fehlt die Medizin ganz, aber auch die Naturwissenschaften sind noch wenig ausgebaut.» Es gab aber von Anfang an unter den Professoren einige hochqualifizierte Männer.[47] Die Studenten waren handverlesen und sprachen vor allem sehr gut Englisch. «Nur solche, die unter den obersten zehn Prozent ihrer Gymnasialklasse gewesen waren, wurden zur Aufnahmeprüfung zugelassen.»[48] Im Vergleich mit den ‹normalen› Universitäten mit ihren riesigen Studentenzahlen war die «ICU ein Aristokrat mit ihren nur 400 Studenten und ihrem höchst intensiven Lehrbetrieb sowie ihrer scharfen Auswahl und auch intensiven christlichen Arbeit».[49]

Im Februar 1952, also knapp zwei Jahre nach seiner Rückkehr aus Asien, begannen die offiziellen Verhandlungen über die Berufung Emil Brunners zum Professor für christliche Ethik und Philosophie. Am 23. Juni 1952 ersuchte er den Erziehungsdirektor (Kultusminister) des Kantons Zürich, Regierungsrat Ernst Vaterlaus, um Urlaub – «natürlich ohne Gehalt» – bis «zur Erreichung meines Pensionsalters, im Frühjahr 1955», und darum, ihm «das Verbleiben in der Pensionskasse zu ermöglichen»:

> «Ich gewann mehr und mehr den Eindruck, dass ich diesem Rufe Folge leisten müsse, obschon ich mir darüber klar bin, dass ich damit grosse Opfer bringen müsste. – Ich komme zu diesem Entschlusse, weil ich schon von vielen Jahren her den Gedanken hegte, den letzten Teil meines aktiven Lebens irgendwo an der missionarischen Front zu verbringen, und weil mir das japanische Volk seit meinem Besuch vor drei Jahren sehr ans Herz gewachsen ist. Ich glaube, ich darf meinen Posten an der Zürcher Universität ohne Verletzung der Treuepflicht und der Dankbarkeit verlassen, nachdem ich der Universität Zürich beinahe 30 Jahre lang als Professor, mehrmals als Dekan und einmal als Rektor gedient habe. Wohl fällt es mir nicht leicht, meine Vaterstadt, meine Heimat und meine Universität zu verlassen, und ich bin mir bewusst, dass viele meinen Entschluss nicht werden verstehen können. Aber ich fühle, dass hier eine Aufgabe ruft, der ich nicht ausweichen darf.»[50]

Am 27. Dezember 1952 wurde die offizielle Ernennungsurkunde unterzeichnet. Vorläufig für zwei Jahre wurde Brunner zum «Professor of Christianity» an der International Christian University in Tokio ernannt – mit der Möglichkeit der Vertragsverlängerung. Als Jahressalär wurden 29 000 Franken bzw. 6650 Dollar festgelegt und zusätzlich Einlagen in die Pensionskasse.[51] Brunner war begeistert: Der amerikanischen Zeitschrift

---

[47] Rundbrief vom 24. Dezember 1953.
[48] Rundbrief vom 5. Mai 1954.
[49] A. a. O.
[50] An Ernst Vaterlaus am 23. Juni 1952.
[51] Nachlass 132, 2.

«*The Christian Century*» sagte er in einem Interview, er sehe keinen Grund, weshalb er nicht bis zur Vollendung des siebzigsten Lebensjahres in Japan bleiben könne![52]

Es war in der Tat ein neuer Lebensabschnitt. Margrit und Emil Brunner wurden von Iris Brun, der Braut des verstorbenen Sohnes Thomas, begleitet, die ihre Stelle als Lehrerin in der Gemeinde Weiningen bei Zürich aufgab. Aus den erhaltenen Papieren geht hervor, dass es ein gewaltiger Umzug war: 21 Kisten und 2 Schrankkoffer – zusammen anderthalb Tonnen –, davon 15 Bücherkisten («ein Fünftel meiner Bibliothek»[53]). Sogar Emil Brunners geliebter Schaukelstuhl wurde nach Japan geschickt, dazu ein neuer Volkswagen. (Iris Brun hatte für den Japanaufenthalt den Führerschein erworben.) Das Haus an der Hirslandenstrasse wurde vermietet und das Burger & Jacobi Klavier zum Verkauf ausgeschrieben.[54] Die Haushälterin Frieda bezog im Haus eine kleine Wohnung, die für sie eingerichtet worden war.

Eine Woche vor seiner Abreise nach Japan, am 30. August, predigte Brunner noch einmal im Fraumünster und nahm von seiner grossen persönlichen Gemeinde Abschied. Als Text wählte er 1. Korinther 4,1–2 und Lukas 17,10: «So soll man uns ansehen: als Diener Christi und Haushalter über Geheimnisse Gottes. Nun verlangt man im Übrigen von den Haushaltern nur, dass einer treu erfunden werde. – So sollt ihr, wenn ihr alles getan habt, was euch befohlen war, sagen: Wir sind unnütze Knechte; wir haben nur getan, was wir zu tun schuldig waren.»

Zu Beginn seiner Predigt erinnerte Brunner daran, dass er vor 41 Jahren in dieser Kirche ordiniert worden war. Er bezeichnete es als «ein gewaltiges Privileg», «einer grossen Gemeinde das Evangelium von Jesus Christus auszurichten».[55]

> «Gott ist die Liebe, Gott schenkt uns in Jesus Christus sich selbst und das ewige Leben.»[56] – «Die Aufgabe des Predigers in der Gemeinde ist es, diese nur immer wieder an das zu erinnern, was sie schon weiss, und sie in dem zu bestärken, was sie schon hat.»[57]

Es sei «eine zu beschränkte Anschauung von der Mission», Missionare für Menschen zu halten, «die von einer Missionsgesellschaft ausgebildet und dann ausgesendet werden in die Heidenländer, um den armen Heiden etwas vom Evangelium beizubringen».[58]

---

[52] Nachlass 132, 2.
[53] An Huber am 1. Dezember 1953.
[54] Nachlass 132, 2 und Iris Jaumann-Brun mündlich.
[55] Dienen, in: Fraumünster-Predigten. Zürich 1953, S. 151.
[56] A. a. O., S. 152.
[57] A. a. O., S. 153.
[58] A. a. O.

«In der urchristlichen und altchristlichen Gemeinde, da war jeder Christ ein Missionar. [...] Christus will es so nicht haben, dass wir das, was er uns im Evangelium geschenkt hat, für uns behalten, als ob das Evangelium eine Europäersache wäre, eine Religion für die weisse Rasse. [...] Das Evangelium von Jesus Christus ist [...] eigentlich gar keine Religion, sondern [...] Gottesleben, Gotteswirklichkeit. Was die sogenannten anderen Religionen haben, das ist wohl ein gewisser Schimmer von göttlichem Licht, aber es ist nicht das göttliche Licht selbst. [...] Und darum sind wir die Bekanntgabe dieses Geheimnisses den anderen Völkern schuldig.»[59]

Der «Ruf aus Japan» sei «nicht nur ein Ruf von Menschen, sondern ein Ruf Gottes», dem er Folge leisten müsse.[60] Japan sei «vom ‹missionsstrategischen› Gesichtspunkt aus dasjenige Land, auf das sich das Augenmerk besonders richten» müsse. Es fehle «diesem Land zwar nicht an Missionaren, wohl aber fehlt es ihm an Verkündern des Evangeliums, die den Fragen, die von der modernen Bildung und Wissenschaft her an einen Verkünder gestellt werden, einigermassen gewachsen sind». Dafür sei er nun durch seine «bisherige Lebenserfahrung einigermassen ausgerüstet worden». Die letzten Jahre seiner «geistigen Vollkraft» stelle er «dem japanischen Volk zur Verfügung», weil «der Ruf [...] von Japan ausgegangen» sei.[61] «Das japanische Volk hat das Evangelium nötig.»[62]

Die Reise von Emil und Margrit Brunners und Iris Brun begann am 7. September 1953 in Genf und führte über Rom, Kairo, Bombay, Calcutta, Rangoon (Yangon), Bangkok und Hongkong nach Tokio, das sie am 1. Oktober 1953 erreichten. An allen Zwischenstationen kamen die örtlichen Vertreter der CVJM an den Flugplatz oder mindestens ins Hotel. Sehr oft hielt er Vorträge bzw. Vorlesungen oder predigte. In Kairo sprach er in der deutschen Kirche über «Der Mensch im Zeitalter der Technik».[63] In Calcutta wurde eine Fragestunde für Theologiestudenten und eine Versammlung von christlichen Mitarbeitern «aller Art» veranstaltet.[64] Ein unvergessliches Erlebnis war Rangoon (Yangon), die Hauptstadt Burmas (heute Myanmar), wo Brunner u. a. am Radio eine Ansprache an das burmesische Volk halten durfte.[65] Besonders eindrücklich war der Besuch in einem Lepradorf ausserhalb von Chiang Mai, dem «christlichen Zentrum» Thailands,[66] wo Brunner predigte. Er hielt auch drei Vorlesungen «im kleinen theologischen Seminar» und «eine Predigt am Sonn-

---

[59] A. a. O., S. 153 f.
[60] A. a. O.
[61] A. a. O., S. 155.
[62] A. a. O., S. 156.
[63] Rundbrief vom 16. September 1953.
[64] A. a. O.
[65] A. a. O.
[66] Vgl. oben. S. 524.

EMIL BRUNNER

Der Ordinarius für systematische Theologie in Zürich

Wurde an die internationale christliche Universität nach Japan berufen und wird im Herbst 1953 seine Vorlesungen über christliche Ethik und christliche Philosophie vor Hörern aller Fakultäten beginnen, als Bannerträger des Evangeliums in Ostasien und als Erzieher für junge japanische Christen.

ZWINGLI-VERLAG ZURICH

Verlagsprospekt des Zwingli-Verlags 1953.

tag in der ‹First Church›, wo alle Missionare der Gegend gegenwärtig [waren], sowie eine thailändische Gemeinde».[67] Heiterkeit erweckte seine Frage, ob man in Thailand den Begriff «Freiheit» kenne. Er erhielt die Antwort, das Wort «*thai*» bedeute ja «frei»![68] In Hongkong wurde die Reise für vier Tage unterbrochen. Brunner hatte hier «ein ziemlich ausgefülltes ‹Programm›, besonders im Zusammenhang mit dem CVJM».[69]

---

[67] Rundbrief vom 16. September 1953.
[68] Iris Jaumann-Brun mündlich.
[69] Rundbrief vom 10. November 1953.

Der Präsident der ICU, Dr. Yuasa, im Gespräch mit Emil und Margrit Brunner und Iris Brun.

Der Empfang in Japan war ausgesprochen herzlich. «Der Präsident der ICU, Dr. Yuasa, der Generalsekretär des nationalen CVJM, Saito, begleitet von seinem Sohn», und drei Vertreter der schweizerischen Gesandtschaft «waren trotz Regen und nachmitternächtlicher Stunde auf dem Flugplatz».[70] Erster «grosser» Anlass waren die Feierlichkeiten zum 50. Jubiläum des CVJM, an denen Brunner in der Meiji-Universität eine Rede vor 3000 Personen halten musste.[71] Beim Essen war er Tischnachbar des jüngsten Bruders des Kaisers. (Auch bei diesem Japanaufenthalt kam es übrigens zu einer Privataudienz beim Tenno![72]) Die ICU war «noch ganz im Werden», und es war «nur in allerleichtesten Umrissen sichtbar», wie Brunners Arbeit sich gestalten sollte.[73]

---

[70] Rundbrief vom 10. Oktober 1953.
[71] Verschiedene Briefe Soichi Saitos an Brunner und Rundbrief vom 10. Oktober 1953.
[72] Iris Jaumann-Brun mündlich. Dokumente zur Begegnung mit dem Kaiser im Privatarchiv Jaumann.
[73] An Huber am 1. Dezember 1953.

Die ICU in Tokio 1953.

Nach einer baulich bedingten kurzen Wartefrist konnten Brunners und Iris Brun einen zweckmässigen *Bungalow* auf dem Campus beziehen, «halb japanisch, halb amerikanisch» – «wie ganz auf dem Land», «am Waldrande oberhalb einer weiten Ebene, hinter der sich Berge erheben und bei klarem Wetter der mächtige Fuji[yama]».[74] Der Lehrbetrieb konnte beginnen.

Brunner hatte zwei Vorlesungen, «je mit Seminar bzw. Fragestunde», die eine während der Woche für die Studenten der ICU und eine am Samstagvormittag, zu der auch Leute aus der Stadt eingeladen waren. Während der Woche war das Thema «Einführung in das christliche Denken». Am Samstagvormittag sprach er über «Existentialismus und Christentum». Diese Veranstaltung wurde von etwa hundert japanischen Pfarrern und von Missionaren besucht. Seine englischen Ausführungen wurden hier fortlaufend ins Japanische übersetzt. Für das anschliessende Seminar über Karl Jaspers versammelten sich zwanzig Teilnehmer. Es waren dies zum guten Teil «amerikanische Pfarrer, Lehrer, kurz ‹*missionary people*› aus der Stadt, aber auch jüngere japanische Dozenten von der ICU». Mit einer kleinen Auswahl aus diesem Kreis traf Brunner sich einmal im Monat auch noch nach Semesterschluss, und zwar bei sich zu Hause.[75]

---

[74] An Huber am 1. Dezember 1953.
[75] Rundbriefe vom 12. und vom 24. Dezember 1953 und I. John Hesselink an F. J. am 26. September 2005. An Vorlesung und Seminar vom Samstagvormittag nahm auch Brunners späterer Freund I. John Hesselink teil.

Emil Brunner bei einem der wöchentlichen Treffen mit den Studenten an der ICU (Foto: I. John Hesselink).

In zwei Etappen lud Brunner sie alle in seinen Bungalow ein, wo es «Spiessli mit Härdöpfel und grünem Salat» gab.[76] (Emil Brunner selbst half bei der Vorbereitung in der Küche.) Auf Anregung Emils machte man Spiele miteinander.[77] «Alle waren sehr vergnügt und das Gespräch hinüber und herüber so lebhaft und andauernd, dass [Brunner], der nachgerade etwas müde war, selber das Zeichen zum Aufbruch geben musste.» Auch am 23. Dezember, Brunners 64. Geburtstag, wurden «etwa 20 Studenten zu einem Abendimbiss» eingeladen.[78]

Ganz allgemein war das gesellschaftliche Leben auf dem Campus unkompliziert und rege. Die verschiedenen Professoren (damals noch alles Nichtjapaner[79]) und ihre Familien besuchten sich häufig und unternahmen gemeinsame Ausflüge. Bei einer nächtlichen Fahrt über Land mit dem Chauffeur der Universität hatte das Auto eine Panne. Margrit Brunner stürzte beim Aussteigen in den nassen Strassengraben, wobei sie ihr elegantes Kleid beschmutzte. Margrit stand auf und lachte. «She is a good sport!», sagte ein Professor, was ihr bis zum Ende des Aufenthaltes blieb.[80]

---

[76] Rundbrief vom 12. Dezember 1953; Spiesschen und Kartoffeln.
[77] Iris Jaumann-Brun mündlich.
[78] Rundbrief vom 12. Dezember 1953.
[79] An Huber am 1. Dezember 1953.
[80] Iris Jaumann-Brun mündlich.

Japan war «in einem Zustand der Unsicherheit, aber auch des starken Aufbaus. Es ist erstaunlich, wie seit vier Jahren das Bild von Tokio im Sinn des Wiederaufbaus sich verändert hat.» Bei Brunners erstem Japanaufenthalt war es noch «fast so schlimm wie in Berlin» gewesen. «Kriegsspuren sieht man fast keine mehr, ausser unreparierten Strassen und noch nicht völlige normale Versorgung mit Elektrizität».[81] «Das ökonomische Problem Japans» schien ihm «fast unlösbar, das politische undurchsichtig und fast unheimlich». Wie war die Schweiz «heimelig [...] gegenüber dieser asiatischen Problematik!».[82] Auch in Japan sah er «junge idealistische Kommunisten» am Werk; eine «ebenso grosse Gefahr» schien ihm aber «von den reaktivierten faschistischen Kräften» zu drohen.[83]

Der Zustand der protestantischen Kirchen in Japan gefiel ihm nicht. Die «Vielzahl der Sekten und Denominationen», von denen es über hundert gab, beurteilte er als eine grosse Hemmung. Verschiedene «der wichtigsten» waren «im Kyodan [Kirchenbund] zusammengefasst als ‹Kirche Christi› in Japan». Einige der grössten waren jedoch «nicht bei- oder [...] wieder ausgetreten, so die Anglikaner (Episcopal Church) [und] die Lutheraner»:

> «Namentlich aus USA kommen immer wieder Missionare von unbekannten kleinen und neu gebildeten Missionen oder Kirchen (Sekten), im allgemeinen mit wenig theologischen und anderen Kenntnissen, meist sehr fundamentalistisch-eng, aber mit grossem Missionseifer, die aber wegen ihrer Unkenntnis des Japanischen und der japanischen Kultur etc. wenig ausrichten.»[84]

Gut gefielen Brunner die «Nicht-kirchlichen Christen», die teilweise «auf die Tätigkeit des ersten japanischen Evangelisten, Uchimura, zurückzuführen» waren. Manche von ihnen spielten «eine hervorragende Rolle» als «Professoren, Politiker usw.; mit einigen von ihnen» war er «besonders befreundet»,[85] z. B. mit dem Rektor der ehemals kaiserlichen Universität von Tokio. Den Zugang zu diesem Kreis hatte er über Goro Maeda, Professor für Neues Testament an der gleichen Universität, gefunden, der während des Zweiten Weltkrieges in Zürich studiert hatte.[86] Für Brunner waren diese Leute, die zu keiner Kirche gehörten, «wirklich ein ‹Salz› dieser Erde, sehr ernste bibelgläubige, aber nicht fundamentalistische Christen».[87]

Wie tief die «Nicht-kirchlichen Christen» ihn beeindruckten, geht auch daraus hervor, dass er in Freundesgaben für Gottlob Schrenk und

---

[81] Rundbrief vom 24. Dezember 1953.
[82] An Huber am 1. Dezember 1953.
[83] An Huber am 4. Juli 1954.
[84] Rundbrief vom 11. November 1954.
[85] Rundbrief vom 24. Dezember 1953.
[86] I. John Hesselink an F. J. am 26. September 2005.
[87] Rundbrief vom 11. November 1954.

Paul Tillich noch im Jahr 1959 ausführlich für diese Bewegung warb.[88] Es war für ihn eine grosse Bestätigung, dass sein Buch «Das Missverständnis der Kirche» von den «Nicht-Kirche-Leuten» gern gelesen wurde. Die «protestantische Kirche» als «sakramentale Institution» war nach Brunners Auffassung «ohnehin mit der katholischen Kirche kaum konkurrenzfähig».[89] «Wenn schon Kirche, dann lieber gerade die katholische!» Die protestantische Kirche werde «nur durch Umbildung der Kircheninstitution im Sinne wahrer brüderlicher Gemeinschaft-aus-dem-Glauben weiterbestehen können». Hochkirchliche Tendenzen führten nicht zum Ziel: «Taufe und Abendmahl sind in der Ekklesía keine Sakramente, keine Heilsmittel, sondern Ausdruck der brüderlichen Gemeinschaft in Christus.»

Es versteht sich von selbst: Die Kirchen und die «Nicht-kirchlichen Christen» verstanden sich nicht besonders gut. Brunner geriet zuweilen zwischen Stuhl und Bank, bemühte sich aber darum, auf jeder Seite Verständnis für die andere zu wecken. Da er den Kyodan für reformbedürftig hielt, regte er die Gründung einer Reformgruppe an, die ihr Ziel allerdings nicht erreichte.[90] Brunner bezweifelte, dass die institutionelle Kirche mit fest besoldeten Pfarrern das japanische Volk wirklich christianisieren könne. Das Evangelium müsse völlig informell von ‹Laien› weitergegeben werden – und nicht von Religionsbeamten. Im Sommer 1954 veranstaltete er eine Retraite für Absolventen der ICU, die keine Theologen waren, bei der er «die Verantwortung der christlichen ‹Laien›, in ihrem jeweiligen Beruf als christliche Evangelisten zu leben» betonte. Er rief auch eine Bibelgruppe ins Leben, um «Laienevangelisten» auszubilden: Im Wintersemester 1954/55 wurde jeden Dienstag um fünf Uhr nachmittags ein Abschnitt aus der Bibel diskutiert. In fünf Untergruppen bereiteten sich die Studenten auf die Sitzung vor. Verschiedene Mitglieder dieser Bibelgruppe spielten noch Jahrzehnte später eine wichtige Rolle im kulturellen oder Wirtschaftsleben Japans.[91]

Auch neben seiner eigentlichen Tätigkeit an der ICU war Brunner rastlos tätig. Er übernahm einen offiziellen Lehrauftrag als «Gastprofessor im Bereich Religionswissenschaft» an der philosophischen Fakultät der Universität von Tokio.[92] Am Union Theological Seminary von Tokio

---

[88] Emil Brunner, Die Nicht-Kirche-Bewegung in Japan. Gottlob Schrenk, dem Mann der Mission, zum 80. Geburtstag, in: Evangelische Theologie 19, 1959, Heft 4. – Emil Brunner, A Unique Christian Mission: The Mukyokai («Non-Church») Movement in Japan, in: Religion and Culture. Essays in Honor auf Paul Tillich. New York 1959, S. 287–290.
[89] Dieses und die folgenden Zitate nach dem Typoskript des Festschriftartikels für Gottlob Schrenk – vgl. Anmerkung 88 – in Nachlass 93.
[90] Nach Ohki, in: Kramer, S. 213–217, hier: S. 217.
[91] Kazuaki Saito, A Call of God: Dr. Brunner and ICU, in: A. a. O., S. 219–222.
[92] Nachlass 132, 2.

(das vom Kyodan betrieben wurde) hielt er zwei Seminare, bei denen er «nur die Fortgeschrittensten und sechs Professoren als Hörer» hatte, «zusammen etwa dreissig».[93] Und für die Zeitung «Yomiuri», die zweieinhalb Millionen Leser erreichte, schrieb er den Weihnachtsartikel:[94] «Gott, der wahre Gott», sei «der, der alle Menschen» «von Ewigkeit her liebt», und «der wahre Mensch» sei «der, der diesen Gott und in ihm seine Mitmenschen liebt».

Im Frühling 1954 veranstaltete der Kyodan in Hakone eine Vortragsreihe für Missionare (vor allem aus Amerika), bei der auch Brunner referierte. Und im Sommer des gleichen Jahres fand am Nojiri-See an der Westküste Japans eine Ferienwoche für Missionare mit über 400 Teilnehmern (ebenfalls vor allem aus Amerika) statt, an der «Das Missverständnis der Kirche» diskutiert wurde. Nicht alle waren mit seinen Thesen einverstanden. Da viele von ihnen aber Mühe mit der japanischen Sprache hatten und da Japan schon damals – so I. John Hesselink – nicht unbedingt offen für das Evangelium war, war das Zusammensein mit Brunner dennoch inspirierend.[95]

Es lässt sich kaum überblicken, wo überall Brunner als Prediger oder Vortragsredner auftrat – oft im Rahmen der CVJM: Während eines zehntägigen Aufenthalts in Kyoto – zur Zeit der Kirschenblüte – beispielsweise hielt er «einen Vortrag im Rotary Club»; einmal sprach er «vor 5000 neuen Studenten der Doschischa-Universität [in Kyoto] (christlich)», ein anderes Mal hielt er «einen öffentlichen Vortrag, der von CVJM und Kirchenrat [*Kyodan*] organisiert und gut besucht war».[96] Öfters war er «am Radio zu hören».[97] In der Hafenstadt Fukuoka musste er drei Vorträge «an der Baptistenuniversität» halten, die ihm einen guten Eindruck machte.[98] Da die ICU weit vom Stadtzentrum entfernt liegt, organisierte diese auch Lehrveranstaltungen auswärts. Auf ein grosses Echo stiess Brunners öffentliche Vorlesungsreihe über «Freiheit und Gerechtigkeit» vor regelmässig über 300 Personen «in einer zentral gelegenen Schule in einem Arbeiterviertel nahe den grossen Universitäten»:[99] «Der Marxismus wurde gründlich, das demokratische Prinzip etwas kürzer behandelt und alles vom christlichen Glauben aus beleuchtet und auf ihn hingeführt.»[100] «Diese Vorlesungen wurden […] auf vielfältigen Wunsch […] ganz billig gedruckt in einer Auflage von 10 000 Exemplaren, zu Studien-

---

[93] Rundbrief vom 5. Mai 1954.
[94] Rundbrief vom 24. Dezember 1953.
[95] I. John Hesselink an F. J. am 26. September 2005.
[96] Rundbrief vom 5. Mai 1954.
[97] Rundbrief vom 11. November 1954.
[98] A. a. O.
[99] A. a. O.
[100] Rundbrief vom 5. April 1955.

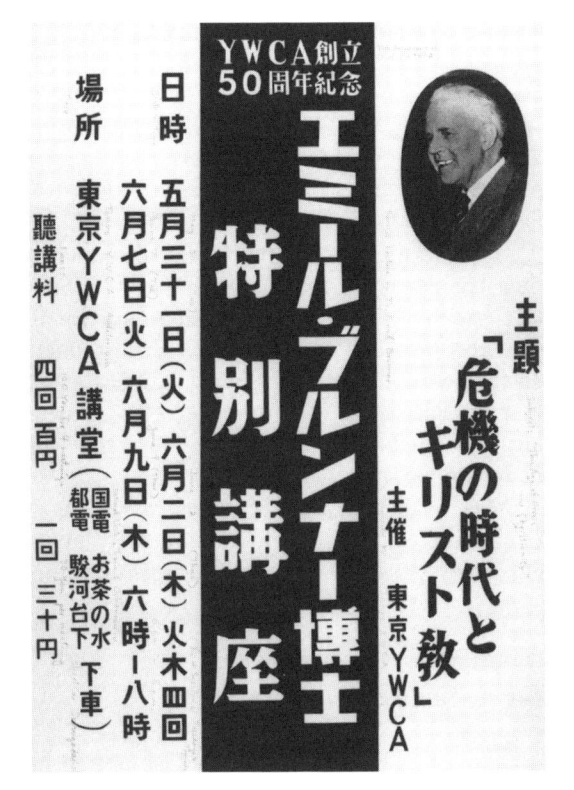

Plakat zum 50-Jahr-Jubiläum des YMCA, Tokio: «Special Lecture by Dr. Emil Brunner: This Age of Crisis and Christianity».

zwecken.» Sie schienen «wirklich ihren Zwecke zu erfüllen», wie Iris Brun in einem ihrer Briefe festhielt.[101]

Interessant waren Brunners Versuche, nicht-christliche Menschen behutsam zum christlichen Glauben zu führen, indem er mit ihnen pädagogische Schriften Pestalozzis las. Er regte die Gründung einer Pestalozzi-Gesellschaft an; stattdessen bildete sich zu seiner Freude ein Christliches Zentrum für Kultur und Erziehung,[102] in dessen Rahmen er am 14. November 1954 über «Liebe» sprach. Manchen seiner patriarchalisch erzogenen japanischen Hörer machte es Mühe, dass er – in Anlehnung an Pestalozzi – die Wichtigkeit der Mutter für die Entwicklung des Kindes betonte und nicht von «Autorität» sprach.[103] Angesichts von autoritären – wenn nicht sogar totalitären – Tendenzen in der japanischen Gesell-

---

[101] Rundbrief vom 18. Februar 1955.
[102] Rundbrief vom 5. April 1955.
[103] Nachlass 128.

schaft war ihm der Hinweis auf Pestalozzis Menschlichkeit besonders wichtig.[104]

Brunner versuchte auch ein japanisches «Boldern» zu gründen, unter anderem mit finanzieller Unterstützung Max Hubers. «Die Notwendigkeit der Laienmobilisation» war ihm klar, und der «Bolderweg» schien ihm «vorläufig der richtigste und beste», da er die «Kirchengottesdienste» als «Einmannsache» und das gängige Christentum als eine «Kopfsache» empfand. «Einübung ins Christentum» war deshalb «ein dringliches Bedürfnis».[105] Ein japanischer Theologe, Pfarrer Fukatsu, wurde als Studienleiter angestellt. Brunner hatte ihn bei seinem ersten Japanaufenthalt kennen gelernt und war begeistert von ihm.[106] Die ersten Erfahrungen waren ermutigend. Retraiten für Leute, die im Berufsleben standen, wurden angeboten – einmal sogar für Polizisten.[107] Ein Förderverein wurde gegründet, dem etwa fünfzig Persönlichkeiten beitraten, «meistens von erheblichem Gewicht, entweder im Geschäftsleben oder in Universitätskreisen».[108] Seinem Freund Max Huber schrieb Brunner, es sei «jetzt bewiesen, dass diese Art der christlichen Gemeinschaftsbildung in Japan ebenso ‹geht› wie in Männedorf und dass Fukatsu dazu der rechte Mann ist».[109]

Beweggründe für die Rückkehr in die Schweiz

Obwohl Brunner sich vorgestellt hatte, bis zu seinem 70. Geburtstag in Japan zu bleiben,[110] kam es anders heraus: Max Huber teilte er bereits Ende November 1954 mit, dass er im Sommer 1955 in die Schweiz zurückkehren werde.[111] Der Abbruch seiner Lehrtätigkeit in Japan nach nur zwei Jahren hatte sachliche, vor allem aber auch persönliche Gründe: Margrit Brunner ging es in Japan nicht gut, obwohl sie sich anfänglich nach Kräften für das Projekt eingesetzt und begeistert hatte. In den ersten Monaten fühlte sie sich wohl, beteiligte sich an vielem[112] und schrieb lebendige Briefe an Familienangehörige und Freunde in der Schweiz. Doch dann verstummte sie. Die zu Hause sehnlichst erwarteten Rundbriefe wurden nun von Brunner selbst oder von Iris Brun geschrieben. Im

---

[104] An Huber am 28. November 1954.
[105] Rundbrief vom 24. Februar 1954.
[106] An Huber am 14. Dezember 1954.
[107] An Huber am 28. November 1954.
[108] Rundbrief vom 5. April 1955.
[109] An Huber am 14. Dezember 1954.
[110] Vgl. oben, S. 528.
[111] An Huber am 28. November 1954.
[112] I. John Hesselink an F. J. am 26. September 2005.

Frühjahr 1954 brach sie sich den linken Arm: «Sie war ausgezogen, um Motive zum Malen zu suchen, geriet etwas allzu sehr in Eifer und kam zu Fall. Das Röntgenbild zeigte [einen] Bruch oberhalb des Rists. Eine kleine Einrenkoperation war dank Einspritzung schmerzlos und die Schmerzen nachher nicht allzu gross.»[113] Brunner betont jedoch, dass seine Frau «natürlich in allem Tun gehemmt», aber «guten Muts» sei.[114]

Am 11. November 1954 schreibt Brunner dann:

> «Über den letzten Monaten liegt ein schwerer Schatten: die Erkrankung [Margrits] an einer Gemütsdepression. Solche Depressionen sind – wie mir die Ärzte sagten – in Japan etwas sehr Häufiges, namentlich bei Frauen aus dem Ausland. [...] Auch Iris spürte die neuartigen Lebensumstände an ungewöhnlicher Ermüdbarkeit.»[115]

Diese sei jedoch «völlig gesund und tatsächlich auch sehr aktiv und fröhlich». Sie habe «eine sehr vielfältige Tätigkeit», sei sein «Chauffeur», daneben seine «Sekretärin» und «dank ihrer japanischen Kenntnisse» seine «Hilfe in der Orientierung». Vor allem habe sie aber «die Leitung des Haushalts übernehmen müssen, sofern [Margrit] dazu nicht imstande» gewesen oder immer noch nicht sei.[116]

An Max Huber schrieb Brunner, dass er sich «zu diesem früheren Abbruch» habe entscheiden müssen, «weil der Gesundheitszustand meiner lieben Frau ein längeres Bleiben nicht» erlaubte. Mit ihrer Gesundheit wolle «es leider nicht recht vorwärts gehen». Die Ärzte hätten bekennen müssen, «dass sie (abgesehen vom [Elektro- oder Insulin-]Schock) nicht viel zu helfen» vermochten. Dies komme aber bei seiner Frau «aus medizinischen Gründen nicht in Frage».[117] Am 14. Dezember 1954 teilte er wieder Max Huber mit, er habe «Ermutigung und Trost» nötig, da «der Gemütszustand meiner lieben Frau auf uns alle drückt».[118] Und auf einer letzten Ansichtskarte aus Japan vom 13. Juni 1955 heisst es:

> «Unsere Japanzeit geht rasch zu Ende. Es waren zwei reiche, fruchtbare Jahre. Leider geht es meiner Frau nicht gut. Die Depression dauert immer noch an, darum müssen wir heim. Wir hoffen, die Meerreise [...] werde gut tun.»[119]

Aber noch Ende September 1955 ging es Margrit Brunner zwar «etwas besser, aber noch nicht gut. Diese Depression ist diesmal sehr hartnäckig, dauert sie doch schon seit Neujahr 1953/54» – hatte also nur drei Monate

---

[113] Rundbrief vom 5. Mai 1954.
[114] A. a. O.
[115] Rundbrief vom 11. November 1954.
[116] A. a. O.
[117] An Huber am 28. November 1954.
[118] An Huber am 14. Dezember 1954.
[119] An Huber am 13. Juni 1955.

nach der Ankunft in Japan begonnen.[120] Das Zusammenleben von Emil und Margrit Brunner und Iris Brun in dem kleinen Bungalow weit weg vom Stadtzentrum hatte wohl auch schwierige und ermüdende Seiten. Auch das Klima machte ihnen zu schaffen: Im Winter herrschte teilweise grimmige Kälte, «echt japanische Schneeluft».[121] Das Haus war nicht gut heizbar; die Fenster waren undicht, weshalb wegen der «Wärmeökonomie» Vorhänge nötig waren.[122] Während der wärmeren Monate war «die Verbindung von Hitze und Feuchtigkeit [...] schwer erträglich».[123] Bereits am Ende seines ersten Semesters beteuerte Brunner, niemand müsse befürchten, dass sie sich «hier so wohl fühlen, dass wir nicht mehr heimkommen wollen»; «vom Heimweh» wolle er lieber schweigen.[124]

Brunner bewunderte zwar die Zeugnisse altjapanischer Kultur, bemerkte aber doch, dass der japanischen Kunst «eine letzte christliche Verpersönlichung» und der «Untergrund» der griechischen Klassik fehle.[125] «Wir sind jetzt halt wirklich in einem nicht-christlichen Land», schrieb Iris Brun.[126] Und Margrit Brunner war der Ansicht, dass ihr Mann «gerne noch viel bessern Einblick in die geistige Situation Japans bekommen» möchte. Er müsse «herauszufinden versuchen, warum das Christentum hier in Japan so besonders langsam Fortschritt macht». Vieles war ein Rätsel. Es wäre nötig gewesen, den Japanern «das Evangelium wirklich in einer ihnen verständlichen Sprache – in Wort und Tat – bringen zu können».[127] Es mag sein, dass Margrit Brunners luzide Wahrnehmung der schwierigen Situation ihre depressive Verstimmung verstärkte.

Nach dem ersten halben Jahr in Japan schrieb Brunner, er habe noch nie Grund gehabt, «die Richtigkeit seiner Entscheidung in Frage zu stellen». Er «danke Gott für diese grosse fruchtbare Möglichkeit der Wirkung». Seine Arbeit sei «natürlich nur auf lange Sicht hin sinnvoll»; er «glaube nach wie vor an die grosse Bedeutung» der ICU – «vorausgesetzt, dass die amerikanischen Christen weiterhin gewillt sind, so grosse Beiträge zu zahlen wie bis jetzt».[128] Trotz dieser positiven Seite werden aber auch schon in diesem Brief Zweifel spürbar. Brunner meinte zwar beobachten zu können, dass «immer noch eine grosse Bereitschaft» vorhanden sei, «das Evangelium zu hören»:

---

[120] An Huber am 27. September 1955.
[121] Rundbrief vom 8. Januar 1954.
[122] Rundbrief vom 8. Dezember 1953.
[123] Rundbrief vom 11. November 1954.
[124] Rundbrief vom 24. Februar 1954.
[125] Rundbrief vom 5. Mai 1954.
[126] Rundbrief vom 8. Januar 1954.
[127] Rundbrief vom 8. Dezember 1953.
[128] Rundbrief vom 5. Mai 1954.

«Die jungen Leute füllen die Kirchen. Aber offenbar kehren sie ihnen bald enttäuscht den Rücken.»[129] – «Man will mit der Kirche, mit dem Christentum, nichts zu tun haben, weil man sich nicht dem Vorwurf der Amerikafreundlichkeit aussetzen will.»[130]

In Anlehnung an den Apostel Paulus[131] hätte er sagen können, der Missionar oder Evangelist müsse «den Japanern ein Japaner» werden. Mit einem heutigen Fachausdruck: Es ging um die *Inkulturation* des Christentums, dessen Einwurzelung in einem fremden Umfeld. Und damit kommt die *Sprachbarriere* ins Spiel, unter der Brunner zunehmend nicht nur aus praktischen, sondern auch aus theologischen Gründen litt. Japanisch sei «sehr schwer zu lernen», schrieb er nach einem guten Jahr. Für jemanden in seinem Alter wäre es aussichtslos gewesen, Japanischunterricht zu nehmen. Die «nichtjapanischen Studenten» benötigten «ein ganzes Jahr intensivstes Studium», um «japanischen Vorlesungen folgen [zu] können». Wer nicht Japanisch sprach, war aber ohne einen japanischen Begleiter «einfach verloren»:

«Englisch können nur sehr wenige. Zwar können die meisten Studenten und höheren Schüler ein wenig oder ziemlich viel Englisch *lesen*, aber nur wenige verstehen gesprochenes Englisch, und noch weniger können Englisch sprechen.»[132] – «Ja, die Sprache ist ein furchtbares Hindernis!»[133]

Einzig an der ICU konnte er «ohne Übersetzer auf Englisch dozieren»; dies galt aber «nicht einmal für die Tokyo Imperial University». Sogar an diesem Eliteinstitut musste er «einen Dolmetscher haben».[134]

Wie fremd Japan Brunner und seiner Frau letztlich blieb, geht indirekt auch aus dem Folgenden hervor: Der zweijährige Aufenthalt in Japan wurde im Februar 1955 für etwas mehr als fünf Wochen unterbrochen. Zusammen mit seiner Frau flog Brunner nach Kalifornien, um an der Pacific School of Religion in Berkeley die Earl Lectures zu halten über das Thema «Glaube, Hoffnung, Liebe».[135] Die Earl Lectures, die im Jahr 1901 ins Leben gerufen worden waren, sind ein dreitägiger Grossanlass, zu dem jeweils weit über tausend Theologinnen und Theologen aus der ganzen Region zusammenströmen – vor allem im Pfarramt Tätige, aber

---

[129] Rundbrief vom 24. Februar 1954.
[130] Rundbrief vom 11. November 1954.
[131] 1.Korinther 9,20–22.
[132] Rundbrief vom 11. November 1954.
[133] Rundbrief vom 12. Dezember 1953.
[134] Rundbrief vom 24. Februar 1954.
[135] Emil Brunner, Faith, Hope and Love. Philadelphia 1956, London und Tokio 1957. Vgl. Nachlass 92, wo sich eine nicht gedruckte Übersetzung der ursprünglich englisch geschriebenen Vorlesung ins Deutsche befindet.

Unterrichten in Japan; links neben Emil Brunner sein Dolmetscher.

auch Studentinnen und Studenten.[136] Bei dieser Gelegenheit machten Margrit und Emil Brunner einen Abstecher in die Gegend von Chicago, um den Sohn Andreas mit seiner Familie zu besuchen.[137]

In seinem Reisebericht für Familie und Freunde unterstrich Brunner, wie gut es ihm in Amerika gefallen hatte:

> «Die Kirche Amerikas ist – das ist ihr grosses Plus gegenüber uns in der Schweiz – wirklich ins Leben der Amerikaner eingedrungen und erfasst sie in ihrer beruflichen und sozialen Wirklichkeit. Es ist erstaunlich, wie viele Männer und Frauen aktiv mitarbeiten und sich für die Kirche verantwortlich fühlen. [...] Amerika erlebt gegenwärtig das Gegenteil von Europa: Gewaltige Zunahme des kirchlichen Interesses, stark ansteigende Mitgliederzahl, für uns unvorstellbare Opferwilligkeit derselben.»[138]

Aber seine Freude an Amerika verdankte sich etwas noch viel Elementarerem – der Sprache! Beinahe jubelnd schrieb er:

> «Hier kann man ja alle Leute verstehen und mit jedermann sprechen, kann alles lesen, was man *en passant* sieht.»[139]

Der Satz ist vielsagend und lässt etwas davon ahnen, wie einsam und von aller Kommunikation abgeschnitten Brunner sich in Japan oft vorkam.

In seinem letzten Rundbrief heisst es:

> «Mir geht's ausgezeichnet, nicht einmal die übliche Semesterschlusserkältung hatte ich diesmal. Den ganzen Winter, ja das ganze Jahr keinerlei Störung irgendwelcher Art. Manchmal wird mir etwas bange ob dem allzu dichten Arbeitsprogramm, aber es geht immer wieder, wenn ich auch spüre, dass ich nicht mehr zu den Jungen gehöre. Schliesslich bin ich ja, wie ich nun offiziell vernahm, ein pensionierter Zürcher Professor – habe aber gar nicht im Sinn, mich zur Ruhe zu setzen. Die Amerikaner strecken die Hände aus – die Dogmatik III will geschrieben sein, und viele andere Aufgaben warten. So Gott es gibt, hoffe ich noch einiges tun zu können für Seine Sache, wenigstens als Handlanger in Seinem Weinberg. – An der Freudigkeit, das Wort zu verkünden, fehlt es mir nie, auch nicht an der Freudigkeit, darüber nachzudenken und es zu den Problemen unserer schweren Zeit in Beziehung zu setzen. Aber wenn wir heimfahren, werden wir doch froh sein, einmal vier Wochen nichts tun zu müssen und zu können.»[140]

Am 11. Juli 1955 verliessen die Brunners und Iris Brun Japan.

---

[136] So verhielt es sich auch bei Emil Brunner und acht Jahre später – in den ersten Wochen des Jahres 1963 – bei Paul Tillich. Nach eigener Anschauung von F. J.
[137] Rundbrief vom 5. April 1955.
[138] A. a. O.
[139] A. a. O.
[140] A. a. O.

Abschied

Der Zeitraum zwischen Emil Brunners Rückkehr aus Japan am 4. September 1955 und seinem Tod am 6. April 1966 war, anders als zunächst erhofft, von Krankheiten und anderen Altersbeschwerden überschattet. Schon auf dem Schiff nach Europa hatte er einen Schlaganfall und musste in Colombo dreieinhalb Wochen hospitalisiert werden.[1] Er erholte sich relativ rasch und konnte im Wintersemester 1955/56 eine Vorlesung an der Universität halten und seine Predigttätigkeit am Fraumünster wieder aufnehmen. Eine «leichte sprachliche und körperliche Behinderung» blieb jedoch zurück und «machte ihm [...] zu schaffen».[2] Eine «Schwäche der linken Hand» hinderte ihn am Schreiben.[3] Er musste jetzt «von den Kräften zehren [...], die aus früheren Epochen übrig geblieben waren». Seine Publikationen fassten «in der Substanz [...] zur Hauptsache zusammen, was vorher einmal gereift und mit grösserer Frische dargestellt war».[4]

Im Sommer 1956 erlitt er «einen zweiten Hirnschlag, exakt ein Jahr nach dem letzten». Er wurde «ins Bett geworfen», und der Arzt verbot ihm «jegliche Arbeit». Er wollte «für vierzehn Tage nach Braunwald» fahren, um sich zu erholen,[5] wozu es aber nicht kam, da ein dritter Schlaganfall hinzutrat. Mitte September 1956 waren aber «die Symptome [...] bereits so gut wie völlig verschwunden». Brunner konnte «in ein normales, wenn auch sehr gemässigtes Arbeitsleben» zurückkehren, war aber auf eine Sekretärin angewiesen.

«Ich wünschte, ich hätte noch eine Schrift wie Sie!», schrieb er an Max Huber.[6] Sofern er sich selbst an die Schreibmaschine setzte, kam er nur ganz langsam voran. «Verzeihen Sie die vielen Tippfehler. Leider kann ich sie nicht einmal korrigieren», entschuldigte er sich.[7] «Ich verfüge nicht mehr, wie Sie, über meine Hand.»[8] Es machte ihm Mühe, anspruchsvolle und längere Bücher zu lesen, z. B. das über fünfhundertsei-

---

[1] Iris Jaumann-Brun mündlich am 22. August 2005.
[2] Hans Heinrich Brunner, S. 306.
[3] An Huber am 27. September 1955.
[4] Hans Heinrich Brunner, S. 306.
[5] An Huber am 13. August 1956.
[6] An Huber am 14. September 1956.
[7] An Huber am 16. September 1958.
[8] An Huber, nicht datiert, wohl 1959.

tige Buch «Die Atombombe und die Zukunft des Menschen»[9] des Philosophen Karl Jaspers. «Ja, lieber Freund, das Altwerden ist keine erfreuliche Sache. [...] Ich glaube, mir steht Schwereres bevor», schrieb er an Max Huber, als auch dieser wegen eines Schlaganfalls an einem Bein gelähmt war.[10]

Die letzten Wochen seines Lebens[11] verbrachte Emil Brunner im Neumünsterspital auf dem Zollikerberg. Der Arzt Hans Zollikofer, mit dem er befreundet war, behandelte ihn. Zollikofer hatte bei Brunner den Religionsunterricht im Freien Gymnasium besucht und wurde schon früh Mitglied der Diskussionsrunde der anfänglich sogenannten Habakuke,[12] später deren Präsident. Er führte viele Gespräche mit seinem Patienten, der ihm anvertraute, dass er nun nicht mehr viel von seinen theologischen Büchern halte; das einzige, was zähle, sei die Predigt und das gelebte Beispiel. Bei der Obduktion von Brunners Leichnam wurde in der Blase ein grosser Stein gefunden, der wie ein ‹Morgenstern› gezackt war und etwas von den Schmerzen ahnen liess, die ihn gequält hatten.[13]

Emil Brunners Ältester, Hans Heinrich, vergleicht in seinem Erinnerungsbuch die letzten Lebensjahre seines Vaters mit einer «schattigen Landschaft», fügt aber hinzu, dass «die hellen Inseln» darin «nicht fehlten».[14] Als eine davon nennt er «das fröhliche Zusammensein mit Kindern, vor allem mit der wachsenden Schar munterer Enkelinnen und Enkel. Sanft, dann immer stürmischer liess er sie unter fröhlichem Lachen auf seinen Knien nach dem Rhythmus der Kinderverse schaukeln, die er aus jugendlichen Jahren hervorholte.»[15] Andere solche «Inseln» waren Ehrungen sowie seine letzte Vorlesung und die Gottesdienste im Fraumünster.

Bereits zu Brunners sechzigstem Geburtstag war eine Festschrift erschienen mit Beiträgen u. a. von Paul Althaus, Heinrich Barth, Helmuth Thielicke,[16] Eivind Berggrav, Arvid Runestam, Max Huber und vielen anderen.[17] Brunners ehemaliger Freund Eduard Thurneysen publizierte aus demselben Anlass und überraschend für Brunner einen liebeswürdigen Beitrag in den «Basler Nachrichten», in dem er Brunners «besondere

---

[9] An Huber am 10. September 1958. Vgl. Karl Jaspers, Die Atombombe und die Zukunft des Menschen: politisches Bewusstsein in unserer Zeit. München 1958.
[10] An Huber am 16. September 1958.
[11] Vgl. auch oben, S. 320 f.
[12] Vgl. oben, S. 208.
[13] Hans Zollikofer mündlich am 31. Mai 2005.
[14] Hans Heinrich Brunner, S. 300.
[15] A. a. O., S. 302.
[16] In Nachlass 48 befinden sich zahlreiche Briefe, die Helmuth Thielicke als treuen Freund zeigen, der Brunner hoch achtete.
[17] Fritz Blanke (u. a. Hg.), Das Menschenbild im Lichte des Evangeliums. Zürich 1950.

Verbindung von wissenschaftlicher Forschungs- und Lehrgabe mit der Gabe der Verkündigung in Predigt und Seelsorge» unterstrich. Brunner sei «einer jener Theologieprofessoren, die sich auch auf dem Lehrstuhl ganz hineingestellt» wüssten «in den Dienst der Gemeinde». Er entschwinde «nicht in irgendeine von der Kirche losgelöste akademische Höhe»; er nehme «auch in seiner wissenschaftlichen Arbeit teil an Aufgabe und Kampf des einfachen Pfarrers» und sei «darauf bedacht, Universität und Kirche ganz nahe zueinander hinzurücken».[18]

Eine zweite, noch umfangreichere Festschrift erschien zu Brunners siebzigstem Geburtstag.[19] Und am 14. Mai 1960 überreichte Bundestagspräsident Eugen Gerstenmaier seinem Lehrer und Freund Emil Brunner das Grosse Verdienstkreuz der Bundesrepublik Deutschland.[20] Die Auszeichnung mit dem Ehrendoktorat, «Doctor of Humane Letters, honoris causa», durch die International Christian University in Tokio erfolgte (den Umständen entsprechend in Abwesenheit) am 26. März 1966, also kurz vor Brunners Tod. In der Laudatio wurde er als «überragender Theologe, geliebter Lehrer, Abenteurer für Gott» angesprochen.[21] – Viel Freude bereitete es ihm auch, dass sein Buch «Der Mensch im Widerspruch»[22] eine Leserin in der damaligen DDR, Ursula Berger-Gebhardt, so beeindruckte, dass sie eine Kurzfassung davon erstellte, die mit seiner Zustimmung unter dem Titel «Gott und sein Rebell» im Rahmen von «rowohlts deutscher enzyklopädie» erschien.[23]

«Freiheit und Gerechtigkeit» – Brunners letzte Vorlesung

Die Vorlesung «Freiheit und Gerechtigkeit in der Gesellschaft» im Wintersemester 1955/56 war ein grosser Publikumserfolg. Nicht nur Brunners Anhängerinnen und Anhänger aus der Stadt stellten sich ein, sondern auch Studentinnen und Studenten, die den angesehenen Theologen selbst erleben wollten.[24] Brunner fasste hier zusammen, was ihn in den letzten Jahren beschäftigt hatte – ähnlich wie in den Gifford Lectures – und griff auch politische und wirtschaftliche Themen auf. Ausführlich setzte er

---

[18] Der nicht datierte Ausschnitt aus den «Basler Nachrichten» wurde mir von Pfarrer Konrad Staehelin, Zürich, zur Verfügung gestellt.
[19] Peter Vogelsanger (Hg.), Der Auftrag der Kirche in der modernen Welt. Zürich und Stuttgart 1959.
[20] Vgl. oben, S. 435.
[21] Laudatio in Nachlass 132, 2.
[22] Vgl. oben, S. 334 ff.
[23] Emil Brunner, Gott und sein Rebell. Hamburg 1958. Für diesen Hinweis danke ich I. John Hesselink.
[24] Walter Fritschi mündlich am 14. Juni 2005.

sich mit dem Marxismus auseinander, aber auch – und durchaus nicht unkritisch – mit dem Kapitalismus. Die Vorlesungsreihe schliesst mit der bei Brunner immer wieder vorkommenden These, «nur das Christentum» sei fähig, «zugleich persönlicher Glaube des Einzelnen und sozial wirkende[25] Kraft zu sein». Es habe «die beiden Ideen der Freiheit und Gerechtigkeit in sich». «Freiheit ohne Gerechtigkeit» und «Gerechtigkeit ohne Freiheit» seien beide «verheerend».[26]

Die Fraumünster-Predigten

Auch die Predigten im Fraumünster wurden gut besucht. Diese Kirche im Herzen der Zürcher Altstadt, in der er «durch viele Jahre einer treuen und vielgestaltigen Gemeinde das Wort Gottes» habe verkündigen dürfen, sei ihm «lieb geblieben bis zum heutigen Tag», bemerkte er kurz vor seinem Tod.[27] Im Fraumünster versammelte sich jeweils eine typische Personalgemeinde. Predigthörerinnen und -hörer kamen teilweise von weit her. Liest man diese Predigten *heute*, empfindet man einiges als holzschnitthaft und simplifizierend, und doch kann man nachvollziehen, warum von Brunner eine starke Wirkung ausging. Mit den folgenden Zitaten und Auszügen sei dies illustriert:

Das «Judenvolk» habe «Jesus Christus verworfen» und dafür furchtbar «büssen müssen, bis in unser aufgeklärtes Jahrhundert hinein», heisst es beispielsweise sehr pauschal in einer Predigt mit dem Titel «Das Alte und das Neue Testament».[28] Erklärungsbedürftig ist die Aussage in einer Weihnachtspredigt, «ohne Gott» könne man «kein richtiger Mensch sein».[29] Und ähnlich wie in seinen Vorträgen und Ansprachen auf dem indischen Subkontinent und in Japan sagte Brunner auch bei dieser Gelegenheit, dass Jesus Christus «mit den anderen sogenannten Religionsstiftern, mit einem Mohammed, Buddha oder Zarathustra», «nicht zu vergleichen» sei. Sie alle seien «grosse Menschen, aber nicht der Heiland der Welt».[30]

Es finden sich aber auch zahlreiche hellsichtige und beherzigenswerte Bemerkungen in den Predigten des älter gewordenen Brunner, etwa wenn

---

[25] Im Typoskript «wirkliche».
[26] Nachlass 117.
[27] Emil Brunner, Fraumünster-Predigten. Neue Folge. Zürich 1965 (in der Folge zitiert als «Neue Folge»), Vorwort, S. 7.
[28] «Das Alte und das Neue Testament, in: A. a. O., S. 9.
[29] Weihnachten, in: A. a. O., S. 15 f.
[30] A. a. O., S. 18.

er den christlichen «Missbrauch des Gottesnamens» als «eine Hauptursache der heutigen Gottlosigkeit» hervorhebt:

> «Um unseretwillen, weil wir den Namen Gottes immer im Munde führen und doch dabei nicht besser sind als die andern, ist das Christentum in Misskredit gekommen.»[31]

Er stellte den Islam als Vorbild hin:

> «Fünfmal täglich lassen [die Muslime] sich von den Muezzins aus den Minaretts herab zum Gebet rufen, und sie knien nieder, wo sie gerade sind.»[32] – «Ich muss gestehen, es hat mich jedes Mal tief ergriffen.»[33]

Mehrfach grenzte er sich in seinen Predigten von einem fundamentalistischen Bibelverständnis ab. Offenbar hielt er einen Teil seiner Zuhörerinnen und Zuhörer in dieser Hinsicht für gefährdet: «Buchstabenglaube» habe «keine lebendigmachende Kraft wie der echte Glaube». Er beweise «sich als falsch auch darin, dass es ja gar nicht möglich ist, alles zu glauben, was in der Bibel steht». Es sei «ein grosses Unglück, dass dieser falsche Autoritätsglaube – sei es der Glaube an die Lehrautorität der Kirche und des Papstes, sei es der Glaube an den papierenen Papst, die Bibel – in die Christenheit eingedrungen» sei und so «viele irregeführt» habe.[34]

> «[Der echte Glaube ist] ein Sich-Verlassen auf das, was mir Gott von sich und von mir sagt, [und] durch das ich [...] getroffen werde und dadurch in Gemeinschaft mit Gott hineinkomme».[35] – «Paulus meint [...] in all seinen Briefen mit ‹glauben› nicht unser Verhältnis zur Bibel, zur Heiligen Schrift, sondern ganz allein unser Verhältnis zu Jesus Christus.»[36] – «[Die Bibel ist nicht] Gottes Offenbarung, sondern [...] nur Zeugnis von seiner Offenbarung». – «Die [Muslime] glauben an ein Buch, die Hindus glauben an ihre Bücher, der Christ aber glaubt nicht an ein Buch, sondern an den, der selbst das Wort Gottes heisst.»[37]

In verschiedenen Predigten griff Brunner auch auf, was er in seinem Buch «Das Missverständnis der Kirche» breiter ausgeführt hatte:[38]

> «Ekklesía – ich gebrauche jetzt dieses griechische Wort, um das Missverständnis zu vermeiden, – ist die Gemeinschaft oder Bruderschaft, die in der Erlösungstat Jesu Christi begründet ist.» – «[Das] einem Totalstaat gleichende Kirchensystem, die römische Papstkirche, ist weit davon entfernt, die Ekklesía

---

[31] Glaube ist nicht Theorie, in: A. a. O., S. 29 f.
[32] A. a. O., S. 30.
[33] Das Heilige, in: A. a. O., S. 144.
[34] Wahres und falsches Verständnis des Glaubens, in: A. a. O., S. 35 f.
[35] A. a. O., S. 35.
[36] Glaube und Liebe, in: A. a. O., S. 45.
[37] A. a. O., S. 46.
[38] Vgl. oben, S. 506 ff.

Jesu Christi zu sein. Aber auch unsere reformierte Kirche ist nicht gemeint, keine von unsern Kirchen und Sekten.»[39]

«Unsere reformierte Landeskirche [...] war von allem Anfang an nicht geeignet, brüderliche Gemeinschaft der von Christus Erfassten herzustellen. Das war sozusagen von der Reformation her ein ihr angeborener Mangel.»[40] – Eine sehr kritische Bemerkung!

«[Die] urchristliche Ekklesía war etwas Einmaliges und Unwiederholbares. Darum können wir [sie] nicht einfach wiederaufbauen [...]. Aber wir müssen versuchen, unsere Kirche nach dem Vorbild der Ekklesía zu reformieren.»[41]

«Wir sollen versuchen, soweit es uns immer möglich ist, in den institutionellen Rahmen der Kirche soviel Christusgemeinde als möglich hineinzubauen.»[42] – «Die Christusgemeinde besteht aus lauter Aktivmitgliedern. Passivmitglieder gibt es überhaupt nicht.»[43]

In manchen Predigten finden sich Abschnitte, in denen Brunner die Gemeinde persönlich anspricht:

«Das ist das Entscheidende, dass es auf *mich* ankommt, dass *ich* den Anfang mache. [...] Erst wenn es heisst: Herab vom Balkon, von der Tribüne, auf die Bühne, hinein in die Arena, selbst mitspielen, erst dann fängt es an heiss und ernst zu werden.»[44] – «Wer nicht auf der Bühne mitspielt, wer in der Theorie oder Weltanschauung verharren will, der verspielt sein Leben.»[45]

In immer neuen Wendungen spricht Brunner davon, dass Gott uns persönlich kenne und anspreche:

«Ich bin der Herr, dein Gott, mein bist du, mir gehört dein Leben. Ich bin der Herr, dein Arzt und dein Erlöser. Mein wirst du sein in alle Ewigkeit. Sobald der Mensch auf diese Stimme hört, [...], sobald er aufhört, ein blosser Betrachter und Beurteiler der Welt zu sein, in diesem Moment wird alles anders. Und diese Veränderung im Ganzen, die dadurch geschieht, dass man aus einem Betrachter ein Gehorsamer wird – diese totale Veränderung ist es, die in der Bibel Glaube heisst. Du bist jetzt nicht mehr nur ein winziges, unbedeutendes Stücklein dieser ungeheuren Welt, ein Partikel dieses unheimlichen Betriebes, der Weltgeschichte heisst, sondern du bist jetzt auf einmal eine Person, die mit Du angeredet wird. Du bist auf einmal wichtig, weil diese Stimme aus der anderen Welt zu dir redet. Es ist jetzt Einer da, der dich zu sich ruft, der sich mit dir einlässt. Die Welt ist jetzt nicht mehr die Hauptsache, sie ist jetzt nur noch die Bühne, auf der deine Geschichte mit Gott, die Geschichte

---

[39] Der Christusglaube, in: Neue Folge, S. 40.
[40] Glaube und Gemeinschaft, in: A. a. O., S. 60 f.
[41] Der Christusglaube, in: A. a. O., S. 41.
[42] Glaube und Gemeinschaft, in: A. a. O., S. 60.
[43] A. a. O., S. 59.
[44] Glaube ist nicht Theorie, in: A. a. O., S. 26.
[45] A. a. O., S. 27.

Gottes mit den Menschen sich abspielt – Du und Gott, Gott und die Seinen, die er, wie dich, anruft.»[46] – «Der Glaube ist [...] nichts anderes als die Antwort auf Gottes Wort, auf den Anruf Gottes.»[47]

Und noch bestimmter:

«Glaube ist das Empfangen, das Ins-Herz-Aufnehmen der Gottesliebe.»[48] – «Aus dem Glauben an Gottes vergebende Liebe leben und dadurch selbst vergebend und liebend werden – das ist die Summe des Christentums.»[49]

In seinen Fraumünster-Predigten ging Brunner selten unmittelbar auf die gegenwärtige Situation ein. Er verzichtet zumeist auf praktische Beispiele. Relativ häufig sind aber Anspielungen auf den Unfrieden in der Welt:

«Wir leben sozusagen am Rande eines Abgrundes, und es scheint, als ob wir mehr und mehr gegen den Abgrund zu abrutschen – einen Abgrund von Vernichtung, Zerstörung, Angst, Bosheit, Unmenschlichkeit, teuflischer. Es hat keinen Sinn, diesem Abgrund nicht ins furchtbare Angesicht zu schauen. Das bringt uns erst recht an diesen Abgrund heran. Und Schweizer sollen ja nicht meinen, wir werden uns diesmal durch unsere Neutralität retten können. Es ist, als ob das Wort an uns Erfüllung finden sollte: Alles, was besteht, ist wert, dass es zugrunde geht.»[50]

Mit dem «Abgrund» meinte Brunner einen möglichen Atomkrieg. Er hatte Nagasaki besucht und wusste aus eigener Anschauung, was eine atomare Bombe auslöst.

Mehrfach wendete er sich gegen die «Vergötterung» von Wissenschaft und Technik:

«Man kann ein höchst wissenschaftlicher Mensch, sogar ein Nobelpreisträger sein und doch so ganz in der Täuschung leben [...]. Die Wissenschaft [...] hat sogar noch dazu dienen müssen, der Macht der Zerstörung gewaltige Mittel zur Verfügung zu stellen, indem sie den Menschen den gefährlichen Eingriff in das Geheimnis der Natur, in die Atomkräfte möglich machte und ihm so die furchtbarsten Werkzeuge der Zerstörung in die Hand spielte.»[51]

«Grosse Kräfte» helfen offensichtlich nicht, «miteinander auszukommen, sondern nur das, was man schon sowieso tut, mit mehr Erfolg zu tun. Ist es etwas Gutes, so wird das Gute mächtiger, ist es etwas Böses, so wird das Böse nur desto mächtiger. Das ist es, was wir heute, im Zeitalter der Atomwissen-

---

[46] Lobe den Herrn, in: A. a. O., S. 80 f.
[47] Wahres und falsches Verständnis des Glaubens, in: A. a. O., S. 32.
[48] Glaube und Liebe, in: A. a. O., S. 47.
[49] A. a. O., S. 49.
[50] Ostern, in: A. a. O., S. 74. Vgl. Friedrich Engels, Ludwig Feuerbach und der Ausgang der klassischen deutschen Philosophie, in: Karl Marx/Friedrich Engels – Werke. Band 21, 5. Auflage. Berlin 1975, S.266: «Alles was besteht, ist wert, dass es zugrunde geht.»
[51] Der Kampf, in: A. a. O., S. 133.

Gedenkstätte zum Atombombemabwurf auf Nagaski (Foto: Iris Brun).

schaft und -technik, erleben.»[52] – «Schöner Fortschritt das, der uns so weit gebracht hat, dass wir heute vor der Möglichkeit des Menschheitsselbstmordes stehen.»[53] – «Es ist, wie wenn man streitenden Kindern statt der Stecken, mit denen sie aufeinander losgehen, geschliffene Schwerter in die Hände gäbe und sagte: Dann kommt's sicher besser!»[54]

Gerade das Vorhandensein von Atomwaffen im Westen und im Osten machte Brunner also tief besorgt. Trotzdem reihte er sich nicht in die Phalanx der Kirchenleute ein, die – wie z. B. Helmut Gollwitzer – für den Verzicht darauf plädierten.[55] Es ist bereits erwähnt worden, dass Brunner in verschiedenen Artikeln in der «Neuen Zürcher Zeitung» gegen den damaligen Pazifismus eintrat.[56] Sein Beitrag «Pazifismus als Kriegsursache» wurde bemerkenswerterweise vom «Chef des Personellen der Armee» und von «Heer und Haus» (der offiziellen Dienststelle zur geistigen Landesverteidigung) als Vervielfältigung in Umlauf gebracht.[57]

---

[52] Das Licht der Welt, in: A. a. O., S. 92 f.
[53] A. a. O., S. 93.
[54] A. a. O., S. 92.
[55] Vgl. Helmut Gollwitzer, Die Christen und die Atomwaffen. München 1957.
[56] Vgl. oben, S. 459.
[57] Emil Brunner, Pazifismus als Kriegsursache, in: Wort II, S. 373–376. Vervielfältigung für den Gebrauch in Schulungsveranstaltungen der Armee im Privatarchiv F. J.

Sein Artikel war dazu gedacht, «auch von theologischer Seite das Gegenteil zum Ausdruck» zu bringen.[58] Nachdem er am 13. April 1958 in der «Neuen Zürcher Zeitung» erschienen war, ging Brunner auch in seiner Fraumünster-Predigt vom 4. Mai 1958 auf dieses Thema ein. Als Text wählte er ein Wort aus dem Alten und eines aus dem Neuen Testament: «Sie sagen: Friede! Friede!, wo kein Friede ist.»[59] – «Er ist unser Friede ... dadurch, dass er Frieden stiftete und uns mit Gott versöhnte durch das Kreuz.»[60]

In dieser – für Brunner in seltenem Mass konkreten – Predigt stellte er dar, dass der Staat «nun eben einmal» nötig sei, und zwar als «die Ordnung des mit Gewalt geschützten Rechtes».[61] Innenpolitisch brauche es die Polizei, aussenpolitisch die Armee – eine Position, die er schon im Januar 1915 gegenüber Leonhard Ragaz vertreten hatte.[62] In derselben Predigt ging er auch auf die Frage der atomaren Bewaffnung ein, die damals in der Schweiz heftig diskutiert wurde.[63] Zu den Stimmbürgern (und Gemeindegliedern), die die Atomwaffen grundsätzlich verbieten wollten, sagte Brunner:

> «Wir müssen bedenken, was dieses Nein heisst. Es heisst nichts weniger als dass man nur selber von den Atomwaffen keinen Gebrauch machen will, der andere aber dadurch nicht abgehalten wird, sie zu gebrauchen. Durch den Verzicht auf die Atomwaffen wird die Gefahr des Atomkrieges nicht etwa beseitigt, sondern im Gegenteil viel näher gebracht. Denn für den Gewalttäter gibt es keine grössere Versuchung als die Wehrlosigkeit des anderen. – Der Pazifismus ist darum, so gut er auch gemeint ist, sicher nicht die christliche Lösung der Kriegsfrage.»[64]

Brunner sprach sich also für eine Politik der atomaren Abschreckung aus, mit der er Schlimmeres zu verhindern hoffte.

Seit seinem Artikel in der «Neuen Zürcher Zeitung» und seit seiner Predigt hatte er «täglich empörte, erschreckte oder betrübte Briefe von frommen Christen» erhalten.[65] Besonders ärgerte er sich darüber, dass auch in diesem Punkt Karl Barth wieder einmal eine andere Meinung vertrat.[66] Brunner sah in dieser neuen Differenz eine Bestätigung dafür, dass

---

[58] A. a. O.
[59] Jeremia 6,14.
[60] Epheser 2,14.
[61] Friede, in: Neue Folge. Zürich 1965, S. 137.
[62] An Ragaz am 6. Januar 1915, vgl. oben, S. 100.
[63] Am 15. Juni 1958 sollte in der Schweiz eine Volksinitiative für die Verankerung eines Atomwaffenverbots in der schweizerischen Bundesverfassung lanciert werden. Sie kam zustande, wurde am 1. April 1962 jedoch vom Volk verworfen.
[64] Friede, in: Neue Folge, S. 140.
[65] An Huber am 24. Mai 1958.
[66] Vgl. z. B. Karl Barth, Offene Briefe 1945–1968. GA 15, Zürich 1984, S. 399.

er eben schon in den Dreissigerjahren mit seiner Verteidigung der natürlichen Theologie gegenüber Karl Barth im Recht gewesen sei. «Erschüttert» war er auch «von der Tatsache, dass alle theologischen Fakultäten Deutschlands sich hinter das Verbot der Atomwaffen» stellten und – worin Max Huber ihm zustimmte – «nicht nur Deutschland und Europa dem Bolschewismus» auslieferten, «sondern auch die Kriegsgefahr – und zwar die Atomkriegs-Gefahr – ungeheuer» vergrösserten.[67] Brunner bedauerte, «dass auch der gute Albert Schweitzer[68] sich zum Vorspann des bolschewistischen Manövers» hatte machen lassen.[69]

Es war mutig, aber auch bezeichnend, dass Brunner seine Predigt über das Thema «Krieg und Frieden» in seine Predigtsammlung aufnahm. Abschliessend wird man sagen können, dass sie ein letzter – wenn auch kontroverser – Höhepunkt seiner Laufbahn war.[70]

Andere Predigten Brunners, die auf der gleichen Linie liegen, wurden nicht in den Sammelband aufgenommen, sind aber ebenfalls erhalten. Auch sie enthalten Warnungen vor der Ausbreitung des «kommunistischen Totalstaats»[71] und die Mahnung, die atomare Aufrüstung nicht zu verhindern:

> «Diese Rüstung des Westens, namentlich Amerikas, ist es doch, die uns Westeuropäern bis heute das Leben in Freiheit und Frieden erhalten hat. Darum müssen wir diese Rüstung beibehalten. Wohl wollen wir den Frieden, aber nicht den Frieden um jeden Preis. Wir wollen den Frieden mit Gerechtigkeit. Vielleicht, dass uns Gott noch die Zeit schenkt, einen Völkerbund zu verwirklichen, der etwas mehr Frieden und Gerechtigkeit schafft als der letzte.»[72]

«Zürich wohin?»

Ausser mit den Predigten im Fraumünster trat Brunner nur noch selten in der Öffentlichkeit auf: Im April 1956 nahm er an einer «Geistlichen Woche» in der Evangelischen Akademie in Mannheim teil, bei der er über

---

[67] An Huber am 24. Mai 1958.
[68] Vgl. Albert Schweitzer, Friede oder Atomkrieg. München 1958.
[69] An Huber am 24. Mai 1958.
[70] Der Verfasser dieses Buches war als junger Mensch ein Hörer dieser Predigt, die damals gemischte Gefühle in ihm hervorrief.
[71] Gedruckt in der Reihe: Predigten von Prof. Emil Brunner im Fraumünster Zürich. Herausgegeben von der Evangelischen Buchhandlung Zürich; hier: 19. Juli 1959, Nummer 42.
[72] Christ und Weltfriede, Predigt, gehalten am 8. November 1959 von Prof. Dr. Emil Brunner im Fraumünster Zürich an der 2. Schweizerischen Evangelischen Akademikertagung in Zürich. Zürich o. J., S. 6.

«Erfahrungen im Fernen Osten» referierte.[73] Einmal liess er sich von der Studentenschaft der Universität Zürich einladen, einen Vortrag über «Christlichen Existentialismus» zu halten.[74] Auch Gymnasiasten der nahe gelegenen Kantonsschule liessen sich von Brunners Namen anlocken und waren von seinen Worten tief beeindruckt.[75]

Eine Ausnahme machte er bei der Aktion «Zürich wohin?» im Mai 1956, einer Evangelisation für die ganze Stadt, im Stil angelehnt an die Oxfordgruppenbewegung. Es gab Grossveranstaltungen im Kongresshaus und in den wichtigsten Kinos. Brunner gehörte zu den Hauptinitianten und setzte dafür viel von seiner Energie ein.

Am 4./5. März 1956 fand eine Vorbereitungstagung in Wildberg (in der Nähe von Winterthur) statt, an der Brunner das Hauptreferat hielt. In einer Situationsanalyse beklagte er zunächst den «Verlust der Mitte»[76] – nicht nur in der Malerei, sondern überhaupt in der Gesellschaft.[77] Die aus den Fugen geratene Gesellschaft brauche Hilfe. Das Ziel der geplanten Aktion «Zürich wohin?» sei, diese Hilfe zu geben:

> «Wir wollen die Botschaft zu denen bringen, die nicht in der Kirche [sind]. Darum in weltlichen Lokalen! Darum die Laien (Nichtpfarrer) vor! Darum die Botschaft nicht als Predigt, sondern [als] Zeugnis, angewandt auf das tägliche Leben!»[78]

Brunner eröffnete die Aktion am 13. Mai 1956 mit einer grossen Rede[79] und trat an den verschiedenen Veranstaltungen als Moderator auf.[80] Am letzten Abend, dem 19. Mai 1956, hielt er im Freien auf dem (Frau-)Münsterhof die flammende Schlussansprache auf Schweizerdeutsch: «Liebi Lüt vo Züri!» (‹Liebe Leute von Zürich!›). Er schloss mit den Worten:

> «Was hülfe der Stadt Zürich aller Reichtum, alle Schulen, vom Kindergarten bis zur Universität, was hülfen ihre Wohlfahrtseinrichtungen und alle Sportstadien, wenn sie ihre Seele darüber verlöre? [...] Die Seele und Gott gehören

---

73 Evangelische Akademie Mannheim (Hg.), Gott füllt leere Hände. Geistliche Woche 1956. Mannheim 1956, S. 26–31, und Nachlass 92.
74 Emil Brunner, Christlicher Existentialismus, in: Wort II, S. 318–334.
75 Adrian Schenker mündlich.
76 Vgl. Hans Sedlmayr, Verlust der Mitte, Salzburg-Wien 1948.
77 Mit der damals «modernen» Malerei und Plastik konnte er «ästhetisch nichts anfangen – höchstens psychologisch oder philosophisch, d. h. als Ausdruck unseres existentialistischen-nihilistischen Zeitalters», an Huber am 26. September 1958.
78 Nachlass 92.
79 A. a. O.
80 A. a. O. Der damals frisch konfirmierte Verfasser wirkte bei einer stark besuchten Veranstaltung im Kino Corso am Bellevue mit – als Ordnungshüter und versehen mit einer Armbinde –, konnte sich für den erwecklichen Stil aber nicht erwärmen und fand das Ganze eher ‹komisch›.

zusammen. Ohne Gott muss die Seele sterben [...]. Das darf nicht sein. Wir wollen nicht nur leben, sondern menschlich leben, mit-menschlich leben, sodass man merkt: Hier sind Menschen, die über ihrem Wohlstand und über ihrer Tüchtigkeit nicht das Wichtigste vergessen, nämlich dass sie Menschen sind. Menschliche Menschen zu sein, das ist der eigentliche Sinn des Evangeliums Jesu Christi, dessen, der uns Gott geoffenbart hat als Grund aller wahren Menschlichkeit. Darum geht's. Dazu euch aufzurufen, ist der Sinn dieser Aktion gewesen. Was können wir dazu tun? Gott verlangt nur eines von uns: Gib mir, o Sohn, dein Herz.[81] Nichts als das. Und wenn wir das tun, Gott unser Herz zu geben, dann gibt er uns dafür die wahre Menschlichkeit. Nur um diesen Preis ist sie zu haben, aber um diesen Preis gibt er sie garantiert. Wir zahlen willig unsere AHV-Beiträge, weil wir wissen, wir bekommen dafür zuletzt unsere Altersrente. Es geht hier um Grösseres als die Altersrente, nämlich darum, dass wir das menschliche Leben gewinnen, dass wir das Leben gewinnen und nicht verlieren. Aber auch dafür müssen wir einen Preis zahlen. Kostenlos geht es auch hier nicht. Das ist der Preis: Gib mir, o Sohn, dein Herz. Mehr will Gott nicht. Aber das will er unbedingt und ganz. Und damit kann man gerade jetzt anfangen.»[82]

Der dritte Band der «Dogmatik»

Den grössten Teil seiner Kräfte und seiner Zeit der letzten Jahre widmete Brunner aber dem Abschluss seiner «Dogmatik», d. h. deren drittem und auch letztem Band. Eine jüngere Freundin der Familie, Hanni Guanella-Zietzschmann, stellte ihm ihre Zeit und ihre Fähigkeiten dafür zur Verfügung. Sie hatte Rechtswissenschaften studiert, daneben aber auch bei Emil Brunner Vorlesungen gehört. Inzwischen war sie Familienfrau geworden und als solche stark beansprucht. Mehrmals pro Woche fand sie sich an der Hirslandenstrasse ein. Brunner diktierte ihr in die Schreibmaschine und diskutierte mit ihr alle Einzelheiten – von der Disposition bis zu den Detailformulierungen.[83] Sie habe «mit bewundernswerter Einfühlungsgabe und unerhörtem Arbeitseinsatz die Niederschrift des Manuskriptes möglich» gemacht.[84] Die «letzte Last der letzten Redaktionsarbeit» habe ganz auf ihr gelegen; sie habe «oft bis tief in die Nacht hinein» für ihn gearbeitet, sodass ihr Mann «in steigendem Mass das Gefühl» gehabt haben müsse, «Hanni lebe fast mehr für Emil Brunner als für ihn und seine Familie».[85]

---

[81] Sprüche 23,26.
[82] Zitiert nach einer zuhanden der Medien auf Hochdeutsch geschriebenen Fassung der Rede in Nachlass 92.
[83] Hanni Guanella-Zietzschmann mündlich.
[84] Emil Brunner, Dogmatik III. Zürich 1960, S. 11.
[85] Nachlass 94.

Im Oktober 1958 war das «Kapitel über die Heiligung» fertig, die ersten 340 Seiten des gut fünfhundert Seiten starken Buches.[86] Gegenüber Max Huber bedauerte er, dass er «vielleicht allzu knapp» über die Liebe gesprochen habe.[87] Im Juli 1959 legte er «sozusagen letzte Hand [...] an [s]eine Dogmatik III». Übrig blieben «nur noch die Anmerkungen als Aufgabe für den Herbst», was Brunner als eine «im Vergleich mit der Denkarbeit [...] zwar ziemlich lästige, aber immerhin unvergleichlich leichtere Sache» bezeichnete. Er «habe übrigens im Sinn, diese diesmal auf ein Minimum zu reduzieren».[88] Da das Buch «im Frühjahr 1960 herauskommen» sollte, musste das Typoskript auf den 1. Dezember 1959 abgeliefert werden,[89] was dann auch geschah, gut vier Jahre nach der Heimkehr aus Japan. Der «gelehrte Apparat» fiel, wie bereits angedeutet, «zum grössten Teil weg». Max Huber versuchte, das wissenschaftliche Gewissen des Freundes zu beruhigen: es gebe «ja in der heutigen Welt schon zu viele Apparate und Apparaturen». Was «aus dem Heiligen Geist» herstamme, habe es ausserdem «nicht nötig, eine lange Schleppe von Wissenschaft in der Form vieler Zitate und Exkurse nach sich zu schleppen».[90] Zusammen mit Neuauflagen von «Dogmatik I und II» brachte der Zwingli-Verlag in Zürich den dritten Band im Jahr 1960 auf den Markt. Max Huber war einer der ersten Empfänger des Werkes. Es enthält in Band I (der ersten Auflage) die handschriftliche Widmung: «Max Huber in dankbarer Freundschaft – der Verfasser.»[91]

Es erübrigt sich, «Dogmatik III» *inhaltlich* zu besprechen. Was darin neu ist, hatte Brunner bereits in seinen Büchern «Das Missverständnis der Kirche» von 1951 und «Das Ewige als Zukunft und Gegenwart» von 1953 vorgelegt, mit Ausnahme der Kapitel über «Das neue Leben aus Christus», für das er auf seine Vorlesungen zurückgegriffen hatte. Kennzeichnend für seine Methode ist, dass er auch hier – wie bereits in den ekklesiologischen Kapiteln – vor allem bibeltheologisch vorging. Sein damals wohl wichtigster Rezensent, Carl-Heinz Ratschow,[92] warf ihm bei aller Anerkennung und bei allem Wohlwollen vor, dass er oft in «kurzschlüssiger und biblizistischer» Weise Aussagen der Bibel auf die Gegenwart übertrage.[93] Seine Ausführungen über «die Grundposition des Glaubens» habe er einfach «Kittels

---

[86] An Huber am 3. Oktober 1958.
[87] A. a. O.
[88] An Huber am 15. Juli 1959.
[89] An Huber, ohne Datum, vor oder im September 1959.
[90] Huber an Brunner im September 1959.
[91] Exemplar im Privatarchiv F. J.
[92] Vgl. oben, S. 496.
[93] Carl-Heinz Ratschow, Gottes Geist und personales Denken. ThLZ, 88. Jahrgang, Nr. 1. Leipzig 1963, Sp. 4.

Theologischem Wörterbuch entnommen».[94] Es stünden «methodisch» streng genommen «eigentlich nur Sachverhalte der neutestamentlichen Theologie, aber nicht der Dogmatik zur Debatte».[95]

Formal ist «Dogmatik III» ein meisterhaftes Buch, das sich durch seine Sprache und den transparenten Aufbau auszeichnet. Auch dem sonst in vieler Hinsicht kritischen Rezensenten Ratschow flossen Formulierungen wie von «stilistischer Geschlossenheit und gedanklicher Schärfe» in die Feder.[96] Seine hohe pädagogische Begabung war Brunner auch im Alter erhalten geblieben. Als junger Mann hatte er einmal geschrieben, er sei «kein Historiker und keines Historikers Sohn».[97] Aber er war ein *Lehrer* und eines Lehrers Sohn; ein *glänzender* Lehrer, was auch aus vielen Zeugnissen derer hervorgeht, die bei ihm studierten.

Brunner selbst war von tiefer Dankbarkeit erfüllt, dass es ihm gelungen war, seine «Dogmatik» zu vollenden. Im Familien- und Freundeskreis wurde im November 1960 im Hotel Sonnenberg am Zürichberg aus diesem Anlass ein Fest gefeiert. Brunner dankte allen, die mitgeholfen hatten. Es sei «ein Wunder der Gnade Gottes, dass dieser letzte Band überhaupt» habe zustande kommen können – «trotz all der physischen Hemmungen, die es unmöglich zu machen drohten». Die «Liebe Gottes» habe ihm «durch menschliche Helfer über die verschiedenen Gräben hinweggeholfen».[98]

«Eros und Gewissen bei Gottfried Keller»

Brunners *allerletztes* literarisches Werk erschien viereinhalb Jahre *nach* seiner «Dogmatik». Als Mitglied der altehrwürdigen Gelehrten Gesellschaft Zürich (ehemals Gesellschaft der Gelehrten auf der Chorherren) war ihm das Los zugefallen, das «Neujahrsblatt auf das Jahr 1965» zu schreiben, dessen Erlös nach alter Tradition «zum Besten des Waisenhauses Zürich» verwendet wurde. Der damals 75-Jährige wählte als Thema der 50-seitigen Schrift nichts im engeren Sinn Theologisches, sondern «Eros und Gewissen bei Gottfried Keller».[99] Aus Brunners Briefwechsel

---

[94] A. a. O., Sp. 5.
[95] A. a. O., Sp. 6.
[96] A. a. O., Sp. 8.
[97] Vgl. oben, S. 132. Nach Amos 7, 14.
[98] Nachlass 94.
[99] Emil Brunner, Eros und Gewissen bei Gottfried Keller. Neujahrsblatt auf das Jahr 1965 – Zum Besten des Waisenhauses Zürich herausgegeben von der Gelehrten Gesellschaft (ehemals Gesellschaft der Gelehrten auf der Chorherren). 128. Stück. Als Fortsetzung der Neujahrsblätter der Chorherrenstube: Nr. 187. Zürich 1965 (im Folgenden zitiert als «Neujahrsblatt»), S. 4.

mit dem Leipziger Theologen Ernst Sommerlath geht hervor, dass ihn diese Arbeit so stark in Anspruch nahm, dass es ihm im Sommer 1964 unmöglich war, einen Sommerlath bereits versprochenen Aufsatz über das damals viel diskutierte Buch «Honest to God» des anglikanischen Bischofs John A. T. Robinson für die «Theologische Literaturzeitung» zu verfassen.[100]

Brunner war hoch erfreut darüber, dass er das Neujahrsblatt schreiben musste, da er dadurch ein Thema bearbeiten konnte, das ihn seit Jahrzehnten beschäftigte. Seit seiner Gymnasialzeit gehörte Gottfried Keller – «unser grösster Zürcher Dichter» – zu seinen Lieblingsautoren. Kellers Werk war in seinen Augen ein «Zeugnis machtvollster Art» gegen den «Ungeist» des «Nihilismus».[101]

Er war sich bewusst, dass er sich als «Nichtzünftiger [...] in den Bereich der Literaturhistoriker» eindrängte.[102] Aber er wagte es! – und, um das Resultat vorwegzunehmen: Brunner, der sich selbst «an der Grenze seines Lebens als Denker angekommen» sah,[103] erschloss sich und seiner Leserschaft mit seiner letzten Arbeit Neuland: Keller konnte nicht als «gläubiger» Christ in Anspruch genommen werden. Indem Brunner sich auf den Dichter einliess, überschritt er eine Grenze. Er fragte nach anthropologischen und ethischen Prinzipien, die unabhängig von einer christlichen Vorentscheidung sind und auch ausserhalb der Kirche Geltung beanspruchen können.

Kellers autobiographischer Roman «Der Grüne Heinrich» zeugt beredt von den «Glaubensmühen» des Dichters und von seinem bewussten Abschied von der Kirche, in der er erzogen worden war.[104] In seinem Gedicht «Ich hab in kalten Wintertagen» im Zyklus «Sonnenwende und Entsagen» erzählt er ungeschminkt, wie er den herkömmlichen Glauben an die Unsterblichkeit aufgab:

> «Ich hab in kalten Wintertagen, / In dunkler, hoffnungsarmer Zeit / Ganz aus dem Sinne dich geschlagen, / O Trugbild der Unsterblichkeit! [...] Ich schau hinauf zum blauen Dome – / Und such *kein* bessres Vaterland.»[105]

Im europäischen Revolutionsjahr 1848 hatte Keller auf dem Rathaus von Heidelberg Vorlesungen des religionskritischen Philosophen Ludwig Feu-

---

[100] Sommerlath an Brunner 12. September 1964. Vgl. John A. T. Robinson, Honest to God. London 1963. = Gott ist anders. München 1963.
[101] Neujahresblatt, S. 5.
[102] A. a. O., S. 3.
[103] A. a. O., S. 3.
[104] Gottfried Keller, Sämtliche Werke. Herausgegeben von Jonas Fränkel. Vierter Band. Erlenbach-Zürich und München 1926, S. 128 ff. und besonders S. 151.
[105] Gottfried Keller, Sämtliche Werke. Herausgegeben von Jonas Fränkel. Erster Band. Bern und Leipzig 1931, S. 213.

Emil Brunner in seinem Arbeitszimmer (ca. 1960).

erbach gehört und von ihm gelernt, die sichtbare und sinnliche Wirklichkeit als *einzige* (ohne eine jenseitige Überwelt), dafür aber in nur umso glühenderen Farben zu betrachten: «Trinkt, o Augen, was die Wimper hält, / Von dem goldnen Überfluss der Welt!»[106] Die Schlussverse von Kellers «Abendlied» müssen auf dem Hintergrund der Einsicht gelesen werden, dass das Leben einmalig und endlich ist – ohne Transzendenz. Den religiösen ‹Himmel› gibt es nicht. Gottfried Keller war zwar zu differenziert, um ein dogmatischer Atheist zu sein. Insofern war er kein konsequenter Feuerbachianer. Und Keller war nicht areligiös. Ein Christ im Sinne des traditionellen Christentums war er jedoch nicht mehr.

Damit, dass Emil Brunner sein letztes Werk Gottfried Keller widmete, verliess auch er den Binnenraum der Kirche. Er wehrte sich zwar dagegen, den Zürcher Dichter als Freidenker zu verstehen. Besonders Kellers Bettagsmandate, die dieser als Staatsschreiber im Auftrag der Zürcher Regierung entworfen hatte, waren ihm ein Indiz dafür, dass Keller nach dem «Feuerbach-Schock» so weit «zum Glauben seiner Jugend mindestens

---

[106] A. a. O., S. 40.

EMIL BRUNNER   Zürich, 18. Januar 1965

>Leider war es mir bis heute nicht möglich Ihnen zu dem grossen Ereignis zu gratulieren. So möchtes ich es nachträglich tun. Eine Hochzeit ist etwas vom schönsten was es in diesem Leben gibt, entsprechend der Tatsache, dass die Ehe etwas vom allerwichtigsten in unserem Leben ist, gemäss der Ordnung unseres Schöpfers. Ich hätte Ihnen gern mein Furche-Büchlein "Eros und Liebe" zu diesem Ereignis geschenkt, doch habe ich keine Exemplare mehr. So müssen Sie mit diesen wenigen Worten Vorlieb nehmen.
>
>Ich verbleibe mit herzlichen Grüssen und Wünschen
>
>Ihr
>
>Emil Brunner

[...] zurückgefunden» hatte, «dass er dessen Ausdruck *irgendwie* auch als Ausdruck seines eigenen Glaubens» gelten lassen konnte. Es sei «völlig ausgeschlossen, dass Keller etwas geschrieben und mit seiner eigenen Unterschrift versehen hätte, das nicht ‹irgendwie› [...] seiner eigenen Überzeugung» entsprochen hätte. Das «unbestimmte Wort ‹irgendwie›» sei «hier das allein richtige». Der Literaturwissenschafter Karl Pestalozzi hält es für «etwas naiv», sich in diesem Zusammenhang auf «Kellers amtliche Bettagsmandate» zu berufen.[107] Und auch Brunner war letztlich der Ansicht, dass es unmöglich sei, über «Gottfried Kellers Dichterglauben» ein «abschliessendes Urteil» zu fällen. Niemand könne wohl «genau sagen», wie Keller selbst «jenes ‹Irgendwie› interpretierte».[108] Deutlich ist – es wurde bereits betont –, dass Brunner Keller keineswegs einfach und plump für das Christentum vereinnahmte.

---

[107] Karl Pestalozzi in einem Brief an F. J. vom 30. August 2005.
[108] Neujahrsblatt, S. 36.

Entscheidend war etwas anderes: Brunner suchte das ethische Gespräch mit seiner Zeit. Er litt unter nihilistischen und naturalistischen Tendenzen. In Gottfried Keller meinte er nun ein Beispiel dafür gefunden zu haben, dass es auch unabhängig vom christlichen Glauben eine sittliche Haltung und ethische Massstäbe geben kann – eine ‹natürliche Ethik› sozusagen.

Die Gegenüberstellung der beiden Begriffe «Eros» und «Gewissen» war ein glücklicher Einstieg. «Eros» steht für den sinnlichen Aspekt im Leben des Menschen, «Gewissen» für den geistigen. Gottfried Keller bestätigte Brunner in seiner These, dass es *beider* Aspekte für ein gelungenes Leben bedarf. Die Sinnlichkeit darf nicht verdrängt oder unterdrückt werden. Eine übertriebene Askese macht den Menschen krank oder sogar böse. Es braucht aber einen verantwortlichen Umgang mit ihr. Was er bei Gottfried Keller fand, setzte Brunner programmatisch um:

«Weder ist Eros ohne Gewissen wahrhaft menschlich noch Gewissen ohne Eros.»[109] – «Ohne Eros und Gewissen wäre das Leben kein menschliches.»[110]

Gottfried Keller habe «mit der ihm eigenen Sicherheit den Weg zwischen Sinnlichkeit und asketischem Puritanismus» gefunden.[111] «An die Stelle des idealistischen» – und deshalb realitätsfremden – «Dualismus von Leib und Seele, Sinnlichkeit und Geist» sei bei Keller «die Anschauung von der Einheit des Leiblichen und des Geistigen in der Einheit der Person» getreten.[112]

Konkret beschreibt Brunner in seiner letzten Schrift den folgenden Weg: Er geht Gottfried Kellers erzählendes Werk systematisch durch – ausgehend vom «Sinngedicht», über die «Sieben Legenden», die «Züricher Novellen» und «Die Leute von Seldwyla» bis zur Urfassung des «Grünen Heinrich» und zu «Martin Salander». In immer neuen Variationen verfolgt er dabei die Art und Weise, wie ein Mann und eine Frau einander begegnen, sich finden oder auch wieder auseinander geraten.

Es war ein gelungener Kunstgriff, dass Brunner das «Sinngedicht» an den Anfang stellte. In diesem Novellenkranz geht es darum, den Spruch des barocken Epigrammatikers Friedrich von Logau in die Tat umzusetzen: «Wie willst du weisse Lilien zu roten Rosen machen? / Küss eine weisse Galathee: sie wird errötend lachen.»[113] Das Experiment erweist sich als schwieriger, als es zunächst aussieht: Entweder wird die Geküsste

---

[109] A.a.O., S. 4.
[110] A.a.O., S. 26.
[111] A.a.O., S. 12.
[112] A.a.O., S. 45.
[113] Nach: Gottfried Keller, Sämtliche Werke. Herausgegeben von Jonas Fränkel. Elfter Band. Bern und Leipzig 1934, S. 5.

rot, lacht aber nicht. Oder sie lacht, errötet aber nicht. Brunner kommentiert dies so: Es geht um die Korrelation von Eros und Scham. Das «Sinngedicht» gipfelt in der Erkenntnis, «dass die kreatürliche, sinnlich gebundene Freiheit der Person sich nur in der Weise zu manifestieren [vermag], dass sie dieser Gebundenheit inne wird». Sie muss diese annehmen und «gerade darin ihre Naturüberlegenheit» behaupten.

> «Das ist das entzückende ‹errötende Lachen›, das [...] der Grund davon ist, dass die bloss ästhetische von der wahrhaft ethischen Personbeziehung der Liebe besiegt wird. Die Scham (das Erröten) ist erst in ihrem Überwundenwerden durch die geistige Freiheit (das Lachen) das wahrhaft und zugleich exklusiv menschliche Erlebnis der aus Freiheit und sinnlicher Gebundenheit bestehenden kreatürlichen Person.»[114] «[Der Eros] ist die tiefste, personhafteste Beziehung von Menschen. Darum gehören Eros und Gewissen zusammen. Jenes ‹errötende Lachen› des Sinngedichtes ist der positive Ausdruck der Zusammengehörigkeit von naturhafter Abhängigkeit und sittlicher Freiheit.»[115]

Im Mittelteil seiner Studie greift Brunner ins Prinzipielle aus. Anhand der verschiedenen Beispiele, die er bei Gottfried Keller gefunden hat, arbeitet er heraus, dass zum «echten Eros», d.h. zum Eros, der den Menschen human sein lässt, einerseits die «Ausschliesslichkeit» gehört:

> «Wenn es wahr ist: ‹Ich liebe dich›, so ist mit diesem Bekenntnis ausgesprochen: ‹Ich möchte immer mit dir zusammen sein, ganz und für immer.› Das ‹Vorläufig›, ‹Bis-auf-weiteres› oder die Befristung für eine gewisse Zeit, kurz, die Nicht-Totalität, steht zum Liebesgeständnis im Widerspruch, straft es Lügen.»[116]

Aber auch die «Einspitzigkeit» gehört dazu mit dem Satz: «Dich allein liebe ich, für immer.»[117] «Da der Eros die geistleibliche Totalität meint, ist die Pluralität wesensmässig ausgeschlossen.»[118]

> «Jeder Pluralis anstelle des Dualis straft das ‹Ich-liebe-dich› Lügen, erweist es also als nicht ernst gemeint. So wie ich nur mit einem Menschen ganz vereint sein kann, so kann das wahrhaftige ‹Ich-liebe-dich› nur ‹dich›, diesen einen, mit Ausschluss jedes zweiten, bedeuten. Das ist das streng personale Verständnis des Eros, und eben dieses ist das Gottfried Keller eigene. Im wahrhaftigen ‹Ich-liebe-dich› ist das ‹Ich-liebe-dich-allein› einbeschlossen.»[119]

Gemäss Emil Brunner unterscheidet sich Gottfried Keller an diesem Punkt fundamental «von vielen anderen, namentlich den modernen Roman-

---

[114] A.a.O., S. 29.
[115] A.a.O., S. 31.
[116] A.a.O., S. 26.
[117] A.a.O.
[118] A.a.O.
[119] A.a.O., S. 27.

ciers», die einem «polygamen Eros» das Wort reden.[120] Er vertrete «eine entschieden nicht-naturalistische Auffassung des Menschen, die aber ebenso wenig eine idealistische oder gar spiritualistische ist» und deshalb als «personalistische» bezeichnet werden kann. Der Mensch «als eine geistleibliche Einheit» ist «weder blosses Naturtriebwesen noch reines Geistwesen, sondern Person, das heisst: Einheit des kreatürlich Naturhaften und der Freiheit des Geistes» und «zugleich Glied einer überindividuellen Gemeinschaft».[121] Dem Menschen ist

> «die Aufgabe gestellt, auch seinen naturgebundenen Eros der Einheit seiner Person- und Gemeinschaftsbestimmung unter- und einzuordnen bzw. seine Personheit gegen die zentrifugalen Kräfte seiner sinnlichen Natur zu verteidigen, sich als Person-in-Gemeinschaft zu bewahren und zu gestalten. – Die Liebe als Eros ist in der Personnatur zugleich gegeben und aufgegeben. Es gilt das Wort: ‹Werde, was du bist!› Darum ist der Eros als die Naturform dieses Personseins-in-Gemeinschaft nicht etwas, das durch die ethische Forderung des Gewissens vergewaltigt, sondern in seinem eigenen Streben erfüllt wird.»[122]

Für Emil Brunner ist die Einehe zwischen Mann und Frau die einzige, ethisch wirklich zu verantwortende Gestalt einer erotischen Beziehung. Er zeigt, dass dies auch bei Gottfried Keller der Fall ist – besonders deutlich in dessen Alterswerk «Martin Salander», den Brunner als «beinahe einziges Werk neuerer deutscher Literatur» dieser Art als «Roman einer glücklichen Ehe» bezeichnet.[123]

Anhand von Beispielen aus dem erzählerischen Werk geht Brunner auch dem Phänomen des Gewissens nach. Zunächst bezeichnet er dieses als «das in Gottfried Kellers Werken sich manifestierende Bewusstsein der sittlichen Verantwortlichkeit, das […] mit dem Kern der Persönlichkeit aufs engste verbunden» sei.[124] Später fügt er hinzu, Keller sei «ja Dichter, nicht Philosoph oder gar Theologe» gewesen, weshalb er nirgends eine Definition des Wortes ‹Gewissen› geliefert habe. Und doch sei bei Keller unverkennbar das Gewissen «das Zentrum der Person als des freien und verantwortlichen Wesens». Es melde sich immer dort «zum Wort», wo «die Verantwortlichkeit ins Bewusstsein» trete. Das Gewissen gebiete und verbiete, «beides gleichermassen unbegründet und unbegründbar». Keller erweise sich hier «als Schüler Kants, für den Personsein, Verantwortlichkeit und Gewissen aufs engste verbunden» waren. Das «Zentrum des Keller'schen Humanismus» bestehe im «tiefsten Wissen des Menschen um seine Personwürde und sittliche Aufgabe». Das Gewissen sei in den Werken

---

[120] A. a. O.
[121] A. a. O., S. 27f.
[122] A. a. O., S. 28.
[123] A. a. O., S. 49.
[124] A. a. O., S. 4.

Kellers «eine Macht, der gegenüber der Mensch mit seinem eigenen Begehren nichts vermag». Es sei «die Stelle, wo das unbegründbare ‹Du-sollst› den Menschen aus der Transzendenz zur Verantwortung ruft». Dieses «Du-sollst» ist «Anruf aus der Transzendenz und eben darum heilig».[125]

> «Wer diese Macht des Gewissens bei Gottfried Keller nicht beachtet, sondern ihn nur mit ästhetischen Massstäben misst, nur seinen Reichtum an Erfindung, seine Originalität, die Fülle und Schönheit seiner Eingebung zu würden weiss, aber von diesem entscheidenden Ethisch-Humanen nichts zu sagen vermag, der darf nicht den Anspruch erheben, Keller im tiefsten verstanden zu haben.»[126]

Eindrücklich – wenn auch doch wohl überinterpretierend – illustriert Brunner dieses Hereinbrechen der Transzendenz in der Form der Stimme des Gewissens mit der berühmten Szene in der Urfassung des «Grünen Heinrich» von 1854/55, in der die von Heinrich geliebte Judith diesem im Lichte des Vollmonds nackt entgegentritt – offensichtlich bereit, sich ihm hinzugeben. Statt dass dieser auf sie zugeht und sie in die Arme schliesst, ist er aber «von einem heisskalten Schauer und Respekt durchrieselt» und geht «mit jedem Schritt, den sie vorwärts» tut, «wie ein Krebs einen Schritt rückwärts». Als sie dann ihre Kleider wieder anzieht, hilft er ihr «zitternd, den Rock über der Brust zuzuheften», und reicht ihr «das grosse weisse Halstuch». Und erst jetzt «umschlang ich ihren Hals und küsste sie auf den Mund, […], worauf sie mich noch einmal umschloss und heftig küsste, dann quer durch die Bäume die Halde hinaneilte und verschwand». «Sonderbarerweise» fühlt Heinrich «die Schuld dieses Abenteuers» allein auf ihm ruhen, obgleich er sich doch «leidend» – d. h. passiv – «dabei verhalten» hatte.[127]

Emil Brunner war von dieser Szene, die Keller bei der Überarbeitung seines Romans für die endgültige Ausgabe von 1879/80 gestrichen hatte, stark beeindruckt. Theodor Storm hatte den Abschnitt gerühmt und so «schön» genannt, «als machten die alten Götter die Rund'».[128] Keller hingegen meinte, es sei «die roheste und trivialste Kunst von der Welt […], in einem Poem den weiblichen Figuren das Hemd übern Kopf wegzuziehen».[129] Er verfluchte alle, «die eine Neuauflage des ‹Urheinrich› versuchen würden. ‹Die Hand möge verdorren, welche je die alte Fassung

---

[125] A. a. O., S. 30.
[126] A. a. O., S. 31.
[127] A. a. O., S. 43. Vgl. Gottfried Keller, Sämtliche Werke. Herausgegeben von Jonas Fränkel. Achtzehnter Band. Erlenbach-Zürich und München 1926, S. 88 f.
[128] Vgl. Joseph Freiherr von Eichendorff, Neue Gesamtausgabe der Werke und Schriften in vier Bänden. Erster Band. Gedichte, Epen, Dramen. 4.–8. Tausend. Stuttgart 1957, S. 39: «Als machten zu dieser Stund' […] Die alten Götter die Rund'.»
[129] Nach: Gottfried Keller, Sämtliche Werke. Herausgegeben von Jonas Fränkel. Neunzehnter Band. Erlenbach-Zürich und München 1926, S. 362 f.

wieder zum Abdruck bringt!›»[130] Emil Brunner sah das anders: Wer den
«Grünen Heinrich» nur aus der zweiten Fassung kenne, werde «beim
Lesen des ‹Urheinrich› zweifellos erstaunt sein über das viele Grossartige,
das ihm hier begegnet». «Die Schilderung des Eros» sei «im ‹Urheinrich›
zweifellos gewaltiger und urwüchsiger, wenn auch zum Teil befremdlicher»; dasselbe gelte «vom Gewissen».[131]

Die «Schilderung der Macht des Eros» im Leben Heinrichs habe hier
«ihren Höhepunkt erreicht». «Unverkennbar» sei, dass «gleichzeitig mit
der Macht des Eros auch die unbegreifliche Macht des Gewissens, des
Schuldbewusstseins, ebenso elementar zum Ausdruck» komme, was
«durch die psychologische Erklärung des reflektierenden Dichters bei
weitem nicht ausgeschöpft» werde.[132] Zusammenfassend stellt Brunner
fest, Gottfried Keller habe «unentwegt» und «unbeirrt» am «Kern der
Sache» festgehalten, nämlich «an der geheimnisvollen, unerklärbaren
Gewissensstimme, am Gewissen als dem wahrhaft und eigentlich
Menschlichen, als dem, was den Menschen zum Menschen macht».[133]

Kurz vor seinem Tod war Brunner noch einmal ein lesenswertes Werk
gelungen, in dem er auch viel von sich selbst – von seinem Ethos, doch
wohl aber auch von seiner eigenen Sinnlichkeit – preisgab. Aus der Sicht
heutiger Fachgermanistik war Brunners Kellerinterpretation bereits 1965
etwas antiquiert. Er argumentierte problemgeschichtlich und interessierte
sich wenig für das Sprachlich-Formale. Dennoch erachtet Karl Pestalozzi
«Brunners Fragestellung» – Eros und Gewissen – als «Keller höchst angemessen». Sie führe «tatsächlich in ein Zentrum seines Dichtens, vor allem
auch in der Spezifizierung Eros und Scham».[134] Für Pestalozzi «stellt
Brunners Aufsatz einen respektablen und interessanten Diskussionsbeitrag zu einer für Keller, und vielleicht den älteren Schweizer Geist überhaupt, zentralen Problematik dar».[135] Bemerkenswert findet er, dass
Brunner «selbständig und zukunftweisend» Kellers Spätwerk, den
Roman «Martin Salander», positiv beurteilte und ihm so gerecht wurde.
Das sei «erst später zur *communis opinio* geworden». Dass Verschiedenes
in Brunners Keller-Studie unzureichend sei, besonders auch seine Darstellung der Philosophie Ludwig Feuerbachs,[136] könne dahingestellt bleiben.
Die «tiefste» Motivation Brunners für sein letztes Werk sei möglicherweise sein Bedürfnis gewesen, «sich mit seiner eigenen theologischen

---

[130] Neujahresblatt, S. 38. Nach: Emil Ermatinger, Gottfried Kellers Leben. Achte, neu bearbeitete Auflage. Zürich 1950, S. 521.
[131] Neujahresblatt, S. 38.
[132] A. a. O., S. 44.
[133] A. a. O., S. 50.
[134] Karl Pestalozzi in einem Brief an F. J. vom 30. August 2005.
[135] A. a. O.
[136] A. a. O.

Grundüberzeugung in der Tradition des Zürcher Geistes zu verankern»,[137] sich gewissermassen in die Linie Huldrych Zwingli – Heinrich Pestalozzi – Gottfried Keller einzureihen, in der auch Max Huber stand.

Am Schluss von «Eros und Gewissen» heisst es:

> «Der Gesamteindruck, den uns das Erzählungswerk Gottfried Kellers hinterlässt, ist [...] der der Ehrfurcht und Dankbarkeit gegenüber der Schöpfung und dem Leben, dessen tiefste Wahrheit die mit dem Gewissen geeinte Liebe ist.»[138]

Dem fügte Brunner ein Zitat aus «Zürcher Geist von Zwingli bis Gottfried Keller»[139] des Zürcher Historikers Leonhard von Muralt – auch er einer der «Habakuke»[140] – an:

> «Hinter allem steht dasselbe unbedingte Verantwortungsgefühl, das Keller mit Pestalozzi gemein hat, das eben deshalb dasselbe ist, weil es um die Verantwortlichkeit vor Gott weiss.»[141]

Dass Brunner selbst diesen «Zürchergeist» vertreten und weiter pflegen wollte, war seit seinem Besuch des Literargymnasiums am Zürichberg[142] eine der Konstanten seines Lebens.

---

[137] A. a. O.
[138] Neujahrsblatt, S. 50.
[139] Vgl. Leonhard von Muralt, Zürchergeist: von Zwingli bis Gottfried Keller. Zürich 1951.
[140] Vgl. oben, S. 208.
[141] Nach: Neujahrsblatt, S. 50.
[142] Vgl. oben, S. 28 ff.

Nachklang

Der offizielle Trauergottesdienst für Emil Brunner fand am 12. April 1966, am Osterdienstag, im vollbesetzten Fraumünster statt. Pfarrer Peter Vogelsanger verlas den Lebenslauf und hielt die Predigt, die er etwas pathetisch schloss mit Daniel 12,3 (in der Fassung der Lutherbibel von 1912):

> «Die Lehrer aber werden leuchten wie des Himmels Glanz und die, so viele zur Gerechtigkeit geführt haben, wie die Sterne immer und ewiglich!»[1]

Arthur Rich sprach im Namen der theologischen Fakultät und Brunners Freund Willy Sauser vor allem im Auftrag der «Heimstätte Boldern». Sogar das «Katholische Pfarrblatt» berichtete darüber: «Es war eine würdige Trauerfeier [...]. In ihrer edlen Einfachheit widerspiegelte [sie] das Wesen des Verstorbenen, der tief in seiner zürcherischen Heimat verwurzelt war und ihr als Professor der theologischen Fakultät und als Rektor der Universität sein Bestes gab.»[2] Am 24. April wurde eine Gedenkfeier in der Kirche der *International Christian University* in Tokio abgehalten, an der I. John Hesselink eine Rede hielt.[3] Und am 14. Juni des gleichen Jahres veranstalteten verschiedene Freunde Brunners einen weiteren Gedenkanlass im Kirchgemeindehaus Zürich-Oberstrass. Es ging um «Boldern», aber auch um Brunners seinerzeitige Beteiligung an der Oxfordgruppenbewegung.[4]

Das Echo auf Brunners Tod zeigte sich in einer kaum überblickbaren Zahl von kleineren oder grösseren Artikeln in der weltlichen und kirchlichen Presse, von denen eine reiche Auswahl in seinem Nachlass aufbewahrt wird.[5] Sie dokumentieren, was damals an Emil Brunner als bedeutungsvoll und bleibend erschien. Vom «grossen wissenschaftlichen Lehrer einer ganzen Theologengeneration» ist die Rede und von seiner «umfangreichen und segensvollen akademischen Lehrtätigkeit, deren Ausstrahlungen sich in die weite Welt hinaus bemerkbar machten». Brunners «erstaunliche Weite des Blickes» wird gerühmt, die «wahrhaft dynamische

---

[1] «Dank an Emil Brunner», Zürich ohne Jahrgang (1966), S. 25.
[2] Katholisches Pfarrblatt 11. Jahrgang, Nr. 17. Zürich am 24. April 1966.
[3] Nachlass 128, 1 und 133 (hier Tonbandaufnahme).
[4] Nachlass 128, 1.
[5] Nachlass 128, 1. Da es um die allgemeine Stimmung geht, werden die Zitate in der Regel nicht nachgewiesen und grammatikalisch manchmal leicht verändert.

Kraft» seines Denkens und seine «beispielgebende Hingabe an die Sache». I. John Hesselink nannte Brunner «einen Missionar für Missionare».

Von Brunners «faszinierender Persönlichkeit» wurde geschrieben, von seinem «freien und offenen Gesicht», von «seinen blitzenden Augen, seiner markanten und gedrungenen Gestalt» – allesamt «Zeugnis seines lebendigen Geistes». In einem weiteren Nachruf wurde Brunner «Lehrer der Verantwortung» genannt. Als systematischer Theologe habe er die Position vertreten, dass Glauben und Denken einander keineswegs widersprächen, sondern sich gegenseitig förderten. In einem Nachruf in Frankreich wird Brunner ein «grosser», leider aber oft «verkannter» Theologe genannt. Seine Theologie sei «klar», seine Predigt «einfach», niemals aber «einfältig» gewesen, gegründet auf einem «geistlichen Leben» mit Bekenntnischarakter.

Besonders ausführlich (und auch originell) wurde Brunner vom Theologen und Erwachsenenbildner Theophil Vogt gewürdigt. Vogt nannte ihn einen «Fährmann zwischen den Ufern», dessen Wirkung «weit über die Grenzen von Theologie und Kirche» hinausging.[6] Der «Dialog mit den Fragen der Zeit» sei ihm ein wichtiges Bedürfnis gewesen. Als «Fährmann» habe Brunner den «Mut zum Über-Setzen» gehabt. Er habe «sich nicht bloss zum Schein mit der Welt und ihren Problemen» eingelassen, «um dann nachher den Glauben durch einen theologischen Dreh wiederum in eine sturmfreie Zone zu retten». Brunner sei vielmehr «ausgefahren» und habe erst am jenseitigen Ufer «Anker geworfen». In den «politischen und sozialen Auseinandersetzungen» seiner Zeit habe er «unmissverständlich Stellung bezogen». Im «Mitbedenken der Not der kirchlich entfremdeten Menschen» habe er es gewagt, die Kirche als Institution kritisch zu hinterfragen.

Theophil Vogt hob hervor, dass Brunner «nicht nur dem Lehrauftrag nach Dogmatiker *und* Praktiker» gewesen sei, sondern «seinem Wesen nach». Das Christentum habe für ihn «praktikabel» sein müssen, d. h. lebbar. Mit «Macht und Leidenschaft» habe er «den Stein in ein grosses Wasser geworfen». Dieser habe «Wellen erzeugt und die Bewegung in alle Richtungen fortgepflanzt». Die Themen, die Brunner «leidenschaftlich» bewegt und beschäftigt hätten, seien ins Programm heutiger Theologie «unauslöschbar eingezeichnet»: «Dialog mit der Welt als ein Ernstnehmen der Verstehensschwierigkeiten des modernen Menschen».

In einem anderen Nachruf wird Brunner ein «Zürcher bis in die Knochen» genannt, ausserdem ein Gelehrter, der es «verstand, auch mit dem Mann des Volkes zu reden»; in einem weiteren ein «weltoffener Mann

---

[6] Theophil Vogt, Fährmann zwischen den Ufern. Zum Hinschied Professor Emil Brunners, in: Kirchenbote, Schaffhausen, Mai 1966, nicht paginiert.

des Glaubens», dessen «nüchtern-sachliche Denkweise» auffiel und der «dank der unerhörten Kraft seiner Persönlichkeit» eine grosse Ausstrahlung auf seine Hörer hatte. Andernorts heisst es, Brunner habe «vielen vom Dunkel zur Klarheit» geholfen, «vielen vom Zweifel zum Glauben und manchen auch von fromm-unfrommer Selbstbezogenheit zu christlicher Verantwortung in der Welt». In einer Tageszeitung stand, Brunner sei «nicht nur der Mann der Wissenschaft» gewesen, sondern er habe sehr wohl gewusst, «wo den einfachen Mann der Schuh, oder besser gesagt die Probleme drücken».

In einem amerikanischen Nekrolog wurde festgehalten, in den Jahren 1935–1955 habe «kein einzelner Theologe einen grösseren Einfluss auf die protestantischen Pfarrer in Grossbritannien und Nordamerika ausgeübt». Brunner sei der erste bedeutende kontinentaleuropäische Theologe gewesen, der eine Brücke über den atlantischen Ozean geschlagen und die Bedeutung der amerikanischen Theologie erkannt habe. Eine Tageszeitung sprach von der unvergesslich «männlichen» und «geradlinigen Erscheinung» eines «grossen Theologen», ein anderes Organ von Brunners «Bewahren seiner persönlichen Freiheit in Denken und Entscheidung», von seinem «Neinsagen zu allem Skandalösen und Unmenschlichen», von seinem «Verteidigen des Vernünftigen», kurz von seinem «Protestantsein».

Mit Recht wurde festgestellt, dass – im engeren Sinne dieses Wortes – «keine Schulwirkung» von Brunner ausgegangen sei,[7] dass anders als im Fall Karl Barths oder Rudolf Bultmanns keine «Brunnerschule» entstand. Sehr wohl aber hatte Emil Brunner Schüler! Der von Werner Kramer und Hugo Sonderegger zu Brunners hundertstem Geburtstag herausgegebene Sammelband «Emil Brunner in der Erinnerung seiner Schüler»[8] bezeugt seine grosse Ausstrahlung. Das Mitarbeiterverzeichnis nennt 41 Namen, Pfarrerinnen, Pfarrer, Pfarrfrauen, Professoren, Publizisten, in der Schweiz, aber auch in Deutschland, Rumänien, Nordamerika und Japan. Beeindruckend ist die grosse Weite, aber auch, dass viele je auf ihre Art ganz verschiedene Menschen sagen konnten, Brunner habe sie beeindruckt und beeinflusst.

Zum Schluss dieser Biographie sollen drei Theologen zu Wort kommen, alle drei Professoren an der Theologischen Fakultät der Universität Zürich, die die Mannigfaltigkeit von Brunners Wirkung zeigen. Es sind dies der Alttestamentler Hans Wildberger, der Systematiker Gerhard Ebeling und der Sozialethiker Arthur Rich. Sie alle hatten bei Brunner studiert und wurden später Lehrer an der Fakultät, an der er selbst jahrzehntelang

---

[7] Christoph Schwöbel in RGG, 4. Auflage, Band 1. Tübingen 1998, Sp. 1802.
[8] Vgl. oben, S. 12.

die prägende Gestalt gewesen war. Die Tatsache, dass sie menschlich und wissenschaftlich sehr verschieden waren und auch unterschiedliche Disziplinen vertraten, dokumentiert seine Weite.

Hans Wildberger

Hans Wildberger war Brunner besonders eng verbunden. Obschon er als Fachgebiet das Alte Testament und die Religionsgeschichte wählte, verstand er sich in erster Linie als Brunnerschüler. Als er im Sommersemester 1932 bei Karl Barth in Bonn studierte, erwarb er Brunners damals neu erschienenes Buch «Das Gebot und die Ordnungen», arbeitete es mit grosser Sorgfalt durch und versah es mit zahlreichen Unterstreichungen und Randbemerkungen.[9] Als Brunner seinen fünfzigsten Geburtstag feierte, dankte Wildberger seinem früheren Lehrer für alles, was er von ihm empfangen hatte. Besonders hob er hervor, dass er bei Brunner gelernt hatte, «trotz einer ehrlichen Bibelkritik» im Glauben an Jesus Christus zu bleiben. Darüber hinaus bewunderte er an ihm, «mit welcher Unvoreingenommenheit» er das Leben so sah, «wie es sei». Er weiche den Problemen nicht aus, und verkündige doch «die volle Botschaft der Erlösung» mitten «in dieses Leben» hinein. Wildberger bezeichnete ihn als einen «treuen Führer zum Wort» und einen «Lehrer, Mahner und Tröster unserer Kirche und insbesondere der Pfarrerschaft».[10]

Auch Wildbergers Dissertation «Jahwewort und prophetische Rede bei Jeremia» zeigt deutlich, dass er – obwohl Ludwig Köhler sein Doktorvater war – Brunner viel verdankte. Die Arbeit war von systematisch-theologischen Interessen geleitet, ging es doch um den für Brunners Theologie zentralen Begriff der Offenbarung: Wie ist es zu verstehen, wenn ein Prophet den Anspruch erhebt, «Gottes Wort zu verkündigen und von ihm gesandt zu sein»? Im Vorwort schrieb Wildberger, es solle ihm «genug sein», wenn es ihm gelungen sei, «zu zeigen, dass und wie der Prophet sich in seinem Reden auf klar umrissene Offenbarung» berufe; die Offenbarung sei dem Propheten «zuteil geworden»; auch dort, wo der Prophet selbst das Wort ergreife, sei seine Botschaft «auf das Offenbarungswort bezogen».[11] Es ging ihm um eine *theologische* Exegese, die er folgendermassen begründete: Die modernen Bibelleser müssten zwar selbst entscheiden, ob sie «dabei bleiben» wollten, «dass das Wort Jahwes ‹geschah›, und dass es *Jahwes Wort* war, was ‹geschehen› sei. Es könne aber

---

[9] Exemplar im Privatarchiv von F. J.
[10] Hans Wildberger an Brunner am 22. Dezember 1939.
[11] Hans Wildberger, Jahwewort und prophetische Rede bei Jeremia. Zürich 1942, Vorwort.

«nicht bestritten werden, dass der Prophet selbst den Grund seiner Existenz darin sah, dass er Jahwes Wort empfangen» (und nicht selbst erfunden) habe. Den «Sinn und also auch die Rechtfertigung seiner prophetischen Wirksamkeit» erblicke der Prophet darin, «dass er das empfangene Wort» weitergegeben habe.[12] – Es zeigt sich hier, dass von Brunners Offenbarungstheologie eine starke Wirkung auch auf die Bibelwissenschaften ausging. Dies ist auch in Wildbergers späteren Werken spürbar, vor allem in seinen Publikationen zu Jesaja.[13]

Wildberger wurde 1951 als Nachfolger Walther Zimmerlis auf den ‹positiven› Lehrstuhl für Altes Testament an der Universität Zürich berufen. Zwischen den Ehepaaren Wildberger und Brunner entwickelte sich eine herzliche Freundschaft. Man duzte sich, was damals keineswegs selbstverständlich war, und nahm gegenseitig Anteil, wenn in der Familie jemand krank war.[14] Während Brunners Japanaufenthalt übernahm Wildberger das katechetische und das homiletische Seminar, bis Brunners Nachfolge definitiv geregelt war.[15]

1982 publizierte Wildberger den Aufsatz «Emil Brunner – sein Leben und sein Werk», eine Publikation, die zeigt, wie intim er mit dessen Werk vertraut war. Er nannte Brunner darin «den neben Karl Barth bedeutendsten Theologen der Schweiz» im 20. Jahrhundert[16] und sprach von der «Polarität zwischen entschiedenem Christuszentrismus und missionarischem Drang», von der her Brunners «ganze Tätigkeit in ihrer Tiefe und Weite zugleich» verständlich werde.[17] Es sei «faszinierend», den Weg Brunners zu verfolgen. Aufs Ganze gesehen sei sein «Lebenswerk von imponierender Konsequenz und Geschlossenheit, umso erstaunenerregender bei der Breite des Horizontes, den Brunner überblickte». Er habe zu sagen gepflegt, «eine Dogmatik tauge nur, wenn sie voll und ganz aus der Gegenwart heraus geschrieben sei und deren Probleme verarbeite», habe aber hinzugefügt: «Gerade ein völlig auf die Zeit bezogenes Werk werde wohl auch zukünftigen Generationen noch etwas zu sagen haben.»

---

[12] A. a. O., S. 125.
[13] Vgl. Hans Wildberger, Jesaja, BKAT X/1. Drei Bände. Neukirchen Vluyn 1972, 1978 und 1982. (Amerikanische Übersetzung von Thomas H. Trapp, Continental Commentaries: Minneapolis 1991, 1997 und 2002.) Hans Wildberger, Königsherrschaft Gottes, Jesaja 1–39. Neukirchen-Vluyn 1984. (Japanische Übersetzung von Kyo Bun Kwan: Tokio 1998.)
[14] Hans und Hedwig Wildberger an Emil und Margrit Brunner am 4. Januar, 8. Februar, 4. Mai, 28. Juli und am 21. November 1954.
[15] Hans Wildberger an Brunner am 4. Januar und am 8. Februar 1954.
[16] Hans Wildberger, Emil Brunner – sein Leben und sein Werk, in: Reformatio, 31. Jahrgang, Heft 4, April l982, S. 204. (Der Aufsatz wurde ursprünglich auf Ungarisch publiziert – so Hans Wildberger gegenüber F. J. mündlich –, konnte aber in dieser Form nicht verifiziert werden.)
[17] A. a. O.

Und in der Tat, «was Brunner der Kirche und der Welt zu sagen» habe, sei «noch lange nicht ausgeschöpft».[18] – Wildberger blieb ein Brunnerschüler bis an sein Lebensende.

Gerhard Ebeling

Die Bezeichnung «Brunnerschüler» darf auf Gerhard Ebeling nicht angewendet werden, da er zu seinen verschiedenen Lehrern «eher ein eklektisches Verhältnis» hatte, wie er später erzählte.[19] Und doch war auch er von Brunner jedenfalls *mit*beeinflusst. Nachdem Ebeling sein Theologiestudium in Marburg begonnen hatte – vor allem bei Rudolf Bultmann –, kam er in den Jahren 1932 und 1933 nach Zürich, um es bei Brunner fortzusetzen. Dieser setzte ihn als Hilfsassistenten ein und liess ihn Lutherzitate sammeln.[20] 1937 zog Ebeling ein weiteres Mal nach Zürich, diesmal um bei Brunner seine Dissertation zu schreiben. Das Buch «Evangelische Evangelienauslegung», das Martin Luther gilt,[21] war Brunner dann aber zu historisch. Er fühlte sich im fachwissenschaftlichen Sinn zu wenig kompetent und war «froh», dass er es wegen seiner Reise nach Amerika im Herbst 1938 nicht begutachten musste. Fritz Blanke wurde so Ebelings eigentlicher Doktorvater.[22] Und doch verdankte Ebeling Brunner viel. Dass er seiner Aufsatzsammlung den Titel «Wort und Glaube» gab, entspricht dem Sachverhalt, dass bereits bei Brunner das Wort Gottes und der Glaube des Menschen gegenseitig aufeinander bezogen sind im Sinne seiner Formulierung «Wahrheit als Begegnung».[23] «Offenbarung ist das Ankommen des Wortes Gottes. – Glauben ist das Zum-Ziel-Kommen des Wortes Gottes. – Wort Gottes ist das Kommen Gottes.»[24] Die Schlusssätze von Ebelings «Diskussionsthesen zur Einführung in das Studium der Theologie» aus dem Wintersemester 1959/60 erinnern an Emil Brunner.

Wer bei Brunner studiert hatte – oder ihn aus seinen Büchern kannte –, konnte nicht überrascht oder erstaunt sein, wenn Ebeling – vor allem in seiner mittleren Zeit – die Begriffe «Sprachgeschehen» oder «Wortgeschehen» häufig verwendete, um mit dieser Wortwahl ein verdinglichendes

---

[18] A.a.O., S. 217.
[19] Gerhard Ebeling, Theologie in den Gegensätzen des Lebens. Wort und Glaube 4. Tübingen 1995, S. 651.
[20] Ebeling, Früchte, S. 389; vgl. oben, S. 17.
[21] Gerhard Ebeling, Evangelische Evangelienauslegung. 3. Auflage. Tübingen 1991.
[22] Gerhard Ebeling, Theologie in den Gegensätzen des Lebens. Wort und Glaube 4. Tübingen 1995, S. 651 f.
[23] Vgl. oben, S. 13.
[24] Gerhard Ebeling, Diskussionsthesen für eine Vorlesung zur Einführung in das Studium der Theologie, in: Wort und Glaube 1. Tübingen 1960, S. 457.

Sprach- und Wortverständnis zu vermeiden.[25] Ähnlich steht es mit seinem Interesse an der Hermeneutik, an Grundfragen von Verstehen, Übersetzen und Auslegung. Auch Brunner hatte vom Übersetzungsproblem gesprochen: «Bibel-Übersetzung – als Aufgabe der Theologie», das war seit den Dreissigerjahren eines seiner Themen.[26]

Als Nachfolger von Brunners langjährigem Kollegen Walter Gut wurde Ebeling 1956 Professor in Zürich, d. h. erst nach Brunners definitivem Rücktritt. Mehrfach setzte er sich dafür ein, dass man Brunner nicht vergass. Ein schönes Zeichen dafür ist seine Rede am Radio zu dessen 70. Geburtstag am 23. Dezember 1959.[27] In anerkennendem Sinn unterstrich er, dass Brunner «den Beruf des Theologen» «exemplarisch zur Geltung gebracht» habe, und zwar «im Ganzen». Wer Theologie treibt, ist einerseits «auf Überlieferung» angewiesen, «aber nicht unkritisch ihr gegenüber». Anderseits ist er «der gegenwärtigen geschichtlichen Stunde verpflichtet», aber auch dieser gegenüber «nicht unkritisch». Zugleich ist der Theologe dazu «berufen, der Zukunft zu dienen», nicht indem er «geistige Herrschaft» ausübt, sondern indem er «zur Freiheit» verhilft. All dies galt laut Ebeling für Brunner.

Ebeling erinnerte an den theologischen Neuaufbruch nach dem Ersten Weltkrieg, aber auch an die späteren, teilweise heftigen Auseinandersetzungen zwischen den ursprünglich ‹dialektischen› Theologen. Brunners «streitbare Entschiedenheit» habe seine «persönliche Noblesse» nie beeinträchtigt. «Über dem Trennenden» habe er nie «das Gemeinsame aus dem Auge» verloren. Er habe eine «entwaffnende Bereitschaft» an den Tag gelegt, «sich korrigieren zu lassen und Irrtümer offen einzugestehen».

Von «Hermann Kutter und Leonhard Ragaz herkommend und, in weiterem Horizont, insbesondere Luther, Calvin und Kierkegaard verpflichtet», habe er «in der erstaunlichen Vielseitigkeit seiner Arbeit mit einer nicht minder erstaunlichen Geradlinigkeit die Orientierung an dem Grunddatum der Theologie durchgehalten: dem Geschehen zwischen Gott und Mensch als dem Geschehen von Wort und Glaube». Weder «Gott an sich» noch der «Mensch an sich» seien «Thema der Theologie, sondern in unauflösbarer Einheit der ‹Gott-zum-Menschen-hin› und der ‹Mensch-von-Gott-her›». Deshalb gelte es, «den personalen Begegnungs-Charakter theologischer Wahrheit einzuschärfen an Stelle des hier unangemessenen gewöhnlichen Wahrheitsverständnisses, das vom Subjekt-Objekt-Gegensatz bestimmt» sei. Emil Brunner habe aus diesem Grund

---

[25] Vgl. z. B. a. a. O., S. 452.
[26] An Thurneysen am 18. April 1935. Vgl. oben, S. 16 f.
[27] Gerhard Ebeling, Professor D Emil Brunner, DD zum 70. Geburtstag. Rundfunksendung am 23. Dezember 1959. Typoskript in: Nachlass 128, 1. Daraus die folgenden Zitate.

«seine eigene Position als Gegensatz sowohl gegen den klerikalen und konfessionalistischen Objektivismus als auch gegen den religiösen Subjektivismus aller Schattierungen» verstanden.

Ein «Dreifaches» gibt für Ebeling «Brunners Theologie die besondere Note»: Das *Erste* ist der Wille, ganz schlicht das Wesentliche zu sagen. Brunner habe von vielen verstanden werden wollen, weshalb das «Material der Gelehrsamkeit» bei ihm «ganz an die Peripherie» gerückt sei. Er habe «das der Theologie anvertraute Wort aufleuchten» lassen wollen «in einer lauteren, man möchte sagen: ganz menschlichen Sprache, in unverkrampftem Stil, dem nichts mehr von der dahinter stehenden Mühe anzuspüren ist» – «mit der Klarheit», die dem Wort Gottes eigne.

Das *Zweite* ist das «Getriebensein» zur Mission. Die Kirche dürfe sich nicht dabei beruhigen, zu Christen zu reden, die schon überzeugt sind. Diese Einsicht habe Brunners theologischem Denken «die Richtung ins Weite gegeben: ins Undoktrinäre, ins Ökumenische, ins Weltliche». Der «in der Zürcher Heimat Verwurzelte» habe sich nicht von ungefähr veranlasst gesehen, «vorzeitig» dem Lehramt in Zürich zu «entsagen, um dem Ruf nach Japan zu folgen».

Als *Drittes* nannte Ebeling die «Hinwendung» Brunners zum «Konkreten». Aus diesem Grund habe er sich «der Ethik und der Anthropologie zugewandt und sich in das dafür unerlässliche Gespräch mit anderen anspruchsvollen Wissenschaften eingelassen». – Ebeling schloss seine Rede mit den Worten:

> «Ein Lehrer der Theologie, der seine Aufgabe versteht, baut kein System und gründet keine Schule, sondern lässt sich an der Gewissheit genügen, dass [seine] Aussaat nicht vergeblich gewesen ist.»

Am 14. Juli 1969 fand in der Aula der Universität Zürich eine akademische Gedenkfeier für Emil Brunner statt, an der die Bronzebüste enthüllt wurde, die Max Huber seinerzeit bei Werner Friedrich Kunz in Auftrag gegeben hatte.[28] Ebeling ergriff bei diesem Anlass ein weiteres Mal das Wort. Das Thema seines weit gespannten und anspruchsvollen Vortrags war «Die Beunruhigung der Theologie durch die Frage nach den Früchten des Geistes».[29] Noch einmal arbeitete Ebeling heraus, dass das Hauptanliegen Emil Brunners während seines ganzen Lebens war, dass der Glaube praktisch und konkret werden müsse und deshalb sichtbar. Ebeling buchstabierte dies durch, indem er – in dieser Reihenfolge – der Ethik, der «natürlichen Theologie» und der Lehre von der Kirche bei Brunner nachging. Zur Ethik zitierte er:

---

[28] Vgl. oben, S. 383.
[29] Ebeling, Früchte. Der Vortrag wurde zuerst leicht verkürzt und ohne Anmerkungen publiziert in: NZZ 1969, Nr. 570.

«‹Es gibt› überhaupt ‹keinen Glauben an sich, abgesehen vom Handeln›. [...] ‹Gerade der Glaube, der die Rechtfertigung allein aus Gnaden ergreift, kann [...] nur in der Sphäre des Tuns recht verstanden werden.›»[30]

Die Frage der «natürlichen Theologie», das Thema von Brunners Auseinandersetzung mit Karl Barth, scheint auf den ersten Blick nichts mit der Sichtbarkeit des Glaubens zu tun zu haben. Ebeling zeigte jedoch auf: Wenn Brunner darauf beharrte, dass es eine natürliche Gotteserkenntnis gibt, dann ging es ihm letztlich um die Möglichkeit der Predigt. Diese «ist erfolglos, unfruchtbar, steril, wenn sie am Menschen vorbeigeht».[31]

> «Um der Verkündigung willen» ist es nötig, dass die Theologie «sich auf die Frage der Bedingungen des Verstehens» einlässt. Die Theologie «muss erwägen», was es heisst, «dass der Mensch kein Klotz und auch keine Katze, sondern Mensch ist».[32]

Nur wenn die Theologie über diese Frage nachdenkt, wird es ihr möglich, den Menschen wirklich anzusprechen, zu erreichen und konkret zu werden.

Um Brunners umstrittene Lehre von der Kirche würdigen zu können, müsse man in Rechnung stellen, dass Brunner zutiefst beunruhigt darüber gewesen sei, «dass die Kirchen jedenfalls in Europa ihre missionarische Kraft» verloren hätten. Aus diesem Grund habe er sich der Oxfordgruppenbewegung zur Verfügung gestellt. Und aus demselben Grund habe er zuletzt seine «Tätigkeit an der Zürcher Universität» aufgegeben «zugunsten einer Lehraufgabe im Fernen Osten».[33]

Bedauernd stellte Ebeling fest, dass Emil Brunner drei Jahre nach seinem Tod «durch die Staubwolke des dahinrasenden Zeitgeschehens schon nahezu verdeckt» sei.[34] Als beispielhaft empfahl er Brunners «entschlossene Hinkehr zur Welt der Erfahrung».[35] Er sprach von «seinem Spürsinn für die Wandlungen der Zeit».[36] Was andere an Brunner möglicherweise kritisierten: seine «tapfere Bereitschaft zu vorläufiger Aussage» und die «Eile und Grosslinigkeit seines Schaffens, welches zünftiger Gelehrsamkeit eher abgeneigt war»,[37] wertete Ebeling positiv. Diese scheinbar problematischen Aspekte hätten das Gute an sich, dass sie «die Illusion einer *theologia perennis*» (einer «ewigen» und deshalb zeitlosen und unge-

---

[30] A. a. O., S. 393. Vgl. Ordnungen, S. 103, und: Emil Brunner, Die Kirchen, die Gruppenbewegung und die Kirche Jesu Christi. Berlin 1936, S. 14.
[31] A. a. O., S. 395.
[32] A. a. O.
[33] A. a. O., S. 397.
[34] A. a. O., S. 388.
[35] A. a. O., S. 392.
[36] A. a. O., S. 397.
[37] A. a. O., S. 397 f.

schichtlichen Theologie) gar nicht aufkommen liessen, ebenso wenig «die Erwartung abschliessender Antworten, welche uns der eigenen theologischen Verantwortung enthöben».[38] Ebeling schloss mit den Worten:

> «Die Welt braucht Menschen, die ihr zu der Zuversicht Mut machen, vom lebendigmachenden Geist lebenspendende Frucht zu erwarten. Zu ihnen gehörte Emil Brunner.»[39]

Arthur Rich

Arthur Rich war der eigentliche ‹Erbe› von Brunners Lehrstuhl. Aber nicht nur das! Ursprünglich von Leonhard Ragaz beeinflusst, studierte er dann vor allem in Zürich, wo er Brunners Theologie von Grund auf aufnahm. Ähnlich wie Ebeling sah auch er sich nie als einen «eigentlichen Schüler» eines seiner Lehrer, «weder von Barth noch auch von Brunner, nicht einmal von Ragaz». Seine «eigene Lebensarbeit» war aber «ohne Brunners Wirken und Einfluss undenkbar».[40] Später bekannte er, als theologischer Lehrer die Aufgabe der Dogmatik eher vernachlässigt zu haben, weil er seinen Vorgänger und Lehrer Brunner an diesem Punkt nicht habe übertreffen können. Im Bereich der Sozialethik sei das anders gewesen. Hier habe es sich aufgedrängt, Brunners Arbeit weiterzuführen und – behutsam, aber doch bestimmt – zu korrigieren.[41] Aus Richs Meisterwerk, seiner «Wirtschaftsethik», geht hervor, dass er die Bedeutung von Brunners Buch «Das Gebot und die Ordnungen» anerkannte. Er nannte Brunners «schöpfungstheologischen Ansatz» einen «grossen Gewinn» vor allem auch im Vergleich mit dem frühen Karl Barth. Brunner habe Barths «im Grund nur negatives Verhältnis zum Bestehenden überwunden und damit auf dem Boden der von ihm mit angeregten neuen Theologie eine über die blosse Sozialkritik hinausgehende Sozialethik erst ermöglicht» – «ohne dabei das gesellschaftskritische Moment auszuscheiden».[42]

Rich lobte Brunners «ausgesprochenen Sinn für die gesellschaftlichen, insbesondere die wirtschaftlichen Realitäten».[43] Im «Unterschied zu Ragaz wie Barth» habe Brunner gewusst, dass «auch in einer christlichen Sozial- und Wirtschaftsethik […] das Moment des Sachgemässen eine mitentscheidende Rolle zu spielen hat», obwohl sie natürlich «in letzter

---

[38] A. a. O., S. 398.
[39] A. a. O., S. 404.
[40] Arthur Rich, Denken, das weh tut, in: Kramer, S. 78–82, hier: 79.
[41] Arthur Rich gegenüber F. J. mündlich.
[42] Arthur Rich, Wirtschaftsethik 1. Gütersloh 1984, S. 149.
[43] A. a. O.

Instanz vom Gebot Gottes» geleitet werden muss.[44] Rich hielt ihn für den
«Differenziertesten unter den Ordnungstheologen der Zwischenkriegszeit».[45] Trotzdem wies er auch auf die problematischen Züge von Brunners Ethik hin: Wenn Brunner vom Begriff der «Schöpfungsordnung»
ausgeht, besteht die Gefahr, dass die «gesellschaftliche Grundordnung»,
wie sie sich historisch im Lauf der Zeit gebildet hat, eine «theologische
Dignität» bekommt, die in Vergessenheit geraten lässt, dass ja auch die –
menschlich betrachtet – beste Ordnung immer nur vorläufig bzw. relativ
ist. «Das Relative droht hinter dem Absoluten zu verschwinden.»[46] Seiner
Sozialethik eigne deshalb ein konservativer Grundzug, der besonders
beim älter gewordenen Brunner zunehmend in Erscheinung tritt. In seinen
eigenen sozialethischen Werken suchte Rich nach einem anderen und
neuen Weg, übernahm aber dennoch von Brunner unter anderem den
Begriff der «Lebensdienlichkeit», der bis heute in wirtschaftsethischen
Zusammenhängen oft gebraucht wird.[47]

Von Arthur Rich sind zwei Nachrufe auf seinen Vorgänger und Lehrer
überliefert: seine Ansprache an der Trauerfeier für Emil Brunner im Fraumünster am 12. April 1966[48] sowie sein Beitrag im schon genannten
Sammelband «Emil Brunner in der Erinnerung seiner Schüler» von
1989.[49] Beide Texte zeigen, dass Rich Brunner hoch verehrte. Sein «Sichverpflichtetwissen für die Wissenschaft», sein «politischer Verantwortungssinn vor allem den Unterdrückten gegenüber» und sein «diakonischer Helferwille» habe seinen «Grund» und seine «Mitte» in Brunners
«auf der Botschaft der Heiligen Schrift gegründeten Christusglauben»
gehabt.[50] Brunner habe seinen «Lebensauftrag» darin gesehen, den Glauben «durch sein kristallklares Denken theologisch zu durchdringen und
als Prediger dem modernen Menschen in dessen Zweifeln und Anfechtungen [...] neu aufzuschliessen», aber auch in dessen «Selbstverfallenheit
und Hybris».[51] Er sei ein «Theologe durch und durch» gewesen. «Aber er
war es in einer ganz ungewöhnlichen Art»:

> «Gott ernst nehmen, hiess für ihn immer zugleich auch den Menschen und
> seine Welt ernst nehmen.»[52]

---

[44] A. a. O.
[45] A. a. O., S. 142.
[46] A. a. O., S. 150.
[47] Vgl. oben, S. 253 und S. 267.
[48] «Dank an Emil Brunner», Zürich ohne Jahrgang (1966; im Folgenden zitiert als «Dank»), S. 27–34.
[49] Rich, in: Kramer, S. 78–82. Vgl. Anm. 40.
[50] Dank, S. 28.
[51] A. a. O., S. 28 f.
[52] A. a. O., S. 29.

Auch wo Brunner «um die Klärung sublimster Fragen rang», sei seine Theologie von einer «unvergleichlichen Konkretheit» gewesen, «fast möchte man sagen: Erdennähe».[53]

Als besonderes Markenzeichen Emil Brunners bezeichnete Arthur Rich, dass er während seines ganzen Lebens gegen «falsche Alternativen» angekämpft habe.[54] Anders als sein Lehrer Leonhard Ragaz sei er deshalb kein Advokat der unbedingten Gewaltlosigkeit gewesen und habe schon zur Zeit des Ersten Weltkrieges postuliert, dass «zwischen Gewalt im Dienst des Rechts und Gewalt im Dienst der Macht» unterschieden werden müsse.[55] Obwohl Brunner in den Zwanzigerjahren «voll und ganz» bejaht habe, «dass sich das Reden von Gott auf Gottes Wort begründen müsse, statt auf menschliche Gefühls-, Bewusstseins- oder Willensakte», habe er früh «Widerstand geleistet» gegen die sich «in der neuen ‹dialektischen Theologie› [...] stark bemerkbar machenden Tendenzen», «das ‹Wort Gottes› gleichsam in sich selber einzuschliessen und so faktisch von der menschlichen Wirklichkeit zu isolieren».[56] Auch hier ging es «um den Abbau falscher Alternativen».

«Sich auf Gottes Wort verlassen und ihm [...] allein die Ehre geben, kann doch nicht bedeuten, die Beziehung zum menschlich-säkularen Denken als einer puren Belanglosigkeit abzubrechen.»[57]

Seinen Dank an Emil Brunner spitzte Rich auf dessen theologischen Personalismus zu. «Wahrheit als Begegnung» nannte er «trotz ihres knappen Umfangs» Brunners «vielleicht gewichtigste Schrift», die «in ihrer weit reichenden Bedeutung» noch lange nicht «ausgeschöpft» sei.[58] Seine Anthropologie, «Der Mensch im Widerspruch», sei «eine pionierhafte Tat» gewesen,[59] ebenso «Das Gebot und die Ordnungen», das Buch, das «die erste Sozialethik auf dem Boden der neuen Theologie» war.

«Wenn wir auch heute in mancher Hinsicht die Dinge anders sehen müssen, als es Brunner tat, so hat er doch die Weichen neu gestellt und uns mit grösster Eindringlichkeit gelehrt, Sozialethik zwar streng theologisch zu treiben, aber nicht abseits von den wirtschaftlichen, politischen und sozialen Realitäten, und das heisst jetzt – ins Positive gewendet – gepaart mit fundierten, präzisen Sachkenntnissen.»[60]

---

[53] A. a. O.
[54] A. a. O., S. 29.
[55] A. a. O., S. 30.
[56] A. a. O.
[57] A. a. O., S. 30 f.
[58] A. a. O., S. 32.
[59] A. a. O.
[60] A. a. O., S. 33.

Brunner habe aus diesem Grund das Gespräch mit den sogenannten Laien gesucht, mit Philosophen, Historikern, Juristen, Soziologen, Medizinern, Naturwissenschaftern, Ökonomen, mit Männern «aus der wirtschaftlichen und politischen Praxis». Er sei «offen für den echten Dialog» geworden, «für den Dialog mit der ‹Welt›, und darin zugleich frei für eine völlig neue Art von Mission», für «eine Mission, die nicht nur die Welt, sondern gerade auch die Kirche zur Umkehr ruft». Brunner sei «zum Freund, ja mehr noch zum wirklichen Partner des Laien» geworden.[61] Die «Universität Zürich, zumal die Theologische Fakultät», wisse sich Brunner «über den Tod hinaus in bleibendem Dank verbunden». Sie werde «sein grosses Erbe wahren».[62]

Richs dreizehn Jahre später geschriebener Beitrag über Emil Brunner liegt auf der gleichen Linie und zeigt, dass er diesen auch in späteren Jahren schätzte. Zum Teil wiederholte er, was er bereits in seiner Trauerrede gesagt hatte. Besonders pointiert arbeitete er hier heraus, dass Brunner «ein scharfer, strenger und hartnäckiger Denker» gewesen sei. Seinen Studenten habe er gesagt: «Erst dann denken Sie wirklich, wenn Denken weh tut.» Er sei nicht zurückgeschreckt vor einem Denken, das den Schmerz nicht scheut und den Dingen unnachgiebig auf den Grund geht. Nach dem Urteil Arthur Richs war dies «der tiefere Grund für die Durchsichtigkeit, Verständlichkeit und Einfachheit der Sprache in seinen Vorlesungen wie in seinen wissenschaftlichen Werken». Brunner sei einer «der besten theologischen Prosaisten» seiner Zeit gewesen.[63]

«Was immer Emil Brunner an die Hand genommen hat, er tat es voll und ganz. Halbheiten waren seine Sache nicht.»[64] – «Nur wer eine Sache in ihrem Eigentlichen durchackert, begriffen und verstanden hat, wird von der Wahrheit angerührt und vermag sie auf einfache, begriffliche und verständliche Worte zu bringen. Dabei geht es um eine Einfachheit, die mit Simplizität nichts zu tun hat, sondern ein Zeichen für Reifes, Wahres und Gültiges ist. Hierin war und bleibt Emil Brunner fraglos ein Vorbild, dem man nur nacheifern kann.»[65]

Wildberger, Ebeling und Rich spiegeln je auf ihre Art Emil Brunners Wirkung – auf die exegetische Theologie, auf die systematische Theologie im engeren Sinne dieses Wortes und auf die Sozialethik. Auch nach seinem Tod ging das von ihm Angeregte weiter, obwohl sein Name zunehmend weniger genannt wird. Brunners Werk wurde ein Nährboden, auf dem verschiedene Pflanzen gedeihen und sich weiterentwickeln konnten.

---

[61] A. a. O., S. 34.
[62] A. a. O.
[63] Rich, in: Kramer, S. 81.
[64] A. a. O., S. 78.
[65] A. a. O., S. 81 f.

Wesentlich war seine Offenheit in viele Richtungen, seine Fähigkeit zum Gespräch, sein Interesse auch an anderen akademischen Disziplinen, am Weltgeschehen und besonders seine Leidenschaft für die Kirche, die er gerade deshalb in ihren fragwürdigen Zügen kritisierte.

Dank

Zwischen Weihnachten 1999 und Neujahr 2000 begann ich mit den Vorarbeiten für diese Biographie Emil Brunners, die mich seither – zunächst teil- und dann ganzzeitlich – in Atem gehalten hat. Das Buch wäre nicht fertig geworden, wenn nicht viele mich dabei moralisch und auch ganz praktisch unterstützt hätten. Mein erster Dank gilt Werner Kramer, ohne den das vorliegende Werk nie geschrieben worden wäre. Es war seine Idee, eine Brunner-Biographie könnte doch etwas für mich sein. Ich selbst hatte nie daran gedacht.

An zweiter Stelle danke ich meiner Frau, Marianne Jehle-Wildberger, die für meine Arbeit viel Verständnis zeigte und die mir als Historikerin, vertraut mit ähnlichen Projekten, wichtige Hinweise gab. Und dann kommen die anderen: Entweder haben sie das Manuskript oder Teile davon gelesen und mich ermutigt, dabei zu bleiben, oder sie leisteten praktische Hilfe – vom Korrekturenlesen bis zur Erschliessung neuer Quellen – oder beides.

Zunächst nenne ich die Mitarbeiterinnen und Mitarbeiter des Staatsarchivs des Kantons Zürich, zuvorderst Barbara Stadler, die den riesigen Nachlass Emil Brunners (149 Schachteln) sachkundig geordnet und katalogisiert hat. Dank gebührt auch den Bibliothekarinnen und Bibliothekaren der Kantonsbibliothek Vadiana in St. Gallen und anderer Bibliotheken, die mit steter Freundlichkeit Literatur für mich besorgten.

Vielfältige Unterstützung gaben mir – in alphabetischer Reihenfolge: Markus Anker, Peter Aerne, Elisabeth Brunner-Gyr, Lilo Brunner-Gutekunst, Pierre Bühler, Ruth Tonkiss Cameron, Susanne Dalchow, Hans-Anton Drewes, Fridolin Dürst, Alfred Enz, Johannes Fischer, Walter Fritschi, Hanni Guanella-Zietzschmann, Hans Geisser, Karl Graf, Helen Gucker-Vontobel, Kenneth Henke, I. John Hesselink, Hans-Ulrich Jäger, Iris Jaumann-Brun, Alfred Jäger, Andreas Jehle, Ueli Knoepfel, Martin Länger-Hurter, Gottfried Locher, Frieda Menzi (†), Karl Pestalozzi, Ruedi Reich, Reinhard Rieger, Adrian Schenker, Hans Rudolf Schibli, Alfred und Regine Schindler, Rudolf Schmid, Henrique Schneider, Andreas Schwendener, Konrad Staehelin (†), Rudolf Stückelberger, Marianne Sutz, Dölf Weder, Peter Wegelin, Christian und Gabrielle Zangger und Hans Zollikofer.

Eng mitgearbeitet an diesem Buch haben Michael Bruderer, mein letzter Assistent an der Universität St. Gallen, der die sich in meinem Besitz befindenden gedruckten Werke Emil Brunner (vor allem die unzähligen Kleinschriften) katalogisierte und die Briefe Brunners an Leonhard Ragaz in dessen Nachlass entdeckte, sowie Barbara Signer, promovierte Historikerin und Kandidatin der Theologie, die die Register erstellte. Besonders zu Dank verpflichtet bin ich Marianne Stauffacher, der Leiterin des Theologischen Verlages Zürich, die viel Zeit in das Lektorat investierte.

Zuletzt erinnere ich gerne an meinen verstorbenen Schwiegervater Hans Wildberger, der sich überaus darüber freuen würde, dass sein geliebter und verehrter Lehrer Emil Brunner endlich eine Biographie erhält. Dass Hans Wildberger mir seine Bibliothek vererbte, die das Lebenswerk Emil Brunners fast lückenlos enthält, hat mir die Arbeit an diesem Buch ungemein erleichtert.

Anhang

I. Zeittafel

1889
23. Dezember   Emil Brunner wird in Winterthur geboren als Sohn von Heinrich Emil Brunner, Primarlehrer an der dortigen Freien (evangelischen) Schule

1893
April   Umzug nach Zürich, wo der Vater fortan im Gablerschulhaus, Zürich-Enge, unterrichtet

1896–1902   Primarschule in Zürich-Enge

1902–1908   Literargymnasium an der Kantonsschule am Zürichberg

1905
Weihnachten   Konfirmation durch Hermann Kutter

1908
30. September   Maturität
Ende Oktober   Beginn des Theologiestudiums in Zürich (bis Herbst 1912); wichtigster Lehrer: Leonhard Ragaz

1909
Juli   Konferenz des Christlichen Studentenweltbundes in Oxford
Sommer/Herbst   Infanterierekrutenschule in Zürich

1910
Frühjahr   Anerkennungspreis für die Seminararbeit: *Die religiösen Ideale des Desiderius Erasmus von Rotterdam*
20. September   Propädeutikum in Basel

1910/1911   Wintersemester in Berlin

1912
14. und 21. April   Erste Predigten in Bürglen und Leimbach
1. Oktober   Theologisches Staatsexamen; in dieser Zeit Beginn der Freundschaft mit Eduard Thurneysen
ab 15. September   Vikariat in Leutwil (bis 23. März 1913)
27. Oktober   Ordination im Fraumünster in Zürich

1913
31. Juli　　　　　Mündliche Lizentiatsprüfung («summa cum laude»);
　　　　　　　　Lizentiatsarbeit *Das Symbolische in der religiösen Erkenntnis* (Leonhard Ragaz gewidmet, gedruckt 1914)
ab September　　Englandaufenthalt (bis Juli 1914); Emil Brunner unterrichtet an Mittelschulen in Great Yarmouth und Leeds

1914
ab 3. August　　Militärdienst (Aktivdienst, bis Frühjahr 1915) zusammen mit Hermann Kutter jun., der ihn in Bern bei der Familie Lauterburg einführt

1915
Sommer　　　　Vikar bei Hermann Kutter am Neumünster in Zürich
Herbst　　　　　Vikariat in Zürich-Enge

1916
5. Januar　　　　Vikariat in Wülflingen
Mitte Februar　　Pfarrer in Obstalden (bis 1924); Begegnung mit Karl Barth (erster Brief Brunners an Barth 1. April 1916)

1917
Mai　　　　　　Verlobung mit Margrit Lauterburg
6. Oktober　　　Trauung in Bremgarten bei Bern durch Rudolf Wachter

1918　　　　　Geburt des Sohnes Hans Heinrich
　　　　　　　　Auseinandersetzungen um ein Bettagsmadat (Brunner: «Ich bin Sozialist, weil ich an Gott glaube.»)

1919　　　　　Geburt des Sohnes Peter
22. Februar　　　Rezension von Karl Barths Römerbriefkommentar
ab September　　Fellow am Union Theological Seminary, New York (bis Sommer 1920)
1920　　　　　Mitarbeit an der Zeitschrift «Der Aufbau» (bis 1921)
29. August　　　Karl Barth und Eduard Thurneysen besuchen Brunners Gottesdienst in Obstalden und werfen ihm vor, dass seine Theologie apologetisch sei

1921　　　　　Habilitationsschrift *Erlebnis, Erkenntnis und Glaube* (Hermann Kutter gewidmet)

1922　　　　　Theologische Arbeitsgemeinschaft (zuerst «Baderkränzli», dann «Brunner-Kranz»; bis 1953)
Mai　　　　　　Habilitationsvorlesung: *Grenzen der Humanität*

1924	Ordinarius für systematische und praktische Theologie in Zürich (Ernennungsschreiben 7. Februar, Stellenantritt Frühling 1924, Umzug nach Zürich Herbst 1924), in dieser Stellung bis Sommer 1953 *Die Mystik und das Wort*
1925 17. Januar 16. Mai	 Antrittsvorlesung: *Die Offenbarung als Grund und Gegenstand der Theologie* Dr. theol. h. c. von Münster in Westfalen
1926	Geburt des Sohnes Thomas *Christlicher Glaube nach reformierter Lehre*
1927	*Religionsphilosophie evangelischer Theologie, Der Mittler* Beginn Religionsunterricht am Freien Gymnasium (bis in die Vierzigerjahre)
1928	Artikel *Gnade, dogmatisch* in RGG, 2. Auflage Amerikareise: *Theology of Crisis* (gedruckt 1929)
1929	*Die andere Aufgabe der Theologie*
1930	*Gott und Mensch – Vier Untersuchungen über das personhafte Sein*
1931	Vorlesungen in London, Glasgow und Edinburg
1932	Vorlesungen in Ungarn, Dänemark, Finnland und Schweden *Das Gebot und die Ordnungen* *Die Frage nach dem «Anknüpfungspunkt» als Problem der Theologie* Begegnung mit Frank Buchmann, Beteiligung an der Oxfordgruppenbewegung (bis 1938)
1933 30. Juni	 Ehrendoktorat von Edinburg

1934	
April	Konferenz von «Life and Work» über «Die Kirche und das Staatsproblem der Gegenwart» in Paris (zusammen mit Max Huber)
Mai	*Natur und Gnade – Zum Gespräch mit Karl Barth*
Juni	*Die Unentbehrlichkeit des Alten Testaments für die missionierende Kirche*
November	Karl Barth: «Nein! Antwort an Emil Brunner»
12. November	*Sollen sie also untergehen?* Aufruf zu Gunsten des Schweizerischen Hilfswerks für deutsche Gelehrte
1935	*Unser Glaube*
	Vom Werk des Heiligen Geistes
1936	
Ende September	Vier Vorlesungen in Helsinki: *Das Wort Gottes und der moderne Mensch* (gedruckt 1937)
1937	*Der Mensch im Widerspruch*
Juli	Weltkirchenkonferenz in Oxford, Hauptvortrag über *Die Grundlagen der christlichen Ethik*, Ehrendoktorat daselbst
Herbst	Gastvorlesungen in Uppsala: *Wahrheit als Begegnung* (gedruckt 1938), auch in Ungarn und Siebenbürgen
1938/1939	Gastprofessur in Princeton
1939	Mitarbeit beim Schweizerischen Hilfswerk für die Bekennende Kirche in Deutschland; *Eiserne Ration* (Beitrag für die Tornisterbibliothek), geistige Landesverteidigung
1940	Mitarbeit beim Gotthard-Bund
1941	*Offenbarung und Vernunft*
1942	Rektor der Universität Zürich (bis 1944)
18. März	Tod des Sohnes Peter (*1919)
29. April	Rektoratsrede *Die Menschenrechte nach reformierter Lehre*
28. Oktober	Synodalvotum zum Thema Todesstrafe
1943	*Gerechtigkeit*
24. Juni	Eröffnungsfeier des Schweiz. Instituts für Auslandforschung
3. Dezember	Kundgebung der Zürcher Studentenschaft für die Universität Oslo

1945
1. Januar　　　　　　　Neujahresbotschaft für die Vereinigten Staaten, Radioansprache
10. Mai　　　　　　　　Predigt im Fraumünster zum Kriegsende (Warnung vor dem Kommunismus)
27. Mai　　　　　　　　Swiss-American Society in der Tonhalle in Zürich: *Was hat Amerika uns, was haben wir Amerika zu geben?*
Sommersemester　　　　Im Auftrag des IKRK in Leiden

1946
ab Frühling　　　　　　«Counsellor» des CVJM-Weltbundes in Fragen der Evangelisierung
7. Mai　　　　　　　　Ehrendoktorat von Oslo
Sommersemester　　　　Vertretung Barths in Basel
6. Sept.–10. Nov　　　　Gastvorlesungen, Vorträge und Predigten am McCormick Theological Seminary in Chicago sowie in Boston und Princeton und an anderen Orten: *Das Ärgernis des Christentums* (März 1948 in Glasgow wiederholt); in Princeton Vortrag am University Bicentennial: *The Church and the Political Order*
19. Oktober　　　　　　Ehrendoktorat von Princeton
　　　　　　　　　　　Dogmatik I

1947
Frühling　　　　　　　Gifford Lectures: *Christianity and Civilisation I*
9.–18. April　　　　　　Vorträge in Deutschland: *Zeitliche Ordnung und Ewigkeitshoffnung* in Stuttgart und Willingen, hier auch *Christlicher Glaube und Wissenschaft* vor dem Evang. Jungmännerwerk
5./6. Mai　　　　　　　Zwei Vorlesungen in Bossey
Sommer　　　　　　　Gastvorlesungen in Schottland
15. August　　　　　　Ehrendoktorat des Union Theological Seminary, New York
4. November　　　　　Vortrag in Stockholm: *Menschheit, Technik – wohin?*

1948
18. Januar　　　　　　Eröffnung der Evangelischen Heimstätte «Boldern»
Frühjahr　　　　　　　Gifford Lectures: *Christianity and Civilisation II*
29. Mai　　　　　　　Dr. iur. h. c. von Bern
10. Juni　　　　　　　*Wie soll man das verstehen?* Offener Brief an Karl Barth zum Thema Kommunismus
22. Aug.–4. Sept.　　　«Consultant» an der Gründungsversammlung des Ökumenischen Rates der Kirchen in Amsterdam; wegen unterschiedlicher Beurteilung des Kommunismus Entfremdung von der ökumenischen Bewegung

1949

7./8. März	Vortrag an der Universität London: *Prädestination und Freiheit*
11. Mai	‹Tagesausflug› nach London, Radioansprache *The Red Cross*, Vortrag *The Church between East and West* vor der Congregational Union of England and Wales
21. September	Abflug zu einer Vortrags- und Erkundungsreise durch Südost- und Ostasien (Japan) im Auftrag der CVJM (bis März 1950)

1950

24. Juni–2. Juli	CVJM-Konferenz in Skegness (GB)
30. Juni	Ehrendoktorat von St. Andrews
August	CVJM-Konferenz in Nyborg
	Dogmatik II

1951

Das Missverständnis der Kirche

1952

1. August	Tod des Sohnes Thomas (*1926)

1953

Das Ewige als Zukunft und Gegenwart
Fraumünsterpredigten
Gastprofessur an der International Christian University in Tokio (bis 1955)

1955

Februar	Earl Lectures (Kalifornien): *Faith, Hope and Love*
1. August	Erster Gehirnschlag (vor Colombo), Unterbruch der Heimreise von Japan
4. September	Rückkehr nach Zürich

1956

Mai	Aktion «Zürich – wohin?»
August/September	Zwei weitere Gehirnschläge

1958

13. April	Artikel in der NZZ: *Pazifismus als Kriegsursache*
4. Mai	Fraumünsterpredigt gegen die einseitige atomare Abrüstung: *Friede*

1960

14. Mai	Bundesverdienstkreuz der Bundesrepublik Deutschland
	Dogmatik III

1965

Eros und Gewissen bei Gottfried Keller
Fraumünsterpredigten. Neue Folge

1966
26. März   Ehrendoktorat der International Christian University in Tokio
6. April   Emil Brunner im Neumünsterspital auf dem Zollikerberg bei Zürich gestorben

II. Quellen

1. Ungedruckte Quellen

Das wichtigste Quellenmaterial befindet sich im Staatsarchiv des Kantons Zürich: der von Barbara Stadler umsichtig geordnete Nachlass Emil Brunners (W I 55), der Nachlass von Leonhard Ragaz (W I 67, hier Briefe Emil Brunners an Ragaz) sowie derjenige von Rudolf Wachter (W I 60). Dazu kommen die hier eingelagerten Archive mit den älteren Beständen der Universität Zürich, der Theologischen Konkordatsprüfungsbehörde und des Kirchenrates der Evangelisch-reformierten Landeskirche des Kantons Zürich.

Weitere Quellen wurden aus den folgenden Archiven konsultiert:
- Universitätsbibliothek Basel: Nachlass von Eduard Thurneysen (Signatur: NL 290, hier Briefe Emil Brunners an Thurneysen).
- Archiv des Union Theological Seminary New York, USA.
- Spezialsammlungen des Princeton Theological Seminary in Princeton, New Jersey, USA, hier vor allem: John Mackay Collection – Series V Box 45.
- Gemeindearchive von Oberrieden, Kanton Zürich, und Thalwil, Kanton Zürich; Stadtarchiv Zürich; Staatsarchiv des Kantons Thurgau, Frauenfeld; Archiv der Kantonsschule Rämibühl, Zürich; Archiv von «unterstrass.edu», Zürich; Archiv der Kirchgemeinde Leutwil-Dürrenäsch, Kanton Aargau; Archiv der Kirchgemeinde Obstalden-Filzbach, Kanton Glarus; Landesarchiv des Kantons Glarus; Archiv für Zeitgeschichte der Eidgenössischen Technischen Hochschule Zürich und Universitätsarchiv Zürich.
- Privatarchive Lilo Brunner-Gutekunst; Iris Jaumann-Brun; Emil-Brunner-Stiftung (hier u. a. Kopien der Briefwechsel Emil Brunners mit Eduard Thurneysen und Max Huber sowie Abschriften seiner Predigten 1912–1924); Martin Länger-Hurter; Heinrich Rusterholz; Erbengemeinschaft Erwin Sutz; Verlag J. C. B. Mohr (Paul Siebeck), Tübingen; Frank Jehle.

2. Mündliche Quellen
- Gespräch mit Frieda Menzi, Niederurnen.
- Gespräch mit Elisabeth Brunner-Gyr.
- Gespräch mit Lilo Brunner-Gutekunst.
- Gespräch mit Pfarrer Walter Fritschi.
- Gespräch mit Dr. iur. Hanni Guanella-Zietzschmann.
- Gespräch mit Iris Jaumann-Brun.

- Gespräch mit Pfarrer Rudolf Keller.
- Gespräch mit Prof. Dr. Arthur Rich.
- Gespräch mit Prof. Dr. Adrian Schenker O. P., Freiburg (Schweiz).
- Gespräch mit Prof. Dr. Hans Wildberger.
- Gespräch mit Dr. med. Hans Zollikofer.

3. Gedruckte Quellen
- Amtsblatt des Kantons Glarus, hg. von der Regierungskanzlei des Kantons Glarus, Glarus 1847 ff.
- Karl Barth – Emil Brunner, Briefwechsel 1916–1966, GA 33, Zürich 2000 (Barth–Brunner)
- Karl Barth – Rudolf Bultmann, Briefwechsel 191–1966, 2. revidierte Auflage, GA 1, Zürich 1994
- Karl Barth – Eduard Thurneysen, Briefwechsel I, GA 3, Zürich 1973 (Barth–Thurneysen I)
- Karl Barth – Eduard Thurneysen, Briefwechsel II, GA 4, Zürich 1974. (Barth–Thurneysen II)
- Karl Barth – Eduard Thurneysen, Briefwechsel III, GA 34, Zürich 2000 (Barth–Thurneysen III)
- Friedrich Schleiermacher, Sendschreiben an Lücke, in: Heinz Bolli (Hg), Schleiermacher-Auswahl, Mit einem Nachwort von Karl Barth, München und Hamburg 1968
- Brunner, Hans Heinrich, Mein Vater und sein Ältester, Emil Brunner in seiner und meiner Zeit, Zürich 1986 (Hans Heinrich Brunner)
- Dank an Emil Brunner, Zürich ohne Jahrgang (1966) (Dank)
- The Evanston Report, The Second Assembly of the Word Council of Churches 1954, London 1955
- Handbuch der reformierten Schweiz, hg. vom Schweizerischen Protestantischen Volksbund, Zürich 1962 (Handbuch)
- Die Junge Schweiz, 19. Jahrgang, Nr. 3, Dezember 1943
- Das literarische Archiv von Dr. Otto Kleiber, Feuilletonredaktor der Basler «National-Zeitung», Antiquariat Moirandat, Basel, ohne Jahrgang
- Nachruf auf Emil Brunner, in: Katholisches Pfarrblatt, 11. Jahrgang, Nr. 17, Zürich 24.4.1966
- Texte zur katholischen Soziallehre, die sozialen Rundschreiben der Päpste und andere kirchliche Dokumente, mit einer Einführung von Oswald von Nell-Breuning SJ, hg. vom Bundesverband der katholischen Arbeitnehmer-Bewegung Deutschlands – KAB, Kevelaer 1985[6]
- Volksstimme, Sozialdemokratisches Tagblatt für die Kantone St. Gallen, Appenzell, Graubünden und Glarus, St. Gallen 1904 ff.

III. Handbücher und Lexika

- Biographisch-Bibliogaphisches Kirchenlexikon, 25 Bände, Hamm, Herzberg, Nordhausen 1990–2005

IV. Werke Emil Brunners

Ein – nicht ganz vollständiges – «Verzeichnis der Veröffentlichungen von Emil Brunner», zusammengestellt von Margrit Brunner-Lauterburg, findet sich in: Peter Vogelsanger (Hg.), Der Auftrag der Kirche in der modernen Welt. Festgabe zum siebzigsten Geburtstag von Emil Brunner. Zürich und Stuttgart 1959, S. 349–370.
Im Folgenden werden nur die in dieser Biographie erwähnten oder zitierten Publikationen genannt. Die in den Anmerkungen zum Text verwendeten Abkürzungen sind jeweils in Klammern angegeben.

1. Darstellungen
- Das Ärgernis des Christentums, Zürich 1988³
- Die Bedeutung H. Bergsons für die Religionsphilosophie, erste Habilitationsschrift, Nachlass 79, unveröffentlichtes Typoskript von 87 Seiten ohne Datum. (Bergson)
- Christianity and Civilisation I and II, London 1948 und 1949
- Christentum und Kultur, Eingeleitet und bearbeitet von Rudolf Wehrli, Zürich 1979
- Die denkwürdige Geschichte der Mayflower-Pilgerväter, Basel 1920.
- Dogmatik I, Die christliche Lehre von Gott, Zürich 1960³ (Dogmatik I)
- Dogmatik II, Die christliche Lehre von Schöpfung und Erlösung, Zürich 1950
- Dogmatik III, Die christliche Lehre von der Kirche, Vom Glauben und von der Vollendung, Zürich 1960
- Erlebnis, Erkenntnis und Glaube, Eine religionsphilosophische Studie, Habilitationsschrift zur Erlangung der *venia legendi* der hohen theologischen Fakultät Zürich, Tübingen 1921 (Erlebnis)
- Eros und Gewissen bei Gottfried Keller, Neujahrsblatt auf das Jahr 1965 – Zum Besten des Waisenhauses Zürich hg. von der Gelehrten Gesellschaft (ehemals Gesellschaft der Gelehrten auf der Chorherren), 128. Stück, Als Fortsetzung der Neujahrsblätter der Chorherrenstube, Nr. 187, Zürich 1965 (Neujahrsblatt)
- Das Ewige als Zukunft und Gegenwart, Zürich 1953
- Faith, Hope and Love, Philadelphia 1956, London und Tokio 1957
- Fraumünster-Predigten, Zürich 1953
- Fraumünster-Predigten, Neue Folge, Zürich 1965 (Neue Folge)
- Das Gebot und die Ordnungen, Tübingen 1932 (Ordnungen)
- Das Gebot und die Ordnungen, Zürich, 1939³
- Gerechtigkeit, Eine Lehre von den Grundgesetzen der Gesellschaftsordnung, Zürich 1943 (Gerechtigkeit)
- Gott und sein Rebell, Hamburg 1958
- Gott und Mensch, Vier Untersuchungen über das personhafte Sein, Tübingen 1930
- Der Mensch im Widerspruch, Die christliche Lehre vom wahren und wirklichen Menschen, Berlin 1937 (Mensch)

- Der Mittler, Zur Besinnung über den Christusglauben, Tübingen 1927 (Mittler)
- Das Missverständnis der Kirche, Zürich 1951 (Missverständnis)
- Die Mystik und das Wort, Der Gegensatz zwischen moderner Religionsauffassung und christlichem Glauben dargestellt an der Theologie Schleiermachers, Tübingen 1924 (Mystik)
- Offenbarung und Vernunft, Die Lehre von der christlichen Glaubenserkenntnis, Zürich 1941 (Offenbarung)
- Offenbarung und Vernunft, Die Lehre von der christlichen Glaubenserkenntnis, Zürich, Darmstadt 1961^2
- Ein offenes Wort, Vorträge und Aufsätze 1917–1962. 2 Bände, Zürich 1981 (Wort I und Wort II)
- Religionsphilosophie evangelischer Theologie, in: Handbuch der Philosophie, Abteilung II, Band 6, München und Berlin 1927 (Religionsphilosophie)
- Die reformierte Staatsauffassung, Zürich und Leipzig 1938
- Die religiösen Ideale des Des[iderius] Erasmus von Rotterdam, dargestellt auf Grund seiner Schriften Adagia, Enchiridion, Eucomium, Methodus, Paraclesis u[nd] Colloquia. 89 Seiten in grosser Handschrift. Zürich 1910, Manuskript im Besitz der Emil-Brunner-Stiftung
- Der Römerbrief (Bibelhilfe für die Gemeinde), Leipzig und Hamburg (1938)
- Das Symbolische in der religiösen Erkenntnis, Beiträge zu einer Theorie des religiösen Erkennens, Tübingen 1914 (Das Symbolische)
- The Theology of Crisis (1929), New York und London 1931^2 (Crisis)
- Um die Erneuerung der Kirche, Ein Wort an alle, die sie lieb haben, Bern und Leipzig 1934 (Erneuerung)
- Unser Glaube, Eine christliche Unterweisung, (1935), Zürich 1947 (Glaube)
- Vom Werk des Heiligen Geistes, Tübingen 1935 (Geist)
- Wahrheit als Begegnung, Sechs Vorlesungen über das christliche Wahrheitsverständnis, Berlin 1938 (Wahrheit)
- Warum?, Flugschrift, ohne Ortsangabe, undatiert
- The Word and the World, London 1931

2. Aufsätze
- Ein amerikanischer General als Antimilitarist, in: Der Aufbau, 2. Jahrgang (1921), 50 ff.
- Die andere Aufgabe der Theologie, in: Zwischen den Zeiten 1929, 257–76 (Andere Aufgabe)
- Ansprache bei der Feier des Marburger Religionsgesprächs, in: Neuwerk, 11. Jahrgang, 7/8, Oktober – November 1929, Kassel 1929, 197–201
- Mehrere Artikel gegen Guyer, Marti, H.W. und A.J., Pfr., in: NZZ, 1944, Nr. 875, 1000, und 1116
- Auch eine Geheimschrift, in: Gemeindeblatt für die Reformierten Kirchgemeinden des Kantons Glarus, Februar 1924, 7 ff.
- Die Aufgabe der Christen an der Welt, in: Monatsblatt der Evangelischen Gesellschaft des Kantons Zürich, 9. Jahrgang, Nr. 2, Zürich, Februar 1926, 17–22

- Aus dem weniger bekannten Amerika, in: Kirchenblatt für die reformierte Schweiz, 35. Jahrgang, Nr. 39, 1920, 153–154
- Aus der Arbeiterbewegung Amerikas, in: Der Aufbau, 1. Jahrgang, 1919/20, 197ff. und 201 ff.
- Aus der Tiefe, Predigt in der Universitätskirche in Marburg am 15. September 1929, in: Zwischen den Zeiten 8, 1930, Heft 5
- Bauernsozialismus in Amerika, in: Der Aufbau, 1. Jahrgang, 1919/20, 237 ff.
- Begegnung mit Kierkegaard, in: Der Lesezirkel, 17. Jahrgang, 3. Heft, 1929/30
- Bettag 1942, in: NZZ, 1942, Nummer 1484
- Blinde sehen, NZZ, 1950, Sonntagsausgabe, Nr. 2112, Blatt 4
- Die Botschaft Sören Kierkegaards, Rede vor dem Lesezirkel Hottingen Zürich, in: Neue Schweizer Rundschau 23.2.1930
- Christ und Weltfriede, Predigt, gehalten am 8. November 1959 von Prof. Dr. Emil Brunner im Fraumünster Zürich an der 2. Schweizerischen Evangelischen Akademikertagung in Zürich, Zürich o. J.
- The Christian Understanding of Man, in: The Christian Understanding of Man, London 1938, 139–178
- Das christliche Erbe, in: NZZ 1941, Nummer 567
- Die christliche Schweiz, Vortrag in der Aula der Universität Zürich, 21.6.1943, gedruckt als «Der christliche Staat», in: Vom Wesen der Eidgenossenschaft, Ansprachen gehalten an der akademischen Feier «650 Jahre Eidgenossenschaft» am 21. Juni 1941 in der Aula der Universität (von P. Niggli, Hans Nabholz [u. a.]) Zürich 1941, 21–27. Ebenfalls in: Eduard Corrodi (Hg.), Geisteserbe der Schweiz, Erlenbach 1943, 418–425
- Christlicher Existentialismus, in: Ein offenes Wort, Vorträge und Aufsätze 1917–1962, Band II, Zürich 1981, 318–334
- Christlicher Glaube nach reformierter Lehre, in: Der Protestantismus der Gegenwart, Stuttgart 1926. 1. Auflage. Stuttgart 1926. Zitiert nach 2. Auflage Zürich 1934, S. 398–430
- Das Christentum und die Mächte der Zeit, in: Neue Schweizer Rundschau, Neue Folge, VII. Jahrgang, Heft 8, Dezember 1939, 481 ff.
- Da dürfen wir nicht schweigen, in: Emil Brunner, Ein offenes Wort, Vorträge und Aufsätze 1917–1962, Band II, Zürich 1981, Zürich 1981, 150–152
- Denken und Erleben, in: Vorträge an de Aarauer Studentenkonferenz 1919, Basel 1919, 5–34
- Einmal etwas Erfreuliches von Kirchen, in: Der Aufbau, 2. Jahrgang (1921), 111 ff.
- Eiserne Ration, Tornister-Bibliothek, Heft 1; und in: Emil Brunner, Ein offenes Wort, Vorträge und Aufsätze 1917–1962, Band II, Zürich 1981, 150–152
- Die Ekklesía des Neuen Testaments und die CVJM, in: Gottfried Geissberger (Hg), Werden, Wachsen und Wesen der CVJM, Zürich 1968, 56 ff.
- Das ‹Elend der Theologie›, in: Kirchenblatt für die reformierte Schweiz, 35. Jahrgang, Nr. 50, 1920, 197–199
- Das Ende der Wilsontragödie, in: Der Aufbau, 1. Jahrgang (1919/20), 333 ff. (Im Original 233 ff.)
- Erfahrungen im Fernen Osten, in: Evangelische Akademie Mannheim (Hg.), Gott füllt leere Hände, Geistliche Woche 1956, Mannheim 19 56, 26–31

- Erkundungs- und Dienstflug durch Asien, in: Junge Kirche, Monatsblatt der «Jungen Kirche», des Bundes evangelischer Jugend der Schweiz, 17. Jahrgang, Nr. 2, 1950, 29 f.
- Etwas zum Konfirmandenunterricht, in: Gemeindeblatt für die Reformierten Kirchgemeinden des Kantons Glarus, März 1918, 12 ff.
- Die Frage nach dem ‹Anknüpfungspunkt› als Problem der Theologie (1932), in: Ein offenes Wort, Vorträge und Aufsätze 1917–1962, Band I, Zürich 1981, 239–267
- Die Freiheit der christlichen Gemeinde im heutigen Staat, Festvortrag 1944, in: Kirche und Schule, Vorträge gehalten von Emil Brunner, Hans J. Rinderknecht, und Konrad Zeller, (Zwingli-Bücherei Bd. 40), Zürich 1944, 5–27
- Friede auf Erden, in: NZZ 1943, Nummer 2096
- Geist, in: Gemeindeblatt für die reformierten Kirchgemeinden des Kantons Glarus, Juni 1916, 31 f.
- Glaube und Forschung, Zweite Rektoratsrede, (1943) in: Ein offenes Wort, Vorträge und Aufsätze 1917–1962, Band II, Zürich 1981, 134–149
- Gnade Gottes: V. Dogmatisch, in: Die Religion in Geschichte und Gegenwart, Handwörterbuch für Theologie und Religionswissenschaft, Tübingen 1928[2].
- Gesetz und Offenbarung, Theologische Blätter, 4. Jahrgang, Nr. 3, 1925, 54–58
- Gottes Hammer, in: Gemeindeblatt für die reformierten Kirchgemeinden des Kantons Glarus, August 1917, 40 f.
- Von Gottesreich und Weltreich. Ein Gedankenaustausch I, in: Neue Wege 9, Heft 2, 1915, S. 262–265
- Die Grenzen der Humanität, Tübingen 1922, in: Emil Brunner, Ein offenes Wort, Vorträge und Aufsätze 1917–1962, Band I, Zürich 1981, 76–97 (Grenzen)
- Die grosse Verlegenheit, in: Gemeindeblatt für die Reformierten Kirchgemeinden des Kantons Glarus, Mai 1922, 12 ff.
- Die Grundlagen nationaler Erziehung, Separatdruck aus dem Jahrbuch «Die Schweiz» 1943, hg. von der Neuen Helvetischen Gesellschaft, Brugg 1943 (Grundlagen)
- Das Grundproblem der Philosophie bei Kant und Kierkegaard, in: Zwischen den Zeiten, 1924, Heft VI, 31 ff.
- Grundsätzliches zum Kapitel «Die jungen Theologen», in: Kirchenblatt für die reformierte Schweiz, 31. Jahrgang, Nr. 15, 1916, 57–59
- Ein Gruss aus Amerika [Übersetzung eines Textes von Norman Thomas], in: Der Aufbau, 1. Jahrgang (1919/20), 244 ff.
- Jubiläumsansprache zum 50-jährigen Bestehen des abstinenten Studentenvereins Libertas, in: Die Junge Schweiz, 19. Jahrgang, Nr. 3, Dezember 1943, 37 ff.
- Heilige Ordnung, in: NZZ 1941, Nummer 2099
- Kirche und Offenbarung, (1930), in: Emil Brunner, Gott und Mensch, Vier Untersuchungen über das personhafte Sein, Tübingen 1930, 47–69
- Kirche und Staat, in: Forschungsabteilung des Ökumenischen Rates für Praktisches Christentum (Hg.), Die Kirche und das Staatsproblem in der Gegenwart, Berlin 1935[2], 10–15

- Die Kirche und die Todesurteile wegen Landesverrats, in: NZZ 1942, Nummer 1743
- Die Kirche und das Übernationale, in: Forschungsabteilung des Ökumenischen Rates für Praktisches Christentum (Hg.), Die Kirche und das Staatsproblem in der Gegenwart, Berlin 19352, 16–24
- Im Namen Gottes, des Allmächtigen 1291–1941, in: Karl Barth, Emil Brunner, Georg Thürer, Im Namen Gottes des Allmächtigen 1291–1941, Zürich 1941, 31–42
- Ist ein Gott?, in: Gemeindeblatt für die Reformierten Kirchgemeinden des Kantons Glarus, März 1923, 15 ff.
- Irland – was geht uns Irland an?, in: Der Aufbau, 2. Jahrgang (1921), 28 ff.
- Der konfessionelle Friede in der Schweiz, in: NZZ 1940, Nr. 489
- Kommunismus, Kapitalismus und Christentum, in: Ein offenes Wort, Vorträge und Aufsätze 1917–1962, Band II, Zürich 1981, 221–250
- Konservativ oder Radikal, in: Neue Wege 12, Heft 2, 1918, 55–70
- Das Kreuz, in: Gemeindeblatt für die Reformierten Kirchgemeinden des Kantons Glarus, März 1921, 13 f.
- Los von Marx, Der Gildensozialismus in England, in: Der Aufbau, 1. Jahrgang (1919/20), 228 ff.
- Martyrien im Land der Freiheit, in: Der Aufbau, 1. Jahrgang (1919/20), 269 ff., 293 ff. und 321 ff.
- Meine Begegnung mit der Oxforder-Gruppenbewegung, in: Emil Brunner, Ein offenes Wort, Vorträge und Aufsätze 1917–1962, Band I, Zürich 1981, 268–288
- Licht vom Westen?, in: Gemeindeblatt für die Reformierten Kirchgemeinden des Kantons Glarus, Oktober 1920, 48 ff.
- Die Menschenrechte nach reformierter Lehre, in: Ein offenes Wort, Vorträge und Aufsätze 1917–1962, Band II, Zürich 1981, 116–133
- Natur und Gnade, Zum Gespräch mit Karl Barth, Tübingen 1934, in: Walther Fürst (Hg.), «Dialektische Theologie» in Scheidung und Bewährung 1933–1936, Aufsätze, Gutachten und Erklärungen. München 1966, 169–207 (Natur und Gnade)
- Der neue Barth, in: Zeitschrift für Theologie und Kirche 48 (1951), Heft 1, 89–100
- Die Nicht-Kirche-Bewegung in Japan, Gottlob Schrenk, dem Mann der Mission, zum 80. Geburtstag, in: Evangelische Theologie 19, 1959, Heft 4
- Pazifismus als Kriegsursache, in: Emil Brunner, Ein offenes Wort II, Zürich 1981, 373–376
- Philosophie und Offenbarung, Tübingen 1925, in: Emil Brunner, Ein offenes Wort, Vorträge und Aufsätze 1917–1962, Band I, Zürich 1981, Zürich 1981, 98–122
- Predigten von Prof. Emil Brunner im Fraumünster Zürich, 19. Juli 1959, Nummer 42
- Reformation und Romantik, in: Emil Brunner, Ein offenes Wort, Vorträge und Aufsätze 1917–1962, Band I, Zürich 1981, 123–144
- Ein reformiertes Wort zur Feier des Marburger Religionsgespräches, in: Reformiertes Kirchenblatt 10, Frankfurt am Main 1929, Nr. 10

- Der Römerbrief von Karl Barth, Kirchenblatt für die reformierte Schweiz, 34. Jahrgang, Nr. 8, 1919, 29-32; und in: Anfänge der dialektischen Theologie I, München 1985⁵, 78-87
- Rezension von Adolf Kellers «Weg der dialektischen Theologie durch die kirchliche Welt», in: Zwischen den Zeiten, 11. Jahrgang, 1933, 283/284
- Schweizer Freiheit und Gottesherrschaft, in: Im Dienst unserer Heimat, Heft 1, Zürich 1939, 1-16
- Sollen sie also untergehen?, Ansprache, gehalten von Prof. Emil Brunner am 12.11.1934, Sonderdruck aus «Gesundheit und Wohlfahrt», Jahrgang 1934, Heft 12
- Der Staat als Problem der Kirche (1933), in: Emil Brunner, Ein offenes Wort 1, Zürich 1981, 289-307
- Der Staat und das christliche Freiheitsverständnis, in: Forschungsabteilung des Ökumenischen Rates für Praktisches Christentum (Hg.), Totaler Staat und christliche Freiheit, Genf 1937, 37-59
- Das Theater, was es ist und sein soll. In: Schauspielhaus Zürich (Hg.), Schauspielhaus – Spielzeit 1952/53. Zürich 1952, 5 ff.
- Theologie und Kirche, in: Zwischen den Zeiten, 8. Jahrgang, Heft 2, 1930, 397-420
- Das Unbedingte und die Wirklichkeit, in: Neue Wege 11, Heft 7, 1917
- Und wenn der Kommunismus siegte ...?, in: Ein offenes Wort, Vorträge und Aufsätze 1917-1962, Band II, Zürich 1981, 377-382
- Die Unentbehrlichkeit des Alten Testamentes für die missionierende Kirche, in: Ein offenes Wort, Vorträge und Aufsätze 1917-1962, Band I, Zürich 1981, 376-393
- A Unique Christian Mission: The Mukyokai («Non-Church») Movement in Japan, in: Religion and Culture, Essays in Honor of Paul Tillich, New York 1959, 287-290
- Was hat Amerika uns, was haben wir Amerika zu geben?, in: Emil Brunner, Ein offenes Wort II, Zürich 1981, 162-176
- Wie soll man das verstehen?, Offener Brief an Karl Bath (1946), in: Karl Barth, Offene Briefe 1945-1968, GA 15, Zürich, 1984, 149 ff.
- Wissenschaft und Glaube, Vortrag in Winterthur, 15.12.1944, in: Winterthurer Tagblatt, 23.12., 26.12., 27.12., 28.12, 29.12.1944
- Zeitliche Ordnung und Ewigkeitshoffnung, 1947, in: Emil Brunner, Ein offenes Wort, Vorträge und Aufsätze 1917-1962, Band II, Zürich 1981, 201-220
- Zürcher Kirchengesetz und christliche Kirche, in: Ein offenes Wort, Vorträge und Aufsätze 1917-1962, Band II, Zürich 1981, 43-68
- Zur evangelischen Ethik und Wirtschaftsethik, in: Kirchenblatt für die reformierte Schweiz, 85. Jahrgang, Nr. 7, 1929, 97-102
- Zur Todesstrafe. in: Ein offenes Wort, Vorträge und Aufsätze 1917-1962, Band II, Zürich 1981, 90-95
- Zweierlei Amerika, in: Der Aufbau, 2. Jahrgang (1921), 3 ff.

V. Andere Autoren

Allgemein bekannte Werke, wie klassische Autoren, die Bibel, Wörterbücher und Lexika, werden in der Regel nicht angegeben. Die in den Anmerkungen zum Text verwendeten Abkürzungen sind jeweils in Klammern angegeben.

1. Monographien

Althaus, Paul, Grundriss der Ethik, Neue Bearbeitung der «Leitsätze», Erlangen 1931
- Theologie der Ordnungen, Gütersloh 1935^2

Aerne, Peter, Religiöse Sozialisten, Jungreformierte und Feldprediger, Konfrontationen im Schweizer Protestantismus 1920–1950, Zürich 2006 (Aerne)

Anglet, Kurt, Der eschatologische Vorbehalt, Eine Denkfigur Erik Petersons, Paderborn 2000

Bachofner, Anna, (Hg.), Heinrich Bachofner, Seminardirektor, Ein Lebensbild mit Auszügen aus seinen Briefen, Zürich 1900

Balthasar, Hans Urs von, Karl Barth – Darstellung und Deutung seiner Theologie, Köln 1957^2.

Karl Barth – Hans Urs von Balthasar. Eine Theologische Zwiesprache. Schriften Ökumenisches Institut Luzern 2, Zürich 2006

Barth, Karl, Der Christ in der Gesellschaft, Würzburg 1920
- Biblische Fragen, Einsichten und Ausblicke, München 1920
- Eine Schweizer Stimme 1938–1945, Zürich 1985^3
- Ethik I, Vorlesung Münster Sommersemester 1928, wiederholt in Bonn, Sommersemester 1930, GA 2, Zürich 1973
- «Der Götze wackelt.», Zeitkritische Aufsätze, Reden und Briefe von 1930 bis 1960, hg. von Karl Kupisch, Berlin 1961
- Gotteserkenntnis und Gottesdienst nach reformatorischer Lehre, 20 Vorlesungen über das Schottische Bekenntnis von 1560, Zollikon-Zürich 1938
- Kirchliche Dogmatik, München, Zollikon-Zürich, Zürich 1932–1967 (KD)
- Nein! Antwort an Emil Brunner, 1934, in: Walther Fürst (Hg.), «Dialektische Theologie» in Scheidung und Bewährung 1933–1936, Aufsätze, Gutachten und Erklärungen, München 1966, 231–258 (Nein)
- Offene Briefe 1935–1942, hg. von Diether Koch, GA 36, Zürich 2001
- Predigten 1916, GA 29, Zürich 1998
- The Resurrection of the Dead, London 1933
- Der Römerbrief (Erste Fassung.), 1919, GA 16, Zürich 1985
- Der Römerbrief, 16. Abdruck der neuen Bearbeitung von 1922, Zürich 2005
- Theologische Fragen und Antworten, Gesammelte Vorträge, 3. Band, Zürich 1986^2
- Texte zur Barmer Theologischen Erklärung, Zürich 2004^2
- The Word of God and the Word of Man, übersetzt von Douglas Horton, London, Boston und Chicago 1928^1
- Das Wort Gottes und die Theologie, München 1924

Barth, Karl und Eduard Thurneysen, Suchet Gott, so werdet ihr leben!, Bern 1917
– Zur inneren Lage des Christentums, Eine Buchanzeige und eine Predigt, München 1920 (Lage)
– Come, Holy Spirit! Sermons, verschiedene Übersetzer, New York 1933
Barth, Karl, Emil Brunner, Georg Thürer, Im Namen Gottes des Allmächtigen 1291–1941, Zürich 1941
Bethge, Eberhard, Dietrich Bonhoeffer, München 1967
Blanke, Fritz (u. a. Hg.), Das Menschenbild im Lichte des Evangeliums. Festschrift zum 60. Geburtstag von Prof. Dr. Emil Brunner, Zürich 1950
Bohren, Rudolf, Prophetie und Seelsorge, Eduard Thurneysen, Neukirchen 1982
Bonhoeffer, Dietrich, Nachfolge, hg. von Martin Kuske und Ilse Tödt (Gesamtausgabe 4), München 1989
– Ökumene, Universität, Pfarramt 1931–1932, hg. von Eberhard Amelung und Christoph Strohm (Gesamtausgabe 11), München 1994
– Widerstand und Ergebung, Briefe und Aufzeichnungen aus der Haft, hg. von Christian Gremmels, Eberhard Bethge und Renate Bethge in Zusammenarbeit mit Ilse Tödt (Gesamtausgabe 8), Gütersloh 1998
Buber, Martin, Ich und Du, Leipzig 1923
Bultmann, Rudof, Geschichte und Eschatologie, Tübingen 1958
Busch, Eberhard, Karl Barths Lebenslauf, Nach seinen Briefen und autobiographischen Texten, Zweite durchgesehene Auflage, München 1976 (Busch)
– Unter dem Bogen des einen Bundes, Karl Barth und die Juden 1933–1945, Neukirchen 1996 (Bogen)
Chantepie de la Saussaye, Lehrbuch der Relgiionsgeschichte, 2 Bände, Tübingen 1925
Campbell, Douglas, The Puritans in Holland, England und America I, New York 1892
Coe, George Albert, Social Theory of Religious Education, New York 1917
Corrodi, Wilhelm, Biblische Erzählungen aus dem Alten und neuen Testament, Mit Zeichnungen von H. Meyer, Zürich ohne Jahrgang
Dowey, Jr., Edward A., The Knowledge of God in Calvins Theology, erweiterte Ausgabe, Grand Rapids 1994
Duhm, Bernhard, Israels Propheten, Tübingen 1916
Dejung, Emanuel und Willy Wuhrmann, Zürcher Pfarrerbuch 1519–1952, Zürich 1953
Ebeling, Gerhard, Evangelische Evangelienauslegung, Tübingen 1991^3
– Fragmente, Aufsätze, Aphorismen, Zu einer Pneumatologie des Wortes (Schriften, Band 1), München 1963, 75–342
Ebner, Ferdinand, Fragmente, Aufsätze, Aphorismen, Zu einer Pneumatologie des Wortes (Schriften, 1. Band), München 1963
Ermatinger, Emil, Gottfried Kellers Leben, Achte, neu bearbeitete Auflage, Zürich 1950 (Ermatinger)
Evangelische Akademie Mannheim (Hg.), Gott füllt leere Hände, Geistliche Woche 1956, Mannheim 1956
Forschungsabteilung des Ökumenischen Rates für Praktisches Christentum, (Hg.), Totaler Staat und christliche Freiheit, Genf 1937 (Totaler Staat)

- Kirche und Welt in ökumenischer Sicht, Bericht der Weltkirchenkonferenz von Oxford über Kirche, Volk und Staat, Frauenfeld, Leipzig und Helsinki 1938 (Oxford)

Frischknecht, Jürg, ua., Die unheimlichen Patrioten, Zürich 1984[5]

Ernst, Fritz, Helvetia Mediatrix, Zürich 1939
- Die Schweiz als geistige Mittlerin von Muralt bis Jacob Burckhardt, Zürich 1932
- Die Sendung des Kleinstaates, Ansprachen und Aussprachen, Zürich 1940

Frör, Kurt, Was ist evangelische Erziehung?, München 1933

Fürst, Walther (Hg.), «Dialektische Theologie» in Scheidung und Bewährung 1933–1936, Aufsätze, Gutachten und Erklärungen, München 1966

Gagliardi, Ernst, u. a. (Hg.), Die Universität Zürich 1833–1933 und ihre Vorläufer, Zürich 1938 (Gagliardi)

Geiger, Max, u. a. (Hg.), Hermann Kutter in seinen Briefen 1883–1931, München 1983 (Geiger)

Gloede, Günter, Theologia naturalis bei Calvin, Stuttgart 1935

Gogarten, Friedrich, Die religiöse Entscheidung, Jena 1921

Gollwitzer, Helmut, Die Christen und die Atomwaffen, München 1957

Guardini, Romano, Das Ende der Neuzeit, Basel 1950

Harnack, Adolf von, Lehrbuch der Dogmengeschichte I, Tübingen 1909/10[4]

Hart, John W., Karl Barth vs. Emil Brunner, The Formulation and Dissolution of a Theological Alliance, 1916–1936, New York 2001

Heckel, Theodor, Zur Methodik des evangelischen Religionsunterrichtes, München 1928

Hirzel, Rudolf, Themis, Dike und Verwandtes, Ein Beitrag zur Geschichte der Rechtsidee bei den Griechen, Leipzig 1907

Homrighausen, Elmer George, Christianity in America, A Crisis, New York, Cincinnatiy 1936

Horkheimer, Max und Theodor W. Adorno, Dialektik der Aufklärung, Philosophische Fragmente, Frankfurt a. M. 2000[12]

Huber, Wolfgang, Gerechtigkeit und Recht, Grundlinien christlicher Rechtsethik, Gütersloh 1996

Husserl, Edmund, Untersuchungen zur Phänomenologie und Theorie der Erkenntnis (Logische Untersuchungen), Halle 1901

Jaspers, Karl, Die Atombombe und die Zukunft des Menschen: Politisches Bewusstsein in unserer Zeit, München 1958

Jehle, Frank, Augen für das Unsichtbare, Grundfragen und Ziele religiöser Erziehung, Zürich – Köln 1981
- Lieber unangenehm laut als angenehm leise, Der Theologe Karl Barth und die Politik 1906–1968, Zürich 2002[2]

Jehle-Wildberger, Marianne, Das Gewissen sprechen lassen, Die Haltung der Evangelisch-Reformierten Kirche des Kantons St. Gallen zum Kirchenkampf, zur Flüchtlingsnot und zur Flüchtlingspolitik 1933–1945, Zürich 2001

Jone, Hildegard, (Hg.), Für Ferdinand Ebner, Stimmen der Freunde, Regensburg 1935

Kabisch, Richard, Wie lehren wir Religion?, Göttingen 1923[6]

Keller, Adolf, Der Weg der dialektischen Theologie durch die kirchliche Welt, Eine kleine Kirchenkunde der Gegenwart, München 1931

Kocher, Hermann, Rationierte Menschlichkeit, Schweizerischer Protestantismus im Spannungsfeld von Flüchtlingsnot und öffentlicher Flüchtlingspolitik der Schweiz 1933–1948, Zürich 1996 (Kocher)
Kramer, Werner und Hugo Sonderegger (Hg.), Emil Brunner in der Erinnerung seiner Schüler, Zürich 1989 (Kramer)
Kraus, Hans-Joachim, Geschichte der historisch-kritischen Erforschung des Alten Testaments von der Reformation bis zur Gegenwart, Neukirchen 1956
Kutter, Hermann, Wir Pfarrer, Leipzig 1907
– Reden an die deutsche Nation, Jena 1916
– Die einzige Hilfe, Bern 1918 (Hilfe)
– Sie müssen, Ein offenes Wort an die christliche Gesellschaft, Berlin 1904
– Das Bilderbuch Gottes für Gross und Klein, Basel 1917
Kutter, Hermann jun., Hermann Kutters Lebenswerk, Zürich 1965
Leimgruber, Stephan und Max Schoch (Hg.), Gegen Gottvergessenheit, Schweizer Theologen im 19. und 20. Jahrhundert, Basel, Freiburg, Wien 1990
Lüdemann, Uwe, Denken – Glauben – Predigen, Eine kritische Auseinandersetzung mit Emil Brunners Lehre vom Menschen im Widerspruch, Frankfurt am Main (u. a.) 1998
Lochman, Jan Milič, Wahrheitssuche und Toleranz, Lebenserinnerungen eines ökumenischen Grenzgängers, Zürich 2002
Lyman, Eugen William, Experience of God in Modern Life, New York 1918
Mattmüller, Markus, Leonhard Ragaz und der religiöse Sozialismus, +. Band Zollikon-Zürich 1957, 2. Band ebd. 1968 (Basel und Stuttgart 1957 und 1968 (Mattmüller I und II)
Moltmann, Jürgen (Hg.), Anfänge der dialektischen Theologie I, München 1985 (Anfänge)
– Gott in der Schöpfung, Ökologische Schöpfungslehre, München 1985
– Kirche in der Kraft des Geistes, Ein Beitrag zur messianischen Ekklesiologie, München 1975
Müller, Denis, Karl Barth, Paris 2005
Natorp, Paul, Religion innerhalb der Grenzen der Humanität, Ein Kapitel zur Grundlegung der Sozialpädagogik, Freiburg i. Br. 1894
Nef, Hans, Gleichheit und Gerechtigkeit, Zürich 1941
Niebuhr, Reinhold, Moral Man and Immoral Society, A Study in Ethics and Politics, New York 1932
– Nature and Destiny of Man I, London 1941
Otto, Rudolf, Das Heilige, 1917
Overbeck, Franz, Christentum und Kultur, Gedanken und Anmerkungen zur modernen Theologie, Kritische Neuausgabe von Barbara von Reibnitz (Werke und Nachlass 6/I), Stuttgart 1996
Pesch, Otto Hermann, Theologie der Rechtfertigung bei Martin Luther und Thomas von Aquin, Mainz 1967
Piper, Otto, Recent Developments in German Protestantism, London 1934
Pfister, Willy, Die reformierten Pfarrer im Aargau seit der Reformation 1528–1985 (Argovia, Jahresschrift der Historischen Gesellschaft des Kantons Aargau, Band 97), Aarau 1985
Potter, Philip & Thomas Wieser, Seeking and Serving the Truth, The First Hundred Years of the World Student Christian Federation, Genf 1997

Przywara, Erich, Religionsphilosophie der katholischen Theologie, Handbuch der Philosophie, Abteillung II, Band 6, München und Berlin 1927
Ragaz, Leonhard, Die neue Schweiz, Olten 1918
– Mein Weg II, Zürich 1952
Rich, Arthur, Mitbestimmung in der Industrie, Zürich 1973
– Wirtschaftsethik I, Gütersloh 1984
– Wirtschaftsethik II, Gütersloh 1990
Ricoeur, Paul und Eberhard Jüngel, Metapher, Zur Hermeneutik religiöser Sprache, Mit einer Einführung von Pierre Gisel, München 1974
Rinderknecht, Hans Jakob und Konrad Zeller, (Kleine) Methodik christlicher Unterweisung, Zürich 1936–1968
Rittelmeyer, Friedrich und Christian Geyer, Leben aus Gott, neuer Jahrgang Predigten, Ulm 1911
Robinson, John A. T., Honest to God, London 1963
Rouse, Ruth und Stephen Neill, Geschichte der Ökumenischen Bewegung 1517–1948, Zweiter Teil, Göttingen 1958 (Rouse–Neill)
Rusterholz, Heinrich u. a., Ohne Wenn und Aber dem Gewissen verpflichtet, Zürich 2000
Safranski, Rüdiger, Ein Meister aus Deutschland, Heidegger und seine Zeit, Taschenbuchausgabe, Frankfurt a. M. 1997
Salakka, Yrjö, Person und Offenbarung in der Theologie Emil Brunners während der Jahre 1914–1937, Helsinki 1960
Schindler, Dietrich, jun., Ein Schweizer Staats- und Völkerrechtler der Krisen- und Kriegszeit, Dietrich Schindler (sen.) 1890–1948, Zürich 2005
Schweitzer, Albert, Aus meinem Leben und Denken, Ungekürzte [Neu-]Ausgabe, Hamburg 1959
– Friede oder Atomkrieg, München 1958
– Die Geschichte der Leben-Jesu-Forschung, Tübingen 1951^6
Sedlmayr, Hans, Verlust der Mitte, Salzburg-Wien 1948
Sohm, Rudolph, Kirchenrecht, 2 Bände, (1892), Anastatischer Neudruck, München und Leipzig 1923
Spengler, Oswald, Der Untergang des Abendlandes, Umrisse einer Morphologie der Weltgeschichte, München 1919
Spoerri, Pierre, Mein Vater und sein Jüngster, Theophil Spoerri in seiner Zeit, Stäfa 2002
Stadler, Peter (Hg.), Die Universität Zürich 1933–1983, Zürich 1983
Stange, Erich (Hg.), Die Religionswissenschaft der Gegenwart in Selbstdarstellungen, Leipzig 1929
Thurneysen, Eduard, Dostojewski, München 1921
Tillich, Paul, Religionsphilosophie, Stuttgart, Berlin, Köln und Mainz 1962^2
– Systematische Theologie, Band II, Stuttgart 1958^2
Trillhaas, Wolfgang, Ethik, Berlin 1959
Trost, Theodore Louis, Douglas Horton and the Ecumenical Impulse in American Religion (Harvard Theological Studies, No 50), Cambridge (Massachusetts) und London 2003
Ulrich, Peter, Integrative Wirtschaftsethik, Bern, Stuttgart, Wien 1998^2

Visser 't Hooft, Willem A. (Hg.), The First Assembly of the World Council of Churches, London 1949
– Die Welt war meine Gemeinde, München 1972
Vogelsanger, Peter (Hg.), Der Auftrag der Kirche in der modernen Welt, Festgabe zum siebzigsten Geburtstag von Emil Brunner, Zürich und Stuttgart 1959
Volk, Hermann, Emil Brunners Lehre von der ursprünglichen Gottebenbildlichkeit des Menschen, Emsdetten 1939
– Emil Brunners Lehre von dem Sünder, Regensberg-Münster 1950
Weder, Dölf, Christliche Jugendarbeit, Eine empirische praktisch-theologische Studie am Beispiel von 12 Jugendlagern des CVJM/F in der deutsch-sprachigen Schweiz, St. Gallen 1980
Wellhausen, Julius, Prolegomena zur Geschichte Israels, Berlin 1883
Wendland, Heinz-Dietrich, Wege und Umwege, 50 Jahre erlebter Theologie 1919–1970, Gütersloh 1977
Windelband, Wilhelm, Lehrbuch der Geschichte der Philosophie, Fünfzehnte, durchgesehene und ergänzte Auflage, Tübingen 1957
Wildberger, Hans, Jahwewort und prophetische Rede bei Jeremia, Zürich 1942
– Jesaja (BKAT X/1–3), Drei Bände, Neukirchen-Vluyn 1972, 1978 und 1982
– Königsherrschaft Gottes, Jesaja 1–39, Neukirchen-Vluyn 1984
Wolf, Ernst, Martin Luther, Das Evangelium und die Religion, München 1934.
Wünsch, Georg, Evangelische Wirtschaftsethik, Tübingen 1927
Zahrnt, Heinz, Die Sache mit Gott, Die protestantische Theologie im 20. Jahrhundert, München 1966
Zimmermann, Hansjürg, Hundert Jahre Stadtmission Winterthur, ohne Ortsangabe und Jahrgang (Zimmermann)
Zündel, Friedrich, Johann Christoph Blumhardt, Neu bearbeitet von Heinrich Schneider, Giessen, Basel 1962[17]

2. Aufsätze

Adam, Karl, Die Theologie der Krisis, in: Hochland, Monatsschrift für alle Gebiet des Wissens, der Literatur und Kunst, 23. Jahrgang, 1926, 271–286
Aerne, Peter, «Wehe der Christenheit ..., Wehe der Judenschaft ...» Der Weihnachtsbrief an die Juden in der Schweiz von 1942, Teil I, Judaica, 58. Jahrgang, Heft 4, Dezember 2002; Teil II, Judaica, 59. Jahrgang, Heft 1, März 2003 (Aerne I und II)
Althaus, Paul, Zum gegenwärtigen lutherischen Staatsverständnis, in: Forschungsabteilung des Ökumenischen Rates für Praktisches Christentum, (Hg.), Die Kirche und das Staatsproblem in der Gegenwart, Berlin 1935[2], 6–9. (Kirche und Staat)
– Rezension von Emil Brunner, Der Mittler, in: Theologische Literaturzeitung 1929, 470–479
Barth, Heinrich, Offenbarung und Vernunft, Zu Emil Brunners Lehre von der christlichen Glaubenserkenntnis, In zwei Fortsetzungen, NZZ 1942, Nr. 1243 und 1248
Bth., H. (Barth, Heinrich?), Rezension von Emil Brunner, Das Gebot und die Ordnungen, in: NZZ 1932, Nr. 1222 und 1226.

Barth, Karl, Abschied, 1933, in: Karl Kupisch (Hg.), Karl Barth, «Der Götze wackelt», Zeitkritische Aufsätze, Reden und Briefe von 1939 bis 1960, Berlin 1961, 64 ff.
– An einen Pfarrer in der Deutschen Demokratischen Republik, 1958, in: Karl Barth, Offene Briefe 1945–1968, GA 36, Zürich 1984, 402–439
– Biblische Fragen, Einsichten und Ausblicke, München 1920, in: Karl Barth, Das Wort Gottes und die Theologie, Gesammelte Vorträge, München 1924
– Brunners Schleiermacherbuch, in: Vorträge und kleinere Arbeiten 1922–1925, GA 19, Zürich 1990, 425 ff. (Schleiermacherbuch)
– Der Christ in der Gesellschaft, Würzburg 1920, in: Karl Barth, Das Wort Gottes und die Theologie, Gesammelte Vorträge, München 1924
– Gottes Wille und unsere Wünsche, in: Karl Barth, Theologische Fragen und Antworten, Gesammelte Vorträge, 3. Band, Zürich 1986², 152 ff.
– Brief an Prof. Hromádka in Prag, 1938, in: Diether Koch (Hg.), Karl Barth, Offene Briefe 1935–1942, GA 36, Zürich 2001, 114 ff.
– Questions, which Christianity must face, in: The Student World, 1932, 2
Bultmann, Rudolph, Neues Testament und Mythologie. Das Problem der Entmythologisierung der neutestamentlichen Verkündigung, in: Bartsch, Hans-Werner (Hg.), Kerygma und Mythos, Ein theologisches Gespräch, erweiterte Auflage, Hamburg 1960⁴
Ebeling, Gerhard, Die Beunruhigung der Theologie durch die Frage nach den Früchten des Geistes, Vorgetragen in einer akademischen Gedenkfeier für Emil Brunner in der Universität Zürich am 14. Juli 1969, in: Gerhard Ebeling, Wort und Glaube 3, Tübingen 1975, 388–404 (Früchte)
– Diskussionsthesen für eine Vorlesung zur Einführung in das Studium der Theologie, in: Gerhard Ebeling, Wort und Glaube 1, Tübingen 1960, 447–457
– Gespräch über Dietrich Bonhoeffer, in: Gerhard Ebeling, Wort und Glaube 4, Tübingen 1995, 647–657
– Zur Lehre vom triplex usus legis in der reformatorischen Theologie, in: Gerhard Ebeling, Wort und Glaube I, Tübingen 1960, 50–68
Ebner, Ferdinand, Die Christusfrage, in: Ebner, Ferdinand, Fragmente, Aufsätze, Aphorismen, Zu einer Pneumatologie des Wortes (Schriften, 1. Band), München 1963, 450–505
– Das Wort und die geistigen Realitäten (1921), in: Ebner, Ferdinand, Fragmente, Aufsätze, Aphorismen, Zu einer Pneumatologie des Wortes (Schriften, 1. Band), München 1963, 75–342
Guyer, Walter, Verwirrung im Staatsbegriff, in: NZZ, 1944, Nr. 850
Harjunpaa, Toivo, Rezension von Brunners «Eternal Hope» (Das Ewige als Zukunft und Gegenwart), in: The Lutheran, News Magazine for the United Lutheran Church in America, Philadelphia 1955, 2.3.1955
Hesselink, I. John, Emil Brunner: A Centennial Perspective, The Christian Century, vom 13.12.1989 in: http://www.religion-online.org/showarticle.asp?title=915
– Karl Barth and Emil Brunner – A Tangled Tale with a Happy Ending (or, The Story of a Relationship), in: Donald McKim (Hg.), How Karl Barth Changed My Mind, Grand Rapids, Michigan 1986

Huber, Max, Evangelium und nationale Bewegung, in: Forschungsabteilung des Ökumenischen Rates für Praktisches Christentum (Hg.), Die Kirche und das Staatsproblem in der Gegenwart, Berlin 1935², 45–77

Jehle, Frank, Karl Barths Beitrag zur Theorie des Kirchenrechts, in: Jan Bauke und Matthias Krieg (Hg.), Denkmal, 4. Band: Die Kirche und ihre Ordnung, Zürich 2003, 129–140

Kattenbusch, Ferdinand, Rezension von E. Brunner, Das Symbolische in der religiösen Erkenntnis, in: Deutsche Literaturzeitung, Nr. 1, 1915, 17–19

Mackintosh, H. R., The Swiss Group, Expository Times, Jg. 36 (1924/25), 73–75

Marti, Walter, Artikel gegen Brunner, in: NZZ, 1944, Nr. 983

Niebuhr, H. Richard, Rezension von Brunners Dogmatik Band 1, in: Westminster Bookman, Vol. IX, May/June 1950

Pechman, Wilhelm Freiherr von, Evangelisches Christentum in lutherischer Ausprägung, in: Der Protestantismus der Gegenwart (Stuttgart 1926), zitiert nach: 2. Auflage, Zürich 1954, 371–396

Ragaz, Leonhard, Englische Eindrücke I–IV, in: Neue Wege, VIII. Jahrgang, 1914, 284 ff., 331 ff., 374 ff. und 407 ff.

– Von Gottesreich und Weltreich. Ein Gedankenaustausch II, in: Neue Wege 9, Heft 2, 265–282

– Für Wilson, in: Der Aufbau, 1. Jahrgang (1919/20), 356 ff.

Ratschow, Carl-Heinz, Gottes Geist und personales Denken, in: Theologische Literaturzeitung, 88. Jahrgang, Nummer 1, 1963, 1–10

Rich, Arthur, Dank der Universität und der Theologischen Fakultät, in: Dank an Emil Brunner, Zürich ohne Jahrgang (1966), 27–34

– Denken, das weh tut, in: Werner Kramer und Hugo Sonderegger (Hg.), Emil Brunner in der Erinnerung seiner Schüler, Zürich 1989, 78–82

Runestam, Arvid, Das Christentum und der Staat, in: Forschungsabteilung des Ökumenischen Rates für Praktisches Christentum (Hg.), Die Kirche und das Staatsproblem in der Gegenwart, Berlin 1935², 102–133

Sauter, Gerhard, Theologisch miteinander streiten – Karl Barths Auseinandersetzung mit Emil Brunner, in: Michael Beintker, Christian Link, Michael Trowitzsch (Hg.), Karl Barth in Deutschland (1921–1935), Aufbruch – Klärung – Widerstand, Zürich 2005, 279 ff.

Stegemann; Ekkehard W., Eine Predigt «aus ernster Zeit», Rabbiner Weils Antwort auf den «Weihnachtsbrief», in: Katrin Kusmierz, Niklaus Peter (Hg.), dreissig-, sechzig-, hundertfältig. Basler Predigten aus sechs Jahrhunderten, Zürich 2004, 204–21

Til, Cornelius van, Brunner Comes to Princeton, in: »The Banner«, 4.8.1938

Troeltsch, Ernst, Gnade, in: Die Religion in Geschichte und Gegenwart, Handwörterbuch in gemeinverständlicher Darstellung, Zweiter Band, Tübingen 1910, 1469–1474 (Troeltsch)

Vogt, Theophil, Fährmann zwischen den Ufern, Zum Hinschied Professor Emil Brunners, in: Kirchenbote, Schaffhausen, Mai 1966, nicht paginiert

Weihnachtsbrief an die Juden in der Schweiz, 1942, in: Diether Koch (Hg.), Karl Barth, Offene Briefe 1935–1942, GA 36, Zürich 2001, 425 ff.

Wendland, Heinz-Dietrich, «Christliche» Freiheit, kreatürliche Freiheit und totaler Staat, in: Forschungsabteilung des Ökumenischen Rates für Praktisches

Christentum, (Hg.), Totaler Staat und christliche Freiheit, Genf 1937, 151–174

Wernle, Paul, Ein Nachtrag zur deutschen Gefahr, in: Kirchenblatt für die reformierte Schweiz, 31. Jahrgang, Nr. 11, 1916, 41–43

Wildberger, Hans, Emil Brunner – sein Leben und sein Werk, in: Reformatio, 31. Jahrgang, Heft 4, April 1982, 204–217

VI. Bildnachweis

S. 115; 316: Karl Barth-Archiv, Basel

S. 35: Bildarchiv ETH-Bibliothek, Zürich

S. 181: Central-Comité der Zünfte Zürichs (Hg.), Festzug zur Einweihung der neuen Universität Zürich. Offizielles Festalbum. Zürich 1914, S.3

S. 91: Hermann Kutter jun., Hermann Kutters Lebenswerk, EVZ-Verlag 1965

S. 356; 366: John A. Mackay Collection, Special Collections, Princeton Theological Seminary Library

S. 27; 70; 72; 108; 204; 207; 286; 321; 328; 332; 383; 454; 478; 490; 491; 492; 533; 537; 560: Privatarchiv Lilo Brunner-Gutekunst

S. 188; 210; 382; 463; 530; 561: Privatarchiv Frank Jehle

S. 24; 43; 99; 164; 188; 410; 442; 466; 505; 531; 532; 542; 552: Staatsarchiv Zürich

S. 130; 136: Archives of the Burke Library at Union Theological Seminary in New York

S. 329: Der Protestantismus der Gegenwart, Stuttgart 1926

S. 59: Universitätsbibliothek Basel (NL Thurneysen 290, Karte vom 26.1.1914)

S. 277: Pierre Spoerri, Mein Vater und sein Jüngster. Theophil Spoerri in seiner Zeit. © 2002 Verlag Th. Gut, Stäfa

S. 51: Zentralbibliothek Zürich

Personenregister

Acheson, Dean, 1893–1971, Jurist und Harvard-Absolvent, 1949–1953 Aussenminister der USA, Mitbegründer der Internationalen Christlichen Universität in Tokio   525

Adam, Karl, 1876–1966, kath. Theologe, Dogmatiker in Tübingen, bekannt durch seine Publikation «Der Geist des Katholizismus» (1924), machte 1926 den Begriff «Theologie der Krisis» durch seine Besprechung von Barths Römerbriefkommentar populär   246

Adorno, Theodor W., 1903–1969, dt. Philosoph und Musikwissenschaftler   482

Althaus, Paul, 1888–1966, luther. Dogmatiker, 1919 Prof. in Rostock, ab 1925 in Erlangen   230, 261 f., 301, 309, 339, 405, 546

Anselm von Canterbury, 1033–1109   219, 225

Arendt, Hannah, 1906–1975, dt. Philosophin   481

Aristipp von Kyrene, 435–355 v. Chr.   256

Aristoteles, 384–322 v. Chr.   433, 437

Arnulf von Löwen, ca. 1200–1250, belgischer Zisterziensermönch, Abt, Verfasser des Hymnus «Salve caput cruentatum», der oft Bernhard von Clairvaux zugeschrieben wird   195

Augustinus von Hippo, 354–430   123, 232

Bach, Johann Sebastian, 1685–1750   28

Bachofner, Heinrich, 1828–1897, pietistischer Pädagoge, Sohn eines Schuhmachers, Sekundarlehrerpatent am Seminar in Küsnacht, Sekundarlehrer in Fehraltorf und Zürich, ab 1869 Leiter des Evangelischen Lehrerseminars in Unterstrass, setzte sich für die Gründung Freier Evangelischer Schulen und einer Erziehungsanstalt für Epileptiker ein (heute Schweizerische Epilepsie-Klinik)   20–25

Bader, Hans, 1875–1935, Pfarrer, 1906 Mitbegründer der religiössozialen Bewegung, Pfarrer in Degersheim und an der Johanneskirche im Zürcher Industriequartier, initiierte 1922 den «Brunner-Kranz»   206–207, 316

von Balthasar, Hans Urs, 1905–1988, kath. Theologe, Jesuit, Redaktor bei «Stimmen der Zeit», ab 1940 Studentenseelsorger in Basel, 1950 Austritt aus dem Jesuitenorden, einer der Wegbereiter des Zweiten Vatikanischen Konzils, kurz vor seinem Tod Kardinal   319

Barth, Hans, 1904–1965, Schweizer Philosoph und Publizist, Dr. iur., 1929–1946 in der Redaktion der «Neuen Zürcher Zeitung», seit 1946 o. Prof. für Philosophie, Philosophiegeschichte und Staatsphilosophie in Zürich   208

Barth, Heinrich, 1890–1965, Philosoph, 1928 a.o., 1942–1960 o. Prof. für Philosophie in Basel, 1959 Dr. h.c. Universität Bern, Bruder

Karl Barths 255, 300–301,
    431–432, 546
Barth, Karl, 1886–1968 31, 33 f.,
    46, 79 f., 82, 84, 87–90, 97,
    106–108, 111–121, 139, 146,
    157–163, 165–170, 176–178, 184,
    187, 190–192, 196–197, 199, 216,
    226, 234 f., 237–239, 241 f.,
    244–246, 250 f., 254, 260, 273,
    282 f., 293–321 passim, 323, 325 f.,
    328, 330 f., 334, 347–350, 353,
    355–357, 359 f., 363 f., 377,
    390–393, 395–406, 416, 421,
    424–426, 431, 435, 451, 455–459,
    469, 481, 487, 495, 497, 513 f.,
    553 f., 571–573, 577 f.
Barth, Markus, 1915–1994,
    1953–1967 Prof. für NT an verschiedenen theologischen Fakultäten in den USA, danach in Basel,
    Sohn Karl Barths 311
Baudissin, Wolf Wilhelm, Graf von
    1847–1926, ab 1876 Prof. für AT
    in Strassburg, ab 1881 in Marburg
    und 1900–1921 in Berlin, Vertreter
    der religionsgeschichtlichen
    Schule 41, 44 f.
Baumann, Karl, 1879–1953,
    1904–1944 Pfarrer in Wiedikon,
    Religionslehrer am Seminar Unterstrass 182 f.
Beck, Johann Tobias, 1804–1878,
    Sohn eines Seifensiedermeisters,
    wirkte zunächst als Pfarrer, 1836
    Prof. in Basel, ab 1843 Prof.
    der Systematischen Theologie
    in Tübingen 101
van Beethoven, Ludwig,
    1770–1827 28, 120, 127
Bengel, Johann Albrecht, 1687–1752,
    einer der bedeutendsten Vertreter
    des schwäbischen Pietismus,
    1729–1741 Lehrer an der Klosterschule in Denkendorf, wo sich in
    der Folge die «Bengel-Schule»
    bildete 161
Benham, Adelia, betrieb 1928–1954
    das traditionelle Peacock Inn in
    Princeton 365
Berdjajew, Nikolaj Alexandrowitsch,
    1874–1948, russischer Philosoph
    und Publizist, stammte aus einer
    adligen Offiziersfamilie, Ausbildung
    an einer Militärerziehungsanstalt
    und an der Universität Kiew,
    Marxist, Bekehrung zum östlichen
    Christentum, 1922 Ausweisung aus
    der Sowjetunion, Exil in Paris 230
Berger-Gebhardt, Ursula, erstellte
    1958 eine Kurzfassung von Brunners «Der Mensch im Widerspruch» 547
Berggrav, Eivind, 1884–1959, Prof.
    für Theologie und Religionspsychologie in Oslo und Kopenhagen,
    1929 Bischof von Hålogaland,
    später von Oslo, einer der Führer
    des norwegischen Kirchenkampfs
    gegen den Nationalsozialismus,
    Mitglied von Life and Work, 1948
    Mitbegründer des Ökumenischen
    Rates der Kirchen 546
Bergson, Henri, 1859–1941, 1900
    Prof. für Griechische Philosophie
    am Collège de France, ab 1904 für
    moderne Philosophie 50, 64–67,
    81, 101, 135, 174 f., 347, 481
Bernhard von Clairvaux,
    1090–1153 195
Biedermann, Alois Emanuel,
    1819–1885, Schweizer Theologe,
    1860–1885 Prof. für Dogmatik in
    Zürich, Vertreter der liberalen
    Theologie 34, 50
Billeter, Gustav, 1873–1929,
    1899–1912 PD für Geschichte in
    Zürich, 1902–1928 Gymnasiallehrer für Latein und Griechisch,
    Entdecker der Urfassung von

Goethes «Wilhelm Meisters Lehrjahre» 29
Blackwood, Andrew W., 1882–1966‹amerikan. Theologe, 1921–1959 Prof. für Homiletik in Princeton 368
Blakely, Hunter B., Pfarrer in Staunton (Virginia) 378
Blanke, Fritz, 1900–1967, Kirchenhistoriker, Zwingli- und Hamann-Forscher, 1926 PD in Königsberg, ab 1929 Prof. in Zürich 208, 574
Blumer, Eduard, 1848–1925, Unternehmer, 1899–1925 National- und 1866–1884 Ständerat, 1887–1925 Landammann von Glarus, initiierte 1916 die kantonale Alters- und Invalidenversicherung 73 f.
Blumhardt, Christoph, 1842–1919, regte die religiös-soziale Bewegung in Deutschland und in der Schweiz an, bekannter Prediger, Seelsorger und Berater, ab 1880 Leiter von Bad Boll, musste 1899 wegen seines Eintritts in die Sozialdemokratische Arbeiterpartei Deutschlands auf den Pfarrertitel verzichten, 1900–1906 Mitglied des württembergischen Landtages, Sohn Johann Christoph Blumhardts 22, 24, 31
Blumhardt, Johann Christoph, 1805–1880, 1838–1852 Pfarrer in Möttlingen bei Calw, wo Spontanheilungen eine grosse Buss- und Erweckungsbewegung auslösten; nach dem Verbot von Krankenheilungen Kauf des Schwefelbades Boll, wo er als Seelsorger für Kranke und Leidende aller Gesellschaftsschichten wirkte, Vater Christoph Blumhardts 22–24, 26, 31, 276, 278
Böcklin, Arnold, 1827–1901, Schweizer Maler, Zeichner, Graphiker und Bildhauer 30
Böhme, Jakob, 1575–1624, dt. Mystiker und Theosoph 35
Bohr, Niels, 1885–1962, dän. Physiker 481
Bonhoeffer, Dietrich, 1906–1945 157, 240, 255, 311
Breit, Gustav, 1890–1962, Pfarrer in Zürich-Witikon 464
Brun, Iris (verh. Jaumann), 1931, Lehrerin, Verlobte von Thomas Brunner 464, 528 f., 532, 537 f., 540, 543
Brunner, Adolf, 1901–1992, Komponist und Erneuerer der protestantischen Kirchenmusik, während des Zweiten Weltkrigs Mitglied des Gotthard-Bundes, 1949–1960 Leiter der Abteilung Politik und Aktuelles am Radiostudio Zürich 416
Brunner, Andreas, 1923–1988, Dr. iur., ab 1956 Verwaltungsrat und Finanzdirektor von Landis & Gyr, 1972–1984 Verwaltungsratspräsident, 1968–1975 Nationalrat, als Politiker besonders im Sozialversicherungsbereich engagiert, zweitjüngster Sohn Brunners 61, 386, 463, 543
Brunner, Elisabeth (geb. Gyr), 1923, Wirtschaftsstudium in Genf mit Abschluss als lic. sc. écon., Gattin Andreas Brunners 463
Brunner, Frieda Emma (verh. Surber), 1897–1964, jüngste Schwester Brunners 23
Brunner, Hanny (verh. Hardmeyer), 1886–1961, älteste Schwester Brunners 23
Brunner, Hans Heinrich, 1918–1987, Theologe, 1943–1945 beim Ökumenischen Rat der Kirchen als Assistent des Generalsekretärs zum Aufbau der Nachkriegshilfe, 1948–1954 Pfarrer in Marthalen,

1954–1959 Studentenpfarrer und Leiter eines Studentenhauses in Zürich, 1959–1984 Pfarrer in Zürich-Höngg, 1960–1983 Chefredaktor des Zürcher Kirchenboten, ältester Sohn Brunners   61, 386, 415, 464, 477, 480, 490, 546
Brunner, Heinrich Emil, 1859–1926, Lehrer zuerst an der Freien (Evangelischen) Schule in Winterthur, später an der städtischen Schule in Zürich-Enge, Vater Emil Brunners   19, 21–26, 30, 57
Brunner, Lilo (geb. Gutekunst), 1925, Studium der Theologie in Basel und Genf mit Abschluss als Ministère féminin, Abschluss als Assistante sociale, frühe Kontakte zu Emil Brunner und Karl Barth, zahlreiche soziale und kirchliche Engagements im Nachkriegsfrankreich, in Basel und Zürich, Gattin von Hans Heinrich Brunner, vertritt die Familie in der Emil-Brunner-Stiftung   464
Brunner, Lydia, siehe de Trey, Lydia
Brunner, Margrit (geb. Lauterburg), 1895–1979, ausgebildete Zeichenlehrerin, Gattin Emil Brunners   25, 60 f., 92, 112, 137, 144, 149, 186, 204, 206, 271, 328, 365, 368, 373, 377–379, 384, 453, 463–464, 475, 477, 516–517, 519–520, 522–523, 528–529, 533, 538–540, 543
Brunner, Peter, 1919–1942, zweitältester Sohn Brunners, studierte Germanistik   61, 144, 252, 358, 384–386, 464–466
Brunner (geb. Müller), Sophie Hanna, 1862–1934, Tochter von Theodor Müller, Mutter Brunners   22, 24, 30
Brunner, Thomas, 1926–1952, jüngster Sohn Brunners, studierte Physik   61, 203, 384, 386, 464–466, 500, 528

Bruppacher, Hans, 1891–1978, 1915 Pfarrer in Mühlehorn GL, 1923 in Buchs ZH, 1924 Dr. phil., 1938 zweiter Pfarrer in Winterthur-Töss, 1939–1952 Kirchenrat, Kommilitone Brunners, Bruder Heinrich Bruppachers, Mitglied des «Brunner-Kranzes»   70, 74, 207
Bruppacher, Heinrich, 1890–1959, Theologe, Altphilologe und Historiker, Dr. phil., Pfarrer 1917 in Matt GL, 1927–1957 in Langnau ZH, Bruder Hans Bruppachers, Mitglied des «Brunner-Kranzes»   207
Buber, Martin, 1878–1965   254, 351, 368
Buchman, Frank, 1878–1961, luther. Theologe aus den USA, Gründer und Leiter der Oxfordgruppenbewegung (später: Moralische Aufrüstung)   273–291 passim, 296 f., 299, 325
Bultmann, Rudolf, 1884–1976   33, 238, 251, 294, 299, 301, 405, 430 f., 469 f., 474, 476, 481, 571, 574
Burckhardt, Jacob, 1818–1897   30
Calvin, Johannes, 1509–1564   81 f., 131, 184, 214, 218, 220, 245, 302, 308 f., 312 f., 360, 371, 495, 575
Carrard, Alfred, 1889–1948, Maschinenbauingenieur und Sozialpsychologe, a.o. Prof. für Arbeitswissenschaften an der ETH Zürich, Mitglied der Oxfordgruppenbewegung, 1937 am Friedensabkommen zwischen den Schweizer Arbeitgebern und -nehmern beteiligt   275
Carver, George Washington, 1864–1943, Botaniker, als Sklave geboren, 1890 erster schwarzer Student am Simpson College in Indianola, Iowa, 1896 Direktor der Abteilung für landwirtschaftliche

Forschung an der Tuskegee Universität, Forschung auf dem Gebiet der industriellen Nutzung von Erdnüssen und Sojabohnen, Bodenverbesserung und Züchtung von neuen Baumwollsorten 367
Chamberlain, Arthur Neville, 1869–1940, 1937–1940 Premierminister Grossbritanniens 388 f.
Chantepie de la Saussaye, Pierre Daniël, 1848–1920, Theologe und Religionsforscher, 1878 Prof. für Religionsgeschichte in Amsterdam, 1899–1916 in Leiden, Begründer der Phänomenologie der Religion, Hg. des «Lehrbuchs der Religionsgeschichte» 50
Churchill, Winston, 1874–1965, 1908–1910 Handelsminister, 1911–1915 Erster Lord der Admiralität, 1940–1945 und 1951–1955 britischer Premierminister 386
Coe, George Albert, 1862–1951, amerikan. Religionspsychologe, 1891–1909 Prof. an der Northwestern University, 1909–1922 am Union Theological Seminary, 1922–1927 am Teachers College der Columbia-Universität 125, 135–139
Coffin, Henry Sloane, 1877–1954, amerikan. Theologe, 1905–1926 Pfarrer in New York, 1904 Prof. für Praktische Theologie am Union Theological Seminary, 1926–1945 dessen Präsident, Führer des liberalen Flügels der presbyterianischen Kirche Amerikas 245
Corneille, Pierre, 1606–1684, franz. Dramatiker 57
Corrodi, Wilhelm, 1798–1868, Pfarrer, Dekan, Kinderbuchautor 26
Debs, Eugene Victor, 1855–1926, amerikan. Sozialist und Pazifist, organisierte die erste Eisenbahnergewerkschaft, 1898 Mitbegründer der sozialdemokratischen Partei der USA, verbüsste eine zehnjährige Haftstrafe wegen Volksverhetzung, kandidierte mehrfach für das Amt des Präsidenten der USA 152 f.
Dewey, John, 1858–1952, amerikan. Philosoph und Erzieher, 1888/89 Prof. an der Universität von Minnesota, 1884–1894 in Michigan, 1894–1904 in Chicago und 1904–1930 an der Columbia-Universität, einer der Wortführer des amerikan. Pragmatismus 481
Diderot, Denis, 1713–1784, franz. Philosoph und Encyclopédiste 35
von Dietze, Constantin, 1891–1973, Nationalökonom, Prof. in Freiburg i.Br., Mitglied der Bekennenden Kirche, 1944 von den Nationalsozialisten verhaftet, 1955–1961 Präsident der Synode der Evangelischen Kirche in Deutschland 433
Ducommun, Charles-Frédéric, 1910–1977, Lehre als Bahnhofsvorstand bei den Schweizerischen Bundesbahnen, Studium der Politologie, 1941 Doktorat, 1937–1942 stellvertretender Sekretär des Schweizerischen Gewerkschaftsbundes, 1945 Personalchef bei Nestlé, 1955–60 Mitglied der Generaldirektion der Swissair, 1961–1970 Generaldirektor der PTT, Mitbegründer des Gotthard-Bundes 414, 416
Duhm, Bernhard, 1847–1928, niederl. Theologe, ab 1877 Prof. für AT in Göttingen, ab 1888 in Basel 44 f.
Duttweiler, Gottlieb, 1888–1962, Gründer der Migros und Politiker, 1935–1940, 1943–1962 Nationalrat und Ständerat, 1936 Gründung des Landesrings der Unabhängigen, Symbolfigur des «sozialen

Kapitals», Mitbegründer des Gotthard-Bundes 414 f.

Ebeling, Gerhard, 1912–2001, dt. Theologe, Schüler Bonhoeffers im von diesem geleiteten Predigerseminar der Bekennenden Kirche in Finkenwalde bei Stettin, danach Pfarrer in der Bekennenden Kirche, nach dem Zweiten Weltkrieg Prof. in Tübingen, ab 1956 Prof. für Dogmatik, Dogmengeschichte und Symbolik in Zürich, 1962 Gründung des Zürcher Instituts für Hermeneutik, 1965 Rückkehr nach Tübingen, 1968–1979 wieder Prof. für Hermeneutik und Fundamentaltheologie in Zürich 220, 571, 574–578, 581

Ebner, Ferdinand, 1881–1931, österr. Philosoph, Volksschullehrer, ab 1920 Veröffentlichungen in der Kulturzeitschrift «Der Brenner», Hauptwerk «Das Wort und die geistigen Realitäten» (1921) 191 f., 351

Meister Eckhart, 1260–1327/28 120

Eidem, Erling, 1880–1972, 1931–1950 Erzbischof von Uppsala 347

Einstein, Albert, 1879–1955 357, 368

Enderlin, Fritz, 1883–1971, 1930–1949 Rektor der höheren Töchterschule in Zürich 208, 297

Epikur, 341–270 v. Chr. 256

Epprecht, Robert, 1889–1976, 1912 Pfarrer in Schöftland, 1918 in Tablat-St. Gallen, ab 1924 in Zürich-Wiedikon 42

Erasmus von Rotterdam, 1469–1536 37, 45, 105, 112, 317

Erdmann, Benno, 1851–1921, dt. Philosoph und Psychologe, ab 1879 Prof. in Kiel, ab 1884 in Breslau, ab 1890 in Halle, ab 1898 in Bonn und seit 1909 in Berlin 41

Ernst, Fritz, 1889–1958, Germanist, 1947 Prof. an der Eidgenössischen Technischen Hochschule, 1948 a.o. Prof. für Vergleichende Literaturgeschichte an der Universität Zürich, gab zusammen mit Eduard Korrodi die Tornister-Bibliothek heraus 208, 409, 413

Escher, Emma, siehe Huber, Emma

Etter, Philipp, 1891–1977, katholisch-konservativer Schweizer Jurist und Politiker, 1918–1922 Zuger Kantonsrat, 1922–1934 Regierungsrat, 1930–1934 Ständerat, 1934–1968 Bundesrat 416

Eucken, Rudolf, 1846–1926, dt. Philosoph, 1871 Prof. für Philosophie und Pädagogik in Basel, ab 1874 in Jena 135

Faesi, Robert, 1883–1972, Germanist, Schriftsteller, 1922 a.o., 1942–1953 o. Prof. für neuere deutsche und schweizerische Literatur in Zürich 29

Farner, Oskar, 1886–1958, 1908–1930 Pfarrer in Stammheim, 1931–1937 in Zollikon, 1937–1950 am Grossmünster Zürich, 1938–1954 Titularprofessor in Zürich, Zwingliforscher, Kirchenratspräsident, 1942 Hauptverfasser des «Weihnachtsbriefes an die Juden in der Schweiz» 396–397

Feer, Jakob, 1908–1942, Fourier der Schweizer Armee, als Landesverräter verurteilt und hingerichtet 418, 420

Felix, Peter, 1872–1953, 1896–1906 Pfarrer in Fläsch, 1906–1912 in Obstalden, ab 1915 Prof. an der Kantonsschule in Chur 70

Feuerbach, Ludwig, 1804–1880 560

Fezer, Karl, 1891–1960, Prof. für praktische Theologie in Tübingen,

prominentes Mitglied der Glaubensbewegung der Deutschen Christen 281–283, 299, 309
Fichte, Johann Gottlieb, 1762–1814 101, 120, 127, 138, 171
von Ficker, Ludwig, 1880–1967, Schriftsteller, Verleger und Essayist, Gründer und Herausgeber der Zeitschrift «Der Brenner» 192
Firestone, Harvey, 1868–1938, Industrieller, Gründer und Präsident der Firestone Reifen- und Gummiwerke in Akron, Ohio 282
Flaubert, Gustave, 1821–1880, franz. Schriftsteller 105
von Flüe, Niklaus, 1417–1487, Schweizer Mystiker, ab 1467 als Bruder Klaus Eremit im Ranft bei Flüeli (Kanton Obwalden), vermittelte 1481 zwischen den zerstrittenen Eidgenossen (Stanser Verkommnis 410
Ford, Henry, 1863–1947, amerikan. Industrieller 282
Frame, James Everett, 1868–1958, Prof. für NT am Union Theological Seminary, New York, Vertreter des Historismus 125, 130 f.
Franklin, Fredrik, 1913–1992, Sohn schwed. Missionare in Indien, 1937–1939 Pfarrer in Gothenborg, 1939 Missionar in Indien, 1943 Beitritt zum CVJM-Weltbund als Sekretär für Kriegsgefangenenbetreuung in Indien und Burma, 1948–1958 Sekretär für Religiöse Erziehung bei den CVJM Indien, 1958–1961 Generalsekretär der CVJM in Schweden, 1961–1977 Generalsekretär des CVJM-Weltbundes 518
Frazer, Sir James George, 1854–1941, schott. Altphilologe, Anthropologe, Religionshistoriker und -ethnologe 481
Frehner, Paul, 1912–1988, 1938 Pfarrer in Wattwil, 1941–1949 in Emmenbrücke LU, 1949–1962 am Neumünster in Zürich, 1955/56 organisierte er die Aktion «Zürich wohin?», 1959–1972 Kantonsrat, 1962–1971 Leiter des Evangelischen Tagungs- und Studienzentrums Boldern, 1972–1978 Pfarrer in Zürich-Hottingen 464
Freud, Sigmund, 1856–1939 180
Frey, Arthur, 1897–1955, Dr. der Nationalökonomie, 1933–1955 Leiter des Evangelischen Pressedienstes, 1943–1955 Mitglied der evang.-ref. Kirchensynode Zürich, 1947–1955 Kantonsrat, 1941 Verbot seiner Broschüre «Der rechte Staat» 397, 402
Freytag, Willi, 1873–1944, 1910–1933 Prof. für Philosophie und Pädagogik in Zürich 41
Fries, Johannes Friedrich, 1773–1843, Philosoph im Umkreis des deutschen Idealismus 50
Frör, Kurt, 1905–1980, Pfarrer und Religionspädagoge, Mitglied der Bekennenden Kirche, seit 1949 Herausgeber der religionspädagogischen Zeitschrift «Schule und Leben», 1952–1972 Prof. für Praktische Theologie in Erlangen 309
Fueter, Karl, 1884–1963, 1907 Pfarrer in Safenwil, 1911 in Olten, 1917 in Zürich-Fluntern, seit 1937 Studentenberater, 1947 Kirchenrat, besprach während Jahrzehnten theologische Neuerscheinungen in der NZZ 179, 474
Fukatsu, Fumio, 1909–2000, japan. Theologe und Pfarrer, Mitarbeit in der Deutschen Ostasien Mission, Studienleiter einer von Brunner ini-

tiierten Evangelischen Heimstätte in Japan 538
Gandhi, Mohandas Karamchand (ab 1915 Mahatma), 1869–1948 523
Gasser, Christian, 1906–1990, 1933 Dr. rer. pol., ab 1929 bei Conzett & Huber als Leiter der Vita Volksversicherung Zürich, ab 1935 bei der Versicherung Genfer Leben, 1947–1953 Prof. an der Handelshochschule St. Gallen, ab 1953 Geschäftsführer der Georg Fischer AG, 1960 Erwerb der Maschinenfabrik Mikron AG, anschliessend Verwaltungsratspräsident der Mikron Holding AG, Mitbegründer des Gotthard-Bundes 414–416
Gerstenmaier, Eugen, 1906–1986, Studium der Philosophie, Germanistik und evangelischen Theologie, 1934 Verhaftung durch die Nationalsozialisten, weil er als Studentenvertreter gegen die Wahl Ludwig Müllers zum Reichsbischof protestiert hatte, ab 1936 Mitarbeiter Theodor Heckels im Aussenamt der Deutschen Evangelischen Kirche in Berlin, ab 1942 Mitglied des Kreisauer Kreises, nach dem Hitler-Attentat vom 20. Juli 1944 zu sieben Jahren Zuchthaus verurteilt, nach 1945 Aufbau des Hilfswerks der Evangelischen Kirche, Mitglied der Christlich-Demokratischen Union, 1949–1969 CDU-Bundestagsabgeordneter, 1954–1969 Bundestagspräsident 435, 438, 547
Gifford, Adam Lord, 1820–1887, schott. Jurist und Richter, vermachte den Hauptteil seines Vermögens den schottischen Universitäten, um Vorlesungszyklen mit Gastreferenten zur Förderung der «natürlichen Theologie» zu finanzieren (Gifford-Lectures) 480

Gill, Theodore A., 1920–2005, presbyterianischer Theologe, Chefredaktor von «The Christian Century», 1958–1966 Präsident des San Francisco Theological Seminary, in den 60er-Jahren in der Bürgerrechtsbewegung engagiert, danach Mitarbeit beim Ökumenischen Rat der Kirchen in Genf, 1971–1989 am John Jay College of Criminal Justice in New York, Schüler Tillichs, Brunners, Barths, Hromádkas und Reinhold Niebuhrs, doktorierte bei Brunner 476
Gilson, Etienne, 1884–1978, franz. Religionsphilosoph mit Schwerpunkt Mittelalterforschung, 1919–1921 Prof. in Strassburg, 1921–1932 an der Sorbonne, ab 1932 am Collège de France, 1946 Mitglied der Académie Francaise 481
Gloede, Günter, 1910, 1934 Dissertation bei Brunner, 1935 Dozent der Systematischen Theologie in Dorpat, ab 1936 Pfarrer in Steffenshagen, Neubukow, Mecklenburg und Ostberlin, seit 1946 Redaktionsleiter und Mitglied des Ökumenischen Ausschusses für Berlin, Autor von theologie- und kunstgeschichtlichen Büchern 308
von Goethe, Johann Wolfgang, 1749–1832   20, 29, 40, 87, 175, 193, 200, 318
Gogarten, Friedrich, 1887–1967, evang. Theologe, 1914 Hilfsprediger in Bremen, 1917 Pfarrer in Stelzendorf/Thüringen, 1925 in Dordorf/Saale und PD für Systematische Theologie in Jena, 1931 o. Prof. in Breslau, 1935–1955 in Göttingen, einer der Hauptvertreter der ‹Dialektischen Theologie›, in den 30er-Jahren vorübergehend Mit-

glied der Deutschen Christen 190, 246, 295, 299, 301, 351
Gollwitzer, Helmut, 1908–1993, evang. Theologe, Schüler Althaus', Gogartens und Barths, 1933 Mitglied der Bekennenden Kirche, 1940 Verhaftung durch die Nationalsozialisten, 1945–1949 sowjet. Kriegsgefangenschaft, 1950–1957 Prof. für Systematische Theologie in Bonn, 1958–1975 an der Freien Universität Berlin 552
von Greyerz, Karl, 1870–1949, 1894–1902 Pfarrer in Bürglen/Biel, 1902–1912 in Winterthur, 1912–1918 in Kandergrund, 1918–1935 in Bern, markanter Vertreter des kirchlichen Antimilitarismus der Zwischenkriegszeit, setzte sich für die Schaffung eines Zivildienstes ein, 1925 Mitbegründer der Vereinigung antimilitaristischer Pfarrer in der Schweiz, 1937–1949 Präsident des Kirchlichen Friedensbundes der Schweiz 395
Grob, Rudolf, 1890–1982, Pfarrer, Direktor der Schweizerischen Anstalt für Epileptische in Zürich, strenger Calvinist, politisch rechts stehend, gehörte im November 1940 zu den Erstunterzeichnern der Eingabe der Zweihundert 397
Grossmann, Hermann, 1890–1972, 1914–1918 Pfarrer in Buch am Irchel, 1918–1926 in Goldach-Rorschach und Religionslehrer am St. Galler Lehrerseminar Mariaberg in Rorschach, 1926–1956 Pfarrer am Fraumünster Zürich, seit 1928 Redaktor des «Kirchenfreund», seit 1935 Präsident des Zürcher Komitees der Basler Mission, Zentralpräsident des Schweizerischen Evangelisch-kirchlichen Vereins 182–183
Guanella (geb. Zietzschmann), Hanni, 1912, Dr. iur., Freundin der Brunners, unterstützte Brunner bei der Abfassung von «Dogmatik III» 556
Guardini, Romano, 1885–1968, kath. Theologe und Religionsphilosoph 483
Guisan, Henri, 1874–1960, 1939–1945 General (Oberbefehlshaber) der Schweizer Armee 418
Gut, Walter, 1890–1961, Psychiater und Theologe, 1923 Nachfolger von Ragaz als Prof. für Systematische Theologie, Religionspsychologie, Dogmengeschichte und Symbolik in Zürich (liberaler Lehrstuhl) 180 f., 184, 209, 382, 575
Gutekunst, Lilo, siehe Brunner, Lilo
Guyer, Walter, 1892–1980, Erziehungswissenschaftler, Pestalozziforscher, 1942–1957 Direktor des Oberseminars Zürich 449, 451
Gyr, Elisabeth, siehe Brunner, Elisabeth
Haberl, Gotthard Johannes (Hans), 1868–1928, österr. evang. Theologe und Pfarrer, 1893 Vikar bei der reformierten Gemeinde Wien, ab 1902 Religionslehrer, Vorsitzender der CVJM 239
Hadorn, Ernst, 1902–1976, Zoologe, Prof. in Zürich 208
Haf(f)ter, Ernst, 1876–1949, 1905–1945 Prof. für Strafrecht, Straf und Zivilprozessrecht in Zürich, Richter und Präsident am Zürcher Kassationsgericht 1908–1946 41
Hardmeyer-Brunner, Hanny, siehe Brunner, Hanny
von Harless, Gottlieb Christoph Adolf, 1806–1879, luther. Theologe, Mit-

begründer der Erlanger Schule, 1829 PD für Systematische Theologie in Erlangen, ab 1833 a.o. Prof. für NT, ab 1836 o. Prof. für Systematische Theologie und Universitätsprediger, 1845 Ruf nach Leipzig, 1847 Pfarrer zu St. Nicolai, engagierte sich 1849 in der Märzrevolution, reformierte nach seiner Rückkehr nach Bayern 1852 die dortige luther. Kirche, auf ihn geht der Begriff «Schöpferordnung» zurück   260
von Harnack, Adolf, 1851–1930   33, 41, 53, 172, 232, 481, 496
Hart, John W., 1955, amerikan. Pfarrer, Barth- und Brunner-Forscher, Dr. theol. an der University of Oxford, zusammen mit seiner Frau Becky Hart 1982–1985 Pfarrer der Presbyterian Church in Red Bank (New Jersey), 1985–1990 in Darien (Connecticut), 1993–2006 in Upper Montclair (New Jersey), ab 2006 in Powell (Ohio)   190, 311
Hauser, Karl, 1888–1971, Altphilologe und Sekundarlehrer, u. a. Lehrer im Landerziehungsheim Glarisegg   29, 42
Hausheer, Jakob, 1905 Dr. phil. in Halle, danach Religions- und Hebräischlehrer an verschiedenen Zürcher Schulen, 1905–1935 o. Prof. für AT und orientalische Sprachen, ab 1908 auch für Religionsgeschichte in Zürich, 1907–1931 Hauptverantwortlicher für die Übersetzung des ATs in der Zürcher Bibel von 1931   28, 36, 44 f.
Heckel, Theodor, 1894–1967, dt. evang. Theologe, konservativer Lutheraner, 1934–45 Leiter des Aussenamtes der Deutschen Evangelischen Kirche in Berlin mit der Amtsbezeichnung Bischof, nach 1945 des Amtes enthoben, engagierte sich zugunsten der Versorgung von deutschen Kriegsgefangenen in der UdSSR, 1959–1964 Dekan von München   82
Hegel, Georg Wilhelm Friedrich, 1770–1831   34, 43, 50, 101, 134 f., 166, 171
Heidegger, Martin, 1889–1976   238, 314, 521
Heim, Karl, 1874–1958, 1897–1899 Vikar in Giengen und Crailsheim, 1892–1902 Reisesekretär der Deutschen christlichen Studentenvereinigung, 1903–1914 Inspektor am Schlesischen Konvikt in Halle, 1905 Promotion in Tübingen, 1906 Habilitation in Halle, 1914–1916 Prof. für Systematische Theologie in Münster, 1920–1939 in Tübingen   218, 301, 405
Heisenberg, Werner, 1901–1976, dt. Physiker   481
von Herder, Johann Gottfried, 1744–1803   208
Hesselink, I. John, 1928, amerikan. Theologe, Studium der Theologie am New Brunswick Theological Seminary, Western Theological Seminary, 1961 Doktorat in Basel, wirkte 1953 als Missionar in Japan, 1961–1972 Prof. am Tokyo Union Theological Seminary, dann Prof. für Systematische Theologie am Western Theological Seminary in Holland, Michigan, und dessen Präsident   294, 319–320, 499, 511, 532, 536, 569 f.
Hirsch, Emanuel, 1888–1972, luther. Theologe, Schüler Holls und Harnacks, 1914 Promotion, 1915 PD für Kirchengeschichte in Bonn, 1921 Prof. in Göttingen, ab 1936 für Systematische Theologie, 1933–1945 ständiger Dekan als

Vertrauensmann des Nationalsozialismus, 1945 frühzeitige Pensionierung 299, 323
Hirzel, Rudolf, 1846–1917, Altphilologe in Jena 433
Hitler, Adolf, 1889–1945 284, 376, 387–393, 403, 435, 453, 455, 458, 483
Holl, Karl, 1866–1926, evang. Kirchenhistoriker, bedeutender Luther-Forscher, 1900–1906 a.o. Prof. in Tübingen, 1906 o. Prof. in Berlin 299
Homrighausen, Elmer George, 1900–1982, reform. Theologe, 1924–1938 Pfarrer in Freeport (Illinois) und Indianapolis, 1925 Gastdozent an der Universität von Dubuque, 1926–1929 Weiterbildung an der Universität von Chicago, einer der ersten Barth-Übersetzer, wurde 1937 ans Princeton Theological Seminary berufen 356, 373
Horkheimer, Max, 1895–1973, dt. Philosoph 482
Horton, Douglas, 1891–1968, amerikan. Theologe, Barth-Übersetzer, führender Ökumeniker 245
Hossenfelder, Joachim, 1899–1976, evang. Pfarrer, 1923–1931 in diversen Gemeinden in Niederschlesien, 1931 bei der Christus-Gemeinde in Berlin, 1933 Bischof von Brandenburg und Reichsleiter der Deutschen Christen, 1940 Pfarrer an der Friedenskirche in Potsdam, 1946–1954 in Vehlow, von 1954–1969 in Ratekau 281–283, 299
Hromádka, Josef L., tschech. Theologe, 1889–1969, 1912 Pfarrer in der evang.-luther. Kirche Tschechiens, 1919 in der Evang. Kirche der Böhmischen Brüder in Sonov,
1920 Prof. für Systematische Theologie in Prag, nach 1939 Emigration, Gastprofessur in Princeton, 1947 Rückkehr nach Prag und Wiederaufnahme seiner Lehrtätigkeit, 1948–1968 Mitglied des Zentralausschusses des Ökumenischen Rates der Kirchen 390, 392
Huber, Emma (geb. Escher), 1883–1957, Gattin von Max Huber 328 f., 417
Huber, Max, 1874–1960, Völkerrechtler, Diplomat, 1902 Prof. für Staats-, Völker- und Kirchenrecht in Zürich, 1907 Delegierter des Schweizer Bundesrates an der 2. Haager Friedenskonferenz, während des 1. Weltkriegs jurist. Berater im Armeestab, 1922–1930 Richter am Ständigen Internationalen Gerichtshof im Haag, 1925–1927 dessen Präsident, 1928–1947 Präsident des Internationalen Komitees vom Roten Kreuz, danach schriftstellerische Tätigkeit 328 f., 331, 339 f., 343, 355, 381 f., 384, 415, 417, 422–427, 432–434, 450, 464, 467, 474, 495 f., 499, 538 f., 545 f., 554, 557, 567, 576
Huber, Wolfgang, 1942, 1980–1994 Prof. für Systematische Theologie in Marburg und Heidelberg, seit 1994 Bischof der Evangelischen Kirche in Berlin-Brandenburg, 1998–2001 Mitglied des Zentral- und des Exekutivausschusses des Ökumenischen Rates der Kirchen, Ratsvorsitzender der Evangelischen Kirche in Deutschland 260
Hume, David, 1711–1776, schott. Philosoph und Historiker 41
Husserl, Edmund, 1859–1938, dt. Philosoph 50, 52
von Hutten, Ulrich, 1488–1523, Reichsritter, dt. Humanist und

Publizist, unterstützte seit 1519 Luther, floh nach dem gescheiterten Reichsritteraufstand 1521 zu Zwingli nach Zürich   37, 45

Ilg, Konrad, 1877–1954, Gewerkschaftsführer, 1894–1897 Schlosserlehre, danach auf Wanderschaft, ab 1897 gewerkschaftlich tätig, ab 1900 Mitglied der Sozialdemokratischen Partei der Schweiz, 1909–1914 Zentralsekretär des Schweizerischen Metallarbeiterverbandes, 1928–1936 Vizepräsident der Sozialdemokratischen Partei der Schweiz, Freund Alfred Carrards, 1937 am Friedensabkommen zwischen Schweizer Arbeitgebern und -nehmern beteiligt   275

Imobersteg, Ernst, 1901–1959, Pfarrer und Schriftsteller, Seelsorger der Heilsarmee für Hafenarbeiter in Hamburg, 1925–1921 Pfarrer in Frutigen, ab 1931 im Zürcher Industriequartier, ab 1950 freier Schriftsteller, Mitglied des «Brunner-Kranzes»   207

James, William, 1842–1910, amerikan. Philosoph, einer der Hauptvertreter des Pragmatismus, Pionier und bedeutendster Vertreter der Religionspsychologie in den USA, wichtige Werke: «The Principles of Psychology» (1890) und «The Varieties of Religious Experiences» (1902)   50, 135, 137, 481

Jaspers, Karl, 1883–1969   532, 546

Jenny-Squeder, Daniel, 1886–1970, Fabrikant in Glarus   74

Kaftan, Julius Wilhelm Martin, 1848–1926, dt. evang. Theologe, ab 1881 Prof. für Dogmatik und Ethik in Basel, ab 1883 in Berlin   41, 50

Kant, Immanuel, 1724–1804   41, 50, 166, 171, 190, 199 f., 239, 256, 337, 483, 564

Kapp, Wolfgang, 1858–1922, Politiker, 1920 am sog. Kapp-Lüttwitz-Putsch gegen die Regierung der Weimarer Republik beteiligt, stirbt nach zweijährigem schwed. Exil während der Untersuchungshaft in Leipzig   139

Kattenbusch, Ferdinand, 1852–1935, Schüler Albrecht Ritschls, ab 1878 Prof. für Systematische Theologie in Giessen, 1906–1922 in Halle   52

Keller, Adolf, 1872–1963, Pfarrer in Kairo, Burg bei Stein am Rhein, Genf und seit 1909 an St. Peter in Zürich, Initiant und erster Sekretär des Schweizerischen Evangelischen Kirchenbundes, Pionier der ökumenischen Bewegung, seit 1924 hauptamtlich in vielfältigen Aufgaben für sie tätig, ab 1928 in Genf   123, 149, 180, 317, 330 f., 355, 475, 507

Keller, Gottfried, 1819–1890   19, 558–567

a Kempis, Thomas, 1379/80–1471, dt. Mystiker, Hauptwerk «De Imitatione Christi»   31

Kierkegaard, Søren, 1813–1855   84, 123, 146, 148, 190 f., 199, 205, 232, 314, 575

von Kirschbaum, Charlotte, 1899–1974, langjährige Freundin und Mitarbeiterin Karl Barths, autodidaktische Theologin   320, 398, 405

Koechlin, Alphons, 1885–1965, seit 1941 Präsident des Vorstandes des Schweizerischen Evangelischen Kirchenbundes   397

Köhler, Ludwig, 1880–1956, Alttestamentler, Theologiestudium in Zürich, 1908 Dr. phil., danach Pfarrer und a.o. Prof., ab 1916

vollamtlich, 1923–1947 o. Prof.
in Zürich   37, 44 f., 180, 396, 572
Köhler, Walther, 1870–1946, evang.
Kirchenhistoriker, 1909 Prof.
in Zürich, ab 1929 in Heidelberg,
Zwingliforscher, Schüler Ernst
Troeltschs   37, 171–173
Korrodi, Eduard, 1885–1955,
1914–1950 Feuilleton-Redaktor
der Neuen Zürcher Zeitung, gab
zusammen mit Fritz Ernst die
Tornister-Bibliothek heraus   409
Kramer, Werner, 1930, Prof. für Praktische Theologie in Zürich   476,
513, 571, 578, 581
Kroner, Richard, 1884–1974, dt.
Philosoph, Neo-Hegelianer, Prof.
in Kiel, wegen seiner jüdischen
Herkunft 1934 entlassen   481
Kuhn, Frieda, 1903–1971, betreute
47 Jahre lang den Haushalt der
Brunners und half auch bei der
Erziehung der vier Söhne mit   61,
357, 528
Kuizenga, John E., 1876–1949, ab
1930 Prof. für Apologetik und
Christliche Ethik am Princeton
Theological Seminary   360
Kunz, Werner Friedrich, 1896–1981,
Künstler, fertigte im Auftrag von
Max Huber eine Bronzebüste
Brunners an, die heute in der Aula
der Universität Zürich steht   383,
576
Kutter, Hermann, 1863–1931, evang.-
ref. Pfarrer und Verfasser religiöser
Schriften, 1887–1896 Pfarrer in
Vinelz/BE, danach bis 1926 am
Neumünster in Zürich, Mitbegründer der religiös-sozialen
Bewegung in der Schweiz   24–26,
30 f., 33, 37, 39, 43, 53, 59–62, 64,
79, 90–98, 103, 105, 107 f., 110,
113, 117–119, 127, 139, 141 f.,
148, 156 f., 159, 178, 348, 575

Kutter, Hermann, jun., 1893–1980,
1917 Vikar in Schlieren und Zürich-
Aussersihl, 1918–1927 Pfarrer
in Beggingen, 1927–1940 in
St. Gallen-Straubenzell, 1940–1959
in Basel-St. Elisabethen, Redaktor
am «Kirchenblatt für die reformierte Schweiz», ab 1959 im
aktiven Ruhestand als Seelsorger
im St. Clara-Spital, Sohn Hermann
Kutters   58, 60 f.
Kutter (geb. Rohner), Lydia,
1868–1936, Gattin von Hermann
Kutter sen.   25
Lang, Heinrich, 1826–1876, evang.
Theologe, ursprünglich aus Schwaben, floh während der Revolution
von 1848 nach St. Gallen,
1848–1863 Pfarrer in Wartau-
Gretschins, danach in Meilen am
Zürichsee, ab 1871 an St. Peter in
Zürich, publizistische Tätigkeit,
1858 Veröffentlichung seiner Dogmatik, 1870 Gründung des Vereins
für freies Christentum, Wortführer
der liberalen Theologie   20
Lauterburg (geb. Rohner), Clara,
1864–1936, Schwiegermutter Emil
Brunners   60
Lauterburg, Margrit, siehe Brunner,
Margrit
Lessing, Gotthold Ephraim,
1729–1781   20, 29, 483
Lieb, Fritz, 1892–1970, Schweizer
evang.-ref. Theologe, engagierte
sich in der Arbeiterbewegung,
1925–1930 PD in Basel,
1930–1934 Dozent für Östliches
Christentum in Vergangenheit und
Gegenwart in Bonn, 1934 Mitbegründer der Freien deutschen
Hochschule in Clamart bei Paris,
1937–1962 Prof. für Dogmatik und
Theologiegeschichte in Basel   230

Lipps, Gotthold, Friedrich, 1865–1931, dt. Philosoph und Psychologe, Schüler Wundts, seit 1911 Prof. für Philosophie und Pädagogik in Zürich, Direktor des Psychologischen Instituts 41
Lipsius, Richard, Adelbert, 1830–1892, dt. Theologe, 1861–1865 Prof. an der evang.-theol. Fakultät in Wien, 1865–1871 in Kiel, ab 1871 in Jena, Vertreter des liberalen Protestantismus 50
Locher, Gottfried Wilhelm, 1966, Schweizer evang. Theologe, Ökumenespezialist 512
Lochman, Jan Milič, 1922–2004, tschech. Theologe, 1950 Prof. für Religionsphilosophie und Systematische Theologie in Prag, 1968 Emigration nach New York und Prof. am Union Theological Seminary, 1969 Prof. für Systematische Theologie in Basel 485
von Logau, Friedrich, 1604–1655, Epigrammatiker 562
Lorenz, Jakob, 1883–1983, Gesellschafts- und Wirtschaftspolitiker, Publizist, Pionier der Wirtschafts- und Sozialstatistik, 1933–1946 Prof. für Soziologie und Wirtschaftskunde in Freiburg i.Ü., seit 1933 Herausgeber von «Das Aufgebot» 422
Lotze, Rudolf Hermann, 1817–1881, dt. Philosoph 35
Ludendorff, Erich, 1865–1937, dt. General 139
Luther, Martin, 1483–1546 54, 77, 112, 131, 161, 173, 184, 187, 193, 195, 200, 218 f., 239 f., 288, 302, 307–308, 317 f., 325, 346, 371, 401, 495, 569, 574 f.
Lyman, Eugene William, 1872–1948, Studium in Yale, Deutschland und Paris, seit 1918 Prof. für Religionsphilosophie am Union Theological Seminary, New York 125, 134 f.
Maag, Max, 1883–1960, Schweizer Maschineningenieur und Orgelbauer, 1913 Gründung der Firma Max Maag Zahnradfabrik, entwickelte ein neues Verfahren zur Herstellung von Zahnrädern, auf das die Luftschiffbau Zeppelin aufmerksam wurde, 1915 gemeinsame Gründung der Zahnradfabrik Friedrichshafen 127
MacArthur, Douglas, 1880–1964 amerikan. General, Leiter der amerikan. Militärregierung im Nachkriegsjapan 516, 525 f.
MacDonald, Ramsey, 1866–1937, brit. Labour-Politiker 144
Machen, John Gresham, 1881–1937, studierte u. a. in Marburg und Göttingen, 1915–1929 Prof. für NT in Princeton, gründete das orthodoxe Westminster Theological Seminary in Philadelphia 245, 355, 359, 369
Mackay, John Alexander, 1889–1983, schott. Theologe, Philosophiestudium in Aberdeen, Theologiestudium in Princeton, Doktorandenstudium in Salamanca, als erster Protestant Prof. für Philosophie an der San Marcos-Universität in Lima, ab 1936 Präsident des Princeton Theological Seminary 12 f., 346, 349, 355–380, 384 f., 475–477, 495, 499
Mackintosh, Hugh Ross, 1870–1936, 1904 Professor für Systematische Theologie am New College Edinburg, ab 1935 Prof. für Dogmatik an der Universität Edinburg 241
Maeder, Alphonse, 1882–1971, Psychiater, gemeinsamer Freund Brunners und Spoerris, Mitglied der

Oxfordgruppenbewegung 297, 380
Mandeville, Bernhard de, 1670–1733, engl. Philosoph und Arzt, Verfasser der sogenannten Bienenfabel, in der er den menschlichen Egoismus als entscheidende Antriebskraft für sittliches Handeln darstellt 256
Mann, Thomas, 1875–1955 357, 368
Marcel, Gabriel, 1889–1973, franz. Philosoph, Dramatiker und Kritiker, Hauptvertreter des franz. Existenzialismus, vertrat als Katholik einen biblisch fundierten Personalismus 351, 481
Maritain, Jacques, 1882–1973, franz. Philosoph, zunächst Protestant, konvertierte 1906 zum Katholizismus, 1914 Prof. für moderne Philosophie am Institut Catholique in Paris, lehrte ab 1933 auch in Kanada und den USA, 1945–1948 franz. Botschafter im Vatikan, 1948–1961 Prof. in Princeton, Vordenker des 2. Vatikanums 351
Markwart, Otto, 1861–1919, Historiker, Lehrer an der Kantonsschule in Zürich, Schüler Jacob Burckhardts 29 f.
Marti, Walter, 1896–1960, Pfarrer, Sohn des Dichters Fritz Marti (1866–1914), 1922–1927 Pfarrer in Niederweningen, danach Journalist in Brüssel, 1934–1936 Pfarrer in Genua, später in Yverdon bis 1941, freier Schriftsteller in Zürich 451
Marty, Sebastian, 1865–1929, 1890–1905 Pfarrer in Elm, dann Glarus, Dekan, kantonaler Kirchenpräsident 69
Marx, Karl, 1818–1883 284
Matthews, Walter Robert, 1881–1973, anglikan. Theologe, 1908–1918 Dozent für Philosophie und Dogmatik (ab 1909) am King's College London, 1918–1931 Prof. für Religionsphilosophie, 1934 Dekan von St. Paul's Cathedral in London 344
Mattmüller, Markus, 1929–2004, Pionier der schweizerischen Bevölkerungs- und Agrargeschichte, 1951–1954 Sekretär des Schweizerischen Friedensrates, 1969–1992 Professor für Geschichte in Basel, Ragazbiograph 150
Maurer, Adolf, 1883–1976, 1906 Pfarrer in Zell, 1913 in Schwamendingen, 1929–1948 in Zürich-Wiedikon, 1948 Hauptredaktor am Zürcher «Kirchenboten», Schriftsteller, 1931 Dr. theol. h.c. von Zürich, Mitglied des «Brunner-Kranzes» 207
McGiffert, Arthur Cushman, 1861–1933, amerikan. Theologe, Studium am Union Theological Seminary, danach in Deutschland bei Harnack, in Italien und Frankreich, 1888 Dr. phil. in Marburg, ab 1893 Prof. für Kirchengeschichte am Union Theological Seminary, New York, trat 1900 nach Häresieverdacht aus der Presbyterianischen Kirche aus, behielt aber seine Stellung am Union Theological Seminary 125
McIntire, Carl, 1906–2002, amerikan. Theologe, Fundamentalist, Gründer des International Council of Christian Churches 369–370
Menzi, Frida, 1905–2005, ehemalige Konfirmandin Brunners in Filzbach 77
Meyer, Arnold, 1861–1934, 1892 PD, 1890 Titularprof. in Bonn, 1904–1931 Prof. für NT und Praktische Theologie in Zürich 36, 45

Meyer, Conrad Ferdinand,
  1825–1898   11, 37, 45
Meyer, Johann Heinrich, 1802–1877
  Zürcher Kupferstecher und Lithograph, illustrierte die Kinderbibel
  von Corrodi   25
Michelangelo Buonarotti,
  1475–1564   162
Minger, Rudolf, 1881–1955, Landwirt, Politiker, Gründer und Führer
  der Bauern-, Gewerbe- und Bürgerpartei, 1929–1940 Schweizer
  Bundesrat, Vorsteher des Eidgenössischen Militärdepartements,
  modernisierte die Schweizer Armee
  und warb mit Erfolg für die bewaffnete Neutralität der Schweiz   274
Moltke, Helmuth James Graf von,
  1907–1945, Jurist, Mitglied des dt.
  Widerstandes gegen den Nationalsozialismus, auf seinem Gut Kreisau
  in Schlesien traf sich der sog.
  Kreisauer Kreis; im Anschluss an
  den 20. Juli 1944 des Hochverrats
  angeklagt und hingerichtet   433
Moltmann, Jürgen, 1926, dt. evang.
  Theologe, Studium in England als
  Kriegsgefangener und ab 1948 in
  Göttingen, 1952–1958 Dorf- und
  Studentenpfarrer in Bremen, 1957
  Habilitation, danach Professur an
  der Kirchlichen Hochschule
  Wuppertal, ab 1967 Prof. für Systematische Theologie in
  Tübingen   481, 512
Mommsen, Theodor, 1817–1903   30
Mott, John, Raleigh, 1865–1955,
  amerikan. Methodist, Pionier der
  ökumenischen Bewegung, Gründer
  und langjähriger Leiter verschiedener internationaler christlicher
  Jugendorganisationen, Spiritus
  rector der Weltmissionskonferenz
  in Edinburg 1910, 1946 Friedensnobelpreis (zusammen mit Emily
  Greene Balch)   33, 128, 368
Motta, Giuseppe, 1871–1940, Tessiner Anwalt und Politiker, Mitglied
  der Katholisch-Konservativen
  Volkspartei, 1899–1911 Nationalrat, 1912–1940 Bundesrat   416
Müller, August, 1853–1912, zunächst
  Vikar in Marthalen, 1880–1912
  Pfarrer in Leutwil AG   53
Müller, Hanny, Tochter August Müllers   53
Müller, Ludwig, 1883–1945, evang.
  Theologe, Jugend geprägt von der
  Minden-Ravensberger Erweckungsbewegung, die eine obrigkeitsstaatliche und antisemitische Seite hatte;
  1908–1914 Pfarrer in Rödinghausen, 1914–1926 Marinepfarrer
  in Wilhelmshaven, 1926–1933
  Wehrkreispfarrer in Königsberg, ab
  1931 Mitglied der NSDAP, ab 1933
  preussischer Landesbischof und
  Reichsbischof, führte die Kirche
  diktatorisch im Sinne der Deutschen
  Christen   282
Müller, Robert, Lehrer und Bekannter
  Brunners in seiner Leutwiler
  Zeit   54
Müller, Sophie Hanna, siehe Brunner,
  Sophie Hanna
Müller, Theodor, 1827–1891, Pfarrer,
  Grossvater Brunners   22
von Muralt, Leonhard, 1900–1970,
  Historiker, 1930 PD, ab 1940 o.
  Prof. in Zürich, seit 1934
  Mitherausgeber von «Huldreich
  Zwinglis sämtlichen Werken», ab
  1938 Präsident des Zwinglivereins   208, 567
Mussolini, Benito, 1883–1945   385,
  387, 390, 416, 453, 455
Musy, Jean-Marie, 1876–1952, Freiburger Politiker der Katholisch-Konservativen Partei, 1911

Grossrat und Staatsrat, 1914–1919
Nationalrat, 1920–1934 Bundesrat,
nach seinem Rücktritt wieder
Nationalrat (bis 1939)   416
Natorp, Paul, 1854–1921, dt. Philosoph, einer der Hauptvertreter der
Marburger Schule des Neukantianismus   186
Nef, Hans, 1911–2000, Jurist, spezialisiert auf Rechtsphilosophie und
Staatsrecht, ab 1946 Prof. in
Zürich   434
Nehru, Jawaharlal Pandit,
1889–1994   519
Nelson, J. Robert, 1920–2004,
amerikan. Theologe und Bioethiker,
Methodist, nahm 1948–1998 an
sämtlichen Versammlungen des
Ökumenischen Rates der Kirchen
teil, 1965–1985 Prof. für Systematische Theologie an der Boston University School of Theology   512
Newbigin, James Edward Lesslie,
1909–1998, engl. Theologe,
Ökumeniker, in den 1950er Jahren
Bischof von Madurai   518
Niebuhr, H. Richard, 1894–1962,
amerikan. systematischer Theologe,
lehrte in Yale, jüngerer Bruder Reinhold Niebuhrs   496, 513
Niebuhr, Reinhold, 1892–1971, amerikan. Theologe, Philosoph und
Politikwissenschafter, 1915–1928
Pfarrer in Detroit, ab 1928 Prof. für
Ethik und Religionsphilosophie am
Union Theological Seminary in
New York, setzte sich für die Ökumene ein   246, 249, 311, 481, 496
Niemöller, Martin, 1892–1984   342
Nietzsche, Friedrich, 1844–1900   35,
46, 117, 168, 256, 262
Ninck, Johannes, 1863–1939, Dr.
phil., 1892–1907 als Nachfolger
Friedrich Zündels Pfarrer am Vereinshaus in Winterthur, 1907–1923
Hilfslehrer am dortigen Gymnasium   23
Oeschger, Hans, 1888–1971, 1914
Pfarrer in Ottenbach, 1930 Dekan,
1935 Pfarrer in Höngg   42
O'Hare, Kate Richards, 1877–1948,
amerikan. Sozialistin und Pazifistin,
verbüsste eine mehrjährige Gefängnisstrafe wegen Spionage, wurde
1920 von Präsident Coolidge begnadigt und kandidierte im selben Jahr
für das Amt der Vizepräsidentin der
USA   152 f.
Ohki, Hideo, 1928, japan. Theologe,
doktorierte am Union Theological
Seminary in New York, danach
Prof. am Tokyo Union Theological
Seminary, seit 1985 Verwaltungsratsvorsitzender und heute auch
Kanzler der Universität Seigakuin
(Japan)   513
Oldham Joseph H., 1874–1969,
schott. Theologe, Pionier der Ökumene, 1921–1938 Generalsekretär
des Internationalen Missionsrates,
1931–1938 Direktor des Internationalen Instituts für afrikanische
Sprachen und Kulturen in London,
bereitete die Oxford Konferenz von
1937 vor, 1961 Ehrenpräsident des
Ökumenischen Rates der Kirchen   332 f., 339, 342–344, 355,
433 f., 475 f., 499
Oprecht, Hans, 1894–1978, Gewerkschaftsführer und sozialdemokratischer Politiker, ursprünglich Primarlehrer, 1927–1946 Zentralsekretär
des Verbandes des Personals öffentlicher Dienste, 1925–1963 Nationalrat, 1936–1953 Präsident der
sozialdemokratischen Partei der
Schweiz, Mitglied der Aktion
Nationaler Widerstand   416

von Orelli, Johann Caspar,
1787–1849, Humanist, Politiker
und Pädagoge 208
von Orelli, Konrad, 1882–1961, Pfarrer, 1911–1917 Pfarrer in Sissach,
1917–1923 Prof. für Systematische
Theologie in Zürich, 1923–1949
Pfarrer am Neumünster in Zürich,
1940–1949 Dekan, nach der Pensionierung 1949–1959 evang. Seelsorger in den katholischen Spitälern
Theodosianum und Paracelsus 171, 173, 179, 181–183, 209
Origenes, 185–254/253 127
Otto, Rudolf, 1869–1937, evang. systematischer Theologe und Religionswissenschaftler, 1904 a.o. Prof.
in Göttingen, 1914 Prof. in Breslau,
1917–1929 in Marburg, bekanntestes Werk «Das Heilige» von
1917 52
Overbeck, Franz Camille, 1837–1905,
evang. Theologe, 1864 PD in Jena,
1870–1897 Prof. für NT und ältere
Kirchengeschichte in Basel 158,
167, 169–170
Panofsky, Erwin, 1892–1968, dt.
Kunsthistoriker 357
von Pechmann, Wilhelm Freiherr,
1859–1948, Bankier, hohe kirchliche Ämter auf verschiedenen
Stufen, 1913 Ehrendoktor der
Theologie der Universität Erlangen,
Gegner des Nationalsozialismus,
1946 Konversion zum Katholizismus aus Enttäuschung über die
zu wenig dezidierte Haltung seiner
evangelisch-lutherischen Kirche
gegenüber dem Dritten Reich 218,
221 f.
Pesch, Otto Hermann, 1931,
1965–1971 Prof. für Dogmatik in
Walberberg, 1971–1972 Gastprofessor an der Harvard Divinity
School, USA, seit 1975 bis zu seiner
Emeritierung Prof. für Systematische Theologie und Kontroverstheologie in Hamburg 318
Pestalozzi, Heinrich,
1790–1857 367, 409, 449,
537–538, 567
Pestalozzi, Karl, 1929, Prof. für
Neuere deutsche Literaturgeschichte in Basel 561, 566
Pestalozzi, Rudolf, 1882–1961, Grosskaufmann in Zürich, enger Freund
Karl Barths 297, 316
Petersson, Olaf (Olaus Petri),
1493–1552, schwed. Reformator 346
Petrus Lombardus,
1095/1100–1160 495
Pfister, Oskar, 1873–1956, Pfarrer
und Psychologe, Theologiestudium
in Basel und Zürich, 1897–1920
Pfarrer in Wald ZH, ab 1920 in
Zürich (Predigerkirche), einer der
Hauptvertreter der Psychoanalyse 180
Pfleiderer, Otto, 1839–1908, evang.
Theologe, Prof. in Berlin 481
Pinchon, Edgcumb O., 1883–1945,
amerikan. Sozialreformer und
Schriftsteller 142
Piper, Otto, 1891–1982, Nachfolger
Karl Barths in Münster, 1933 von
den Nationalsozialisten entlassen,
1937 von Mackay nach Princeton
berufen 356, 373
Plato, 427–347 35, 134, 157, 171
Przywara, Erich, 1889–1972, kath.
Religionsphilosoph, Theologe und
Seelsorger, Jesuit, 1922–1941
Redaktor bei «Stimmen der Zeit»,
Verfasser von «Analogia entis»
(1932) 226
Ragaz, Leonhard, 1868–1945 26,
33, 37 f., 42–47, 49, 54–56, 58–60,
62 f., 74, 76, 82 f., 89 f., 92,
97–108, 110, 116 f., 123 f., 131,

136 f., 139, 149 f., 154–157, 170 f.,
173, 179–181, 186, 205, 208, 216,
238, 293, 381, 416–418, 420–422,
461, 506, 553, 575, 578, 580
Ram, A. Ralla 519
Ramuz, Charles Ferdinand,
1878–1947 208
von Ranke, Leopold, 1795–1886 30
Ratschow, Carl-Heinz, 1911–1999,
dt. Theolog und Religionsphilosoph, Prof. in Marburg, leitete seit
1958 die Deutsch-Skandinavische-
Gesellschaft für Religionsphilosophie, seit 1961 die Paul-Tillich-
Gesellschaft, Hg. der «Neuen
Zeitschrift für Systematische
Theologie und Religionsphilosophie» 496, 557 f.
Rauschenbusch, Walter, 1861–1918,
amerikan. Theologe, in Deutschland aufgewachsen, Studium
am Baptistischen Theologischen
Seminar in Rochester, 1886–1897
Pfarrer im ärmsten Hafenviertel
New Yorks, 1897–1902 Prof. für
NT am deutschen baptistischen
Seminar in Rochester, leitete 1907
in einer Zeit schwerster Wirtschaftsdepression durch sein Buch «Social
Gospel» eine Wende der amerikan.
Theologie ein 149
Ray, Chandu, 1912–1983, pakistan.
Herkunft, 1943 zum Priester der
anglikan. Kirche geweiht, 1944
Vikar in Hyderabad, 1948 Sekretär
der British and Foreign Bible Society
in Pakistan, 1954 Kanonikus und
1957 Assistenzbischof von Lahore,
1963–1969 erster Bischof von
Karachi, ab 1977 Dozent am
Haggai Institute for Advanced
Leadership Training for Men and
Women in the Third World, liess
als Sekretär der Bibelgesellschaft
in Lahore in den 1950er Jahren

Brunners «Unser Glaube» ins Urdu
übersetzen 525
Re'emi, Paul, Pfarrer der Church of
Scotland, lebte in Tiberias, als
Mitglied der Literaturkommission
der Arbeitsgemeinschaft Christlicher Kirchen in Israel Hauptverantwortlicher der Übersetzung von
Brunners «Unser Glaube» ins
Neuhebräische 323
Reinhart, Werner, 1884–1951, Grosskaufmann und Mäzen in Winterthur, beteiligte sich an der Finanzierung der Heimstätte Boldern 490
Reuchlin, Johannes, 1455–1522, dt.
Humanist 399
Reynold, Gonzague de, 1880–1970,
Schriftsteller, Literaturwissenschaftler und Historiker,
1910–1915 PD für Schweizer Kulturgeschichte in Genf, 1915–1931
Prof. für franz. Literatur in Bern,
Mitbegründer des Gotthard-
Bundes 414, 416
Rich, Arthur, 1910–1992, Theologe
und Sozialethiker, zuerst Hilfsarbeiter, dann Mechanikerlehre, Matura
auf dem 2. Bildungsweg, Theologiestudium in Zürich und Paris, 1938
Pfarrer in Hemmental SH, 1941
Religionslehrer an der Kantonsschule und 1948 Direktor des
Lehrerseminars in Schaffhausen,
1954–1976 als Nachfolger Brunners Prof. für Systematische und
Praktische Theologie an der Universität Zürich, gründete 1964
das Institut für Sozialethik
Zürich 253, 441 f., 569, 571,
578–581
Rinderknecht, Hans Jakob,
1893–1977, Methodiklehrer am
Evangelischen Lehrerseminar Unterstrass, erster Leiter der Heimstätte

Boldern 489–491, 493, 495 f.,
499
Rinderknecht, Lini, 1897–1985,
Gattin von Jakob Rinderknecht 492
Ritschl, Albrecht, 1822–1889 35,
41, 52, 118, 175
Rittelmeyer, Friedrich, 1872–1938,
evang. Theologe, Schüler Kaftans
und Harnacks, vertrat eine gegen
naturwissenschaftlichen Intellektualismus gerichtete Theologie mit
Schwerpunkt auf dem geistigen Ich-Erlebnis, wandte sich Rudolf Steiner
zu und gründete 1922 die Christengemeinschaft 53
Robinson, John A.T., 1919–1981,
anglikan. Theologe und Bischof,
Autor des Buches «Honest to God»
(«Gott ist anders») 559
Rockwell, William Walker,
1874–1958, Prof. für Kirchengeschichte am Union Theological
Seminary, New York 125, 131
Rohner, Clara, siehe Lauterburg Clara
Rohner, Lydia, siehe Kutter, Lydia
Rolston, Holmes, 1900–1977, Presbyterianer, 1932 Doktorat, danach
Pfarrer in Virginia und North
Carolina, veröffentlichte 1933
«A Conservative Look to Barth and
Brunner» und machte so als einer
der ersten die englischsprachige
Welt mit der dialektische Theologie
bekannt 363
Root, Elihu, 1845–1937, 1899–1904,
amerikan. Politiker Kriegsminister
in der Administration KcKinley,
1905–1909, Aussenminister in der
Administration Theodore Roosevelt, 1909–1915 republikanischer
Senator, arbeitete nach seinem
Rücktritt wieder als Anwalt 155
Röpke, Wilhelm, 1899–1966, dt.
Nationalökonom, Prof. in Genf,
Vertreter des Ordoliberalismus und
der sozialen Marktwirtschaft 438
Rosenzweig, Franz, 1886–1929 351
de Rougemont, Denis, 1906–1985,
Philosoph und Essayist, von
Kierkegaard und Barth beeinflusst,
Mitbegründer des Gotthard-Bundes 414
Rousseau, Jean-Jacques,
1712–1778 443, 452
Royce, Josiah, 1855–1916, amerikan.
Philosoph, studierte in Kalifornien,
Leipzig und Göttingen, Prof. in
Harvard, erblickte den wahren Weg
der Philosophie in der Wendung von
Kant zum deutschen Idealismus: Die
Welt ist eine Gemeinschaft von
personartigen Wesen, die in einer
höchsten Geistperson (Gott) geeint
sind. 135, 481
Runestam, Arvid, 1887–1962, Repräsentant der ökumenischen Bewegung, ab 1922 Prof. für Systematische Theologie und Theologische
Ethik in Uppsala, 1937 Bischof von
Karlstadt 346 f., 350, 355, 546
Saito, Soichi, 1886–1960, trat 1905
dem Karyokai (japan. Studenten-YMCA) bei, 1917 Direktor des
National Council und 1921 Generalsekretär des National Council of
YMCAs von Japan 525, 531
Sauerbruch, Ferdinand, 1875–1951,
dt. Chirurg, 1910 Prof. und
Direktor der chirurgischen Klinik in
Zürich, 1918 nach Berlin berufen 179
Sauser, Willy, 1908–2005, Maschineningenieurstudium an der ETH
Zürich, in den 1930er Jahren Leiter
eines Bildungskurses für jugendliche
Arbeitslose im Auftrag der Schweizerischen Evangelischen Jugendkonferenz (JUKO), 1936–1938
städtisches Arbeitsamt Bern, verant-

wortlich für arbeitslose Jugendliche und Metallarbeiter, 1938 Anstellung bei der Maschinenfabrik Oerlikon, zunächst als Personalchef für Arbeiter und Lehrlinge, 1955–1973 für den gesamten Personalbereich, 1948 Eintritt in die Evangelische Volkspartei (EVP), 1963–1973 deren Zentralpräsident; 1955–1957 Kantonsrat in Zürich, 1956–1978 Nationalrat, nach Brunners Rücktritt Präsident des Reformierten Tagungs- und Studienzentrums Boldern   569

Sauter, Gerhard, 1935, Prof. für Systematische Theologie in Bonn   311

Scheidegger, Werner, 1901–1988, Psychiater, leitete 1937–1977 das von ihm gegründete private Kurheim Eden in Hilterfingen am Thunersee auf familiär-seelsorgerisch-christlicher Basis   465

Scheler, Max, 1874–1928   256

Schelling, Friedrich Wilhelm Joseph, 1775–1854   123, 171

Schindler, Dietrich, 1890–1948, Jurist, ab 1927 Prof. für Staats- und Verwaltungsrecht später auch Völkerrecht und Rechtsphilosophie in Zürich, ab 1940 Präsident des Verwaltungsrates der NZZ, 1946 Mitglied des Internationalen Komitees vom Roten Kreuz, Delegierter an den Verhandlungen des Washingtoner Abkommens, zahlreiche Rechtsgutachten zu den (völkerrechtlichen) Fragen, die sich aus dem Konfliktfeld zwischen der Schweiz und den kriegführenden Parteien während und nach dem Zweiten Weltkrieg ergaben   208

Schinz, Hans Rudolf, 1891–1966, Prof. für Medizinische Radiologie in Zürich, setzte 1935 die Anerkennung der Medizinischen Radiologie als gleichberechtigtes Fach für das Medizinstudium in der Schweiz durch und gründete das Radiologische Institut am Kantonsspital Zürich   476

Schlatter, Adolf, 1852–1939, Schweizer evang. Theologe, Prof. für NT und Systematik in Bern, Greifswald, Berlin und Tübingen   254, 405, 431

Schleiermacher, Friedrich Daniel Ernst, 1768–1834   34, 52, 175, 187, 190–192, 195–198, 241, 256, 468, 481

Schmid, Rudolf, 1931, Alttestamentler, zunächst an der Theologischen Fakultät Luzern, danach Leiter des dortigen Priesterseminars, kath. Co-Präsident der Evangelisch/Römisch-Katholischen Gesprächskommission der Schweiz   512

Schmidt, Franz, 1902–1947, Redaktor der St. Galler Volksstimme   422

Schmidt, Karl Ludwig, 1891–1956, Neutestamentler, Mitbegründer der Formgeschichtlichen Methode, 1921–1925 Prof. in Giessen, 1925–1929 in Jena, 1929–1933 in Bonn, von den Nationalsozialisten abgesetzt, 1935–1953 in Basel, 1922–1937 Herausgeber der «Theologischen Blätter»   238

Schmiedel, Paul Wilhelm, 1851–1935, Neutestamentler, 1893–1923 Prof. in Zürich, Vertreter der streng historisch-kritischen Schule   36, 42, 171, 173, 180–182

Schniewind, Julius, 1883–1948, evang.-luther. Neutestamentler, 1921–1927 Prof. in Halle, 1927–1929 in Greifswald, 1929–1935 in Königsberg, Absetzung wegen seines Eintretens für die Bekennende Kirche, 1945 Wiedereinsetzung als Prof. in Halle   182

Schrämli, Ernst, 1919–1942, Fahrer der Schweizer Armee, als Landesverräter verurteilt und hingerichtet 418, 420
Schrenk, Elias, 1831–1913, von der Basler Mission ausgebildeter Erweckungsprediger 182
Schrenk, Gottlob, 1879–1965, Sohn von Elias Schrenk, Dozent an der Theologischen Hochschule Bethel, 1923–1949 Prof. für NT in Zürich 182, 251, 286, 534
von Schulthess-Rechberg, Gustav, 1852–1916, evang. Theologe, Schüler Ritschls, 1878–1883 Pfarrer in Witikon, 1883–1890 in Küsnacht, ab 1885 PD, ab 1890 Prof. für Systematische Theologie in Zürich 34 f., 179
von Schuschnigg, Kurt Edler, 1897–1977, 1934–1938 österr. Bundeskanzler 374
Schütz, Johann Jakob, 1640–1690, Frankfurter Jurist, Pietist und Dichter des Liedes «Sei Lob und Ehr dem höchsten Gut» mit dem berühmten Vers: «Was unser Gott geschaffen hat, das will er auch erhalten» (RG 240) 259 f.
Schwarzenbach, Annemarie, 1908–1942, Schweizer Schriftstellerin, freie Journalistin, Photographin und Reisberichterstatterin, 1927–1931 Studium der Geschichte und der Literatur 210 f.
Schweitzer, Albert, 1875–1965 259, 481, 554
Schweizer, Alexander, 1808–1888, evang.-ref. Theologe, Schüler Schleiermachers, 1834–1888 Prof. für Praktische Theologie, NT und Ethik in Zürich, zugleich bis 1871 erst Vikar, dann Pfarrer am Grossmünster 34

Schwöbel, Christoph, 1955, evang. Theologe, seit 2004 Prof. für Systematische Theologie in Tübingen 512, 571
Scotus Erigena, Johannes, 800–877 114
Scribner, Charles, 1821–1871, New Yorker Verleger 246
Scudder, Ida, 1870–1960, amerikan. Medizinerin, baute ab 1900 in Vellore (Madras) eine christliche Klinik (mit heute 2000 Betten) auf und bildete ab 1909 am Christian Mission College junge Frauen zu Ärztinnen aus (seit 1947 auch Männer) 518
Seeberg, Reinhold, 1859–1935, evang. Theologe, ab 1898 Prof. für Systematische Theologie in Berlin als konservativer Gegenpol zu Harnack, Verfasser einer grossen Dogmengeschichte 218
Semper, Gottfried, 1803–1879 34
Söderblom, Nathan, 1866–1931, Erzbischof von Uppsala, bedeutender schwed. Theologe der Ökumene, 1930 Friedensnobelpreis 481
Sohm, Rudolph, 1841–1917, evang. Jurist, ab 1870 Prof. in Freiburg i.Br., ab 1872 in Strassburg, ab 1887 in Leipzig 511
Sommerlath, Ernst D., 1889–1983, evang.-luther. Theologe, ab 1927 Hg. des «Theologischen Literaturblatts», das 1943 in der «Theologischen Literaturzeitung» aufging, nach dem Ersten Weltkrieg Pfarrer, ab 1921 PD, 1924–1959 Prof. für Systematische Theologie in Leipzig 496, 559
Sonderegger, Hugo, 1913–2004, Pfarrer in verschiedenen Gemeinden (Knonau, Zollikon, Emmenbrücke und am Grossmünster Zürich) 571
Sophokles, um 496–um 406 58

Spengler, Oswald, 1880–1936, Kultur- und Geschichtsphilosoph, Hauptwerk: «Der Untergang des Abendlandes» 189
de Spinoza, Baruch (Benedict), 1632–1677 171, 256
Spoerri, Theophil, 1890–1974, 1912–1922 Lehrer am Freien Gymnasium Bern, 1922 Prof. für franz. und ältere ital. Literatur in Zürich, Schweizer Mitarbeiter Buchmans in der Oxfordgruppenbewegung und später in der Moralischen Aufrüstung, Mitbegründer des Gotthard-Bundes und dessen erster Präsident 274, 276, 284, 288 f., 296–298, 414, 416
Spörri, Gottlob, 1899–1990, ab 1929 Pfarrer in Seengen, 1937–1940 Vorsteher der Kranken- und Diakonissenanstalt Neumünster, seit 1941 der Diakonischen Schwesternschaft im Bergfrieden (Braunwald), redigierte die Zeitschrift «Der Grundriss» 295, 297, 347, 407, 473
Staehelin, Konrad, 1927–2006, 1955–1993 Pfarrer in Felben TG 487 f.
Stähelin, Ernst, 1893–1978, 1920 Vikar in Obstalden, um Brunner während dessen Amerikaaufenthaltes zu vertreten 124
Stange, Carl, 1870–1959, konservativer evang.-luther. Theologe, 1903 Prof. für Systemtische Theologie in Königsberg, 1904–1912 in Greifswald, 1912–1935 in Göttingen 177
Starbuck, Edwin Diller, 1866–1942, Religionsphilosoph, Pionier der Religionspsychologie 135
Stead, Francis Herbert, 1857–1928, Pfarrer der Congregational Church, 1894–1921 Leiter des Browning Settlement in Walworth mit dem Schwerpunkt auf sozialen und religiösen Programmen, engagierte sich erfolgreich für die Einführung einer staatlichen Altersrente (1909), verfasste mehrere Schriften zu sozialen und religiösen Themen, engagierte sich 1916 als Leiter der britischen Liga zur Abschaffung des Krieges und berief 1921 die International Konferenz für Arbeit und Religion ein 57
Steiner, Rudolf, 1861–1925 53
Steinmann, Theophil August, 1869–1950, Dozent für Philosophie und Systematische Theologie am theologischen Seminar der Brüdergemeine in Herrenhut 183 f.
Stirner, Max, eigentlich Johann Kaspar Schmidt, 1806–1856, dt. Philosoph und Schriftsteller, Hauptwerk: «Der Einzige und sein Eigentum» 256
Storm, Theodor, 1817–1888 565
Störring, Gustav Wilhelm, 1860–1949, dt. Philosoph und Experimentalpsychologe, 1902–1911 Prof. für Philosophiegeschichte in Zürich, 1911–1914 in Strassburg, ab 1914 in Bonn 41
Straub, Karl, 1890–1962, Pfarrer in Bremgarten AG, 1916–1919 in Arbon, danach Kanzlist der bürgerlichen Armenpflege Zürich, darauf Sekretär der Schweizer Stiftung für Gemeindestuben und Gemeindehäuser, seit 1919 Sekretär der Stiftung für alkoholfreie Wirtschaften, seit 1920 Mitredaktor der «Neuen Wege», gründete 1916 mit Brunner eine ostschweizerische religiös-soziale Konferenz 87
Strauß, David Friedrich, 1808–1874 34, 182
Streuli, Hans, 1892–1970, 1935–1953 Zürcher Regierungsrat (Finanzdirektion), 1953–1959 Bundesrat und

Schöpfer einer neuen Bundesfinanzordnung 490
Strong, Tracy, 1887–1968, arbeitete für die CVJM, ab 1937 als Generalsekretär 466, 499–501, 504, 515 f., 518 f.
Sturzenegger, Robert, 1883–1961, Textilunternehmer, 1918–1923 Präsident der evang. Kirchgemeinde St. Gallen-Straubenzell, wo er sich mit Thurneysen befreundete und die Theologie Barths kennen lernte, 1928–1950 Präsident der Kirchgemeinde St. Gallen-Tablat, 1938–1944 Mitglied des kantonalen Kirchenrates, Vorstandsmitglied des Schweizerischen Evangelischen Kirchenbundes, Mitbegründer des Hilfswerks der Evangelischen Kirchen der Schweiz 158, 398
Sutz, Erwin, 1906–1987, 1933–1940 Pfarrer in Wiesendangen, 1936 Mitredaktor am «Kirchenblatt für die reformierte Schweiz», 1940–1946 Pfarrer in Rapperswil, 1946–1969 in Zürich-Hottingen, Schüler Barths und Brunners, Freund Bonhoeffers, 25 Jahre im Vorstand des Evangelischen Lehrerseminars Zürich-Unterstrass (davon 18 Jahre als Präsident), leitete 18 Jahre lang die Theologische Arbeitsgemeinschaft, in der sich Pfarrer zusammenfanden, die mit Brunner und seinem Werk besonders verbunden waren 255, 295, 326 f.
Swander, John I., 1833–1925, amerikan. Theologe Schweizer Abstammung, 1859 zum Pfarrer der Reformierten Kirche der USA ordiniert, 1885 Dr. h. c. der Theologie (Florida State University), 1881–1895 Prof. am Heidelberg Theological Seminary (Ohio), stiftete 1902 mit seiner Frau Barbara zum Andenken an ihre früh verstorbenen Kinder das Sarah-Ellen-and-Nevin-Ambrose-Swander-Memorial-Lecturship am Lancaster Theological Seminary 242
Tank, Franz, 1890–1981, 1922–1960 Prof. für Physik und Radiotechnik an der ETH Zürich, 1933 Direktor des neugeschaffenen Instituts für Hochfrequenztechnik, Planung und Bau der Fernseh-Demonstrationsanlage an der Landesausstellung 1939, 1940 Entwicklung der Mikrowellen-Richtstrahlverbindung für Hunderte von Telefonleitungen 29, 204
Tappolet, August, 1854–1924, ab 1881 Pfarrer in Lindau und Seelsorger der Anstalten in Tagelswangen, 1900–1907 Präsident der Pestalozzi-Kommission, ab 1907 Waisenvater der Stadt Zürich und Vorsteher der Hilfsprediger, ab 1910 Mitglied des Kirchenrates 40
Teilhard de Chardin, Pierre, 1881–1955 471
Temple, William, 1881–1944, 1921 Bischof von Manchester, 1929 Erzbischof von York, 1942 Erzbischof von Canterbury, war in der frühen ökumenischen Bewegung aktiv und unterstützte sowohl «Faith and Order» als auch «Life and Work» 33, 433
Thielicke, Helmuth, 1908–1986, 1936–1939 Prof. für Systematische Theologie in Erlangen, 1941 Pfarrer in Ravensburg, 1945–1951 Prof. in Tübingen, 1954–1974 in Hamburg, zugleich Gründungsdekan der dortigen Theologischen Fakultät, Mitglied der Bekennenden Kirchen 546

Thomas, Norman Matton,
1884–1968, führender amerikan.
Pfarrer, Sozialist und Pazifist, ausgebildet an der Princeton University und am Union Theological Seminary, 1918 Gründer und Redaktor von «World of Tomorrow»   150
Thomas von Aquin,
1224/25–1274   318
Thurneysen, Eduard, 1888–1977   53, 56, 59, 61, 64, 71, 88–90, 92, 94, 96, 106–116, 118, 120, 135, 139, 146, 157–162, 165–170, 174, 176–178, 180, 185, 189–191, 196, 201, 205, 216, 231, 235, 237, 242, 244, 246, 250–253, 272, 276, 278 f., 293–298, 300, 314 f., 325, 328, 330, 348, 392, 398–400, 402, 404 f., 415, 447, 455, 499, 546
van Til, Cornelius, 1895–1987, orthodox-calvinist. Dogmatiker, Prof. am Westminster Theological Seminary, scharfer Gegner von Brunner und Barth   364
Tillich, Paul, 1886–1965   226, 238, 246, 294, 317 f., 351, 366, 375, 480 f., 535
Tischhauser, Fräulein, betrieb in Seewis die religiös-soziale Pension Vilan (gegenüber dem heutigen Hotel Scesaplana)   60
Tischhauser, Emanuel, 1868–1943, 1892 Pfarrer in Seewis und Hilfslehrer am Gymnasium in Schiers, 1907 Pfarrer in Pratteln, 1911–1942 in Zürich-Aussersihl, Mitglied des «Brunner-Kranzes»   207
Töndury, Gian, 1906–1985, 1941–1977 Prof. für Anatomie in Zürich, Präsident der Akademie der Naturwissenschaften   208
Toynbee, Arnold Joseph, 1889–1975, brit. Universalhistoriker und Geschichtsphilosoph   481

Traub, Gottfried, 1869–1956, evang. Theologe, Publizist und Politiker, zählte zu den aktivsten politischen Pfarrern im Kaiserreich und in der Weimarer Republik, Mitbegründer der nationalistischen Deutschen Vaterlandspartei im Ersten Weltkrieg, Anhänger Erich Ludendorffs, bewahrte aber Distanz zu Hitler und wurde 1940 dem kirchlichen Widerstand zugerechnet   104
Trautvetter, Paul, 1889–1949, 1912 Pfarrer in Oberhallau, ab 1918 in Zürich-Höngg, religiöser Antimilitarist, widersetzte sich der Verdunkelungsvorschriften, enger Vertrauter Ragaz', reichte 1942 in der Zürcher Synode eine Resolution zugunsten der Begnadigung von zum Tode verurteilten Landesverrätern ein   418, 420, 422
de Trey, Lydia (geb. Brunner), 1887–1968, ältere Schwester Brunners, Anhängerin der Oxfordgruppenbewegung und der Moralischen Aufrüstung   23, 276, 285, 290
Trillhaas, Wolfgang, 1903–1995, Theologe, 1954–1972 Prof. für Systematische Theologie in Göttingen   511
Troeltsch, Ernst, 1865–1923   37, 50, 123, 224–228 passim, 481
Trüb, Paul, 1889–1968, nach Reisen nach Paris und London 1913 Verweser in Niederuzwil, 1913 Pfarrer in Brütten, 1924 in Flawil, 1937 Dekan des Kapitels Toggenburg, ab 1956 Kirchenratssekretär in St. Gallen   42
Uchimura, Kanzô, 1861–1930, Begründer des Mukyokai-(No-Church)-Movement in Japan   534
Ulpian, um 170–um 228, römischer Rechtsgelehrter   437

de Unamuno y Yugo, Miguel, 1864–1936, span. Philosoph, Prof. für Philosophie an der Universität Salamanca 355
Vaterlaus, Ernst, 1891–1976, Dr. math. 1916, Mathematik- und Physiklehrer an der höheren Töchterschule Zürich, seit 1930 Prorektor und dann Direktor des kantonalen Lehrerseminars in Küsnacht, seit 1945 Regierungsrat des Kantons Zürich (Erziehungsdirektor = Kultusminister) 527
Vatter, Max Hugo, 1894–1948, vertrat Brunner 1920 in Obstalden während dessen Amerikaaufenthaltes 124
Vergil, Publius Maro, 70 v. Chr.–19 n. Chr, 191, 294
Vilmar, August Friedrich Christian, 1800–1868, luther. Theologe mit Orientierung an der Erweckungsbewegung, 1855–1869 Prof. der Theologie in Marburg ohne je promoviert oder habilitiert worden zu sein 254
Vischer, Wilhelm Eduard, 1895–1988, Pfarrer, ab 1928 Alttestamentler an der Theologischen Hochschule Bethel, 1934 aus Deutschland vertrieben, 1934–1947 Pfarrer in Locarno und Basel, wo er theologische Vorlesungen hielt, ab 1947 Prof. für AT in Montpellier, seit den 1920er Jahren enger Freund Karl Barths, Hauptwerk: «Das Christuszeugnis des Alten Testaments», Mitbegründer des Schweizerischen Hilfswerks für die Bekennende Kirche in Deutschland 400, 404 f.
Visser 't Hooft, Willem Adolph, 1900–1985, 1938/1948–1966 Generalsekretär des Ökumenischen Rates der Kirchen 402, 406, 426

Vogelsanger, Peter, 1912–1995, 1936–1941 Pfarrer in Wollerau, 1941–1956 in Schaffhausen, wo seine Kirche in der Bombennacht vom 1. April zerstört wurde und er am nächsten Tag seine berühmte Predigt über dieses Bombardement hielt; 1956–1978 Pfarrer am Fraumünster in Zürich, wo er und seine Frau die Schaffung der Chagall-Fenster bewirken konnten 320 f., 569
Vogt, Paul, 1900–1984, Dr. theol. h.c., Pfarrer in Ellikon an der Thur, Walzenhausen, Zürich-Seebach, Grabs und Degersheim, gründete 1933 das evang. Sozialheim «Sonneblick», 1938 das Schweizerische Evangelische Hilfswerk für die Bekennende Kirche in Deutschland (SEHBKD), 1943–1947 hauptamtlicher Flüchtlingspfarrer 393, 395 f., 400, 405 f.
Vogt, Theophil, 1923, Pfarrer und Erwachsenenbildner 570
Volk, Hermann, 1903–1988, kath. Theologe, 1938 Dr. phil. in Fribourg (Dissertation «Die Kreaturauffassung bei Karl Barth»), 1939 Dr. theol. in Münster (Dissertation «Emil Brunners Lehre von der ursprünglichen Gottebenbildlichkeit des Menschen»), 1942 Habilitationsschrift «Emil Brunners Lehre von dem Sünder», 1945 eines der ersten Mitglieder des Ökumenischen Arbeitskreises evang. und katholischer Theologen, 1946 Prof. für Dogmatik in Münster, 1962 Bischof von Mainz, 1973 Kardinal 334
Wachter, Rudolf, 1889–1964, 1913 Pfarrer in Langrickenbach, 1921 in Feuerthalen, 1928 Pfarrhelfer für Bäretswil, Dürnten und Hinwil,

1930 Pfarrer in Dürnten, 1939 Dekan, Schwager und langjähriger Freund Brunners 29, 42, 55, 64, 133, 141, 190, 192, 201, 286, 499
Wagner, Adolph Heinrich Gotthilf, 1835–1917, dt. Nationalökonom, 1858 Prof. in Wien, 1864 in Dorpat, 1868 in Freiburg i.Br., 1870 in Berlin, einer der markantesten Vertreter der Wirtschaftswissenschaften und der staatlichen Sozialpolitik im Kaiserreich 41
Walser, Paul, 1894–1966, 1918–1925 Pfarrer in Hundwil, dann in einer deutschsprachigen Gemeinde in Altrumänien, 1928–1954 in Hettlingen bei Winterthur, bis zu seinem Tod Aushilfen in Appenzell, befasste sich mit Graphologie, Astrologie, Tiefenpsychologie, moderner Dichtung und mit Christoph Blumhardt 191
Ward, Harry Frederick, 1873–1966, in London geboren, Übersiedelung in die USA, 1899 Ordination zum methodistischen Pfarrer, 1913–1917 Prof. an der Boston University, seit 1918 Prof. für christliche Ethik am Union Theological Seminary, New York 125, 139, 143, 149
Wartenweiler, Fritz, 1889–1985, Pionier der modernen Erwachsenenbildung in der Schweiz 489
Washington, Booker T., 1856–1915, Pädagoge, als Sklave auf einer Tabakplantage in den USA geboren, nach dem Sezessionskrieg Arbeit in einem Salzbergwerk in Virginia und gleichzeitige Grundschulausbildung, danach Arbeitsstipendium am Hampton Institute in Virginia, wo er Lehrer wurde, 1881 Gründung des Tuskegee Institute in Alabama für die Ausbildung von Schwarzen 367
Weber, Max, 1864–1920 481
Wehrli, Fritz, 1902–1987, Altphilologe, 1941–1967 Prof. für klassische Philologie an der Universität Zürich 208
Wehrli, Max, 1909–1998, Germanist, 1937 Privatdozent, 1946–1974 Prof. für ältere deutsche Literaturgeschichte in Zürich 208
Weil, Arthur, 1880–1959, 1926–1956 Rabbiner der Israelitischen Gemeinde Basel 398
Weiser, Artur, 1893–1978, Alttestamentler, Prof. in Tübingen, Mitglied der Deutschen Christen 302
Weiss, Johannes, 1863–1914, evang. Theologe, 1888 Prof. für NT in Göttingen, 1895 in Marburg, 1908 in Heidelberg, entdeckte die futurisch-eschatologische Bedeutung des Reiches Gottes in der Verkündigung Jesu, wird zur Religionsgeschichtlichen Schule gezählt 123
Weizsäcker, Carl Friedrich Freiherr von, 1912 481
Wendland, Heinz-Dietrich, 1900–1992, dt. Neutestamentler und Sozialethiker 230, 341
Wernle, Paul, 1872–1939, Schweizer evang. Theologe, Neutestamentler und Kirchenhistoriker, Schüler von Duhm und Troeltsch, 1900–1928 Prof. für neuere Kirchen- und Dogmengeschichte, lehrte im Nebenfach weiter NT 117, 123, 197
Weyl, Hermann, 1885–1955, Mathematiker, 1913–1930 Prof. für Geometrie an der Eidgenössischen Technischen Hochschule in Zürich, 1930 in Göttingen, ab 1933 am Institute for Advanced Studies Princeton 357

Whitehead, Alfred North, 1861–1947, brit. Mathematiker, Physiker und Philosoph 481

Wieser, Gottlob, 1888–1973, 1910–1914 Pfarrer in Nussbaumen TG, 1914–1929 in Binningen, 1920–1937 in Wattwil, Dekan des Pfarrkapitels Toggenburg, 1937–1954 in Riehen-Bettingen, 1936–1970 Chefredaktor des «Kirchenblattes für die reformierte Schweiz» 88–89

von Wilamowitz-Moellendorff, Ulrich Friedrich Wichard, 1848–1931 41

Wildberger, Hans, 1910–1986, evang. Theologe, Studium in Zürich, Marburg und Bonn, 1933 Pfarrer in Wilchingen, 1939 in Luzern, 1951 Prof. für AT und allgemeine Religionsgeschichte in Zürich, Jesajaforscher 571–573, 581

Wilson, Woodrow, 1856–1924, 1913–1921 28. Präsident der USA 154–156

Windelband, Wilhelm, 1848–1915, dt. Philosoph 39, 135

Winston, Donald, 1872–1962, Industriellensohn aus Boston, Verwaltungsratsvorsitzender von Marshall & Winston in Midland (Texas), Mäzen des Los Angeles County Museum of Art 143

Wittgenstein, Ludwig, 1889–1951 51

Wolf, Erik (1902–1977), Strafrechtler, Rechtsphilosoph und Kirchenrechtler, 1930 Prof. für Strafrecht und Rechtsphilosophie in Freiburg, ab 1945 für Rechts- und Staatsphilosophie 514

Wolf, Ernst, 1902–1971, Kirchenhistoriker, 1931 Prof. in Bonn, 1935 nach Halle strafversetzt, 1945 in Göttingen, 1957 Prof. für Systematische Theologie ebd. 302, 308

Wölfflin, Heinrich, 1864–1945, Schweizer Kunsthistoriker 41

Wundt, Wilhelm, 1832–1920, dt. Philosoph, gründete in Leipzig 1879 das erste Institut für experimentelle Psychologie 50

Wünsch, Georg, 1887–1964, evang. Theologe, ab 1931 Prof. für Ethik, Sozialethik und Apologetik in Marburg, publizierte 1927 die einzige «Evangelische Wirtschaftsethik» zwischen den Weltkriegen 441

Yuasa, Hachiro, 1890–1981 erster Präsident der International Christian University in Tokio 531

Zahrnt, Heinz, 1915–2003, evang. Theologe, Publizist und Schriftsteller, Chefredakteur der Wochenzeitung «Deutsches Allgemeines Sonntagsblatt» 511

Zeller, Konrad, 1897–1978, Direktor des Evangelischen Lehrerseminars Unterstrass 490

Zietzschmann, Hanni, siehe Guanella, Hanni

Zimmerli, Walther, 1907–1983, Alttestamentler, 1938–1952 Prof. für AT, Religionsgeschichte und orientalische Sprachen in Zürich, danach in Göttingen 404, 573

Zollikofer, Hans, 1922, Dr. med., alt Chefarzt Medizin am Neumünsterspital (jetzt Spital Zollikerberg) 546

Zündel, Jakob Friedrich, 1827–1891, evang. Theologe, 1853 Vikar in Winterthur und Wagenhausen, 1857–1859 in Uster, danach in Sevelen SG, 1866 in Oberglatt, 1874 Pfarrer am Vereinshaus in Winterthur, Biograph Johann Christoph Blumhardts 23 f.

Zürcher, Werner, 1916–1942, Fourier der Schweizer Armee, als Landesverräter verurteilt und hingerichtet 418, 420

Zwingli, Huldrych, 1484–1531 34, 54, 80, 240, 359, 371, 409, 567